INHALT

PROLOG 1

1. Denk-Wege 1
2. Mephistos listige Warnung 5
3. Der Protest des »Fremden« gegen den Priester 7
4. Schreibenkönnen wie Flaubert 10
5. Transzendenz: Die Begegnung mit dem großen Kunstwerk 16
6. Karsamstag-Existenzen 25
7. Was ist interkulturelle Theologie? 29
8. Die Unheimlichkeit eines »Christuskopfs« 34

A. RÄTSEL MENSCH 39

I. Das Erschrecken über sich und die Welt 40

1. Das Gespräch mit dem Glasmann: Kurt Tucholsky . . 40
Der Blick in den Spiegel 40
Wer bist du, Glasmann? 43
Wider die Selbstzufriedenheit 46

2. Was ist der Sündenfall? Günter Kunert 48
Ohne Gnade überlassen 49
Wie liest ein »Ungläubiger« die Bibel? 52
Adam, Eva und die Erbsünde 53
Müde des eigenen Rätsels 57

3. Der Anfang aller Rätsel: Wolfgang Hildesheimer . . . 59
Kein Sinn der Schöpfung 60
Warum das Rätsel grinst 63

Schlechtes Licht auf Gott 65
Gib ihnen die ewige Ruhe nicht 67

II. Die Erschöpftheit der Schöpfung 72

1. Erste Visionen vom Ende: Expressionisten 72
Der apokalyptische Urschrei 73
»Weltende« — mit schwarzem Humor 74
Untergang als kosmischer Fall 76

2. Apokalypsen heute und hier 78
Die Stunde des Zorns kehrt wieder 78
Nichts ist uns unmöglich 80

3. Nichts wird sein wie vorher: Christa Wolf 81
Von »Kassandra« bis »Störfall« 81
Technik und Angst 83

4. Der Alptraum vom Ende der Menschheit: Günter Grass 85
Die Aufklärung gescheitert? 85
Ratten beerben die Menschen 89
Wozu Literatur, wenn keine Zukunft? 91
Ringen um die Möglichkeit von Hoffnung 93

5. Lachen als Zynismusprophylaxe: Kurt Marti 96
Tschernobyl und danach 97
Begreifliche Gefühle der Selbstabdankung 99
Mit Unsinn gegen den Wahnsinn 100
Loben und Lachen als Geschwister 102

III. Die Unausweichlichkeit der Schuld 105

1. Vergebliche Suche nach Schuld: Max Frisch 105
Begegnungen mit Nachkriegs-Deutschland 106
Schuldig unterscheidet sich der Mensch vom Tier . . . 108

2. Der Homo Faber — aufgeklärt, aber verblendet 110
Ein Experiment in Sachen Schuld 111
Warum Homo Faber schuldig ist und es nicht merkt 113
Menschen bestimmen ihr Leben nicht selbst 115

3. Die Urschuld der Geschlechter 118
Freigesprochen und doch schuldig 118
Schuld ohne Sühne 120
Schuldig wird der Mensch zum Menschen 121

IV. Erfahrungen mit dem Bösen 124

1. Die Patina der Zivilisation ist dünn 124
Buchenwald neben Weimar 125
Ein Oratorium wider das Vergessen: Peter Weiss . . . 126
Kirche mit dem Rücken zu Auschwitz 128

2. Das Böse macht Spaß: Rolf Hochhuths Teufel 129
Auschwitz oder die Frage nach Gott 129
Das Böse ist gewollt 132
Warum der Teufel lacht 133
Appell an das Mitleid 137

3. Die Hölle – erster Kreis: Alexander Solschenizyn . . . 139
Menschen in der Hölle – ahnungslos 139
Die entsetzliche Banalität des Bösen 142
Dem Bösen widerstehen 143

4. Trotzdem von Gnade reden? Thomas Mann 146
Wider das schlechthin Teuflische 146
Deutschtum, Dämonie und Musik 150
Teufelspakt: Tod der Liebe, Ausbruch der Kälte 152
Der Selbstdenker als Selbsthenker 156
Ein Wunder, das über den Glauben geht 161
Im Dunkel Gott am nächsten 164

V. Umrisse einer Poetik des Menschen 167

1. Die Facetten des Menschlichen 167
2. Mein Gott, die Menschen… 168
3. Wir leben und sterben alle im Rätsel 171

B. ABGRUND GOTT 173

I. Die Tabuisierung der Gotteskritik 175

1. Die Beschwichtigung des Zweifels: Gebetbücher 175
Mach mit mir, wie es dir gefällt? 176
Verdrängung der Klage — Ausblendung der Anklage 177

2. Warum Gott verschont wurde 179
Die Abwehr des Dualismus 180
Vorherwissen ja, Vorherbestimmung nein 181
Das Übel ist von Gott nur zugelassen 183

3. Der Protest gegen Gott als Atheismus 185
Nötige Rückfragen an Gott 186
Abschied von Leibniz 187

4. Aber Gott leidet doch auch 188
Leiden — Preis der Liebe 189
Das Stillstellen des Protestes 191

II. Wie reden vom Unbegreiflichen? 194

1. Ein Autor streicht das Wort Gott:
Friedrich Dürrenmatt 194
Ein Zug rast in den Abgrund 195
Verfehlte Deutungen 197
Das Schreckliche als Möglichkeit 199
Warum »Gott« gestrichen werden mußte 203

2. Weder gläubig noch glaubenslos:
Marie Luise Kaschnitz 207
Neue Gotteserfahrungen 208
Gott im Aufbruch und in der Zerstörung 214
Gottes Kälte und Gottes Verwirrung 219
Widerspruch in Tutzing 222
Religiöses Leben als Hadern mit Gott 224

III. Treibt Gott selbst den Unfug? 228

1. Protestierende Rückkehr zu Gott: Heinrich Heine . . . 228
Der Kranke: Lazarus und Hiob zugleich 230

Rebellische Gebete aus der Matratzengruft 234
Den Spaß Gottes ehrfürchtiger Kritik unterwerfen . . 238

2. Gott vor Gericht: Elie Wiesel 242
Ein Tribunal gegen Gott 243
Der Teufel verteidigt Gott 246
Das Ende der klassischen Theodizee 248

IV. Warten auf Gottes Rechtfertigung 252

1. Rebellische Texte der Bibel 253
Dahin mein Vertrauen: Klagelieder 253
Warum mußte ich geboren werden? Hiob 255
Ich schreie zu Dir: der Protest eines Kranken 257

2. Warten auf Theodizee 260
Warum Klage und Anklage legitim sind 260
Hoffnung auf die Durchsetzung Gottes 262

3. Gott lieben – Gott zum Trotz 262
Die Geschichten rebellischer Rabbiner 263
Man muß sich nicht unterwerfen 266
Wo bleibt die Gegenleistung, Gott? 268
Was soll denn noch geschehen? Zvi Kolitz 271
Du hast alles getan, damit ich nicht glaube 275

V. Umrisse einer Theopoetik 280

1. Arbeit an der Sprache – im Bewußtsein des Scheiterns 281
2. Das Unsagbare dem Sprachlosen abringen 283
3. Der Abgrund der Unbegreiflichkeit Gottes 286
4. Die theologische Legitimität einer Anklage Gottes . . . 290
5. Wider einen »lügnerischen Optimismus« 291

C. GESICHTER JESU 297

I. Der geschonte Rebell 298

1. Dialog mit dem »armen Vetter«: Heinrich Heine . . . 298
Das Jesusportrait als Selbstportrait 300
Golgotha ist überall 301
Jesus ja — Christus nein 302

2. Jesus und die Dichter heute 303
Unüberbrückbare Kluft zum Dogma 305
Der Nazarener wird vor Kritik geschont 305

II. Weihnachten: Die Utopie und ihr Verrat 307

1. Was früheren Jahrhunderten möglich war 307
Gellerts Kniefall vor dem Wunder 307
Eichendorffs Vision einer versöhnten Welt 308
Storms Knecht Ruprecht rechnet ab 310

2. Risse im Kulissenbild 313
Heile-unheile Welt bei Buddenbrooks:
Thomas Mann 314
Kurt Tucholskys Weihnachtsmelancholie 315
Erich Kästners Satire 317

3. Das Weihnachtsspiel als Lebensdrama 320
Jüdische Kinder suchen Herberge: Ilse Aichinger . . . 320
Hat Stalingrad Bethlehem widerlegt? Peter Huchel . . 323
Menschwerdung durch ein Wort: Heinrich Böll 326
Die Gleichzeitigkeit der Stimmen 331

III. Ecce Homo: Gesichter Jesu im Spiegel
großer Kulturen 333

1. Ein Kreuz bleibt leer: Anna Seghers 334
Ein Gegenbild von Deutschland 334
Ein Kommunist auf der Flucht 337
Eine Nacht im Dom 338
Ein Kreuz als Zeichen des Widerstands 341

Vom Roman über die Flucht zum Leben auf der Flucht 343

2. Die Gewalt ist besiegbar: William Faulkner 346
Christus kommt wieder – mitten im Krieg 347
Plumpe Parallelen? 351
Leidenschaft für das Untatsächliche 354
Wie Gewalt überwunden werden kann 356

3. Das Böse im Herzen bekämpfen: Nagib Machfus 359
Ein gefährlicher Autor 360
»Jesus« als Austreiber der Dämonen 362
Das Böse im Herzen besiegen 364
Die Hoffnung auf Befreiung ist unausrottbar 366

4. Hoffnung für ein Volk – Paraguay: Augusto Roa Bastos 369
Ein »Christus« als Widerstandszeichen des Volkes . . . 372
Ein Mann opfert sich für sein Volk 376
Ein Epos auf die Widerstandskraft der Menschen . . . 380
Was heißt »Menschensohn«? 381

5. Alle Menschen Gottes Ebenbild: Čingiz Ajtmatov . . . 385
Ein Roman zwischen den Kulturen 386
Vergegenwärtigungen Jesu 389
Entzauberung der Macht im Namen der Religion . . . 391
Jesus kommt in den Menschen zurück 394
Das Böse für alle Zeiten überwinden 398

IV. Auferstehung: Anfechtung bürgerlich gewordener Christen 402

1. Ostern als Triumph des Christentums 402
Osterlieder – freudig-naiv gesungen 402
Auferstehung als kosmisches Drama: Friedrich Gottlieb Klopstock 404

2. Allein mir fehlt der Glaube: Johann Wolfgang Goethe 407
Ein Mann sucht Wahrheit auf eigene Faust 407

Ironische Brechungen von Ostern 410
Erinnerungen an die Kindheit 412

3. Auferstehung mitten im Leben: Leo Tolstoj 415
Ein Mann sühnt seine Schuld 415
Totalkonfrontation mit der Kirche 417
Ein Dichter wird exkommuniziert 419
»Auferstehung« als geistige Wandlung 422

4. Was wäre, wenn ein Toter aufersteht? Friedrich Dürrenmatt 424
Ein grotesk-verrücktes Stück: »Meteor« 424
Die Aufhebung aller Positionen 429
Ein Mann steht auf und glaubt nicht daran 433
Wider die bürgerlich-christliche Entschärfung 436
Wider die »bloßen Ästheten« 438
Die Gleichzeitigkeit der Stimmen 439

V. Umrisse einer Christopoetik 443

1. Der Vertraut-Fremde 443
2. Eine christopoetische Spur: Max Frisch 444
3. Die Evangelisten als Christopoeten 449
4. Die Andersheit und Unfaßbarkeit Jesu 452
5. Ausdruck der Kultur — Widerstand gegen die Kultur 454

IN EIGENER SACHE 459

PROLOG

Es kommt der Zeitpunkt, da weiß man genauer als früher, warum man das tut, was man tut. Es kommt die Zeit, da haben sich im Prozeß der Fragen und Zweifel Überzeugungen gebildet, die man nicht mehr so leicht preisgibt wie früher. Es kommt die Zeit, wo trotz allen Suchens und Weitersuchens, trotz allen Fragens und Weiterfragens sich Strukturen des Denkens herausgebildet haben, die für einen selbst von größerer Festigkeit sind, stabilerer Solidität. Man hat — durch Lebenserfahrung geprüft — gute Gründe für sie. Ist eine solche Zeit gekommen, tut man gut daran, Rechenschaft zu geben und die Dinge im Zusammenhang darzulegen. Das soll hier geschehen.

1. Denk-Wege

Ich werde hier von Dichtern reden, die mir, seit ich theologisch zu denken begann, Herz und Hirn bewegten. Sie sind nicht der Grund meines Glaubens, wohl aber oft dessen Anstifter. Lebenserfahrungen waren für mich oft Leseerfahrungen. Denken kam aus der konkreten Anschauung, Theorie aus der Sinnlichkeit. Auf meinem Weg habe ich denn auch immer wieder erfahren, daß es weniger Predigten, Katechismen und theologische Traktate, sondern die Dichter waren, die mir ein Stück Wahrheit in Wahrhaftigkeit erschlossen. Sie störten mich auf aus meiner Selbstzufriedenheit, aus der Selbstverliebtheit in die einmal gewonnene Plausibilität, aus der Versöhntheit mit den einmal gefundenen Antworten. Poetische Texte waren es, die mich durch ihre Schönheit in den Bann schlugen, mich durch ihren Sprachrhythmus bezwangen, durch ihre Bilderwelt in Begeisterung versetzten. Zugleich brachten sie mir widerständige Erinnerungen an Unversöhntes bei. Sie bestärkten mich darin, den eigenen Wahrnehmungen immer auch zu mißtrauen und meine eigene Rolle als Christ, Theologe und Bürger kritisch zu thematisieren. Ich lernte durch sie sehen und verlernte dabei das vorschnelle Lob der Schöpfung und das eilfertige und beflissene Vertrauen in Amtsträger und Institutionen. Ich lernte, daß man sich gerade als Theologe auch Rollenerwartungen zu entziehen hat, wenn man vor sich und seinem Schöpfer noch Selbstachtung zu bewahren trachtet. Ich lernte durch sie, daß es im Namen Gottes einen Widerstand gegen vollmundige Unangefochtenheit gibt, eine Treue zum eigenen Glauben, aber auch eine Treue zu den eigenen Zweifeln.

Ich probiere in diesem Buch erstmals einen eigenen Stil und versuche beides zugleich: problemorientiert zu analysieren und zugleich ein wenig biographisch zu erzählen. Für meine Art, Theologie zu treiben, ist die eigene Lebens- und Erfahrungsgeschichte von konstitutiver Bedeutung. Ich werde hier meine eigenen Erfahrungen nicht pseudoobjektivistisch ausblenden und doch an Sachproblemen orientiert bleiben. Ich möchte ohne Privatismus persönlich und ohne Fachjargon sachlich reden. Und zwar von den großen Themen des Glaubens: Rätsel Mensch, Abgrund Gott, Gesichter Jesu.

»Funktionalisiere« ich damit die Literatur? Ja, und warum auch nicht? So wie jeder Leser einen guten Text »funktionalisiert«, wenn er ihn zu »seinem« Text macht, d.h. wenn er entdeckt, daß dieser Text ihm das Stück Wahrheit in Wahrhaftigkeit sagt, das er braucht. Funktionalisieren aber heißt weder vergewaltigen noch vereinnahmen. Vergewaltigen hieße, Texte *gegen* ihren Sinn auslegen, und vereinnahmen hieße, Texte zur Bestätigung von Sinnangeboten zu mißbrauchen, die außerhalb ihrer liegen. Beides wäre der Tod jedes kreativen, fruchtbaren Umgangs mit Literatur.

»Funktionalisieren« (wenn man dieses häßliche Wort schon benutzen will) heißt schlicht zugeben, daß einem im Laufe einer nun schon längeren Lebens- und Lesegeschichte literarische Texte unverzichtbar geworden sind. Sie sind »meine« Texte geworden. An ihnen entzündete sich oft mein theologisches Denken;

sie zwangen mir Fragen auf, die ich aus Naivität oder Bequemlichkeit nicht hatte hochkommen lassen oder unterdrückt hatte; sie erweiterten Horizonte meines Denkens; schickten mich auf unvertraute Denk-Wege. Oder sie überwältigten mich schlicht durch die bezwingende Macht ihrer Sprache. Sie gingen mir ins Blut, ins Hirn. Viele lernte ich auswendig; so wurden sie ein Stück von meinem Gedächtnis; ein Teil von meinem geistigen Haushalt. Ja, ich gebe zu: Die Texte, von denen ich auf den folgenden Seiten erzählen werde, sind »meine« Texte, weil ich unter ihrem Niveau nicht theologisch denken will.[1]

Wenn man wissenschaftstheoretisch dieses Unternehmen einordnen wollte, dann ist es weniger produktionsästhetisch als rezeptionsästhetisch orientiert.[2] Bekanntlich räumt die Rezeptions-

[1] Grundlage dieses Buches sind zum einen meine *Studien und Befragungen* (siehe Bibliographie S. 461–463) und zum anderen meine folgenden mehr *programmatischen Essays*:
- Theologen und ihre Dichter. Analysen zur Funktion der Literatur bei Rudolf Bultmann und Hans Urs von Balthasar, in: Theologische Quartalschrift 172 (1992), S. 98–116.
- Ästhetik ohne Ethik? Analysen zur Gegenwartsliteratur, in: W. Wolbert (Hrsg.), Moral in einer Kultur der Massenmedien, Freiburg–Wien 1994, S. 51–70.
- Gegenwart Gottes? Zur Möglichkeit theologischer Ästhetik in Auseinandersetzung mit George Steiner, in: W. Lesch (Hrsg.), Theologie und ästhetische Erfahrung. Beiträge zur Begegnung von Religion und Kunst, Darmstadt 1994, S.145–165.
- Christopoetik. Spurensuche in der Literatur der Gegenwart, in: Theologie und Glaube 85 (1995) S. 499–517.
- Theopoetik. Auf dem Weg zu einer Stillehre des Redens von Gott, Christus und dem Menschen, in: P. Reifenberg (Hrsg.), Gott – das bleibende Geheimnis. FS W. Seidel, Würzburg 1996, S. 227–254.
- »Es ist so schwer, den falschen Weg zu meiden«? Über die Unverzichtbarkeit der Theologie in den geistigen Auseinandersetzungen der Zeit, in: J.-P. Wils (Hrsg.), Warum denn Theologie? Versuche wider die Resignation, Tübingen 1996, S. 51–88.

[2] Grundlagenwerke der Rezeptionsästhetik sind: *W. Iser*, Der implizite Leser, München 1972; *ders.*, Der Akt des Lesens, München 1976. Sowie vor allem: *H. R. Jauß*, Ästhetische Erfahrung und literarische Hermeneutik, Frankfurt/M. 1982; *ders.*, Die Theorie der Rezeption. Rückschau auf ihre unerkannte Vorgeschichte, Konstanz 1987; *ders.*, Studien zum Epochenwandel der ästhetischen Moderne, Frankfurt/M. 1989. Einen guten Überblick über die Debatte gibt *P. V. Zima*, Literarische Ästhetik. Methoden und Modelle der Literaturwissenschaft, Tübingen 1991, Kap. VI: Die Rezeptionsästhetik zwischen Hermeneutik und Phänomenologie. Vgl. ebenso: *H. Steinmetz*, Sinnfestlegung und Auslegungsvielfalt, in: Literaturwissenschaft. Ein Grundkurs. hrsg. v. H. Brackert – J. Stückrath, Hamburg 1992, S. 475–490.

ästhetik im Sinne von *Hans Robert Jauß* und *Wolfgang Iser* als erste literaturwissenschaftliche Theorie dem Leser bzw. dem Interpreten Einfluß auf die Rezeptions- bzw. Interpretationsresultate ein. Der Leser ist für sie ein konstitutives Element bei der Auslegung von Texten, was voraussetzt, daß ein literarischer Text von verschiedenen Lesern unterschiedlich verstanden werden kann, notwendige Bedeutungsvarianten aufweist. Diese Theorie bedeutet ein Stück gewonnener Freiheit — für den Leser. Der literarische Text ist nicht einfach ein in sich geschlossenes Gebilde, dessen Sinn nur getroffen oder verfehlt werden kann, sondern ein vielschichtiges Ganzes, bei dem auch das Kommunikationsgeschehen mit dem Leser eine wichtige Rolle spielt. Text und Kontext stehen in einer Wechselbeziehung zueinander, ohne daß der Kontext den Sinn eines Textes willkürlich manipulieren oder der Text »in sich« zum einzigen Kriterium von Wahrheit werden dürfte. Es gibt also keinen notwendigen Widerspruch zwischen Autonomie und Funktion des Kunstwerks, zwischen der Wahrheit »in sich« und der Wahrheit »für mich«.

Die Betonung der Subjektivität des »für mich« ist auch deshalb wichtig, weil das Buch weder beansprucht, repräsentativ »das« Menschenbild, »das« Gottesbild oder »das« Jesusbild der Literatur des 20. Jahrhunderts zu präsentieren oder gar für »die« christliche Theologie zu sprechen. Es geht um eine ganz gezielte Auswahl, um eine bewußt gewählte Perspektivität. Weder können hier alle literarischen Texte, die mir persönlich wichtig sind, noch gar alle anthropologisch, theologisch und christologisch relevanten Themen der Literatur behandelt werden. Wieviele der Poeten von Benn bis Bernhard, von Horvarth bis Handke müßten da Erwähnung finden. Die Auswahl der Texte ist somit von meiner eigenen Erfahrungsgeschichte her bestimmt und hat exemplarischen Charakter. An diesen Texten und Themen (es könnten und müssen später auch andere sein) will ich demonstrieren, warum mir persönlich die Literatur unverzichtbar ist für ein heutiges Sprechen vom Menschen, von Gott und von Jesus.[3]

[3] Guten Überblick über verschiedene anthropologische, theologische und christologische Aspekte der Gegenwartsliteratur geben neuere Studien namhafter Autoren, die sich als Pioniere einer theologischen Erschließung moderner Li-

2. Mephistos listige Warnung

Die Konfrontation mit den Dichtern in dieser Frage begann für mich schon früh: 1967. Es war mein letztes Jahr als Gymnasiast vor dem Abitur in meiner Heimatstadt Oberhausen im Ruhrgebiet. Eines Tages startete mein von mir sehr verehrter Deutschlehrer die übliche Rundfrage nach dem Fach, das wir nach dem Abitur zu studieren gedächten. Seine Reaktion auf meine Antwort, »Theologie«, ist mir damals so tief in die Seele gefahren, daß sie mir noch heute lebendig ist. Nach meiner für ihn nicht unerwarteten Antwort zitierte dieser Mann vor der ganzen Klasse (was mich reichlich verlegen machte) ganz spontan Verse aus Goethes »Faust«, was durchaus freundschaftlich gemeint war:

»Was diese Wissenschaft betrifft,
Es ist so schwer, den falschen Weg zu meiden,
Es liegt in ihr so viel verborgnes Gift,
Und von der Arzenei ist's kaum zu unterscheiden.«[4]

Goethe hat bekanntlich — mit Hintersinn — diese Worte seinem Mephistopheles in den Mund gelegt. Sie stammen aus dem witzigen Dialog des Teufels mit einem naiven Schüler, der nicht weiß, welcher Fakultät er sich anschließen soll. Ich sollte also — naiv, wie auch ich als Schüler war — die Warnung hören: Theologie — das ist eine »Wissenschaft«, die offensichtlich mehr als andere Wissenschaften einen Menschen auf den »falschen Weg« bringen kann, gefährlicher als vieles Vergleichbare. In ihr ist nämlich ein

teratur im deutschsprachigen Raum einen Namen gemacht haben: *P. K. Kurz*, Gott in der modernen Literatur, München 1995. *F. Frühwald*, Religion und Literatur am Ende des 20. Jahrhunderts, in: K. Lehmann - H. Maier (Hrsg.), Autonomie und Verantwortung. Religion und Künste am Ende des 20. Jahrhunderts, Regensburg 1995, S. 23-37; vgl. auch S. 38-51. *M. Motté*, Auf der Suche nach dem verlorenen Gott. Religion in der Literatur der Gegenwart, Mainz 1997 (Theologie und Literatur, hrsg. v. K.-J. Kuschel, Bd. VI).

4 *J. G. Goethe*, Faust I, VV 1984-1987. Vgl. dazu den höchst instruktiven Aufsatz von *D. Breuer*, Mephisto als Theologe, in: Goethe-Jahrbuch 109 (1992), S. 91-100. Dankbar sei hier meinem früheren, leider allzu früh verstorbenen Deutschlehrer, Dr. Helmut Enninghorst, gedacht. Er hat mir als Schüler durch seinen menschlich-kommunikativen Stil sowie seine hohe Sachlichkeit und Kompetenz großen Eindruck gemacht.

»Gift« präsent, das deshalb gefährlicher ist als viele andere, weil man es zunächst gar nicht wahrnimmt. Theologie also, ein Unternehmen, das einem Heilmittel für Kranke gleichzukommen scheint?

Erst später begriff ich, daß in diesen vier Goethe-Versen die gesamte neuzeitliche Religionskritik in nuce vorweggenommen ist. Daß Feuerbach mit seiner Projektionstheorie, Marx mit seiner Vertröstungstheorie und Freud mit seiner Illusionstheorie nur verstärkten, was hier bereits keimhaft angelegt war. Ich war also gewarnt, als ich das Studium der Theologie begann, und diese Warnung hat meine Weise, Theologie zu treiben, bis heute geprägt.

Es ist für mich im Laufe der Zeit zur Gewißheit geworden: Gerade die Theologie braucht ein Potential immanenten Mißtrauens sich selber gegenüber. Dieses ihr immanente Mißtrauen sollte nicht aus rationalem Skeptizismus kommen, sondern aus der Scheu vor der Unbegreiflichkeit Gottes selbst. Denn die Gefährlichkeit jeder Theologie liegt gerade hier: in der Herstellung oberflächlicher Gewißheiten, in der Produktion von vorschnellem Sinn und Trost. Die Rätselhaftigkeit Gottes wird mit sogenannten »Sinnangeboten« überspielt. Aus Angst vor »Verunsicherung« scheuen viele davor, sich selbst und andere mit der oft aufstörenden Wahrheit Gottes zu konfrontieren, die oft genug querliegt zu dem, was wir unseren eigenen menschlichen »Sinn« nennen. Als ob »Gott« die Besänftigung unserer menschlichen Sinnfrage wäre und nicht die aufstörende, hellsichtig machende Wahrheit über den Menschen. Das ist es wohl, was Goethe im Auge hatte: Theologie funktioniert nur allzu rasch als »Arzenei«, ohne daß Menschen vorher schonungslos ihre Krankheit diagnostiziert hätten oder mit der Wahrheit Gottes konfrontiert worden wären. Die Rede von Gott wird nur allzu leicht dazu mißbraucht, die Abgründe der eigenen Existenz, die Widersprüche der Evolution und die Absurditäten der Geschichte zu verdrängen. Theologie wird dann verwechselt mit professioneller Vertröstung, mit Sinnproduktion für schwere Stunden, mit beschwichtigender Therapie für Seelenschmerzen. Kurz, Theologie verkommt zum Beruhigungsmittel einer bürgerlichen Gesellschaft!

3. Der Protest des »Fremden« gegen den Priester

Daß man aber auch um der eigenen und der Würde Gottes willen vorschnelle Gewißheiten und Tröstungen zurückweisen kann — davon hat nach meiner Erfahrung niemand bewegender erzählt als der Franzose *Albert Camus.* Zum Beispiel in seinem Text »Der Fremde«, auf den ich schon früh in meinem Studium stieß. Von der ersten Lektüre an hat es mir tiefen Eindruck gemacht, daß der »Held« dieser Erzählung, Meursault, der nach einem für ihn undurchschaubaren Prozeß zum Tode verurteilt wird, noch in der Todeszelle jeden Trost durch den Vertreter der Religion ablehnt. Kaum eine literarische Szene ist mir so gegenwärtig geblieben: Als der Priester den Gefangenen in seiner Zelle aufsucht, um mit ihm über seinen bevorstehenden Tod, über seine Sünden und Gottes Gerechtigkeit zu sprechen, verbittet sich Meursault jede religiöse Betreuung und greift seinerseits den Priester in dessen ahnungsloser Unangefochtenheit und Glaubenssicherheit an:

> »Ich hatte ihn beim Kragen seiner Soutane gepackt. Ich schüttete, abwechselnd vor Freude und vor Wut auftrumpfend, alles aus der Tiefe meines Herzens über ihm aus. Er schiene so gewiß zu sein, nicht wahr? Dabei wäre keine seiner Gewißheiten das Haar einer Frau wert. Er wäre ja nicht einmal sicher, am Leben zu sein, da er leben würde wie ein Toter. Ich schiene mit leeren Händen dazustehen. Aber ich wäre meiner sicher, aller Dinge sicher, sicherer als er, meines Lebens sicher und dieses Todes, der bald kommen würde. Ja, ich hätte nur das. Aber zumindest besäße ich diese Wahrheit, genauso wie sie mich besäße... Nichts, nichts wäre von Bedeutung, und ich wüßte genau, warum nicht. Er wüßte es auch. Aus der Tiefe meiner Zukunft stiege während dieses ganzen absurden Lebens, das ich geführt hätte, ein dunkler Atem zu mir auf, durch Jahre hindurch, die noch nicht gekommen wären, und dieser Atem machte auf seinem Weg all das gleich, was man mir in den genauso unwirklichen Jahren böte, die ich lebte.«[5]

[5] *A. Camus,* Der Fremde. Roman, dt. Übersetzung von U. Aumüller, Hamburg 1994, S. 141f.

Religiös naiv, wie ich aufgewachsen war, war diese Szene zunächst eine unerhörte Provokation für mich. Ein Mensch verbietet sich den Trost durch die Religion! Was konnte dahinterstekken? Die Ahnungslosigkeit eines Atheisten? Die Arroganz eines Blasphemikers? Die Depression eines Verzweifelten? Ich begriff erst langsam, daß diese atheismuskritischen Kategorien, die mir eingeimpft worden waren, vor diesem Text versagten. Denn hier verweigert ein Mensch den religiösen Trost ja nicht aus Verzweiflung, Ahnungslosigkeit oder Arroganz, sondern aus einem Gefühl für die eigene Würde, den eigenen Stolz. Hier demonstriert jemand Selbstgewißheit — gerade im Horizont der Absurdität. Diese wird nicht beklagt, sondern in aller Nüchternheit akzeptiert. Ja, das mir vertraute Schema wird in diesem Text geradezu umgedreht: Es ist der gläubige Priester, der in den Augen des Todgeweihten »wie ein Toter« existiert. Und es ist der Ungläubige, der angesichts seines Todes mit einer fast gläubigen Gewißheit lebt. Aus der »Tiefe der Zukunft« komme »ein dunkler Atem«, der alles gleich-gültig mache! Und mit »Zukunft« ist hier nicht Transzendenz gemeint, sondern der Tod. Ohne daß ich es wirklich wollte, befand ich mich jedesmal, wenn ich diese Geschichte las, auf der Seite des »Fremden« gegen den Priester. Warum?

Ich begriff allmählich, daß dieser Text recht hatte, einen Glauben zurückzuweisen, der es sich allzu leicht macht mit einer Hoffnung auf einen transzendenten Sinn. Ich begriff vor allem, daß der Fremde der wahrhaftigere Mensch war, jemand, der sich der Brutalität und Chaotik des Lebens in aller Nüchternheit »gestellt« hatte. In aller Schonungslosigkeit hatte dieser Mensch zugegeben: Menschen müssen nun einmal prinzipiell trost-los leben, ja es gehört zu ihrer Würde und zu ihrem Stolz, sich fern aller Hybris den Trost der Religion zu verbitten, der doch allemal nur Vertröstung ist. Es ist wahrhaftiger, freilich auch härter und grausamer, religiöse Hoffnungen endlich als Selbsttäuschungen zu begraben!

Und doch: Trotz aller Sympathien, die ich für diesen in seiner Welt-Fremdheit tapferen Meursault empfinde, letztlich habe ich ihn nicht verstanden. Aus der Tiefe seiner Zukunft sei während seines ganzen absurden Lebens ein dunkler Atem zu ihm aufgestiegen? So schön poetisch dieses Bild ist, in mir kann es Rückfragen an dieses Leben nicht ruhigstellen. Ich habe mich oft gefragt, warum Meursault den Grund dafür, warum sein Leben absurd ist, nie offensiv benennt. Warum er angesichts eines Todesurteils, das er nicht durchschaut und das die Absurdität seiner Existenz nur verstärkt, nicht gegen diesen Tod rebelliert. Warum kann er so ruhig in seiner Zelle sitzen, aggressiv nur gegen den religiösen Tröster? Warum nicht die gleiche Aggressivität gegen die Absurdität seines eigenen Lebens? Warum keine »Revolte«, wie sie Camus persönlich ja durchaus auf seine philosophischen Programmfahnen zu schreiben wußte? Warum also stellt Meursault nicht die Ordnung dieser Welt in Frage? Warum diese bleierne Gleich-Gültigkeit am Ende?

Ich nahm mir vor: Wenn du von Gott redest, wirst du nie wie der Camussche Priester eine naive Unangefochtenheit zur Schau stellen. Aus anderen Gründen freilich als der Camussche Held. Um *Gottes* willen nicht. Denn Glauben an Gott, so wurde mir bewußt, bedeutet, stets und unaufhebbar angefochten zu sein. Nichts ist mehr gleich-gültig. »Gott« — das ist die *Frage* nach der Ordnung dieser Welt und nach dem Sinn dieses Lebens. Eine offene Frage, manchmal eine brennende Wunde. Sind es doch gerade die Erfahrungen von Absurditäten im eigenen Leben und in der Geschichte dieser Welt, welche die Urfrage wachrufen, warum es dieses Leben und diese Geschichte überhaupt geben muß. Da es aber dieses Leben und diese Geschichte nun einmal gibt, wer trägt für deren Sinn und Ordnung die letzte Verantwortung? Später fand ich bei dem jüdischen Schriftsteller *Elie Wiesel*, von dem in diesem Buch noch ausführlich die Rede sein wird, einen ähnlichen Grundgedanken: »Es ist wahr, die Tragödie des Glaubenden ist größer als die des Nichtglaubenden. Nicht zu glauben, ist kein Problem; es ist aus. Aber zu glauben und dennoch Fragen zu haben, auf die es keine Antworten gibt, das ist ein Problem.«[6]

[6] *E. Wiesel,* Die politisch-moralische Aufgabe des Schriftstellers heute. Nach Auschwitz haben die Worte ihre Unschuld verloren, in: Erinnerung als Gegenwart. Elie Wiesel in Loccum, in: Loccumer Protokolle 25/1986, S. 117. Ebenso nahe ist mir der Gedanke, den Elie Wiesel in seiner »Autobiographie« niederlegte: »Nichts kann Auschwitz rechtfertigen. Und wenn Gott selbst mir eine Rechtfertigung anböte, ich würde sie, glaube ich, zurückweisen. Treblin-

Gerade also wer so nüchtern und illusionsfrei ist wie der Camussche Meursault, kann sich mit der Welt, so »absurd« sie oft scheint, nicht einfach abfinden. Der zweifelt. Und wer zweifelt, glaubt. *Dubito ergo credo, credo ergo dubito.* Ich begriff, daß gerade der Zweifel an der Schöpfung den Glauben mitzieht und der Glaube an Gott den Zweifel nach sich zieht. Zweifel und Glaube sind nicht Feinde, sondern Brüder. Sie kommen aus demselben Ursprung, weil die Welt, so grotesk, wie sie ist, Fragen aufwirft, die keine Religion, keine philosophische Theorie und kein politisches System bisher gelöst haben. Deshalb kann auch eine Absurditäts-Philosophie à la Camus eine Vertröstung sein, gegen die Ordnung der Welt gar nicht mehr zu rebellieren, sondern sie als »absurd« hinzunehmen. Auch die Absurditäts-Philosophie kann eine falsche Gewißheit sein, »Arznei« für Depressive. Für mich aber heißt Glauben an Gott, mit der Tatsache »Welt« und mit den Tatsachen *in* dieser Welt nicht fertig zu sein. Die Welt ist mehr als ihr Fall.

4. Schreibenkönnen wie Flaubert

Zugegeben: Ich brauche die Sprache der Poeten als Theologe so nötig wie das tägliche Brot. Man muß ja nicht erst die neuesten demoskopischen Umfragen lesen, um zu wissen, wie sehr die traditionelle religiöse Sprache sich von der Lebenswirklichkeit entfernt hat. Der Abschied von dogmatisch verfaßten Glaubensinhalten ist wesentlich auch Ausdruck der Krise einer traditionel-

ka hat alle Rechtfertigungen außer Kraft gesetzt und alle Antworten. Das Reich hinter Stacheldraht wird für immer ein unermeßliches Fragezeichen bleiben, für die Menschen wie für ihren Schöpfer. Angesichts einer solchen Häufung von Leid und Todesqualen, die in der Geschichte ohnegleichen ist, hätte Er eingreifen oder sich wenigstens äußern müssen. Ich nehme gern an, Er habe sich in Seinem immerwährenden Mitleid von unserem Schmerz überwältigen lassen, den Er auf Seine ihm eigene Art noch verstärkte. Doch auf welcher Seite stand Er? Stand Er nur auf der Seite der Opfer? Will Er nicht Vater aller Menschen sein? Als solcher zerbricht Er unseren Selbstschutz und erschüttert uns zutiefst. Einen Vater, der zuschaut, wie einige Seiner Kinder die anderen abschlachten, kann man doch nur bedauern. Gibt es ein vollkommeneres Leiden, bitterere Schuldgefühle?« (Alle Flüsse fließen ins Meer. Autobiographie, Hamburg 1994, S. 142.)

len kirchlich-religiösen Sprache. Solche Sprache hat sich vielfach überlebt, ihre Metaphorik ist schal geworden. Bilder kommen vielfach aus Sprachwelten, die versunken sind, und jede naive Weitertradierung produziert genau das, was sie zu verhindern trachtet: den Zerfall der religiösen Sprache. Sprachkritiker haben schon längst bemerkt, daß die »Produktion« religiöser Sprache mit den großen Umbruchprozessen im Raum der Gesellschaft und Kultur, etwa von einer feudalen zu einer demokratisch-pluralistischen Gesellschaft, von einer agrarisch-kleinstädtischen zu einer großstädtisch-industriellen, von einer monolithisch strukturierten zu einer multikulturellen und multireligiösen, nicht mitgehalten hat. In religiöser Sprache ist eine bestimmte kirchliche und gesellschaftliche Ordnung eingefroren, die — übertragen auf gewandelte gesellschaftliche Verhältnisse — vielfach komisch bis lächerlich wirken muß.

Es ist in der Tat ein bemerkenwertes Phänomen: Die feudale Gesellschaft war ungeheuer sprachbildend. Die Rede von Gott als König, Herrscher, allmächtiger Vater, gnädiger Richter war Ausdruck einer Beziehung Gott–Mensch, wo das Schema Oben–Unten, Unabhängig–Abhängig, Befehl–Gehorsam dominierte. Die demokratisch-plurale Gesellschaft dagegen hat ihr Weltverständnis religiös noch nicht so zu artikulieren vermocht, daß es bis auf die Ebene des religiösen Bewußtseins durchschlug. Die demokratischen Titel sind kaum religionsfähig: Gott als Präsident, Vorsitzender, Generalsekretär klingt lächerlich. Aber an die Rede von Jesus als Bruder — daran haben wir uns gewöhnt. Sie ist eine Errungenschaft des 19. Jahrhunderts und in bürgerlichen Kreisen entstanden. Wie festgefroren alles ist, zeigt der Streit um die feministische Sprachkritik. Gott »Mutter« zu nennen, ist vielen bis heute unvorstellbar...

Das sind nur Schlaglichter, die beleuchten sollen, daß die Krise der religiösen Sprache nicht schuldhaft den religiösen Konsumenten zugeschoben werden kann, sondern dem Geschichtsprozeß religiöser Sprachbildung immanent ist. Jede selbstkritische Theologie ist sich dieses Dilemmas heute bewußt. Es besteht darin, daß Theologie beides immer wieder vermitteln muß und dabei fast nur scheitern kann: die Treue zu den normativen Urkunden, die ein bestimmtes Weltbild und Sprachprofil aufweisen, und die Konfrontation mit neuen Erfahrungswelten, in die hinein die alte Sprache übersetzt werden muß. Theologie ist dabei oft genug der Sprachsklerose anheimgefallen.

Niemand hat das schärfer gesehen und selbstkritischer beschrieben als der katholische Theologe *Fridolin Stier*, den viele hier erst nach dessen Tod 1981 durch seine beiden Bände mit »Aufzeichnungen, Meditationen und Reflexionen« kennengelernt haben.[7] So auch ich. Ich fand in diesen Büchern einen theologischen Denkstil vor, der aus dem Hören auf die Sprache der Dichter entstanden war. Hier hatte sich ein Theologe – ohne alle Abstriche an der Sache seiner Botschaft – konsequent auf die Dichter eingelassen und von deren Sprachkritik und Sprachsensibilität gelernt. Stiers Bücher sind mir deshalb exemplarisch. So findet sich in Stiers Band »Vielleicht ist irgendwo Tag« die Eintragung vom 13. November 1968:

> »Nach der Lektüre theologischer Traktate: Tortur! Schwulstig diese Sprache, auch wirklich an Geschwülsten leidend, bräuchte sie das Skalpell des Sprachchirurgen oder eine Strahlenkur, wenigstens entfettende oder entwässernde Pillen...
> Pathologie:
> Sprache, die an Fettwucherungen, Lipomen, leidet,
> an Ödemen, wässerigen Aufschwemmungen des sprachlichen Zellgewebes,
> an Obstipation, Drängen und Drücken um den Ausdruck, an Arthrose, steifer, ungelenker Gedankenbewegung...
>
> In der somatischen Medizin gibt es Messer und Medikamente, in der Sprachmedizin aber, deren es bedürfte...? Den Geist zur Klarheit des Ausdrucks zwingen, den sprachlichen Formsinn schärfen, fachliche Terminologie nicht zu esoterischem Kauderwelsch entarten lassen...
>
> Theologen müßten schreiben wie Flaubert, der ganze Tage verbrauchte, um das einzig treffende Wort zu finden. Als Guy de Maupassant ihm seine ersten Novellen vorlegte, bekam

[7] Zur Auseinandersetzung mit F. Stier vgl. *K.-J. Kuschel*, Fridolin Stier als Theologe und Sprachkünstler. Zur Bedeutung einer neuen Übersetzung des Neuen Testaments, in: Stimmen der Zeit 208 (1990), S. 687–702.

> er sie wimmelnd von roten Strichen und Durchstreichungen zurück.«[8]

Diese Anekdote von *Gustave Flaubert* als unnachsichtigem Sprachchirurgen läßt sich durch eine andere noch ergänzen. Denn die Sprachkritik steht ja in der Tat im Dienste des *treffenden Wortes.* Auch die Sprache des Theologen, der Theologin müßte deshalb frei sein von allem Überflüssigen, Geschwätzigen, Schwülstigen und Pathetischen und auf Treffsicherheit zielen. Die Moralität des Theologietreibens hätte gerade auch hier zu liegen: in der Verantwortung für jedes Wort, das einem aus dem Munde kommt oder auf's Papier gerät. Jeder Akt des Schreibens sollte ein moralischer Akt sein. Und diese dem Schreiben als Wortverantwortung immanente Moralität kommt sehr plastisch in einer anderen Anekdote zur Sprache, die der Lyriker *Gottfried Benn* in seinem Essay »Altern als Problem der Künstler« vom französischen Politiker Clémenceau berichtet hat:

> »Ich las kürzlich von Clémenceau folgende Geschichte: Er hatte einen neuen Privatsekretär engagiert und wies ihn am ersten Tage in seine Aufgaben ein. Einige Briefe, sagte Clémenceau, werden Sie allein verfassen müssen. Hören Sie zu: ›Ein Satz besteht aus einem Hauptwort und einem Verbum — wenn Sie ein Adjektiv verwenden wollen, fragen Sie mich vorher.‹«[9]

Aus dieser Sprachsensibilität heraus hat sich Fridolin Stiers Theologie verändert. Sie gewann ihr besonderes Profil darin, daß sie das selbstverständlich Hingenommene dieser Welt immer wieder neu befragte, von immer neuen Fragen her konterkarierte. Was Stiers theologischen Denkstil auszeichnet, ist die Grundhaltung des Staunens über das bisher so unkritisch Bejahte, das sich Nichtabfinden mit den festgestanzten Formeln, das Mißtrauen gegenüber der Selbstverliebtheit in die einmal gewonnene Plausibilität. Selbst das ihm als Theologen Vertrauteste wird im Verlauf der Aufzeichnungen fremd; seine theologische Prosa ist

[8] *F. Stier,* Vielleicht ist irgendwo Tag. Aufzeichnungen, Freiburg/Br. 1981, S. 19f.

[9] *G. Benn,* Altern als Problem der Künstler, in: Gesammelte Werke Bd. IV, hrsg. v. D. Wellershoff, Wiesbaden 1968, S. 1116-1146, Zitat S. 1143.

eine Prosa der *Selbstunterbrechungen und des mitkomponierten Zögerns:*

> »Theologie sei ›Sprechen von Gott‹. Was heißt ›Sprechen *von*‹? Sprechen wir ›von‹ etwas – von der Schallplatte, die wir eben gehört, von der Hochzeit in Nachbars Haus, an der wir teilgenommen haben, von den nächsten Bundestagswahlen, an denen wir teilnehmen werden, wir sprechen von der Liebe, wir sprechen vom Tod –, immer ist dieses Etwas den Sprechenden gegeben – etwas Vorhandenes, Geschehenes, Gesehenes, Erlebtes, ein Wirkliches immer. Aber: Wovon sprechen wir, wenn wir sagen, wir sprechen von Gott?«[10]

Rückzüge aus einer Theologia triumphalis, einer alles verarbeitenden, alles vermessenden, alles besprechenden Theologie – das ist das Verfahren der Stierschen Selbstbefragungen. Abschied von einer Theologie der Landvermesserei – das ist der untergründige cantus firmus all dieser Aufzeichnungen, Notizen und Reflexionen. Abschied von einer vollmundigen, selbstgewissen und unangefochtenen Zurschaustellung des Glaubens: dafür kämpft dieser Theologe Seite für Seite. Und stattdessen: die Selbstzurücknahme der Gott-Rede in die Frage, in die Selbstbescheidung und Demut desjenigen, der seinen Gott nicht hat, sondern zu ihm auf dem Weg ist. Stattdessen programmatisch eine »Theologie im Vorhof«, die sich bewußt in die große Tradition »negativer Theologie«[11] stellt:

> »›Theologie im Vorhof‹ – das ist die meine, so hieße ich sie, wenn ihr ein Name zu geben wäre. Hier, im Vorhof, um es genau zu sagen: im Vorhof der Heiden, steht auf Abbruch mein Zelt. Ein großes Hörensagen trägt mir durch die Luft die Kunde vom Heiligtum zu, Psalmen höre ich hallen von fern; es ist Nacht... Groß ist der Vorhof; wer ins Heiligtum will, hier muß er hindurch...«[12]

Stier bedient sich bewußt literarischer Formen, um sich theologisch zu artikulieren. Er benutzt eine komplexe Mischform aus

[10] *F. Stier,* a. a. O., S. 25 (s. Anm. 8).
[11] Vgl. dazu *F. Stier,* a. a. O., S. 247f.
[12] *F. Stier,* a. a. O., S. 347.

Tagebuch, Aphorismensammlung, lyrischem Skizzenbuch, Meditations-Brevier und Arbeitsjournal. Die Vielfalt und Offenheit der Formen spiegelt offenes, experimentelles Denken. Theologie wird zur Theo-Poesie, bei dem die Theologie in Poesie übergeht und die Poesie an die Theologie rückgebunden wird. Der Leser wird so in ein hellsichtig machendes Wechselspiel hineingezogen.

Mit Recht hat die evangelische Theologin *Dorothee Sölle* einmal davon gesprochen, daß für die theologische Rezeption von Texten das Wort »Poesie« geeigneter sei als das Wort »Literatur«. Der Begriff »Literatur« kann ja in der Tat die ganze Spannweite vom Werbetext bis zur hermetischen Dichtung umfassen und wird auf diese Weise unscharf. Deshalb wird dem theologischen Interesse an Literatur das Wort »Poesie« gerechter, denn in ihm steckt das Wort *poiein,* was bekanntlich schaffen, herstellen, neumachen meint. Und darauf allein richtet sich theologisches Interesse an Texten: auf das treffend Gestaltete, plastisch Verdichtete, vollendet Geformte. Dorothee Sölle wörtlich:

> »Zu viel fällt durchaus unter Literatur, das nicht das Geringste mit *poiein,* schaffen, herstellen, neumachen zu tun hat. Franz Kafka sagt: ›Ein Buch muß wie eine Axt sein, um das Eis der Seele zu spalten‹; in diesem Bild steckt das Kriterium der Poesie, mit dem wir Dante von der Bildzeitung unterscheiden können. Die Sprache, die wir meistens benutzen, ist ungeeignet, das Eis in uns zu spalten: Wir erreichen einander nicht, die Worte berühren uns nicht in der Tiefe, die Seele erstarrt. Wir suchen eine Sprache, die dieses immer dickere Eis der Seele spaltet.«[13]

[13] *D. Sölle,* Das Eis der Seele spalten. Theologie und Literatur in sprachloser Zeit, Mainz 1996, S. 76. Dieses Buch, als Band V in der von mir herausgegebenen Reihe »Theologie und Literatur« erschienen, enthält alle wesentlichen Texte von Dorothee Sölle zur Literatur.

5. Transzendenz: Die Begegnung mit dem großen Kunstwerk

Dieser Satz zur Funktion der Sprache und damit der großen Poesie signalisiert schon, daß die Texte der Dichter mehr sind als Stichwortlieferanten für den jeweiligen Zeitgeist, mehr als Themenillustratoren zur homiletischen, katechetischen und religionspädagogischen Verzweckung. Wer Literatur als Theologe / Theologin nur nach Inhalten absucht, vergreift sich an ihr. Und wer sich an Literatur vergreift, hat nichts von ihr begriffen und ist der Theologenkrankheit des »Inhaltismus« verfallen. Die Dichtung bricht mit der ihr eigenen Formkraft und Schönheit nichts mehr auf im Sinne Franz Kafkas, sondern degeneriert zum Themenreservoir.

Aufbrechen gegebener Wirklichkeiten aber kann die Dichtung nur, weil sie eine eigene Wirklichkeit darstellt — in verdichteter Form. Große Poesie wie jedes große Kunstwerk ist ja eine Wirklichkeit eigener Art, eine Zwischenwelt zwischen der empirischen Welt (die mit Hilfe der Wissenschaften gedeutet wird) und der metaphysisch-religiösen Welt (welche Philosophie und Theologie bedenken). Anders gesagt: Jedes große Kunstwerk ist eine Welt für sich, geheimnisvoll in der Entstehung, unausschöpflich in der Bedeutung, unberechenbar in der Wirkung. Das große Kunstwerk wird so zum Analogon für diejenige Wirklichkeit, die Theologen mit dem unbrauchbaren Wort »Gott« bezeichnen...

Diesen Grundgedanken in den literaturwissenschaftlichen Diskurs neu eingebracht zu haben, ist das Verdienst des deutsch-britischen Literaturwissenschaftlers *George Steiner* und seines Buches »Real Presences« (1989).[14] Dieses Buch hat eine kontroverse Debatte[15] deshalb ausgelöst, weil Steiner in diesem Traktat von höchstem philosophischen Niveau gerade die eigene Zunft mit der These konfrontierte:

[14] *G. Steiner,* Real Presences, London 1989. Dt. Ausgabe: Von realer Gegenwart. Hat unser Sprechen Inhalt? Mit einem Nachwort von Botho Strauß. Aus dem Englischen von J. Trobitius, München–Wien 1990.

[15] Vgl. dazu *K.-J. Kuschel,* Gegenwart Gottes? Zur Möglichkeit theologischer Ästhetik in Auseinandersetzung mit George Steiner (s. Anm. 1).

> »Alle gute Kunst und Literatur nehmen in der Immanenz ihren Anfang. Doch bleiben sie dort nicht stehen. Was ganz einfach heißt, daß es Anliegen und Privileg des Ästhetischen ist, das Kontinuum zwischen Zeitlichkeit und Ewigkeit, zwischen Materie und Geist, zwischen dem Menschen und dem ›anderen‹ zu erleuchteter Gegenwart zu erwecken. In diesem allgemeinen und exakten Sinn eröffnet sich *poiesis* in Richtung auf das Religiöse und das Metaphysische, wird durch diese bestätigt. Die Fragen: ›Was ist Dichtung, Musik, Kunst?‹, ›Wie können sie nicht sein?‹, ›Wie wirken sie auf uns?‹ sind letztlich theologische Fragen.«[16]

Diese These ist auch eine *Provokation christlicher Theologie,* die sich zumal in ihren kirchlich-orthodoxen Ausprägungen stets schwertat, dem Ästhetischen theologisch einen angemessenen Platz einzuräumen. Beispiel: der protestantische Theologe *Karl Barth.* In seiner frühen »dialektischen Phase« zwischen 1919 und 1933 etwa sah Barth die Aufgabe der Theologie — in der Nachfolge der Ästhetikkritik Kierkegaards — vor allem in einer *Kulturkritik* aus der Perspektive der Offenbarung Gottes. Gegen einen Ästhetizismus und Kulturoptimismus der liberalen Theologie des 19. Jahrhunderts (F. Schleiermacher, A. Ritschl, A. v. Harnack), die allzu harmonisch Christentum und Kultur, ästhetische Erfahrung des Menschen und Offenbarung Gottes ineinsgesetzt hatte, betonte Barth den radikalen *Unterschied zwischen Offenbarung und Kultur,* Gottes Wort und den Produkten menschlicher Kunst. Wenn die Kultur verstanden würde — so Barth 1926 in einem programmatischen Aufsatz über »Die Kirche und die Kultur« — als die Idee des Endziels und Inbegriff der Normen, von denen menschliches Handeln sich leiten lassen solle, dann könne die Kirche zur Bedeutung der Kultur »nur Negatives und Polemisches sagen«. Beide Größen würden dann »auf nicht nur verschiedenen, sondern als Wahrheit und Irrtum sich auf ausschließenden Ebenen befinden«.[17]

[16] *G. Steiner,* a. a. O., S. 296.

[17] *K. Barth,* Die Kirche und die Kultur (1926), in: ders., Die Theologie und die Kirche. Gesammelte Vorträge, Bd. II, München 1928, S. 368.

Barth war davon überzeugt, daß ein Kunstwerk als solches nie Offenbarungsqualität, nie eine »Realpräsenz« des Göttlichen verkörpern könne. Offenbarung gibt es für den Menschen in Jesus Christus allein, der seinerseits nur über die Offenbarungs-Ur-Kunde, die Heilige Schrift, dem Menschen zugänglich sei. Kein Werk menschlicher Kultur könne diese Funktion übernehmen. Im Gegenteil: die »Kultur« (gerade auch die Werke der Literatur) zeigen für Barth nichts als die Zwiespältigkeit des Menschen. Denn indem der Mensch nur »vor Gott gestellt zu sich selbst« komme, stehe er vor dem Riß, der durch seine Existenz gehe, und vor der *Frage* nach einer Synthese:

> »Was immer den Namen Kultur verdient, das ist in irgendeiner Form aus diesem Riß und aus dieser Frage erwachsen. Kultur heißt Entbehren und Gewißwerden, Suchen und nicht Finden der Einheit Gottes durch den Menschen. Unerbittlich zeigt uns der Spiegel unserer Doppelexistenz, den uns das Wort Gottes vorhält, beides, die Dringlichkeit und die Schrecklichkeit des Problems der Kultur«.[18]

Für eine »Theologie der Kultur«, für eine theologische Qualität der ästhetischen Erfahrung war für Barth in dieser Lebensphase — anders als etwa für seine großen Zeitgenossen Rudolf Bultmann und Paul Tillich auf evangelischer oder Hans Urs von Balthasar und Romano Guardini auf katholischer Seite[19] — kein Raum.

Gewiß: Barth ist bei dieser radikalen Dissoziierung von Kultur und Offenbarung nicht stehengeblieben. So war er nach einer programmatischen Wende seiner Theologie (von der »Dialektik« zur »Analogie«) bereit, der *Kunst* zumindest *Gleichnisfunktion* einzuräumen. So zum Beispiel der Musik *Wolfgang Amadeus Mozarts* — und zwar keineswegs nur der religiösen Programmusik (etwa den »Messen« oder dem »Requiem«), sondern aller Mozart Musik. Theologisch relevant war Barth gerade der Stil und der Charakter aller Mozart-Kompositionen. Denn er glaubte erkannt

[18] *K. Barth,* a. a. O., S. 371.

[19] Vgl. dazu die umfassende Studie von *Th. Kucharz,* Theologen und ihre Dichter. Literatur, Kultur und Kunst bei Karl Barth, Rudolf Bultmann und Paul Tillich, Mainz 1995 (Theologie und Literatur Bd. IV). Ebenso: *K.-J. Kuschel,* Theologen und ihre Dichter (s. Anm. 1).

zu haben, daß alle Mozart-Musik aus einer »Höhe« komme, wo »all die Freude und der Schmerz, das Gute und Böse, das Leben und der Tod zugleich in ihrer Wirklichkeit, aber auch in ihrer Begrenzung« eingesehen seien. Mozart musiziere »das wirkliche Leben in seiner Zwiespältigkeit, aber ihr zum Trotz auf dem Hintergrund der guten Schöpfung Gottes und darum allerdings in steter Wendung von rechts nach links und nie umgekehrt«.[20] Darin sei Mozarts Musik »schön, wohltuend, bewegend«.[21] Ja, als »evangelischer Christ und Theologe« konnte Barth in dieser Musik Mozarts so etwas wie ein »Gleichnis« des Himmelreichs sehen.[22]

Von dieser *Gleichnisfunktion der Kunst* her konnte auch der späte Karl Barth nun ganz anders mit Literatur umgehen, wie sein bewegender Briefwechsel mit dem Schriftsteller *Carl Zuckmayer* aus seinen letzten beiden Lebensjahren 1966 bis 1968 zeigt: »Späte Freundschaft«. Auch hier war der Vergleichspunkt ähnlich wie bei Mozart. In den Erzählungen Zuckmayers sah Barth das Besondere gerade »in der nirgends versagenden Barmherzigkeit, in der die menschliche Dunkelheit, Verkehrtheit und Misere« vom Erzähler gesehen werde.[23] Mephistopheles sei »abwesend«.[24] Die »Alle und Alles unaufdringlich, aber unübersehbar umgebende Güte Gottes« regiere und charakterisiere bei Zuckmayer auch die »trivialsten, bizzarsten, ja tollsten Szenen und Situationen«.[25] Und nach dieser Einsicht fällt bei Barth dann der bemerkenswerte Satz:

> »Und mit das Beste ist, daß Sie es offenbar kaum selbst bemerken, wie sehr Sie in Ihrer, wie man sagt, rein ›weltlichen‹ Schriftstellerei faktisch ein priesterliches Amt ausgeübt haben und noch ausüben: in einem Ausmaß, wie das unter den berufsmäßigen Priestern, Predigern, Theologen usw. katholischer oder evangelischer Konfession wohl nur von wenigen gesagt werden kann«.[26]

20 *K. Barth,* Wolfgang Amadeus Mozart, Zürich 1956, S. 23.
21 *K. Barth,* a. a. O., S. 24 (s. Anm. 17).
22 *K. Barth,* a. a. O., S. 47.
23 *C. Zuckmayer – K. Barth,* Späte Freundschaft in Briefen, Zürich 1977, S. 17.
24 Ebd.
25 Ebd.
26 Ebd.

Der Schriftsteller faktisch also ein Priester in seiner Art, weil auch er das Menschliche letztlich in die Perspektive der Barmherzigkeit stellt? Doch Barth muß dieses Zugeständnis als so kühn empfunden haben, daß er gleich im nächsten Brief diese seine Äußerungen vor Mißverständnissen schützt:

> »Nun habe ich Ihnen aber das letzte Mal geschrieben, daß ich Ihr literarisches Wirken als ein solches in *priesterlichem* Dienst verstehe. Und Sie haben diesem Verständnis etwas überrascht, aber deutlich zugestimmt. Gott in jeder Baumrinde — gut, ich gehe auch mit. Aber Gott in jeder Baumrinde ist Gott der Schöpfer (ich habe ihn als solchen in nicht weniger als vier Teilbänden meiner Dogmatik in meiner Weise zu verstehen und zu loben versucht, mit denen ich aber weder Ihre Bücherborde noch gar Sie selbst zu belasten gedenke!). Im *priesterlichen* Dienst aber handelt es sich um Gott den *Versöhner* der von ihm abgefallenen, ja gegen ihn streitenden Schöpfung, der mit Jenem gewiß Einer und Derselbe, aber nun eben doch der in Jesus Christus allein wahrhafte, handelnde und redende Gott ist. Ihm und ihm als solchem allein gebührt also *Anbetung:* Ihm in seinem lebendigen, durch die Heilige Schrift bezeugten Wort bzw. für Sie als Katholik: ihm speziell in seiner Gegenwart im eucharistischen Opfer — Gott in der Baumrinde doch wohl nur inklusive, indirekt, mittelbar... Sie bemerken: Der Theologe in mir hat in diesem Exkurs sein Hörnlein gezeigt. Er mußte es der Ehrlichkeit halber tun und bittet den Dichter um Verzeihung, aber auch um Verständnis und vielleicht um sein Nachdenken«.[27]

Man spürt: Hier bekommt ein Theologe Angst vor der eigenen Courage, den ästhetischen Möglichkeiten des Menschen zu viel theologisches Gewicht zu geben. Das Mißtrauen bleibt. Gottes Gegenwart im Wort der Heiligen Schrift oder im »eucharistischen Opfer« — theologisch kein Problem. Aber in der »Baumrinde« oder in einem Kunstwerk — »doch wohl nur inklusive, indirekt, mittelbar«!

Vielleicht merkt man erst jetzt, welche Provokation im Buch von George Steiner steckt. Denn Steiner denkt nicht daran, Got-

[27] *C. Zuckmayer — K. Barth,* a. a. O., S. 23f (s. Anm. 23).

tes Anwesenheit nur auf die »Heilige Schrift« oder gar das »eucharistische Opfer« zu beschränken oder nur mittelbar in einem Kunstwerk zu behaupten. »Gottes Gegenwart« ist für ihn offensichtlich direkt präsent in jedem großen, ernsthaften Kunstwerk. Und diese »Gegenwart« hängt nicht von der Tendenz oder inhaltlichen Konzeption dieses Kunstwerks ab, sondern von dessen ästhetischer Qualität allein. Darauf liegt ja Steiners ganzes Schwergewicht: daß der Mensch in der Begegnung mit einem großen Kunstwerk Transzendenz erfahren könne. Und um das zu verstehen, muß man verstanden haben, wie Steiner ein Kunstwerk bestimmt und welchen Eigenwert die Kunst im Ensemble anderer Wirklichkeitsbereiche besitzt.

Ein erster Schritt: Gegen die heute gängige Ignorierung der *religiösen Dimension großer Dokumente der Kunstgeschichte* ruft Steiner in Erinnerung, daß etwa die Literatur von Homer und der »Orestie« bis zu den Romanen Dostojewskis und Kafkas ohne »eine transzendentale Dimension«[28] nicht zu denken sei. Sie habe die Kunst, »angefangen bei der Höhlenmalerei von Lascaux bis hin zu Rembrandt und Kandinsky« geprägt.[29] Statistisch gesehen ist — so Steiner — »westliche Malerei, Bildhauerei und ein Großteil dessen, was sich in Architektur verkörpert, bis zur Aufklärung religiös und, noch spezifischer, biblisch gewesen, sowohl der Motivation (der Künstler) wie dem darstellerischen Gehalt nach«. Insbesondere die Tragödie sei »von Aischylos bis Claudel gottbesessen« gewesen: »Sie stellt den Menschen unbehaust an jene Kreuzwege, wo das Mysterium seiner *conditio* nackt den mehrdeutigen Eingriffen von Bedrohung und Gnade ausgesetzt ist«.[30] Dasselbe gelte für den modernen Roman. Auch hier stellten »die großen Vorbilder nach wie vor laut oder mit verhaltener Stimme (wie bei Proust) die eine Frage, die unausrottbar im Menschen wurzelt: Gibt es Gott oder nicht? Gibt es eine Bedeutung des Seins oder nicht?«[31]

Doch Steiner will mit dieser Erinnerung mehr als literatur-

[28] *G. Steiner,* a. a. O., S. 283 (s. Anm. 14).
[29] Ebd.
[30] Dieses und das im Text vorausgehende Zitat: *G. Steiner,* a. a. O., S. 285 (s. Anm. 14).
[31] *G. Steiner,* a. a. O., S. 287.

geschichtliche Gerechtigkeit. Er will — ein *zweiter Schritt* — darauf hinaus, daß die »Gottbesessenheit« großer Künstler, daß die religiösen Urfragen großer Kunst im »Mysterium« der menschlichen Existenz überhaupt wurzeln: in einer Existenz des Schmerzes und des Todes. Solange der Mensch in einem paradiesischen Zustand leidlos und versöhnt mit sich und Gott gelebt habe, habe es »vermutlich keinen Bedarf für Bücher oder Kunst« gegeben.[32] Erst mit dem Bewußtsein des Todes sei dies anders geworden. Ein Ernst des Fragens komme auf, und dieser Ernst sei »letztlich religiös«:

> »Auf die ›Orestie‹, ›King Lear‹, Dostojewskis ›Die Dämonen‹ trifft nicht weniger zu als auf die Kunst Giottos oder die Passionen Bachs, daß sie die Beziehung des Menschen zur Existenz der Götter oder Gottes erforschen und dramatisieren... Nach dem Buch ›Hiob‹ und den ›Bacchae‹ des Euripides *mußte* es, sollte der Mensch sein Dasein ertragen, die Mittel zum Dialog mit Gott geben, die in unseren dichterischen, musikalischen, künstlerischen Hervorbringungen niedergelegt sind«.[33]

Doch diese Erinnerung an religiöse Aussagen moderner Kunst oder das religiöse Selbstverständnis großer moderner Künstler dient Steiner nur als Verstärkung einer Argumentationsfigur, die noch viel grundsätzlicher ausfällt. Die Sinnspitze des Steinerschen Vorstoßes wird — ein *dritter Schritt* — dort erreicht, wo er behauptet: *Alle große Kunst hat Transzendenzcharakter.*

Um dies zu erläutern, macht Steiner klar, daß das Kunstwerk eine ganz *eigene Wirklichkeit* besitzt, für die gerade nicht die Regeln naturwissenschaftlicher Verifikation und Falsifikation gelten. Das ganze Verständnis von Kunst bei Steiner hängt daran, daß Kunst sich allen wissenschaftlichen Interpretationstheorien, die es »begreifen« wollen, gerade entzieht. Ein großes Kunstwerk ist eben in seinen Bedeutungen unausschöpfbar und damit letztlich unbegreiflich. Eine wissenschaftliche Theorie muß den Kriterien der Verifizierbarkeit oder Falsifizierbarkeit sowie den Gesetzen vorhersagbarer Anwendung genügen. Das aber trifft auf Produkte der Kunst gerade nicht zu. Aristoteles' Poetik der Tra-

[32] *G. Steiner,* a. a. O., S. 293.
[33] Ebd.

gödie oder Sophokles' »Oedipus Rex« werden ja durch Shakespeares »Hamlet« oder Büchners »Woyzeck« nicht falsifiziert. Keine poetologische Theorie kann die Entstehung von Kafkas Parabeln, von Chopins »Nocturnes« oder von Joyces »Finnegans Wake« vorhersagen oder entwerten. Nein, im ästhetischen Diskurs wird — so Steiner — keine Analyse, keine Doktrin, kein Programm interpretatorisch-kritischer Art durch irgendein späteres Gebilde überwunden oder ausgelöscht — ganz anders als in der Naturwissenschaft. Die kopernikanische hat die ptolemäische Kosmostheorie endgültig falsifiziert. In der Chemie hat sich Lavoisiers Phlogiston-Theorie als unhaltbar erwiesen. Aber was Aristoteles über »Mimesis« und »Pathos« zu sagen hatte — wird dies durch Lessing oder Bergson überwunden? Wird Rembrands Malerei durch Kandinsky ausgelöscht?

Daraus folgt, daß im Raum der Kunst andere Gesetze gelten: die Gesetze der Freiheit, der Nicht-Determinierbarkeit und Komplementarität. »Kunst« repräsentiert eine Wirklichkeit, die letztlich aus der Freiheit kommt, nur in Freiheit existiert und die freie Begegnung und Aneignung verlangt. Deshalb sind für Steiner die Künstler selber die besten Interpreten von Kunst, weil sie allein erfahren haben, was es heißt, die Freiheit auszuhalten, die Wirklichkeit zu gestalten und so den schöpferischen »Sprung aus dem Nichts« zur Form zu vollziehen. Kunst ist der Raum des *letztlich Voraussetzungslosen*, des Nicht-Begründbaren, des Nicht-Begreifbaren, der sich so auch aller Funktionalisierung durch Ideologie und Kommerz entziehen kann.

Von daher muß auch die *Begegnung des Menschen mit dem großen Kunstwerk* einen ganz eigenen Charakter haben. Was passiert eigentlich, wenn der Mensch sich von der »Vorherrschaft des Sekundären und Parasitären«[34] freigemacht und sich ganz unmittelbar der Erfahrung des großen Kunstwerks aussetzt? Das will Steiner erhellen. An der *Musik* verdeutlicht er sich dies am klarsten. Denn wie wenig ist gerade die Wirkung von Musik »rational erklärbar«! Was sich in ihr dem Hörer »zeigt«, »manifestiert«, ist gerade nicht mit den Mitteln der Ratio voll erfaßbar oder auf wissenschaftliche Gesetzmäßigkeiten zu bringen. Deshalb kann

[34] *G. Steiner*, a. a. O., S. 18 (s. Anm. 14).

Musik auch zum besten Modell dafür werden, was Steiner mit »realer Gegenwart« zu bezeichnen versucht. Musik bringe ja »in unser tägliches Leben die unmittelbare Begegnung mit einer Logik des Sinns, die eine andere ist als die der Ratio«.[35] Immer habe Musik »das Mysterium der Intuitionen von Transzendenz gefeiert«,[36] von den Liedern des Orpheus bis zu Beethovens »Missa solemnis«, von Schuberts späten Klaviersonaten bis zu Schönbergs »Moses und Aaron« und Messiaens »Quator pour la fin du temps«. Nein, Musik werde — so Steiner — »schlicht gar nicht erfaßt von der Welt, insofern letztere Gegenstand wissenschaftlicher Determination und praktischer Nutzbarmachung« sei.[37] Was der Mensch in der Begegnung mit dem musikalischen Kunstwerk erfahre, gehe auch bei weitem über irgendeine »spezifische religiöse Veranlassung oder Gelegenheit« hinaus. Deshalb sei Musik »weithin die ungeschriebene Theologie jener, die keinem formalen Glauben anhängen oder ihn verwerfen. Oder um es umgekehrt auszudrücken: Für viele Menschen ist Musik die Religion gewesen, an die sie glauben. In den Ekstasen von Pop und Rock wird diese Überschneidung schrill bemerkbar«.[38]

Damit sind die *entscheidenden Stichworte* gefallen, auf die es ankommt: Jedes große Kunstwerk ist in Entstehung, Bedeutung und Wirkung durch keine wissenschaftliche Theorie erfaßbar, ist eine Wirklichkeit für sich, inkommensurabel, unaussprechlich, unbegreiflich. Die Begegnung mit dem Kunstwerk ist somit Begegnung mit einer Wirklichkeit eigener Art, bei der Menschen nicht zu machenden Produzenten, sondern zu empfangenden Rezipienten werden: hörend, schauend, lesend. Im Akt der Hingabe wird Kunst zur »Form gewordenen Epiphanie«;[39] es »schimmert etwas durch«, was der Mensch mit seiner wissenschaftlich-technologischen oder zweckrationalen Vernunft gerade nicht erfassen kann. Dichtung, Musik und Kunst bringt den Menschen deshalb »in direkteste Beziehung zu dem im Dasein, das ihm nicht gehört«.[40]

35 *G. Steiner,* a. a. O., S. 284.
36 Ebd.
37 *G. Steiner,* a. a. O., S. 285.
38 Ebd.
39 *G. Steiner,* a. a. O., S. 294.
40 *G. Steiner,* a. a. O., S. 295.

6. Karsamstag-Existenzen

Diese Thesen Steiners bedürfen durchaus der differenzierten theologischen Kritik. So ist etwa eine *Rückfrage nach dem Begriff von Transzendenz* unerläßlich. Was erfahren Menschen in der Begegnung mit einem Kunstwerk wirklich? Gott selbst, wie er sich durch ein Kunstwerk offenbart? Oder erfahren Menschen in der Begegnung mit einem großen Kunstwerk vor allem ihre eigenen Fähigkeiten zur Transzendierung ihrer selbst im Sinne Gottfried Benns (Formgebung des Banalen) oder im Sinne Ernst Blochs (Selbstüberschreitung und Selbstentschränkung)? Und ist es nicht der jeweilige *Rezipient*, der die Erfahrung von Transzendenz in einem großen Kunstwerk macht, weil er Transzendenz von vornherein schon voraussetzt — nach der Formel: You get out, what you put in? Steiner aber behauptet einen Mechanismus des »Sich-Öffnens« des Kunstwerks, den es in Wirklichkeit gar nicht gibt. Ein Kunstwerk öffnet sich nicht automatisch, sondern nur einem konkreten Rezipienten, der schon konkrete Voraussetzungen mitbringt. Das Kunstwerk »öffnet« sich nur, wenn der rezipierende Mensch sich selber öffnet und das, was er mit seinen Sinnen wahrnimmt, als Offenbarung »Gottes« oder Verwiesenheit auf »Transzendenz« interpretiert. Diese Rolle je verschiedener Rezipienten von Kunst wird bei Steiner zu wenig reflektiert.

Gewiß: Überall dort ist Steiner in höchstem Maße überzeugend, wo er bei einer *Phänomenologie der Begegnung* zwischen dem Individuum und dem Kunstwerk bleibt, wo er also eine differenzierte Hermeneutik der Begegnung skizziert. Ja, nirgendwo ist Steiner eindrücklicher als dort, wo er konkret von der Erfahrung unbehauster Instabilität und Entfremdung unserer *conditio humana* berichtet; wo er von der Unversöhntheit des Menschen mit dem Tode spricht; wo er sich vehement dagegen wendet, Literatur und Kunst »jenseits von Gut und Böse« anzusiedeln, Ästhetik und Ethik auseinanderzureißen. Aber die *Rede von Gott?* Warum soll das Andringen »des anderen«, die Gegenwart »des anderen« im Kunstwerk eine Gotteserfahrung sein? Nicht jede Mysterium-Erfahrung durch ein Kunstwerk ist schon eine Gotteserfahrung. Nichts *zwingt* jedenfalls dazu, schon gar nicht die Begegnung mit einem Kunstwerk, das es möglicherweise gerade inhaltlich auf das Gegenteil abgesehen hat.

All diese Rückfragen zeigen: Es ist irreführend, *alle* »ernstzunehmende« Kunst ein »opus metaphysicum« zu nennen und dabei völlig vom Selbstverständnis des Künstlers oder der inhaltlichen Aussage des Kunstwerks abzusehen. Denn dann muß Steiner alle inhaltlich antimetaphysische Kunst von Brechts »Hauspostille« über die Gedichte Gottfried Benns und die Prosa Wolfgang Hildesheimers bis zu den Dramen von Peter Weiss und zur Lyrik Günter Kunerts entweder nicht ernstzunehmende Kunst oder auch diese Kunstwerke opera metaphysica nennen, was den Metaphysik-Begriff ins Beliebige ausdehnt und den Verdacht nährt, hier werde alle (auch nichtmetaphysische oder antimetaphysische) Kunst »metaphysisch« vereinnahmt. Dem Dialog zwischen Literatur und Theologie wird so eher geschadet als genützt.

Andererseits aber gilt an die Adresse des Theologen: Es gibt *kein Zurück* zu einer offenbarungstheologischen Abqualifizierung oder Ignorierung des Ästhetischen, da selbst dessen größter Vertreter (Karl Barth) eine Gleichnisfunktion der Kunst für Gottes Wirklichkeit zugestand, ja der Literatur sogar ein »priesterliches Amt« einzuräumen bereit war. Schon für Theologen wie Paul Tillich und Romano Guardini war ein Kunstwerk keineswegs von religiöser Bedeutung nur dann, wenn es einen religiösen Stoff verarbeitet oder eine religiöse Botschaft illustriert. Beide hatten erkannt, daß durch Stil und Form eines Kunstwerks die Dimension des Religiösen aufscheinen könne. Schon in den 20er Jahren hatte *Paul Tillich* geschrieben:

> »Es ist in der Tat möglich, in einem Cézanneschen Stilleben, einem Marcschen Tierbild, einer Schmidt-Rottluffschen Landschaft, einem Noldeschen Erotikbild die unmittelbare Offenbarung einer absoluten Wirklichkeit in den relativen Dingen anzuschauen; der Weltgehalt, erlebt in des Künstlers religiöser Ekstase, scheint hindurch durch die Dinge; es sind ›heilige‹ Gegenstände geworden«.[41]

[41] *P. Tillich,* Religiöser Stil und religiöser Stoff in der bildenden Kunst, in: ders., Die religiöse Substanz der Kultur. Schriften zur Theologie der Kultur. Gesammelte Werke Bd. IX, Stuttgart 1967, S. 320.

Und *Romano Guardini* sah das »Wesen des Kunstwerks« unter anderem darin, etwas vorauszuentwerfen, was noch nicht da sei. Zwar könne Kunst nicht sagen, »wie es werden soll; dennoch gibt sie eine geheimnisvoll tröstende Gewähr, daß es kommen wird. Hinter jedem Kunstwerk öffnet es sich gleichsam. Etwas steigt auf. Man weiß weder, was es ist, noch wo, aber man fühlt im Innersten die Verheißung«.[42] Beide Theologen also bejahen wie Steiner einen partiellen *Offenbarungscharakter oder Vorscheincharakter der Kunst.*

Theologisch ist von daher das große Kunstwerk als *Ausleuchtung des Mysteriums des Menschen* zu bestimmen, als Ausleuchtung des Geheimnisses seiner Wahrheit. In dieser Wahrheit kann in der Tat »vorscheinend« etwas von *der* Wahrheit aufleuchten, die Gott in Fülle ist. Kunst ist somit ein besonderes, unvergleichliches *Werk des Menschen,* in dem wie in keinem anderen Werk des Menschen »mehr« als der Mensch aufleuchten kann, tiefere Wahrheiten aufzubrechen vermögen als menschliche Wahrheiten, Größeres erahnbar wird, als der Mensch zu begreifen in der Lage ist. Das Kunstwerk ist somit nicht mehr, aber auch nicht weniger als der Ort des *Wahr-Scheinlichen,* dessen partielle Wahrheit der Aufhebung, d.h. der Bestätigung, Kritik und Überbietung durch die vollkommene Wahrheit bedarf, die der unbegreifliche Gott selbst ist.

Ein Kunstwerk als Werk des Menschen verbleibt damit in einer unaufhebbaren Schwebe:[43] Es kann Anspruch erheben, Wahrheit zum Scheinen, d.h. zum Leuchten zu bringen. In diesem Sinne ist es Ort des *Wahr*-Scheinlichen. Da es diese Wahrheit im Kunstwerk aber — theologisch gesprochen — nur partiell gibt und die ganze Wahrheit nur durch Gott verbürgt ist, kann das Kunstwerk nur Ort des Wahr-*Scheinlichen* sein, enthält es also nur die Möglichkeit von Wahrheit, die ebenso wie alle Produkte des Menschen der Selbsttäuschung unterliegen können. Denn die letzte Verifikation menschlicher Produkte als Vorscheinlichter der Wahrheit liegt bei Gott selbst. In diesem Sinne

42 *R. Guardini,* Über das Wesen des Kunstwerks, Stuttgart–Tübingen 1948, S. 49.

43 Die Kategorie »Schwebe« steht im Zentrum der großen Ästhetikgeschichte des Tübinger Philosophen *W. Schulz,* Metaphysik des Schwebens. Untersuchungen zur Geschichte der Ästhetik, Pfullingen 1985.

verbleibt das Kunstwerk wie alle Werke des Menschen in der Schwebe von Wahrheitslicht und Wahrheitstäuschung.[44]

Kunstwerke als Orte des Wahr-Scheinlichen sind sinnhafte Ausleuchtungen des Mysteriums des Menschen — so unsere theologische Bestimmung. Christlicher Glaube seinerseits leuchtet die *conditio humana,* das Mysterium des Menschen, im Lichte des Wortes Gottes aus, bezeugt in der Heiligen Schrift. Beide, der Künstler und der Theologe, treffen sich im Ringen um eine letzte Tiefe und Wahrheit des Menschen. Der Theologe mit Berufung auf den Gehalt der Offenbarungs-Urkunde, der Künstler mit Verweis auf die Gestalt seines Kunstwerks. George Steiner hat für diese Grundsituation großer Kunst das Wort *Karsamstag-Existenz* geprägt. Ich möchte es auch für den Theologen übernehmen, der nach meinem Verständnis ebenfalls kein Angekommener ist, sondern ein Sucher, ein Zweifler vor Gott, manchmal ein Verzweifelter mit Gott. Wörtlich hat Steiner ausgeführt:

> »Es gibt einen besonderen Tag in der Geschichte des Westens, von dem weder historische Aufzeichnung noch Mythos noch Bibel Bericht geben. Es ist ein Samstag. Und er ist zum längsten aller Tage geworden.
>
> Wir wissen von jenem Karfreitag, der der Christenheit als der des Kreuzes gilt. Doch der Nichtchrist, der Atheist, weiß von ihm ebenso. Das heißt, daß er von der Ungerechtigkeit weiß, von dem unermeßlichen Leiden, vom Verfall, von dem brutalen Rätsel des Endes, aus denen in so breitem Maße nicht nur die historischen Dimensionen der Conditio Humana bestehen, sondern auch das alltägliche Gewebe unseres persönlichen Lebens. Wir wissen unauslöschlich vom Schmerz, vom Versagen der Liebe, von der Einsamkeit, welche unsere Geschichte und unser privates Geschick sind.
>
> Wir wissen auch vom Sonntag. Für den Christen bedeutet dieser Tag eine Ahnung, sowohl voller Gewißheit wie Gefährdung, sowohl evident wie jenseits des Verstehens, von

[44] Vgl. dazu: *E. Jüngel,* »Auch das Schöne muß sterben«. Schönheit im Lichte der Wahrheit. Theologische Bemerkungen zum ästhetischen Verhältnis, in: ders., Wertlose Wahrheit. Zur Identität und Relevanz des christlichen Glaubens, München 1990, S. 378–396.

Auferstehung, von einer Gerechtigkeit und einer Liebe, die den Tod überwunden haben.

Wenn wir Nichtchristen oder Ungläubige sind, wissen wir von jenem Sonntag in analogen Begriffen. Wir fassen ihn als Tag der Befreiung von Unmenschlichkeit und Sklaverei auf. Wir hoffen auf Lösungen, seien sie therapeutisch oder politisch, seien sie gesellschaftlich oder messianisch. Die Züge jenes Sonntags tragen den Namen der Hoffnung.«[45]

So entsteht alle große Kunst und alle große Theologie aus dieser Spannung: dem Wissen um die Schmerzen und den Tod und zugleich um die Hoffnung auf neues Leben, die Befreiung von Unmenschlichkeit und Entfremdung. Alles entsteht in diesem Raum des »Zwischen« — zwischen Karfreitag und Ostersonntag. Alles entsteht in der Spannung zwischen den Erinnerungen an Grauenhaftes, das nicht verdrängt werden kann, und der Hoffnung auf eine Erfüllung, die nur erahnbar ist.

7. Was ist interkulturelle Theologie?

Sprachsensibilität und das Bewußtsein für den Transzendenzcharakter des großen Kunstwerks machen die kulturelle Kompetenz der Theologie aus. Kulturelle Kompetenz ist Ausdruck einer wahrhaft interkulturellen Theologie. In der Gegenwartstheologie dagegen wird *Interkulturalität* einseitig *ethnisch* verstanden. Ursprünglich der neueren Missionstheologie entstammend (und mit diesen Grenzen bis heute behaftet), meint der Begriff das Einwurzeln der universalen christlichen Botschaft in die verschiedenen Kulturen der Kontinente dieser Erde. Inkulturation des Christlichen wird als ein geschichtlich nicht abschließbarer Prozeß der Aufnahme und Transformierung der verschiedenen Kulturen der Völker und Nationen verstanden — als Gegenbegriff zu einer jahrhundertelang betriebenen missionarischen Überfremdung nichtwestlicher Kulturen durch ein ausschließlich westlich-abendländisch geprägtes Christentum. Akkommoda-

45 *G. Steiner,* a. a. O., S. 301f (s. Anm. 14).

tion, Indigenisierung und Kontextualisierung des Evangeliums sind Parallelbegriffe. Bewußt wird bei dieser Art der Inkulturation abgezielt auf die Entstehung neuer, von der westlichen Kultur verschiedenen Christentheiten. Ein authentisch afrikanisches, asiatisches, lateinamerikanisches Christentum wird gefordert, bei dem die christliche Botschaft in der Sprache der jeweiligen Kulturen neu zum Ausdruck gebracht und gelebt wird. Diese Art der Inkulturation ist unverzichtbar, und die mittlerweile in Asien, Lateinamerika und Afrika entstandene interkulturelle, kontextuelle Theologie ist von größter Bedeutung für die geistige Überlebensfähigkeit des Christentums im 3. Jahrtausend.[46]

Es ist jedoch an der Zeit, die Einseitigkeit dieses ethnischen Kulturbegriffs zu überwinden und jene Dimension des Kulturellen hervorzuheben, die immer auch mit dem Kulturbegriff verbunden war: die Dimension des Ästhetischen, des Künstlerischen. Ich weiß mich hier einem Kulturbegriff verbunden, wie ihn der große Kulturdiagnostiker *Wolf Lepenies* in seinem Buch »Die drei Kulturen« (1985) verwandt hat, als er seine Disziplin, die Soziologie, als dritte Kultur zwischen der Kultur der Literatur und der Kultur der Wissenschaft einzuordnen versuchte. Interkulturalität von Theologie erweist sich deshalb *auch* an ihrer ästhetischen Kompetenz. Und ästhetische Kompetenz heißt die Fähigkeit haben zu kritischer Wahrnehmung der Lebenswelt der Künste und zur Auseinandersetzung mit den kulturell-ästhetischen Phänomenen einer weitgehend postchristlich-säkularen Umwelt. Es ist ja unübersehbar: Die *Ästhetisierung der Lebenswelt,* vor allem in den industriell geprägten Ländern, ist unaufhaltsam vorangeschritten. Über die Bild- und Printmedien wird Millionen von Menschen tagtäglich die Wirklichkeit nicht nur ästhetisch aufbereitet, der Betrachter entwickelt der so aufbereiteten Welt gegenüber auch notwendigerweise ein ästhetisches Lebensgefühl. Produkte der älteren und neueren Kunstgeschichte haben für immer mehr Menschen eine sensibilisierende und orientierende Bedeutung. Während die Museen — zumal bei einzigartigen Ausstellungen — ein internationales Millionenpublikum anziehen, verlieren alte Orientierungsinstitutionen wie die Kir-

[46] Vgl. dazu den informativen Art. »Inkulturation«, in: Lexikon für Theologie und Kirche Bd. V, Freiburg/Br. 1996, Sp. 504–510.

chen zunehmend an Bedeutung. Kulturdiagnostiker sprechen nicht zu unrecht von einer »Musealisierung« unserer Kultur. Sie bestätigen damit die langgehegte Erwartung: In einer postchristlichen Welt haben die Museen für Millionen von Menschen die Kirchen ersetzt, die Künstler die Priester, die Objekte die Altäre. Theater- und Filmpremieren gelten oft noch als die einzigen »Ereignisse«, die eine banale Alltagswirklichkeit zu transzendieren vermögen...

Kultursoziologen wie *Gerhard Schulze* beschreiben denn auch unsere gegenwärtige Wirklichkeit als *»Erlebnisgesellschaft«* und sprechen von einer seit dem Ende des 2. Weltkriegs in der Bundesrepublik sich in verschiedenen Schüben vollziehenden »Ästhetisierung des Alltagslebens«. Gemeint ist damit: Während es in der Nachkriegszeit bis 1968 in vielen Familien Deutschlands vor allem ums Überleben ging und eine bescheidene Versorgung mit Erlebnisangeboten (Kino, Theater, Konzerte, Radio) noch »vor dem dunklen Hintergrund völliger Entbehrung erlebt wurde«, kennen heute Millionen von Menschen nicht mehr das Überleben, sondern das Erleben. Nach bescheidenen Anfängen in der Nachkriegszeit standen die 60er Jahre im Zeichen eines ersten »enormen Ästhetisierungsschubs«. Ausgestattet mit immer höheren Potentialen der Erlebnisnachfrage (Zeit, Geld, Mobilität, Apparate), entdeckten die Konsumenten die Ästhetisierbarkeit des gesamten Alltagslebens. Das heißt: das Publikum eroberte sich die Unbeschränktheit des Musikhörens, des Reisens, des Kleiderkaufens, des Essens und Trinkens, der Sexualität, des Tanzens, des abendlichen Ausgehens. Und diese Erlebnisfülle wurde in den 80er Jahren noch einmal rasanter. Die deutsche Gesellschaft wurde vollends zu einer Erlebnisgesellschaft, in der ein Erlebnismarkt nicht reale Bedürfnisse, sondern selbstgeschaffene Abhängigkeit befriedigte. Nach Schulze gilt für die 80er Jahre:

> »Der Erlebnismarkt hat sich zu einem beherrschenden Bereich des täglichen Lebens entwickelt. Er bündelt enorme Mengen an Produktionskapazität, Nachfragepotential, politischer Energie, gedanklicher Aktivität und Lebenszeit. Längst sind Publikum und Erlebnisanbieter aufeinander eingespielt. Routiniert handhaben die Produzenten die ungeschriebenen

> Regeln des Erlebnismarketings, wobei sie immer mehr zu Techniken der Suggestion greifen. Nach wie vor ist der Erlebnismarkt eine Wachstumsbranche. Neben den früher dominierenden Wachstumspfad der Expansion (Erweiterung des Produktionsspektrums, Erweiterung der Absatzmengen bei gegebenen Produktarten, Erweiterung der Absatzgebiete) ist der Wachstumspfad der Intensivierung getreten (Steigerung der Erlebnisdichte, Verfeinerung, Qualitätssteigerung).«[47]

Diesem Prozeß der Zunahme der Ästhetisierung der Lebenswelt entspricht ein Prozeß der *Abnahme ästhetischer Kompetenz* im Raum von Kirche und Theologie. Zu sehr mit der Funktionalisierung von Kunst zu kirchlichen Zwecken befaßt, weitgehend immer noch einem traditionellen normativen Schönheitsbegriff verhaftet, nach wie vor allergisch gegen neue, oft provozierende Stilformen in Bildender Kunst, Film und Gegenwartsliteratur, verlieren kirchlich orientierte Christen den Kontakt mit der lebendigen kulturellen Umwelt. Daran ändern auch Kulturprogramme nichts, die von kirchlichen Akademien angeboten werden, aber nur einen Bruchteil der kirchlichen Klientel erreichen. Solch gutgemeinte Programme wirken oft gegen die Interessen ihrer engagierten Betreiber wie das berühmte Feigenblatt, das die sonstige Nacktheit nur umso schonungsloser zeigt.

Sichtbarstes Zeichen dieses kulturell-ästhetischen Kompetenzverlustes ist die Tatsache, daß *Erziehung zur ästhetischen Kompetenz* in der Priester- und Theologenausbildung so gut wie nicht vorkommt. Diese Tatsache ist erfreulicherweise auch von der deutschen Katholischen Bischofskonferenz in einer Stellungnahme zu »Kunst und Kultur in der theologischen Aus- und Fortbildung« selbstkritisch eingeräumt worden. Zugleich wird angekündigt (und es ist leider bisher bei dieser Ankündigung geblieben):

> »Die Künste sollten integrierte Bestandteile des Theologiestudiums darstellen. Dies gilt insbesondere für die Bildende Kunst, die Architektur, die Literatur und Musik, die in der Tradition und im Leben der Kirche eine herausragende Be-

[47] *G. Schulze,* Die Erlebnisgesellschaft. Kultursoziologie der Gegenwart, Frankfurt/M.–New York 1993, S. 542.

deutung besitzen... Theologen, Katecheten und Religionslehrer müssen in die Lage versetzt werden, verantwortungsbewußt mit künstlerischen Fragestellungen und Entscheidungen umzugehen. Dazu sind Übungen und Studien auf folgenden Feldern erforderlich:
— Erörterung von Entwicklungslinien in der Geschichte der jeweiligen Künste;
— Einblick in gegenwärtig aktuelle Konzeptionen und Fragestellungen und in deren Herkunft;
— Auseinandersetzung mit kunsthistorischen wie philosophisch-ästhetischen Grundlegungen;
— Schärfung des Wahrnehmungsvermögens; Entwicklung des Sinnes für damit verbundene methodische Probleme;
— Untersuchungen zum jeweiligen Sitz der Künste im Leben von Kirche und Theologie und deren spezifische Rezeptionsbedingungen.«[48]

Mit kultureller Kompetenz ist also ein Doppeltes verbunden: Gewinnung von Wissen und von Kritikfähigkeit zugleich, Gewinnung von Erfahrung *und* von Kriterien zur »Unterscheidung der Geister«. Einer falschen Ästhetisierung der Religion oder einer Sakralisierung der Kunst ist zu wehren. Religiöse und ästhetische Erfahrung, theologische und ästhetische Reflexion bleiben im Grundsatz zweierlei. Das eine kann nicht durch das jeweils andere einfach ersetzt werden. Beide Wahrnehmungs-, Erfahrung- und Reflexionsräume bleiben in ihrer Autonomie und Eigengesetzlichkeit unangetastet. Und doch gibt es zwischen religiöser und ästhetischer Erfahrung produktive Spannungsverhältnisse: Religiöse Erfahrungen können Ausgangspunkt und Gegenstand künstlerischer Realisierung sein, und ästhetische Erfahrungen können die religiöse Erfahrungsdimension erahnen lassen, positiv provozieren oder radikal negieren. Dieses Spannungsverhältnis zwischen Affirmation und Kritik, zwischen prophetischem Gestus und protesthafter Verweigerung konkret zu beschreiben, darum geht es in diesem Buch. Es entfaltet *Grundthemen einer interkulturellen Theologie;* es ist der Versuch eines

[48] *Deutsche Katholische Bischofskonferenz,* »Kunst und Kultur in der theologischen Aus- und Fortbildung« (5. Oktober 1993: Arbeitshilfen 115).

Brückenschlags von der Welt der Poesie zur Welt der Theologie und umgekehrt. In Vorwegnahme des Ganzen will ich an einem konkreten Beispiel erläutern, wie dieser Brückenschlag im Raum der Bildenden Kunst aussieht. Ich verweise auf das Bild, das den Umschlag dieses Buches prägt.

8. Die Unheimlichkeit eines »Christuskopfs«

Ich habe dieses Bild des Malers *Herbert Falken* bewußt gewählt. Kaum eines der vielen Christus-Bilder in der Kunst des 20. Jahrhunderts hat mich tiefer berührt als dieses. Der Maler lebt in einem Dorf namens Langenbroich in der Nähe von Düren, wo er sein Atelier unterhält. Unweit davon, in dem Ort Stolberg-Schevenhütte, ist er auch als katholischer Pfarrer tätig. Befreundet war Falken viele Jahre mit Heinrich Böll, der in den letzten Jahren sein Nachbar in Langenbroich war. Ihn hat er im Sterben begleitet, ihn hat er beerdigt und dem toten Freund einen Zyklus unter dem Titel »Lazarus« gewidmet.

Am Karfreitag 1995 besuchte ich Herbert Falken in seiner Kirche und in seinem Atelier. Er hatte zugestimmt, an einer Vorlesungsserie meiner Fakultät im darauffolgenden Sommersemester teilzunehmen. Ich sollte sein Dialogpartner sein. Er ließ mich acht Bilder aus seinem mittlerweile umfangreichen Œuvre auswählen,[49] und beide nahmen wir dazu Stellung.[50] Dabei war mir ein einzigartiger »Christuskopf« aufgefallen, ein Bild aus dem Jahr 1981, das für mich den bisherigen Höhepunkt der künstlerischen und theologischen Auseinandersetzung Falkens mit dem Sujet Christusbild darstellt. Vieles ist hier aus der kunstgeschichtlichen Tradition und der eigenen Bildgeschichte zusammenge-

[49] Den bisher umfangreichsten Werkkatalog bietet: *F. G. Zehnder,* Herbert Falken. Aus der Dunkelheit für das Licht, Köln 1993. Eine gründliche kunstgeschichtliche Einordnung hat vorgelegt: *M. Ostermann,* Herbert Falken. Werkprinzipien. Diss. Münster 1989.

[50] Der Dialog *K.-J. Kuschel — H. Falken* wurde in Auszügen abgedruckt unter dem Titel »Gedanken zu Christusbildern von Herbert Falken«, in: Theologische Quartalschrift 175 (1995), S. 279–293 (Heft 4: Die Theologie und die Bilder der Kunst).

flossen und jetzt ganz eigenständig transformiert, unverwechselbar in Stil und Aussage.

— Da ist aus der Geschichte der Christus-Ikonographie das Schweißtuch-Bild mit dem Antlitz des leidenden Christus: *Ecce homo.*

— Da ist die Bildtradition der russischen *Ikonen:* mit der Konzentration auf das Gesicht als Bildmitte und dem eigentümlichen Hell-Dunkel-Kontrast, der bewirkt, daß dem Betrachter das Gesicht aus der Tiefe des Raumes entgegenzukommen scheint.

— Da ist die eigene künstlerische Auseinandersetzung mit dem *Selbstportrait,* das Eindringen in die Tiefen des Menschen über das Gesicht und die Augen.

Besonders virtuos eingesetzt ist hier der Kontrast von Präzision und Konturlosigkeit. Aus dem Gestaltlosen treten gestochen scharf nur Augen, Nase und Mund hervor, die den Betrachter noch stärker in den Bann dieses Gesichtes ziehen. Und gebannt ist man vor allem durch die wirren Linien auf dem Kopf der Gestalt. Sie lassen an flatternde, wild aufgewühlte Haare denken, was den Eindruck des Unheimlichen dieser Erscheinung nur verstärkt. Hier tritt uns ein Mensch entgegen, der über unerhörte Kräfte zu verfügen scheint. Die wirren Linien aber könnten auch Gehirnwindungen bedeuten, sichtbar geworden, weil das Gehirn aus dem Schädel gewuchert zu sein scheint. Dann wären die grellweißen Windungen wie glühende, leuchtende Energiestrahlen, was erst recht den Eindruck verstärkt, daß von dieser Gestalt Übermenschliches ausgeht. So tritt uns hier eine Figur entgegen, die in diese und zugleich in eine andere Welt hinein zu gehören scheint; die ins Sichtbare eintritt und doch noch Kontakt zur Welt des Nichtsichtbaren hat.

Ich kenne kaum ein Christusbild, wo es einem Maler gelungen wäre, das Geheimnis dieses Christus so vielschichtig optisch sichtbar zu machen: das Geheimnis der beiden Welten, zu denen er gehört. Es ist die Welt des Göttlichen und die Welt des Menschlichen. Seltsam greifbar-unbegreiflich scheint diese Gestalt: irdisch in Erscheinung tretend und doch auf das Irdische offensichtlich nicht reduzierbar; Energie ausstrahlend, ohne das Irdische zu zerdrücken; unheimlich in seinem Hervortreten aus dem Dunkel und doch das menschliche Maß nicht sprengend;

durchdringend mit seinen Augen, ohne kalt und unbarmherzig zu erscheinen. Ein Gesicht, mit dem man nicht fertig wird und das mehr enthält, als man in Worte zu bringen vermag. Eine Gestalt, deren Geheimnis unauslotbar zu sein scheint: begreifbar und doch unbegreiflich, erscheinend und sich doch entziehend, anwesend in der Welt und doch auf rätselhafte Weise nicht von dieser Welt. Man ist gebannt durch dieses Gesicht, und so kann es einen Prozeß der Selbsterkenntnis auslösen. Rilkes Vers aus seinem Gedicht »Archaischer Torso Apollos« läßt sich assoziativ hier einbringen: »Da ist keine Stelle, die dich nicht sieht. Du mußt dein Leben ändern.«

In diesem Bild verbindet sich beides im Sinne George Steiners: das Geheimnis eines Kunstwerkes, das sich letzter Versprachlichung entzieht, und das Geheimnis einer Gestalt wie Jesus, die in kein Schema paßt, durch keine Theorie endgültig faßbar wird. Hinzu tritt das Geheimnis der Doppelexistenz eines Menschen, der als Künstler Theologe und als Theologe Künstler ist. Zu dieser Doppelexistenz sagte Falken in unserer Tübinger Dialogvorlesung:

»Ich führe ein Doppelleben, ich bin Priester und Maler.
Als Theologe habe ich zu denken, als Maler habe ich Augen im Kopf. Stimmt das so? Hat also der Theologe blind zu sein, und muß der Maler enthirnt arbeiten? Nein, das stimmt so nicht. Es gibt eine Logik der Augen und ein Sehen der Gehirnwindungen.

Vielleicht bin ich verrückt: Das menschliche Hirn und die Dornenkrone Christi weisen ähnliche Verflechtungen auf.
Ist mir vielleicht SEINE Dornenkrone durch die Schädeldecke in MEIN Gehirn gerutscht?

Der Theologe in mir behindert oft genug den Maler in mir.
Sein Denken zwickt im Kopf, sticht vom Gehirn her in die Augen. Und umgekehrt verliert sich der malende Blick in die Windungen von Dornenkronen, als ob diese zu denken beginnen und Sinn machen.

Der Theologe und der Maler in mir irritieren einander, aber sie helfen auch einander auf die Sprünge. Der Theologe lernt vom Maler das Sehen, bevor er zu denken beginnt. Und der Maler sollte vom Theologen das Denken lernen, damit er unter Kontrolle behält, was er malt. Stimmt das so? Natürlich nicht ganz! Der Maler in mir läßt sich vom Theologen in mir nicht das Malen diktieren. Und umgekehrt der Theologe? Der Theologe in mir holt sich beim Maler in mir Sehhilfen ab, bevor er zu denken und zu predigen beginnt.

Der Theologe in mir und der Maler in mir sind Brüder. Wir sind ich. Der eine kann nicht mehr ohne den anderen leben. Wir haben einander nötig.

Mein Gehirn ist meine Dornenkrone, so habe ich... Bilder genannt. Ich habe ein Labyrinth im Kopf. Meine Augen feiern oft genug im Schädel Passion und Auferstehung.«[51]

Im Bewußtsein dieser Doppelexistenz ist auch dieses Buch geschrieben, das zu neuen Denkwegen einlädt, Denkwegen des Glaubens im Gespräch mit den Poeten.

[51] Dieser Text aus der Tübinger Dialog-Vorlesung wurde noch nicht veröffentlicht. Ich habe ihn aus dem mir vorliegenden Manuskript zitiert.

A. RÄTSEL MENSCH

»Wir leben und sterben alle im Rätsel,
und das Gefühl dafür kann man, wenn man will, religiös nennen.
Es ist ein etwas anspruchsvolles Wort,
aber das Bewußtsein hoffnungsloser Ungewißheit kommt ja
einer gewissen Frömmigkeit ohne weiteres gleich.«

Thomas Mann

I. DAS ERSCHRECKEN ÜBER SICH UND DIE WELT

Warum ist die Schöpfung so, wie sie ist? Warum ist der Mensch so und nicht anders? Ich erinnere mich, daß es nicht die Gottessuche war, die mich zum Theologiestudium trieb; von Kindesbeinen an war ich mit »meinem Gott« vertraut, der mir erst später frag-würdig wurde. Es war das Rätsel Mensch: ich selbst mit all meinen Widersprüchen, die ich auch bei anderen Menschen nicht gelöst fand. Menschen sind gutwillig, aber schwach; vorsatzfreudig, aber versagend; das Gute wollend, aber das Böse tuend. Wer ist man schon? Wie brüchig ist oft das Selbstbewußtsein, wie störanfällig das Selbstwertgefühl. Blickt man einmal kritisch in den Spiegel und beginnt, ehrlich mit sich selbst zu sein, was dann?

1. Das Gespräch mit dem Glasmann: Kurt Tucholsky

Lange habe ich nach einem Text gesucht, der diese Erfahrung zum Ausdruck bringt. Ich habe ihn bei *Kurt Tucholsky* gefunden. Er trägt den Titel »Der Mann am Spiegel« und wurde am 10. Januar 1928 in der »Weltbühne« veröffentlicht.[1]

Der Blick in den Spiegel

Was sieht »der Mann« zunächst, wenn er einen Blick in den Spiegel wirft? Er sieht sich als »Glasmann« noch einmal wieder. Er sieht sich als ein Gegenüber, und weil er sich selbst als andere

[1] *K. Tucholsky,* Der Mann am Spiegel (1928), in: Gedichte, hrsg. v. M. Gerold-Tucholsky, Hamburg 1983, S. 579–582.

Person noch einmal sieht, kann sich ein Dialog entwickeln: Ich und der Glasmann. Was haben sich beide zu sagen? Diese Spiegel-Spaltung macht sich Kurt Tucholsky zunutze, und es entsteht ein erregendes Zwiegespräch zwischen dem Mann und seinem Alter ego aus Kristall:

»Plötzlich fängt sich dein Blick im Spiegel
und bleibt hängen.
Du siehst:

Die nackt rasierten Wangen
— ›Backe‹: das ist gut für andere Leute —
den sanft geschwungenen Mund, die glatte Oberlippe,
die Krawatte sitzt — nein, doch nicht:
zupf!

Jetzt bist du untadlig.
Haare, Nase, Hals, Kragen, Rockschultern sind ein gut komponiertes Bild —
tief bejaht dich dein Blick.

Wohlgefällig ruhst du auf dir,
siehst die seidigen Ränder der Ohrbrezeln,
unmerklich richtest du dich auf —
du bist so zufrieden mit dir
und fühlst das gesunde Mark deines Lebens.«

Der Blick in den Spiegel also fällt zunächst selbstbestätigend aus: untadeliges Aussehen, makellose Erscheinung, wichtig gerade für die Wirkung auf andere. Der Mann sieht im Spiegel zunächst seine gut »komponierte« Selbstinszenierung, die er wohlgefällig und selbstzufrieden bejahen kann. Doch dann:

»Übrigens haben die Fliegen auf dem Spiegelglas gesessen,
oder ein chemischer Vorgang hat das Quecksilber bepickelt:
kleine blinde Pupillen sitzen darauf...

Nun stell den innern Entfernungsschätzer der Augen wieder um:

An der rechten Schläfe
— aber nur, wenn man schärfer hinsieht —
stehn ein paar kleine Runzeln,
Schützengräben der Haut —
nein, es sind noch keine Runzeln,
doch da, an dieser Stelle, werden sie einst stehen.«

Der Mann hat erstmals Störendes wahrgenommen. Zunächst sind es nur Fliegenflecken auf dem makellosen Glas, dann aber auch, je schärfer die Wahrnehmung wird, mögliche Runzeln auf der Haut, Zeichen, welche die Makellosigkeit stören werden und das »gesunde Mark« des Lebens ein klein wenig anders erscheinen lassen. Altersangst kriecht hoch:

»Dann bist du ein alter Mann;
dann sagen die Leute: ›Der alte Kaspar —‹;
dann wird ein Mädchen leise ausgelacht, der du etwas zuflüsterst —
›Mit dem alten Mann ... ?‹ sagen ihre Freundinnen.
Alter Mann.

Wie ihr euch anseht:
der Glasmann und du!
Nie
nie wird dich jemals ein anderer Mensch so ansehen,
ohne Beigeschmack von Ironie.
Du kannst dich gar nicht im Spiegel sehn.
Tat twam asi —?

Glatt ist dein Gesicht, sauber gewaschen und frottiert.
Zeit ist darüber hingespült.
Dein Gesicht, den Schuttplatz deiner Gefühle, hast du zusammengelogen,
zusammengelacht,
geküßt, geschwiegen, gelitten, geseufzt: zusammengelebt —
sieh, unterhalb des linken Auges bist du leicht fleckig.

Mach dein Spiegelgesicht!
Was in den letzten Jahren alles gewesen ist,

nichts davon ist dir anzusehen.
Alles ist dir anzusehen.

Fakire sollen sich manchmal allein hypnotisieren.
Wenn man sich lange in den Spiegel sieht, steht im Lexikon,
verfällt man in Trance...
du siehst den Spiegelmann an,
der sieht, wie du siehst –
du siehst, wie er sieht, wie du...
Reiß deinen Blick zurück! Erwache.«

Was ergibt der Blick in den Spiegel, was muß sich der Mann vom Glasmann anhören?

Wer bist du, Glasmann?

Das eine vor allem: Die Zeit wird auch an dir nicht spurlos vorübergehen; die Makellosigkeit ist auf Dauer nur eine gespielte; die Vollkommenheit nur eine vorgetäuschte. Schon machen sich Alterserscheinungen bemerkbar; schon nimmt man leichte Flekken an sich wahr. Das Spiegelgesicht – es erweist sich als ein Kunst-Gesicht; als eine bewußt inszenierte Fassade. Du willst sie überspielen – deine Gefühle und alles das, was zum Leben gehört: das Lügen und das Lachen, das Küssen und das Schweigen, das Leiden und das Seufzen. Obwohl du es verbergen willst, ist alles dir anzusehen. Blick und Spiegelblick, Mann und Glasmann – sie kommen sich auf die Schliche. Aber noch ist der Mann nicht bereit, sich die Selbsttäuschung einzugestehen:

»So, mit dem aufgestützten Arm, ergäbe das eine gute Fotografie für die illustrierten Blätter:
ernst blickt der Dichter den Abonnenten an,
Ehrfurcht erheischend und einen zerstreuten Blick lang auch zugebilligt; unnahbar, sehr sicher,
wie aus gefrorenem Schmalz gehauen – ein fertiges Ding.
In den zwei glitzernden Pünktchen, die
in der Mitte deiner Augen angebracht sind,
funkt das Leben.
Eigentlich sind wir ganz schön, wie –?

Du betrachtest dich, wie sich die Männer in den Friseurläden betrachten,
wenn sie, haargeschnitten, aufstehn:
›Es ist, Gott sei Dank, alles da, und wir sind repräsentative Erscheinungen —!‹
Mit einem langen Blick sehen sie sich im Spiegel an:
Kontrollversammlung der Kompanie, vorgenommen durch den Feldwebel Auge —
nicht losreißen können sie sich,
dann ziehen sie ihre Weste herunter
und gehen neu gestärkt auf die Straße,
durchaus bereit zum Kampf mit den andern, denen man nicht die Haare geschnitten hat.«

Nein, noch einmal gelingt es, der schonungslosen Ehrlichkeit auszuweichen. Selbstgefälligkeit stellt sich wieder ein, Selbstverliebtheit in die eigene Erscheinung, Selbstbewußtsein im »Kampf mit den anderen«. Der Blick in den Spiegel hat das eigene Ego noch einmal gestärkt, gestärkt zum Lebenskampf...

Doch auf einmal schlägt alles um:

»Aber auf einmal
ist die glatte Sicherheit deines gebügelten Rockes dahin;
die Angst ist da.
Angst sitzt in den dunklen Vertiefungen deiner Nase,
mit der du die Luft einschaufelst;
das Blech am Kamin erzittert leise,
du hörst mit den Augen —

Sag etwas!
Sprich!
Prophezeie, wie es weiter werden wird!
Ob ich gepflegt sterbe, im Bett: umgeben von einem ernsten Professor, einer weißen Krankenschwester und süßlich riechenden Flaschen;
oder ob ich auf kalter Chaussee verrecke, ganz allein —
zu den andern Landstreichern habe ich manchmal französisch gesprochen, weil ich doch etwas Besseres gewesen bin;
ob ich mich zerhuste oder sacht im Sessel zurücksinke...

In das Weiße der Augen steigt langsam Rot auf —
welch ein Mitleid hast du mit dir!
Du betest dich hassend an.

Sprich!
Prophezeie:
Erfolg — Ansehen — Vergessenheit — Geldmangel — Demütigung; es gleiten die wohlgenährten Kameraden vorbei und klopfen dir ermunternd auf die Schulter, in leiser Schadenfreude.

Flocke. Geküßter Mund. Belebte Kopfkugel.
Mit mobilisierten Muskeln seht ihr euch beide an.
Noch ist nichts zu sehn. Noch seid ihr beide schön.
Tief unten knistert die Angst.«

Auf einmal steht alles im Zeichen der Angst. Was sich als Selbstsicherheit und Selbstverliebtheit bisher ausgab, ist in Wirklichkeit Verdrängung von Lebensangst. Und diese Lebensangst ist verbunden mit der Frage nach dem Tod, genauer: mit der Frage nach der Art des Sterbens. Wo werde ich enden? Ich, der ich doch eine »repräsentative Erscheinung« bin, zufrieden mit mir, im Gefühl des »gesunden Marks« meines Lebens? Was wird das Ende sein — gepflegt oder verreckt? Mit keuchendem Husten oder mit sanftem Schlaf? Noch ist zwar alles in Ordnung. Aber in die Selbstanbetung mischt sich Selbsthaß, und die Selbstverliebtheit kann die Angst nicht länger verdrängen:

»›Sie haben‹, so sagt der Spiegelmann zu dem andern Mann,
›da ein Haar auf Ihrem Rockkragen!
Sehn Sie? es glänzt im Schein der abendlichen Lampe — das darf, merkwürdigerweise, nicht sein; nehmen Sie es bitte herunter —!‹
Sorgsam entferne ich das Haar.

Ich gehe vom Spiegel fort.
Der andre auch —
Es ist kein Gespräch gewesen.
Die Augen blicken ins Leere,

mit dem Spiegelblick –
ohne den andern im Spiegel.

Allein.«

»Allein«: Die narzißtische Selbstinszenierung hat zu nichts anderem geführt als zur Erkenntnis letzter Einsamkeit.

Wider die Selbstzufriedenheit

Hier liegt für mich die Unabweisbarkeit dieses Textes: Die Selbstbespiegelung bannt nicht die Ängste, sondern erweckt sie erst: die Angst vor der Zeit, die eine Angst vor der Vergänglichkeit, Hinfälligkeit und Gebrochenheit des eigenen Körpers ist. Wer so wie Tucholskys Mann in den Spiegel blickt, kehrt mit einem Stück Selbsterkenntnis über sich zurück, ist sich ein wenig auf die Schliche gekommen. Die mühelos scheinenden, leicht zu sprechenden, genüßlich zu schlürfenden Verse dieses Autors sind in Wirklichkeit Lockmittel, Duftstoffe, einer Pflanze vergleichbar, deren Duft das Insekt zum Ausruhen einlädt, deren Charakter sich dann aber als Fleischfresser offenbart. So auch bei Tucholsky. Lyrisches Parlando als Falle vergnügungssüchtiger Leser; humorvolle Verse als Lockmittel für oberflächliche Genießer, die zu spät merken, daß sie in Frage-Fallen gerissen werden nach dem Sinn ihres bisher gelebten Lebens und der Haltbarkeit ihres mühselig errungenen Selbstwertgefühls. Rätsel Mensch...

Der Tucholsky-Text freilich faßt nur auf sehr pointierte Weise zusammen, was schon *biblische Texte* zum Ausdruck bringen, wenn sie vom Menschen reden. Mich hat schon während meines Theologie-Studiums der Realismus beeindruckt, mit der die Bibel über den Menschen redet. Sie sagt über ihn das Höchste, was man sagen kann: »Und Gott schuf den Menschen nach seinem Bilde, nach dem Bilde Gottes schuf er ihn« (Gen 1,27). Und sie weist den Menschen zugleich darauf hin, daß er nicht wie Gott ist, daß er sterblich ist, vergänglich, flüchtig. Wer ist er schon im Vergleich zu Gott?

»Was ist der Mensch, daß du seiner dich annimmst!
Das Menschenkind, daß du seiner gedenkst!

Es gleicht der Mensch dem Hauche der Luft,
wie Schatten gehen dahin seine Tage« (Ps 144,3f)[2]

Derselbe Gedanke in einem anderen Psalm:

»Gleich wie ein Vater sich erbarmet der Kinder,
so erbarmt sich Gott über alle, die ihn fürchten.
Weiß er doch, welch ein Gebilde wir sind,
er weiß, wir entstammen dem Staub.
Des Menschen Tage gleichen dem Gras,
er blüht wie die Blume des Feldes.
Ein Hauch des Windes, schon ist sie dahin;
und der Ort, wo sie stand, er hat sie vergessen.«
(Ps 103,13–16)

Durch diese und andere Texte wurde mir klar, daß die Bibel keine illusionäre Anthropologie vertritt, sondern eine nüchterne des rechten Maßes. Und was könnte desillusionierender sein als die Geschichte vom Fall und vom Fluch schon zu Beginn der Schöpfung? Adam und Eva, Kain und Abel – solche Figuren sind nicht einem naiven Menschenbild entsprungen; sie kommen aus einer Anthropologie, die um die Schwäche und Verführbarkeit des Menschen weiß. Schon auf den ersten Seiten der Bibel ist der Mensch ein aus dem Paradies Vertriebener, ist menschliche Existenz auf Erden eine Existenz im Exil! Menschliches Leben? Es steht, kaum ist es geschaffen, schon unter dem Fluch des Schöpfers. Denn kaum ist des Schöpfers Selbstlob verklungen (»Siehe, es war alles sehr gut«), werden dem Menschen vom selben Gott Schmerzen, Mühsal und Sterblichkeit angedroht:

»Zur Frau sprach Gott:
Viel Mühsal bereite ich dir,
sooft du schwanger wirst.
Unter Schmerzen gebierst du Kinder.
Du hast Verlangen nach deinem Mann;
er aber wird über dich herrschen.

2 Bibelzitate sind in der Regel der »Einheitsübersetzung« entnommen. Wo andere Übersetzungen benutzt wurden, ist dies eigens angemerkt.

Zu Adam sprach er:
Du hast auf eine Frau gehört und von dem Baum gegessen,
von dem zu essen ich dir verbot:
Verflucht ist der Ackerboden deinetwegen.
Unter Mühsal wirst du von ihm essen
alle Tage deines Lebens.
Dornen und Disteln läßt er dir wachsen,
die Pflanzen des Feldes mußt du essen.
Im Schweiße deines Angesichts sollst du dein Brot essen,
bis du zurückkehrst zum Ackerboden;
von ihm bist du ja genommen.
Staub bist du, zum Staub mußt du zurück.« (Gen 3,16–19)

Ich entdeckte, daß die Beschreibung dieses Ur-Falls und Ur-Fluchs Schriftsteller in unserem Jahrhundert besonders herausgefordert hat, vielleicht deshalb, weil sie selbst oft genug ein Leben im Zeichen der Ungesichertheit, der Vertriebenheit, der Katastrophen führen mußten. Menschliche Existenz als gefallene, exilierte, gezeichnete Existenz — dieser biblische Grundgedanke kehrt in literarischen Texten des 20. Jahrhunderts auffällig häufig wieder. Was damals geschah — es wiederholt sich gerade im katastrophenträchtigen 20. Jahrhundert. Horizontverschmelzung zwischen der Ur-Zeit der Bibel und der Jetzt-Zeit — sie ist gerade bei diesem anthropologischen Archetyp möglich.

2. Was ist der Sündenfall? Günter Kunert

Einer der schärfsten Analytiker und kompromißlosesten Diagnostiker des »Rätsels Mensch« in der Literatur der Gegenwart ist *Günter Kunert.* Ich lernte ihn im Mai 1986 kennen, als ich mit ihm in Kaisborstel bei Itzehoe ein längeres Gespräch führen durfte, zu Gast in seinem Haus, einem ehemaligen Schulhaus des Dorfes.[3] Es war damals zehn Jahre her, daß Kunert, der zunächst

[3] Das *Gespräch* mit *Günter Kunert* ist publiziert in: K.-J. Kuschel, »Ich glaube nicht, daß ich Atheist bin«. Neue Gespräche über Religion und Literatur, München 1992, S. 26–44.

in der DDR als Schriftsteller gefördert worden war, die Petition gegen die Ausbürgerung Wolf Biermanns unterschrieben hatte. Und diese Abweichung von der Parteilinie hatte er 1979 mit der Ausweisung aus der DDR bezahlt.

Ohne Gnade überlassen

Ich wußte, daß Kunert – Sohn einer jüdischen Mutter und eines ursprünglich katholischen Vaters – in Sachen Religion scharf ablehnend war. Im Gespräch bestätigte er dann auch: »Ich bin in einem völlig religions- und glaubensleeren Raum aufgewachsen. Weder das Christentum noch das Judentum haben für mich jemals eine Bedeutung gehabt.«[4] Ja, in einem autobiographischen Text aus dem Jahr 1989, drei Jahre nach unserem Gespräch, wurde Kunert noch präziser. Im selben Jahr hatte er sich auf Einladung eines protestantischen Pfarrers auf das Unternehmen eingelassen, in der Lübecker Sankt-Petri-Kirche eine Vortragsreihe unter dem Titel »Dichter predigen« zu organisieren und mitzubestreiten. Diese »Reden aus der Wirklichkeit« erschienen dann auch unter dem Titel »Dichter predigen«. In der Einleitung beschreibt Kunert seine eigene Situation:

> »Was habe eigentlich ich, ein ungetauftes, weltlich erzogenes Subjekt denn mit dieser Kirche zu tun? Meine Antwort, die ich mir selber zu geben beabsichtige, heißt: Meine Vorurteile sind bedeutend geringer als die anderer, sonst Gleichgesinnter. Das kommt wohl daher, daß man mich mit Glaubensfragen nie behelligt hat. Jene jämmerliche Volksschule, die zu besuchen ich gezwungen war, erließ mir den Religionsunterricht: Ich, der Heide staatlich deklassierter Herkunft seiner jüdischen Mutter wegen, durfte vor der letzten Unterrichtsstunde heimgehen, während die anderen Kinder etwas zu hören bekamen, worauf ich nicht neugierig gewesen bin. Und den Mitteilungen meiner Schulkameraden über diesen besagten Unterricht, über den sie sich lustig machten, ließ sich nichts entnehmen, was zu weiterer Erkundigung verlockt hätte. In meinen (äußerst schlechten) Zeugnissen stand in der Spalte, wo

[4] *G. Kunert,* a. a. O., S. 34 (s. Anm. 3).

das Bekenntnis eingetragen wurde, ein Fremdwort, das für mich erst viel, viel später eine unerwartete Bedeutung erlangte: ›Dissident‹.«[5]

Besonders beeindruckt hatte mich die Lektüre der größeren Gedichtbände Kunerts aus den 80er Jahren, vor allem »Abtötungsverfahren« (1980), »Stilleben« (1983), später »Fremd daheim« (1990). In dem Band »Stilleben« etwa war mir ein Gedicht aufgefallen, das den Titel »Ohne Pathos« trägt, und dieses Gedicht schien mir repräsentativ für die ganze Grundhaltung, aus der heraus Günter Kunert schrieb. Er erreicht hier eine einzigartige Mischung aus präziser Analyse ohne jeden Intellektualismus, aus pathosloser Sprache ohne alle Steifheit, aus desillusionierender Aussage ohne Preisgabe poetischer Eleganz:

»Zu subjektiv — schreib es
nicht auf: Dieses jämmerliche Klagen
und es ist dennoch der Grundton
aller
Stetig andere Gesichter
stetig dieselben Sehnsüchte:
Einmal sein wie es sein müsste

Aufrichtig zum Beispiel und
wenigstens den baren Rest von Liebe
nicht in immer kleinere Münze
wechseln

Sich selber geben

Aus sich heraus
aus diesem maßgerecht vertrockneten
Lehmklotz
der höflich grüßt bevor er
in Gottes Namen oder dem eigenen
in ein paar vorgeschriebene
letzte Worte zerfällt«[6]

[5] *G. Kunert (Hrsg.),* Dichter predigen. Reden aus der Wirklichkeit, Stuttgart 1989, S. 7.

[6] *G. Kunert,* Stilleben. Gedichte, München–Wien 1983, S. 91.

War Kunert mit solchen Texten ein für allemal ein metaphysischer Verneiner, ein desillusionierter Skeptiker, der die Fragen nach Sinn und Hoffnung ad acta gelegt hatte? Die Sache der Religion – erledigt? Doch gerade im Band »Stilleben« fand ich Gedichte, die in den Grundfragen nicht endgültig abgeschlossen zu sein schienen. Da gibt es etwa das Gedicht »Götterdämmerung«:

»Nicht festzuhalten: Dieser Tag. Das Leben.
Gewebe löst sich auf und schwindet hin.
Was auch geschieht, du suchst den Sinn.
Zumindest wirst du danach streben.

Du kannst die Einsicht nicht ertragen:
Aus Dreck und Feuer eine Spottgeburt,
die haltlos durch das Universum tourt,
stets auf der Flucht vor solchen Fragen.

Erkenntnis die: Wir können uns nicht fassen.
Und finden keinen, der uns Göttern gleicht.
Und keinen, der uns Hilfe reicht.
Wir sind uns ohne Gnade überlassen.«[7]

Ich fand, daß in diesem Gedicht Spannungen unverkennbar sind. Zugegeben wird ja, daß der Mensch den Sinn sucht und immer danach streben wird, einen Sinn zu finden. Die Sinnsuche ist gewissermaßen wesenhaft in ihm verankert. Auch der Grund wird benannt: die Unerträglichkeit der Einsicht, nichts als eine »Spottgeburt« aus »Dreck und Feuer zu sein«, die »haltlos« durch das Universum fahre. Erkannt wird also, daß Menschen sich »nicht fassen« können, was ja im Klartext heißt: Menschen sind sich selbst ein *bleibendes* Rätsel, eine *offene* Frage. Gleichzeitig aber wird in diesem Gedicht behauptet, daß es keine »Hilfe« (gemeint ist wohl eine transzendenten Ursprungs) gäbe, daß der Mensch sich somit endgültig »ohne Gnade« überlassen sei. Wie freilich waren beide Erkenntnisse logisch miteinander vereinbar? Der Mensch ist sich eine bleibende Frage, seine letzte Bestimmung ist also offen, und zugleich soll der Mensch völlig ohne »Hilfe« und »Gnade« sein! Wie also gehen bleibende Fraglichkeit und die

7 *G. Kunert,* a. a. O., S. 53.

Auflösung der Fraglichkeit in einer definitiven Behauptung zusammen? Mir wurde klar, daß Kunert diesen »Widerspruch« offensichtlich gerade nicht hatte auflösen wollen. Der ästhetische Gewinn dieses Gedichtes ist denn auch gerade sein spürbarer Zustand der Schwebe.

Wie liest ein »Ungläubiger« die Bibel?

Von unaufgelösten Spannungen ist denn auch Günter Kunerts Rezeption biblischer Stoffe gekennzeichnet. Mir fiel auf, daß derselbe Kunert, der von sich sagt, er sei »in einem völlig religions- und glaubensleeren Raum aufgewachsen«, er habe jahrelang jegliche Gläubigkeit als »Opium für das Volk« betrachtet, die Bibel sei ihm nichts gewesen als ein »sagenartiges, märchenhaftes« Schriftwerk, daß derselbe Günter Kunert — ich ziehe wiederum sein Vorwort zu »Dichter predigen« heran — von sich sagt:

> »›Irgendwann‹ also erschienen mir manche der überlieferten und unglaublichen Begebenheiten (der Bibel) ziemlich parabolisch, gleichnisträchtig und für einen Schriftsteller, der ich inzwischen geworden war, recht brauchbar; noch dazu für jemand, der sowieso mit einem geheimen Erschrecken in seiner Umgebung, in seiner Umwelt, ja, in der Welt die ›ewige Wiederkehr‹ psycho-sozialer Grundmuster zu erkennen meinte.
>
> Ergo habe ich mich aus diesem Fundus bedient, aus dieser Quelle geschöpft, dabei jedoch den tradierten Stoff säkularisiert und auch politisiert, ihn in meinem Sinne benutzt, wenn auch ohne blasphemische Absichten, da ich ja, wie gesagt, an keinem atheistischen Furor litt, den ich auf diese Weise hätte abarbeiten müssen. Möglicherweise war es gerade meine innere Distanz, ein gewisses Maß an Neutralität, was mich veranlaßte, meine Haustür zu öffnen, als draußen der Pastor... aus Lübeck klingelte.«[8]

Einen Schriftsteller als Bibelleser entdecken heißt zunächst be-

[8] *G. Kunert,* Dichter predigen, S. 8 (s. Anm. 5).

greifen, daß die Bibel hier nicht mehr »Wort Gottes« ist, sondern Werk-Stoff. Denn die biblischen Geschichten haben nicht länger religiöse Autorität, wohl aber existentielle. Ohne diese wären sie für einen Autor unergiebig. Kunert ist dafür ein Beispiel. Für ihn sind die »überlieferten und unglaublichen Begebenheiten« brauchbar, weil sie für die Situation des Menschen »gleichnisträchtig« sind. Sie haben bleibende, *hellsichtig machende Deutungskraft.* In ihnen stecken offensichtlich uralte Wahrheiten über den Menschen und die Menschheit, die es auch in einem postmetaphysischen Zeitalter zu entdecken gilt.

Anders gesagt: Die simple Alternative — entweder gläubig, dann auch Benutzung der Bibel, oder ungläubig, dann mit Bibel nichts zu schaffen — erweist sich im Fall von Kunert (und ungezählter anderer Autoren unseres Jahrhunderts) als unzutreffend. Die biblischen Geschichten erhellen für den »Ungläubigen« Kunert vielmehr das »Schon immer so« menschlichen Verhaltens, das, was der Autor — gegen den ihm sattsam bekannten staatssozialistisch verordneten Fortschrittsoptimismus — die »ewige Wiederkehr psycho-sozialer Grundmuster« nennt. Und weil dies so ist, kann sich auch der Ungläubige aus dem Buch des Glaubens »bedienen«, aus dieser »Quelle« schöpfen und mit diesem Stoff seine eigenen Interessen verfolgen.

Adam, Eva und die Erbsünde

Ich erinnere mich noch gut, wie verwundert ich darüber war, daß Günter Kunert in unserem Gespräch 1986 plötzlich auf die biblische Geschichte von *Adam und Eva* zu sprechen kam. Zuvor hatte er auch hier entschieden jede Annahme eines »Gesamtsinns« für die Wirklichkeit abgelehnt. Der Sinn könne »nur noch subjektiv« gefunden werden. Der einzelne könne das, was man so nebulös »Sinn« nenne, »nur in sich selber und in seinem Tun« finden. Für ihn, Kunert, sei der Sinn seines Daseins identisch damit, daß er schreibe. Einen übergreifenden Sinn gäbe es nicht mehr, habe es nie gegeben. Jetzt aber wüßten wir es wenigstens. Ich fragte nach: »Ist dieser Fluch der Existenz das, was man theologisch Erbsünde nennen könnte?« Und Kunert antwortete:

»Ja, man kann unseren Austritt aus der Natur so bezeichnen. Denn vom Baum der Erkenntnis zu essen und auch zu wissen, was tot ist, beschreibt die Legende von Adam und Eva als Erbsünde. Solange man noch Teil der Natur war, weiß man weder, was tot ist, noch kann man andere Erkenntnisse haben, weil man nur ein Stück Natur ist. Das biblische Gleichnis erzählt von der Erbsünde, aber es ist eigentlich keine Sünde. Denn wir haben keine Schuld daran. Die Religion hat eine festgelegte Vorstellung, wie der Anfang gewesen ist: Da werden wir zur Erbsünde verführt, aber in Wirklichkeit hat sich der Austritt aus der Natur ziemlich zufällig ergeben.«[9]

Ich konnte damals nicht einschätzen, was diese Aussage bedeutete, d. h. wie fundamental diese Überzeugung für Kunert war. Das wurde mir erst später klar, als ich weitere Schriften des Autors studierte. Als Grundaussage ergab sich daraus: Die Geschichte von Adam und Eva hat für Kunert in legendarischer Auskleidung das aufbewahrt, was bis heute die *conditio humana* prägt. Adams und Evas »Erkenntnis« ist eine literarisch fixierte Urerinnerung an einen menschheitsgeschichtlich folgenreichen Vorgang: die *Herauslösung des Menschen aus dem Naturzusammenhang*. Natürlich ist dies für Kunert nicht als Einzelsünde und schon gar nicht als Einzelschuld vorstellbar; solche Rede von Sünde gehört für ihn zur legendarischen Einkleidung. Gemeint ist vielmehr, daß sich der Mensch im Verlauf seiner Evolution aus dem Naturganzen herauslöste, zu sich selbst erwachte und damit die Natur als Material zu objektivieren begann. Dieser Vorgang aber hatte tiefgreifende Konsequenzen.

Kunert reflektiert diese Konsequenzen erstmals in einem Text, der 1991 in seinem Buch »Die letzten Indianer Europas« erschien. Er trägt den Titel: *»Erstes Buch Mose. Die Schlange und die Vertreibung«*. Schon die ersten Sätze dieses Stückes sind bezeichnend für die Wahrnehmung der Bibel aus der Sicht eines zeitgenössischen Schriftstellers: »Das eigentliche Rätsel der Bibel, insbesondere des Alten Testamentes, besteht darin, daß es sich um eine Sammlung unauflösbarer Widersprüche handelt.«[10] Die-

[9] *G. Kunert,* a. a. O., S. 44 (s. Anm. 3).
[10] *G. Kunert,* Erstes Buch Mose. Die Schlange und die Vertreibung, in: ders., Die

se Widersprüche aber sind für Kunert nicht einfach durch platten Atheismus auflösbar; es gilt an ihnen zu arbeiten. Zum Beispiel so, daß man sich gegen diese Texte wehrt und die in ihnen versteckten Wertungsschemata aufzubrechen sucht. So betreibt Kunert nicht nur eine Rehabilitation der Schlange in seinem Text, sondern erklärt auch die sexuelle Deutung des Sündenfalls glatt für ein »Mißverständnis«. Stattdessen bedeutet der »Sündenfall« für ihn folgendes:

»Hingegen halte ich den ›Sündenfall‹... für undeutliche Erinnerung an das wichtigste Ereignis in der Menschheitsgeschichte: An das Heraustreten aus der Natur. Wäre die Beziehung nur aufs Geschlechtliche zu deuten, dürfte es im gleichen Text und vor der Vertreibung kaum heißen: ›Seid fruchtbar und mehret euch.‹ Mir kommt vor, als markiere die Erkenntnis der eigenen Nacktheit jenen Moment, da der Mensch die Geborgenheit der Natur verläßt und sich seiner Schutzlosigkeit, seiner Hilflosigkeit bewußt wird. Es ist dies der Moment höchsten Entsetzens. Denn es ist der Augenblick der Erkenntnis der eigenen Sterblichkeit — dessen, was uns vom Tier, das um seinen Tod nicht weiß, grundsätzlich trennt. Dieses Erschrecken und Sichverstecken der beiden unschuldigen Urmenschen hat etwas Anrührendes, dem gegenüber der strafende Gott, der ihnen immerhin und wie mit einem Augenzwinkern Fellkleider spendiert, damit sie wieder tierähnlich werden, eher einem enttäuschten und ängstlichen Vorgesetzten gleicht, der ihm bedrohlich werdende Untergebene exmitiert.

Auch Gott spürt Angst, die Angst des Diktators vor dem möglichen Prätendenten, der ihm die Herrschaft streitig machen könnte. Und diese Angst spricht er erkennbar aus: ›Siehe, Adam ist geworden wie unsereiner und weiß, was gut und böse ist.‹ Ja, ja — jetzt weiß Adam Bescheid, und darum muß er ins Exil.

Die Ablösung von der Natur, auch von der eigenen, war ein langer und schmerzhafter Prozeß: Der Sündenfall die

letzten Indianer Europas. Kommentar zum Traum, der Leben heißt, München 1991, S. 36.

> selbst verursachte Entbergung durch Erkenntnisdrang und Erkenntnisgewinn. Der Verlust der unbewußt gewesenen, ungewußten Einheit alles Seienden soll jedoch nicht ersatzlos gestrichen, sondern kompensiert werden. Dafür hält das Alte Testament die Äquivalente bereit als da sind: Herrschaft über das Weib, das den Zwangsexodus bewirkt hat; Herrschaft über die Erde, die es sich untertan zu machen gilt; über die Feinde des auserwählten Volkes.«[11]

Der »Sündenfall« von Adam und Eva als Heraustreten des Menschen aus der Natur hat also für Kunert drei Konsequenzen:
(1) Die Erkenntnis der eigenen *Sterblichkeit.* So unterscheidet sich der Mensch vom Tier, das von seinem Tod nichts weiß.
(2) Die *Konkurrenzsituation* zu Gott: Auch der Mensch weiß nun um Gut und Böse.
(3) *Erkenntnisdrang* und *Erkenntnisgewinn:* Es kommt zum Verlust der Einheit alles Seienden und zur Entwicklung von Herrschaftswissen und Herrschaftspraxis: über die Frau, die Erde, die »Fremden«. In einem Brief an die australische Germanistin *Kerry Dunne,* der wir eine erhellende Studie über den »Sündenfall« als parabolischen Schlüssel für das Werk von Günter Kunert verdanken, hat der Autor dies noch einmal präzisiert:

> »Also, die biblischen Gleichnisse oder Bilder oder Geschichten, wie auch immer man es nennen will, sind für mich eigentlich ein ganz wichtiges Material gewesen und sind es bis heute noch. Aber, ich habe sie nie in einem christlichen Sinne genutzt oder benutzt, sondern im Grunde immer gegen den Strich gebürstet, also, doch in einem mir gemäßen literarischen Sinne verwendet. Manchmal auf den Kopf gestellt, umgestülpt. Also, doch sehr individuell gebraucht. Das ist das eine. Und der Sündenfall, das ist schon eigentlich eine eher historisierende Betrachtung. Also, der Sündenfall ist ja für mich das Heraustreten des Menschen aus der Natur. Aber dieser Sündenfall ist ja ein sehr unfreiwilliger gewesen, ein sehr unbewußter. Und ich glaube, daß unser ganzes gegenwärtiges Leiden und alle Probleme in der Industriezivilisation eben

11 *G. Kunert,* a. a. O., S. 40f.

daher rühren, daß wir in einer ganz fernen, dunklen Zeit auf das Instrumentale gesetzt haben, d. h. also, in dem Moment, wo der Mensch den ersten Feuerstein benutzte, als Werkzeug, war schon der Sündenfall eingetreten. Vor ein paar Tagen habe ich gelesen, das älteste Feuersteinmesser sei jetzt in Europa gefunden worden, siebenhunderttausend Jahre alt. Also, wir können sagen, der Sündenfall ist vor siebenhunderttausend Jahren eingetreten, mit der Benutzung des ersten Werkzeuges... Das heißt also, daß unser Gehirn, unsere Denkweisen, unsere Logik, unsere Vernunft zu dem geworden ist, was man eben instrumental nennt... da liegt der Sündenfall. Das ist die Sünde gewesen, unser Ausstieg aus der Tierheit.«[12]

Der »Sündenfall« also prägt die menschliche Situation unausweichlich, unrettbar. Das Rätsel Mensch — es ist hier grundgelegt, insofern der Mensch nach dem Verlust der Einheit alles Seienden durch seine neugewonnene instrumentale Herrschaftspraxis Opfer produziert, Verlierer, Unterdrückte, und seien sie er selbst, sein Unbewußtes, seine Gefühlswelt, seine Triebschichten...

Müde des eigenen Rätsels

Ich lese von daher Günter Kunerts Lyrik als einen einzigartigen Balanceakt zwischen schonungsloser Desillusionierung des Menschen und der Sehnsucht nach Entschlüsselbarkeit des menschlichen Daseins, zwischen Erfahrung des Sündenfalls und der bleibenden Suche nach Sinn und Bedeutung der *conditio humana.* Diese delikate, stets fragile und gefährdete Situation des Menschen hat der Lyriker in einem seiner letzten Gedichtbände in Form eines »apokryphen Selbstporträts« noch einmal so beschrieben:

»Nun bin ich ganz entfremdet
von Baum und Strauch und Blatt.

[12] *K. Dunne,* Der Sündenfall. A parabolic key to the image of human existence in the work of G. Kunert 1960–1990, Frankfurt/M. 1995, S. 18f.

Fühllos: die kleine Maschine
die jeder in sich hat

Die Welt: Ein Chaos von Bildern
von Menschen die man vergaß.
Die Tage aus Apparaten:
Ganz nach Mittelmaß

Bin nicht obschon ich denke.
Leb nicht obschon noch hier.
Weiß nichts durch alles Wissen.
Sterbe und bin kein Tier.

Müde des eigenen Rätsels
von drohender Zukunft krank,
wehrlos in jeder Lage
verpflichtet keinem. Zu Dank.«[13]

Wie in kaum einem anderen Gedicht hat Kunert hier die Vielschichtigkeit seines Bildes vom Menschen einzufangen versucht. Da ist — erste Ebene — der Kunert-Lesern vertraute Grundgedanke, der Mensch sei von der Natur völlig entfremdet; das Herz sei wie eine gefühllose kleine Maschine; die Welt sei ein Chaos von Bildern; die Tage liefen nach einem mechanischen Rhythmus, banal und mittelmäßig. Dies aber wird nicht beklagt. Es folgt vielmehr — zweite Ebene — eine Grundsatzreflexion auf die strukturelle Ambivalenz der *conditio humana:* Obschon ein denkendes Wesen, so ist man doch nie mit sich identisch; obwohl existierend, lebt man nie wirklich; obwohl man sehr viel Wissen erwirbt, bleiben die entscheidenden Fragen dunkel; obwohl man stirbt wie ein Tier, ist man doch keines.

Müdigkeit stellt sich ein im Prozeß dauernder Selbstreflexion, zumal die Zukunft mit dem, was sie an »Drohungen« enthält, einen eher krank macht. Wehrlosigkeit scheint denn auch die einzig adäquate Reaktion. Und dennoch — dritte Ebene — kommt auch hier ein Danksagen ins Spiel. Der Gedanke überrascht; er ist im Text durch nichts vorbereitet. Durch die letzte lakonische Zeile wird er eingespielt; und vieles an Bedeutungen

[13] *G. Kunert,* Fremd daheim. Gedichte, München 1990, S. 76.

schwingt unausgesprochen mit. Denn: »verpflichtet« ist man ja keinem, und trotzdem ist Dankbarkeit offensichtlich angebracht. Angedeutet ist damit wohl dies: Auch der Müdeste und Wehrloseste lebt nicht nur für sich und aus sich. Selbst das Wenige, von dem Menschen leben, bekommen sie in der Regel geschenkt. So endet das Gedicht auf eine überraschende Weise mit einem Verweis über sich hinaus: Ohne einem Menschen verpflichtet zu sein, ist Dank denn auch angesagt. Dank aber an wen?

3. Der Anfang aller Rätsel: Wolfgang Hildesheimer

Ebenso wichtig wie die Begegnung mit Günter Kunert wurde für mich die Begegnung mit *Wolfgang Hildesheimer.* Und ich will auch hier mit einer persönlichen Erinnerung beginnen. Im Januar 1989 machte ich mich auf den langen Weg ins schweizerische Städtchen Poschiavo an der italienischen Grenze, Hildesheimers langjährigem Wohnort.[14] Dieser Besuch ist mir nicht nur unvergessen, weil unser Gespräch eines der letzten großen Interviews werden sollte, das Hildesheimer überhaupt führen konnte; er starb 74jährig am 21. August 1991. Es ist mir auch deshalb so wichtig, weil dieser Autor schon gleich zu Beginn unserer Begegnung sehr direkt die religiösen Grundfragen als die »eigentlichen« Fragen bezeichnete, die ihn jetzt interessierten. Zu oft sei er »nur« nach ästhetischen, politischen, gesellschaftlichen Problemen befragt worden; es sei ihm ein ausgesprochenes Bedürfnis, jetzt, d. h. zu diesem Zeitpunkt seines Lebens, zu den religiösen Grundfragen Stellung zu nehmen.[15] Das war um so überraschender, wenn man sich den Lebens- und Denkweg dieses großen Schriftstellers vor Augen hält.

[14] Das *Gespräch mit W. Hildesheimer* ist publiziert in: K.-J. Kuschel, «Ich glaube nicht, daß ich Atheist bin«, S. 79–97 (s. Anm. 3).

[15] Ausführlicher habe ich zum Werk Wolfgang Hildesheimers Stellung genommen in: *W. Groß – K.-J. Kuschel,* »Ich schaffe Finsternis und Unheil!« Ist Gott verantwortlich für das Übel?, Mainz 2. Aufl. 1995, S. 121–135, Teil C II: Die Rede von der »Schuld Gottes« als Ermüdung der Theodizee: Wolfgang Hildesheimers »Tynset«.

1916 in Hamburg geboren, entstammt Hildesheimer einer jüdischen Familie, und dieses Faktum determiniert zunächst seinen Lebensweg.[16] Nach Besuch einer Internatsschule (Odenwaldschule 1929–1933) muß er 1933 mit den Eltern emigrieren. Er geht zunächst nach England, anschließend nach Palästina, wo der junge Hildesheimer in den Jahren von 1934 bis 1937 in Jerusalem eine Tischlerlehre macht. Daneben nimmt er Zeichenunterricht und erhält eine Ausbildung in Möbeldesign und Innenarchitektur. Später arbeitet er in Tel Aviv als Englischlehrer, während des Krieges als Informationsoffizier am Public Information Office der britischen Regierung in Jerusalem. 1946–1949 nimmt er als Simultandolmetscher an den Kriegsverbrecher-Prozessen in Nürnberg teil, ab 1948 ist er Redakteur ihrer gesamten Protokolle.

Kein Sinn der Schöpfung

Wer so schon in jungen Jahren zwar nicht Opfer, wohl aber Zeuge des Kriegs und Protokollant des Grauens der Konzentrationslager ist, der ist für immer seelisch und geistig verwundet. Da kann es kaum verwundern, daß Wolfgang Hildesheimer sich geistig zunächst mit dem identifiziert, was auch andere Intellektuelle der 50er Jahre fasziniert: mit der *Philosophie des Absurden.* Hildesheimer wird denn auch zunächst zu *dem* Autor des »absurden Theaters« in Deutschland, der in einer brillanten Rede im Jahr 1960 auch die entsprechende Theorie dazu liefert. Ein Schlüsselsatz aus dieser Rede lautet:

> »Das absurde Stück konfrontiert den Zuschauer mit der Unverständlichkeit, der Fragwürdigkeit des Lebens. Die Unverständlichkeit des Lebens kann aber nicht für den Versuch einer Antwort dargestellt werden, denn das würde bedeuten, daß sie interpretierbar, das Leben also verständlich wäre. Sie kann nur dadurch dargestellt werden, daß sie sich in ihrer ganzen Größe und Erbarmungslosigkeit enthüllt und quasi als rhetorische Frage im Raum steht: wer auf eine Deutung war-

[16] Vgl. dazu *W. Hildesheimer,* Mein Judentum (1978), in: ders., Gesammelte Werke Bd. VII, Frankfurt/M. 1991, S. 159–169.

tet, wartet vergebens. Er wird sie nicht erhalten, bis er von kompetenter Seite den Sinn der Schöpfung erklärt bekommt, also nie.«[17]

Die »Unverständlichkeit« des Lebens; der unerklärbare »Sinn« der Schöpfung; die Unmöglichkeit einer verbindlichen »Antwort«: Diese Stichworte kennzeichnen auch die geistige Atmosphäre des ersten großen Romans von Hildesheimer, der zu meinen wichtigsten Leseerlebnissen werden sollte: »Tynset«, erschienen im Jahr 1965. Denn in diesem großen Prosa-Stück war die Grundstruktur ähnlich wie bei den Dramen und Hörspielen auf der Linie des »absurden Theaters«: Leben wird als eine Collage aus Bruchstücken und Dissonanzen begriffen.

Der Roman ist denn auch nichts anderes als eine epische Montage aus Gedankensplittern, Erzählstücken und Reflexionsfetzen, d.h. aus letzten, schließlich abgebrochenen Versuchen des Ich-Erzählers, eine sinnvolle Kommunikation mit der Außenwelt herzustellen. Ich bin bis heute elektrisiert vom Grundeinfall des Romans. Er schildert die Erfahrungen eines Menschen, der während einer einzigen Nacht, meist bettlägerig, alle möglichen Räume und Zeiten durchmißt und doch immer wieder nur sich selbst trifft. Er enthält die Notate eines »meditierenden Weltmönchs« (W. Jens[18]), dessen Gedankenflüge vor allem angestoßen werden durch den seltsam klingenden Namen »Tynset«. Und »Tynset« ist nichts anderes als eine Bahnstation im Norden Norwegens, auf die der Held eines Nachts zufällig stößt, weil er im Kursbuch der norwegischen Reichsbahn zu blättern beginnt.

Mich hat von jeher der Klang dieses Wortes in den Bann geschlagen. Er löst beim Erzähler des Buches ebenso wie bei mir als Leser Ausbruchsphantasien aus, Sehnsüchte nach etwas völlig Neuem, Fluchtwünsche ins »ganz Andere«. Was muß das für ein Ort sein, der so verlockend klingt? Was muß er an Glück bereithalten, an Versprechungen einlösen?

Doch im Roman ist »Tynset« nur die verlockend klingende Chiffre für eine letzte Undurchschaubarkeit und Rätselhaftigkeit

[17] *W. Hildesheimer,* Über das absurde Theater, in: ders., Gesammelte Werke Bd. VII, Frankfurt/M. 1991, S. 17.

[18] *W. Jens,* Ein Ausgelieferter übertönt die Nacht, in: Über Wolfgang Hildesheimer, hrsg. v. D. Rodewald, Frankfurt/M. 1971, S. 121–127, Zitat S. 124.

der Welt. Aber *wie* Hildesheimer diese Rätselhaftigkeit beschreibt, gehört für mich zu den verführerischsten Stücken Romanprosa in der deutschen Literatur der Gegenwart, deren Zauber einen süchtig machen kann:

> »Teil des großen Rätsels, das Tynset heißt. Jetzt werde ich sehr müde. Ja, Tynset ist ein guter Name für das Rätsel. Indem man dem Unbekannten einen Namen gibt, wird es zwar nicht bekannter, das Rätsel enthüllt sich nicht mit dem Namen, aber es ist benannt, es hat eine Bezeichnung erhalten, die das Rätselhafte, das es in sich birgt, zusammenfaßt, chiffriert, die Summe aller Rätsel und gleichzeitig die Wurzel aus ihnen. Das Wort TYNSET wird der Summe und der Wurzel einigermaßen gerecht, jedenfalls wüßte ich kein besseres.
>
> Aber was ist es denn, das ich mir unter Tynset vorstelle? Was? — Nichts, sei still, nichts. Ein Geheimnis verbirgt sich dahinter. Um es zu erforschen, wäre vielleicht eine Reise noch nicht einmal der rechte Weg. Jedenfalls jetzt noch nicht. Später, ja, später, wenn alles andere versagt, später vielleicht, wenn mir die Finger kalt und steif werden, wenn ich müde werde und das Licht in den Gedankengängen erlischt, später, wenn die Worte versickern, wenn ich auch die Perlen in den Büchern nicht mehr finde, und auch nicht mehr das Nichts hinter der Milchstraße, wenn ich keinen Wind mehr spüre, keine Luft mehr bekomme, dann wird mir vielleicht nichts anderes mehr übrig bleiben, und ich werde mich dorthin aufmachen, vielleicht mit letzter Kraft.«[19]

Man kann aus diesem Text unschwer erkennen, daß die Problematik von »Tynset« eine epische Fortschreibung der Philosophie des Absurden ist. Und doch verrät diese kurze Passage auch etwas von den gegenläufigen Tendenzen, die das ganze Buch ebenfalls durchziehen. Da ist auf der einen Seite wie bei Kunert die Erfahrung der Sinnlosigkeit und Rätselhaftigkeit der Welt; da ist auf der anderen aber auch — vorgetragen mit einem seltsamen Drängen, einem bemerkenswerten Pathos (»Ich werde mich dorthin aufmachen, vielleicht mit letzter Kraft«) — das Bewußt-

[19] *W. Hildesheimer,* Tynset, in: ders., Gesammelte Werke Bd. II, Frankfurt/M. 1991, S. 138.

sein von einer bleibenden Geheimnishaftigkeit der Wirklichkeit. Die Überzeugung einer letzten Sinnlosigkeit der Welt stellt also den Drang nach Entschlüsselung des Geheimnisses nicht einfach still, tötet das Bedürfnis im Erzähler nicht ab, die »Chiffre« vielleicht doch einmal de-chiffrieren zu können. Und eine der erregendsten Passagen für dieses nicht müde werdende Fragen hat mit den biblischen Figuren Kain und Abel zu tun.

Warum das Rätsel grinst

In seinen nächtlichen Meditationen ruft sich der Ich-Erzähler auch die biblische *Geschichte des von Gott verworfenen Kain* in Erinnerung. Aber indem er dies tut, steigen kritische Fragen auf, Fragen an den Menschen und Fragen an die bisher so fraglos hingenommene Ordnung des Schöpfergottes selbst:

> »nein. Das nicht, nicht Kains Gebet. Kains Gebet rauchte nicht und schwelte nicht. Es war, indem es um nichts bat, ein gutes, anständiges Gebet, vielleicht eines der letzten guten Gebete — da mag ich mich täuschen —, bestimmt aber das erste. Nur war es eben sinnlos, denn der Gott, an den es sich richtete, war anderweitig beschäftigt, es beliebte ihm, das Gebet nicht zu erhören, das wirft kein schlechtes Licht auf Kain, sondern vielmehr auf seinen Gott. Warum erhörte Gott es nicht? Dieses Rätsel ließ mich lange nicht ruhen. Ich habe nie so recht über es hinweggehört oder hinweggelesen. Und unerwartet leuchtet es noch heute mitunter rot zwischen den Zeilen eines x-beliebigen Buches oder einer Zeitung auf. Es war das erste Rätsel, das mir entgegentrat, es ließ mich stolpern und hinfallen. Ich stand mühsam auf, verletzt und erstaunt, ich hatte kein Rätsel erwartet, zumindest nicht gerade hier, so nah am Anfang und nicht so früh, ich ging weiter, ein wenig langsamer als zuvor, ein wenig hinkend, aber mein leichtes Hinken nach Möglichkeit verbergend, mich seiner schämend, ich blickte auf das Rätsel zurück, da sah ich, wie es mich angrinste, offensichtlich hatte es schon manchen anderen zu Fall gebracht und freute sich jedesmal über den Fall. Es grinst noch heute unter all den grinsenden Rätseln, aber es war das

erste, der Anfang aller Rätsel. Es ist aber auch der Anfang allen Unrechts, Anfang der Schuld Gottes, der aus keinem Grund Kain nicht gnädig ansah und sein Opfer aus Früchten des Feldes verschmähte, es in schwarzen rauchenden Schwaden am Boden schwelen ließ, so daß es den Opfernden zum Husten brachte, ihn beinahe erstickte, während Er Abels Opfer, dampfendes Fleisch und Blut von ihm selbst zum Ruhme Gottes geschlachteter Tiere, Gedärm und Innereien und alles, zu sich aufsteigen ließ, genüßlich und in wohlgefälliger Betrachtung des Opfernden, der seinen Gott erkannt hatte und ihm die Wünsche vom Gesicht ablas, Gott wollte Fleisch. So war es, nicht anders. Diese Willkür, diese verletzende Laune Gottes glaubte Kain nicht ertragen zu können, er hatte seinen Schöpfer ernst genommen, hatte Ihn geliebt, vergöttert und in furchtbarer Enttäuschung erschlug er dessen Günstling, den eigenen Bruder, ja, so war es, und wurde darauf für immer und ewig von Ihm verdammt.

Es steht da geschrieben, Kain sei von heftiger, eifersüchtiger Gemütsart gewesen, Abel dagegen sanft und fromm. Aber wer hat das geschrieben? Der eifersüchtige Bauer und der fromme Jäger und Schlächter: Kain böse und mißgünstig, Abel gut und rechtschaffen — nein, das ist nicht gut genug, diese Ordnung nehme ich dem Schöpfer der beiden nicht ab, geschweige seinen Chronisten, ich wüßte auch nicht, wer sie abnähme außer den fragefeindlichen Abnehmerverbänden — ich frage, und meine Frage hallt durch das Haus, durch die Nacht, und auch Celestina soll sie spüren, ich frage: Was gab es zu Kains Zeit an Gegenständen der Mißgunst, der Eifersucht, der Bosheit, der Niedertracht, schlechter Gelüste, unsauberer Gedanken? Die Erde soeben erst erschaffen, bevölkert von nicht mehr als vier Menschen, zwei davon schon ungerecht bestraft, ihr Leben verwirkt, was gab es da an Dingen und Gedanken, an denen das Böse sich hätte bilden können, was stand auf der Erde, an dem es sich hätte aufranken, in welchem Loch hätte es sich einnisten können? Wo war der Ansatz, an dem es sich eingefressen, sich ausgebreitet und weitergefressen hätte? Nirgends, nichts da als ein trügerisches Paradies und Wüste und das schreiende Unrecht Gottes, dem es behagte, Kain zu verderben. Eine schwere Belastung, ein Makel, ein Zeichen an der Stirn, das haftet, nicht an Kain, sondern an seinem Schöpfer. Los davon!«[20]

Deutlich wird: Dieser Autor betreibt Bibelexegese im Modus des bohrenden, zweifelnden Fragens — gewendet gegen die »fragefeindlichen Abnehmerverbände«. Damit sind offensichtlich die traditionellen Kirchen gemeint, die mit Hilfe einer verharmlosenden Exegese die Widersprüche aus Bibel und Welt herauszudeuten pflegen. Der Text wählt strategisch gezielt einen peinlichen Punkt: Jahrhundertelang ist diese Kain-Abel-Geschichte von Theologen nie als Problem empfunden worden, nie jedenfalls als Stolperstein für weiteres Theologie-Treiben. Mit Hildesheimers Nacht-Gestalt aber tritt ein Bibelleser auf, der nicht länger über diese Geschichte hinweggeht, sondern irritiert ist, betroffen vom offensichtlichen Unrecht gegenüber einer Figur wie Kain. Ein Bibelleser, der sich mit den Rechtfertigungen für die Verdammung des Kain und die Gottwohlgefälligkeit des Abel nicht länger zufriedengibt: »Der Herr schaute auf Abel und sein Opfer, aber auf Kain und sein Opfer schaute er nicht«? Dieser so fraglich hingenommene biblische Satz (Gen 4,4) wird vielmehr zum Ausgangspunkt einer *Rückfrage nach der Gerechtigkeit Gottes* selbst — und zwar zugunsten des verdammten Menschen. Die vorher fraglos akzeptierte Geschichte zwischen Gott auf der einen sowie Kain und Abel auf der anderen Seite wird auf einmal zum Rätsel.

Schlechtes Licht auf Gott

Das Wort »Rätsel« folgt denn auch sechsmal im Text kurz hintereinander, was die strategische Absicht des Erzählers nur verstärkt: Sein Text soll die scheinbar abgesicherte Welt-Ordnung mit verstörenden Fragen unterlaufen — nach der Devise: Ich nehme dem Schöpfer seine Ordnung nicht länger ab. Ja, diese Infragestellung gipfelt in einer unerhörten *Umkehr der Theodizee-Problematik.* War es der klassischen philosphischen und theologischen Theodizee von Augustin bis Leibniz darum gegangen, in

[20] *W. Hildesheimer,* a. a. O., S. 64f.

jedem Fall Gottes Unschuld und Gerechtigkeit auf Kosten des sündigen und schuldigen Menschen zu demonstrieren, d.h. angesichts der Existenz des Übels Gott von jeder Verantwortung zu entlasten und den Menschen zu belasten, so unterläuft der Ich-Erzähler solche Argumentation, ja, dreht sie entschlossen um. Kains Ablehnung durch Gott wird nicht durch dessen Schuld gerechtfertigt (wo sollte sie auch so kurz nach der Schöpfung herkommen — mit nicht mehr als vier Menschen auf der Erde?), sondern Gott als Schuld angelastet. Das »schreiende Unrecht« — es ist von Gott begangen worden. Gott »behagte« es offensichtlich, Kain zu verderben. Um so schlimmer für Gott.

Was wir hier literarisch vor uns haben, ist eine Bibelexegese in der Traditionslinie des jüdischen Midrasch. Und Hildesheimer schreibt seinen Midrasch aus der Perspektive des Verdammten. Aus dieser Perspektive erscheint Gott als ein *launischer Willkürgott*, der durch seine Bevorzugung Abels Kain erst den Grund dafür lieferte, den eigenen Bruder zu erschlagen. Ja, von diesem Gott wird obendrein ein Täter verdammt, der im Grunde dessen Opfer ist. Fällt auf diesen Gott nicht plötzlich ein »schlechtes Licht«? Daß es in der Welt so zugehen kann — muß dies nicht auch auf dessen Schöpfer zurückfallen? Gerade darin sieht ja der Erzähler das grinsende Rätsel, das bis heute nicht verschwunden sei. Unter all den grinsenden Rätseln sei es das dauerhafteste, das hartnäckigste, und schon früh ist damit alle Harmlosigkeit im Verhältnis Gott — Mensch verschwunden. Es ist Gott, der das Kainsmal »auf der Stirn« trägt. Was den Analogieschluß nahelegen soll: Der Mensch hüte sich, mit einem solchen Gott Umgang zu haben.

Teufelsgrinsen blitzt auf, angesichts der offensichtlich unabweisbaren Tatsache, daß die Schöpfung von Anfang an alles andere als gelungen ist. An der Figur des Kain kann man sich deshalb »den Anfang allen Unrechts« klarmachen. Zu früh in der Schöpfung ist dies alles passiert, als daß man dem Satz noch vertrauensvoll zustimmen könnte: »Siehe, es war alles sehr gut.« Zu früh nach dem Schöpfungsoptimismus schon die Sündenverfallenheit; zu früh nach der Schöpfungsharmonie die Ursünde, der Abfall, der Fluch. Woraus ein Doppeltes folgt. Erstens: Menschen entdecken von Anfang an in sich die Fähigkeit, die ursprünglich gute Schöpfungsordnung zu pervertieren, ja in sich monströse Potentiale, diese Erde zu einem Schauplatz des Brudermords zu machen. Und zweitens: Von Anfang an ist Gott nicht Teil der Lösung, sondern Teil des Problems. Daß die Welt so ist, wie sie ist, bleibt Gottes Verantwortung, ja Gottes Schuld. »Los davon«?

Gib ihnen die ewige Ruhe nicht

»Los davon« konnte Hildesheimers Gefährte der Nacht sagen. Für ihn ist ja diese biblische Geschichte ohnehin nur die Bekräftigung einer von vornherein feststehenden Überzeugung, daß die Geschichte überhaupt voll ist von solch »grinsenden Rätseln« und kein Gott diese Rätsel auflösen werde, weil er Teil des Problems ist. Deshalb richtet sich auch der Midrasch nicht gegen Gott, sondern wendet sich von Gott ab. Auch hier wie bei Kunert passiert Bibelexegese im nachmetaphysischen Zeitalter. Und doch ist es erregend zu sehen, daß das Motiv der kritischen Auseinandersetzung mit Gott im Werk des Autors keineswegs verschwindet, ja sich in den späten Arbeiten noch einmal mächtig Bahn bricht. Gut 20 Jahre nach »Tynset« legt der Autor nämlich noch einmal eine neue, unerhörte Gottes-Provokation vor; jetzt ist er selber als fragender Mensch im Spiel. 1986 war Hildesheimer gebeten worden, eine öffentliche Aufführung des Mozartschen »Requiem« mit eigenen Texten zu bereichern, d. h. eigene Kommentare zu den vorgegebenen liturgischen Stücken beizusteuern. Dieser Auftrag forderte den Mozart-Biographen Hildesheimer noch einmal heraus. Hier sah er offensichtlich eine einzigartige Chance gegeben, Grundfragen zu thematisieren, die ihn noch im Alter umtrieben.

Was Hildesheimer zu Papier bringt, sind denn auch weder harmlos-erbauliche Requiem-Meditationen noch kulturgeschichtlich-musikologische Betrachtungen der feinsinnigen Art. Sein Text zum »Requiem« wird zu einem leidenschaftlichen Anti-Requiem, das denn auch den provozierenden Titel trägt: »Herr, gib ihnen die ewige Ruhe nicht.«[21] Ja, die ergreifende Wucht dieser

[21] Der *Text* »Herr, gib ihnen die ewige Ruhe nicht. Gedanken über Leben und Tod — und über Mozart« (1986) ist jetzt abgedruckt in: *W. Hildesheimer*, Ge-

Texte, der — so Walter Jens in einem großen Essay kürzlich mit Recht — »in die Reihe der großen Fluch- und Klagereden der Literatur gehört«,[22] beruht unter anderem auf dem Einfall, daß der »Ungläubige« Hildesheimer sich hier bewußt in die Rolle des »Gläubigen« versetzt und nun mit Gott — als ob es ihn gäbe — einen erregenden Dialog zu führen beginnt. Kain und Abel tauchen plötzlich wieder auf, aber im Unterschied zu »Tynset« wird ihr Fall nun direkt mit Gott abgemacht — in Form von Rollenprosa wohlgemerkt:

> »Warum hast Du das getan, Herr? Wenn Du mir diese Frage beantworten könntest? Warum hast Du Abels Opfer erhört, das Opfer Kains aber nicht? Aber Du beantwortest ja keine Fragen, und die eines Ungläubigen schon ganz und gar nicht. Ich sage nicht, daß ich Dich darin nicht verstehe.«[23]

Ich werde den Abend nie vergessen, den ich am 7. Januar 1989 im Haus von Wolfgang Hildesheimer in Poschiavo verbracht habe. Denn nach Gespräch und Abendessen lud Hildesheimer dazu ein, gemeinsam die Video-Aufzeichnung seines »Requiem« anzusehen. Ich kannte zwar den Text und hatte Hildesheimer auch schon während unseres Gesprächs darauf angesprochen. Aber ich hatte noch nie diese Aufführung gesehen. Unvergessen ist mir vor allem, wie gebannt und betroffen Hildesheimer selber dieser Aufzeichnung noch einmal zusah. Ich spürte, daß er hier sein Tiefstes und Wichtigstes dieser Jahre zur Sprache gebracht hatte. Ich jedenfalls hatte einen »Ungläubigen« so noch nie von Gott und zu Gott reden hören. Später wird Hildesheimer in einem Selbstkommentar sagen:

> »Ich vollziehe einen Akt fundamentaler Selbstverfremdung, d.h. ich tue so, als *glaubte* ich. Es ist heute nicht mehr vorstellbar. Früher wollte ich gern glauben, aber es war mir nicht

sammelte Werke Bd. VII, Frankfurt/M. 1991, S. 723–733. Die *Selbstkommentare* befinden sich im selben Band S. 806–810. Vgl. auch das Gespräch mit K.-J. Kuschel, bes. S. 93–97 (s. Anm. 14).

22 *W. Jens,* Spiel und Vernichtung. Eine Erinnerung an Wolfgang Hildesheimer, den melancholischen Dichter der Hoffnung, in: DIE ZEIT vom 20. 12. 1996.

23 *W. Hildesheimer,* »Herr, gibt ihnen die ewige Ruhe nicht«, S. 729 (s. Anm. 21).

gegeben. Heute will ich nicht mehr – aber ich mache gemeinsame Sache mit *echten* Christen.«[24]

Echte Christen aber sind für diesen Autor nicht mehr die, welche die Schöpfung schänden. Und so ist sein ganzes Anti-Requiem eine einzige Aufforderung an Gott selbst, den Naturzerstörern und Schöpfungsschändern die ewige Ruhe nicht zu gewährleisten. Der Richter Gott wird aufgefordert, den »unbeirrbaren Eingreifern in die Schöpfung« entgegenzutreten und ihnen seine Gnade zu entziehen. Wieder kommt es zu diesem seltsamen Ineinander von Unglauben und Glauben:

> »Wäre ich gläubig, wollte ich den Herrn anrufen: ›Laß sie an Deiner Gnade nicht teilhaben! Bestrafe sie, bevor das Ende der Menschheit auf der Erde kommt, das sie vorbereitet haben. Denn an diesem Tag werden die Gerechten mit ihnen zugrunde gehen, die Unschuldigen. Gib ein Zeichen, Herr‹ – so würde ich sagen, wäre ich gläubig –, ›daß Du diesen dies irae wirklich kommen läßt! Wir wollen Zeugen sein‹ – so würde ich sagen –, ›wie Du den Unterschied zwischen Gut und Böse machst.‹«[25]

Welch eine Sprache für einen »Ungläubigen«! (Ach, hätte Gott doch der »Gläubigen« dieser Kraft mehr!) Hildesheimer hat zwar nicht persönlich – auch darauf hat Walter Jens noch einmal hingewiesen – »an eine solche Wendung« durch Gott »geglaubt und gleichwohl, immer neue, immer vollkommenere Wechselspiele von Wort und Bild, Zitat und Variation des Zitats, Zeichen und Gegen-Zeichen erfindend, nie jene Hoffnung aufgegeben, die auf der nur scheinbar paradoxen Umkehrung des Diktums *spero ergo sum* beruht. Nicht die Hoffnung, so die Quintessenz seines Formens und Schreibens – das Finden immer voran, das Erfinden hintangestellt! –, sondern die Fähigkeit, weiterbestehen zu können, beweist im letzten Jahrzehnt: Ich lebe, und das ist ein Zeichen dafür, daß ich noch nicht verzweifle. ›Vielleicht hofft etwas in mir, und es ist das, was mich am Leben erhält?‹«[26]

[24] *W. Hildesheimer,* a. a. O., S. 807.
[25] *W. Hildesheimer,* a. a. O., S. 726f.
[26] *W. Jens,* a. a. O. (s. Anm. 22).

Ich gewann den Eindruck, daß das jüdische Erbe in Wolfgang Hildesheimer, so oft nur in gebrochener, indirekt-transformierter Form in seinem Werk vorhanden, in diesem Anti-Requiem sich noch einmal mächtig Bahn gebrochen hatte. Angesichts der ökologischen Katastrophe, die diesen Schriftsteller am Schreiben verzweifeln ließ (öffentlich hatte er Schreibverzicht und Konzentration auf die Malerei angekündigt und durchgehalten), griff er zu einer für ihn äußersten Möglichkeit: den prophetischen Protest, die Klage und Anklage. Die »Rolle« des Propheten sollte der Botschaft neue Wucht verleihen, dem Anliegen gewichtigen Ernst, der Sache universale Bedeutung. Es war Hildesheimers Erfahrung, daß der Planet Erde in den Händen von Ausbeutern und Plünderern ist; daß die Schöpfung von »skrupellosen Schändern, Verseuchern der Ebenen, Verplanern der Gebirge, Verunreinigern der Gewässer, Verpestern der Sphären« aufs Schändlichste mißbraucht wird. Dieser Sorte Schöpfungsschänder gilt seine ganze Verachtung, ja seine Anempfehlung an Gottes Gericht:

> »Nicht für jene, die uns ewige Verlierer manipulieren und berauben, nicht für diese Zyniker, die Nutzbarmacher und Rationalisierer, die unter dem Deckmantel der Erschließung unsere Welt mit Umsicht und System zunichte machen. Herr, kein Requiem für sie. Allerdings auch kein ewiges Leben. Denn das erwarten sie. Sie betrachten die Erde als ihr Eigentum und leben, als würden sie ewig leben. Sie zeugen sich fort, sie hinterlassen ihre anstößigen Denkmäler als Zeugen ihres verderblichen Wirkens. Ihnen ist die Erde untertan. Bis sie schließlich verschwinden, sind wir, ihre Opfer, längst verschwunden. Sie werden das letzte Wort behalten und die letzte Tat, und die letzten Dinge. Sollen sie wirklich der ewigen Ruhe teilhaftig werden? Wäre ich gläubig, so würde ich sagen: sie sollen es nicht. Sie sollen zur Einsicht gebracht werden. Ihnen soll das ewige Licht nicht leuchten.«[27]

Die Erde in den Klauen von Schändern, Verseuchern, Verplanern, Verunreinigern, Verpestern; die Schöpfung in den Händen

[27] *W. Hildesheimer,* a. a. O., S. 725 (s. Anm. 21).

von zynischen Profiteuren: Aufgeworfen ist damit gerade durch die Schriftsteller das Problem von Schuld und Verantwortung des Menschen. Und wer über das Rätsel Mensch nachdenkt, wird dies nur unter Einschluß der Frage tun können: Warum müssen Menschen schuldig werden? Und umgekehrt: Warum verkennen Menschen ihre Schuld so oft, verdrängen sie, wollen sie nicht wahrhaben? Ich möchte dieses Problem der Schuld nach zwei Dimensionen hin ausleuchten und dabei die Dimension der Schöpfung ebenso einbeziehen wie die Dimension des Einzelnen. Nachzudenken haben wir – im Gespräch mit den Poeten – über die Frage nach der Verantwortung des Menschen für seine Umwelt und Mitwelt sowie über die Frage nach der Verantwortung des Menschen für sich und das Leben anderer.

II. DIE ERSCHÖPFTHEIT DER SCHÖPFUNG

Literaturgeschichtlich ist auffällig: In keiner Periode der deutschen Literatur wurde das Thema Schöpfungsbedrohung, Schöpfungsvernichtung so virulent wie in der Literatur des 20. Jahrhunderts, insbesondere in der Literatur unserer Gegenwart.[28]

1. Erste Visionen vom Ende: Expressionisten

Dies dürfte keine Überraschung sein, wenn man sich gerade einen Satz von *Wolfgang Hildesheimer* vor Augen hält:

> »Es gehört zum Wesen des Künstlers, daß er die, seine Existenz berührenden, Strömungen und Phänomene seismographisch aufnimmt. Daß er ihr Walten erfaßt und ihre Bedeutung früher erahnt als andere. Daß er daher auch das Bedrohliche an den Veränderungen der Natur erkennt, wenn nicht gar physisch erlebt und, bewußt oder unbewußt, mit all seinen Sinnen verarbeitet. Künstler ist nicht nur, wer sich mitteilt, sondern auch der, dem es sich mitteilt.«

Hildesheimer hatte daraus gefolgert, daß es eine besondere Sensibilität des Künstlers für die »Symptome der ›Endzeit‹« gäbe:

> »Den Künstlern... kann es nicht entgehen, daß die Natur begonnen hat, sich zu versagen. Die schweren menschlichen

[28] Zum Thema Apokalypse in der Literatur verweise ich auf: *K.-J. Kuschel,* Vor uns die Sintflut? Spuren der Apoklaypse in der Gegenwartsliteratur, in: Weltgericht und Weltvollendung. Zukunftsbilder im Neuen Testament, hrsg. v. H.-J. Klauck, Freiburg/Br. 1994, S. 232–260 (Lit.!). Wichtige Beiträge enthält darüber hinaus der Band: *K. Stierle – R. Warning (Hrsg.),* Das Ende. Figuren einer Denkform, München 1996 (Poetik und Hermeneutik Bd. XVI).

Eingriffe machen sie zunehmend zu unserer Feindin. ›Waldsterben‹ ist nicht ausschließlich ›Gerede‹..., sondern auch, wie jedermann bestätigen wird, der einen toten oder sterbenden Wald gesehen hat, ein Zeichen, dessen Deutung sich jedem aufdrängt und sich dem Künstler, sofern er fähig ist, sich dieser Zeugenschaft auszusetzen, alpdruckartig aufzwingen muß. Denn gerade ihm teilt sich jede Ahnung als Geschehen mit, dessen übertragende Verarbeitung ihn prägt und zum Maßstab seiner Qualität wird. Und doch ist er kaum der einzige, der durch einen noch lebenden Wald geht, ohne sich zu fragen: ›Wie lange noch?‹ In der Tat, wer in den Nadelwäldern die ›Angsttriebe‹ sieht, dieses Wachstum als Todeszeichen, dem erschließt sich eine ungeahnte Variante materiegewordener Poetik.«[29]

Der apokalyptische Urschrei

»Wie lange noch?« — Wer so fragt, nimmt den *apokalyptischen Urschrei* auf, wie er durch die Apokalypsen des Alten Testaments tönt, etwa durch das Buch Daniel: »Wie lange noch bleibt der Greuel der Verwüstung?« (8,13); wie er auch noch in den Apokalypsen des Neuen Testamentes hörbar ist: »Wie lange zögerst du noch, Herr, Gericht zu halten?« — so die abgeschlachteten Märtyrer des »fünften Siegels« aus der Apokalypse des Johannes (6,10).[30] Wer also heute so redet, verrät etwas von apokalyptischer Sensibilität. Was ist ihr Spezifikum? Nicht nur irgendeine Sensibilität für Bedrohung und Unruhe, sondern eine Sensibilität für die Bedrohung der Welt als ganzer, für den Abbruch der bisherigen Geschichte. Nichts weniger als das Ende der bisherigen Welt-Zeit wird erwartet. Apokalyptische Texte sind von jeher Unruhetexte von globaler Dimension gewesen, Bedrohungstexte von kosmischem Ausmaß — von denen oft verdrängt, die sich im status quo eingerichtet haben und die Ordnung der Welt zu beherrschen scheinen.

[29] *W. Hildesheimer,* Der Künstler und die Endzeit (1986), in: Gesammelte Werke Bd. VII, Frankfurt/M. 1991, S. 736–738, Zitate S. 736f.

[30] Zur Geschichte und Wirkung der Apokalypse vgl. die Studie von *D. Dormeyer — L. Hauser,* Weltuntergang und Gottesherrschaft, Mainz 1990.

Kein Wunder deshalb, daß gerade die sensibelsten unter den Schriftstellern sich das apokalyptische Bildmaterial zunutze machten, um ihren eigenen Wahrnehmungen Ausdruck zu geben. Poeten leihen sich apokalyptische Sprache oft ohne Distanz. Denn ob ihrer kirchlich-gesellschaftlichen Rand- oder Untergrundexistenz ist die Sprache solcher Texte die am wenigsten verbrauchte der biblischen Schriften. So ist die erste apokalyptisch fruchtbare Periode der deutschen Literatur des 20. Jahrhunderts nicht zufällig die Zeit zwischen 1910 und 1920, die Zeit kurz vor und nach dem Ersten Weltkrieg.

»Weltende« – mit schwarzem Humor

Es war gerade die Generation der Frühexpressionisten, Ende der 80er Jahre des 19. Jahrhunderts geboren, die apokalyptische Motive in ihrer Lyrik als Einschlagtrichter in eine bürgerlich-alltägliche, ritualisierte Ahnungslosigkeit benutzten. Georg Trakl, Jakob van Hoddis und Georg Heym: sie alle sind im selben Jahr, 1887, geboren, und sie alle beginnen noch vor dem Ersten Weltkrieg, eine Untergangslyrik zu schreiben – ob sarkastisch mit schwarzem Humor oder pathetisch mit dem Gestus großer Visionen. Für die erste Variante steht Jakob van Hoddis (1887–1942) mit seinem »Weltende«-Poem, für die andere Georg Heym mit seiner Ballade »Die Menschen stehen vorwärts in den Straßen«.

Blicken wir zunächst auf *Jakob van Hoddis*, dessen Gedicht, 1910 entstanden, später die bedeutendste expressionistische Lyrik-Sammlung programmatisch eröffnen wird: »Die Menschheitsdämmerung« von Kurt Pinthus:

Weltende

Dem Bürger fliegt vom spitzen Kopf der Hut,
In allen Lüften hallt es wie Geschrei.
Dachdecker stürzen ab und gehn entzwei
Und an den Küsten – liest man – steigt die Flut.

Der Sturm ist da, die wilden Meere hupfen
An Land, um dicke Dämme zu zerdrücken.

Die meisten Menschen haben einen Schnupfen.
Die Eisenbahnen fallen von den Brücken.[31]

Nußschalen-Apokalyptik hat man diesen Text des Berliner Arztsohnes Hans Davidsohn genannt, der unter dem Pseudonym Jakob von Hoddis schrieb, der Gründungsmitglied der Berliner Expressionisten-Gruppe »Der neue Club« war und sich durch Vorträge im »Neopathetischen Cabarett« in Berliner Künstler-Kreisen bekannt gemacht hatte. Die Wirkung dieses seines Weltende-Gedichtes auf die Zeitgenossen war einzigartig — wohl durch dessen dreifachen Effekt:
— Entlarvung der *Scheinsicherheit* der bürgerlichen Gesellschaft. Spielerisch scheinen hier Banalitäten des Alltags zu einer harmlosen Collage montiert. Doch die scheinbare Harmlosigkeit soll nur den Grad der Verdrängung widerspiegeln, mit der die bürgerliche Gesellschaft ihre eigene Todesverfallenheit noch nicht bemerkt hat: »Die meisten Menschen haben einen Schnupfen. / Die Eisenbahnen fallen von den Brücken«...
— *Sarkastischer Humor.* Er wird durch komische Wortverbindungen erzeugt: »Die wilden Meere hupfen an Land, um dicke Dämme zu zerdrücken«! Der dadurch entstehende Effekt des Komischen wird noch durch den Gestus gespielter kindlicher Naivität verstärkt, mit dem Schreckensszenarien präsentiert werden: »Dachdecker stürzen ab — und gehn entzwei«...
— Komische Sprachspiele und Sarkasmen erzeugen ein Gefühl der *Überlegenheit und Freiheit.* Es soll sich bei denen einstellen, die mit der Rezitation dieser Verse die Untergangsreife der bürgerlichen Gesellschaft zugleich durchschauen und genießen.

Wer sich zeitgeschichtlich kundig macht, findet heraus: Als diese »lustvoll destruierenden Katastrophen-Strophen«[32] eines Jakob van Hoddis entstanden, malte der Künstler *Max Beckmann* sein Bild »Untergang von Messina« — eine Naturkatastrophe farblich bannend, bei der 1908 über die Hälfte der 150.000 Einwohner

[31] *J. van Hoddis,* Gedichte, hrsg. v. R. Nörtemann, Frankfurt/M. 1990, S. 13.
[32] *H. Hornbogen,* Jakob van Hoddis. Die Odysse eines Verschollenen, München-Wien 1986, S. 71. Eine Überfülle zeitgeschichtlichen Materials enthält auch der Band: *K. Vondung,* Die Apokalypse in Deutschland, München 1988.

der italienischen Stadt Messina umgekommen war. Auch van Hoddis hatte die grausigen Photos vom massenhaften Tod und Elend in der »Berliner Illustrierten Zeitung« gesehen. Im Mai 1910 war überdies der Halleysche Komet an der Erde vorbeigerast. Er hatte die Massen bewegt und Ängste vor Springfluten, Überschwemmungen, verpesteter Luft und Erstickungstod ausgelöst...

Untergang als kosmischer Fall

Das alles dürfte auch zum Hintergrund des Gedichts von *Georg Heym* (1887–1912) gehören, einem der brillantesten Frühexpressionisten, dessen Tod mit 25 Jahren bei einem Schlittschuhunfall auf der Havel die expressionistische Gemeinde erschütterte. Mit großem Pathos und visionärem Gestus beschreibt dieses Gedicht den Untergang als ein kosmisches Ereignis, und Heym etabliert sich damit als einer der größten Apokalyptiker der deutschen Literatur:

Die Menschen stehen vorwärts in den Straßen
Und sehen auf die großen Himmelszeichen,
Wo die Kometen mit den Feuernasen
Um die gezackten Türme drohend schleichen.

Und alle Dächer sind voll Sternedeuter,
Die in den Himmel stecken große Röhren.
Und Zaubrer, wachsend aus den Bodenlöchern,
In Dunkel schräg, die einen Stern beschwören.

Krankheit und Mißwachs durch die Tore kriechen
In schwarzen Tüchern. Und die Betten tragen
Das Wälzen und das Jammern vieler Siechen,
Und welche rennen mit den Totenschragen.

Selbstmörder gehen nachts in großen Horden,
Die suchen vor sich ihr verlornes Wesen,
Gebückt in Süd und West, und Ost und Norden,
Den Staub zerfegend mit den Armen-Besen.

Sie sind wie Staub, der hält noch eine Weile,
Die Haare fallen schon auf ihren Wegen,
Sie springen, daß sie sterben, nun in Eile,
Und sind mit totem Haupt im Feld gelegen.

Noch manchmal zappelnd. Und der Felder Tiere
Stehn um sie blind, und stoßen mit dem Horne
In ihren Bauch. Sie strecken alle viere
Begraben unter Salbei und dem Dorne.

Das Jahr ist tot und leer von seinen Winden,
Das wie ein Mantel hängt voll Wassertriefen,
Und ewig Wetter, die sich klagend winden
Aus Tiefen wolkig wieder zu den Tiefen.

Die Meere aber stocken. In den Wogen
Die Schiffe hängen modernd und verdrossen,
Zerstreut, und keine Strömung wird gezogen
Und aller Himmel Höfe sind verschlossen.

Die Bäume wechseln nicht die Zeiten
Und bleiben ewig tot in ihrem Ende
Und über die verfallnen Wege spreiten
Sie hölzern ihre langen Finger-Hände.

Wer stirbt, der setzt sich auf, sich zu erheben,
Und eben hat er noch ein Wort gesprochen.
Auf einmal ist er fort. Wo ist sein Leben?
Und seine Augen sind wie Glas zerbrochen.

Schatten sind viele. Trübe und verborgen.
Und Träume, die an stummen Türen schleifen,
Und der erwacht, bedrückt von andern Morgen,
Muß schweren Schlaf von grauen Lidern streifen.[33]

Unter der kosmischen Todesbedrohung beginnt die Welt sich in ihr Gegenteil zu verkehren: das ist das Thema des Heymschen Poems. Wenn die großen Zeichen am Himmel erscheinen, dann

[33] *G. Heym,* Die Menschen stehen, in: Lyrik des Expressionismus, hrsg. u. eingeleitet v. S. Vietta, München-Tübingen 1976, S. 101f. (dtv-Taschenbuch).

wuchern Krankheiten und Mißwuchs, dann treten Selbstmörder auf, dann hören die Meere auf zu tanzen, und die Bäume weigern sich, dem natürlichen Rhythmus zu folgen. Unübersehbar sind in diesen Text Motive aus der Apokalypse des Johannes eingewandert, vor allem aus den Szenen mit den sieben Posaunenstößen der sieben Engel in den Kapiteln 8 und 9: das tote Meer (3. Posaune), die herabfallenden Sterne (4. Posaune), die gequälten Menschen (5. Posaune) sowie aus der Plagen-Szene des 15. Kapitels, in dem von den sieben Schalen des Zornes Gottes die Rede ist...

2. Apokalypsen heute und hier

Mir wurde klar: Für die Dichter dieser Generation war in dem rätselhaft-beunruhigenden Buch von der »geheimen Offenbarung« offensichtlich ein Bildreservoire gespeichert, das ihren eigenen Unruheerfahrungen entsprach und das sie die Bedrohung, die sie unterschwellig registrierten, in großem Stil beschreiben ließ: Wie seit der Barockzeit nicht mehr das Weltschicksal überhaupt zum Grundthema von Literatur erhebend.

Die Stunde des Zorns kehrt wieder

Und heute? Merkwürdig, wie rasch sich Bezüge zu den Texten eines van Hoddis oder Georg Heym herstellen, wie rasch sich die Jahrhunderte überspringen lassen:

»Ich aber sah:
Als das Lamm das sechste Siegel zerbrach,
da erbebte mit mächtigen Stößen die Erde,
die Sonne verdunkelte sich
und wurde finster wie ein schwarzer Sack,
und der Mond fing an, ringsum zu bluten,
und die Sterne fielen vom Himmel herab auf die Erde:
wie Feigen, wenn der Herbststurm kommt
und durch die Äste fegt.

Der Himmel rollte sich,
wie wenn er ein Buch wäre, zusammen
und wurde winzig,
und die Gebirge und Inseln machten sich los:
Nichts war mehr, wohin es gehörte.
Und die Herren der Welt,
die Könige, die Großen,
die Marschälle und Würdenträger,
die Reichen und Starken,
alle, die Freien und auch die Sklaven,
suchten Zuflucht in Höhlen
und verbargen sich unter dem Felsen der Berge
und sagten zu dem Stein und dem Gebirg:
Verschüttet uns! Deckt uns zu!
Verbergt uns vor dem Angesicht dessen,
der auf dem Thron sitzt,
der EINE,
der UNNENNBARE.
Bewahrt uns vor dem Zorn des Lamms!
Denn der Tag, der Fluch-Tag ist da,
die Stunde des großen Zorns.
Wer, wehe, hielte da stand?«

Dieser Text klingt wie ein Gedicht aus der »Menschheitsdämmerung«, das in rhythmisierter Prosa das Szenario eines Weltuntergangs entwirft. In Wirklichkeit handelt es sich um ein Stück aus der »Offenbarung des Johannes«, die – nicht von ungefähr – vor einigen Jahren von *Walter Jens* in einer Übersetzung neu herausgegeben wurde: Kapitel 6, die Verse 6–17.[34]

Vergleicht man freilich das Original mit seinen zahllosen Variationen in der modernen Literatur, so stellt man fest: Der metaphysische Horizont – für die Bibel noch selbstverständlich – ist heute verdunkelt, oft sogar versunken. Apokalyptische Sprache hat sich im 20. Jahrhundert aus dem Horizont der Bibel gelöst und im poetisch-säkularen Sprachraum eine eigene Funktion bekommen. Welche? Sie dient dazu:

[34] *W. Jens,* Das A und das O. Die Offenbarung des Johannes, Stuttgart 1987, S. 31.

— zeitdiagnostisch gesellschaftliche Krisensymptome von globaler Dimension wahrzunehmen;
— die Selbstaufklärung des literarischen Subjekts voranzutreiben;
— der literarischen Öffentlichkeit den Unheilszusammenhang menschlichen Handelns bewußt zu machen.

Nichts ist uns unmöglich

Charakteristisch dafür ein Essay von *Günter Kunert* unter dem Titel »Zur Apokalypse. Eine Strafpredigt«:

> »Ich will mich nicht in philosophischen Erwägungen verlieren. Ich will mich des Solotanzes auf einer Stecknadelspitze enthalten, wozu ohnehin nur die Engel befähigt sind. Statt dessen will ich mich an die Ursprungsbedeutung des Wortes Apokalypse halten. Gemeint ist ja ›Offenbarung‹. Den Bedeutungswandel zu Katastrophe, zu Weltuntergang hat das Wort erst später erfahren. Freilich kann ich nicht von göttlicher Offenbarung sprechen wie Johannes, dem Gott selbst den Text seiner Vision in die Feder diktiert hat. Gott ist verstummt, wie wir wissen, und hat sich von uns abgewandt, da wir es unternommen haben, uns an seine Stelle zu setzen. Und wir haben es geschafft. Die von uns erzeugten Wunder sind erstaunlicher als die einst von ihm verursachten. Ja, sie sind eigentlich gar keine Wunder mehr, sondern nur noch gelungene Problemlösungen im Reich der Naturwissenschaften. Die Wiedererweckung der Toten findet längst auf den Intensivstationen unserer Kliniken statt. Und Blinde sehen und Lahme gehen zu machen erreicht die mit der Medizintechnik verbündete Chirurgie am laufenden Band. Wir erheben uns in die immer leerer werdenden Himmel. Wir psychiatrieren von Dämonen Besessene. Purgatorium und Inferno stellen wir mittels Atomkraft her. Und wenn wir wollten, so könnten wir mit einem Knopfdruck die ganze Schöpfung verschwinden lassen, und zwar in weniger als sieben Tagen oder sieben Stunden. Nichts ist uns unmöglich, oder doch fast nichts. Wir sollten uns da nicht für gottgleich halten?«[35]

[35] *G. Kunert,* Zur Apokalypse. Eine Strafpredigt, in: Neue Rundschau 101 (1990), S. 19f.

Dieser Text ist schon Reflex der veränderten Situation der 80er und 90er Jahre. Und daß sich in dieser Zeit die Apokalypse-Wahrnehmung verschärfte, hat viele Gründe. Die Explosion der Atombomben über Hiroshima und Nagasaki war in den fünfziger Jahren allzu rasch verdrängt worden. »Apokalypse-Blindheit« nannte dies der Philosoph *Günter Anders* schon im Jahre 1956.[36] Es mußte nach der atomaren auch die ökologische, die chemisch-biologische Weltbedrohung hinzukommen, bis das kollektive Schuldbewußtsein erwachte. Als einer der ersten Schriftsteller begriff die neue Lage *Carl Amery* mit seinem Buch »Das Ende der Vorsehung« (1973), in dem er die Ergebnisse der Studie des »Club of Rome« über die Grenzen des Wachstums und der natürlichen Ressourcen aufnahm und popularisierte.[37] Filmtitel aus den 70er und 80er Jahren wie »Apokalypse now«, »Atomic Café« oder »The day after« signalisierten auch auf breiter, schon kommerzialisierter Basis ein neues öffentliches Bewußtsein. Die bedeutende Literatur hat auf ihre Weise reagiert. Ich versuche, die jeweiligen Grundmuster exemplarisch anhand von Schlüsselpublikationen auszuleuchten.

3. Nichts wird sein wie vorher: Christa Wolf

1983 belebt *Christa Wolf* eine archetypische Figur aus der Antike für unsere Zeit mit großem publizistischem Erfolg neu: Kassandra, die Unheils- und Untergangsprophetin aus der Geschichte der griechischen Mythologie.

Von »Kassandra« bis »Störfall«

Die Wiederentdeckung Kassandras gilt der Aufdeckung eines *kollektiven Verblendungszusammenhangs,* der die Zeit bestimmt, und

36 *G. Anders,* Über die Bombe und die Wurzeln unserer Apokalypse-Blindheit, in: ders., die Antiquiertheit des Menschen. Über die Seele im Zeitalter der zweiten industriellen Revolution, München 1956, S. 233–324.

37 Zum Werk von *C. Amery* vgl. das Gespräch in: K.-J. Kuschel, »Ich glaube nicht, daß ich Atheist bin«. Neue Gespräche über Religion und Literatur, München 1982, S. 45–60.

zwar in doppelter Hinsicht: Es ist *erstens* der Verblendungszusammenhang einer Jahrtausende alten Geschichte patriarchalischer Herrschaft über die Frau: »In Kassandra ist eine der ersten Frauengestalten überliefert, deren Schicksal vorformt, was dann, dreitausend Jahre lang, den Frauen geschehen soll: daß sie zum Objekt gemacht werden.«[38] Und es ist *zweitens* der Verblendungszusammenhang einer atomaren Überrüstung, der nur noch mit dem einen Wort beschrieben werden konnte: »Wahnsinn«. Zwischen der Herrschaft des Patriarchats über das Weibliche und der Beherrschung der Welt durch Waffen, zwischen dem Sexismus und dem Sicherheitswahn aber besteht für die Autorin ein innerer Zusammenhang! Deshalb erweckt Christa Wolf Kassandra wieder zum Leben, jene Frau, die einst als Tochter des Troerkönigs Priamos den Untergang der Stadt Troja vorhersagte und keinen Glauben fand.

Indirekt ist damit auch das *Verhältnis von Literatur zur politischen Öffentlichkeit* abgebildet. Wie bei der mythischen Kassandra ist auch beim Schriftsteller heute die Warnungsintensität ihrer öffentlichen Wirkungslosigkeit umgekehrt proportional. »Kassandra« dient Christa Wolf also nicht nur zur Aufarbeitung einer Jahrhunderte alten sexistischen und politischen Angst- und Herrschaftsgeschichte. Das Buch gibt der Literatur auch eine Symbol- und Identifikationsfigur wieder, ohne daß diese zur Alibifigur werden dürfte. Denn für Christa Wolf ging es darum zu zeigen, daß man heute im Grunde »nicht mehr ›Kassandra‹ sein« müßte:

> »Die meisten beginnen selber zu spüren, was kommen wird. Ein Unbehagen, das viele als Leere registrieren, als Sinn-Verlust, der Angst macht. Eine neue Sinngebung durch die verbrauchten Institutionen ist nicht zu erhoffen. Zickzacklaufen. Aber ein Fluchtweg ist nicht in Sicht. Man fühlt sich gestellt. Australien ist kein Ausweg.«[39]

Literatur also als Absage an den Eskapismus, an die Fluchtmentalität, mit Verweischarakter über sich hinaus auf den Raum soli-

[38] *Ch. Wolf*, Voraussetzungen einer Erzählung: Kassandra, Frankfurter Poetik-Vorlesung, Darmstadt-Neuwied 1983, S. 86.
[39] *Ch. Wolf*, a. a. O., S. 97.

darischer Praxis. Angesichts der Weltbedrohung heißt die unausgesprochene Devise des Buches: Standhalten, nicht flüchten!

Drei Jahre nach »Kassandra« war aus der Vision partielle Wirklichkeit geworden. Denn im April 1986 war mit der Katastrophe von Tschernobyl alles plötzlich ganz anders geworden. *»Störfall«* nannte Christa Wolf ihren Bericht über diesen einen Tag, lapidar untertreibend, was als ungeheuerliche, in seinen Folgen gar nicht abschätzbare Wirklichkeit nicht mehr zu beschreiben war. In der ukrainischen Stadt Tschernobyl war der Block eines Atomkraftwerks explodiert und hatte eine beträchtliche Menge von Radioaktivität an die Außenluft freigegeben, die sich dann über ganz Europa verbreitete. Menschen wurden verseucht, Ernten vernichtet.

Das Buch hat die Form eines Brieftagebuches. Die Erzählerin schreibt an ihren Bruder, der sich zur gleichen Zeit einer Gehirntumoroperation zu unterziehen hat. Und was sie schreibt, läßt ein erschreckendes *Zäsurbewußtsein* erkennen: kein vertrauter Blick auf die grüne Wiese, auf die Bäume, die Felder, die Wolken, die Milch, der nicht zu einem Gefühl der Fremdheit, der Angst, der Bedrohung führte; die Rede vom »strahlenden Himmel« — welch plötzliche Doppelsinnigkeit. Eine ganze Tradition von Naturlyrik — abgeschnitten, zur Makulatur geworden. Wie konnte es dazu kommen?

Technik und Angst

Im Zentrum des Buches steht denn auch die Grundfrage, »wo die Evolution, wo die Menschwerdung des Menschen in der Weise mißriet, daß Lust und Zerstörung aneinander geknüpft wurden, so daß Entwicklung, Technik, Naturbeherrschung unauflösbar verschmolzen mit der Lust am Töten«.[40] »Störfall« ist also in der Verknüpfung von Individual- und Menschheitsgeschichte ein Beitrag zum Thema *Technik und Angst.* War die Technik seit dem 19. Jahrhundert angetreten, die Menschheit von den lange Zeit unbegriffenen, angstauslösenden Naturmächten zu befreien, angetreten zur Angstkontrolle, Angstbeherrschung, ja Angst-

40 *K. H. Götze,* Die friedliche Nutzung eines Störfalls. Christa Wolfs Bericht über ihren Tschernobyl-Tag, in: Frankfurter Rundschau vom 16. 5. 1987.

minimierung, so hat sich spätestens in der zweiten Hälfte des 20. Jahrhunderts eine Vertrauenskrise der Technik und Naturwissenschaft gegenüber öffentlich in einem nie gekannten Ausmaß breitgemacht. Die Literatur verschafft dieser Vertrauenskrise poetische Anschauung, indem sie das weitverbreitete Gefühl verstärkt: Naturwissenschaft und Technik produzieren mehr Probleme, als sie lösen können. Die scheinbaren Beherrscher der Welt werden dieser nicht mehr Herr. Diese Nichtbeherrschbarkeit der Folgen aber löst neue Angst aus, jetzt durch Wissenschaft und Technik selber. Was einst Angstabwehr versprach, leistet jetzt der Angststeigerung Vorschub. Mit dem Soziologen *Wolf Lepenies* dürfte als Diagnose unserer Zeit gelten:

> »Wissenschaft und Technik traten ihren Siegeszug an, als sie sich gegenüber Magie und Religion als wirkungsvollere, schließlich konkurrenzlose Mechanismen der Angstbewältigung durchsetzten. Sie nährten damit die Illusion, in der Wissenschaft könne die Angst neutralisiert werden... Unproblematisch blieb diese Selbsttäuschung so lange, als Wissenschaft und Technik fortfuhren, ihre spektakulären Fortschritte in der Erkenntnis der äußeren Natur und im Abbau äußerer Ängste zu machen. Dieser Fortschritt aber ist nun zu einem Stillstand gekommen: Gentechnologie und Atomspaltung haben Folgen gezeitigt, die keine Ängste mehr abbauen, sondern Ängste hervorbringen, die Furcht vor der irreparablen Vergiftung unserer Umwelt und der Zerstörung unserer Lebenswelt ... Technik und Wissenschaft werden, wenn die Errungenschaften des Zivilisationsprozesses auch nur bewahrt werden sollen, schleunigst damit beginnen müssen, wieder das Fürchten zu lernen.«[41]

Literatur kann dazu ihren eigenständigen Beitrag leisten. Bücher wie »Kassandra« und »Störfall« haben *Unterbrechungscharakter.* Sie wollen zum Störfall werden, um eine öffentliche Verstörung über das Faktum zu beschleunigen: Menschen können technisch bereits mehr »herstellen«, als sie sich »vorstellen« können (G.

[41] *W. Lepenies,* Die Wissenschaft und die Angst. Über die Wiederkehr der Furcht im technischen Zeitalter, in: Frankfurter Allgemeine Zeitung vom 1. August 1987.

Anders). Das heißt: Menschen haben durch technische Erfindungen Kräfte freigesetzt, deren Wirkungen sie noch nicht einmal ahnen, geschweige denn steuern können. Im Extremfall kann die menschliche Rasse sich mit den schon heute zur Verfügung stehenden Mitteln selber abschaffen. Eine nachhumane Zeit ist vorstellbar geworden. Wie sie aussehen könnte, erfahren wir durch einen Roman aus dem Jahr 1986.

4. Der Alptraum vom Ende der Menschheit: Günter Grass

Waren Christa Wolfs Arbeiten Versuche, katastrophale Störungen als öffentliche Verstörungen, kollektive Unterbrechungen als Akte neuer Selbstvergewisserung der Menschheit über Ursprung und Ziel ihrer Geschichte zu thematisieren, so radikalisiert Günter Grass das Thema Schöpfungsbedrohung in seinem Endzeit-Roman »Die Rättin« von 1986 noch einmal in bisher unerhörter Weise. Und ich gestehe, daß mich kein Roman der achtziger Jahre das Fürchten so sehr lehrte und mich gleichzeitig so ohnmächtig machte. Hier — beim Problem des Weiterlebens in erschöpfter Schöpfung und der dazu nötigen Motivation — muß die theologische Auseinandersetzung mit Grass einsetzen. Und diese Frage hat nichts von ihrer Dringlichkeit eingebüßt, selbst wenn drei Jahre nach der »Rättin« sich geschichtlich in Deutschland eine Wende ergab, die zur Auseinandersetzung zunächst mit anderen Fragen zwang. Denn durch die deutsche Wiedervereinigung ist ja das Thema des Weiterlebens im Horizont des möglichen Weltendes keineswegs erschöpft. Es ist — jetzt im gesamtnationalen Rahmen — neu verschärft worden.

Die Aufklärung gescheitert?

»Die Rättin« empfinde ich als eine brennende Wunde im deutschen literarischen Bewußtsein. Denn vorgeführt wird dem Leser in einer Traumvision des Erzählers die Möglichkeit, daß die Selbstvernichtung der Menschheit schon stattgefunden hat und daß nach diesem Ende der Humanzeit allein die Gattung der Ratten überlebte. Welttheater wird noch einmal inszeniert bei Grass — mit dem Unterschied freilich, daß der Vorhang über den letzten Akt des Menschheitsdramas schon gefallen zu sein scheint. Denn in einer Raumkapsel die Erde umkreisend, überschaut der Erzähler die totale Verwüstung der Welt und das, was an Leben auf der menschenleeren Erde noch übriggeblieben ist. Auf Einzelheiten der komplexen Handlungsstränge möchte ich hier nicht eingehen; ich will die Grundstruktur herausarbeiten und sehen, wie dieser Autor mit der Frage nach Hoffnung in hoffnungsloser Zeit fertiggeworden ist. Entschlüssele ich die Grundstruktur richtig, so haben wir es in diesem Roman mit einem kalkulierten Oszillieren zwischen Wirklichkeit und Möglichkeit, Realität und Traum, Faktum und Fatum zu tun.

Da ist *auf der einen Seite* die harte Konfrontation mit der möglichen Wirklichkeit einer atomaren Selbstvernichtung der Menschheit. Der Roman bietet alle möglichen Argumente auf, die für diese Möglichkeit sprechen: die Zulassung des Waldsterbens; der Wahn atomarer Überrüstung — gespeist von einem Sicherheitsdenken im »Gleichgewicht des Schreckens«; die Selbstentmächtigung des Menschen durch Delegation der Verantwortung an Apparate; die Unfähigkeit, aus früheren Katastrophen zu lernen und mit dem aufklärerischen Ideal einer »Erziehung des Menschengeschlechts« zur Humanität wirklich ernst zu machen. In einem der Schlüsselgedichte des Romans kommt dieser humane Skeptizismus, ja die überall durchschimmernde Überzeugung vom *Scheitern der Aufklärung* am dichtesten zum Ausdruck:

»Unser Vorhaben hieß: Nicht nur, wie man mit Messer
und Gabel, sondern mit seinesgleichen auch,
ferner mit der Vernunft, dem allmächtigen Büchsenöffner
umzugehen habe, solle gelernt werden
nach und nach.

Erzogen möge das Menschengeschlecht sich frei,
jawohl, frei selbstbestimmen, damit es,
seiner Unmündigkeit ledig, lerne, der Natur behutsam,
möglichst behutsam das Chaos
abzugewöhnen. …

Halbwegs erleuchtet mußte das Menschengeschlecht
nun nicht mehr planlos im Urschlamm verrückt spielen,
vielmehr begann es, sich mit System zu säubern.
Klar sprach erlernte Hygiene sich aus: Wehe
den Schmutzigen!

Sobald wir unsere Erziehung fortgeschritten nannten,
wurde das Wissen zur Macht erklärt
und nicht nur auf Papier angewendet. Es riefen
die Aufgeklärten: Wehe
den Unwissenden!

Als schließlich die Gewalt, trotz aller Vernunft,
nicht aus der Welt zu schaffen war, erzog sich
das Menschengeschlecht zur gegenseitigen Abschreckung.
So lernte es Friedenhalten, bis irgendein Zufall
unaufgeklärt dazwischenkam.

Da endlich war die Erziehung des Menschengeschlechts
so gut wie abgeschlossen. Große Helligkeit
leuchtete jeden Winkel aus. Schade, daß es danach
so duster wurde und niemand mehr
seine Schule fand.«[42]

In diesem Gedicht zeichnet Grass kulturgeschichtlich eine Linie der Dekadenz. Sie durchlief die Stufen: Urschlamm (Natur) — Vernunft (Wissen) — Macht (Gewalt) — gegenseitige Abschrekkung — atomare Vernichtung. Auf dieser Linie kann der Weg der Menschheit nur als Weg »in falsche Richtung« bezeichnet werden. Etwas ist falsch gelaufen; etwas ist falsch an der Schöpfung überhaupt. Aber eine kollektive Verblendung verhindert, daß »niemand mehr sucht, wo was und wann falsch gemacht worden ist«. Auch wird »nicht nach Schuld gefragt oder Schuldigen«. Dies bringt ein anderes Gedicht aus dem Roman sehr plastisch zum Ausdruck:

»Da stimmt doch was nicht.
Weiß nicht was, die Richtung womöglich.

[42] *G. Grass,* Die Rättin (1986), in: Werkausgabe in 10 Bänden, hrsg. v. V. Neuhaus, Bd. VII, Darmstadt-Neuwied 1987, S. 169f.

Irgendwas, aber was, falsch gemacht,
doch wann und wo falsch,
zumal alles läuft wie am Schnürchen,
wenn auch in eine Richtung,
die mit Schildern als falsch ausgewiesen ist.

Jetzt suchen wir die Fehlerquelle.
Wir suchen sie außer uns wie verrückt,
bis plötzlich jemand wir sagt,
wir alle könnten, mal angenommen zum Spaß,
die Fehlerquelle oder du oder du
könntest sie sein.
Wir meinen das nicht persönlich.

Jeder gibt jedem den Vortritt.
Während wie geschmiert alles
in falsche Richtung läuft,
von der gesagt wird,
es gebe, auch wenn sie falsch sei,
die eine nur, begrüßen die Menschen sich
mit dem Ruf: Ich bin die Fehlerquelle, du auch?

Selten sind wir so einig gewesen.
Niemand sucht mehr, wo was und wann
falsch gemacht worden ist.
Auch wird nicht nach Schuld
gefragt oder Schuldigen.

Wissen wir doch, daß jeder von uns.
Zufrieden wie nie zuvor laufen alle
in falsche Richtung den Schildern nach
und hoffen, daß sie falsch sind
und wir gerettet nochmal.«[43]

Das ist der Befund:
– Da, oberflächlich betrachtet, alles noch »wie am Schnürchen« läuft, entsteht kein Zäsur- oder Schuldbewußtsein.
– Wenn Fehler gesehen werden, schiebt man sie auf andere. Und da jeder dies tut, bleibt alles beim alten.

[43] *G. Grass,* a. a. O., S. 207f.

— Die Falschheit der Richtung wird nicht wahrgenommen. Sie wird überspielt durch die naive Hoffnung, wir würden »gerettet nochmal«.

Ratten beerben die Menschen

Dieses Syndrom von Verblendung, Verschiebung und naiver Vertröstung schildert der Roman wie kein anderer in der deutschen Literatur der 80er Jahre. Die Konsequenzen daraus werden drastisch vor Augen gestellt: Der Mensch beendet selber seine eigene Stellung im Kosmos. Und weil dies so ist, steht nicht mehr der Mensch im Mittelpunkt des Romans, sondern ein Tier, das schlaueste und anpassungsfähigste der Evolutionsgeschichte. Die *Ratte* wird zum Widerpart des Menschen. Und dieser Ratte wird all das an *Menschenverachtung* in den Mund gelegt, was der Mensch sich verdient hat:

> »Schluß! sagt sie (die Rättin). Euch gab es mal. Gewesen seid ihr, erinnert als Wahn. Nie wieder werdet ihr Daten setzen. Alle Perspektiven gelöscht. Ausgeschissen habt ihr. Und zwar restlos. Wurde auch Zeit! In Zukunft nur Ratten noch.«[44]

Von daher ist es nur konsequent, daß selbst der Erzähler im Traum die Möglichkeit nicht ausschließt, endgültig Abschied nehmen zu müssen. Bewußt ist an den Beginn des Romans ein Gedicht gestellt, in dem noch einmal — wie der Autor selbstkommentierend erläutert — »aus Lebenslust alles aufgezählt« ist, »was Freude macht, von den kleinen Dingen bis zu den Ideen, die zum Menschen gehören«.[45] Ein Abschiedsgedicht also, das um so schmerzlicher ausfällt, je mehr man die liebgewordenen »Dinge« noch einmal beschwört:

> »Mir träumte, ich müßte Abschied nehmen
> von allen Dingen, die mich umstellt haben
> und ihren Schatten werfen: die vielen besitzanzeigenden
> Fürwörter. Abschied vom Inventar, dieser Liste

[44] *G. Grass,* a. a. O., S. 7f.
[45] *G. Grass,* Mir träumte, ich müßte Abschied nehmen. Gespräch mit B. Pinkerneil, in: Werkausgabe Bd. X (Gespräche), Darmstadt-Neuwied 1987, S. 342–368, Zitat S. 350.

diverser Fundsachen. Abschied
von den ermüdenden Düften,
den Gerüchen, mich wachzuhalten, von der Süße,
der Bitternis, vom Sauren an sich
und von der hitzigen Schärfe des Pfefferkorns.
Abschied vom Ticktack der Zeit, vom Ärger am Montag,
dem schäbigen Mittwochsgewinn, vom Sonntag
und dessen Tücke, sobald Langeweile Platz nimmt.
Abschied von allen Terminen: was zukünftig
fällig sein soll.

Mir träumte, ich müßte von jeder Idee, ob tot
oder lebend geboren, vom Sinn, der den Sinn
hinterm Sinn sucht,
und von der Dauerläuferin Hoffnung auch
mich verabschieden. Abschied vom Zinseszins
der gesparten Wut, vom Erlös gespeicherter Träume,
von allem, was auf Papier steht, erinnert zum Gleichnis,
als Roß und Reiter Denkmal wurde. Abschied
von allen Bildern, die sich der Mensch gemacht hat.
Abschied vom Lied, dem gereimten Jammer, Abschied
von den geflochtenen Stimmen, vom Jubel sechschörig,
dem Eifer der Instrumente,
von Gott und Bach.«[46]

Abschied also auch von der »Dauerläuferin Hoffnung«? Abschied von »jeder Idee«, vom »Sinn« überhaupt? Doch es gibt einen *Gegenstrom* in diesem Roman, der verhindert, daß der hier entworfene Traum zum gänzlichen Alptraum wird. Denn der Roman ist geschrieben als Rededuell zwischen dem Erzähler und der Rättin. Zwar ist der Roman nicht einfach als »Traum« zu verharmlosen (er bleibt gerade als Traum ja immer noch eine *mögliche* Wirklichkeit), doch zugleich redet der Erzähler gegen die Rättin an. Beide Erzählpositionen (die des Erzählers und die der Rättin) werden als Traumvisionen miteinander verknüpft. Anfangs träumen dem Erzähler die Rättin und ihre Erzählungen, später wird der Erzähler zum Traumprodukt der Rättin. Der

[46] *G. Grass,* Die Rättin, S. 103 (s. Anm. 42).

Schluß läßt offen, wer wen träumt. Auf diese Weise kommt die Wirklichkeit in die Schwebe, bleibt zwischen Faktum und Fatum immerhin noch ein zeitlicher Abstand. Das läßt Spielraum für Hoffnung — im Blick auf den Leser vor allem.

Wozu Literatur, wenn keine Zukunft?

Werkgeschichtlich war dieser die Romankonzeption tragende anthropologische und politische Skeptizismus bei Grass vorbereitet worden. Noch 1980 hatte der Autor in »Kopfgeburten oder Die Deutschen sterben aus« zuversichtlich geklungen. Das Buch hatte mit der Aufforderung an die Leser geendet, die Last des Daseins unverdrossen auf sich zu nehmen, und dies mit der Sisyphus-Deutung von Camus begründet. Doch schon 1982 deutet sich eine Wende im Denken des früher sogar parteipolitisch engagierten Autors an, der freilich bereits in seinem »Tagebuch einer Schnecke« (1972) die sozialistisch-utopischen Hoffnungsträume der 70er Jahre durch konkrete politische Erfahrungen gebrochen hatte. In diesem Jahr 1982 hält Grass eine Rede anläßlich der Verleihung des internationalen Antonio-Feltrinelli-Preises in Rom. Und in dieser Rede macht er erstmals in aller Schärfe deutlich, worin die Zäsur besteht, mit der die Literatur in unserer Zeit konfrontiert ist.

Bis jetzt habe die Literatur, meint Grass, auf eine stolze Sieges-Geschichte zurückblicken können: »Siege des Buches über den Zensor, des Dichters über den Potentaten«. Die Literatur sei sich einer Verbündeten immer gewiß gewesen, es mochte ihr noch so dreckig gehen: der Zukunft. Silone und Moravia, Brecht und Döblin hätten den Faschismus genauso überdauert, wie Isaak Babel und Ossip Mandelstam den Stalinismus. Denn die Literatur habe — so Grass — immer den »längeren Atem« gehabt. Sie habe auf die Zeit setzen können, ihrer Nachwirkungen gewiß, selbst wenn sich das Echo auf Wort und Satz, Gedicht und These Jahrzehnte später erst und manchmal erst nach Jahrhunderten habe entfalten können. Ja, dieser »Vorsprung und Vorschuß auf Zeit« habe die ärmsten Poeten reich gemacht. Ihnen sei selbst in »widrigster Gegenwart« nicht beizukommen gewesen. Man habe die Dichter einkerkern, erschlagen oder ins Exil treiben können, immer habe »am Ende das Buch und mit ihm das Wort« gesiegt.

Das aber ist heute anders. Wie sollte »die Zukunft« noch Verbündete der Literatur sein, wenn es keine Zukunft für die Menschheit gibt? Grass wörtlich:

> »Denn mit dem drohenden Verlust der Zukunft für die Menschheit ist auch die bisher gewisse ›Unsterblichkeit‹ der Literatur zum nur noch irrealen Anspruch verkommen. Schon wird vom Wegwerfgedicht gesprochen. Das Buch, diese Dauerware, beginnt der Einwegflasche zu gleichen. Bevor entschieden ist, ob wir noch Zukunft haben, wird schon mit Zukunft nicht mehr gerechnet. Die gleiche Hybris, die den Menschen befähigt, sich selbst zu vernichten, droht nun, bevor es gemacht werden könnte, den menschlichen Geist zu verdunkeln, seinen Traum vom besseren Morgen zu löschen und jede Utopie — also auch Ernst Blochs *Prinzip Hoffnung* — ins Lächerliche zu kehren.«[47]

Was wäre ein Ausweg? Oder bescheidener gefragt: Was wäre konkret zu tun? Für Grass ist die Antwort schon 1982 eindeutig: Die Menschen müßten bereit sein, Verzicht gegenüber ihren »Erfindungen« zu üben, ökologisch und militärisch abzurüsten »bis zur Nacktheit«:

> »Ob es den Menschen gelingen kann, von sich abzusehen? Sind sie, die mit Vernunft begabten, Gott ähnlich schöpferischen, sich ihre Vernichtung immer totaler erfindenden Menschen auch fähig, nein zu sagen zu ihren Erfindungen? Sind sie bereit, Verzicht zu üben gegenüber dem Menschenmöglichen und bescheiden zu werden vor den Resten der zerstörten Natur? Und zuletzt gefragt: Wollen wir, was wir könnten: einander ernähren, bis der Hunger nur noch Legende, das böse Märchen ›es war einmal‹ ist?
>
> Die Antworten auf diese Fragen sind überfällig. Auch ich kann nicht antworten. Doch in meiner Ratlosigkeit weiß ich

[47] *G. Grass*, Die Vernichtung der Menschheit hat begonnen. Rede zur Verleihung des Internationalen Antonio-Feltrinelli-Preises für erzählende Prosa in Rom (November 1982), in: Werkausgabe Bd. IX (Essays, Reden, Briefe, Kommentare), Darmstadt–Neuwied 1987, S. 830–833, Zitat S. 831f.

dennoch, daß Zukunft nur wieder möglich sein wird, wenn wir Antwort finden und tun, was wir als Gäste auf diesem Erdball der Natur und uns schuldig sind, indem wir einander nicht mehr Angst machen, indem wir einander die Angst nehmen, indem wir uns abrüsten bis zur Nacktheit.«[48]

Diese »Ratlosigkeit« des Autors hat sich im Verlauf der 80er Jahre noch intensiviert, und sein Roman »Die Rättin« ist Ausdruck dieser Ratlosigkeit. Grass hat — vor allem angesichts des Scheiterns von Abrüstungsverhandlungen der Großmächte in den 80er Jahren — die Hoffnung aufgegeben, daß Menschen wirklich bereit sein könnten, in einem Akt des Verzichtens Nein zu ihren Erfindungen zu sagen, die Wirtschaft global so zu organisieren, daß der Hunger verschwindet, und ihr Verhältnis zur Natur so zu gestalten, daß sie sich als »Gäste auf diesem Erdball« neu begreifen.

Ringen um die Möglichkeit von Hoffnung

So ist denn auch der Schluß des Romans »Die Rättin« ein einziges Ringen um die Möglichkeit von Hoffnung. Auf den letzten drei Seiten findet sich ein ergreifendes Hoffnungslied, das das Gegenlied zum Abschieds-Gesang sein könnte, der den Roman eröffnete. Diametral stehen sich denn auch die ersten Zeilen der beiden Gesänge gegenüber: »Mir träumte, ich müßte Abschied nehmen« — so hatte es anfangs geheißen, jetzt beginnt das Gedicht mit der Zeile »Mir träumte, ich dürfte Hoffnung fassen«. Und diese Hoffnung wird Strophe für Strophe durchbuchstabiert. Sie wäre beinahe ansteckend, wäre da nicht das Lachen der Rättin, die ein solches Hoffen als Selbsttäuschung entlarvt:

»Mir träumte, ich dürfte Hoffnung fassen,
den Krümel nur oder was sonst geblieben
auf Tellern leergefressen und hoffen, daß etwas,
keine Idee, eher ein Zufall,
freundlich genannt, unterwegs sei,
ohne an Grenzen zu stoßen,

[48] *G. Grass,* a. a. O., S. 833.

und sich verbreite ansteckend,
eine heilsame Pest.

Mir träumte, ich dürfte hoffen wieder
auf Winteräpfel, die Martinsgans,
auf Erdbeeren Jahr für Jahr
und auf der Söhne beginnende Glatze,
der Töchter Ergrauen, der Enkel Postkartengrüße,
hoffen auf Vorschüsse, Zinseszins, als hätte der Mensch
wieder unbegrenzten Kredit. ...

Mir träumte, ich dürfte hoffen zuletzt: überall
legt jeder den Zündschlüssel ab und bei offener Tür
sind die Menschen einander sicher fortan.
Es trog meine Hoffnung nicht: sein Brot
kaut niemand mehr ungeteilt; doch jene Heiterkeit
die ich erhoffte, ist nicht von unserer Art:
lauthals lachen die Ratten uns aus,
seitdem wir mit letzter Hoffnung
alles vertan haben.«[49]

Noch also hat der Erzähler sich nicht geschlagen gegeben, noch streitet er mit der Rättin um diese seine »letzte Hoffnung«. Denn trotz allem Rattengelächter will der Erzähler an einer Perspektive festhalten. Und so endet das Buch zumindest mit einer Hypothese:

»Nur angenommen, es gäbe uns Menschen noch...
Gut, nehmen wir an.
...doch diesmal wollen wir füreinander und außerdem friedfertig, hörst du, in Liebe und sanft, wie wir geschaffen sind von Natur...
Ein schöner Traum, sagte die Rättin, bevor sie verging.«[50]

Worauf also will dieses Buch letztlich hinaus? Auf Geschichtsfatalismus und radikale Absage an die Aufklärung? Ist der Untergang der Menschheit gewissermaßen unaufhaltsam, kommt er wie ein vom Menschen nicht mehr zu beeinflussendes apokalyp-

[49] *G. Grass,* Die Rättin, S. 454f. (s. Anm. 42).
[50] *G. Grass,* a.a.O., S. 456.

tisches Grauen? In seinen *Selbstdeutungen zum Roman* ist Grass ebenso zwiespältig wie in der gesamten Romankonzeption.[51] *Einerseits* bezeichnet er den Menschen als den Unterlegenen in seinem Buch. Ihm seien als Erzähler »für die menschliche Position« der Ratte gegenüber »die Argumente ausgegangen«. Die Rättin sei leider »überzeugender«. Sein Buch sei deshalb »ein katastrophales Buch in einer katastrophalen Zeit«; es entspräche »unserer Zeit, unserer Lage«, und er, Grass, versuche, »das Ganze nicht wehleidig vorzutragen«, sondern mit den ihm eigenen Mitteln, auch mit aller »Komik«, die in einer solch verzweifelten Situation drinstecke. Sein Buch sei »kein Buch, das Hoffnung vortäuschen, sondern Einsicht vermitteln, Erschrecken vermitteln« möchte. Denn wenn man wieder Anlaß »zur Hoffnung« haben wolle, seien Einsicht und Erschrecken über die Lage, in die »wir« uns gebracht hätten, Voraussetzungen, auf die man nicht verzichten könne.

Solche Äußerungen zeigen schon, daß der letzte Fluchtpunkt der Argumentation in diesem Buche die Verhinderung der Katastrophe ist. Allen Wert legt Grass nämlich *andererseits* darauf, daß es sich bei seinem Roman nicht um ein apokalyptisches Buch im klassischen Sinne handle. Eine »Apokalypse im Sinne des Johannes auf Patmos« meine das Hinnehmen eines verhängten »dunklen Schicksals«, an dem der Mensch nichts ändern könne. Deshalb sei sein Roman »kein Buch mit sieben Siegeln«. Es sei nämlich alles »Menschenwerk, was an Bedrohung da« sei. Darunter auch die »Selbstzerstörung des Menschengeschlechtes«. Es könne deshalb auch »nur Menschenwerk« sein, wenn man sie abwenden wolle. Grass wörtlich: »Es gibt keine Ausrede. Man kann nicht sagen, das ist so von oben verhängt als Schicksal, dem können wir nicht entfliehen. Wir können ihm entfliehen, wenn wir tätig werden dagegen.«

Dieses Tätig-Werden-dagegen dürfte die letzte Motivation zum Schreiben dieses Romans für den Autor gewesen sein. Ein Setzen auf politische Praxis, die jetzt freilich nicht mehr einer politischen Vision, eher schon einer verzweifelten Komik entspringt. Das Grass'sche Buch lebt — gewissermaßen in einem

51 Die folgenden Zitate sind entnommen dem Gespräch von G. Grass mit B. Pinkerneil (s. Anm. 45).

letzten Akt des Vertrauens auf Aufklärung — nach wie vor von einer Poetik der Katharsis: Die mögliche Wirklichkeit menschlicher Selbstvernichtung soll Erschrecken und so einen Umkehreffekt erzeugen. Der Leser jedenfalls soll sich nicht in seinem politischen Fatalismus durch diesen Roman bestätigt sehen und nach der apokalyptischen Lebensmaxime reagieren: Der Untergang kann kommen — und je schneller, desto besser. Grass schreibt also aus einer Grundhaltung der Verzweiflung, die nur deshalb nicht größer ist, weil Nicht-Schreiben den Prozeß des Untergangs nur beschleunigte und denjenigen Kräften Recht gäbe, denen es ohnehin egal ist, ob diese Welt zum Teufel geht. Der Autor selber deutet in diese Richtung, wenn er unter Anspielung auf sein Gedicht »Mir träumte, ich müßte Abschied nehmen« ausführt:

> »In diesem Gedicht wird aus Lebenslust alles aufgezählt, was Freude macht, von den kleinen Dingen bis zu Ideen, die zum Menschen gehören. Das zeigt ja doch, daß ich sehr am Leben hänge und auch nichts Besseres weiß als leben. Und aus dieser Möglichkeit, bewußt zu leben — mit den Mitteln, die ich hab' —, auch etwas zu machen versuche. Mir kam es auch nicht darauf an, mit der *Rättin* nun ein durchweg nur sinistres Untergangsbuch zu schreiben. Es sind — und ich glaube, daß sich das auch dem Leser mitteilt — sehr komische Passagen in diesem Buch. Weil die Komik, die verzweifelte Komik, oft der genaueste Ausdruck *auch* der Verzweiflung ist. Es gehört mit zu dem Buch.«[52]

5. Lachen als Zynismusprophylaxe: Kurt Marti

»Lauthals lachen die Ratten uns aus, / seitdem wir mit letzter Hoffnung / alles vertan haben«: Es scheint so zu sein, daß sich die Hoffnung auf ein neues »Füreinander-Dasein« und eine neue »Friedfertigkeit in Liebe« heute nur noch behaupten kann im Schallraum des skeptischen und zynischen Gelächters. Und was

[52] *G. Grass,* a. a. O., S. 350 (s. Anm. 45).

bei Grass nur angedeutet ist, wird durch den Schweizer Poeten *Kurt Marti* aufgegriffen, verstärkt und in neue Dimensionen hinein gesteigert. Auch er sieht sich konfrontiert mit der Grundfrage: Wie weiterleben in erschöpfter Schöpfung, ohne den »schönen Traum« des Menschen von sich selbst im zynischen Abschiedsgelächter untergehen zu lassen? Hier wurde für mich der ein Jahr nach der »Rättin« veröffentlichte Gedichtband wichtig: »Mein barfüßig Lob« (1987).[53] Als ich ihn las, spürte ich, daß dieser Lyriker meine Verlegenheit, meine Ohnmacht, meine sprachlose Ratlosigkeit, ja meine ganze zwiespältige Situation, in der ich mich als Zeitgenosse und Christ befinde, in Verse gebracht hat, die mir persönlich näher sind als das »Welttheater« des Günter Grass.

Tschernobyl und danach

Kurt Martis schmaler Gedichtband lehrte mich, ähnlich wie die Bücher von Christa Wolf und Günter Grass, zuallererst sehen. Er zwang mich nämlich zu dem Eingeständnis, daß wir im Blick auf Zeit und Schöpfung unabweisbar mitten in einer großen Zäsur stehen, einem *Epochenbruch* von nicht gekannter Dimension. Schon sein erstes Gedicht in diesem Band »nach dem besuch der radioaktiven wolke« spricht auf die Zäsurerfahrung an, die Christa Wolf und Günter Grass gleichermaßen beschäftigte: die Zäsurerfahrung, die mit dem Namen Tschernobyl verbunden ist. Ich lese:

»unser garten
— wehrlos die gräser die büsche —
hat seine unschuld verloren
wird nie wieder sein
was er war

unser garten
— wehrlos das kraut das unkraut —
speichert jetzt tode im leben

[53] *K. Marti,* Mein barfüßig Lob, Darmstadt 1987. Die folgenden Gedichte werden nach diesem schmalen Bändchen zitiert.

der wurzeln: cäsium strontium
krypton plutonium

unser garten
— wehrlos die bäume die blumen —
wird stets wieder blühen
für uns die wir ratlos fragen
was uns noch blüht«

Drei einfache Strophen, die nicht nur zeigen, daß ein Naturgedicht heute ohne den Fachjargon der Chemie bodenlose Schwärmerei wäre, die vielmehr (ähnlich wie Christa Wolf dies tat) signalisieren: bei allem oberflächlich weitergehenden Leben *(»der Garten wird wieder blühen«)* — nichts mehr wird sein wie vorher. Das Wort vom »strahlenden Himmel« — uraltes Klischee deutscher naturlyrischer Produktion: welche Doppelbödigkeit auf einmal von Leben und Tod, von Schönheit und Schrecken. Doppelbödigkeit herrscht auch dort, wo der Lyriker mit Worten zu spielen beginnt und man als Leser nicht weiß, ob man lachen darf oder einem das Lachen vergehen soll:

»das müllen ist
des menschen lust

schon steigt der müll
uns bis zur brust

meer erde luft
ach sind vermüllt

atommüll noch
die enkel killt —

müllenium
müllenium

so müllen wir
einander um«

Zweizeiler, deren Verspieltheit nur das Maß an Verstörung verdeckt, das Ursache solcher Verse ist. Es ist diese schonungslose Konfrontation mit den von Menschen an der Schöpfung verschuldeten Katastrophen, welche zum »Sehen lernen« in diesem Buch anleiten.

Begreifliche Gefühle der Selbstabdankung

Es tut gut, in diesen Texten eine vorschnelle Antwort nicht zu erhalten. Es tut wohl, daß die Ratlosigkeit eingestanden wird, daß der Autor seine Melancholie offen anspricht, daß er seine Zweifel und Verzweiflungen nicht ausspart:

»noch tippt
die olivetti der finger
rebellische texte
ins blau

doch glauben die augen
schon nicht mehr

lippen
einst trotzig aufgeworfen
welken dünn

wär
noch etwas
zu sagen?

mich wandelt
die lust an
niemand zu sein

unbeirrt bleiben
die kapitäne
auf untergangskurs

die welt:
eine träne — in wessen
verblindetem aug?«

Merkwürdig lakonische, sich selbst verlangsamende, sich in Kurzzeilen und Wortkernen selbst brechende und so um so intensiver das Nach-denken provozierende Zeilen. Auch ich kenne die Stimmung dieser Verse: diese Scheinrebellion, diese Durchschauung der Selbstillusion, durch Sprache etwas zu bewegen; diese in Worte gebrachte Wortlosigkeit, diese versprachlichte Sprachohnmacht. Ich kenne das Gefühl der Selbstabdankung, der Sehnsucht, sich sanft aus allem zu verabschieden, die Lust, niemand zu sein und niemand mehr sein zu müssen. Ja, auch ich kenne diese Stimmung:

»bin auf dem Hund
ist alles für die katz
mein hurrabe entflog

aus untiefen
rufe ich
gott
nach mir«

Mit Unsinn gegen den Wahnsinn

Daß ich in einer schier wahnsinnig gewordenen, überdrehten Welt lebe, die ich in ihren Mächten und Strukturen nicht wirklich durchschaue, deren wirkliche Beherrscher anonym bleiben, bestenfalls zu ahnen sind, ja daß ich selbst ein Stück weit überdreht lebe, wenn ich mir klarmache, daß mein gutes Gewissen vor allem durch Wegsehen erkauft ist, daß ich geistig überlebe, weil die Verdrängungsmechanismen in mir noch gut funktionieren: Es ist wahrhaftig zum Lachen, so grotesk empfinde ich oft die Diskrepanz von Wirklichkeit und Möglichkeit. Auch der Lyriker, gerade er, muß mit dieser Situation fertig werden. Ich begreife: Seine Situation als Schriftsteller ist mindestens so zwiespältig wie die meine als akademischer Theologe. Er schreibt Verse — doch was sind lyrische Worte gegen die wahren Wortführer der Welt? Er begibt sich auf den Markt der Literatur — und bestätigt gerade so diejenigen Machtmechanismen, die er schreibend zu entlarven trachtet. Er lebt nicht nur in der Katastrophe, sondern auch von ihr. Kurz, er reproduziert die Wirklichkeit, der er schreibend zu entkommen versucht.

Aber indem ich seine Texte lese, spüre ich, daß er um die Doppelgesichtigkeit seiner Rolle weiß, dieser Grenzgänger von Pastoral und Poesie. Er schreibt aus einem Dennoch heraus! Und ich merke, daß sich dieser Autor vor seinen Konsumenten gerade dadurch zu schützen versucht, daß er einen beinahe irren Ton anschlägt: das *Lied vom Leierkastenmann* (»Ach du lieber Augustin, alles ist hin«), das er bis zur Überdrehung steigert und bis an die Grenze des Unsinns herantreibt. Anders gesagt: Der Wahnsinn des Schöpfungsmißbrauchs spiegelt sich bei Marti in Nonsens-Versen wie diesen:

»traurig bin ich
geh zur ruh
decke mich mit
deinem körper zu

nackt und hilflos
mund bei mund –
draussen gehen
feld und wald zugrund«

Ja, wie beim naiv-nihilistischen Leierkastenlied fallen auch hier die Normalität von einfachem Vers und Reim und die schrille Anomalie der Wirklichkeit zusammen. Als Lyriker wehrt sich Marti gegen den ökologischen Wahnsinn mit einer Poesie des Unsinns.

»geh dicht
geh!
Lyhyrik
ade!
ihr kopf
treibt im see
ein fuss
flügelt blau
o sole
miau«

Anders gesagt: Den selbstverschuldeten apokalyptischen Wahnsinn vorausgesetzt – der Lyriker kann offensichtlich davon nur noch adäquat reden, wenn er seine Verse an der Grenze von Sinn und Un-Sinn ansiedelt. Wer über das Grauen reden will, darf es nicht durch Verse zerreden wollen. Wer gehört werden will, muß sich der konsumierenden Glätte verweigern. Wer den Wahnsinn thematisiert, darf nicht dessen Verharmlosung durch »Schöne Literatur« Vorschub leisten. Er muß schreiben, als gäbe es kein Schreiben mehr; er muß reden, als wären die Worte zu Ende. Kurz: Er muß sein Sprechen dem Schweigen abpressen, um noch hörbar zu sein, weil Schweigen als Einverständnis mit dem status quo mißdeutet werden könnte.

Loben und Lachen als Geschwister

Kurt Marti nimmt damit teil am Schicksal der modernen Lyrik überhaupt, deren beste Vertreter (von Gottfried Benn und Günter Eich bis zu Paul Celan und Nelly Sachs) wußten, daß der Ungeheuerlichkeit der Wirklichkeit zwar ein Wort nicht mehr beikommt, daß man aber reden muß, um sich nicht der Komplizenschaft der »Schweiglinge« anheimzugeben. Auch Marti muß deshalb seine Verse auf der Grenze von Sinn und Unsinn, von Reden und Schweigen ansiedeln. Übrig bleiben lyrische Kürzel, äußerst verknappte, auf Wortfetzen und Silben reduzierte Verse; zurück bleibt ein Autor, der sich unter der Narrenkappe koboldartige Lust an Wortspielen und Sprachverdrehungen gestattet, um der verdrehten Welt so noch den Spiegel vorhalten zu können. Vertrauen in die Zeit, Lob der Gegenwart? Im Zeitalter des apokalyptischen Wahnsinns scheint dieser nur noch im Bewußtsein der Narrheit möglich. Loben und Lachen sind Geschwister geworden:

»wer ach lachte nicht
da don quichote der narr
sich dennoch und blindlings stürzt
in die abenteuer des lobens

wer lachte da nicht?
wer lachte da nicht —
falls ein lachen
noch da ist«

Dieses Lachen aber hat mit billigem Optimismus, mit Problemverdrängung oder mit Überspielen der Konflikte der Welt nichts zu tun. In seinem Lachen lebt ein Christ nicht gegen die Konflikte, sondern in ihnen, nicht mit dem Rücken zu den Problemen, sondern im Widerstand gegen sie. Im Lachen aber drückt sich die Fähigkeit des Christen aus, in der Welt zu leben, ohne sich von den Widersprüchen der Welt erdrücken und von den Abgründigkeiten verschlucken zu lassen. Das Lachen ist also Ausdruck einer Koexistenz in der Welt mit all ihren Widersprüchen, ohne sich der Struktur dieser Welt völlig auszuliefern oder für die Widersprüche unempfindlich zu werden. Lachen ist *Zynismusprophylaxe.* Lachen heißt eine Form der versöhnten Koexistenz mit den Widersprüchen und Abgründen der Welt finden, ohne diese zu verdrängen oder sich von ihnen fatalistisch erdrücken zu lassen.[54]

Das ist es, was ich lerne in dieser lyrischen Sehschule: Vertrauensbekundungen zur Welt haben heute die Form einer Narrenrede, Schöpfungslob scheint nur möglich im Bewußtsein eigener Ver-rücktheit. Dieses Bewußtsein eigener Verrücktheit aber ist bei einem Poeten wie Marti kein Alibi für Ausstieg und Rückzug aus den Konflikten. Die Evokation der Narrheit kommt nicht aus einem Zynismus, der alles durchschaut zu haben meint, um sich damit die Legitimation zuzuspielen, die Welt sich selbst und letztlich dem Teufel zu überlassen. Nein, die Rede von der Verrücktheit ist bei Marti weder Pathologie noch Pose. Sie entspringt vielmehr einer Hoffnung, die nicht rational begründet ist und nicht begründet werden kann, die aber unzerstörbar, unzerstrahlbar da ist — als eine *Tradition verrückter Hoffnung:*

»mag sein
dass ich nie recht begriff
was geboren-sein heisst

mag sein
dass ich warte auf verlorenem posten

mag sein
dass verrückt ist
wer immer noch rechnet mit wundern

54 Vgl. dazu *K.-J. Kuschel,* Lachen. Gottes und der Menschen Kunst, Freiburg/Br. 1994.

verrückt wie die frauen
die in der gruft eines toten
entdeckten die neue geburt«

Kurt Martis Unsinn-Poesie ist damit nicht weniger als Christa Wolfs »Störfall«-Bericht oder Günter Grass' Welttheater getragen von einem *Wärmestrom des Anti-Fatalismus* – gemäß der von Grass formulierten Einsicht: »Es gibt keine Ausrede. Man kann nicht sagen, das ist so von oben verhängt als Schicksal, dem können wir nicht entfliehen. Wir können ihm entfliehen, wenn wir tätig werden dagegen.«

III. DIE UNAUSWEICHLICHKEIT DER SCHULD

Wie aber kann man tätig werden, wenn Menschen ihre Verantwortung überhaupt nicht erkennen? Wenn sie ihren Schuldanteil verdrängen und ihre schuldhafte Verwicklung in ein Geschehen immer wieder leugnen? Was Grass als Problem schon andeutete, müssen wir — dem Rätsel Mensch auf der Spur — noch einmal ausführlicher thematisieren: Was ist, wenn Menschen gar nicht erkennen, daß sie versagen? Wenn sie sich stets »im Recht« glauben, keiner Schuld bewußt?

1. Vergebliche Suche nach Schuld: Max Frisch

Es dürfte kaum einen Autor von Rang in der deutschsprachigen Literatur nach 1945 geben, bei dem die Frage nach der Schuld so bohrend und so kontinuierlich gestellt und ausgefaltet wurde wie bei Max Frisch. Kaum eine Prosaarbeit (vor allem die beiden Tagebücher), kaum ein Drama (von »Nun singen sie wieder« bis »Andorra«), kaum ein Roman oder eine Erzählung (von »Homo faber« bis »Blaubart«), in denen dieses Problem nicht reflektiert würde.[55] Wir sollten also gerade das Gespräch mit diesem Autor suchen, um ein Problembewußtsein für Schulddiagnose und Schuldumgang zu gewinnen.

[55] Zum Werk von *Max Frisch* verweise ich auf: *K.-J. Kuschel,* Jesus in der deutschsprachigen Gegenwartsliteratur. Mit einem Vorwort von Walter Jens, Zürich -Köln 1978, TB-Ausgabe München 1987, S. 115–123; *ders.,* Max Frisch und die Frage der Schuld, in: Grenzfall Literatur. Die Sinnfrage in der modernen Literatur der viersprachigen Schweiz, hrsg. v. J. Bättig — St. Leimgruber, Freiburg/Schweiz 1993, S. 209–223.

Begegnungen mit Nachkriegs-Deutschland

Geboren 1911, hatte Max Frisch auch als Schweizer den Zweiten Weltkrieg bewußt miterleben müssen. Als Kanonier hatte er ab 1939 Militärdienst zu leisten, der vor allem in der Sicherung der Schweizer Grenzen gegenüber möglichen nationalsozialistischen Übergriffen bestand. Die Frage, warum ein Volk wie die Deutschen mit ihrer kulturellen Tradition sich auf solche Barbareien einlassen konnte, beschäftigte Frisch schon früh. Nach dem Krieg erwartet er denn auch gerade von solchen Deutschen kritische Reflexion über die eigene Schuldverwicklung, die geistig im Widerstand gegen den Nationalsozialismus überlebt hatten, beispielsweise von den christlichen Dichtern *Ernst Wiechert* und *Werner Bergengruen.* Verkörperten sie ein »anderes Deutschland«?

Doch als sich der 35jährige Frisch 1946 mit Wiecherts autobiographischem Bericht »Ein Totenwald« oder Bergengruens Gedichtsammlung »Dies irae« beschäftigt, ist er enttäuscht. Wiechert hatte sich zwar mit der Judenvernichtung befaßt, aber sein Bericht enthalte »nicht einmal eine klare und nüchterne Frage«. Unverwandelt, wie er sei (was schon aus der Melodie und der Metaphorik seiner Sprache hervorgehe), begnüge dieser Autor sich mit »Klagen einer gefährlich verschwommenen Art«. Und Bergengruen? Auch bei ihm war zwar von »Schuld« die Rede. Sein Gedicht »An die Völker« aber, im genannten Gedichtband programmatisch ans Ende gestellt, löse »die deutsche Schuld auf eine religiöse Weise... in die allmenschliche Schuld« auf. Fazit: Max Frisch vermißt eine *kritische Selbstthematisierung konkreter politischer Schuld* durch namhafte deutsche Intellektuelle nach dem grauenhaften Krieg:

> »Gerade wir Außenstehenden, die sich bewußt bleiben, daß sie die Not nicht unmittelbar erlitten haben, sondern nur aus der Ahnung der jahrelang Gefährdeten, hätten eigentlich erwartet, daß uns ein vollkommen veränderter Ton begegnet, ein Ton der tiefen Ernüchterung, ohne Hymnik, ohne die verfängliche Ehrfürchtigkeit vor allem Unklaren, die sich auch überall dort, wo man die Dinge durchaus beim Namen nennen kann, im Ahnungshaften begnügt und berauscht; ein

Ton ohne Weihrauch, ein Ton ohne die einlullende Wehmütigkeit, die nicht einmal Trauer, sondern nur Selbstgenuß der Trauer ist; ein Ton ohne die Ausflucht in den Nebel, die Ausflucht ins Gemüthafte.«[56]

Seine eigene politisch-moralische Auseinandersetzung mit der Schuldproblematik legt Frisch in einem seiner frühesten Stücke dann selber vor: »Nun singen sie wieder« aus dem Jahre 1945. Der Autor sieht hier die moralische Frage nach Schuld und Verantwortung eng verknüpft mit der politisch-gesellschaftlichen Frage nach den *Ursachen der Schuld.* Schuldig geworden und schuldbewußt ist in diesem Stück der junge Soldat Karl, Vertreter der jüngsten Generation. Er hat erkannt, daß er sich mit der »Ausflucht in den Gehorsam« nicht von der Schuld an diesem Krieg befreien kann. Ohne Wenn und Aber gibt Karl denn auch zu:

> »Es gibt das nicht, es gibt keine Ausflucht in den Gehorsam, auch wenn man den Gehorsam zu seiner letzten Tugend macht, er befreit uns nicht von der Verantwortung. Das ist es ja! Nichts befreit uns von der Verantwortung, nichts, sie ist uns gegeben, jedem von uns, jedem die seine; man kann nicht seine Verantwortung einem anderen geben, damit er sie verwalte. Man kann die Last der persönlichen Freiheit nicht abtreten — und eben das haben wir versucht, und eben das ist unsere Schuld.«[57]

Gegenfigur zu diesem jungen Soldaten ist dessen Vater, der Oberlehrer. Er wird als Vertreter jenes unpolitischen Spießertums gezeichnet, das eine so verhängnisvolle Rolle im Dritten Reich gespielt hat. So kann es nicht überraschen, daß Frisch insbesondere wegen dieser Figur öffentlich angegriffen wurde, und zwar in einem Leitartikel der »Neuen Zürcher Zeitung«. Zur Verteidigung herausgefordert, schildert Frisch die *Hintergründe* für diese seine Personenwahl:

[56] *M. Frisch,* Stimmen eines anderen Deutschland? Zu den Zeugnissen von Wiechert und Bergengruen, in: Gesammelte Werke in zeitlicher Folge, Bd. II/1, Frankfurt/M. 1976, S. 297-311, Zitat S. 304.

[57] *M. Frisch,* Nun singen sie wieder. Versuch eines Requiems, in: Gesammelte Werke Bd. II/1, S. 104.

»Eine dritte Figur aus dem deutschen Lager, der Oberlehrer, ist mir in den letzten Wochen, da wir als Soldaten an der Grenze waren und mit vielen Deutschen redeten, erschreckend oft begegnet; das deutsche Gefühl der Unschuld, die deutsche Hybris, die sich als harmloses Staunen gibt, warum die Welt am deutschen Wesen nicht genesen will, die Ausflucht ins Unverbindlich-Gemüthafte, das alles sind Dinge, die wir, wenn wir lange genug reden, oft auch an jenen Deutschen gewahren müssen, die sich als die Anständigen und Schuldlosen betrachten. Das Unverbindliche zwischen Innenleben und öffentlicher Wirklichkeit, das ist die Mitschuld des Oberlehrers, der zu häufige Mangel an bürgerlichem Mut, das, was die letzten 12 Jahren in Deutschland überhaupt ermöglicht hat.«[58]

Im Stück freilich kommt auch der Oberlehrer nicht ungebrochen davon. Als im Bombenhagel dessen eigene Frau stirbt und sein Sohn Karl aus Verzweiflung im Selbstmord endet, erkennt auch er seine Verblendung und klagt jetzt die Herrschenden in Deutschland ihrer Verbrechen an. Verhaftet, wird er als Verräter erschossen...

Schuldig unterscheidet sich der Mensch vom Tier

Das Motiv zu diesem Drama ist somit ein politisch-didaktisches: Verdrängte Schuld soll selbstkritisch erkannt und diese Erkenntnis soll zur *politischen Analyse der Ursachen von Schuld* verhelfen. Ziel ist nicht billige Schuldzuweisung oder die Verewigung von Schuldgefühlen; Ziel des Stückes ist die Erweckung des »bürgerlichen Mutes«, sprich: der Zivilcourage, die, wenn früher vorhanden, nach Auffassung des Autors Widerstand gegen den nationalsozialistischen Ungeist ermöglicht hätte. Dabei reflektiert Max Frisch durchaus selbstkritisch seine Rolle als Schweizer Beobachter der politischen Szenerie. Das aber hinderte ihn nicht daran, unzweideutig in Sachen Schuld der Deutschen Stellung zu nehmen:

[58] *M. Frisch,* Verdammen oder verzeihen? Brief an BI, den Verfasser des Leitartikels in der NZZ vom 23.5.1945, in: Gesammelte Werke Bd. II/1, S. 292–296, Zitat S. 293f.

> »Die Bedenken, ob wir (als Schweizer) unter den gleichen Umständen nicht ebenso schuldig hätten werden können, sind noch kein Grund, daß wir jene Schuld übersehen oder gar verzeihen. Auch Verzeihen ist eine Anmaßung. Wir müssen wohl als Schweizer durchaus darauf gefaßt sein, daß der Deutsche gerade uns nicht braucht, um seiner Schuld bewußt zu werden, ja, es könnte sogar geschehen, daß die Gerechten belehrt werden von den Schuldigen, gerade die Selbstgerechten, und gerade von diesen habe ich in den letzten Wochen, da wir Flüchtlinge und Überläufer bewachten, nicht wenige gesehen in schweizerischer Uniform. Und davon zu erzählen, fehlt uns allenthalben das Papier. Wenn wir uns dafür mit der Tragödie des deutschen Volkes befassen, sind wir uns wohl einig, daß es nur im bescheidenen Sinn einer Selbsterforschung geschehen kann; mehr kann unser Journalismus in seinem besten Fall, mehr kann auch das angeklagte Schauspiel nicht sein als ein Versuch, an der Klarheit zu arbeiten, die uns selbst not tut, und uns vor der voreiligen Vereinfachung zu hüten.«[59]

Wichtig dabei ist, daß Frisch im Schuldeingeständnis gerade nichts Unmenschliches und so den Menschen Demütigendes erblickt, sondern etwas spezifisch Menschliches. Die *Schuldfähigkeit unterscheidet den Menschen* nämlich *vom Tier.* Gerade indem Menschen sich zu ihrer Schuld bekennen, besinnen sie sich auf den Geist, der sie vom Tier unterscheidet, einen Geist, der sie letztlich auch davor bewahren könnte, unter das Niveau des Menschen zu sinken:

> »Wenn die Schuld nicht der brutalen Unmenschlichkeit, sondern dem Versagen des Geistes vor der Gewalt zugeschrieben wird, so stünden wir vor einer unbewußten Strömung, die wiederum Wahr in Falsch verkehrt. Was heißt das? Wir sind uns wohl einig: Ein Tier, wie tierisch es tue, kann als solches niemals schuldig sein. Warum nicht? Es ist nicht beschenkt mit Geist, der es anders hätte führen können und sollen. Schuldig werden kann also nur der Geist, eben das, was uns

59 *M. Frisch,* a. a. O., S. 294.

vom Tier unterscheidet, was uns von unserem Unmenschlichen bewahren könnte und sollte.«[60]

Schuldthematisierung geschieht somit bei Frisch schon früh im Interesse politischer Aufklärung, der Ermutigung von Zivilcourage, der Neubesinnung auf »Geist« und »Menschlichkeit«. Und dieses Interesse steckt auch hinter der Abfassung des Romans »Homo faber«, in dem Frisch nun die politische Schuldproblematik zur grundsätzlichen Infragestellung eines bestimmten Zeittypus radikalisiert. Nicht die Vergangenheit ist diesmal im Blick, sondern die Gegenwart. Und ich gestehe: Kein literarischer Text wurde mir für die Schuldfrage wichtiger als dieser Roman, und zwar deshalb, weil schon der Autor selbst hier gegen eine Figur anschreibt, die so typisch ist für einen bestimmen Zeitgeist, den Zeit-Ungeist nämlich, es »nicht gewesen« zu sein, d.h. sich für nichts schuldig und verantwortlich zu fühlen — nach der Devise: Schuld sind immer die anderen.

2. Der Homo Faber — aufgeklärt, aber verblendet

Zum besseren Verständnis muß das komplex erzählte Handlungsgerüst des Romans kurz rekonstruiert werden, zumal die Erzählform des Buches selbst die Rekonstruktion eines gescheiterten Lebens ist.[61] Der Schweizer Staatsbürger Walter Faber wartet in einem Athener Krankenhaus auf seine Operation, die über Tod und Leben entscheiden wird. Und während er wartet, gibt er sich Rechenschaft über die letzten dreieinhalb Monate seines Lebens. Sie waren chaotisch genug verlaufen, mit keiner Zeit vergleichbar, die er bisher erlebt hatte. Alles hatte damit angefangen, daß er, ein im Auftrag der UNESCO um die Welt reisender Ingenieur, auf dem Weg zu einer Montage in Caracas in der mexikanischen Wüste mit dem Flugzeug hatte notlanden müs-

60 *M. Frisch*, a. a. O., S. 295.

61 Grundlegend für die Interpretation von »Homo Faber« sind: *W. Schmitz*, Max Frisch »Homo Faber«. Materialien, Kommentar, München-Wien 1977. *F.A. Lubich*, Max Frisch: »Stiller«, »Homo Faber« und »Mein Name sei Gantenbein«, München 1990.

sen. Zwar war ihm nichts passiert, und nach drei Tagen waren alle Passagiere gerettet, aber Faber hatte einen Mitreisenden kennengelernt, der sich als Bruder eines früheren Zürcher Studienfreundes von ihm entpuppte. Dieser ehemalige Studienfreund, Joachim Henke aus Düsseldorf, war im Dschungel von Guatemala offenbar verschwunden, und der Bruder war auf dem Weg, nach dessen Verbleiben zu forschen.

Ohne daß er wirklich weiß, warum er dies tut, entschließt sich Faber, nach der Rettung aus der Wüste die Reise nicht nach Caracas fortzusetzen, sondern sich an der Suche nach seinem Freund zu beteiligen. Man bricht auf zu einer unendlich mühseligen Reise durch den Dschungel, und gut zwei Wochen später ist Joachim gefunden – erhängt in einer Hütte auf seiner Plantage mitten im Urwald. Das ist die Ausgangslage des Romans »Homo Faber«, der im Jahr 1957 spielt und im selben Jahr erscheint. Ein Buch, das wie ein Abenteuerroman beginnt und wie ein Abenteuerroman fortgesetzt wird, das aber alle seine Vorgänger dadurch überragt, daß in diesen kolportagehaften Stoff die *Schuldfrage wie ein Meteorit einbricht* und dem Roman auf diese Weise anthropologische Tiefe gibt.

Ein Experiment in Sachen Schuld

Dabei hat Max Frisch mit Walter Faber weniger eine komplexe individuelle Figur als einen *Typus des Zeitgeistes* zeichnen wollen. Und dominanter Zeitgeist ist nach dem Zweiten Weltkrieg nun einmal der Geist von Naturwissenschaft und Technik. Freimütig läßt der Autor seinen Helden bekennen, woraus dieser sich nichts mache: nichts aus Romanen und aus Träumen, nichts aus Landschaften und emotionalen Erlebnissen, nichts aus Folklore und Blumen, nichts aus Religionen und Mythen. Faber wird als ein Mann gezeigt, der nicht an »Fügung« und »Schicksal« glaubt und das Leben nach der Wahrscheinlichkeitsrechnung betrachtet. Auch das Unwahrscheinliche gilt noch als Grenzfall des Möglichen! Mathematik und Kybernetik genügen für einen, der als Techniker gewohnt ist, die Dinge zu sehen, »wie sie sind«, und der in der Regel den Maschinen mehr vertraut als Menschen. Kurz: Frisch hat in diesem Roman einen Machbarkeits- und

Möglichkeitsmenschen im Blick, der ein distanzierter Skeptiker gegenüber allem Menschlichen ist: »Überhaupt der ganze Mensch! – als Konstruktion möglich, aber als Material verfehlt: Fleisch ist kein Material, sondern ein Fluch.«[62]

Walter Faber, unverheiratet und von seiner Arbeit erfüllt, hätte so weiterleben können wie bisher, hätte seine Geschichte nach den Ereignissen im Urwald von Guatemala nicht eine überraschende *Wende* genommen. Denn nachdem er seinen Auftrag in Caracas schließlich doch ausgeführt hat, entschließt er sich – ebenfalls gegen seine sonstigen Gewohnheiten – für seine Rückfahrt nach Europa nicht zu einer Flug-, sondern zu einer Schiffsreise – und zwar von New York nach Le Havre. Auf dieser Reise läßt er sich faszinieren von einem zwanzig Jahre jüngeren Mädchen, macht ihr einen Heiratsantrag, trennt sich nach der Ankunft von ihr, sucht sie in Paris wieder auf und tritt mit ihr eine gemeinsame Reise durch Italien und Griechenland an. Allmählich erfährt Faber, wen er da so »zufällig« auf dem Schiff getroffen hat, wieder einmal jemanden, der eine Brücke zu seiner scheinbar so abgeschlossenen Vergangenheit schlägt.

Das junge Mädchen, Sabeth, nämlich ist die Tochter einer ehemaligen Freundin von ihm, einer deutschen Halbjüdin, Hanna Landsberg, mit der er ebenfalls seinerzeit in Zürich studiert und die später seinen Freund Joachim Henke geheiratet hatte. Um Hanna vor der Ausweisung aus der Schweiz zu bewahren, hatte Faber ihr damals sogar die Heirat angeboten. Sie hatte sie ausgeschlagen, obwohl sie von ihm schwanger war. Hanna hatte sich von ihm getrennt, und Faber war davon ausgegangen, daß sie das Kind würde abtreiben lassen. Seither hatte er sie nicht wiedergesehen. Als Faber von Sabeth nun erfährt, wer ihre Mutter ist, geht er wie selbstverständlich davon aus, daß sie die Tochter des Mannes sein muß, den Hanna später geheiratet hat, das Kind von Joachim Henke also, der sich soeben im Urwald von Guatemala das Leben genommen hatte.

Doch damit nicht genug der »Zufälle«: In Griechenland angekommen, wird Sabeth, die in der Zwischenzeit zu Fabers Geliebten geworden ist, bei einem Spaziergang am Meer von einer

62 *M. Frisch,* Homo Faber. Ein Bericht, in: Gesammelte Werke Bd. IV/1, S. 171.

Schlange gebissen und stürzt. In Panik bringt Faber sie in ein Athener Krankenhaus, was eine mühselige Autofahrt bedeutet. Die Mutter muß benachrichtigt werden, und plötzlich — nach 20 Jahren — stehen Hanna und Faber sich wieder gegenüber. Sie ist mittlerweile eine etablierte, wenn auch vom Leben verbitterte Kunsthistorikerin, die in einem Athener archäologischen Institut mit Hilfe von Scherben — wie sie sarkastisch sagt — »die Vergangenheit zusammenkleistert«[63]. Das Ende der gemeinsamen Geschichte kommt rasch: Sabeth stirbt nicht an den Folgen des Schlangenbisses, sondern an denen des Sturzes, dessen Lebensgefährlichkeit die Ärzte unterschätzten. Mehr noch: Faber erfährt von Hanna, daß er seine eigene Tochter zur Geliebten gehabt hat, denn Hanna hatte ihre damalige Schwangerschaft doch nicht abgebrochen. Faber, der noch einmal zu einer Montagetour nach Südamerika aufbricht, wird plötzlich von einer Magenkrankheit überfallen, steigt aus dem Beruf aus und begibt sich zurück nach Athen, wo er sich im Krankenhaus auf seine Magenoperation vorbereitet und seinen »Bericht« verfaßt.

Warum Homo Faber schuldig ist und es nicht merkt

Man mag von der Plausibilität dieser Geschichte halten, was man will; unübersehbar ist, daß der Autor selbst hier bis an die Grenzen des Wahrscheinlichen geht. Das Unwahrscheinliche ist auch für ihn offensichtlich der Grenzfall des Möglichen! Wichtig erscheint mir die Erkenntnis, daß uns der Autor gleichsam wie in einem Laborexperiment vor Augen führen will, wie sich ein Held dieses geistigen Zuschnitts in Krisensituationen benimmt. Vor uns liegt somit eine Art *Experiment in Sachen Schuld*, genau ausgeklügelt, feingesponnen, trickartig aufgebaut durch einen Autor, der sich gleichsam als Fesselungskünstler seiner Figur betätigt, als Fallensteller seiner erfundenen Gestalt. Und wie sehr diese Figur in der Falle sitzt, wird daran klar, daß sie bis zum Ende nicht erkennen kann, daß es diese Falle überhaupt gibt, d. h. daß sich seinem Leben ein Abgrund von Schuld überhaupt aufgetan hat.

[63] *M. Frisch*, a. a. O., S. 139.

Das also ist die eine Dimension des Romans, die subjektive, die der *Unschuld*. Frisch stellt uns einen Mann vor, der sich *subjektiv in Unschuld* wähnt und sich bis an sein Ende keiner schuldhaften Verfehlung bewußt ist. Sein »Bericht« soll gerade dies nachweisen: Ich bin unschuldig am Tod meiner Tochter. Faber hat dafür denn auch einige gewichtige Argumente parat: Erstens hatte er keine Ahnung, daß eine Tochter überhaupt existierte. Zweitens ist es nicht verboten, sich in ein Mädchen zu verlieben und es zu seiner Geliebten zu machen. Drittens war der Unfall des Mädchens selbstverschuldet und ihr Tod Mitschuld der Ärzte, die nicht erkannten, daß die Schädelfraktur die eigentliche Todesursache war. Alles rational einsehbare, plausible, vernünftige Gründe. Was konnte er für den Tod dieses Mädchens? »Was ist denn meine Schuld?«[64] Diese Unschuldsbeteuerung ist der ausgesprochen-unausgesprochene cantus firmus auf jeder Seite dieses Buches.

Und doch gibt es eine zweite Dimension in diesem Buch, eine »objektive«, die der *Schuld*. Und diese wird in der subjektiven Dimension bereits latent spürbar. Schon der gereizte Ton, in dem Faber seinen Rechtfertigungsbericht verfaßt, macht deutlich, daß er sich in der Defensive befindet. Schon die Tatsache eines Berichts überhaupt läßt ahnen, daß sein Verfasser unter Erklärungszwang steht. Indem Walter Faber schreibt, ist er bereits in der *Falle der Schuld*, die er subjektiv stets leugnete. Das macht seine Doppelgesichtigkeit aus: Obwohl er sich »eigentlich« nichts vorzuwerfen hat, fühlt er sich doch als Angeklagter; obwohl er »eigentlich« für nichts kann, drängt es ihn, sich zu entlasten; obwohl er doch »eigentlich« im Recht ist, muß er sich rechtfertigen. Rechtfertigen für was? Rechtfertigen warum? Rechtfertigen vor wem?

Rechtfertigen, weil offenbar auch Walter Faber bewußt-unbewußt spürt, daß alle vernünftigen, plausiblen, einleuchtenden Argumente nicht die Tatsache aus der Welt schaffen können: Die eigene Tochter liegt auf dem Totenbett, nachdem der Vater sie zur Geliebten gehabt hat. Der Tod eines unschuldigen jungen Mädchens steht am Ende einer Geschichte, bei der Walter Faber

64 *M. Frisch*, a. a. O., S. 123.

ein Mit-Handelnder war. Ja, daß es dieses Mädchen überhaupt gibt, ist Fabers Mitverantwortung. Er ist — ob er dies wahrhaben will oder nicht — in die Geschichte dieses Mädchens mitverstrickt und, da sie katastrophal endete, mitschuldig.

Hat man diese beiden Ebenen verstanden, wird klar, warum Max Frisch daran interessiert gewesen sein dürfte, im Jahre 1957 noch einmal der Schuldproblematik literarisches Profil zu geben. Mit der Figur des Homo Faber sollen die *Entlastungs- und Entschuldigungsmechanismen des modernen Zeitgenossen* aufgedeckt werden, dessen Unschuldswahn, dessen Entlastungssucht. Wie das Drama »Nun singen sie wieder« die Vergangenheit, hat der Roman »Homo Faber« die Gegenwart im Blick. Gezeigt wird an einem Modellfall, daß angenommene Ignoranz keine Entlastung von Schuld schafft und Selbstrechtfertigung auf Schuldverdrängung beruhen kann. Was aber hätte Faber tun sollen?

Menschen bestimmen ihr Leben nicht selbst

Auf welche Einsicht will der Roman gegen seinen Helden hinaus? Sehe ich richtig, so besteht das Versagen des Homo Faber in der Unfähigkeit, die Bruchstellen des Ungeplanten, Zufälligen, Undurchschaubaren in seinem Leben zum Anlaß einer *Lebensänderung* zu nehmen, einer Änderung, die nicht nur, wie im letzten Teil des Romans, als Faber aussteigt, auf Ermüdung oder Krankheit zurückgeht, sondern auf eine *neue Grundhaltung zur Wirklichkeit* überhaupt und damit zu sich selbst. Gezeigt werden soll somit die Unfähigkeit eines Machbarkeits- und Möglichkeitsmenschen, eine Wirklichkeit anzuerkennen, die sich seiner Machbarkeit und Möglichkeit entzieht. Deshalb lebt Faber an sich und seiner Geschichte vorbei.[65] Geschichten, Mythen, Träume hatte er ohnehin »verabschiedet« und so aus seinem Leben verbannt. In der Konfrontation mit Geschichte, Mythen und

[65] Max Frisch selber hat sich zur Figur des Walter Faber einmal so geäußert: »Dieser Mann lebt an sich vorbei, weil er einem allgemein angebotenen Image nachläuft, dem von ›Technik‹. Im Grunde ist der ›Homo Faber‹, dieser Mann, nicht ein Techniker, sondern er ist ein verhinderter Mensch, der von sich selbst ein Bildnis gemacht hat, der sich ein Bildnis hat machen lassen, das ihn hindert, zu sich selbst zu kommen.« (in: *W. Schmitz*, Max Frisch, S. 16: s. Anm. 61).

Träumen aber erfahren Menschen gerade das, was zu ihrer Menschlichkeit gehört: die Abhängigkeit von anderen, die Nichtverfügbarkeit über die Zeit und die Tiefenwahrheit über sich selbst, die unter der Oberfläche des technisch Machbaren bereitliegt.

In diese Richtung zielt eine Äußerung von Max Frisch, die der Filmregisseur *Volker Schlöndorff* weitergegeben hat. Während Schlöndorff den Roman 1991 verfilmte, soll Frisch gesagt haben:

> »Seine (Walter Fabers) Schuld ist, daß er glaubt, er könne Herr des eigenen Schicksals sein, könne sein Leben kontrollieren. Die Götter strafen ihn blind, indem sie zuschlagen und ihn zerstören, um den Menschen daran zu erinnern, daß er sich nicht selbst bestimmt.«[66]

Die *Unfähigkeit* also, *trotz Zäsurerfahrungen den Verfügungswahn über das eigene Leben preiszugeben:* das dürfte die Schuld des »unschuldigen« Walter Faber ausmachen. Zur Menschlichkeit des Menschen gehört nach diesem Roman offensichtlich die Preisgabe des technizistischen Herrschaftsglaubens über das eigene Schicksal und die Sensibilität für die Tatsache, daß Menschen ihr eigenes Leben nicht selber bestimmen und steuern. Deshalb haben die »Zufälle« in diesem Roman eine wichtige anthropologische Funktion; aber auch die Dimension der Zeit, insbesondere die Dimension der Vergangenheit. Denn sie sind Wirklichkeiten, die sich der Planbarkeit und Steuerbarkeit des Menschen entziehen. Griechenland ist denn nicht auch zufällig die Kulisse dieser tragikomischen Krise des »Homo faber«. Im Gegenteil: Mit allem Sinn für Ironie läßt Frisch seinen Helden gerade durch dasjenige Land reisen, das wie kaum ein anderes den Mythos vom unschuldig-schuldigen Menschen kennt. Im Land von Sophokles und Aischylos führt Frisch uns seinen Helden vor, der nicht an Schicksal glaubt und doch mehr »Schicksal« erfährt als irgendeiner sonst; der von »Zufällen« nichts hält und doch gezwungen ist, von einem »Zufall« in den anderen zu stolpern; der sich aus Mythen »nichts macht« und doch dem Schicksal mythischer Helden mehr verfällt als andere zuvor.

[66] *M. Frisch,* »Wem wird man schon fehlen?« Gespräch mit Volker Schlöndorff, in: DER SPIEGEL 12/1991, S. 241.

Darin besteht ja die ganze Ironie dieses Romans: Für einen Mann, der »zeitlos« zu leben glaubte, wird auf einmal die so vergangen gedachte Vergangenheit zur Schlinge um den eigenen Hals. Der angeblich schicksalslose Techniker des 20. Jahrhunderts wird zu einem Tragiker, der — wie mythische Archetypen vor ihm — die Wahrheit über sich nicht als Befreiung, sondern als Abgrund erlebt. Wahrheitsenthüllung wird für ihn zum Prozeß der Selbstfesselung; Aufhebung von Täuschung zur faktischen Selbstzerstörung. Kurz: Der postmetaphysische Mensch wiederholt die Mythen, die er längst entmythologisiert zu haben glaubt. Das Wiederaufgreifen des Schuldthemas steht somit bei Frisch im Dienst der Kritik an einem Zeitgeist, der sich der Kalkulierbarkeit und Machbarkeit der Wirklichkeit verschrieben hat und die Welt mit dem verwechselt, was der Fall ist. Noch einmal Volker Schlöndorff:

> »Frisch hat einmal zu mir gesagt: ›Es ist eigentlich gut, daß der Film jetzt erst gemacht wird, nachdem die Ideologien so gründlich erschüttert sind und man eigentlich wieder auf die existentialistische Haltung der 50er Jahre zurückgeworfen ist. Gibt es denn Schuld, oder sind wir schon dadurch, daß wir geboren sind, schuldig? Wir haben keine positive Utopie mehr, wir haben eigentlich keine Hoffnung mehr; aber wir wollen uns nicht damit abfinden, mit dem Leben, so wie es ist.‹«[67]

Für eine theologische Auseinandersetzung mit Frisch ist dabei die Einsicht wichtig: Schuld ist auch in diesem Roman kein religiöses, gar christliches Problem. Die Schuldthematik ist bei diesem Autor aus dem Bereich der Religion ausgewandert und ins allgemein Menschliche erweitert. Sie hat jetzt die Funktion der *Selbstproblematisierung des post-christlichen Menschen* — bemerkenswerterweise unter Rückgriff auf die vorchristlichen Mythen des klassischen Altertums.

[67] *M. Frisch,* a. a. O., S. 238.

3. Die Urschuld der Geschlechter

»Gibt es denn Schuld, oder sind wir schon dadurch, daß wir geboren sind, schuldig?« Daß diese Grundfrage Frisch bis ins Spätwerk hinein umtrieb, zeigt die 1982 veröffentlichte Erzählung »Blaubart«. Denn diese Erzählung radikalisiert die Schuldthematik noch einmal über »Nun singen sie wieder« und »Homo Faber« hinaus, geht es hier doch nicht um ein einzelnes Schuld-Problem, sondern um die Urschuld menschlicher Existenz überhaupt.

Freigesprochen und doch schuldig

Ausgangspunkt der Erzählung ist ein Dirnenmord, der vor einem Schwurgericht verhandelt wird. Angeklagt ist der 54jährige Mediziner Felix Schaad, der ehemalige Gatte des Opfers. Er hat kein Alibi und ist durch Indizien schwer belastet, wird aber schließlich aus Mangel an Beweisen freigesprochen. Doch die Auseinandersetzung mit seinem »Fall« geht für den »Freigesprochenen« nun erst richtig los. Der öffentliche »Freispruch« wird auf einmal zum Anlaß, sich ganz persönlich auf die Suche nach der Wahrheit über das eigene Leben zu machen, zu begreifen, was es mit dem bisher gelebten Leben auf sich hat. Sechs Ehen hatte Schaad bereits hinter sich, die allesamt gescheitert waren, und auch die siebte war in die Brüche gegangen. »Freispruch mangels Beweis — wie lebt einer damit? Ich bin vierundfünfzig.«[68] — das ist die Ausgangsfrage dieser Erzählung.

Was folgt, ist der vergebliche Versuch des Helden, »die Wahrheit und nichts als die Wahrheit«[69] über sich zu finden. Die Erzählung wird zum dialogischen Protokoll eines »inneren Gerichtsverfahrens«.[70] 61 Zeugen tauchen vor der Gewissensschranke auf, Träume werden eingespielt, Kindheitserlebnisse wiederbeschworen, Geisterdialoge geführt. Doch je mehr Schaad in sich einzudringen versucht, desto mehr verliert er sich und seine Identität (es gibt kein »gemeinsames Gedächtnis«). Zur Klarheit

[68] *M. Frisch,* Blaubart. Eine Erzählung, in: Gesammelte Werke Bd. VIII, S. 303.
[69] *M. Frisch,* a. a. O., S. 323; vgl. auch S. 402.
[70] *W. Schmitz,* Max Frisch. Das Spätwerk (1962–1982). Eine Einführung, Tübingen 1985, S. 149.

gelangt er nicht, im Gegenteil: Je mehr Schaad sich mit den Schatten seiner Vergangenheit konfrontiert, um so mehr gerät er in eine ausweglose Lage, sieht er sich in ein unentwirrbares Schuldknäuel verstrickt. Am Ende liegt er wie Walter Faber im Krankenhaus, hilflos und stumm, nachdem er mit seinem Wagen an einen Baum gefahren war. Zwar hatte Schaad anders als Faber sich zu seiner Schuld bekannt (er hatte den »Mord« sogar zu gestehen versucht), aber auch dies war vergeblich, nachdem der wahre Täter (ein Grieche!) in der Zwischenzeit gefunden worden war. Die Annahme von Schuld will auch hier nicht gelingen, weil sie tiefer sitzt, als alle Geständnisse offenbaren können. Schuld wird also bei Frisch am Ende seines schriftstellerischen Lebens in unerhörter Weise als existentielle Urschuld radikalisiert, nur zu vergleichen mit der Situation Kafkascher Helden.[71]

»Blaubart« ist somit die neue Variation eines Urthemas von Max Frisch: die Krise der Identität, die Unfähigkeit zur Selbstannahme, die beengende Macht der Bilder, die unausweichliche Schuld. Ähnlich wie in »Homo Faber« führt auch in »Blaubart« die Wahrheitssuche schließlich zur schonungslosen Selbstentlarvung und unentrinnbaren Selbstdenunziation: »Seit meinem 14. Lebensjahr habe ich nicht das Gefühl, unschuldig zu sein«,[72] gesteht der Held sich ein. Und von einem Richter muß er sich sagen lassen: »Ich möchte den Angeklagten fragen, ob er der Meinung ist, daß er je eine Frau verstanden hat. Denn das scheint mir nämlich nicht der Fall zu sein, Herr Doktor, denn immer rätseln Sie an den Frauen herum, und wenn eine Frau sich nicht an Ihre männliche Deutung hält, was dann?«[73] So endet »Blaubart« als erfolgloser Versuch der Selbstfindung eines rettungslos in Schuld verstrickten möglichen Täters. Das Buch handelt von der Frage nach »Schuld-Unschuld in einem Fall, wo die Schuld nicht belegbar ist durch Tat«.[74] Der Literaturkritiker *Joachim Kaiser* dürfte deshalb mit seiner Einschätzung recht haben:

[71] Zum Schuldverständnis Kafkas vgl. *K.-J. Kuschel*, »Vielleicht hält Gott sich einige Dichter...«. Literatisch-theologische Porträts, Mainz 2. Aufl. 1986, Kap. III: Kafka und die Unheimlichkeit der Welt.
[72] *M. Frisch*, Blaubart, S. 343 (s. Anm. 68).
[73] *M. Frisch*, a. a. O., S. 358.
[74] Artikel »Blaubart«, in: Kindlers Neues Literaturlexikon, hrsg. v. W. Jens, Bd. V, München 1989, S. 850.

»Was an dem Büchlein beklemmend, wenn nicht gar ergreifend wirkt: Hier gibt jemand seinem Helden, seinem alter ego schuld. Im Mittelpunkt dieses Indizienprozesses, wo zu klären ist, ob der Beklagte dazu neigt, sich gewalttätig gegenüber dem anderen Geschlecht zu verhalten, steht unvermeidlich der partnerschaftlich-soziale Charakter des Angeklagten — also sein Verhältnis zu Frauen. Hier nimmt der Autor Frisch entschieden Partei. Und zwar gegen seinen Helden. Dieser bezichtigt sich zum Schluß sogar (keineswegs nur symbolisch) des Mordes, den ein anderer beging. Daraus folgt — und nie las man es so deutlich, bitter und calvinistisch bei Frisch — ein *umfassendes Schuldbewußtsein.* Ein Schuldbewußtsein, das weit über verständnisvolles (unverständiges) und verständnisloses (einleuchtendes) Verhalten zu Frauen hinausreicht bis in die Tiefe des Geschlechts. Es ist ein Schuldgefühl wegen des Sexus selber. Das hat mit ›Mißverständnissen‹, damit, daß es ›kein gemeinsames Gedächtnis‹ gibt — ehemalige Ehepartner erinnern sich höchst verschieden —, wenig zu tun. Es quillt vielmehr aus dem Bewußtsein und Eingeständnis geschlechtlicher Urschuld... Anders: In diesem Manne entstand seit dem Beginn der Geschlechtsreife, des Begehrens, der sogenannten Männlichkeit — ein Schuldgefühl.«[75]

Schuld ohne Sühne

Auch »Blaubart« endet ausweglos, aporetisch wie »Homo Faber«; auch am Ende von »Blaubart« läßt Frisch seine Leser im unklaren, ob sein Held stirbt oder nicht; auch sein Mediziner endet wie sein Techniker 25 Jahre zuvor als Gescheiterter. Dies aber ist konzeptionelle Absicht. Aporetische Problematisierungen seiner Figuren ist Teil der literarischen Strategie von Frisch. Hier unterscheidet er sich fundamental zum Beispiel vom Christen und Romancier Dostojewskij. Zwar zeigt dieser Schweizer Autor wie der große Russe in seinen Romanen, daß es kein Leben des Menschen ohne Schuldschatten gibt; zwar zeigen beide, daß Menschen in komplexe Lebensgeschichten verflochten sind,

[75] *J. Kaiser,* Erlebte Literatur. Vom »Doktor Faustus« zum »Fettfleck«. Deutsche Schriftsteller in unserer Zeit, München-Zürich 1988, S. 169f.

die es unmöglich machen, am Ende zwischen Schuldigen und Unschuldigen sauber zu trennen; zwar zeigen beide, daß menschliche Schuld viel tiefer reicht als das, was juristisch entdeckt und abgeurteilt werden kann. Aber anders als bei Dostojewskij gibt es für Frisch keinen sühnenden Umgang mit der Schuld mehr. Keiner der Helden bei Frisch ist wie die Figuren in »Schuld und Sühne« oder »Die Brüder Karamasow« fähig, die Schuld freiwillig zur Sühne auf sich zu nehmen. Frisch hat als Autor des 20. Jahrhunderts das Vertrauen verloren, daß auf der Ebene der Literatur Schuld als vergebbar und sühnbar gezeigt werden kann. Die Zeit christlicher Literatur ist für ihn vorbei, und Aufgabe der Literatur ist für Frisch allein die »Wahrhaftigkeit der Darstellung«, nicht das Liefern moralischer Lösungen oder Botschaften.

Indem aber seine Romane und Erzählungen bewußt keine moralischen Botschaften liefern, weisen sie über sich hinaus. Wohin? Vor allem an die *Instanz des Lesers.* Ihm werden ja die Fälle des Oberlehrers, des »Homo Faber« und des »Blaubart« vorgetragen. Für ihn wurden das »Requiem« inszeniert, der »Bericht« geschrieben, die inneren Gerichtsprotokolle verfaßt. Und da er die Instanz ist, vor der die Rechtfertigungsversuche ausgebreitet werden, ist der Leser aufgerufen, Stellung zu beziehen, sich und seine eigene Geschichte mitzureflektieren, im Spiegel des gezeigten Experiments sich selbst auf den Prüfstand zu stellen. Der Leser soll ja offenkundig über die Fragwürdigkeit der Helden selbst zu Einsichten gelangen, soll von bestimmten Bildern los- und zu sich selbst kommen. Die Selbstdistanzierungen des Autors Frisch von seinen Helden — ausgedrückt oft bis in die Formentscheidungen hinein — soll ja zur Stellungnahme auch beim Leser führen. Und ex negativo sollen die gescheiterten Helden von Frisch zeigen, worauf es »eigentlich« ankäme: auf die Preisgabe projektierter Bilder von sich selbst. Aber dieses »Eigentliche« wird bei Frisch literarisch ausgespart, bleibt somit dem Leser selber überlassen.

Schuldig wird der Mensch zum Menschen

Für die theologische Auseinandersetzung sind zwei Erkenntnisse von Frisch wichtige Anknüpfungspunkte. *Zum einen:* Auch für diesen großen Autor der Gegenwartsliteratur gibt es kein Leben des Menschen ohne Schuldschatten. Schuld scheint etwas Unausweichliches zu sein, scheint in die Struktur der *conditio humana* eingezeichnet. Dies entspricht der Erfahrung auch von Christen. Nach der Botschaft des Neuen Testamentes steht ein Mensch vor Gott nicht automatisch gerechtfertigt da. Vor dem allerhöchsten Schöpfer und Richter erleben Menschen sich als schwach, ungenügend, unzulänglich, kurz: als sündig. Menschliches Leben bedarf deshalb durch Gottes gnädige Zuwendung selber der Rechtfertigung, Reinigung, Wiedergutmachung.

Die *zweite Einsicht* ist genauso wichtig: Fragwürdig wird ein Mensch, der diesen seinen Schuldschatten verdrängt, seinen Schuldanteil nicht wahrhaben will. Frisch zeigt: Menschen, die ihre Schuld leugnen, verlieren ein Stück Menschlichkeit. Sie laufen einem Trugbild von sich nach – wie »Homo faber« aufgeklärt und verblendet zugleich. Eingestehen von Schuld aber dient der Vermenschlichung des Menschen, weil ein Mensch, der um seine Schuld weiß, zugleich um seine Fehlbarkeit weiß, seine Angewiesenheit auf andere. Ein solcher Mensch, der vom Unschuldswahn und der Omnipotenzsucht Abschied genommen und begriffen hat, daß man nicht Herr des eigenen Schicksals sein kann und das eigene Leben nicht rational kontrollieren und steuern, wird demütiger, gütiger und bescheidener – sich selbst und anderen gegenüber. Ja, Menschen werden in der Schulderfahrung und im Schuldeingeständnis wahrhaft zum Menschen. Nach Frisch kann ja nur der »Geist« schuldig werden, somit nur der Mensch. Schuldig unterscheidet sich der Mensch vom Tier.

Auch diese Einsichten entsprechen strukturell analog Grunderfahrungen des Menschen aus der Perspektive des christlichen Glaubens. Denn nach der Botschaft des Neuen Testamentes hat Schuldeingeständnis des Menschen vor Gott und den Menschen nichts Niederdrückendes, Verzweifelndes oder Würdeloses. Schuldeingeständnis führt weder zur Selbstfesselung noch zur Selbstzerstörung. Eingestehen von Schuld geschieht vielmehr im Interesse der positiven Veränderung des Menschen, in klassischen Begriffen »Reue« genannt. Gott selbst ist es, der den Menschen nicht bei seiner Schuld behaften, sondern ihn aus der Schuld befreien will, klassisch »Vergebung« genannt. Und dem Menschen wird immer wieder die Chance von Gott geboten, Schuld wiedergutzumachen, klassisch »Sühne« genannt. Gerade diese Trias des christlichen Schuldverständnisses (Reue — Vergebung — Sühne) zielt auf eine Vertiefung der Menschlichkeit des Menschen.

Und doch darf man sich bei aller positiven Funktion der Bewältigung von Schuld über den abgründigen Fluchtpunkt nicht hinwegtäuschen. Daß Menschen schuldig werden müssen, daß sie versagen und schwach werden, hat mit der Gebrochenheit ihrer Existenz zu tun. Schulderfahrung ist — schon biblisch gesehen — Teil des Schöpfungsfluchs: Der Mensch hat sich aus der ursprünglichen Harmonie mit Gott gelöst und sich den Mächten des Bösen geöffnet. Die Frage nach der Schuld hat also in der Tat einen abgründigen Fluchtpunkt: Es ist die Frage nach dem Bösen als der Wirklichkeit des Widersacherischen gegen das Gute. Und wer über das Rätsel Mensch nachdenken will, der muß sich mit der Wirklichkeit des Bösen konfrontieren. Das Erschrecken über das »Rätsel« Mensch findet seinen Tiefpunkt im Entsetzen darüber, was Menschen Menschen und der Schöpfung antun können. Und so wie der Frage des Weiterlebens in erschöpfter Schöpfung und dem Problem der Verdrängung der Schuld haben Poeten sich auch Erfahrungen mit dem Bösen gestellt. Sie gilt es jetzt in unseren Diskurs über den Menschen im Spiegel der Literatur einzubeziehen.

IV. ERFAHRUNGEN MIT DEM BÖSEN

Wer wie ich im Jahre 1948 geboren wurde, geboren in Deutschland, zu dessen persönlicher Erinnerung gehören zwei völkermordende Kriege, gespiegelt in Erzählungen vor allem der Generation der Eltern. Mein Großvater väterlicherseits, ein Schlesier, fiel im Ersten Weltkrieg mehr als tausend Kilometer westlich seiner Heimat in Frankreich; sein Grab ist unbekannt; es wird eines der vielen Massengräber an der Somme in Westfrankreich sein. Mein Vater jedenfalls suchte dieses Grab vergebens, als ihn die Sehnsucht überkam, eine letzte Spur seines Vaters zu finden. Er selber, ein Schlesier auch er, hatte den Zweiten Weltkrieg sechs Jahre lang bis zum bitteren Ende durchstehen müssen. Knapp war er dem Tod und jahrelanger Kriegsgefangenschaft entkommen. Nie wurde der Krieg im Elternhaus heroisiert. Im Gegenteil: Die schamvolle Einsicht wurde vermittelt, daß Kriege etwas Menschenverschlingendes seien und daß die Katastrophe des letzten Krieges eine Strafe für die »Hybris von uns Deutschen« gewesen sei. Der Geschichtsunterricht meines Gymnasiums verstärkte diese Einstellung, und seither läßt mich die Scham darüber nicht los, was von Deutschen aus hybridem National- oder gar Rassenwahn anderen Völkern angetan wurde.

1. Die Patina der Zivilisation ist dünn

Ich erinnere mich dieser Scham in besonderer Weise, als ich 1978 zum ersten Mal die Holocaust-Gedenkstätte in Jerusalem besuchte. Sie wurde in dem Augenblick physisch fast unerträglich, als unter den zahlreichen dort ausgestellten Dokumenten und Urkunden auf einmal solche in deutscher Sprache auftauchten. Insbesondere die sogenannten Wannsee-Protokolle, die Beschlüsse also einer Konferenz am Wannsee zu Berlin, auf der von den Nazi-Henkern 1942 die »Endlösung« der Judenfrage beschlossen worden war, sah man in großen Schautafeln aufgestellt. Auf einmal konnte man als Deutscher alles direkt verstehen. Die Muttersprache — heruntergekommen auf grauenhaftes Bürokratendeutsch, Todesjargon. Der Tod — hier war er der von Paul Celan beschworene »Meister aus Deutschland«.

Buchenwald neben Weimar

Wie war das möglich im Lande der Dichter und Denker? Deutsche Klassik *und* deutsche KZs, Weimar *und* Buchenwald, Goethe *und* Göbbels in ein und demselben Volk, seit fast eineinhalbtausend Jahren »christianisiert«? Max Frisch hat diese Frage früh in seinen Stücken und Essays thematisiert: Alle christlich-humanistische Kulturarbeit über zwei Jahrtausende hat Auschwitz nicht verhindert! In besonders eindrucksvoller Form habe ich sie bei *George Steiner* aufgegriffen und radikalisiert gefunden. Jüdischer Abstammung, hat Steiner seinem Buch »Language and Silence« ein eigenes Vorwort »An den deutschen Leser« beigegeben:

> »Meine ganze Arbeit dreht sich um die vordringliche Frage: verflechten sich die Wurzeln des Unmenschlichen mit denen der Hochzivilisation? Auschwitz kam nicht aus dem Dschungel, nicht aus der Steppe. Die Barbarei überfiel den modernen Menschen im Zentrum der Kultur, der Künste, der universellen Bildung und des naturwissenschaftlichen Wunders. Nur wenige Kilometer entfernt von einigen der schönsten Museen, Bibliotheken, Konzertsäle verpestete Dachau die Luft. Männer, die bei Tag folterten, Kinder erhängten, lasen abends Rilke, hörten Schubert. Das ist ein ontologisches Rätsel, das Mysterium des zivilisierten ennui oder des Bösen, und es stellt für mich die Zukunft des Menschen überhaupt in Frage. Wenn die humanistischen Wissenschaften nichts zur Humanisierung beitragen, wenn derselbe Mensch Bach spielen und das Vilnaer Ghetto in Brand stecken kann, wo bleibt da die Zivilisation? Warum erziehen, warum lesen? Ist es möglich, daß im

klassischen Humanismus selbst, in seiner *Neigung zur Abstraktion* und zum ästhetischen Werturteil, ein radikales Versagen angelegt ist? Kann es sein, daß Massenmord und jene Gleichgültigkeit gegenüber den Greueln, die dem Nazismus Vorschub geleistet hat, nicht Feinde oder Negationen der Zivilisation sind, sondern ihr gräßlichster, aber natürlichster Komplize?«[76]

Diese Fragen sind genährt von dem schockierenden Verdacht, der Holocaust sei — entgegen vielen Behauptungen — keine Entgleisung der Zivilisation gewesen, sondern deren Folge, und deshalb sei die Hoffnung des Menschen auf den Menschen zu überprüfen. Ja, dieses Ereignis läßt stellvertretend für andere (Archipel Gulag, Bosnien, Ruanda) bewußt werden, wie *dünn* offensichtlich die *Patina der Zivilisation* ist und wie wirkungslos die überlieferten Moralvorstellungen in Situationen äußerster Rechtlosigkeit und politischer Desorientierung. Die Erfahrung des Holocaust ist somit die *Erfahrung eines Zivilisationsbruchs,* der die Sensibleren unter den Zeitgenossen von der Illusion befreit, Ethos gehöre zum abgesicherten Bestandteil bürgerlicher Kultur. In Wirklichkeit ist Ethos eine schmale zivilisatorische Eisschicht über einem abgründigen Potential von Bestialität, das offensichtlich im Menschen immer wieder »aufweckbar« ist.

Ein Oratorium wider das Vergessen: Peter Weiss

Ich selber verlor in dieser Frage schon früh meine Unschuld. Schon während der Schulzeit hatte ich in der Volkshochschule meiner Heimatstadt an einer Lesung von *Peter Weiss'* Oratorium »Die Ermittlung« teilgenommen, eine szenische Dokumentation über den 1964 zu Ende gegangenen Frankfurter Auschwitz-Prozeß. Ich erinnere mich, wie tief beschämt mich dieser Abend gemacht hatte. Nie werde ich den Schluß des Stückes vergessen — den Dialog zwischen dem Ankläger und einem der Zeugen:

[76] *G. Steiner,* Language and Silence, New York 1967. Deutsche Ausgabe: Sprache und Schweigen. Essays über Sprache, Literatur und das Unmenschliche, Frankfurt/M. 1969, S. 7–10, Zit. S. 8f.

»Von den 9 Millionen 600 Tausend Verfolgten
die in den Gebieten lebten
die ihre Verfolger beherrschten
sind 6 Millionen verschwunden
und es ist anzunehmen
daß die meisten von ihnen
vorsätzlich vernichtet wurden
Wer nicht erschossen erschlagen
zu Tode gefoltert
und vergast wurde
kam um an Überarbeitung
Hunger Seuchen und Elend
Allein in diesem Lager
sind über 3 Millionen Menschen
ermordet worden
Um aber die Gesamtzahl der unbewaffneten Opfer
in diesem Ausrottungskrieg zu ermessen
müssen wir den 6 Millionen
aus rassischen Gründen Getöteten
3 Millionen erschossene und verhungerte
sowjetische Kriegsgefangene hinzufügen
sowie 10 Millionen Zivilisten
die in den besetzten Ländern umkamen«[77]

Auch die allerletzten Sätze dieses »Oratoriums« blieben mir im Gedächtnis haften. Denn Weiss stellt hier bewußt die Figur eines Angeklagten ans Ende, der »repräsentativ« eine damals wie heute in Deutschland weitverbreitete »Stimmung« wiedergibt:

»Wir alle
das möchte ich nochmals betonen
haben nichts als unsere Schuldigkeit getan
selbst wenn es uns oft schwer fiel
und wenn wir daran verzweifeln wollten
Heute
da unsere Nation sich wieder
zu einer führenden Stellung

[77] *P. Weiss,* Die Ermittlung (1965), in: ders., Stücke I, Frankfurt/M. 1980. Die folgenden Zitate S. 445f. u. 448f.

emporgearbeitet hat
sollten wir uns mit anderen Dingen befassen
als mit Vorwürfen
die längst als verjährt
angesehen werden müßten
Laute Zustimmung von seiten der Angeklagten«

Indem Weiss seine Szenenfolgen so enden läßt, gibt er die Problematik an den politisch-gesellschaftlichen Diskurs im Nachkriegsdeutschland zurück: Wie ist es möglich, daß in einem Lande Menschen leben, die auch 20 Jahre nach dem Holocaust der Meinung sind, dieses Menschheitsverbrechen sei mit Hinweis auf »unsere Schuldigkeit« oder die »Verjährungsfrist« zu bewältigen, und es gebe eine »führende Stellung« der deutschen Nation in der Welt mit dem Rücken zu den geschlossenen Akten des Holocaust? Indem Weiss also sein Stück bewußt mit einem kleinen Triumph der Angeklagten enden läßt, macht er den Diskurs über den Holocaust zu einem politisch-moralisch ungelösten Problem der Gegenwart. Sein Stück soll gerade denjenigen kein ästhetisches Alibi liefern, für die mit dem Auschwitz-Prozeß oder mit diesem Drama das Problem des Holocaust »erledigt« ist...

Kirche mit dem Rücken zu Auschwitz

Wir erkennen heute klarer als früher, daß auch Vertreter der christlichen Kirchen in Deutschland diesem Geschäft der Ent-Schuldigung und Verdrängung Vorschub leisteten. Insbesondere die offizielle katholische Kirche hatte es verstanden, ihre den Faschismus oft genug tolerierende oder gar stützende Politik im Nachhinein in eine Widerstandsrolle umzuinterpretieren oder zumindest so zu tun, als seien die Kirchen moralisch ungebrochen den finsteren antichristlichen Mächten entronnen und könnten nun wieder moralische Orientierung geben. Man lebte auch als Kirche weithin mit dem »Rücken zu Auschwitz« (J.B. Metz). Man kam gar nicht auf die Idee, daß das »ontologische Rätsel«, das Mysterium eines »zivilisierten ennui oder des Bösen«, auch die kirchliche Verkündigung, ja das christliche Bild von Gott und Mensch in Frage stellen könnte. Man machte auch kirchlich weiter, als sei theologisch nichts geschehen...

In dieser Situation wirkte das Drama von *Rolf Hochhuth* »Der Stellvertreter« (uraufgeführt 1962) wie ein Schock. Als treuer Katholik, als der ich aufgewachsen war, empörte auch ich mich anfangs über die angeblich schamlose und maßlose Polemik des Autors gegen »unseren Papst«, Pius XII. Dieser — erst drei Jahre war er tot — stand uns ja noch als eine moralisch vollkommene, fast übermenschliche Gestalt eindrucksvoll vor Augen. Und ihn sollten wir uns plötzlich im Zwielicht des Holocaust vorstellen? Als Versager? Als Mitschuldigen? Ich erinnere mich, daß ich noch zur Schulzeit eine Aufführung des »Stellvertreters« im Stadttheater meiner Heimatstadt sah, mit Dieter Borsche in der Rolle von Pius XII., und daß dieses Stück in »uns Katholiken« fast instinkthafte Abwehrreaktionen hervorrief. Was nicht sein durfte, konnte nicht sein...

2. Das Böse macht Spaß: Rolf Hochhuths Teufel

Später habe ich mich immer wieder mit diesem Stück auseinandergesetzt.[78] Mir war klar geworden, daß nicht nur ich als Einzelner, sondern daß der gesamte Kulturkatholizismus auf dieses Stück fast ausschließlich apologetisch-gegenpolemisch reagiert hatte. Man konnte hier nichts als eine Verleumdung des Papstes, ein Kesseltreiben gegen die katholische Kirche, ja sogar eine antiklerikale und antikatholische Aufpeitschung des Publikums sehen.

Auschwitz oder die Frage nach Gott

Doch eine genaue Interpretation — ich nahm sie vor in meinem Buch »Stellvertreter Christi? Der Papst in der zeitgenössischen

[78] Zu Rolf Hochhuths Werk habe ich ausführlicher Stellung genommen in: *K.-J. Kuschel,* Stellvertreter Christi? Der Papst in der zeitgenössischen Literatur, Zürich-Gütersloh 1980, Kap. III/3, sowie in: *ders.,* »Vielleicht hält Gott sich einige Dichter...« Literarisch-theologische Porträts, Mainz 1991, 2. Aufl. 1996, Kap. X: Rolf Hochhuth und die Gottesfrage nach Auschwitz.

Literatur« (1980) — zeigte mir, daß von einem antipäpstlichen, antikatholischen oder gar antichristlichen Stück nicht die Rede sein konnte. Im Gegenteil: Nicht »der Papst«, »das Papsttum« schlechthin, wird hier ja der Kritik unterzogen, sondern konkret *dieser* Papst, ein *so* ausgeübtes Papsttum. Von einem antipäpstlichen Stück kann schon deshalb nicht die Rede sein, weil die ganze Wirkung dieses Stückes ja darauf beruht, daß dem Papst als einziger der großen Figuren im damaligen Weltdrama noch etwas Entscheidendes zugetraut wird: die Verhinderung oder wenigstens Minderung der Vernichtung des europäischen Judentums.

Dasselbe gilt vom Vorwurf des Antikatholischen, ja Antichristlichen. Er ist deshalb abwegig, weil die Kirche bei Hochhuth — hier wie im folgenden Werk — immer zwei Seiten hat. Der Papst- und Funktionärskirche steht die »Märtyrerkirche« gegenüber; der diplomatisch agierenden ecclesia triumphans die nach Auschwitz gehende ecclesia sub cruce. Für Hochhuth also wird dieser Papst nicht deshalb fragwürdig, weil er christlich, sondern weil er nicht radikal genug christlich handelte. Die Pointe seines Stückes lautet: Der Papst, mit der Forderung Christi nach uneingeschränkter Nächstenliebe konfrontiert, wird nicht zu einem »Stellvertreter« Christi, sondern zu einem »Statthalter« des Pilatus. So wie dieser damals einen Unschuldigen aus politischem Kalkül opferte, so tut dies der Papst hier und heute. Paradox genug: In dem der Vernichtung stillschweigend preisgegebenen Volk der Juden hat der Stellvertreter sein Urbild verraten; was Christusnachfolge hätte sein sollen, wird zur politischen Statthalterei. Ich glaubte begriffen zu haben: Das Stück kreist im Kern um die Frage, wie radikal Christusnachfolge im Zeitalter des Holocaust hätte sein müssen.

1991 hatte ich mich noch einmal mit Rolf Hochhuth auseinanderzusetzen. Ich hatte die Aufgabe übernommen, zur Verleihung des Elisabeth-Langgässer-Preises der Stadt Alzey an Hochhuth die Laudatio zu halten. In einer erneuten Beschäftigung mit diesem Stück ging mir auf, daß auch der Befund »radikale Christusnachfolge« zu kurz greift. Denn die eigentliche theologische Herausforderung des Stückes ist nicht bloß die Frage »Wer ist der wahre Stellvertreter Christi unter den Bedingungen des Holocaust?«. Die wahre Herausforderung geht von der Frage aus, wie denn dieses Ausmaß des Bösen mit der Gerechtigkeit Gottes zu vereinbaren sei.[79] Auf die *Anthropo- und Theodizee-Frage* also zielt dieses Stück vom »Stellvertreter« letztlich: Wie war eine solche Entfesselung des Bösen unter Menschen möglich, wie sie uns im Holocaust entgegentrat? Und was bedeutet dies für den Glauben an Gott? Explizit aufgeworfen wird ja diese verzweifelte, fassungslose Rückfrage im fünften Akt des Dramas, das den Titel trägt »Auschwitz oder die Frage nach Gott«. Man könnte ihn genauso gut »Auschwitz oder die Frage nach den Menschen« nennen. Denn Hochhuth wagt hier das ästhetisch hochbrisante Experiment, die Realität eines Konzentrationslagers auf die Bühne zu bringen und das dramaturgisch abzubilden, was im Stück selber der »höllische Zynismus« von Auschwitz genannt wird.

Die Ausgangskonstellation für den fünften Akt ist die folgende: Nachdem Papst Pius XII. — obwohl in vollem Umfang unterrichtet — sich nicht zu einem öffentlichen Protest gegen die »Endlösung« der Judenfrage durchringen konnte; nachdem der Stellvertreter Christi aus kirchen- und staatspolitischen Erwägungen heraus den Weltverbrecher Hitler nicht vor aller Weltöffentlichkeit bloßstellen wollte, macht ein (von Hochhuth erfundener) Jesuitenpater namens Riccardo Fontana die Sache der Stellvertretung Christi zu seiner eigenen. Nach einem leidenschaftlichen, aber ergebnislosen Dialog mit dem Papst, zu dem er sich aufgrund enger Beziehungen seines Vaters hatte durchdringen können, heftet sich dieser Jesuitenpater selber den Judenstern an die Soutane und besteigt in Rom einen Deportationszug von Juden, der ihn direkt auf die Rampe nach Auschwitz bringt. Dort angekommen, stiftet er unter SS-Offizieren zunächst Verwirrung. Ein katholischer Priester war im Judenvernichtungsprogramm der Nazis nicht vorgesehen. Doch dann greift ihn sich der »Doktor« (eine nur wenig stilisierte Imitation des Schlächters Dr. Mengele), um an ihm ein Exempel in Sachen Gottesglauben in Auschwitz zu statuieren.

[79] Die Laudatio auf Rolf Hochhuth habe ich am 29. 1. 1991 in der Geburtsstadt Elisabeth Langgässers, in Alzey, gehalten. Das in Anmerkung 78 erwähnte Kapitel »Rolf Hochhuth und die Gottesfrage nach Auschwitz« ist eine beträchtlich erweiterte und überarbeitete Fassung dieses Vortrags.

Das Böse ist gewollt

Dabei hätte es der stereotypen Bezeichnung »der schöne Teufel« für den Doktor gar nicht bedurft, um in diesem »Doktor« den Teufel, d.h. den Widersacher Gottes, zu entdecken. Denn das Teuflische liegt hier offensichtlich in der kalten Selbstherrlichkeit, mit der dieser Mann Menschen für seine eigenen intellektuellen und sexuellen Zwecke mißbraucht und diesen Mißbrauch genießt. Er folgt nicht etwa seinen bestialischen Instinkten; er ist Herr über sie. Er zeigt, daß es ein *gewolltes Böses* geben, ja daß das Böse Selbstzweck sein kann: Mit schönen Jüdinnen pflegt er zu schlafen, bevor er sie ins Gas schickt; an Zwillingen führt er kaltlächelnd Experimente durch, um Erkenntnisse über Zwillingsgeburten zu gewinnen, die dann bei der Vermehrung der »deutsch-arischen Rasse« angewandt werden können.

Hier ist literarisch bereits in einer Figur verdichtet, was der amerikanische Historiker *Daniel Goldhagen* 1996 in seinem methodologisch-historiographisch umstrittenen, aber in der Hauptthese nach meiner Überzeugung unabweisbaren Buch als einen Grundzug von »Hitlers willigen Vollstreckern« herausstellte. Man kann es auf die Formel bringen: Die Täter haben es so gewollt, und es hat ihnen Spaß gemacht. Bei Goldhagen liest man denn auch:

> »Die willkürliche Grausamkeit, die Schläge, die für die Juden in den Lagern ›das tägliche Brot‹ waren, der ›Sport‹, den die Deutschen mit den Juden trieben, alle symbolischen Grausamkeiten waren typisch für das Handeln der Deutschen und gehörten wie selbstverständlich dazu. Die Deutschen benutzten die Juden häufig als Spielzeuge, zwangen sie, wie Zirkustiere Possen zu treiben, die die Juden entwürdigten und ihre Folterer amüsierten. Von ihrer Behandlung durch die Deutschen hätten die Juden in Anlehnung an Shakespeares König Lear sagen können: ›Was Fliegen für böswillige Knaben sind, das sind wir für die Deutschen, sie töten und quälen uns, um ihren Spaß zu haben.‹«[80]

[80] *D. Goldhagen,* Hitlers willige Vollstrecker. Ganz gewöhnliche Deutsche und der Holocaust, Berlin 1996, S. 453. Vgl. auch S. 443.455.

Rational scharf argumentiert »der Doktor« in Hochhuths Auschwitz-Akt vor allem in Sachen Theologie. Versteigt er sich dem Jesuitenpater gegenüber doch in die Rolle eines *Provokateurs Gottes.* Seine massenhaften Hinrichtungen verfolgten letztlich nur das eine Ziel, Gott zum Offenbarungsbeweis zu zwingen:

»Ich schicke seit Juli 42, seit 15 Monaten,
Werktag wie Sabbat, Menschen zu Gott.
Glauben Sie, er zeigte sich erkenntlich?
Er lenkt nicht einmal einen Blitz auf mich.
Verstehen Sie das? Sie *müssen* das doch wissen...
Kürzlich an *einem* Tag 9000 Menschen.
(...) Der Märtyrer will lieber sterben als überlegen,
wahrhaftig, Valéry hat recht, der Engel,
sagte er — mag sein, daß Sie ein Engel sind —,
(lachend) unterscheidet sich von mir, vom Teufel,
nur durch die Überlegung, die ihm noch bevorsteht.
Dieser Überlegung setze ich Sie aus
wie einen Schwimmer dem Ozean.
(...) Geschichte! *Die* Theodizee — wirklich?
(er lacht wie ein Folterknecht.)
Geschichte: Staub und Altäre, Jammer und Notzucht.
Und jeder Ruhm ein Spott auf seine Opfer.
Wahrhaftig: Schöpfer, Schöpfung und Geschöpf
sind widerlegt durch Auschwitz.«[81]

Warum der Teufel lacht

Schon in diesem kurzen Textausschnitt ist auffällig oft vom Lachen des Doktors die Rede. Und wenn es den Teufel gibt, dann dürfte er in der Tat im *Lachen* dieses Henkers sein Erkennungsmerkmal haben. Es ist eine ganz besondere Art des Lachens: ein Gemisch aus Gefühlskälte und Lust; aus zynischer Rücksichtslosigkeit und Spaß; aus Terror über die Opfer und gleichzeitigem Genuß dieses Schreckens. Im Lachen dieses Teufels wird das sprichwörtliche Gelächter der Hölle hörbar. Denn die Hölle

[81] *R. Hochhuth,* Der Stellvertreter. Ein christliches Trauerspiel (1963), Hamburg 1967, S. 197f. (Taschenbuch-Ausgabe).

lacht ja bekanntlich über alle Versuche des Menschen, das Gute durchzusetzen — lacht ob der Vergeblichkeit und der Selbsttäuschung. Die Hölle lacht, weil der Mensch als betrogener Narr immer noch nicht weiß, daß alles doch letztlich dazu bestimmt ist, in sich zusammenzufallen, buchstäblich zum Teufel zu gehen. Die Hölle lacht, weil — wie schon Goethes Mephistopheles es unnachahmlich formulierte:

> »Alles, was entsteht, ist wert, daß es zugrunde geht.
> Drum besser wärs, daß nichts enstünde.«

Deshalb schüttet dieser »Teufel« seinen ganzen Hohn über einen Papst aus, der allen Ernstes meint, mit politischem Abwägen im Stile klassischer Diplomatie der größten Ausgeburt der Hölle, dem judenvernichtenden Hitler-Faschismus, beikommen zu können. Das Gelächter des Doktors erschallt denn auch an keiner Stelle irrwitziger als an der, wo er sich wundert, warum der Stellvertreter Christi schweigt, statt ein Zeichen des Protestes oder der Hingabe zu setzen, ein Zeichen, das ihn zu einem Stellvertreter in der Kreuzesnachfolge gemacht hätte:

> »Ja — aber der Stellvertreter Christi
> muß *reden!* Warum schweigt er?
> *(eifrig:)* Was Sie noch gar nicht wissen werden:
> Vorige Woche fielen zwei, drei Fliegerbomben,
> die niemanden getötet haben, in die Gärten
> des Vatikans: Das ist seit Tagen die
> Riesensensation der Welt!
> Die USA, die Briten und die Deutschen,
> alle bemühen sich zu beweisen,
> daß sie es nicht gewesen sein *können.*
> Da sieht man's wieder: Der Papst ist selbst
> den Ketzern heilig. Nutzen Sie das aus,
> fordern Sie ihn auf — was
> ist Ihnen? Setzen Sie sich
> *(er faßt Riccardo bei der Schulter. Riccardo ist auf die Bank gesunken)*
> Sie sind weißer als die Wand der Gaskammer.
>
> RICCARDO *(auf der Bank, mühsam):* Ich *habe* den Papst

schon um Protest gebeten, aber er macht Politik.
Mein Vater stand mir bei ... mein Vater.
DOKTOR *(mit Höllengelächter):* Politik! — Ja, *dazu* ist er da; der Pfingstredner!«[82]

Die provozierende Pointe dieser Szene lautet somit: Indem der Papst angesichts des durch den Faschismus betriebenen Krieges und der Judenvernichtung nicht mit ganzer moralischer Autorität protestiert und so sein eigenes Schicksal nicht zugunsten hundertausender fabrikmäßig vergaster Menschen buchstäblich in Kreuzesnachfolge in die Waagschale wirft, betreibt er ungewollt das Werk des Teufels. Ein Papst, der Politik macht, statt ein politisches Zeichen zu setzen, ist nur das Hohngelächter der Hölle wert.

Ja, das Hohngelächter dieses Teufels kann um so schriller klingen, als er durchschaut hat: Es ist die Kirche selber, die mit ihren Jenseits-Höllenbildern die Diesseits-Höllenerfahrungen vorbereitet hat. Der »Doktor« jedenfalls kann sich zynisch-belustigt seinem jesuitischen Gesprächspartner gegenüber darauf berufen, daß es schließlich Vertreter der Kirche gewesen seien, die all dies Satanische und Höllenhafte vorgemacht hätten:

»Erst Ihre Kirche hat gezeigt, daß man
die Menschen verheizen kann wie Koks.
Allein in Spanien habt ihr ohne Krematorien
dreihundertfünfzigtausend Menschen eingeäschert,
fast alle lebendig. *Dazu* braucht man —
den Beistand Christi.«[83]

Und als eines der Dokumente teuflischer Grausamkeiten in der Kirche zitiert der Doktor genüßlich aus dem Exerzitienbüchlein ausgerechnet des Gründers des Jesuitenordens, Ignatius von Loyola, das der Jesuit Riccardo bei sich zu tragen pflegt. In der fünften Übung seiner Exerzitien hatte denn auch Ignatius die »Besinnung über die Hölle« vorgeschrieben, das »innere Fühlen der Strafe«, die die Verdammten erlitten — zu dem Zweck, daß den Betrachter, wenn er schon die Liebe Gottes vergäße, wenig-

[82] *R. Hochhuth,* a. a. O., S. 203f.
[83] *R. Hochhuth,* a. a. O., S. 199.

stens die »Furcht vor der Strafe« dazu bringen möge, nicht in Sünde zu verfallen. Die Höllenphantasie des Ignatius von Loyola lautet denn auch:

> »Der erste Punkt wird sein: Sehen mit der Schau der Einbildung die großen Flammen, und die Seelen wie in brennenden Leibern.
> Der zweite: Hören mit den Ohren Weinen, Wehklagen, Geheul, Geschrei, Lästerungen gegen Christus Unseren Herrn, und gegen alle seine Heiligen.
> Der dritte: Riechen mit dem Geruch Rauch, Schwefel und Faulendes.
> Der vierte: Schmecken mit dem Geschmack bittere Dinge wie Tränen, Trübsal und den Wurm des Gewissens.
> Der Fünfte: Tasten mit dem Getast, wie die Feuergluten die Seelen erfassen und entzünden.«[84]

Triumphierend kann denn auch der Doktor seinem priesterlichen Gesprächspartner diese Sätze vor Augen halten:

> »Oho, der Ignatius von Loyola!
> Die Exerzitien — Krematoriumslektüre.
> Wurde ja immer gern an Scheiterhaufen vorgelesen.
> (...)
> Der Teufel auf dem Thron aus Feuer und Rauch lockt als
> Verführer — kennen wir, aha, hier: ›Ich schaue mit den
> Augen der Einbildungskraft die gewaltigen Feuergluten
> und die Seelen in *brennenden* Leibern eingeschlossen.
> Ich rieche mit dem Geruchssinn Rauch, Schwefel, Unrat
> und faulende Dinge.‹«[85]

Was bleibt nach so viel lustvoll ausgekosteter infernalischer Grausamkeit? Riccardo jedenfalls bleibt nur das Selbstopfer in Stellvertretung Christi, das dadurch erfolgt, daß er beim Versuch, den Doktor zu erschießen, von den SS-Schergen selber umgebracht wird. Vorher aber hatte er in einem Akt letzten

[84] *I. v. Loyola,* Die Exerzitien. Übertragen von H.U. v. Balthasar, Einsiedeln 1954, S. 26 (1. Woche, 5. Übung).
[85] *R. Hochhuth,* a.a.O., S. 223 (s. Anm. 81).

Aufbäumens dem Doktor entgegengeschrien — und hier spitzt sich die theologische Problematik in letzter Dichte zu:

»Ihre Fratze aus Trieb und Dreck und Idiotie...
fegt jeden Zweifel weg — jeden. Da es
den Teufel gibt, gibt es auch Gott. Sonst hätten *Sie* ja längst gesiegt.«[86]

Appell an das Mitleid

Dies ist nun seinerseits ein klassisches Zitat aus der »Summa contra gentiles« des Thomas von Aquin: »Si malum est, Deus est«, »Wenn es das Übel gibt, gibt es Gott«. Vielleicht ist dies in der Tat die letzte theologische Rückzugsmöglichkeit angesichts der Erfahrung des Höllenhaften und Teuflischen in dieser Welt: Der Glaube daran, daß es den Teufel nur deshalb geben kann, wenn und solange er von Gottes Substanz zehrt. Vielleicht ist dies die ultima ratio aller Theologie, die dem Teufel und seiner Macht Widerstand im Namen Gottes entgegenzusetzen sucht. Persönlich deutet Hochhuth — viele Jahre später — in dieselbe Richtung. 1991 konnte ich in Tübingen ein längeres Gespräch mit ihm führen und ihn direkt zum »Stellvertreter« befragen. Ich fragte ihn nicht nur, was die »religiöse Aussage« dieses Stückes sei (seine Antwort auf der Linie Schopenhauers: »Appell an das Mitleid«!), sondern auch, was er persönlich gegen den triumphierenden Satz des »Doktors« (»Schöpfer, Schöpfung und Geschöpf sind widerlegt durch Auschwitz«) tun würde. Hochhuths Antwort war eindeutig:

»Ich habe versucht, den Doktor, der ja ein Mengele-Typ war, so zu zeichnen, wie es Schopenhauer von einem Dramatiker verlangt. Schopenhauer hat ja in seiner Ästhetik geschrieben, nur die schlechten Dramatiker machten es so, daß sie den Teufel zeichneten und sich dann danebenstellten und mit dem Zeigefinger auf ihn wiesen. In Wahrheit muß man es so machen, daß jede Bühnenfigur ihr Recht hat, solange sie redet. Sie muß total von ihrem Standpunkt aus, der ganz falsch sein kann, überzeugen und zu überzeugen versuchen. Ich habe

86 *R. Hochhuth,* a. a. O., S. 202 (s. Anm. 81).

leider Gottes bei der Zeichnung des Doktors schlagendere Argumente gehabt als bei der Zeichnung des Riccardo. Der von Ihnen zitierte Satz ist nicht zufällig im Gedächtnis geblieben: eben weil er schlagend ist. Aber deshalb muß er nicht stimmen. Riccardo antwortet ihm dann: ›Da es den Teufel gibt, gibt es auch Gott, sonst hätten Ihresgleichen längst gesiegt.‹ Diese Hoffnung müssen wir uns erhalten, und es ist vielleicht gar keine Hoffnung, es ist vielleicht einfach eine Beobachtung, daß auch das Böseste eben das Tapferste als seinen Widerpart heraufzwingt.«[87]

Ich fand freilich bei genauerem Hinsehen, daß Hochhuths Auschwitz-Akt ästhetisch zu grell ist und auf grobe dramaturgische Effekte leider nicht verzichtet. Die Ästhetik des Horrors und des Teuflischen ist gerade in diesem Stück ungemein konventionell. Dafür spricht schon die stereotype Bezeichnung »der schöne Teufel« für den Doktor oder die durchgängige Bezeichnung von Auschwitz als »Unterwelt« mit dem »Widerschein eines mächtigen Feuers«. Stets leuchtet in diesem Akt ein Höllenfeuer, und die Opfer stöhnen, schreien, brüllen und toben. Außerdem suggeriert Hochhuth durch die so eindeutige, plakative Personalisierung des Bösen die Vorstellung, das Böse sei gewissermaßen »anschaulich«, sei »greifbar« und so be-greifbar. Man müsse nur versuchen, diesen »Teufeln« das Handwerk zu legen, und schon sei das Problem des Bösen aus der Welt. Das aber macht das merkwürdige Paradox von Hochhuths Teufels-Darstellung aus: Durch die direkte Personalisierung des Bösen leistet er ungewollt einer Banalisierung des Bösen Vorschub.

Hochhuths Drama wirft damit das grundsätzliche Problem auf, wie ein Schriftsteller heute »das« Böse, »den« Bösen darstellen kann, ohne es gleichzeitig ästhetisch zu banalisieren. Und es gibt nach meinen Erfahrungen nur zwei große Werke der Literatur, in denen dies gelungen zu sein scheint, gerade weil das Scheitern der Literatur vor dieser inkommensurablen Wirklichkeit mitreflektiert wird. Der eine Fall ist Alexander Solschenizyns

[87] *R. Hochhuth,* Der Mensch sollte so leben, als gäbe es Gott. Gespräch, in: K.-J. Kuschel, »Ich glaube nicht, daß ich Atheist bin«. Neue Gespräche über Religion und Literatur, München 1993, S. 168–193, Zitat S. 182.

Roman »Der erste Kreis der Hölle«, der andere ist Thomas Manns Roman »Doktor Faustus«. Beide Romane zeigen zugleich die Größe von Literatur, aber auch ihr Elend im Blick auf eine Wirklichkeit, deren auch sie nicht »habhaft« werden kann.

3. Die Hölle – erster Kreis: Alexander Solschenizyn

1968 erschien Alexander Solschenizyns Roman »Der erste Kreis der Hölle«, und war sofort in aller Literaten Munde. Ich hatte schon mit großer Spannung die Erzählung »Ein Tag im Leben des Ivan Denissowitsch« gelesen, eine erste literarische Aufarbeitung des Stalinismus und seines KZ-Systems (von Solschenizyn später »Archipel Gulag« genannt). Ich machte mich sofort an die Lektüre dieses neuen Romans. Er paßte mit seinem Thema so gar nicht in das Klima unserer damaligen Studentenbewegung, welche die politische und sexuelle Befreiung auf ihre Fahnen geschrieben hatte, Träume von einer besseren Gesellschaft, Träume im Geiste des neomarxistischen Utopismus. Er lag deshalb quer, weil er nicht in das damals von »uns« stillschweigend vorausgesetzte Menschenbild paßte, daß Menschen nämlich erziehbar, verbesserbar seien, wenn nur die gesellschaftlichen Strukturen geändert würden. Solschenizyn zeigte genau das Gegenteil: Menschen sind fähig, anderen die Hölle auf Erden zu bereiten und genau dazu den Sozialismus zu mißbrauchen.

Menschen in der Hölle – ahnungslos

Erst später begriff ich, worin das literarisch Einzigartige in diesem Buch besteht. Es ist seine unprätentiöse Form, die sich jeder Anknüpfung an eine traditionelle Ästhetik des Horrors versagt. Das Infernalische wird hier gerade nicht wie bei Hochhuth mit grellen Effekten gezeigt, sondern besteht in seiner unheimlich-unsichtbaren Anwesenheit. Worum geht es? Der Roman erzählt die Geschichte von Häftlingen im Lager Mawrino in der Nähe von Moskau. Hier ist eine technische und intellektuelle Elite zusammengezwungen, mit nichts anderem beschäftigt, als Überwachungsmethoden zu verfeinern. Einerseits sollen Verzerrungsapparate konstruiert werden, die der Kremlspitze unabhörbare Telefonate erlauben, andererseits Entschlüsselungsapparate, die dem Geheimdienst ermöglichen, abgehörte Telefonate zu identifizieren. So entsteht buchstäblich ein »Höllen«-, ein in sich geschlossener »Teufels«-Kreis: Häftlinge werden abgerichtet, Apparate zu konstruieren, die neue Häftlinge erbringen werden. Und die äußere Handlung des Romans wird denn auch genau durch eine solche Kreisbewegung bestimmt: Ein für die Zukunft vielversprechender junger Karrierediplomat namens Wolodin hatte den Fehler begangen, einen Bekannten telefonisch wegen verbotener Auslandskontakte zu warnen. Dieses Telefonat war abgehört worden, und der Geheimdienst fand heraus, wer der Sprecher war. Wolodin, enttarnt durch Produkte von Mawrino, wird zu einem neuen Häftling in Mawrino. So schließt sich der erste Kreis der Hölle.

Das Unheimliche besteht freilich darin, daß die Übergänge von der Außenwelt in den ersten Kreis, aber auch die Übergänge in die verschiedenen weiteren Stufen der Hölle fließend sind. Wo diese Hölle anfängt oder aufhört, ist nicht mehr auszumachen. Selbst die Außenwelt wird zur Vor-Hölle. Dies ist — in Anknüpfung und Widerspruch — gerade der Unterschied zu Dante, auf dessen »Divina commedia« (entstanden um 1307–1321) Solschenizyn mit seinem Titel anspielt. Denn Dante hatte ja noch beansprucht, die Hölle in neun Kreisen präzise visualisieren zu können. Sie sind für ihn abgestuft je nach dem Schuldgrad der Delinquenten. Im ersten Kreis der Hölle sitzen etwa die gerechten Heiden und ungetauften Kinder. Man trifft hier beispielsweise auf Homer, Plato und Cicero. Den letzten, neunten Kreis, das Zentrum der Hölle, bildet der dreiköpfige Luzifer als fratzenhaftes Gegenstück zur Trinität, in seinen Mäulern die drei Erzverräter der Weltgeschichte: Judas, Brutus und Cassius...

Nichts davon bei Alexander Solschenizyn. Bei ihm ist die Hölle nur angedeutet, nur in ihrem ersten Kreis sichtbar. Doch schon hier besteht deren Infernalität in der subtilen Austauschbarkeit von Tätern und Opfern. Alle sind sie Gefangene dieser Welt, die Häftlinge genauso wie die Wärter, die Schergen des Geheimdienstes ebenso wie die Verhörten und Geschlagenen. Alle gehören sie zu den Geblendeten und Verblendeten. Die Wirksamkeit der Hölle besteht gerade darin, daß alle sie verdrängen, niemand über sie spricht und niemand sie begreift. Eine Unterwelt *in* der Oberwelt, ein Jenseits *im* Diesseits, eine unsichtbare Welt *in* der sichtbaren.

Ausdruck dieser Verblendung ist die Tatsache, daß sich viele der Gefangenen *Selbsttäuschungen* hingeben. Sie haben sich an das Leben im »Ersten Kreis« bereits gewöhnt, genießen sie doch gerade als Technikspezialisten hohe Privilegien. Sie haben bereits verdrängt, daß dies die »Hölle« ist. »Vielleicht ist das alles ein Traum? Ich glaube — ich bin im Paradies!«, sagt denn auch einer der Gefangenen und bekommt von einem anderen zur Antwort:

> »Nein, verehrter Freund, Sie sind nach wie vor in der Hölle, aber Sie sind aufgestiegen in ihren höchsten, vornehmsten Kreis — in den ersten. Sie fragen, was das ist — Scharaschka? Scharaschka ist, wenn Sie so wollen, ein Einfall von Dante. Er hat sich den Kopf zerbrochen — wohin mit den antiken Weisen? Als Christ war er verpflichtet, diese Helden in die Hölle zu schicken. Aber als Sohn der Renaissance brachte er es nicht übers Herz, die erleuchteten Männer den anderen Sündern gleichzusetzen und zu physischen Qualen zu verdammen. Und da wies er ihnen in der Hölle einen besonderen Platz zu.«[88]

Gleichfalls der Selbsttäuschung unterliegen all diejenigen, die nicht sehen können oder wollen, was in diesem System totalitärer Diktatur wirklich vor sich geht. Das Ende des Romans ist ein satirischer Seitenhieb auf die westliche Presse. Gefangene werden vom ersten Kreis der Hölle in weitere Kreise abtransportiert; auf sie »wartete nur das Allerschlimmste«. Sie werden abtransportiert mit einem Wagen, auf den die Worte »Mjasso — Viande — Fleisch — Meat« geschrieben sind. Unterwegs passiert der Wagen einen westlichen Korrespondenten:

88 *A. Solschenizyn,* Im ersten Kreis. Vollständige Ausgabe der wiederhergestellten Urfassung des Romans »Der erste Kreis der Hölle«, Frankfurt/M. 1985, S. 24.

»Der Korrespondent las auf dem Lieferwagen: Fleisch — Meat. Da fiel ihm ein, daß er heute in verschiedenen Stadtvierteln Moskaus solche Wagen gesehen hatte. Er zog seinen Block hervor und notierte mit dem bordeauxroten Füllhalter: ›In den Straßen Moskaus sieht man immer wieder Lieferwagen mit Lebensmitteln, die einen sehr sauberen und hygienisch einwandfreien Eindruck machen. Die Versorgung der Hauptstadt kann nur als hervorragend bezeichnet werden.‹«[89]

Die entsetzliche Banalität des Bösen

Ein motivgeschichtlicher Vergleich zeigte mir:[90] Keiner der großen Autoren hat dem Thema Hölle diese Unheimlichkeit verschafft, gerade weil dieser Roman auf alle Effekte des Unheimlichen verzichtet. Keiner der bisherigen literarischen Höllen-Texte hat nach meiner Kenntnis so luzide die Infernalität menschlichen Verhaltens beschrieben, gerade weil Solschenizyn nicht Teufel in Menschengestalten schildert, sondern die Banalität des Bösen in all den Wächtern, Verwaltern, Eintreibern und Vollziehern, deren Niveau spießiger Banalität kaum noch zu unterbieten ist. Keiner der großen Autoren hat auf so schonungslose Weise die Hölle erfahren lassen als eine Kunst-Wirklichkeit staatlich verordneter Lüge, totalitärer Bespitzelung, organisierter Falschmünzerei und kollektiver Verblendung wie der in Sachen Lagerhaft erfahrene Alexander Solschenizyn, ohne je auf die Requisiten des Schauer- und Horrorgenres zurückgegriffen zu haben. Er brauchte in der Tat — wie der Literaturkritiker Karl Korn einmal feststellte — »keine literarisch-artifiziellen Mittel, weil die banalste Realität ihre Dämonie in sich hat oder weil Solschenizyn sie aus dem Realen zu entbinden oder in die Dimensionen des makaber Philosophischen zu übersetzen versteht«.[91] Mawrino — es ist die Allegorie der Hölle im Zeichen des Stalinismus.

89 *A. Solschenizyn,* a. a. O., S. 782.

90 Vgl. dazu *K.-J. Kuschel,* Die Erfahrung des Höllischen und Teuflischen in der Literatur des 20. Jahrhunderts, in: A. Biesinger — M. Kessler (Hrsg.), Himmel — Hölle — Fegefeuer, Tübingen-Basel 1996, S. 31–54.

91 *K. Korn,* Mawrino. Allegorie der Hölle, in: Frankfurter Allgemeine Zeitung vom 21. September 1968.

Solschenizyns Roman machte mir klar: Wenn es die Hölle gibt, dann ist sie der Zustand totalitärer Unterdrückung, den Menschen als Glückszustand bejahen müssen. Dann ist sie die Reduzierung des Menschen auf ein Stück Fleisch, welche die Betroffenen selbst als Weisheit ihrer Staatslenker auszugeben haben. Dann ist sie diejenige Form terroristischer Entmenschlichung, die man als Staatssozialismus offiziell zu preisen hat. Dann ist sie der bürokratische Verwaltung gewordene Wahnsinn; dann ist sie die irrwitzig gewordene totalitäre Rationalität; dann ist sie die bis ins letzte durchgeplante und gesetzlich abgesicherte Anarchie...

Dem Bösen widerstehen

Gerade Solschenizyns Roman-Gigant aber wirft erst recht die Frage auf: Ist das Böse zu verstehen? Was ist sein Wesen? Warum existiert es? Die Wirkungen des Bösen und dessen Unheimlichkeit beschreiben ist das eine, es verstehen das andere. Gewiß: Solschenizyn schrieb seine Romane mit einem *Ethos des Widerstands.* Die Höllen des Stalinismus werden erinnert, um dem Bösen — wenigstens im Nachhinein — Widerstand entgegensetzen zu können. Gerade im Fall von Solschenizyn gilt: Literatur hat ihr Recht auch darin, daß sie den Opfern des Bösen ihre Würde wiedergibt und die Höllenhenker der Namenlosigkeit entreißt. Literatur verschreibt sich der Erinnerungsarbeit, damit die Gerechtigkeit nicht im Zynismus der Täter untergehe. Hier liegt der entscheidende Grund, warum dieser Autor gigantische Erinnerungskathedralen in die Literaturlandschaft des 20. Jahrhunderts gebaut hat: Die Henker dürfen nicht entkommen; die Opfer dieser Höllen nicht ungesühnt bleiben; der Wahrheit muß gegen den satanischen Staat die Ehre gegeben werden.

Deshalb war und ist Solschenizyn kein (im westlichen intellektuellen Sinne) Glaubenssucher, kein Glaubenszweifler, sondern (mehr in der klassischen Tradition russischer Orthodoxie) ein Glaubenszeuge, ein Glaubensbewahrer. Der russische Literaturwissenschaftler *Igor Winogradow* hat deshalb zu Recht die Quintessenz des »Moralismus« von Solschenizyn wie folgt beschrieben:

»Die zentrale geistige Situation im Schaffen Solschenizyns ist nicht Glaubenssuche, nicht Ringen um Glauben, sondern Leben im Glauben. Auch Solschenizyn hat, wie wir wissen, eine ›Wandlung seiner Überzeugungen‹ durchgemacht, ist im Lager und in der Verbannung vom Atheisten und Marxisten zum tiefreligiösen Christen geworden. In seinen Büchern allerdings finden wir höchstens ein leises Echo auf diesen Prozeß: Dort zeigt er uns eine Welt, in der die Offenbarung bereits geschehen, die Wahl getroffen und der Glaube errungen ist. Dort heißt es vielmehr, auszuharren in diesem Glauben. Auszuharren, weil er am Rande des menschlichen Daseins errungen ist. Aber dem Glauben treu bleiben muß man in einem Staat des absoluten, alles durchdringenden Bösen, wo das Leben im Glauben unweigerlich Taten verlangt, nämlich den Kampf auf Leben und Tod mit diesem Bösen... Daher ist es auch gerade die Lüge, die Solschenizyns Hauptfeind wird, gegen den er all seinen menschlichen und künstlerischen Mut zusammennehmen muß; denn die Lüge als giftiger Stachel, als üble Maske des Bösen, ist auch die wirkungsvollste Waffe jenes ›satanischen Staats‹, in dem Solschenizyn den ›irdischen Repräsentanten des Vaters des Bösen‹ sieht.«[92]

Es ist also gerade nicht die Lust am Grauen, das Auskosten des Schreckens, das die Höllenvisionen in großer Literatur motiviert. Daß Teufel unter uns leben, die Hölle Menschenwerk ist — das gestaltet die ernsthafte Literatur nicht im Stile nervenkitzelnder Schauerpoesie oder sensationalistisch aufgemachter Horrorphantastik, sondern als moralische Grundfrage nach dem Zustand unserer Welt, nach der Abgründigkeit des Menschen, ja nach dem Sinn von Gottes Schöpfungsordnung überhaupt. Schon die große Literatur ist eine ästhetische Kritik an jeder billigen Ästhetisierung des Horrors, die nur dem Nervenkitzel gilt, die Sensationsgier befriedigt und Ängste kommerziell ausbeutet. Große Literatur aber ist das Gericht über die Massenprodukte widerlicher Kommerzialisierung des Horrors. Das Böse ist nicht

[92] *I. Winogradow*, Solschenizyn. Die Paradoxien seines Moralismus, in: Frankfurter Allgemeine Zeitung vom 12. Mai 1990.

ästhetisch zu genießen, sondern im Akt des schonungslosen Zeigens zu bannen und zu überwinden.

Doch noch einmal: Wie das Böse verstehen? Auch der Hinweis auf die Tatsache, daß ein Mann wie Solschenizyn ganz persönlich von einem christlichen Ethos durchdrungen ist, schafft das Problem nicht aus der Welt, warum es das Böse geben muß. Es wirft diese Frage erst recht auf, auch an einen »tiefreligiösen Christen« wie Solschenizyn. Denn ist nicht gerade die Existenz des Bösen die schlechthinnige Infragestellung jedes »Lebens im Glauben«? Kann hier die »Glaubenssuche«, das »Ringen um den Glauben« jemals zu Ende kommen? Ist nicht gerade die Existenz des Bösen die abgründigste Anfechtung des Glaubens? Hat nicht *Theodor W. Adorno* in einem der philosophischen Schlüsselwerke dieses Jahrhunderts mit dem programmatischen Titel »Negative Dialektik« (1966) gerade unter Bezugnahme auf Auschwitz gültig formuliert:

> »Das Erdbeben von Lissabon reichte hin, Voltaire von der Leibniz'schen Theodizee zu kurieren, und die überschaubare Katastrophe der ersten Natur war unbeträchtlich, verglichen mit der zweiten, gesellschaftlichen, die der menschlichen Imagination sich entzieht, indem sie die reale Hölle aus dem menschlich Bösen bereitete. Gelähmt ist die Fähigkeit zur Metaphysik, weil, was geschah, dem spekulativen metaphysischen Gedanken die Basis seiner Vereinbarkeit mit der Erfahrung zerschlug.«[93]

[93] *Th. W. Adorno,* Negative Dialektik, Frankfurt/M. 1966, S. 354 (stw 113). Ein ähnlicher Gedanke findet sich auch in Adornos moralphilosophischem Schlüsselwerk: Minima Moralia. Reflexionen aus dem beschädigten Leben, Frankfurt/M. 1951: »Aber mag es selbst schon immer so gewesen sein, obwohl doch weder Timur und Dschingis Khan noch die indische Kolonialverwaltung planmäßig Millionen von Menschen mit Gas die Lungen zerreißen ließen, dann offenbart doch die Ewigkeit des Entsetzens sich daran, daß jede seiner neuen Formen die ältere überbietet. Was überdauert, ist kein invariantes Quantum von Leid, sondern dessen Fortschritt zur Hölle: Das ist der Sinn jeder Rede vom Anwachsen der Antagonismen. Jeder andere ware harmlos und ginge in vermittelnde Phrasen über, den Verzicht auf den qualitativen Sprung. Wer die Todeslager als Betriebsunfall des zivilisatorischen Siegeszugs, das Martyrium der Juden als welthistorisch gleichgültig registriert, fällt nicht bloß hinter die dialektische Ansicht zurück, sondern verkehrte den Sinn der eigenen Politik: dem Äußersten Einhalt zu tun.« (S. 314)

Die reale Hölle aus dem menschlich Bösen — ist sie nicht in der Tat unvorstellbar, unbegreiflich? Und zerschlägt sie so nicht alle Rede von Glauben, Hoffnung, Gnade?

4. Trotzdem von Gnade reden? Thomas Mann

Diesen Fragen hat sich einer der größten Autoren der deutschsprachigen Literatur dieses Jahrhunderts gestellt: Thomas Mann. Ihm verdanken wir die bisher tiefste und umfassendste Auseinandersetzung mit dem Problem des Bösen in der Literatur, vor allem in seinem Roman »Doktor Faustus«. Und diesen Roman wird man nur begreifen, wenn man zunächst Thomas Manns Auseinandersetzung mit dem Faschismus zu verstehen sucht. Denn sie ist der Erfahrungsraum für das Nachdenken dieses Schriftstellers über Wesen und Wirkung des Bösen. Sehen wir uns dies genauer an.

Wider das schlechthin Teuflische

November 1938: Thomas Mann befindet sich bereis in seinem amerikanischen Exil und engagiert sich von Princeton aus für den Plan eines antifaschistischen politischen Manifestes, das durch hervorragende Vertreter der »ganzen moralischen und geistigen Welt« mitgetragen werden soll. Schon ist ein Entwurf dafür verfaßt, aber durch Schwierigkeiten sowohl in den Vereinigten Staaten wie später auch in Frankreich scheitert die vorgesehene Veröffentlichung. Der Text wird später von Thomas Mann für eigene Zwecke verwandt und trägt heute den Titel »An die gesittete Welt«.

Er verdient Aufmerksamkeit, weil Thomas Mann hier — nicht zum ersten Mal, wohl aber in einzigartig programmatischer Weise — eine bestimmte *Deutung des Faschismus* abgibt. Es fallen Worte wie »teuflische Lüge«, das »Teuflische«, »Feind der Menschheit«, »Widersacher«. Mit aller rhetorischen Leidenschaft, zu der er fähig ist, benutzt Thomas Mann exorzistische Sprache:

»Fürchtet euch nicht! Laßt euch nicht verschüchtern und verwirren von den Werbe-Lügen, die ihm bis heute geholfen haben, sein Spiel zu spielen, und die ihm, dank der Torheit Vieler und Mächtiger, noch eine Weile dabei helfen werden. Er spricht auch von ›Bolschewismus‹. Ihr hättet zu wählen, behauptet er, zwischen ihm und dem ›Bolschewismus‹; er sei das einzige Bollwerk gegen diesen, und hinter ihm müsse also alles sich bergen, ihm müsse die Welt zufallen, um nicht verschlungen zu werden von dem roten Gespenst. — Nun denn, wir wissen wohl, daß auch ihr, an die wir uns wenden, die Schwankenden, die Erschütterten, die vom Erfolg des Bösen Beeindruckten, mit halbem Herzen wenigstens an diese Lüge, die wirksamste Zwecklüge des Feindes der Menschheit glaubt. Wollt ihr die Wahrheit hören?«[94]

Deutlich wird, was Thomas Mann mit der Benutzung religiöser Sprache bezweckt: den Ernst der Situation einem Massenpublikum deutlich machen und die alle Nationen übergreifende Universalität des Anliegens betonen. Deshalb der scheinnaive Rückgriff auf den apokalyptischen Dualismus von Gut und Böse; deshalb der bewußt vereinfachende Dualismus von Wahrheit und Lüge, Gott und Satan. Deshalb die Entlarvungsrhetorik, die den Faschismus als »geistigen Kot«, als »Fratze«, als das »Teuflische«, das »Ur-Verbrechertum« und das »Verworfene« zu demaskieren sucht.

Diese Deutung des Faschismus mit »metaphysischen« Kategorien hält sich denn auch konstant in den zahlreichen politischen Stellungnahmen Thomas Manns durch. Von »teuflischer Lüge« ist öfter die Rede,[95] von »lachhaft infernalischer Verdrehung der Wahrheit«[96] und vom Widerstand gegen den »Satan«.[97] Ja, man

[94] *Th. Mann,* An die gesittete Welt (1938), in: E V, S. 28–35, Zitat S. 31f. (Die Essays von Th. Mann werden — wo immer möglich — nach der bestens edierten und mustergültig kommentierten Ausgabe von *H. Kurzke* u. *St. Stachorski* zitiert: E – Band – Seite, Frankfurt/M. 1993–1997.)

[95] *Th. Mann,* E V, S. 29.

[96] *Th. Mann,* Kultur und Politik (1939), in: ders., An die gesittete Welt. Politische Schriften und Reden im Exil, Frankfurt/M. 1986, S. 291–299, Zitat S. 297. Zitiert wird hier die »Frankfurter Ausgabe«, künftig abgekürzt zitiert mit: FA.

[97] *Th. Mann,* a. a. O., S. 299. Vgl. auch S. 324 (FA).

kann mit Beginn und Fortdauer des Zweiten Weltkrieges eine *Verschärfung der dualistischen und dämonologischen Rhetorik* bei Thomas Mann beobachten. Insbesondere im Jahr 1941, als der deutsche Kriegs-Expansionismus (nach der Unterwerfung Polens, Dänemarks, Norwegens, Hollands, Belgiens und Frankreichs sowie nach dem Überfall auf die Sowjetunion) seinen Höhepunkt erreicht, werden die Stellungnahmen des Autors radikaler. Was würde es für die Menschheit bedeuten — fragt er zum Beispiel seine damaligen Zuhörer an der University of Berkeley in Kalifornien —, wenn der Faschismus siegen würde? Seine Antwort:

> »Sie machen sich kein Bild davon, welche moralische Zerstörung es mit sich bringen würde, wenn die Welt gezwungen wäre, den endgültigen *Triumph des Bösen* in der Welt, den Triumph von Lüge und Gewalt, hinzunehmen. Erinnern Sie sich daran, welchen Eindruck ein bloßes Naturereignis, das große Erdbeben von Lissabon, im 18. Jahrhundert auf die Menschheit machte. Diese Natur-Katastrophe kostete den Herrgott viele Tausende von Gläubigen, denn begreiflicherweise sagten sich die Menschen, daß über einer Welt, in der etwas so Entsetzliches geschehen konnte, unmöglich ein allgütiger und allweiser Gott herrschen könne. Ich wage zu behaupten, daß diese antireligiöse Wirkung des Erdbebens von Lissabon ein Kinderspiel wäre im Vergleich mit der moralisch-zerstörenden Wirkung von Hitlers Endsieg.«[98]

Deshalb war Thomas Mann entschieden der Meinung: den »definitiven Triumph des schlechthin Bösen« dürfe sich die Menschheit nicht bieten lassen.[99] Es gäbe nun einmal »das Gute und das Böse in diesem Krieg« — und dies sage er »ohne Furcht vor dem Vorwurf der Schwarz-Weiß-Malerei und der moralischen Simplifikation«.[100] Ja, als Thomas Mann 1942 eine Ansprache an die

98 *Th. Mann,* Ansprache anläßlich der Aufnahme in den »Phi-Beta-Kappa«-Orden der Berkeley University (1941), in: a. a. O., S. 410–414, Zitat S. 414. Vgl. dort auch S. 492. 642. 643 (FA).

99 *Th. Mann,* Deutschland (1941), in: ders., An die gesittete Welt. Politische Schriften und Reden im Exil, Frankfurt/M. 1986, S. 426–436, Zitat S. 433 (FA).

100 *Th. Mann,* Lob Amerikas (1942), in: a. a. O., S. 458–461, Zitat S. 460 (FA).

Amerikaner deutscher Herkunft hält, bricht es noch einmal aus ihm heraus:

> »Es will etwas heißen, liebe Freunde, daß ich Deutschland verließ, daß ich dort nicht länger leben konnte. Einen Menschen meiner Art, einen unpolitischen Menschen im Grunde, hätte aus Deutschland nichts, kein Regierungswechsel, keine politische Veränderung, keine Revolution vertreiben können, — nichts in der Welt wäre dazu imstande gewesen als nur gerade dies Eine, nur das, was sich Nationalsozialismus nennt, einzig nur Hitler und seine Bande. Denn das ist keine Politik und kein Staat und keine Gesellschaftsform, das ist die Bosheit der Hölle, und der Krieg dagegen ist die heilige Notwehr der Menschheit gegen das schlechthin Teuflische.«[101]

Teuflische Lüge, infernalische Verdrehung der Wahrheit, Triumph des Bösen, Bosheit der Hölle, das schlechthin Teuflische, Teufelei des Bösen: Die Texte belegen auf eindrückliche Weise, wie sehr der Aufklärer und neuzeitliche Religionskritiker Thomas Mann sich plötzlich mit einer Wirklichkeit konfrontiert sieht, deren Existenz theologiegeschichtlich domestiziert oder religionskritisch wegerklärt zu sein pflegte: der Realität des Bösen. Die Rede vom Höllischen und Teuflischen ist nicht länger Reservat eines aufklärungsresistenten Hinterwäldlertums, sondern eine auch für kritische Intellektuelle geschichtlich unabweisbare Herausforderung.

Die Doppelfrage mußte deshalb einen Schriftsteller vom Format Thomas Manns umtreiben. Erstens: Warum gerät ausgerechnet das deutsche Volk in den Bannkreis des Bösen? Gibt es in der deutschen Tradition Anhaltspunkte für diese Anfälligkeit, kultur- und geistesgeschichtliche Gründe? Und zweitens: Was ist das »Wesen«, die »Natur« des Bösen? Wie läßt es sich literarisch »greifen«, gar be-greifen? Beide Fragen werden nun durch einen neuen großen Roman zu beantworten versucht. Und durch diese beiden Fragen ist der Roman »Doktor Faustus« nun auch zu einer unabweisbaren theologischen Herausforderung geworden. Er trägt den Untertitel »Das Leben des deutschen Tonsetzers

101 *Th. Mann,* Ansprache an die Amerikaner deutscher Herkunft (1942), in: a. a. O., S. 461–464, Zitat S. 464 (FA).

Adrian Leverkühn, erzählt von einem Freunde« und wurde im Zeitraum von Mai 1943 bis Januar 1947 geschrieben. Berichtet wird im Text von der Zeit der Jahrhundertwende bis zum Beginn der 40er Jahre, den prägenden Perioden deutscher Geschichte in diesem Jahrhundert also.

Deutschtum, Dämonie und Musik

Zum Verständnis der spezifisch deutschen Problematik des Romans genügt hier der Hinweis, daß Thomas Mann der Meinung war: Es gibt eine geheime Verbindung des deutschen Gemütes mit dem Dämonischen. Dies ist schon bei Luther eklatant, aber nicht weniger bei jenem Stoff, der der deutscheste aller historischen Stoffe wurde: bei der schon im Spätmittelalter populären Geschichte von einem Doktor namens Faust. In deren Zentrum steht ja ein Mensch, der sich aus vermessenem Erkenntnistrieb der Magie und dem Teufel verschrieb. In einem mitten in der Arbeit am Roman entstandenen Essay »Deutschland und die Deutschen« umschrieb Thomas Mann selber dies einmal so:

> »Wo der Hochmut des Intellektes sich mit seelischer Altertümlichkeit und Gebundenheit gattet, da ist der Teufel. Und der Teufel, Luthers Teufel, Faustens Teufel, will mir als eine sehr deutsche Figur erscheinen, das Bündnis mit ihm, die Teufelsverschreibung, um unter Drangabe des Seelenheils für eine Frist alle Schätze und Macht der Welt zu gewinnen, als etwas dem deutschen Wesen eigentümlich Naheliegendes. Ein einsamer Denker und Forscher, ein Theolog und Philosoph in seiner Klause, der aus Verlangen nach Weltgenuß und Weltherrschaft seine Seele dem Teufel verschreibt, — ist es nicht ganz der rechte Augenblick, Deutschland in diesem Bilde zu sehen, heute, wo Deutschland buchstäblich der Teufel holt?«[102]

Kein Zufall also, daß Thomas Mann in dieser Zeitstunde genau den Stoff noch einmal aufgreift, der so urdeutsch ist wie kein zweiter: die Geschichte eines Menschen, der aus den Abgründen

[102] *Th. Mann,* Deutschland und die Deutschen (1945), in: E V, S. 260–281, Zitat S. 264.

seiner Innerlichkeit heraus sich gegen alle Welt verschwört und den Teufel zum Bundesgenossen nimmt.

Nur eine Dimension fand Thomas Mann im Faust-Stoff nicht, die er ebenfalls für ganz entscheidend zum Verständnis der deutschen Dämonie hielt: die *Dimension der Musik.* Noch in derselben Rede »Deutschland und die Deutschen« weist Thomas Mann auf diesen angeblich »großen Fehler« der ursprünglichen Faust-Sage hin: daß Faust nicht mit der Musik in Verbindung gebracht sei. Eigentlich müßte dieser Faust musikalisch, müßte Musiker sein. Warum?

> »Die Musik ist dämonisches Gebiet — Sören Kierkegaard, ein großer Christ, hat das am überzeugendsten ausgeführt in seinem schmerzlich-enthusiastischen Aufsatz über Mozarts Don Juan. Sie ist christliche Kunst mit negativem Vorzeichen. Sie ist berechnetste Ordnung und chaosträchtige Wider-Vernunft zugleich, an beschwörenden, inkantativen Gesten reich, Zahlenzauber, die der Wirklichkeit fernste und zugleich die passionierteste der Künste, abstrakt und mystisch. Soll Faust der Repräsentant der deutschen Seele sein, so müßte er musikalisch sein; denn abstrakt und mystisch, i. e. musikalisch, ist das Verhältnis des Deutschen zur Welt, — das Verhältnis eines dämonisch angehauchten Professors, ungeschickt und dabei von dem hochmütigen Bewußtsein bestimmt, der Welt an ›Tiefe‹ überlegen zu sein.«[103]

Dabei war die Musik als Paradigma deutscher Existenz auch deshalb glücklich gewählt, weil diese zu Beginn des 20. Jahrhunderts stilgeschichtlich in eine schöpferische Krise epochalen Ausmaßes geraten war. Von Johann Sebastian Bach bis Anton Bruckner schienen alle musikalischen Stile durchprobiert, alle kompositorischen Möglichkeiten verbraucht, alle Formen zu Ende komponiert. Eine große Krise der Produktivität war ausgebrochen, die niemand unter den großen Musikern am Ende des 19. Jahrhunderts existentieller durchlebt hatte als *Gustav Mahler.*[104] Ein

[103] *Th. Mann,* E V, S. 265.

[104] Vgl. dazu: *M. Maar,* Der kalte Schatten großer Männer. Über den Teufel in Thomas Manns »Doktor Faustus«, in: Frankfurter Allgemeine Zeitung vom 13. Juni 1992.

Komponist somit, der sich nicht nur als Reproduzent von Traditionselementen begreifen wollte, war nahe daran, in Verzweiflung zu geraten. Seine Kreativität drohte steril zu werden. Thomas Mann bezeichnet denn auch genau dies als die Grundbedingung für die innere Dramatik seines Romans: die Erfahrung »der Sterilität«, die »eingeborene und zum Teufelspakt prädisponierende Verzweiflung« des Künstlers.[105] Denn erst diese Verzweiflung erklärt ja den Drang, mit Hilfe ausgerechnet des Teufels neue Produktivität zurückzugewinnen, erklärt den Entschluß zu einem eigentlichen Pakt mit dem Teufel.

Wer oder was aber ist »der Teufel«? Seltsam: Der Teufel erscheint als die begreiflichste und zugleich unbegreiflichste Figur des gesamten Romans. Thomas Mann verfällt gerade nicht in den Fehler plumper Personalisierung. Sein Teufel ist von Anfang an zwar präsent, ohne aber schon Gestalt anzunehmen. Der Autor betrachtet es denn auch als seine Aufgabe, »den von Anfang an Geahnten langsam Umrisse gewinnen, mehr und mehr Gestalt und Gegenwart annehmen zu lassen« — von den alchemistischen »Versuchen« schon des Vaters von Leverkühn angefangen über das Theologiestudium Leverkühns in Halle bis zur eigentlichen Erscheinung des Teufels vor Leverkühn im italienischen Städtchen Palestrina.[106] Ich kann all diese einzelnen Phasen hier nicht rekonstruieren, ich muß mich auf die entscheidende Szene beschränken, die bisher einzigartig in der deutschen Literatur des 20. Jahrhunderts dasteht.

Teufelspakt: Tod der Liebe, Ausbruch der Kälte

Es handelt sich um das nachmals berühmte Kapitel 25 von »Doktor Faustus«. Grundlage der Erzählung durch den Biographen Zeitblom sind die Aufzeichnungen Leverkühns von einem realen Dialog mit dem leibhaftigen Teufel. Ein Dialog mit dem Teufel? Schon Zeitblom zögert, die Wirklichkeit dieses Gespräches zu akzeptieren, weiß er doch, was das bedeuten würde: »Ich müßte wahnsinnig sein, es zu glauben«. Allein die Vorstellung »ent-

105 *Th. Mann*, Die Entstehung des Doktor Faustus (1949), in: ders., Doktor Faustus / Die Entstehung des Doktor Faustus, Frankfurt/M. 1981, S. 723.
106 *Th. Mann*, a. a. O., S. 727f.

setzt« ihn, der Teufel könne jemandem erscheinen, so daß er »nur konditionell und als Möglichkeit« dessen Realität überhaupt zugestehen will. Aber auch die andere Möglichkeit ist für Zeitblom »grausig zu denken«: daß nämlich das Gespräch mit dem Teufel »aus der eigenen Seele des Heimgesuchten« gekommen sei... Ob also objektive Realität oder subjektive Projektion, ob Metaphysik oder Psychologie — der Teufel ist in jedem Fall eine schreckenserregende Realität.

Wir erfahren: Während Leverkühn in seinem Zimmer in Palestrina Kierkegaards Schrift über Mozarts Don Juan liest, sitzt ihm plötzlich eine Gestalt gegenüber. Es ist kalt geworden im Raum. Und kaum wahrgenommen, beginnt der Gast ein witziges Spiel über die Frage von Realität oder Einbildung sowie geistreiche kulturgeschichtliche Überlegungen über seine Herkunft aus dem Altdeutschen: Kaisersaschern, Wittenberg, Wartburg, Leipzig. Dann aber kommt man rasch zur Sache, kommt zur Frage nach der Kunst und ihrer Zukunft. Das Thema Erschöpfung der Musik steht zur Debatte, und damit ist der entscheidende Anknüpfungspunkt für den Teufelspakt gegeben. Denn für das Versprechen, innerhalb der nächsten Jahre ihm zu genialen Kunstwerken zu verhelfen, schließt Leverkühn einen Pakt mit dem Teufel. Die Bedingung nimmt er dabei in Kauf:

> »Mein Bedingnis war klar und rechtschaffen, bestimmt vom legitimen Eifer der Hölle. Liebe ist dir verboten, insofern sie wärmt. Dein Leben soll kalt sein; darum darfst du keinen Menschen lieben.«[107]

Die Analogie Musiker — deutsches Schicksal im 20. Jahrhundert ist damit gezogen. Der Preis der Gewinnung neuer Genialität ist der Verlust der Liebe, die rücksichtslose Einsamkeit und völlig Beziehungskälte. Leverkühn ist damit endgültig zur Symbolfigur des deutschen Schicksals im Zeichen des Faschismus geworden: der auf höchste Leistung Gierige ist zugleich der Mensch mit der erkalteten Seele. Nur der Mensch mit der kalten Seele ist fähig, die Welt in eine Hölle zu verwandeln.

107 *Th. Mann,* Doktor Faustus, S. 332 (s. Anm. 105).

Was ist diese *Hölle?* Sie ist nach Auskunft des Thomas Mannschen Teufels die Wirklichkeit, für die keine Sprache mehr ausreicht, die nur noch in Symbolen andeutbar ist: »Keller«, »dicke Mauern«, »Lautlosigkeit«, »Vergessenheit«, »Rettungslosigkeit«. Jedes »Erbarmen, jede Gnade, jede Schonung, jede letzte Spur von Rücksicht« ist verschwunden:

> »Richtig ist, daß es in der Schalldichtigkeit recht laut, maßlos und bei weitem das Ohr überfüllend laut sein wird von Gilfen und Girren, Heulen, Stöhnen, Brüllen, Gurgeln, Kreischen, Zetern, Griesgramen, Betteln und Folterjubel, so daß keiner sein eigenes Singen vernehmen wird, weils in dem allgemeinen erstickt, dem dichten, dicken Höllengejauchz und Schandgetriller, entlockt von der ewigen Zufügung des Unglaublichen und Unverantwortlichen.
>
> Nicht zu vergessen das ungeheure Ächzen der Wollust, das sich hineinmischt, denn eine unendliche Qual, der kein Versagen des Erleidens, kein Kollaps, keine Ohnmacht als Grenze gesetzt ist, artet stattdessen in Schandvergnügen aus, weshalb solche, die einige intuitive Kunde haben, ja auch von der ›Wollust der Hölle‹ sprechen.
>
> Damit aber hängt das Element des Hohnes und der extremen Schmach zusammen, das sich mit der Marter verbindet; denn diese Höllenwonne kommt einer grunderbärmlichen Verhöhnung des maßlosen Erleidens gleich und ist von schnödem Fingergezeig und wieherndem Gelächter begleitet: daher die Lehre, daß die Verdammten zur Qual auch noch den Spott und die Schande haben, ja, daß die Hölle als eine ungeheuerliche Verbindung von völlig unerträglichem, dennoch aber ewig auszustehendem Leiden — und Verspottung zu definieren ist.
>
> Da werden sie ihre Zungen fressen für große Schmerzen, bilden darum aber keine Gemeinschaft, sondern sind untereinander voller Hohn und Verachtung und rufen einander beim Trillern und Ächzen die schmutzigsten Schimpfworte zu, wobei die Feinsten und Stolzesten, die nie ein gemeines Wort über ihre Lippen ließen, gezwungen sind, die allerschmutzigsten zu gebrauchen. Ein Teil ihrer Qual und

Schandlust besteht darin, über die äußerst schmutzigsten nachzudenken.«[108]

Das alles erinnert an die Terrorwelten von Faschismus und Stalinismus, ja die beschriebenen Keller an die Folterkammern, wie sie die Höllensöhne Himmler und Berija betrieben...

Abgeschieden von der Gesellschaft, entstehen in den nächsten Jahren nun tatsächlich große musikalische Werke Leverkühns, die ihren Höhepunkt in der symphonischen Kantate »Doktor Fausti Weheklag« finden. Dieses Stück aber ist schon das Werk eines völlig Verzweifelten, der rettungsloser Verdammnis entgegenzugehen scheint. Ein »Monsterwerk der Klage«, dessen Entstehung mitgeprägt ist durch den qualvollen Tod des von Leverkühn geliebten, fünfjährigen Neffen Nepomuk. Dann kommt das Ende. An diesem Ende versammelt Leverkühn wie einstmals Doktor Faust seine wenigen Bekannten um sich, um vor ihnen seine Lebensbeichte abzulegen und aus dem letzten Werk vorzuspielen. Dabei bricht er zusammen:

> »Wir sahen Tränen seine Wangen hinunterrinnen und auf die Tasten fallen, die er, naß wie sie waren, in stark dissonantem Akkorde anschlug... Er breitete, über das Instrument gebeugt, die Arme aus, als wollte er es damit umfangen, und fiel plötzlich, wie gestoßen, seitlich vom Sessel hinab zu Boden.«[109]

Adrian Leverkühn erleidet einen paralytischen Schock, seine Zeit ist abgelaufen. Nach jahrelangem Leiden stirbt er 1940, Nietzsche gleich, in geistiger Umnachtung und syphilitischer Zerrüttung des eigenen Körpers...

Man muß sich diese Geschichte vom Teufelspakt und seinen zeitgenössischen Hintergrund zunächst klargemacht haben, um der Grundaussage des Romans ansichtig zu werden. Denn nach all dem stellt sich die Frage nun mit fast logischem Zwang: Worauf soll in diesem Roman konzeptionell alles hinauslaufen? Auf Selbstpreisgabe an das Böse? Und damit auf Hoffnungslosigkeit,

108 *Th. Mann,* a. a. O., S. 327f (die Absätze wurden von mir aus graphischen Gründen hinzugefügt).

109 *Th. Mann,* a. a. O., S. 667.

Wahnsinn, Verfall? Hat Thomas Mann diesen Roman vom Untergang seines Helden also geschrieben, weil er von der alles durchdringenden und alles bezwingenden Macht des Bösen überzeugt war? Scheitert der Held des Romans schließlich, weil Menschen dem Bösen nun einmal verfallen — unaufhaltsam, unabweisbar, und weil man vor dem Bösen nur scheitern kann?

Der Selbstdenker als Selbsthenker

Auf diese Idee könnte man kommen, wenn man sich streng an die Perspektive Leverkühns in diesem Roman hält. Denn dessen letzte Komposition, gedacht — wie wir hörten — als ein »Monsterwerk der Klage«, als ein »›riesenhaftes‹ Lamento«, will ja nichts anderes sein als eine Zusammenfassung alles dessen an Anklage und Trauer, wozu der Mensch fähig ist. Buchstäblich bis zu seiner letzten Note sollte diese Komposition denn auch »keinen anderen Trost« bieten als den, »der im Ausdruck selbst und im Lautwerden — also darin liegt, daß der Kreatur für ihr Weh überhaupt eine Stimme« gegeben sei. Keine Vertröstung also, keine Versöhnung und keine Verklärung. Die Symphonie des Adrian Leverkühn — sie ist aus der Perspektive des Komponisten gedacht als Gegenstück, ja als eine Zurücknahme von Beethovens Neunter Symphonie, die immerhin noch mit einem »Lied an die Freude« enden konnte.[110] Das ist jetzt vorbei: Angesichts der persönlichen und politischen Situation gilt es jetzt in der Kunst das Ende des Guten, des Edlen und Humanen anzuzeigen. Und dieses Ende einer Epoche ist zugleich auch das Ende des Künstlers, der in einem Selbstopfer die Schuld der Zeit auf den eigenen Hals nimmt — und, Nietzsche gleich, in die Nacht des Wahnsinns eingeht. Was also?

Doch seltsam: Schon Leverkühn selbst befiehlt sich am Ende seiner eigenen Geschichte der *Gnade Gottes* an. Gewiß: Bis in die Sprache hinein seinen spätmittelalterlichen Helden kopierend (was schon sprachlich seinen beginnenden Verfall eindrücklich signalisiert), offenbart Adrian seinen versammelten Freunden zunächst, daß er einen Teufelspakt geschlossen und daß damit alles,

110 Vgl. *Th. Mann,* a. a. O., S. 634.

was er an Kompositionen zustande gebracht habe, als Werk des Teufels anzusehen sei. Zugleich aber bittet Leverkühn um Verständnis für seine Lage: daß die Kunst zu schwer geworden sei und deshalb »Gottes armer Mensch nicht mehr aus und ein« wisse »in seiner Not«. Das aber sei die »Schuld der Zeit«, und lade einer den Teufel zu Gast, um darüber hinweg und zum Durchbruch zu kommen, nehme er »die Schuld der Zeit auf den eigenen Hals«, auf daß er »verdammt« würde.[111] Vielleicht sei es ja deshalb nicht auszuschließen, daß ihm die Verdammnis doch erspart bleibe? Leverkühn wörtlich in altdeutscher Sprachverzerrung:

> »So hat der Böse seinen Worten Kraft geben in Treuen durch vierundzwanzig Jahr, und ist alles fertig bis aufs Letzt, unter Mord und Unzucht hab ich's vollendet, und vielleicht kann gut sein aus Gnade, was in Schlechtigkeit geschaffen wurde, ich weiß es nicht. Vielleicht auch siehet Gott an, daß ich das Schwere gesucht und mir's habe sauer werden lassen, vielleicht wird mir's angerechnet und zugute gehalten sein, daß ich mich so befleißigt und alles zähe fertig gemacht, — ich kann's nicht sagen und habe nicht den Mut, darauf zu hoffen.«[112]

Adrian Leverkühns Verhältnis zu Gott also steht im Zeichen des »Vielleicht«, des »Weiß es nicht«, des »Nicht den Mut zu hoffen«. Warum aber hat Leverkühn diesen Mut nicht? Weil — so erfahren wir — seine Sünde noch über den Teufelspakt hinausgeht. Hochreflektierender Kopf, der er ist, hatte Leverkühn nämlich schon *mit Gottes Gnade spekuliert.* Als Extheologe kennt er die Spitzenaussagen der Gnadenlehre: Wo die Sünde am größten, ist die Gnade am stärksten. Dieses Sünde-Gnade-Verhältnis durchschauend, hatte Leverkühn in seiner Verworfenheit bereits mit Gott kalkuliert. Er hatte sich an der Idee berauscht, daß seine höchste Sünde auch die höchste Gnade nach sich ziehen müsse, und daß man, je verworfener man sei, um so mehr Gott zu einer Gnadenaktivität müsse reizen können. Doch zugleich

111 *Th. Mann,* a. a. O., S. 662 (s. Anm. 105).
112 *Th. Mann,* a. a. O., S. 665f.

ist Leverkühn fähig, diesen spekulativen und provokativen Intellektualismus zu verachten, was sein Schuldbewußtsein und seine Selbstverdammung nur noch um so abgründiger macht. Der *Selbstdenker wird* hier *zum Selbsthenker:*

> »Meine Sünde ist größer, denn daß sie mir könnte verziehen werden, und ich habe sie auf Höhest getrieben dadurch, daß mein Kopf spekulierte, der zerknirschte Unglaube an die Möglichkeit der Gnade und Verzeihung möchte das Allerreizendste sein für die ewige Güte, wo ich doch einsehe, daß solche freche Berechnung das Erbarmen vollends unmöglich macht. Darauf aber fußend, ging ich weiter im Spekulieren und rechnete aus, daß diese letzte Verworfenheit der äußerste Ansporn sein müsse für die Güte, ihre Unendlichkeit zu beweisen. Und so immer fort, also, daß ich einen verruchten Wettstreit trieb mit der Güte droben, was unausschöpflicher sei, sie oder mein Spekulieren, — da seht ihr, daß ich verdammt bin, und ist kein Erbarmen für mich, weil ich ein jedes im voraus zerstöre durch Spekulation.«[113]

Man muß freilich die raffinierten Brechungen dieser Selbstaussagen Leverkühns verstehen, um sie für die Grundaussage des Romans nicht fälschlich zu vereinnahmen. Hier spricht nicht der sattsam bekannte »zerknirschte Sünder«. Hier läßt der Autor vielmehr einen Menschen sprechen, von dem man nicht weiß, ob er seiner Sinne noch mächtig oder schon dem Wahnsinn verfallen ist. Hier tritt ein Rollenspieler auf, bei dem man nicht erkennt, ob er Faust ist oder Faust nur inszeniert. Hier spricht ein hochkomplexer Intellektueller, bei dem man nicht sicher ist, ob er sich wirklich einer Sünde bewußt ist oder ob er nur die Pose der Selbstzerknirschung genießt. Niemand kann letztlich beurteilen, ob Leverkühn ein Gnadendürstiger oder nur ein Gnadenspieler ist, auch sein Biograph nicht. Und vom Text selbst her ist diese zweite Möglichkeit nicht auszuschließen. Das Böse scheint endgültig zu triumphieren.

Das Auffällige freilich an diesem Roman ist: Sucht man nach klaren Antworten, wie denn das »Wesen«, die »Natur« des Bösen

[113] *Th. Mann,* a. a. O., S. 666.

zu bestimmen sei, bleibt der Roman seltsam vage. Nur eines ist ihm sicher zu entnehmen: Das Böse ist eine Realität, die aber weder intellektuell greifbar noch literarisch zu bewältigen ist. Durchgängig ist nur die Kälte und die scharf-analytische Intellektualität des Teufels. Sie scheinen Ausdrucksformen des Bösen. Aber dessen »Wesen« ist damit nicht erfaßt, noch nicht einmal seine ganze Gestalt. Die Paradoxie des 25. Kapitels besteht ja gerade darin, daß der Böse zwar leibhaftig erscheinen kann, ohne daß dadurch aber das Böse greifbarer und verstehbarer würde.

Wir haben hier die auch theologisch bemerkenswerte Tatsache vor uns: Der Faustus-Roman ist ein künstlerischer Versuch der Beschreibung der verschiedenen Gestalten des Bösen, der am Ende aber an dessen endgültiger Erklärung scheitert. Das Böse bleibt unfaßbar, und Thomas Mann zeigt im Spiegel der Kunst, daß Menschen nicht mehr fähig sind, angesichts dieser Wirklichkeit letzte Sinnstrukturen aufzudecken. Deshalb ist der Roman schon formal im Gestus der Selbstzurücknahme und Selbstrelativierung geschrieben. Ständig hören wir Klagen über das Unzureichende des Projekts, über die Unfähigkeit, ein solches Geschehen erzählerisch noch zu »begreifen«. Daraus ist nur der eine Schluß zu ziehen: Es gibt einen Zusammenhang zwischen dem formalen Scheitern des Romans als Erzählwerk und der Unfähigkeit, das Böse in seiner Wirklichkeit zu erfassen oder gar zu begreifen.

Größe und Grenzen des Romans werden auf diese Weise sichtbar. Dessen Größe liegt in der Thematisierung des Problems des Bösen im Raum der Kunst; aber diese Thematisierung zeigt zugleich die einem solchen Projekt immanenten Grenzen. Was das »Teuflische« und »Höllische« eigentlich ist — das kann auch dieser Roman nicht erklären. Selbst wenn man das Böse fröhlich bekämpft — seine Quelle hat man damit noch nicht freigelegt; auch wenn man das Böse zum notwendigen Teil der Schöpfungsordnung erklärt, so bleibt sein Wesen rätselhaft.[114] Indem der

[114] Diese beiden theologisch-philosophischen Positionen der klassischen Tradition gegenüber dem Bösen können hier nicht weiter interpretiert werden. Im Roman werden sie in den Kapiteln 12 und 13 narrativ entfaltet, und zwar während des Theologiestudiums von Adrian Leverkühn in Halle. Hier trifft der Held auf den protestantischen Theologen Ehrenfried Kumpf (er fordert auf, das Böse fröhlich-christlich zu bekämpfen) sowie auf den protestantischen Theologen Eberhard Schleppfuß (für ihn ist das Böse ein notwendiger Aus-

Roman aber mit Erklärungen scheitert, ist er als Instrument der Weltdeutung an sein Ende gekommen. Ich folge hier dem Literaturwissenschaftler und Thomas-Mann-Spezialisten *Helmut Koopmann,* wenn er sagt:

> »Die Geltung klassischer Kunstvorstellungen ist an ihr Ende gekommen, und Thomas Mann konstatiert dieses Ende angesichts seines eigenen Versuch, am Beispiel Leverkühns den Roman seiner Epoche zu schreiben. Es ist für ihn der Bankrott des bisherigen Romans, das Scheitern der traditionellen Erzählkunst, des epischen Kunstwerks... Das Ende dieses in seiner Beziehungsfülle so anspruchsvollen Erzählens kam, als es sich den diabolischen Zeitereignissen gegenüber als unzureichend erwies. Der Untergang des traditionellen Romans: eben das ist von Kapitel XXV an auch das Thema des ›Doktor Faustus‹... Der Roman verfügt hier nicht mehr über das, was ihn in der Moderne so wichtig gemacht hat: die Fähigkeit zur Exegese. Es fehlt ihm an Aussagekraft; die deutsche Geschichte war durch ihn nicht mehr zu deuten. Und es ist auffällig, wie diese Einsicht fortan auch die Romankomposition mitbestimmt; an die Stelle eigener Aussagen treten jetzt auffällig gehäuft Entlehnungen, der Roman wird endgültig zur Parodie großen Formats. Wir kennen die Lieferanten: Schönbergs und Adornos Theorien mußten herhalten, das Gedankengespinst weiterzuknüpfen. Doch alles Diabolische, um das es dem Autor mit seiner Geschichte der deutschen Innerlichkeit eigentlich gegangen war, blieb weithin unerklärt und unerklärlich. An die Stelle einer Theorie des Bösen trat anderes: eine Theorie des musikalischen Kunstwerks.«[115]

Dieses Scheitern des Romans als Weltexegese angesichts des Bösen ist theologisch von größter Bedeutung. Denn wenn die durch die Kunst vermittelten Erklärungen der Welt im Fragmentari-

fluß des Guten), und beide Positionen bleiben in der Komposition des Romans »stehen«, ohne einen Schlüssel zur »Wesensbestimmung« des Bösen zu bieten.

115 *H. Koopmann,* »Doktor Faustus« — Schwierigkeiten mit dem Bösen und das Ende des »strengen Satzes«, in: ders., Der schwierige Deutsche. Studien zum Werk Thomas Manns, Tübingen 1988, S. 125-144, Zitat S. 138f.

schen enden, im Unfertigen und Unvollendbaren, so verweist das Kunstwerk durch sein Scheitern über sich hinaus. Wenn Weltdeutung nicht mehr im Kunstwerk abschließend gegeben werden kann, relativiert sich das Kunstwerk selber zu einer vorletzten Sinn-Instanz. Dann reicht die Kunst die Weltdeutung und Weltbewältigung an andere Instanzen weiter. Die Frage stellt sich damit von selbst: Gibt es in diesem Roman Spuren einer Selbstüberschreitung im Blick auf die Sinnfrage? Enthält der Roman selber Hinweise auf eine notwendige Transzendierung der Erfahrung des Bösen? Hier kommt die Rede von Gnade und Hoffnung ins Spiel, die im Roman auf eine für den theologischen Leser erregende Weise durchprobiert wird.

Ein Wunder, das über den Glauben geht

Schon Leverkühn — so sahen wir — hatte von der Gnade Gottes gesprochen. Sie könne vielleicht »gut« machen, was er verdorben habe. Dies dürfte der Grund sein, warum sich in der Rückschau auch Leverkühns Biograph Zeitblom gerechtfertigt sieht, das Geschick seines Freundes ebenfalls unter das Zeichen der Gnade zu stellen, aus den Selbstanklagen und Selbstverdammungen zumindest die Sehnsucht nach Rettung herauszuhören und selbst das letzte hinterlassene Werk seines Freundes, »Doktor Fausti Weheklag«, in Richtung auf Hoffnung, Gnade und Licht zu interpretieren.

Wie bewußt Thomas Mann diese zweite, ausdrücklich gnadenhafte Perspektive in den Roman einbringen wollte, zeigt das Ringen um diese Passage während der Entstehungszeit, konkret um den Schluß des vorletzten Kapitels 46. Dieses Ringen um einen glaubwürdigen Ausdruck der Hoffnung im Zeitalter des Zynismus, der Güte im Horizont des Bösen, der Gnade im Kontext der Gnadenlosigkeit ist für jede theologische Rede von Gnade von höchster Bedeutung. Hier kann man buchstäblich in die Sprachschule gehen, wenn man lernen will, verschlissene Worte wie »Hoffnung«, »Wunder«, »Glauben«, »Sinn«, »Licht« mit existentiellem Gewicht zu versehen. Der Briefwechsel Thomas Manns in dieser Sache mit dem Philosophen und Musiktheoretiker *Theodor W. Adorno* (damals Nachbar Thomas Manns in Kalifornien) ist hier von bleibender Exemplarität. Von Adornos »negativer Dialektik« war ja auch schon zu Beginn dieses Kapitels die Rede.

In seinem autobiographischen Hintergrundbericht *»Die Entstehung des Doktor Faustus«* berichtet Thomas Mann selber davon, daß er anfangs die Deutung von »Doktor Fausti Weheklag« durch Serenus Zeitblom noch wesentlich positiver und hoffnungsvoller hatte gestalten wollen, als dies dann tatsächlich geschah und jetzt zu lesen ist. Adorno aber, den der Autor ohnehin als Berater in musikologischen und musikgeschichtlichen Fragen während der Faustus-Ausarbeitung herangezogen hatte, meinte gerade an dieser Stelle des Manuskriptes entschieden Kritik anmelden zu müssen:

> »Und doch bin ich versucht, zu sagen, daß sein (Adornos) Hauptverdienst um das Kapitel nicht im Musikalischen, sondern auf dem Gebiet der Sprache und ihrer Nuancen liegt, wie sie, ganz zuletzt, ein Moralisches, Religiöses, Theologisches umwerben. Als ich nämlich, nach vierzehntägiger Arbeit daran, mit dem Abschnitt fertig war, oder damit fertig zu sein glaubte, gab ich ihn Adorno eines Abends bei mir im Zimmer zu hören. Er fand im Musikalischen nichts zu erinnern, zeigte sich aber grämlich des Schlusses wegen, der letzten vierzig Zeilen, in denen es nach all der Finsternis um die Hoffnung, die Gnade geht, und die nicht dastanden, wie sie jetzt dastehen, sondern einfach mißraten waren. Ich war zu optimistisch, zu gutmütig und direkt gewesen, hatte zu viel Licht angezündet, den Trost zu dick aufgetragen. Die Bedenken, die mein Kritiker dagegen erhob, mußte ich als nur zu berechtigt anerkennen. Am nächsten Morgen gleich setzte ich mich zur gründlichen Überholung der anderthalb oder zwei Seiten nieder und gab ihnen die behutsame Form, die sie jetzt haben, fand erst jetzt die Wendungen von der ›Transzendenz der Verzweiflung‹, dem ›Wunder, das über den Glauben geht‹, und die vielzitierte, beinahe in jeder Besprechung des Buches vorkommende, versartige Schlußkadenz mit der Sinnverkehrung ausklingender Trauer zum ›Licht in der Nacht‹. Erst Wochen später, wieder einmal bei Adorno, las ich ihm das Abgeänder-

te und fragte, ob es nun recht sei. Statt aller Antwort rief er seine Frau, sie müsse das auch hören. So las ich die beiden Seiten noch einmal, blickte auf — und brauchte nicht weiter zu fragen.«[116]

Die auch die Adornos befriedigende Deutung von »Doktor Fausti Weheklag« durch den Freund Serenus Zeitblom lautet in der Tat jetzt so:

»Aber einer anderen und letzten, wahrhaft letzten Sinnesverkehrung will gedacht, und recht von Herzen gedacht sein, die am Schluß dieses Werkes unendlicher Klage leise, der Vernunft überlegen und mit der sprechenden Unausgesprochenheit, welche nur der Musik gegeben ist, das Gefühl berührt. Ich meine den orchestralen Schlußsatz der Kantate, in den der Chor sich verliert, und der wie die Klage Gottes über das Verlorengehen seiner Welt, wie ein kummervolles ›Ich habe es nicht gewollt‹ des Schöpfers lautet. Hier, finde ich, gegen das Ende, sind die äußersten Akzente der Trauer erreicht, ist die letzte Verzweiflung Ausdruck geworden, und — ich will's nicht sagen, es hieße die Zugeständnislosigkeit des Werkes, seinen unheilbaren Schmerz verletzen, wenn man sagen wollte, es biete bis zu seiner letzten Note irgendeinen anderen Trost als den, der im Ausdruck selbst und im Lautwerden, — also darin liegt, daß der Kreatur für ihr Weh überhaupt eine Stimme gegeben ist. Nein, dieses dunkle Tongedicht läßt bis zuletzt keine Vertröstung, Versöhnung, Verklärung zu. Aber wie, wenn der künstlerischen Paradoxie, daß aus der totalen Konstruktion sich der Ausdruck — der Ausdruck als Klage — gebiert, das religiöse Paradoxon entspräche, daß aus tiefster Heillosigkeit, wenn auch als leiseste Frage nur, die Hoffnung keimte? Es wäre die Hoffnung jenseits der Hoffnungslosigkeit, die Transzendenz der Verzweiflung, — nicht der Verrat an ihr, sondern das Wunder, das über den Glauben geht. Hört nur den Schluß, hört ihn mit mir: Eine Instrumentengruppe nach der anderen tritt zurück, und was übrigbleibt, womit das Werk verklingt, ist das hohe g eines Cellos, das letzte Wort,

116 *Th. Mann,* Entstehung des Doktor Faustus, S. 830 (s. Anm. 105).

der letzte verschwebende Laut, in Pianissimo-Fermate langsam vergehend. Dann ist nichts mehr, — Schweigen und Nacht. Aber der nachschwingend im Schweigen hängende Ton, der nicht mehr ist, dem nur die Seele noch nachlauscht, und der Ausklang der Trauer war, ist es nicht mehr, wandelt den Sinn, steht als ein Licht in der Nacht.«[117]

Im Dunkel Gott am nächsten

Wie ist der hier beschriebene Zusammenhang von künstlerischer und religiöser Paradoxie zu verstehen? Doch wohl nur so: So wie für ein Kunstwerk, sei es auch noch so radikal in seiner inhaltlichen Negativität, gilt, daß durch den Ausdruck selbst, durch das Sich-dem-Ausdruck-Anvertrauen, eine Hoffnung aufscheint (das Kunstwerk in seiner Existenz zumindest als Triumph des Seins über das Nicht-Sein), so gilt auch für die Welt des Religiösen: Dort, wo die Negativität am radikalsten ist, kann sich auf wundersame, d.h. rational nicht kontrollierbare Weise ein Raum für den Glauben eröffnen. Dort, wo das Dunkel am dichtesten ist, kann Hoffnung virulent werden. Dort, wo die Heillosigkeit am tiefsten ist, kann aus dieser Erfahrung — und wenn auch nur als »leiseste Frage« — die Sehnsucht keimen. Dies alles ist aber in der Tat nur als »Paradoxie« denkbar: als eine rational nicht begründbare, herstellbare Erfahrung. Die radikale Verzweiflung schafft vielmehr erst den Raum für die Erwartung, das radikale Dunkel eine Erwartung für das Licht. Ein Satz von Thomas Mann aus dem Bericht »Entstehung des Doktor Faustus« hilft, dies noch besser zu verstehen: »Ein schweres Kunstwerk bringt, wie etwa Schlacht, Seenot, Lebensgefahr, *Gott* am nächsten, indem es den frommen Aufblick nach Segen, Hilfe, Gnade, eine religiöse Seelenstimmung erzeugt.«[118] Und genau dies meint Zeitblom aus dem letzten Kunstwerk seines Freundes heraushören zu dürfen, so daß in seiner Sicht Adrian Leverkühn in der Tat nicht als zynischer Gnadenspieler, sondern als verzweifelter Gnadendürstiger erscheint.

117 *Th. Mann,* Doktor Faustus, S. 650f (s. Anm. 105).
118 *Th. Mann,* Entstehung des Doktor Faustus, S. 723 (s. Anm. 105).

Und weil dies so ist, kann sich Zeitblom berechtigt fühlen, seinen Freund der Gnade Gottes anzuvertrauen. Wissend, daß im Schicksal Leverkühns sich das Schicksal seines Landes widerspiegelt, vollzieht Zeitblom denn auch das, wozu sein Freund angesichts radikaler Selbstverdammung nicht den Mut fand: *im Gebet ganz auf Gott zu hoffen,* für sich, seinen Freund und sein Vaterland. Sein Bericht, und damit der Roman als ganzer, endet mit Sätzen der Selbsttranszendierung, gerade weil er um sein Scheitern weiß. Am Ende steht der Verweis auf eine Instanz jenseits des Romans, gerade weil angesichts des Bösen alles Erklären und Aufklären an ein Ende gekommen ist. Eine uralte theologische Einsicht wird künstlerisch vollzogen: Das Böse kann letztlich nicht verstanden und erklärt, ihm kann aber Widerstand entgegengesetzt werden — im Vertrauen auf die Gnade Gottes:

> »Deutschland, die Wangen hektisch gerötet, taumelte dazumal auf der Höhe wüster Triumphe, im Begriffe, die Welt zu gewinnen kraft des einen Vertrages, den es zu halten gesonnen war, und den es mit seinem Blute gezeichnet hatte. Heute stürzt es, von Dämonen umschlungen, über einem Auge die Hand und mit dem andern ins Grauen starrend, hinab von Verzweiflung zu Verzweiflung. Wann wird es des Schlundes Grund erreichen? Wann wird aus letzter Hoffnungslosigkeit, ein Wunder, das über den Glauben geht, das Licht der Hoffnung tagen? Ein einsamer Mann faltet seine Hände und spricht: Gott sei euerer armen Seele gnädig, mein Freund, mein Vaterland.«[119]

[119] *Th. Mann,* Doktor Faustus, S. 676 (s. Anm. 105). Vgl. auch *Th. Mann,* Deutschland und die Deutschen (1945), in: E V, S. 281: »Zuletzt ist das deutsche Unglück nur das Paradigma der Tragik des Menschseins überhaupt. Der Gnade, deren Deutschland so dringend bedarf, bedürfen wir alle.« Derselbe Gedanke kehrt noch öfter wieder, so in einem Brief Thomas Manns an Walter von Molow vom 7.9.1945: »Der Teufelspakt ist eine tief-altdeutsche Versuchung, und ein deutscher Roman, der eingegeben wäre von den Leiden der letzten Jahre, vom Leiden an Deutschland, müßte wohl eben dies grause Versprechen zum Gegenstand haben. Aber sogar um Faustens Einzelseele ist, in unserem größten Gedicht, der Größte ja schließlich betrogen, und fern sei uns die Vorstellung, als habe Deutschland nun endgültig der Teufel geholt. Die Gnade ist höher als jeder Blutsbrief. Ich glaube an sie, und ich glaube an Deutschlands Zukunft, wie verzweifelt auch immer seine Gegenwart sich aus-

So hatte sich Thomas Mann langsam, vorsichtig tastend, das Negative als Gegenpol stets mit einbeziehend, an die Rede von der Gnade herangewagt. Gerade die Kritik Adornos hatte ihm (gültig für jede theologische Rede auch heute) noch einmal klargemacht, wie sehr die Rede von Transzendenz, Licht, Trost in Gefahr ist, künstlich aufgesetzt zu werden, platt und lebensfremd zu wirken. Man kann hier in der Tat auf eine naive Weise »zu optimistisch«, »zu gutmütig«, »zu direkt« sein. Man kann »zu viel Licht« anzünden und den Trost »zu dick« auftragen. Dann aber hat man die großen Worte verschleudert, hat sie zur billigen Spielware gemacht, hat sie auf Propagandaformeln erniedrigt. Thomas Manns Überarbeitung seines »Faustus«-Schlusses ist ein Exempel theologischer Sprachkritik und religiöser Sprachsensibilität. Es zeigt, daß die großen Worte ihren existentiellen Ernst nur behalten, ihre Tiefe nur gewinnen und ihre Kraft nur spüren lassen, wenn sie durch Gegen-Erfahrungen konterkariert sind, wenn sie dem Negativen abgerungen, wenn sie sich dem Gegenteil verdanken. Worte wie »Gnade« beginnen dann noch einmal zu leuchten, wenn man gespürt hat, was die Kälte der Gnadenlosigkeit bedeutet; ein Wort wie »Güte« wird dann noch einmal lebendig, wenn man zuvor eine Welt geschildert hat, der dieses Wort fremd geworden ist wie ein Stück Stein vom Mond...

Man wird deshalb den Roman »Doktor Faustus« adäquat nur als radikale Kritik an den Illusionen moderner Zivilisation verstehen können. Nur wenige Texte in der Literatur des 20. Jahrhunderts legen so schonungslos frei, wie dünn in der Tat die Patina der abendländischen Kultur ist, die zivilisatorische Eisschicht über der Bestialität des Menschen. Keiner zeigt so schonungslos die Fragilität und Korrumpierbarkeit moralischer Existenz. Dem »ontologischen Rätsel«, dem Mysterium des »zivilisierten ennui oder des Bösen« ist Thomas Mann nicht weniger auf der Spur als George Steiner, ohne daß auch er Antworten geben könnte, welche die Fragen zum Verschwinden brächten.

nehmen, wie hoffnungslos die Zerstörung erscheinen möge.« (Briefe Bd. II, hrsg. v. E. Mann, Frankfurt/M. 1979, S. 446).

V. UMRISSE EINER POETIK DES MENSCHEN

Wir sind einen langen Weg gegangen, und es ist Zeit für eine Zwischenbilanz.

1. Die Facetten des Menschlichen

Wir haben viele Aspekte des Menschlichen kennengelernt. Erinnert sei:
— an *Kurt Tucholskys* Glasmann, der in der Selbstbespiegelung die Angst nicht los wird, die in seiner Seele vor der Gebrechlichkeit und Endlichkeit seines Körpers haust;
— an *Günter Kunerts* Suche nach der Ursünde des Menschen, die in dem »Moment« geschah, in dem der Mensch sich aus dem Naturzusammenhang löst und die Welt als Dingwelt verobjektiviert, beherrscht und vergewaltigt;
— an *Wolfgang Hildesheimers* meditierenden Weltmönch, der nicht darüber hinwegkommt, wie früh in der Geschichte der Schöpfung sich der Mensch in einen Brudermörder verwandelte und welch schlechtes Licht dies auf den Schöpfergott wirft. Zugleich aber sei auch der rebellischen Meditationen gedacht, bei denen der Autor in die Rolle eines Gläubigen schlüpft, um die Schöpfungsschänder der Ungnade Gottes anbefehlen und Gott auffordern zu können, den Frevlern an seiner Schöpfung die ewige Ruhe nicht zu gewähren;
— an den Menschen als potentiellen Vernichter seiner Schöpfung, wie ihn *Christa Wolf, Günter Grass* und *Kurt Marti* beschrieben, alle drei um die Möglichkeit ringend, wie Menschen angesichts der von ihnen selbst verschuldeten drohenden Untergangs noch reagieren, noch Politik treiben, noch Hoffnung haben können;

— an die Unausweichlichkeit der Schuld, die auch dann gegeben ist, wenn man sie leugnet oder verdrängt, und von der her *Max Frisch* ein kritisches Portrait des Homo Faber zeichnet, der in seinem Machbarkeitswahn Herr über sein eigenes »Schicksal« zu sein glaubt;
— an die erschreckende Erkenntnis, wie dünn die Patina moderner Zivilisation ist und wie das Schreckliche, Mörderische, Vernichtende immer wieder durchbrechen kann, um die Welt in eine Hölle zu verwandeln, einzigartig dargestellt von *Rolf Hochhuth* und *Alexander Solschenizyn;*
— an die Verfallenheit des Menschen an seinen Machttrieb und seine Erfolgsgier, deren Preis die erkaltete Seele ist und die in Selbstvernichtung endet. *Thomas Mann* hat sie beschrieben und gleichzeitig mit dem Problem gerungen, wie der seiner Selbstvernichtung sich ausliefernde Mensch dennoch auf die Gnade Gottes hoffen könne...

2. Mein Gott, die Menschen...

Schriftsteller konfrontieren den Menschen mit sich selbst, seinen Widersprüchen, seinen Abgründen, aber auch seinen Hoffnungen und Erwartungen. Die Poetik des Menschlichen in der Literatur des 20. Jahrhunderts ist eine Poetik der Konflikte, der Gebrochenheit, des Selbstzweifels, der Untergangsängste, der bohrenden Sinnsuche. Wenn Menschen in der Literatur des 20. Jahrhunderts beschrieben werden, dann als Menschen in ihrer Abgründigkeit und Ungesichertheit. Die Literatur spiegelt die ganze Palette des Riskanten der menschlichen Existenz, alles das, was Selbstvertrauen (der Mann am Spiegel) und Weltvertrauen (Erfahrungen der Apokalypse und des Bösen) untergräbt. Sie zeigt — im Kontrast zu einer bourgeoisen Erlebniskultur und aller risikolosen Versicherungsmentalität — den *Menschen als das riskante Wesen,* nicht erklärbar, sich selbst und anderen ein bleibendes Rätsel. Latente oder offene Beunruhigungen sind der Stoff der Literatur, Unterströmungen der Angst, Zerbrechlichkeiten menschlicher Projekte und Geschichtsentwürfe, Drohungen, bei denen sich die Genesis in Apokalypsen verwandeln kann; Unfähigkeiten, Leben zu beherrschen und Schuld zu erkennen...

Rätsel Mensch — schon in den Thomas Mannschen Texten hat es seine der zivilisatorischen Desillusionierung adäquate Ausdrucksgestalt gefunden. In einer Rede von 1938 — die Verzweiflung über den Durchbruch des Faschismus ist dem Autor bis in die Sprache hinein anzumerken — kann man Thomas Mann einmal ausrufen hören:

> »Wir sind mit der Natur des Menschen, oder besser gesagt: der Menschen so ziemlich vertraut und weit entfernt, uns Illusionen über sie zu machen. Sie ist befestigt in dem Sakralwort: ›Das Trachten des Menschenherzens ist böse von Jugend auf.‹ Sie ist mit philosophischem Zynismus ausgesprochen in dem Wort Friedrichs II. von der ›verfluchten Rasse‹ — ›de cette race maudite‹. Mein Gott, die Menschen... Ihre Ungerechtigkeit, Bosheit, Grausamkeit, ihre durchschnittliche Dummheit und Blindheit sind hinlänglich erwiesen, ihr Egoismus ist kraß, ihre Verlogenheit, Feigheit, Unsozialität bildeten unsere tägliche Erfahrung; ein eiserner Druck disziplinären Zwangs ist nötig, sie nur leidlich in Zucht und Ordnung zu halten. Wer wüßte diesem vertrackten Geschlecht nicht alle Laster nachzusagen, wer dächte nicht öfters völlig hoffnungslos über seine Zukunft und verstände es nicht, daß die Engel im Himmel vom Tage der Erschaffung an die Nase rümpften über den unbegreiflichen Anteil, den Gott der Herr an diesem fragwürdigen Geschöpfe nimmt?«[120]

Das alles sind keine Einsichten »von gestern«. Die Erfahrungen des Bösen sind gerade auch heute wieder Teil eines gesellschaftlichen, ja philosophischen Diskurses. Ich verweise auf die Arbeiten von *Rüdiger Safranski,* der sich als Schopenhauer- und Heidegger-Biograph einen Namen gemacht hat.[121] Angekündigt ist von ihm eine philosophische Studie über »das Böse«,[122] und eine

120 *Th. Mann,* Vom künftigen Sieg der Demokratie (1938), in: E IV, S. 214–224, Zitat S. 222f.

121 *R. Safranski,* Schopenhauer und die wilden Jahre der Philosophie, München 1987; *ders.*, Ein Meister aus Deutschland. Heidegger und seine Zeit, München 1994.

122 Vgl. dazu *R. Safranski,* Auf dem Rücken des Tigers. Gespräch über Geschich-

Vorwegnahme ist das, was dieser Philosoph in einem Aufsatz 1994 »über die Wiederkehr des Bösen« ausgeführt hat. Safranskis Kritik gilt der »heilen Welt des fürsorglichen Staates«, einer »postmodernen Behaglichkeit«, einer »Erlebnisgesellschaft«, in der Ästhetik die Ethik ersetzt hat. Seine Kritik gilt der hier zum Ausdruck kommenden Versicherungsmentalität, die verlange, gegen alle möglichen Lebensrisiken wirksam abgesichert zu sein.

In ihr erblickt dieser Philosoph eine Mischung aus Harmlosigkeit und infantiler Borniertheit, ja eine bedrohliche Infantilisierung und Unfähigkeit, ins reife Alter einzutreten. Denn zum reifen Alter gehöre die Bekanntschaft mit dem Bösen, in sich und um sich, und der Mut, ihm zu widerstehen. Die gut abgepolsterte Erlebnisgesellschaft und die herrschende Logik der Bedürfnisbefriedigung seien dafür schlechte Voraussetzungen. Eben noch habe man geglaubt, die Kraft der zivilen Gesellschaft entdeckt zu haben, da öffnete sich in der Mitte derselben Gesellschaft ein *Abgrund aus Haß, Verwahrlosung, Menschenfeindlichkeit und Mordlust,* der von einer »hilflosen Politpädagogik« beklagt werde. Es sei aber »politisches Biedermeier«, die Probleme durch mehr Information und Sinnstiftung zu lösen, dabei das »Gute« im Menschen voraussetzend.[123] Safranski dagegen:

> »Wahrscheinlich werden wir wieder lernen müssen, was frühere Jahrhunderte selbstverständlich wußten: daß Zivilisationen nichts anderes sind als Zivilisierungen der latenten Gewaltbereitschaft. Die Gewalt ist nicht Ersatz für irgend etwas, sondern umgekehrt: Die Zivilisation, wenn sie denn gelingt, vermag die Gewalt zu ›ersetzen‹, die stets im seelischen und gesellschaftlichen Untergrund lauert. Zivilisationen sind Versuche, das Böse zu domestizieren, und Freud hat immer davor gewarnt, die Verläßlichkeit der Sicherungen zu überschätzen. Über die Orgie des Tötens und der Zerstörung im Ersten Weltkrieg schrieb er: ›In Wirklichkeit sind sie (die Menschen)

te und Aktualität des Bösen, in: DER SPIEGEL 52/1996. Das Buch über »Das Böse« ist für Herbst 1997 im Hanser-Verlag München angekündigt.

123 *R. Safranski,* Destruktion und Lust. Über die Wiederkehr des Bösen, in: H. Schwilk — U. Schacht (Hrsg.), Die selbstbewußte Nation. »Anschwellender Bocksgesang« und weitere Beiträge zu einer deutschen Debatte, Frankfurt/M.-Berlin 1994, S. 237–248, bes. S. 237–240.

nicht so tief gesunken, wie wir fürchten, weil sie gar nicht so hoch gestiegen waren, wie wir's von ihnen glaubten.‹ Wir müssen mit der Wiederkehr des Bösen, mit der Entsublimierung des in der Zivilisation gebundenen Gewaltpotentials rechnen, und dies umso mehr, weil die imaginäre Welt der Medien uns bereits alltäglich in ein Universum vollkommener Enthemmung versetzt. Eröffnet eine Gesellschaft Chancen für die Freisetzung der ›bösen Gelüste‹, so wird man erleben, sagt Freud, daß die Menschen Taten begehen von ›Grausamkeit, Tücke, Verrat und Rohheit, deren Möglichkeit man mit ihrem kulturellen Niveau für unvereinbar gehalten hätte.‹«[124]

3. Wir leben und sterben alle im Rätsel

Und dennoch geht von der Literatur nicht ein zäher, trüber Strom pessimistischer Menschenverachtung aus. Welt als Hölle und Geschichte als Verfall und Katastrophe werden nicht beschrieben, um jeden Willen auf Veränderung durch die der Geschichte immanenten Kräfte abzutöten. Die Negativität hat heuristischen Wert und darf nicht als Ontologie der Negativität mißverstanden werden. Letztlich soll durch die Negativität hindurch dem »ganz anderen« auf die Spur gekommen werden. Und gerade weil die Negativität in ihrer ganzen Tiefe ausgelotet wurde, ist ein Umschlag auf Zukunft und Hoffnung hin um so glaubwürdiger. Im Dunkeln, sagt Thomas Mann, sei man Gott am nächsten. Und nicht zu vergessen ist auch: Selbst der skeptischste Text bleibt Text, d. h. kommt aus dem Vertrauen zur Sprache. Selbst die abgründigste Erfahrung ist Literatur, kommt aus dem Vertrauen zum Schreiben. Die Hoffnung, welche die Literatur zu geben hat, ist mit der Tatsache ihrer Noch-Existenz identisch. Das Gedicht ist ja eine Flaschenpost, der Roman eine Arche Noah in der Sintflut.

Die Grundfrage aber bleibt: Wenn das Böse noch im schlimmsten Exzeß das Menschliche ist, wenn die radikale Freiheit des

124 *R. Safranski,* a. a. O., S. 241f (s. Anm. 123).

Menschen zur radikalen Perversion neigt, wenn die Freigelassenen der Schöpfung immer wieder zu deren Peinigern und Folterknechten werden, muß dann nicht der »Schöpfungsgedanke« selber mit ins Spiel kommen?[125] Muß nicht die Erfahrung des Bösen zur Frage nach dem Schöpfer durchstoßen, der beides offensichtlich nun einmal in den Menschen gelegt hat? Diese Grundfrage scheint mir unabweisbar. Schon Thomas Mann, Wolfgang Hildesheimer und Rolf Hochhuth waren zu ihr vorgedrungen. In einem seiner letzten Briefe vor seinem Tod, geschrieben im März 1955, hält *Thomas Mann* zwar an der lebenslang geübten Zurückhaltung gegenüber dem Wort »Gott« fest und will lieber von »Natur« reden. Denn was fange er »mit einem nach seinem Tun und Geschehenlassen absolut unverständlichen und unergründlichen Gott« an, fragt Thomas Mann. Zugleich aber fügt er hinzu, daß er keineswegs ein »gläubiger Atheist« sei. Das sei »auch wieder lächerlich«. Warum? Schließlich gäbe es ja doch die Frage »nach dem letzten Ursprung von Natur und Leben, der ganzen ungeheuerlichen kosmischen Veranstaltung«. Und kein Mensch werde die Frage »je beantworten«. Vielsagend fügt Thomas Mann hinzu:

> »Wir leben und sterben alle im Rätsel, und das Gefühl dafür kann man, wenn man will, religiös nennen. Es ist ein etwas anspruchsvolles Wort, aber das Bewußtsein hoffnungsloser Ungewißheit kommt ja einer gewissen Frömmigkeit ohne Weiteres gleich.«[126]

Diese Fragen nach dem »Ursprung von Natur und Leben«, verbunden mit dem »Rätsel Mensch«, wollen wir im nächsten Kapitel verschärfen: abgründiges Geheimnis Gott.

[125] Vgl. dazu den schönen Essay von: *J. P. Wils,* Handeln in der Spur Gottes, in: ders. (Hrsg.), Warum denn Theologie? Versuche wider die Resignation, Tübingen 1996, S. 149–184, Zitat S. 175.

[126] *Th. Mann,* Brief an Else Vielhaber vom 30. März 1955, in: Briefe Bd. III (1948–1955 und Nachlese), hrsg. v. E. Mann, Frankfurt/M. 1979, S. 390 (Taschenbuch-Ausgabe).

B. ABGRUND GOTT

»Lasse niemals von Gott! Liebe Ihn!
Wenn du das nicht kannst, dann streite mit Ihm,
klage Ihn an und rechte mit Ihm, wie Hiob,
ja, wenn du das kannst, lästere Ihn,
aber – lasse Ihn nie!«

Theodor Haecker

Der Zustand der Schöpfung ist eine Rückfrage nicht nur an den Menschen, sondern auch an Gott, den Schöpfer. Erst spät auf meinem theologischen Weg ging mir auf, daß diese kritische Auseinandersetzung auch mit Gott selbst notwendig war, ja, daß es theologische Traditionen gibt, die ausdrücklich dazu ermutigen. In meiner gesamten religiösen Erziehung sind solche Fragen nie gestellt worden. Aus der Kirche heraus wurde ich zu diesen Fragen nicht ermutigt. Auch sie mußte ich mir durch die Literaten sagen lassen. Sie führten mich auf Denkwege einer schonungslosen Auseinandersetzung mit Gott, einer Gotteskritik — im Interesse Gottes. Und davon soll in diesem Kapitel erzählt werden — im Bewußtsein, daß es völlig andere Zugangsweisen zur Erfahrung der Abgründigkeit Gottes gibt (etwa die der Mystik). Nicht aber sie soll hier im Vordergrund stehen, sondern — gezielt gewählt — die Dimension der Klage und Anklage Gottes. Sie wird die so verschiedenen Texte dieses Teils zusammenhalten.

I. DIE TABUISIERUNG DER GOTTESKRITIK

Wie oft habe ich in den offiziell approbierten kirchlichen Gebet- und Gesangbüchern nach Texten gesucht, in denen Fragen an Gott zur Sprache kamen. Das gilt für das seit 1975 in allen Diözesen des deutschsprachigen Raums verbreitete katholische Gebet- und Gesangbuch mit dem Titel »Gotteslob« (GL) genauso wie für das noch 1996 erschienene, völlig neu bearbeitete »Evangelische Gesangbuch« (EGB), gültig für den gesamten Raum der Evangelischen Kirche in Deutschland. Lieder wie »Ich steh vor dir mit leeren Händen, Herr; / fremd wie dein Name sind mir deine Wege« (GL 621/EGB 382) sind die Ausnahme von der Regel. Verse wie »Weck die tote Christenheit / aus dem Schlaf der Sicherheit« (GL 644/EGB 262) muß man wie Nadeln im Heuhaufen suchen. Insbesondere die Dimension der Klage des Menschen, geschweige denn der Anklage Gottes ist fast völlig abwesend, sowohl im Gebets- wie im Liedteil.

1. Die Beschwichtigung des Zweifels: Gebetbücher

Ich prüfte nach und kam in den jeweiligen *Gebetsteilen* zu folgenden Ergebnissen: Unter den 35 Nummern, unter welchen »persönliche Gebete« im *»Gotteslob«* zu finden sind, gibt es ganze zwei, welche eine mögliche existentielle Konfliktsituation des Menschen wenigstens ansprechen: »In Not und Dunkel« (Nr. 9) sowie »In Krankheit« (Nr. 10). Aber selbst hier dominieren Redefiguren wie Gottergebenheit, demütige Bitte um Beistand sowie die Bereitschaft, »alles zu ertragen, so gut es geht« (Nr. 10/1). Ratlosigkeit, Zweifel und Verzweiflung werden in manchen Gebetstexten zwar konstatiert, aber letztlich doch immer auf Gottvertrauen hin gewendet.

Mach mit mir, wie es dir gefällt?

Charakteristisch ist folgender Text, ein Splitterzitat aus dem Werk des evangelischen Theologen *Dietrich Bonhoeffer:*

> »Herr, Gott, großes Elend ist über mich gekommen. Meine Sorgen wollen mich erdrücken. Ich weiß nicht ein noch aus. Gott, sei mir gnädig und hilf! Gib Kraft zu tragen, was du mir schickst. Laß die Furcht nicht über mich herrschen; sorge du väterlich für die Meinen.
>
> Barmherziger Gott, vergib mir alles, was ich an dir und den Menschen gesündigt habe. Ich traue deiner Gnade und gebe mein Leben ganz in deine Hand. Mach du mit mir, wie es dir gefällt und wie es gut für mich ist.« (GL 9/2)

Ein ähnlicher Befund im *»Evangelischen Gesangbuch«*. Unter den 44 Nummern des Gebetsteils ist ein einziges »Not und Krankheit« (EGB 827) gewidmet, wobei auch hier das Motiv der Einübung in Gotteszuversicht und des Vertrauens auf Gottes Gnade im Vordergrund steht. Besonders eklatant ist der Gebetsvorschlag, mit dem ein evangelischer Christ das Sterben eines Kindes bewältigen soll:

> »Unbegreiflicher Gott! Wir klagen dir unsere Verzweiflung. Du hast uns unser Kind genommen. Es wird uns schwer, uns in deinen Willen zu fügen. Hilf uns, wir sind mit unserer Kraft am Ende. Stärke uns, daß wir dir vertrauen, auch wenn wir dich nicht verstehen. Laß unser Kind jetzt bei dir sein. Gott, verlaß uns nicht.« (EGB 831)

Mir geht es bei dieser kritischen Analyse nicht darum, die mögliche Bedeutung solcher Texte in pastoralen Notsituationen zu bestreiten oder gar Menschen lächerlich zu machen, die mit solchen Gebeten leben und ihre Krisen religiös bewältigen. Wer glaubt, in solchen Situationen stärker zu sein als andere, sehe zu, daß er nicht falle! Nicht also diese Texte für sich sind das Problem, sondern die Tatsache, daß sie in einem offiziellen kirchlichen Buch die einzigen sind, mit denen Christen vor Gott treten sollen. Andere Dimensionen der Gottesbeziehungen sind nicht präsent, offensichtlich kirchlich nicht erwünscht. Denn in keinem unserer Texte wird dem Beter die Möglichkeit geboten, in existentiellen Krisensituationen zu Gott zu klagen, geschweige denn ihn direkt anzuklagen, was ja angesichts des Sterbens eines Kindes durchaus begreiflich wäre.

Alle diese Texte aber tun so, als seien die Krisen das Problem des Menschen und als könne Gott ausschließlich zum Krisenbewältiger gemacht werden; als ob die Rede von Gott aus diesen existentiellen Konflikten in seiner Schöpfung unbeschädigt herauskommen könne. Als ob man dieses Leiden nicht mit Gott selber abmachen könne. Als ob es nicht eine Form des unschuldigen Leidens gäbe, die man schlechterdings nicht mehr demütig hinnehmen kann und wo der Mensch seine Selbstachtung verriete, ließe er sich mit dem Satz vertrösten, den das »Gotteslob« den Katholiken »in Not und Dunkel« empfiehlt: »Macht du mit mir, wie es dir gefällt«.

Verdrängung der Klage – Ausblendung der Anklage

Ein ähnlicher Befund in den jeweiligen *Liedteilen.* Unter den hunderten von Liedern in den beiden kirchlichen Büchern gibt es einige wenige, die explizit als *Klage zu Gott* verstanden werden können. Zum Beispiel dieses:

> »Mein Gott, mein Gott, warum gibst du keine Antwort?
> So sang einst König David, so klage auch ich.
> Ein Schatten und kein Mensch mehr; ferne bist du,
> mein Gott, mein Gott, warum gibst du keine Antwort?«
> (GL 308/EGB 381)

Aber angesichts der Masse anderer Lieder ist ein solcher Text und damit seine Sache völlig an den Rand gedrängt. Schlimmer noch beim Element der *Anklage Gottes.* Lange, sehr lange muß man suchen, um es überhaupt zu finden. Das »Evangelische Gesangbuch« bietet schließlich diesen Text im Anschluß an Psalm 13 an:

> »Wie lange willst du mein vergessen,
> warum erhörst und hilfst du nicht?

Wie lang noch ist die Frist bemessen,
da du verbirgst dein Angesicht?

Wie lange muß ich Schmerzen tragen
in meiner Seele, Tag für Tag?
Wie lang noch willst du mir versagen
den Trost, dran ich mich freuen mag?« (EGB 598)

Gewiß, in einzelnen Liedern werden Leiden, Verzweiflung und Not des Menschen angesprochen, ja das »Evangelische Gesangbuch« hat im Stichwortverzeichnis sogar ausdrücklich »Urworte« wie »Angst« und »Zweifel« aufgenommen. Schaut man aber genauer hin, so wird in all dieses Texten meist sofort der rettende, gütige, barmherzige Gott beschworen, als habe man Angst vor der Angst oder als dürfe man Gott nicht mit dieser Wahrheit konfrontieren. Krise und Dunkelheit des Menschen werden zwar in einigen Liedern angesprochen, aber nirgendwo zum Problem der Gottesrede. Antworten, Beschwichtigungen, Vertröstungen allüberall in diesen Texten und Liedern; nirgendwo aber wird der Zweifel radikal ausgehalten, die Aporien des Menschen vor Gott durchlitten, die Fragen offengelassen. Eine sich selbst beruhigende Antwort-Theologie dominiert.

Worauf ich hinaus will — und wohin die Gespräche mit den Dichtern in diesem Kapitel uns führen werden —, kommt durch einen Text des christlichen Philosophen und Publizisten *Theodor Haecker* zum Ausdruck, der (leider ohne Beleg!) als ein »Zwischentext« in das »Evangelische Gesangbuch« eingestreut ist. Plötzlich ist man mit diesen Sätzen konfrontiert, deren Theologie eine völlig andere ist als die der sonstigen Umgebung und der auf diese Weise wie ein Fremdkörper wirkt:

»Laß niemals von Gott! Liebe Ihn! Wenn du das im Augenblick nicht kannst, dann streite mit Ihm, klage Ihn an und rechte mit Ihm, wie Hiob, ja, wenn du das kannst, lästere Ihn, aber — lasse Ihn nie!»[1]

[1] Dieser Text ist im EGB zu finden unter der Nummer 278. Er entstammt den erstmals 1947 posthum veröffentlichten, höchst eindrucksvollen, persönlichen Aufzeichnungen von *Th. Haecker* (1879–1945), Tag- und Nachtbücher 1939–1945, hrsg. v. H. Siefken, Innsbruck 1989, S. 143 (Nr. 675). Vgl. auch Nr. 682: »Laß Gott nie in Ruhe, wenn du in Gefahr bist. Dann laß Ihm einfach keine

Dieser von mir auf der Basis der kirchlichen Gebet- und Gesangbücher erhobene Befund ist kein Zufall. Er reflektiert die Geschichte einer systematischen Ausblendung der Dimension des Protests, der Klage und Anklage beim Nachdenken über das Theodizee-Problem — und zwar von der patristischen bis zur gegenwärtigen Theologie.

2. Warum Gott verschont wurde

Je mehr ich historisch dem Problem auf den Grund ging,[2] desto mehr erkannte ich: Einer der wirkmächtigsten Gründe, warum der Schöpfergott angesichts der Leidensgeschichte der Welt von Rückfragen verschont blieb, dürfte mit dem antidualistischen Kampf der frühen Kirche zu tun gehabt haben. Denn ab dem 2. Jahrhundert waren die Theologen der alten Kirche mit konkurrierenden Philosophien und Religionen konfrontiert, die ein dualistisches Weltbild propagierten: Gnosis, Manichäismus und Priscillianismus. Vor allem die auf den Perser Mani (216–276/7) zurückgehende Religion, eine Weltreligion der damaligen Zeit mit Wirkungen von Spanien bis China, war eine Herausforderung epochalen Ausmaßes für die christliche Theologie geworden. Der Manichäismus nämlich hatte eine viele Menschen überzeugende Lehre von der Entstehung des Bösen vertreten. Die Welt wird von dem unüberbrückbaren Gegensatz der beiden ewigen Urprinzipien beherrscht: Licht und Finsternis, Gut und Böse, Geist und Materie, Gott und Satan. Die Existenz des Übels konnte so rational erklärt werden: Sie ist eine von Gott abge-

Ruhe, dann läßt Er dich nämlich auch nicht in Ruhe, und das ist deine Rettung.«

2 Das Folgende ist breiter ausgeführt in: *W. Groß — K.-J. Kuschel,* »Ich schaffe Finsternis und Unheil!« Ist Gott verantwortlich für das Übel?, Mainz 2. Aufl. 1995, Teil B: Theologiegeschichtliche Perspektiven. Im vorliegenden Buch fasse ich die Problematik noch einmal knapp zusammen (B I) und führe sie im Gespräch mit der Literatur weiter (B II–IV). — Die im folgenden bei kirchlichen Texten gebrauchte Abkürzung DH verweist auf die Neuausgabe des »Denzinger« (= D), neu herausgegeben von *P. Hünermann* (= H): Heinrich Denzinger, Kompendium der Glaubensbekenntnisse und kirchlichen Lehrentscheidungen, Freiburg/Br. 37. Aufl. 1991.

spaltene Wirklichkeit und verdankt sich einer selbständigen Ursache durch ein zweites metaphysisches Prinzip, den Satan. Gott wird auf diese Weise von allem Übel freigehalten. Er gehört zur Lichtwelt, die in diametralem Gegensatz steht zum Reich der Finsternis, in das alles Körperliche, Materielle, Weltliche gehört.

Die Abwehr des Dualismus

Die kirchliche Orthodoxie reagierte auf eine Weise, welche die dualistische Gefahr zwar abwehrte, dafür aber einen Verlust im Bereich des Menschlichen in Kauf nahm. Konkret heißt das: *Einerseits* konnte die erste große ökumenische Versammlung der Kirche, das Konzil von Nikaia im Jahre 325, mit aller Entschiedenheit den *Dualismus zurückweisen:* »Wir glauben an den einen Gott, den allmächtigen Vater, den Schöpfer *alles* Sichtbaren und Unsichtbaren«, so daß einer dualistischen Teilung der Welt in ein gutes Reich des Unsichtbaren und ein böses Reich des Sichtbaren ausgeschlossen war. Alles, was existiert, verdankt sich ausschließlich der Schöpfermacht des allmächtigen und guten Gottes und nicht irgendwelchen anderen mit Gott rivalisierenden bösen Mächten und Prinzipien. Gut 80 Jahre nach Nikaia wird denn auch auf der *Synode von Toledo* im Jahre 400 in aller Deutlichkeit festgehalten:

> »Wer also sagt und glaubt, diese Welt und alle ihre Einrichtungen seien nicht vom allmächtigen Gott geschaffen worden, der sei mit dem Anathema belegt... Wer sagt oder glaubt, die Welt sei von einem anderen Gott gemacht worden als von dem, über den geschrieben steht: Im Anfang erschuf Gott Himmel und Erde (vgl. Gen 1,1), der sei mit dem Anathema belegt.« (DH 191; 199)

Und diese Auffassung wurde von *Papst Leo I.* in einem Brief (an Bischof Turribius von Astorga in Spanien) aus dem Jahre 447 noch einmal ausdrücklich bekräftigt. »Wahrer Glaube« ist: »daß die Substanz aller geistigen und leiblichen Geschöpfe gut ist und daß es keine Natur des Übels gibt; denn Gott, der Schöpfer von allem ist, hat nichts gemacht, was nicht gut ist« (DH 286).

Andererseits aber ist durch diese antidualistische Lehrentwicklung die Dimension der *Rückfragen* an den Schöpfergott völlig *zurückgedrängt* worden. Wer Zweifel an der guten Ordnung Gottes hegte, geriet in den Verdacht des Dualismus und der Gottfeindlichkeit. Insbesondere unter dem epochalen *Einfluß der Theologie Augustins* setzte sich in der kirchlichen Lehrbildung spätestens seit dem 5. Jahrhundert als unumstößliche Überzeugung fest:
(1) Alles, was existiert, verdankt sich dem Schöpferwillen des guten Gottes.
(2) Alles, was existiert, ist grundsätzlich gut.
(3) Was an Übel existiert, hat keine eigene Substanz; es ist nichts als »Mangel des Guten« (»privatio boni«).
(4) Das Übel kommt nicht von Gott, sondern durch den freien Willen des Menschen.

Doch im Verlauf der theologischen Reflexionsgeschichte ließen sich die Grundsatzfragen nicht unterdrücken: Wenn das Übel keinen eigenen Urheber seiner selbst und keine Substanz hat, wenn es, wie alles Geschaffene, aus der Schöpferhand Gottes kommt, hat dann Gott das Übel nicht ebenso gewollt wie das Gute? Ist dann Gott nicht in sich widersprüchlich oder selbst verantwortlich auch für die Existenz des Übels? Fragen des Verhältnisses von göttlichem Vorherwissen, göttlicher Vorherbestimmung und menschlicher Freiheit brechen auf und damit vor allem die Frage nach dem moralischen Übel, dem Bösen.

Vorherwissen ja, Vorherbestimmung nein

Schon im 9. Jahrhundert, auf der Synode von Valence im Jahre 855, kam es zu eindeutigen kirchlichen Festlegungen im Blick auf das Problem von *Vorherbestimmung und Freiheit:*

> »Des weiteren hat das Vorherwissen Gottes auch keinem Übel (nulli malo) Notwendigkeit auferlegt, so daß er (der Mensch) nicht anders sein konnte, sondern er wußte als Gott, der alles weiß, noch bevor es geschieht, aufgrund seiner allmächtigen und unveränderlichen Erhabenheit im voraus, was jener (Mensch) aus eigenem Willen sein werde. ›Wir glauben

auch nicht, daß man aufgrund seiner (= Gottes) Vorverurteilung verurteilt wird, sondern aufgrund seiner eigenen Ungerechtigkeit‹. ›Diese Bösen gehen auch nicht deshalb zugrunde, weil sie nicht hätten gut sein können, sondern weil sie nicht gut sein wollten, und durch ihr Laster in der Masse der Verdammnis entweder durch ursprüngliches oder durch tathaftes Verschulden verblieben.‹« (DH 627)

Wiederum war eine entscheidende *Weichenstellung* für die kirchliche Lehre über das Verhältnis von göttlicher Vorherbestimmung und menschlicher Freiheit vollzogen: Nicht Gott wird durch die Faktizität des moralischen Übels belastet, sondern der Mensch allein. Auch Gottes Vorherwissen ändert daran nichts, ist doch das Böse den Menschen von Gott nicht zwanghaft auferlegt. Gott verdammt den Menschen nicht von Ewigkeit her definitiv zum Bösen. Der menschlichen Freiheit ist von Gott Spielraum eingeräumt, sich dem Übel zu verweigern oder zu öffnen und sich damit gegen den ursprünglichen Willen Gottes zum Guten zu stellen. Zwar kennt Gott den Willen des Menschen im voraus, auch den Willen zum Bösen, respektiert aber die Freiheit des menschlichen Willens.

Entscheidend für die kirchliche Lehre ist also der *Unterschied* zwischen dem *Vorherwissen* des Bösen und der *Vorherbestimmtheit* zum Bösen. Auch dies hatte die Synode von Valence schon in aller Deutlichkeit festgelegt:

»Bei der Verurteilung all derer aber, die zugrunde gehen werden, geht die Schuld dem gerechten Urteil Gottes voraus. ›Gott hat aber durch Vorherbestimmung nur das festgelegt, was er selbst entweder durch seine gnädige Barmherzigkeit oder durch sein gerechtes Urteil tun wollte‹, gemäß der Schrift, die sagt: ›Er hat getan, was sein wird‹ (Jes 45,11); bei den Bösen aber hat er ihre Bosheit vorhergewußt, weil sie aus ihnen selbst stammt, nicht vorherbestimmt, weil sie nicht aus ihm stammt.« (DH 628)

Damit ist schon früh klar, daß nach kirchlicher Auffassung der Mensch allein die Quelle und Ursache des moralischen Übels ist und somit alle Schuld an der Existenz dieses Übels trägt. Gottes

Vorherwissen des Übels ist eben keine Determination Gottes zum Übel. Die Faktizität des Übels hängt an der Faktizität der menschlichen Freiheit.

Das Übel ist von Gott nur zugelassen

Wie gehen aber beide Aussagereihen logisch und theo-logisch zusammen? Einerseits: Alles, was ist, ist gut, weil es sich dem Schöpferwillen des guten Gottes verdankt. Andererseits: Das Böse hat seine Ursache im Willen des Menschen. Muß nicht die Existenz des Übels auch auf Gott, den Schöpfer *aller* Dinge, zurückfallen? Ja, muß nicht auch das Nichterreichen des Heils letztlich Gott angelastet werden, der allen Menschen zwar hinreichende Gnade, aber offensichtlich nicht allen wirksame Gnade schenkt? Kann Gott wirklich von aller Verantwortung freigesprochen werden, wenn er einen Menschen schuf, der die Fähigkeit zum Bösen hat und ständig in die Falle seiner Freiheit zu laufen vermag?

Zur Lösung dieses Dilemmas behilft man sich unter dem Einfluß der Theologie von Thomas von Aquin mit der *Unterscheidung* von eigentlicher *Bewirkung* und bloßer *Zulassung* des Übels durch Gott. Und diese Unterscheidung hat erstmals mit dem Konzil von Trient Eingang in die kirchliche Lehre gefunden. Im berühmten »Dekret über die Rechtfertigung« (1557) wird gegen die strenge Prädestinationslehre des Reformators Calvin unmißverständlich formuliert:

> »Wer sagt, es stehe nicht in der Macht des Menschen, seine Werke schlecht zu machen, sondern Gott wirke die schlechten Werke so wie die guten, nicht nur, indem er sie zuläßt (permissive), sondern auch im eigentlichen Sinne und durch sich, so daß der Verrat des Judas nicht weniger Gottes Werk ist als die Berufung des Paulus: der sei mit dem Anathema belegt.« (DH 1556)

Diese Lehre von der Zulassung des Übels durch Gott hält sich nun in der Lehrtradition der Kirche konstant durch. Die Existenz des moralischen Übels, dessen Quelle der pervertierte freie Wille des Menschen ist, wird theologisch als von Gott zugelassenes *Mittel zu einem höheren Zweck* gerechtfertigt: insbesondere zur Aufrechterhaltung der sittlichen Ordnung (z.B. zur Strafe, zur Prüfung oder zur Erziehung des Menschen). Eine bestimmte theologische Argumentationsfigur gerinnt zum Topos: Aufgrund seiner Liebe und Gerechtigkeit kann Gott das Übel nicht wirklich wollen, er kann es nur zulassen, weil er auf die Freiheit des Menschen Rücksicht nimmt sowie die Weisheit besitzt, auch aus dem Bösen Gutes hervorgehen zu lassen. Die Tatsache des Übels ist deshalb kein Vorwurf gegen Gott, weil sie einem (den Menschen oft verborgenen) gerechten Zweck und Ziel Gottes dient. Jedem Zweifel an Gottes Gerechtigkeit wird mit Hinweis auf die begrenzten menschlichen Erkenntnisfähigkeiten von vornherein der Stachel gezogen. Schon die Frage nach der Theodizee wird so faktisch zur »Häresie«.

Mir wurde klar: Jahrhundertelang haben Millionen von Christinnen und Christen mit diesen theologischen Antworten gelebt. Sie haben sie verinnerlicht: spirituell und psychisch. Sie schienen es zufrieden zu sein, mit dem Übel entweder kreuzesspirituell, entschädigungstheologisch oder moralisierend-pädagogisierend umgehen zu können. Zwar konnte erfolgreich jeder weltpessimistische Dualismus abgewehrt werden, der Gedanke also, daß sich das Übel einem bösen Gegenprinzip zu Gott verdankt oder ontologisch mit dem Guten auf die gleiche Stufe gestellt werden könne und dürfe. Die Folge dieser Theologie aber war stets eine Entlastung Gottes und eine Belastung des Menschen. Das Übel wurde eigentlich nie zum theologischen, sondern allein zum anthropologischen Problem. Ein Protest gegen Gott als den Verursacher des Übels konnte bei diesen Voraussetzungen kirchlicher Lehrbildung gar nicht aufkommen. Und diese theologische Theorie wurde nicht nur durch die Reformation verstärkt (Luther, Calvin), sondern auch noch durch die frühe Aufklärung, dessen glänzendster Repräsentant jener *Gottfried Wilhelm Leibniz* war, der in seiner 1710 erschienenen Schrift »Theodizee« die klassischen theologischen Argumente von einer Harmonie und Ordnung der Welt, in der das Übel (als Mangel des Guten) seine Funktion und Bedeutung hat, jetzt mit philosophischen Argumenten erneuerte und rational in großem Stil untermauerte. Leibniz — der erste und letzte große *philosophische* Rechtfertiger Gottes von einigem Rang...

Mitte des 18. Jahrhunderts aber begann für viele, insbesondere Intellektuelle, in Europa ein solcher Theodizee-Optimismus zusammenzubrechen. Das Erdbeben von Lissabon am 1. November 1755 mit 30.000 Toten hatte eine Schockwelle ausgelöst, die einen solchen Optimismus in sich zusammenbrechen ließ. Hier kam eine Erfahrung ungerechten, maßlosen Leidens zum Durchbruch, welche jede Rede von der Funktionalisierung des Übels für das Gute wie hohle Phraseologie erscheinen ließ. Als ob man solch maßloses Leiden unschuldiger Opfer länger als notwendiges Übel begreifen könne, den Menschen auferlegt zur Prüfung oder zur Strafe! Das wäre zumindest den Opfern gegenüber zynisch. Und auch Gottes Schöpfungsordnung konnte nach solchen Katastrophen nicht länger à la Leibniz als »die bestmögliche aller Welten« bezeichnet werden. Im Gegenteil: Das hier zum Durchbruch kommende Maß unverschuldeten Leidens wird jetzt für viele in Europa erstmals zum Anlaß, nicht nur am Sinn des Leidens, sondern am Sinn der Schöpfung überhaupt zu zweifeln.

3. Der Protest gegen Gott als Atheismus

Im Klartext: Die *Rückfrage an den Schöpfergott* wurde unvermeidlich. Bei aller Mitverantwortung des Menschen für die Durchsetzung des Bösen und der Höllen auf Erden (wir erinnern uns an den lachenden Teufel bei Hochhuth und die entsetzliche Banalität des Bösen in dem von Solschenizyn beschriebenen Straflager): Kann derjenige weiterhin von aller Verantwortung entlastet werden, der diese Schöpfung so und nicht anders gewollt hat? Nicht, daß Gott den Menschen geschaffen hat, steht theologisch zur Debatte, sondern daß Gott seine Schöpfung (den Menschen inklusive) so und nicht anders geschaffen hat: mit all seinen Fähigkeiten zu Perversionen, Grausamkeiten und Widergöttlichkeiten. Trotz grundsätzlicher Bejahung der Schöpfung und der Freiheit des Menschen als »Schauspieler« auf der Bühne der Welt: Kann Gott noch länger aus einem Spiel herausgehalten werden, dessen Autor und Regisseur er selbst ist?

Nötige Rückfragen an Gott

Mehr noch: Die Notwendigkeit solcher Rückfragen ergibt sich auch schon dadurch, daß Menschen ja durch den Mißbrauch ihrer Freiheit nicht nur das Gebot Gottes mit Füßen treten, sondern auch dadurch, daß sie ihre Freiheit oft genug im Namen Gottes mißbrauchen. Wieviel enthemmte Unmenschlichkeit wurde im Namen Gottes ausgelebt: von den Ketzerverfolgungen angefangen über Judenpogrome, Hexenverbrennungen, Inquisition bis zu Glaubenskriegen und religiösem Fanatismus aller Art. Um Gott zu dienen, haben Menschen andere Menschen geschändet, gequält, gefoltert, um ihr Glück und Leben gebracht. Im Namen Gottes wurden (schon in der Bibel!) Kriege geführt, Massenschlächtereien begangen, Andersgläubige umgebracht, entwürdigt und diskriminiert. Und von der Verantwortung für all das sollte der Schöpfergott selbst freigesprochen werden, entlastet, entschuldigt, gerechtfertigt?

Die neuzeitliche Konsequenz aus diesen Erfahrungen hieß: *Religionskritik und Atheismus.* In den literarischen Arbeiten *Georg Büchners* (1813–1837) wurden diese für die deutsche Literatur in bis dahin unerhörter Weise verdichtet.[3] Und es ist bezeichnenderweise ein Stück über die Französische Revolution, über eine Epoche also von Krise, Chaos, Blut und Mord, in dem Büchner seine radikale Gegenthese gegen allen Theodizee-Optimismus à la Leibniz formuliert. Schon 1833 hatte der 20jährige unter dem Eindruck seiner Studien über diesen Abschnitt der französischen Geschichte geschrieben:

> »Ich finde in der Menschennatur eine entsetzliche Gleichheit, in den menschlichen Verhältnissen eine unabwendbare Gewalt, allen und keinem verliehen. Die Einzelne nur Schaum auf der Welle, die Größe ein bloßer Zufall, die Herrschaft des Genies ein Puppenspiel, ein lächerliches Ringen gegen ein

[3] *G. Büchner,* Briefe an die Braut, in: Werke und Briefe, München 1965, S. 162. Die folgenden Zitate a. a. O., S. 33 u. 60; S. 39f.

ehernes Gesetz, es zu erkennen das Höchste, es zu beherrschen unmöglich.«

Zwei Jahre später legt Büchner in seinem Stück über den französischen Revolutionär Danton (»Dantons Tod«) eben diese persönliche Meinung seinem Helden in den Mund: »Was ist das, was in uns hurt, lügt, stiehlt und mordet? Puppen sind wir, von unbekannten Gewalten am Draht gezogen; nichts, nichts wir selbst! (...) Die Welt ist das Chaos. Das Nichts ist der zu gebärende Weltgott.« Und nicht zufällig in einer Gefängnisszene, während Gefangene auf ihre Hinrichtung warten, läßt Büchner eine der Figuren eine *Absage an Gott und seine Schöpfung* formulieren:

> »Schafft das Unvollkommene weg, dann allein könnt ihr Gott demonstrieren; Spinoza hat es versucht. Man kann das Böse leugnen, aber nicht den Schmerz; nur der Verstand kann Gott beweisen, das Gefühl empört sich dagegen. Merke dir es, Anaxagoras: warum leide ich? Das ist der Fels des Atheismus. Das leiseste Zucken des Schmerzes, und rege es sich nur in einem Atom, macht einen Riß in der Schöpfung von oben bis unten.«

Abschied von Leibniz

»Man kann das Böse leugnen, aber nicht den Schmerz. Nur der Verstand kann Gott beweisen, das Gefühl empört sich dagegen«: Mit diesen zwei Sätzen ist der Abschied von jeder rationalen Demonstration der Theodizee formuliert. Die Metaphysik eines Leibniz wird als Verstandesoperation durchschaut, die dem Gefühl des Menschen in keiner Weise mehr entspricht: dem Gefühl, in einer Welt zu leben, in der die Erfahrung des Übels keineswegs mehr kontrastharmonisch in die Ordnung der Welt integriert werden kann. Im Gegenteil: Das Böse ist von einer Mächtigkeit und Heftigkeit, daß es — aller intellektualisierenden Wegerklärung zum Trotz — die Harmonie des Kosmos sprengt. Die Erfahrung des Schmerzes und Leidens ist so stark, daß jede Privations-Theorie einer Verhöhnung leidender Menschen gleichkommt.

Ja, es ist ebenfalls kein Zufall, daß in Büchners Stück die klassische Theodizee-Tradition von Augustin bis Leibniz von derjenigen Erfahrung her gesprengt wird, mit der man bisher entweder kontrastharmonisch oder moralisierend-pädagogisierend umgegangen war: der *Erfahrung des ungerechten, des maßlosen Leidens.* Dieses Leiden kann nicht länger als ein bloß notwendiges Übel begriffen werden, dem Menschen auferlegt zur Prüfung oder zur Strafe. Dieses Leiden wird jetzt zum *»Fels des Atheismus«*, das heißt: zum nicht mehr wegzudiskutierenden Anlaß, am Sinn nicht nur des Leidens, sondern der Schöpfung überhaupt zu zweifeln. In der Schöpfung stimmen die Dinge letztlich nicht mehr zusammen; durch die Schöpfung geht ein Riß: der Riß des Leidens, der Riß des Schmerzes, der Riß des Bösen. Dieser Riß wird nicht länger rational erklärt oder pädagogisch verzweckt, sondern wird zum Anklagepunkt gegen den allmächtigen Schöpfer selbst.

4. Aber Gott leidet doch auch

Namhafte Vertreter der Gegenwartstheologie freilich setzen gerade hier ein und bestreiten die Notwendigkeit einer Anklage Gottes durch den Hinweis auf Gottes Leiden an seiner Schöpfung. Man argumentiert im Grundsätzlichen so: Die klassische Theologie (von Augustin und Thomas von Aquin bis hin zu Luther und Calvin) hat Gott von aller Verantwortung für das Übel, auch das unschuldige Leiden, deshalb freigesprochen, damit seine Weltüberlegenheit und Allmacht gewahrt werden konnte. Die Gottheit Gottes selber sollte respektiert werden. Der Preis dafür freilich war die Ungerührtheit, Teilnahmslosigkeit und Unangefochtenheit Gottes angesichts des Leidens in seiner Schöpfung. Damit aber hatten all die, die Gott so gerechtfertigt wissen wollten, gegen ihre Interessen Gott erst recht dem religionskritischen Protest ausgesetzt – dem Protest gegen die majestätische Teilnahmslosigkeit Gottes mit dem Rücken zu den Schreien seiner Kinder. Gewiß: Das traditionell »theistische« Gottesverständnis hatte seine innere Legitimität und Plausibilität. Aber diesem »Theismus« folgte der A-Theismus wie ein Schatten und hatte darin sein relatives Recht, daß er gegen die Teilnahmslosigkeit Gottes im Namen des Leidens Unschuldiger rebellierte und in letzter Konsequenz die Existenz eines solchen Gottes negierte.

Wenn man aber nachweisen könnte, daß ein *genuin christliches Gottesverständnis* es möglich macht, von einem Gott zu reden, der keineswegs erhaben über allem Leid thront, sondern in das Leid der Schöpfung involviert ist, ja selber leiden kann, wird man dann noch im Namen des Leidens gegen einen solchen Gott protestieren können? Könnten nicht im Gegenteil dann Gott und das Leid widerspruchsfrei zusammengedacht werden, so daß dem Protestatheismus gleichsam die Grundlage entzogen wäre? Aber wie?

Leiden — Preis der Liebe

Grundlage ist eine heute gängig gewordene *Theologie der Liebe*, die auch von Gottes Leidensfähigkeit meint reden zu dürfen. Diese Theologie der Liebe entwickelt man aus dem Leiden und Sterben des Gottessohnes Jesus Christus heraus. Man glaubt sich zu der Schlußfolgerung berechtigt, daß das Geschehen auf Golgota Ausdruck der aus Liebe ermöglichten Leidensfähigkeit und Ohnmacht Gottes sei. Habe sich Gott nicht gerade im Kreuz seines Sohnes als ein schwacher, ohnmächtiger Gott erwiesen, der aus Liebe leiden und sterben könne? Und entziehe eine solche Theologie des Leidens aus Liebe dem neuzeitlichen Protestatheismus nicht faktisch die Basis?

In der Tat kann man denn auch in heutigen theologischen Entwürfen die Überzeugung vertreten finden: Gegen einen gekreuzigten Gott kann man nicht mehr im Namen der Kreuze der Weltgeschichte protestieren; gegen einen schwachen Gott kann man nicht mehr die eigene Schwachheit einklagen; gegen einen aus Liebe mitleidenden Gott nicht mehr das eigene Leid ausspielen; gegen einen sterbenden Gott nicht mehr im Namen aller ungerechten Tode rebellieren. Die Theodizee-Frage scheint beantwortet. So liest man denn auch in einem katholischen dogmatischen Grundlagenbuch aus dem Jahre 1982 diesen Satz:

»Der ›sympathische‹ Gott, wie er in Jesus Christus offenbar wird, ist die endgültige Antwort auf die Theodizeefrage, an der der Theismus wie der Atheismus scheitern. Wenn Gott selbst leidet, ist das Leiden kein Einwand mehr gegen Gott.«[4]

Und »endgültige Antwort« kann ja hier nur heißen: Mit der Kreuzestheologie kann der Theodizee-Frage eine Antwort erteilt werden, und zwar so, daß die gestellte Frage sich auflöst. Die christliche Theologie des Kreuzes bringt somit die Theodizee-Frage zum Verschwinden.

Ja, christliche Theologen der Gegenwart scheuen sich nicht, auf der Linie von Augustin das Leiden des Menschen nicht nur zum Preis der Freiheit, sondern sogar zum Preis der Liebe zu erklären. Sie sagen: Indem Gott Menschen erschaffe, schaffe er auch die Möglichkeit, daß Böses geschehe, obwohl Gott als der Heilige das Böse absolut nicht wolle. Dieser Wille zur Freiheit des Menschen aber entspringe Gottes Liebe zum Menschen. Bei einem katholischen Theologen der Gegenwart lesen wir:

»Will Gott mithin die Freiheit des Menschen als Bedingung dafür, daß zwischen ihm und dem Geschöpf Liebe sein kann, und ist der Mensch wesentlich in eine ihm entsprechende Welt eingebunden, so ist die negative Folie für die Freiheit mitgegeben: dann gibt es notwendig strukturelles Leid. Das aber heißt für unsere Fragestellung nach der Vereinbarkeit von Leiden und christlichem Gottesbild, daß die Tatsache von Leiden nicht gegen den guten Schöpfergott und gegen die Güte der Schöpfung spricht. Leid ist vielmehr — von unseren Überlegungen her gesehen — der Preis der Freiheit, der Preis der Liebe. Ein Gott, der kraft seiner Allmacht und Güte Leid verhindern würde, müßte Liebe (welche Freiheit voraussetzt) unmöglich machen.«[5]

Die Hauptargumente einer solchen Position heißen demnach:
(1) Gottes Allmacht ist die *Macht seiner Liebe.* In seiner Liebe gibt Gott dem Menschen einen Raum der Freiheit, den dieser

[4] *W. Kasper,* Der Gott Jesu Christi, Mainz 1982, S. 244.
[5] *G. Greshake,* Wenn Leid mein Leben lähmt. Leiden — Preis der Liebe? Freiburg/Br. 1978, Neuausgabe 1982, S. 30.

zum Guten oder Bösen nutzen kann. Unsinnig ist es von diesem Allmachtsverständnis her, an Gott zu appellieren, das Leiden durch »Eingreifen« zu verhindern oder den Prozeß des Leidens durch sein allmächtiges Wort zu verkürzen. Denn nach diesem Verständnis hat sich Gott seiner Allmacht aus Liebe zum Menschen freiwillig begeben.

(2) Das Leid ist deshalb kein Widerspruch gegen den guten Schöpfergott oder die Güte der Schöpfung, weil es nichts als der *Preis* ist, den der Mensch nun einmal für seine ihm von Gott aus Liebe gegebene Freiheit bezahlt.

(3) Der Gedanke, daß der Mensch unter Ausnutzung seiner Freiheit leiden kann, ist deshalb kein Einwand gegen Gott und deshalb erträglich, weil auch *Gott in* jedem *Leiden mitleidet,* um es so von innen her zu verwandeln.

Das Stillstellen des Protestes

Ich habe mich hier um eine sachliche Darlegung argumentativer Konzepte bemüht, obwohl mich gerade die Theodizee-Frage emotional aufwühlt. Und ich will all diesen theologischen Bemühungen zugute halten, daß sie sich um eine angesichts der neuzeitlichen Religionskritik äußerst schwierig gewordene Verbindung von Gottesglauben und Leidenserfahrung bemühen. Ihnen ist durchaus anzumerken: Die Erfahrung des Übels soll nicht wieder zum »Fels des Atheismus« werden, sondern zu einer geprüften, gereiften Gottesrede führen.

Dabei scheint mir insbesondere der Gedanke der »inneren Verwandlung« des Leidens durch den Glauben an Gottes Nähe, ja Mitleid, unverzichtbar. Vom Leiden betroffene Menschen können sich vom Neuen Testament her sagen lassen, daß ihr Leiden nicht Ausdruck von Gottes Fluch, Verwerfung, Kälte oder Strafe ist, sondern Ausdruck der Nähe Gottes sein kann. Dem leidenden Menschen bleibt zumindest der tröstliche Gedanke, daß der Gott Jesu Christi ihm auch in seinem Leiden nahe ist; daß sein Leiden ihn nicht von Gott wegbringt, sondern zu Gott hinführt. Daraus mag er die Kraft gewinnen, sein Leiden entweder kreativ anzunehmen, tapfer durchzustehen oder sogar zu überwinden.

Völlig anders dagegen ist die Behauptung zu bewerten, mit einer Liebe-Leid-Theologie sei »die endgültige Antwort auf die Theodizee-Frage« gegeben; das Leiden sei »kein Einwand mehr gegen Gott«. Das ist ein Trugschluß. Denn eine solche Liebe-Leid-Theologie löst nicht das Theodizee-Problem, sondern verschärft es. Denn gerade wenn Gott Mitleid und Liebe kennt und dies auch durch die Geschichte hindurch immer wieder unter »Beweis« gestellt hat, so verschärft sich ja die Rückfrage des leidenden Menschen: Warum gerade ich? Warum gerade so? Warum gerade jetzt? Wo bleiben Liebe und Mitleid Gottes in meiner konkreten Situation, ob im Fall einer tückischen Krankheit, eines entsetzlichen Unfalls oder gar im Fall von Naturkatastrophen? Selbsttäuschung unterliegt somit jede Theologie, die allen Ernstes meint, Leiden und christliches Gottesbild seien in dem Sinn »vereinbar«, daß die Tatsache von Leiden nicht gegen den guten Schöpfergott und die Güte der Schöpfung spräche.

Denn gerade das Gegenteil ist wahr: Wer an der Möglichkeit Gottes zu Liebe und Mitleid festhält (was für mich ein unaufgebbarer Gedanke ist), löst nicht das *Theodizee-Problem*, sondern wirft es erst recht auf. Je mehr von Gottes Liebe die Rede ist, desto mehr stellen »die Verhältnisse« diese Liebe in Frage. Je höher die Moralisierung Gottes, desto tiefer der Fall des betroffenen Menschen, wenn die Krisen kommen. Nichts ist gewonnen, das Leiden zum »Preis der Freiheit«, zum »Preis der Liebe« zu erklären. Das muß für jeden unschuldig Leidenden wie Zynismus klingen. Ist denn im Ernst ein Gott aushaltbar, der aus Liebe all das Leiden buchstäblich mit ansehen könnte, ohne es zu verhindern? Auch eine dialektische Manipulation am Allmachtsbegriff schafft doch die Frage nicht aus der Welt: Ist ein Gott glaubwürdig, der Auschwitz »aus Liebe« mit ansähe, nur weil er die »Freiheit« des Menschen respektiert? Auschwitz — ein »Preis der Liebe«? Ein solcher Gott wäre unter dem ethischen Niveau eines jeden Vaters, einer jeden Mutter, die zwar auch die Freiheit ihres Kindes respektieren, aber alles täten, was in ihrer Macht stünde, geriete das Kind in Situationen himmelschreienden Unglücks oder würde selber zum Produzenten solcher Zustände.

Was aber ist die Alternative, mit der Theodizee-Frage glaubwürdig umzugehen — jenseits der Irrsinnsalternative: Gottesleugnung oder Gottesliebe? Gibt es einen dritten Weg, der weder den Trugschlüssen des Atheismus noch der Liebe-Leid-Theologie verfällt? Ich habe dazu zusammen mit meinem Tübinger Kollegen, dem Alttestamentler Walter Groß, einen Entwurf vorgelegt: »Ich schaffe Finsternis und Unheil!« Ist Gott verantwortlich für das Übel? (1992). Er beruht auf einer theologischen Legitimität der Klage und Anklage Gottes angesichts des abgründigen Geheimnisses der Theodizee-Frage. Diesen Entwurf will ich hier — im Gespräch mit den Dichtern — bekräftigen und weiter ausbauen. Und das Gespräch mit den Dichtern ist hier besonders wichtig, weil die theologische Tradition diese Dimension weitgehend tabuisierte. Was die Analyse der offiziellen katholischen und protestantischen Gebet- und Gesangbücher ergab und die theologiegeschichtlichen Ableitungen bekräftigt haben, wird auch durch eine Untersuchung des großen protestantischen Alttestamentlers *Claus Westermann* erhärtet. Auf der Basis einer Analyse christlicher Kommentare zu den alttestamentlichen Klageliedern etwa kommt er zu dem Ergebnis, daß »in fast allen Kommentaren und Untersuchungen« die Klage entweder »abgewertet« sei, oder es werde von ihr »nur mit abwertenden Vorbehalten« geredet. Diese Abwertung aber entspringe keineswegs »dem Auslegen dieser Texte«, sie sei vielmehr »in einem Vorverständnis« begründet. Westermann wörtlich: »Vor Gott zu klagen ist nicht angemessen, es entspricht nicht der richtigen Haltung gegenüber Gott. Die Klage stört oder mindert die fromme Einstellung zu Gott.«[6]

[6] *C. Westermann,* Die Klagelieder. Forschungsgeschichte und Auslegung, Neukirchen-Vluyn 1990, S. 78. Es sei an dieser Stelle darauf hingewiesen, daß in Tübingen eine größere interdisziplinäre Studie zu einer »Theologie der Klage und Anklage« in Vorbereitung ist. Hier werden die exegetischen, theologiegeschichtlichen und systematisch-theologischen Fragen ausführlich erörtert werden.

II. WIE REDEN VOM UNBEGREIFLICHEN?

So dürfte es kein Wunder sein, daß der Widerstand gegen eine beschwichtigende und harmonisierende Gott-Rede oder der direkte Protest gegen Gott außerhalb der Theologie entdeckt wurde. Es waren die Schriftsteller, welche sich zum Anwalt solch innerkirchlich domestizierter und entschärfter Erfahrung machten. Von drei Grunderfahrungen her wurde durch große Literatur dieser Widerstand artikuliert: Zusammenbruch des Weltbildes religiöser Geborgenheit (F. Dürrenmatt, M.L. Kaschnitz); himmelschreiendes unschuldiges Leiden des Einzelnen (H. Heine); schließlich die Erfahrung der Massenvernichtung des Volkes Gottes (E. Wiesel, Z. Kolitz). In all diesen Fällen wurde das »alte Gespräch« abgebrochen; an seine Stelle trat aber nicht der Atheismus, sondern eine neue Erfahrung von Gott als Ab-Grund. Diese Erfahrung der Poeten gilt es am Ende des Kapitels für die heutige theologische Gottesrede auszuwerten.

1. Ein Autor streicht das Wort Gott: Friedrich Dürrenmatt

Eine Geschichte ist hier zu erzählen und die Geschichte dieser Geschichte. Keine illustriert für mich deutlicher, was es heißt, das »alte Gespräch« über Gott abzubrechen. Es handelt sich um Dürrenmatts Erzählung »Der Tunnel«. Als sie 1952 erstmals im Prosaband »Die Stadt« erscheint, hatte sie folgenden Schluß:

> »Und Sie?, fragte der Vierundzwanzigjährige. Ich bin der Zugführer, antwortete der andere, auch habe ich immer ohne Hoffnung gelebt. Ohne Hoffnung, wiederholte der junge Mann, der nun geborgen auf der Glasscheibe des Führerstan-

des lag, das Gesicht über den Abgrund gepreßt. Da saßen wir noch in unseren Abteilen und wußten nicht, daß schon alles verloren war, dachte er. Noch hatte sich nichts verändert, wie es uns schien, doch schon hatte uns der Schacht nach der Tiefe zu aufgenommen, und so rasen wir denn wie die Rotte Korah in unseren Abgrund (...)

Was sollen wir tun? Nichts, antwortete der andere unbarmherzig, ohne sein Gesicht vom tödlichen Schauspiel abzuwenden, doch nicht ohne eine gespensterhafte Heiterkeit, von Glassplittern übersät, die von der zerbrochenen Schalttafel herstammten, während zwei Wattebüschel, durch irgendeinen Luftzug ergriffen, der nun plötzlich hereindrang (in der Scheibe zeigte sich ein erster Spalt) pfeilschnell nach oben in den Schacht über ihnen fegten. Nichts. Gott ließ uns fallen. Und so stürzen wir denn auf ihn zu.«[7]

26 Jahre später streicht Dürrenmatt in einer Neuausgabe seine Textes die folgenden Wendungen:

...und so rasen wir denn wie die Rotte Korah in unseren Abgrund...
...vom tödlichen Schauspiel...
...doch nicht ohne eine gespensterhafte Heiterkeit...

Und vor allem streicht Dürrenmatt den allerletzten Satz:

»Gott ließ uns fallen. Und so stürzen wir denn auf ihn zu.«

Worum geht es in dieser Erzählung? Und was ist passiert, daß Dürrenmatt in seinem literarischen Text vor allem das Wort »Gott« loswerden wollte?

Ein Zug rast in den Abgrund

Die Geschichte handelt von einem 24jährigen Studenten, der — wie es seit einem Jahr seine Gewohnheit ist — in einen Zug

[7] *F. Dürrenmatt,* Der Hund/Der Tunnel/Die Panne. Erzählungen, Zürich 1980, S. 97. 98 (Werkausgabe Bd. XX). Überblicke über das Werk bieten: *E. Brock-Sulzer,* Friedrich Dürrenmatt. Stationen seines Werkes, Zürich 1973. *J. Knopf,* Friedrich Dürrenmatt, München [4]1988 (Autorenbücher 611). *G.P. Knapp,* Friedrich Dürrenmatt, Stuttgart–Weimar [2]1993 (Sammlung Metzler Bd. 196).

steigt, um eine zweistündige Fahrtdistanz zwischen seinem Elternhaus und seiner Universitätsstadt zurückzulegen. Im vollbesetzten Zug kämpft er sich durch bis zum hintersten Wagen, findet dort Platz und teilt das Abteil mit einem romanlesenden rothaarigen Mädchen und einem schachspielenden dicken Mann. Nach einer gewissen Zeit fährt der Zug in einen Tunnel ein, und auch dies ist so gewöhnlich, daß der Reisende es nicht einmal bemerkt. Erst als die Tunnel-Fahrt und damit die Dunkelheit im Abteil länger dauert als gewohnt, beginnt der junge Mann »verwirrt« zu werden. Doch schon leuchten Lampen auf, so daß die beiden Mitreisenden ihrer Beschäftigung ruhig wieder nachgehen.

Der junge Mann freilich ist unruhig geworden und tritt aus seinem Abteil in den Korridor, nur um festzustellen, daß die Mitreisenden offenbar nichts Ungewöhnliches bemerkt haben. Man liest Zeitung und schwatzt miteinander wie zuvor. Ist er vielleicht im falschen Zug? Doch der Schaffner, der bald darauf die Fahrkarten kontrolliert, versichert, daß alles recht sei. Und doch verlangt der Student den Zugführer. Als er ihn trifft, fordert der Zugführer ihn auf, mit ihm an die Spitze des Zuges zu gelangen. Überhaupt scheint der Zugführer die einzige Person zu sein, die eine Abweichung von der Normalität bemerkt hat. Denn dieser Zugführer bestätigt nicht nur, daß der Tunnel »nicht aufhört«, er hat auch registriert, daß der Zug — wenn auch noch auf Schienen — »abwärts« fährt. An ein Anhalten ist so ohnehin nicht mehr zu denken.

Beide machen sich nun auf, den Führerstand der Lokomotive zu erreichen, was eine mühselige und gefährliche Kletterei auf der Lokomotive hart an den Felswänden bedeutet. Denn in der Zwischenzeit neigt sich der Zug immer weiter nach vorn, und die Fahrt in den Abgrund beschleunigt sich. Als sie den Führerraum erreichen, ist dieser leer; der Lokomotivführer war zusammen mit dem Angestellten im Packraum längst abgesprungen. Die Geschwindigkeit steigert sich jetzt zur Raserei, und alle Versuche des Zugführers, seine »Pflicht« zu tun und die Leute zu warnen, scheitern daran, daß der Zug sich nun vollends neigt und mit rasender Geschwindigkeit ins Innere der Erde fährt. Was kann man tun? Der Zugführer und der junge Mann sind sich einig: Tun kann man »nichts«.

Verfehlte Deutungen

Das ist — in wenigen Linien gezeichnet — die Handlung dieser kurzen Erzählung. Wie hat man sie interpretiert? Beliebt ist die *autobiographisch-existentielle Deutung:* Dürrenmatt, so wird behauptet, habe hier vor allem ein Selbstportrait von sich als Studenten zeichnen wollen (fetter Leib, Brille, verbummelter Student, Fahrt von der Heimatstadt Bern in die Universitätsstadt Zürich) und eine Haltung der »Heiterkeit« gespiegelt, die es ihm schon früh ermöglicht habe, auch die Wahrnehmungen von Katastrophen zu bestehen. Diese Heiterkeit sei die Rettung, da sie der »Atem der Tapferkeit« sei. Denn der Vierundzwanzigjährige sei der »einzige Tapfere, Hellsichtige« in diesem Zug, und damit sei auch in dieser Erzählung jene »Grundfrage« aufgeworfen, die »uns die Existenz eines Dürrenmatt stellt: Wie besteht ein von Natur aus heiterer Mensch, dem Klarsicht gegeben ist, diese unsere Welt?«[8]

Eine Erweiterung dieser autobiographisch-existentiellen Deutung stellt die *gesellschaftskritische Interpretation* dar. Ist für die erste Deutung der Satz »doch nicht ohne eine gespensterhafte Heiterkeit« Verständnis-Schlüssel, so sind es jetzt alle Sätze, welche die Ahnungslosigkeit der Passagiere beschreiben. Vor allem:

> »Am anderen Ende des Wagens öffnete sich die Türe. Im grellen Licht des Speisewagens sah man Menschen, die einander zutranken, dann schloß sich die Türe wieder«.

Diese Sätze machen den Text angeblich zu einer »gesellschaftskritischen Parabel«. Dürrenmatt habe in der Erzählung die »schlimmstmögliche Wendung« eines alltäglichen Geschehens im zeitgenössischen Kontext der Schweiz darstellen wolle. Ziel der Erschütterung sei die »im Zuge des Wirtschaftswunders saturierte und genießende, apolitisch der Planmäßigkeit des behördlich geregelten Alltags vertrauende Gesellschaft«, wie sie die Passagiere des Zuges verkörperten. Der »glänzend geschriebene Text« könne deshalb als »gesellschaftskritische Parabel« gedeutet werden.[9]

[8] *E. Brock-Sulzer,* a. a. O., S. 339.
[9] *G. P. Knapp,* a. a. O., S. 37.

Neben der autobiograpisch-existentiellen und gesellschaftskritischen existiert als dritte die *religiös-theologische Deutung*. Ihr Schlüsseltext ist der letzte Satz: »Gott ließ uns fallen. Und so stürzen wir denn auf ihn zu.« Theologische Interpreten haben hier ein christliches Bekenntnis zum erbarmenden Gott gesehen, auf den der Mensch seine Hoffnung setzen und mit dessen Hilfe er auch die absurde Welt bestehen könne. Dürrenmatt habe einen Menschen gezeichnet, dem es gelinge, einen Gott anzunehmen, der die alttestamentlich rächenden Züge abgelegt habe und sich als helfender Gott zeige.[10] Andere Interpreten dieses Schlages sprechen vom »eindeutigen Bekenntnis zu einem christlichen Gott oder einer christlichen Weltordnung« oder wollen dem Glauben des Vierundzwanzigjährigen mit der Kategorie »Allgegenwart Gottes« beikommen.[11] Gott wirke unablässig durch alle Geschöpfe, er sei allgegenwärtig und allwirksam in Natur und Geschichte, und zwar als der dunkle, verborgene Gott, dem keine Anklage und keine Theodizee des Menschen gewachsen sei. In der Tat: Spricht nicht für eine religiöse Deutung dieser Erzählung vor allem auch die Anspielung auf die »Rotte Korah«? Dürrenmatt nimmt hier doch offensichtlich bewußt eine Szene aus dem vierten Buche Mose auf, wo eine Gruppe von Menschen beschrieben wird, die wegen ihrer Auflehnung gegen Gottes Gesetzgeber, Mose, dem Strafgericht verfallen. Nach Numeri 16,31 hat Gott die Erde als Schlund vor ihnen geöffnet und sie und ihre Familien auf diese Weise in den Tod stürzen lassen... Ist Dürrenmatts »Der Tunnel« also ebenfalls eine Drohung mit dem Untergang als Strafgericht Gottes über eine sündhafte Menschheit?

Keine dieser Deutungen wird der Geschichte gerecht. Und weil sie sich festgesetzt hatten, sah Dürrenmatt sich offensichtlich vor die Notwendigkeit gestellt, durch Korrekturen selber einzugreifen. Gewiß: Die Erzählung weist durchaus autobiographische Spurenelemente auf: die Parallelen zwischen dem Vier-

[10] Belege bei: *E. Weber*, Friedrich Dürrenmatt und die Frage nach Gott. Zur theologischen Relevanz der frühen Prosa eines merkwürdigen Protestanten, Zürich 1980, S. 208.

[11] Belege bei: *E. Weber*, a. a. O., S. 210 und bei *J. Bark*, Dürrenmatts »Pilatus« und das Etikett des christlichen Dichters, in: G. P. Knapp (Hrsg.), Friedrich Dürrenmatt, Studien zu seinem Werk, Heidelberg 1976, S. 54f.

undzwanzigjährigen und seinem Autor sind autobiographisch belegbar (regelmäßige Zugfahrt zwischen Bern und Zürich im Winter und Sommer 1942/43), und Dürrenmatt verweist darüber hinaus mehrfach auf eine frühe Jugendlektüre von Jules Vernes »Reise zum Mittelpunkt der Erde«.[12] Aber eine ausschließlich existentielle Pointe wollte Dürrenmatt selber dieser seiner Geschichte offensichtlich nicht geben. Deshalb streicht er den Schlüsselsatz dieser Deutungsgruppe »doch nicht ohne gespensterhafte Heiterkeit«. Dasselbe gilt für die religiösen Deutungen. Gezielt tilgt Dürrenmatt alle biblischen und theologischen Wendungen in seinem Text. Aber auch die gesellschaftskritische Interpretation greift zu kurz. Denn Gesellschaftskritik steht immer im Dienste einer anderen, besseren, »fortschrittlicheren« Gesellschaft. Und diese ist bei Dürrenmatt nun einmal nicht im Blick, weder in diesem Text noch anderswo. Die Pointe der Erzählung ist eine andere, und erst von dieser Pointe her bekommt die existentielle, gesellschaftskritische und religiöse Deutung eine neue Funktion — für den Leser vor allem, den Rezipienten.

Das Schreckliche als Möglichkeit

Die Pointe dieser Erzählung kommt dort in den Blick, wo es um die Erfahrung des »Schrecklichen«, »Ungeheuerlichen« und Abgründigen geht und Menschen gleichzeitig dieses Phänomen nicht mehr erklären oder durch Taten verhindern können. Diese Diskrepanz von Einbruch des Schrecklichen und Zusammenbruch aller dafür plausiblen Erklärungen oder nötigen Handlungsweisen dürfte das Entscheidende in diesem Text sein. Deshalb ist hier nicht allein die Gesellschaft erschüttert (zugunsten einer neuen, besseren), sondern die Welt überhaupt. Die Tatsache »Welt« steht hier zur Debatte. Und die Tatsache, daß Menschen scheitern in dem Versuch, ihre »Welt« im Griff zu behalten, wenn »das Schreckliche« kommt.

Denn der Einbruch des Schrecklichen wird zunächst auf ganz

[12] *F. Dürrenmatt,* Der Winterkrieg in Tibet. Stoffe I, Zürich 1984, S. 43 (Diogenes TB-Ausgabe); *ders.,* Die Entdeckung des Erzählens. Gespräche 1971–1980 (Bd. II), Zürich 1996, S. 119.

konventionelle Weise zu bewältigen gesucht: durch rationale Erklärung und rettende Tat. Rationale Erklärungen sucht ja der Vierundzwanzigjährige zunächst selber: Vielleicht ist er im falschen Zug? Vielleicht hat er bisher die Länge des Tunnels nie beachtet? Und rationale Erklärungen liefert vor allem seine Umgebung: der dicke Schachspieler, für den die Schweiz nun einmal, statistisch gesehen, so viele Tunnel hat wie kein anderes Land! Wozu sich also aufregen? Oder ein Engländer, der hier (Simpel, als der er karikiert wird) den »Simplon«-Tunnel erkannt haben will, in der Tat einer der längsten Tunnel der Schweiz überhaupt. Oder der Schaffner, der sich die Dunkelheit da draußen mit schlechtem Wetter oder dem Aufkommen eines Sturms erklärt. Und für »rettende Tat« steht der Versuch des Vierundzwanzigjährigen, die Notbremse zu ziehen, oder das Ansinnen des Zugführers, seine »Pflicht« zu tun und eine Panik unter den Reisenden zu verhindern, oder der Absprung der beiden Bahnbeamten aus Packwagen und Lokomotive... Das alles aber ist vergeblich. Der Sturz ist nicht aufhaltbar. Die traditionellen Erklärungs- und Handlungsmuster versagen in diesem Fall, sollen versagen. Die herrschende Plausibilität der Weltordnung oder -praxis soll hier gerade erschüttert, soll zum Einsturz gebracht werden — durchgespielt in einer fiktiven Geschichte, die nach der Devise geschrieben ist: Was wäre, wenn...

Nur wenige Personen nehmen das Schreckliche überhaupt wahr: der Zugführer und der Vierundzwanzigjährige. Über den Zugführer erfahren wir nur, daß er »immer ohne Hoffnung gelebt« habe. Wir sollen glauben, daß er zur Gruppe derjenigen gehört, die sich über den möglichen Zustand der Welt — anders als andere — nie Illusionen gemacht haben. Über den Vierundzwanzigjährigen erfahren wir mehr. Schon in den ersten Zeilen des Textes wird berichtet, seine vielleicht einzige Fähigkeit bestünde darin, »das Schreckliche hinter den Kulissen« wahrzunehmen. Seine Körperfülle wird ironischerweise damit erklärt, daß dadurch das Schreckliche »nicht allzu nahe an ihn herankomme«, ja, daß er die »Löcher in seinem Fleisch« zu verstopfen beliebe, »da doch gerade durch sie das Ungeheuerliche hereinströmen« könne. Deshalb pflegt der Vierundzwanzigjährige in der Mundöffnung eine Zigarre (Ormond Brasil 10) und in seinem Ohröffnungen Wattebüschel zu tragen. Dadurch panzert er sich ab gegen »das Schreckliche hinter den Kulissen«, weil er eben als einer der wenigen gewahr sein muß, daß das Schreckliche »allzu nahe« an ihn herankommt.

Von Anfang an also erfahren wir: Das Schreckliche existiert »hinter den Kulissen« der Normalwelt und kann jederzeit in diese Welt einbrechen. Es ist eine *Möglichkeit* — jederzeit, an jedem Ort. Jederzeit kann die Welt zum Beispiel ihren Schlund öffnen und einen Zug in den Abgrund rasen lassen. Und wenn dies passiert, wenn die Welt sich wirklich in ihrer Brüchigkeit und Abgründigkeit zeigt, ist buchstäblich »nichts« zu machen. Die Welt ist dann aus den Fugen. Die Welt ist Abgrund. Und diese *Möglichkeit* als schlimmsten Fall fiktiv durchzuspielen — das dürfte Dürrenmatt als Autor herausgefordert haben.

Erst also, wenn man die Abgründigkeit als *Möglichkeit der Welt* im Blick hat, dann bekommt auch die gesellschaftskritische Dimension des Textes ihren richtigen Stellenwert. Denn ohne Frage beschreibt diese Erzählung *auch* die Diskrepanz zwischen der Wahrnehmung des Schrecklichen, die nur wenigen gegeben ist, und dem Normalbetrieb von Welt, dem Menschen sich vertrauensvoll-naiv hingeben. Es ist schon ein faszinierend-unheimliches Bild, das Dürrenmatt entwirft: Während ihr Zug in den Abgrund rast, machen die Menschen so weiter, als wäre nichts geschehen; im Speisewagen werden weiterhin »Wienerschnitzel und Reis« serviert, und man prostet sich in Feierlaune zu. Ohne Frage hat eine solche Szene *auch* eine gesellschaftskritische Dimension, weil durch sie das Ausmaß der Verdrängung des Schrecklichen als Möglichkeit freigelegt wird:

> »Wir saßen noch in unseren Abteilen und wußten nicht, daß schon alles verloren war. Es hatte sich noch nichts verändert, wie es schien, doch hatte uns in Wahrheit der Schacht nach der Tiefe zu schon aufgenommen.«

Hat man die Abgründigkeit als Möglichkeit der Welt wahrgenommen, so kann man auch die existentielle Dimension der Erzählung richtig werten. Denn ohne Frage geht es *auch* um die Grundhaltung des Menschen in einer Welt, in die das Schreckliche und Unheimliche eingebrochen ist. Im Text aber ist von Tapferkeit oder Gelassenheit angesichts des Absurden nicht die Rede. Dürrenmatt hat mit Recht jeden Hinweis auf »Heiterkeit« gestrichen. Es geht nicht um pädagogisierende und psychologisierende Bewältigung von Katastrophenängsten. Im Gegenteil: Der Vierundzwanzigjährige in dieser Erzählung fühlt sich vom Abgründigen seltsam angezogen, ist auf bemerkenswerte Weise fasziniert. Nicht ein einziges Mal kommt Angst in ihm hoch oder bricht Panik in ihm aus. Ja, noch auf dem Höhepunkt der Spannung, als er und der Zugführer bereits die Lokomotive erreicht haben, denkt der junge Mann an seine Zigarre Marke Ormond Brasil. Ohnehin wird viel geraucht in diesem Text; wir wissen, warum. Und auch die Kletterei auf der Lok hat für den Studenten durchaus etwas Abenteuerliches; seine Erkundigungen nach der Geschwindigkeit haben etwas technisch Interessiertes. Als der Vierundzwanzigjährige durch die Geschwindigkeit auf die Glasscheibe des Führerstandes gedrückt wird, heißt es denn ausdrücklich auch, daß er »den Abgrund unter ihm in seine nun zum ersten Mal weit geöffneten Augen sog«. Der junge Mann also ist angesichts des Abgrundes mehr elektrisiert als skandalisiert, mehr fasziniert als furchtsam. Er hatte denn auch einen solchen Augenblick — wie wir erfahren — durchaus erwartet. Er hatte »auf diesen Augenblick« hingelebt, »der nun erreicht war, auf diesen Augenblick des Einbruchs, auf dieses plötzliche Nachlassen der Erdoberfläche, auf den abenteuerlichen Sturz ins Erdinnere«. Das Schreckliche, das »hinter den Kulissen« existiert, war auf einmal da. Aus der Möglichkeit war eine Wirklichkeit geworden. Die Wattebüschel können deshalb aus den Ohren verschwinden...

Und schließlich: Erst wenn man die Abgründigkeit als Möglichkeit der Welt gelten läßt, wird die religiöse Herausforderung dieser Erzählung ansichtig. Sie lag ursprünglich noch direkt auf der Ebene des Textes. Ursprünglich dürfte Dürrenmatt mit dem Satz »Gott ließ uns fallen. Und so stürzen wir denn auf ihn zu« direkt eine *religiöse Provokation* im Blick gehabt haben — und zwar *gegen* die traditionell-christlich verstandene Weltordnung. Eine autobiographische Reminiszenz verdeutlicht eine der Folien, vor denen dieser Text gelesen werden muß. Dürrenmatt über seine elterliche »Welt«, die in der Entstehungszeit des Textes noch voll präsent gewesen sein dürfte:

»Ich wuchs in einer christlichen Welt auf, die mich auch später nicht losließ: mein Sohn ist Pfarrer geworden. Die Menschen, mit denen meine Eltern verkehrten, waren gottesfürchtig, überall stieß ich auf das Christentum wie auf eine Mauer aus Glauben, ob ich während der Ferien in Bern im Christlichen Seminar weilte oder ob ich bei einem Bauern, mit dem meine Eltern befreundet waren, das Vieh hütete und beim Heuen half.

Die Erwachsenen, die mich umgaben, praktizierten ein bürgerlich-bäuerisches Christentum, nicht verlogen, wie man heute so leicht glaubt. In den Augen dieser Menschen stimmte die Ordnung noch, in der sie lebten und an die sie glaubten, und wo sie nicht mehr stimmte, da lag die Schuld im Unglauben. Es war eine gottgewollte Ordnung, die auch den Staat umschloß, Patriotismus und Christentum standen nicht im Widerspruch zueinander. Aber auch die verschiedenen Klassen unter den Menschen waren gottgewollt: so wie es verschiedene Rassen gab, hatte Gott auch den Bürger, den Bauern und den Arbeiter geschaffen, den Reichen und den Armen, und einem jeden seine Würden, Bürden und Pflichten gegeben.«[13]

Warum »Gott« gestrichen werden mußte

Gegen diese »Mauer aus Glauben«, gegen diese »gottgewollte Ordnung« aus Bürgerlichkeit und Christlichkeit schreibt der junge Dürrenmatt mit seinem Text offensichtlich an. Dieser sollte ein Stachel sein gegen ein Milieu, das sich über die Abgründigkeit der Welt mit harmonisierenden Glaubensbekenntnissen hinwegzutrösten pflegt. Die Provokation sollte offenbar darin liegen: Gott ist kein Ordnungsgarant, sondern kann wie ein verschlingender Abgrund sein. Gott selbst ist die *Möglichkeit* des Schrecklichen und Unheimlichen. Die Rede von »Gott« am Ende der

13 *F. Dürrenmatt,* Mondfinsternis/Der Rebell. Stoffe II/III, Zürich 1984, S. 19f (Diogenes TB-Ausgabe).

ersten Fassung dürfte also ursprünglich ihren Sinn darin gehabt haben, daß der Einbruch des Schrecklichen als Gottestat beschrieben wurde. Er ist nicht Menschenwerk und somit auch nicht durch Menschenwerk reparierbar. Daß etwas mit der Welt *im Ganzen* nicht stimmt, ist so, weil Gott es *so* will. *Er* ließ uns fallen, und so stürzen wir denn auf *ihn* zu.

Dürrenmatt, der zu studentischen Zeiten eine Dissertation über das Thema »Kierkegaard und das Tragische« plante (und stattdessen sein erstes Drama »Es steht geschrieben« verfaßte), weiß sich hier Überlegungen *Sören Kierkegaards* vom absoluten Eingriff Gottes in die menschliche Existenz verpflichtet: der Wiederaufrichtung des Paradoxes und des Ärgernisses.[14] Ähnliches gilt für die »Theologie der Krise« von *Karl Barth*, dessen Kommentar zum »Römerbrief« auf Dürrenmatts frühe Prosa einen erheblichen Einfluß hatte.[15] Ursprünglich wollte Dürrenmatt also hinaus auf eine Gott-Rede, welche die traditionelle Glaubensgewißheit erschütterte, die traditionellen Plausibilitäten zerschlug und die Dimension des Schrecklichen, Unheimlichen und Abgründigen für die Gott-Rede neu belebte: Gott ist kein »Standpunkt«, auf den der Mensch sich stellen kann, um in der Welt gesichert auftreten zu können; die Wirklichkeit Gottes ist nicht die bürgerliche Sicherheit, der man sich oberflächlich-ge-

[14] Vgl. zur Bedeutung *S. Kierkegaards* für Dürrenmatt: *E. Weber*, a. a. O., S. 42–50 (s. Anm. 10). Noch 1977 bekennt Dürrenmatt anläßlich der Verleihung der Buber-Rosenzweig-Medaille in seinem Vortrag »Über Toleranz«: »In meinem letzten Studienjahr tauchte ein Privatdozent auf, der uns mit dem Existentialismus Heideggers zu befreunden suchte. Meine Animosität Heidegger gegenüber, die an mir haften blieb, muß aus dieser Zeit stammen. Als Dissertation war ›Kierkegaard und das Tragische‹ vorgesehen. Es kam nicht dazu. Doch beunruhigte mich Kierkegaard weiter. Schon mein Vater gab sich mit ihm ab. Seit längerer Zeit beschäftigt mich die *Unwissenschaftliche Nachschrift*, die ich für Kierkegaards wichtigstes Werk halte.«, in: *F. Dürrenmatt*, Philosophie und Naturwissenschaft. Essays und Reden, Zürich 1980, S. 125f. (Werkausgabe Bd. XXVII).

[15] Vgl. zur *Bedeutung K. Barths* für Dürrenmatt: *E. Weber*, a. a. O., S. 50-57 (s. Anm. 10). In der Rede »Über Toleranz« findet sich auch die Äußerung: »Mein Verhältnis zur Theologie ist dadurch belastet, daß ich als Pfarrersohn von einer natürlichen Abneigung gegen alles Theologische geprägt bin. Der beste Grund, sich mit ihm abzugeben. Ich verdanke der Theologie vieles, von ihren gegensätzlichen Impulsen freilich. Karl Barths *Römerbrief* war für mich ein revolutionäres Buch, seine *Dogmatik*, in der ich oft lese, ein mathematisches Meisterwerk. Die Stellen über das Judentum sind ihr entnommen, den Bänden I/2 und III/3.« (S. 127f).

nießend hingeben kann; die Wirklichkeit Gottes ist nicht die geordnete Welt, die nach rational einsehbaren Regeln funktioniert.

Was somit in dieser Erzählung theologisch ursprünglich angezielt war, hat Dürrenmatt, der als Student seinem Namen auf der Zimmertür die Berufsbezeichnung »nihilistischer Dichter« hinzuzufügen pflegte, in seinen Erinnerungen an diese Zeit selber einmal so umschrieben:

> »Von den Klassikern waren sie (die sprachlichen Mittel) nicht zu lernen. Mit Thomas Mann konnte ich nichts anfangen, seine bürgerliche Welt stieß mich ab; ebenso Hermann Hesse — er kam mir kleinbürgerlich vor angesichts des allgemeinen Zusammenbrechens jenseits der Grenzen, seine Rebellion gegen die bürgerliche Welt war mir zu harmlos. Es galt gegen die Welt an sich zu protestieren, Gott an sich zu attackieren.«[16]

Die theologische Rezeption aber verdarb Dürrenmatt offensichtlich diese theologische Pointe seines Textes. Sie entzog der Erzählung den religiösen Stachel und verharmloste dessen Provokation. Theologische Interpreten griffen bei dem Wort »Gott« zu und sahen ihre eigenen religiösen Gewißheiten »durch den Dichter« bestätigt. Statt sich von dieser Gott-Rede beunruhigen zu lassen, verbuchten sie den Dürrenmattschen Text auf das Habenkonto ihres Glaubens. Schon 1972 ist Dürrenmatt deshalb entschlossen, den letzten Satz aus seiner Erzählung zu streichen. In einem Interview antwortet er auf eine entsprechende Frage:

> »Das würde ich heute streichen. Ich glaube nicht, daß man es nötig hat, eine moralische Sentenz an eine Erzählung anzuschließen — das ist eine Abschwächung der Sache.«[17]

Wir stehen hier vor der bemerkenswerten Tatsache, daß ein Autor das Wort Gott aus seinem eigenen Text verbannt, um die »Sache« neu zu verschärfen. Und wir begreifen, daß dieser Autor das Wort »Gott« streichen *mußte* — gewissermaßen um Gottes willen, d. h. um der Möglichkeit willen, daß Gott der Unverfügbare, Unverrechenbare bleibt. Und wenn man dazu schon eine

[16] *F. Dürrenmatt,* Mondfinsternis/Der Rebell, S. 128. 129 (s. Anm. 13)
[17] *F. Dürrenmatt,* Die Entdeckung des Erzählens, S. 83 (s. Anm. 12).

biblische Entsprechung suchen will, dann nicht bei der Rede von der Geborgenheit in den »Händen« des barmherzigen Gottes, sondern bei einer Erfahrung, wie sie im Hebräer-Brief zum Ausdruck kommt: »Schrecklich ist es, in die Hände des lebendigen Gottes zu fallen« (10,30; vgl. 12,21.29).

Hat man so jede Vereinnahmung des Dürrenmattschen Textes für eine traditionelle Glaubensgewißheit abgewehrt, so kann man ohne Mißverständnisse nun die *theologische Relevanz* dieses Textes für den religiös interessierten Leser um so deutlicher betonen. Denn dieser Text verliert mit der Streichung des Wortes »Gott« nichts von seiner theologischen Brisanz. Sie muß nicht dem Autor direkt unterschoben werden, sondern ist Sache des Rezipienten, falls dieser religiös offen ist. Und in der Tat ist das Streichen des Wortes »Gott« keine »Abschwächung«, sondern eine Verschärfung, gerade weil durch das (jetzt) letzte Wort der Erzählung »Nichts« eine Offenheit des Schlusses gewahrt ist. Fragen über Fragen werden dadurch frei: Warum ist die Welt so aus den Fugen geraten, daß Menschen buchstäblich »nichts« mehr machen können? Und wohin fallen Menschen, wenn die Erde wirklich ihren Schlund öffnet? Ins Unendliche? Ins Chaos? In die Katastrophe? Ins Verderben? In Gott? Welchen Gott? Die Offenheit des Schlusses macht also ein Bündel von Fragen möglich, die ursprünglich ebenfalls angezielt gewesen sein dürften, die aber durch den »moralisch« mißverstandenen Schluß ins Eindeutige aufgelöst waren.

Indem Dürrenmatt sich aber gegen die »Abschwächung« seines Textes wehrt, plädiert er gleichzeitig für eine Verschärfung der Sache. Und diese Sache heißt: Menschen sind stets konfrontiert mit der *Möglichkeit des Einbruchs des Schrecklichen.* Was hinter den Kulissen lauert, kann jederzeit vor die Kulissen treten. Menschen finden sich in einer Welt vor, in der sich Abgründe auftun können, in der das Unheimliche stets durch die oberflächlich gesicherte Ordnung brechen kann. Und diese Möglichkeit des Einbruchs ist weder durch Politik noch durch Moral noch durch religiöse Glaubensüberzeugung veränderbar. Sie hängt mit der Tatsache »Welt« überhaupt zusammen. Welt *ist* der Raum des Ungesicherten, des Chaotischen, des Abgründigen. Welt liefert keine Antworten aus sich, sondern ist eine ungelöste Frage, eine Frage, die verweist auf einen letzten Urgrund, der sich als Abgrund offenbart...

Abgebrochen das alte Gespräch. Wie aber dann noch von Gott und zu Gott reden? Szenenwechsel.

2. Weder gläubig noch glaubenslos: Marie Luise Kaschnitz

Im September 1951, sechs Jahre nach Ende des Krieges, kommen in der Evangelischen Akademie zu Tutzing bei München Schriftsteller zusammen, die sich zum Thema »Wozu Dichtung?« austauschen wollen. Vertreter der traditionellen christlichen Literatur in Deutschland wie Rudolf Alexander Schröder und Manfred Hausmann treffen auf Vertreter einer anderen Schriftstellergeneration, unter ihnen die damals 50jährige *Marie Luise Kaschnitz.* Sie hatte vor 1945 mit formal relativ konventionellen Liebes-Romanen wie »Liebe beginnt« (1933) und »Elissa« (1937) literarisch auf sich aufmerksam gemacht, war aber nach 1945 durch drei Lyrikbände (»Gedichte« 1947; »Totentanz und Gedichte zur Zeit« 1948, »Zukunftsmusik« 1950) sowie durch regelmäßige Beiträge in der von Dolf Sternberger und Karl Jaspers herausgegebenen Zeitschrift »Die Wandlung« als Schriftstellerin nun unübersehbar hervorgetreten. Als sie — es ist der 9. September 1951 — aus noch unveröffentlichten Gedichten zu lesen beginnt, muß den Zuhörern klargeworden sein, daß sich spätestens jetzt ein Bruch zwischen den Generationen vollzogen hatte. Die Gäste der Evangelischen Akademie vernehmen Texte, die »Verstörung, Ratlosigkeit, Befremden erregen« und der Dichterin den Vorwurf der »Blasphemie« eintragen werden.[18] 1953 erstmals separat veröffentlicht, bilden sie 1957 einen eigenen Abschnitt in dem Band »Neue Gedichte« unter dem Titel »Tutzinger Gedichtkreis«.[19]

[18] *D. v. Gersdorff,* Marie Luise Kaschnitz. Eine Biographie, Frankfurt/M. – Leipzig 1992, S. 196.

[19] *M. L. Kaschnitz,* Neue Gedichte (1957), in: Gesammelte Werke Bd. V (Die Gedichte), Frankfurt/M. 1985, S. 245–254 (»Tutzinger Gedichtkreis«). Künftig abgekürzt mit GW – Band – Seite. Zur *Auseinandersetzung mit Religion* im

Neue Gotteserfahrungen

Dabei hätte man schon aus der Lektüre der »Gedichte zur Zeit« (1948) ahnen können, aus welcher Welt diese Frau kam. 1946 war sie durch das durch Bomben schrecklich zerstörte Frankfurt a. M. gezogen, und niemand unter den deutschen Lyrikerinnen und Lyrikern war wie sie fähig, das Elend der Menschen und das Ausmaß der Zerstörung in einer großen Stadt so in Verse zu bannen wie sie. Man lese Gedichte wie »Große Wanderschaft«, wo von überfüllten Zügen die Rede ist, von Obdachlosenheimen, von Asylen, von Versehrten, Blinden, Totgeglaubten. Man lese den Zyklus »Rückkehr nach Frankfurt«, in dem die Kaschnitz die früher so vertraute Stadt als Ruinenlandschaft nachzeichnet, ohne in Depression und Verzweiflung zu verfallen. Typisch für die Autorin ist vielmehr, daß sie in all dem Elend und all der Zerstörung auch eine andere Seite des Lebens wahrnimmt: die Kraft, den Mut, den Willen. Der Zerstörung stellt sie etwas Unzerstörtes und Unzerstörbares gegenüber. Die Welt – Naturbilder beherrschen vielfach ihre Lyrik – besteht für sie aus dem großen Kontrast von Hell und Dunkel, Schönheit und Schrekken, Tod und Leben. Das Leben ist schrecklich, aber auch »herrlich«. Das wird in einem ihrer Gedichte aus dem Zyklus »Beschwörung« wie nirgendwo sonst deutlich:

»Ich lag im Bunker mit vielen,
Keiner kam zur Ruh,
Und eine Hand bestahl mich
Und die andere deckte mich zu.
Und ich ging auf der Straße mit vielen,
Weil es wieder zu wandern hieß,
Und eine Hand schob mir den Karren,
Während die andre mich stieß.
Und ich wußte nicht zu sagen,
wes Art mein Nächster war,

Werk der Dichterin vgl. die hilfreiche Studie von: *U. Suhr,* Poesie als Sprache des Glaubens. Eine theologische Untersuchung des literarischen Werkes von Marie Luise Kaschnitz, Stuttgart-Berlin-Köln 1992. *Überblicke über die Forschungsgeschichte* enthalten auch die Bände: *U. Schweikert* (Hrsg.), Marie Luise Kaschnitz, Frankfurt/M. 1984 (Suhrkamp Taschenbuch Materialien) und *E. Pulver,* Marie Luise Kaschnitz, München 1984 (Autorenbücher Bd. 40).

Es war nach den alten Begriffen
Nichts mehr berechenbar.
Und es war auch nicht mehr die Rede
Vom Wohlgefallen,
Nur das elende herrliche Leben
War in uns allen.«[20]

Von Gott ist in all diesen Texten höchst selten die Rede. Und wenn, dann in einem eigentümlichen, verfremdenden Sinn. Im selben Zyklus »Beschwörung« finden sich die bemerkenswerten Zeilen (bezogen auf die ins »elende herrliche Leben« gestürzten Menschen):

»In Welt verbrannt
Und wüstenweit
War nur der Leib,
Der sich noch trug
Und aufrecht stand,
War nur das Herz,
Das schlug und schlug,
Verlassenheit.

Und Gott war dort,
So sagen sie,
Nicht wie daheim
Im Frühlingswind,
Im Herdgeläut,
Im Liebeswort.

Er war, wie eh,
Er Sonnenlicht
Von Schwärze schied
Und Meer von Land.
Ein Anbeginn.
Sie gingen hin
Und gaben sich
In seine Hand.«[21]

20 *M. L. Kaschnitz,* Gedichte zur Zeit (1947), in: GW V, S. 159f.
21 *M. L. Kaschnitz,* a. a. O., S. 163f.

»Es war nach den alten Begriffen / Nichts mehr berechenbar« – das gilt offensichtlich auch für die Rede von Gott. Gott ist jetzt nicht mehr erfahrbar »wie daheim«, sondern unter neuen Bedingungen anders offenbar. Vergleiche mit der Urschöpfung werden gezogen. Gott ist »ein Anbeginn«, was wohl nur so zu verstehen ist: Diese Zeit des großen Umbruchs ist zugleich eine Zeit, Gott neu und anders zu erfahren, in unerhörter Sprache, in unerwarteter Weise, mitten in diesem »elenden herrlichen Leben«, ja als Ausdruck dieses »elenden herrlichen Lebens«.

Wir machen uns dieses Gottesverständnis anhand eines Textes klar, der sich in der Kaschnitzschen Essay-Sammlung »Mensch und Dinge« aus dem Jahre 1945 findet. Titel: *»Von der Gotteserfahrung«.*[22] Es handelt sich um einen Text, der grundlegenden Charakter hat, denn nirgendwo vorher und nachher hat die Dichterin so systematisch durchreflektiert über ihr Gottesverständnis Rechenschaft abgelegt. Auffällig ist hier, wie sehr die Autorin Äquidistanz zu wahren versucht: gegenüber »Gläubigen« einerseits sowie gegenüber »Glaubenslosen« andererseits. An den »Gläubigen« stößt Marie Luise Kaschnitz die Sicherheit und der Hochmut ab, aber auch (bei den religiös noch Ringenden) der Mangel an Heiterkeit. Wer nach den Gesetzen der Religion lebe, dem hätten die »schweren Gesetzestafeln« das Ursprüngliche in seinem Wesen »erstickt«, das Lebendige »zunichte« gemacht. Für die Autorin aber ist der »Gott der dunklen Tage« keiner von denen, die auf Tafeln geschrieben hätten oder dessen Aufgaben man in Büchern nachlesen könne. Dieser Gott sei auch nicht ein strenger Erzieher, dem man es nie gut genug machen könne. Was man tue und lasse, kümmere diesen Gott nicht.

Und die Gottlosen? Sie stoßen die Autorin ab, weil sie sich in der »großartigen Einsamkeit« gefielen, mit der sie ihrem Schicksal gegenüberstünden. Als ein »Stäubchen« betrachteten sie sich in dem unendlich kreisenden Weltennebel, und gerade aus dieser Kleinheit und Unwichtigkeit, aus dieser »völligen Verantwortungslosigkeit«, gewönnen sie ihre Gelassenheit und ihren Mut. Andere erhöhten sich selbst bis an die Sterne und hätten in den

22 *M. L. Kaschnitz,* Von der Gotteserfahrung (1945), in: GW VII, S. 33–38.

Menschen alles gelegt, was früher den Göttern eigen gewesen sei. Diesen »Glaubenslosen« gegenüber bringt Marie Luise Kaschnitz ihre »Gewißheit eines Lebens nach dem Tode« ins Spiel, und diese Gewißheit hütet sie wie den Besitz eines »köstlichen Schatzes«. In der »beglückenden Fähigkeit der Hingabe an eine überirdische Macht« fühlt sie sich »wie der Sehende inmitten der Blinden von einem ungeheuren Erbarmen erfüllt«. Und diese »Hingabe an eine überirdische Macht« bestimmt die Autorin auf den letzten beiden Seiten ihres Essays mit hellsichtiger Klarheit.

Ein anderes Wort für »überirdische Macht« ist ihr das Wort »Liebesmacht«. Und dieses Wort ist nicht harmlos zu verstehen. Denn es gäbe Zeiten, gesteht die Kaschnitz, in denen sie diese Liebesmacht von den Kräften des Untergangs und der Vernichtung nicht rein unterscheiden und ablösen könne. Sie könne sie nicht trennen von den Gewalten der Natur, deren »blindes Wirken« man beständig verspüre. Sich dieser Liebesmacht hinzugeben, sich mit ihr zu verschmelzen, scheine ihr »Ursprung und Ende, der Sinn des Todes, ein namenloses, unsagbares Glück«. Und dann folgen die entscheidenden Sätze:

> »In unserer eigenen Brust kämpfen wir den Kampf, den Gott mit sich selber austrägt. In den wunderbaren Augenblicken der Harmonie ahnen wir die Vollkommenheit unseres Ursprungs und unseres Endes, zwischen denen die chaotischen Jahrhunderte der Erde liegen wie ein einziger stürmischer Tag.
>
> Aber es gibt keine Flucht vor der unmittelbaren Gotteserfahrung, die in das Herz fällt wie ein greller Blitz und die mit einem Male alles Schreckliche und Schöne der Schöpfung offenbart. Zwar ahnen wir die Erfüllung, die uns erwartet im Nichtmehrsein. Wir spüren sie in den Augenblicken, in denen die Welt mit all ihrer Schönheit unsere Sinne berührt, und nicht minder dort, wo der göttliche Schöpfertrieb des Menschen Töne, Worte und Stoff geformt und in eine höhere Wirklichkeit erhoben hat. Aber wir haben keine Vorstellung, die Gott erreichen, kein Gesetz, das ihn ausdrücken kann. Und die Teilhaftigkeit an seinem Wesen bedeutet für mich unsern Anteil an den unfaßlichen Gegensätzen seiner Natur.

In dieser Überzeugung fühle ich mich von dem Stolz der Glaubenslosen wie von der Sicherheit der Gläubigen gleichermaßen entfernt. Denn meine heutige Lebens- und Todesbejahung ist ein furchtbar persönliches Verhältnis, eine erschrekkend unmittelbare Hingabe an den Zwang zur Verwandlung, dem wir in Gott unterworfen sind und den wir mit ihm erleiden müssen. Manchmal sehe ich die Hekatomben der Schlachtfelder wie ein Meer von Flammen, ein gewaltiges Feuer, das zu unserer Sühne brennt, und es scheint mir, als ginge das Göttliche in unserer Vorstellung aus den schrecklichen Kriegen wunderbar gereinigt hervor. Ich sehe sein Licht über jeder Menschengeburt wie über jedem Keim, der aus der Erde bricht. Aber der Menschentod dünkt mich größer und heiliger als das Fallen der Blätter im Herbst und das Sterben der Kreatur. Denn größer ist der Anteil des Menschen an Gottes Werk. Und weiter und schwerer ist sein Weg zu den abendlichen Gärten des Paradieses, die einst noch einmal wunderbar blühen und duften werden, ehe auch sie wieder zurücksinken in Gott.«[23]

Von diesem Essay über die »Gotteserfahrung« läßt sich nun ohne Anstrengung eine Brücke zum »Tutzinger Gedichtkreis« schlagen. Auffällig war, daß in der bisherigen Lyrik der Kaschnitz das Wort »Gott« höchst selten auftrat. Der Essay aber zeigte, daß die Rede von Gott für sie einen spezifischen Sinn hatte. Nun verschmelzen die essayistisch geäußerte Überzeugung vom Anteilhaben an den »unfaßlichen Gegensätzen« der Natur Gottes und lyrischer Ausdruckswillen zu etwas in der deutschen Literatur Einzigartigem. Und selbst aus heutiger Perspektive wird man nachvollziehen können, daß die jetzt entstandenen Verse in einem traditionell christlichen Publikum »Erschütterungen« ausgelöst haben müssen. Denn die »Tutzinger Gedichte« sind eine bis dahin unerhörte Auseinandersetzung mit Gott, geboren aus einer radikal veränderten Welterfahrung:

»Zu reden begann ich mit dem Unsichtbaren.
Anschlug meine Zunge das ungeheuere Du,

[23] *M. L. Kaschnitz,* Von der Gotteserfahrung, S. 37f. (s. Anm. 22).

Vorspiegelnd altgewesene Vertrautheit.
Aber wen sprach ich an? Wessen Ohr
Versuchte ich zu erreichen? Wessen Brust
Zu rühren — eines Vaters?
Vater, Du riesiger Sterbender,
Verendend hinter dem Milchfluß,
Vater, Du Flirren der Luft,
Herfunkelnd vom fliehenden Stern —«

Wer diese Eingangsverse auf sich wirken läßt, kann schon jetzt einen inneren Rhythmus erkennen, der in den folgenden Strophen bleiben wird: Bewegung und Gegenbewegung, Verneinung und Bejahung, einerseits, andererseits. Einerseits gilt: Die »alte Vertrautheit« der Gottesrede — sie ist »gewesen«. Gott ist nicht mehr der liebende »Vater«, dessen »Ohr« man erreichen, dessen »Brust« man rühren könnte. Dieser »Vater« befindet sich offensichtlich im Prozeß der Verendung im kosmischen Raum. Die religiöse Sprache »Vater« ist jetzt durch naturwissenschaftlich-kosmologische Terminologie ersetzt: »Flirren der Luft, Herfunkelnd vom fliehenden Stern«. Und wenn man doch noch Worte wie »Du« und »Vater« gebraucht, spielt man die alte Vertrautheit nur vor.

Andererseits aber bleibt die Du-Anrede, die Vater-Metapher, die zumindest als Zitat unentbehrlich scheint. Seltsam paradox wird auf diese Weise die Gott-Rede in diesem Text: Die religiöse Metaphorik scheint abgestorben angesichts des kosmischen Raums, aber als »ungeheures Du« wird Gott in der Sprache noch einmal lebendig. Was wir vor uns haben, ist etwas völlig Ungewohntes: ein Gebet als Antigebet, eine Beschwörung Gottes, die aus dem Bewußtsein des Todes Gottes kommt, ein Vertrauen in den Unsichtbaren, das zugleich ein Akt des Mißtrauens ist, ja, ein Verstehenwollen, das aus dem völligen Unverständnis kommt:

»Zu reden begann ich mit dem Unsichtbaren
Und sagte: ich verstehe nichts,
Ich bin wie ein Stein, der daliegt, ein Hindernis glotzäugig fest.
Ich bringe nicht einmal fertig, über die Straße zu gehen.

Deine Stimme gellt mir im Ohr, zerreißt meine Eingeweide.
Schaudern macht mich Dein furchtbares accelerato.
Du hast mich aus Deiner alten Erde gemacht,
Die nichts mehr gelten soll. In meiner Brust
Hast Du die alten Gefühle aufgeweckt,
Die kein Gewicht mehr haben in der Zeit.«

Damit ist die neue Szenerie aufgerissen, aus der heraus die Autorin spricht. Ihre Erfahrung ist die *Gleichzeitigkeit* nicht mehr vereinbarer Gottesstimmen, die zu Verständnislosigkeit und Lähmung führt. Da ist auf der einen Seite das »furchtbare accelerato«, womit die technologische Tempoverschärfung und der ökonomische Aufbruch zu Beginn der 50er Jahre gemeint ist. Und diese Beschleunigung im Zuge von Technisierung und Urbanisierung wird als Ausdruck von Gottes »Stimme« betrachtet. Da sind andererseits aber noch die alten Gotteserfahrungen, umschrieben mit den Metaphern »alte Erde«, »alte Gefühle«. Die freilich gelten nichts, haben kein Gewicht mehr in neuer Zeit. Die Beziehung Gott — Mensch hat sich radikal verändert, weil die Lebenswelt radikalen Veränderungen unterworfen ist. Diese Gleichzeitigkeit sich überlagernder vertraut-alter und verwirrend-neuer Gotteserfahrungen macht das Spezifikum aller Tutzinger Texte aus. Und die folgenden Strophen 3 bis 14 beschreiben diese Gleichzeitigkeit in immer neuen Verskaskaden.

Gott im Aufbruch und in der Zerstörung

Die Texte sind zu reich, als daß sie auch nur annähernd wiederzugeben wären. Wie könnte man ohnehin Lyrik in Prosa »auflösen« wollen? Schon in den 50er Jahren hat ein ebenso bedeutender Lyriker, *Erich Fried*, die »große offene Form« der Tutzinger Gedichte gerühmt. Aus »Psalm und Elegie stammend, aber nie einfach nachahmend«, könne diese Form vieles in sich aufnehmen: »Montage, hierin vielleicht mehr von Eliot als von Benn beeinflußt, Beschwörung, Angstvision, Predigt, dichterisches Bild und Betrachtung.«[24] Doch einige wenige Linien zum Verständnis sollen nachgezeichnet werden. Das dominierende Motiv

[24] *E. Fried*, Manchmal große Lyrik, in: DIE ZEIT vom 5. Dezember 1957.

im *ersten großen Sinnabschnitt* (Str. 3–14) ist mit dem Satz umschrieben: »Recht ist Dir alles, was Aufbruch heißt«. Konkret verweist das Wort »Aufbruch« auf die industriell-technologischen Veränderungen, welche die Autorin in ihrer Umgebung Frankfurt wahrnimmt und die ein nie gekanntes Ausmaß haben. Nach der Zerstörung, die sie erlebt hatte, kam jetzt der rasante Aufbau: Von »Greifarmen« der Kräne ist denn auch im Text die Rede, von »wandernden Flammenschriften« der Leuchtreklamen, von Straßenröhren, vom Räderwerk, von Aufzügen, von stampfenden Kolben, von unaufhörlichen Transportbändern, von knatternden Rädern und donnernden Flugzeugen. Die neue Zeit steht im Zeichen von Tempo, Lärm, Abbruch und Aufbruch. Und alles erscheint so, als sei es Ausdruck von Gottes Willen: »Gefallen hast Du am Räderwerk, das nicht stillsteht«. Das Tempo scheint Gottes Tempo, der Lärm Gottes Geräusch, *Aufbruch* und *Abbruch Gottes Genuß:* »Recht ist Dir alles, was Aufbruch heißt«. Ja, Gott wird unter diesen Umständen zu einer Art Ungeheuer, das offensichtlich selbst an dem »Bündel der Flüchtlinge« und den »Schritten der Vertriebenen« seinen rauschhaften Spaß hat:

»Wenn die Jünglinge auf ihren knatternden Rädern
Um Mitternacht durch die Straßen brausen, lächelst Du.
Lieber sind Dir die donnernden Flugzeuge als Schwärme der weißen Tauben.
Recht ist Dir alles, was Aufbruch heißt.
Die Bündel der Flüchtlinge sind Deine Opfergaben,
Die Schritte der Vertriebenen zählst Du hinzu Deinem Herzschlag,
An den tödlichen Abschieden trinkst Du Dich satt.« (Str. 5)

Da dieses »furchtbare accelerato« aber offensichtlich *Selbstausdruck Gottes* ist, führt dies im religiösen Bereich zu einem Bruch. Das Motiv der Verständnislosigkeit von Strophe 2 taucht denn auch in Strophe 6 wieder auf, jetzt aber wird Gott direkt dafür verantwortlich gemacht:

»Wer ausgeht, gerichtet zu werden, findet keinen Richter mehr.

Wer ausgeht, die Alten zu fragen, bekommt keine Antwort.
Abgebrochen hast Du das alte Gespräch.
Wenn wir fragen, zu welchem Ende,
Schweigst Du.
Wenn wir fragen, warum so geschwinde,
Schweigst Du.«

Aber aus dem Schweigen darf nicht gefolgert werden, daß Gott nicht mehr existierte. Wer dies vorschnell meint, den straft Gott selbst Lügen, indem er sich in der Zerstörung offenbart:

»Wenn wir hingehen und tun, als wärest Du gar nicht da,
Läßt Du uns bauen den Turm bis zum obersten Stockwerk.
Stürzt ihn mit einem Nichts von Atem ein.« (Str. 6)

Diese Verantwortung Gottes für die alles verschlingenden Aufbrüche, diese Präsenz Gottes auch in der *Zerstörung* führt zu einem Gefühl der Obdachlosigkeit. Es ist, als habe Gott selbst das Haus geräumt, das bisher Sicherheit und Verborgenheit versprach:

»Du bist wie ein Hausherr, der ausräumt — gestern die alten Sprüche,
Heute die Bilder, morgen die sichere Bettstatt.
Worauf sollen wir schlafen? Ihr schlaft nicht mehr.
Wovon sollen wir essen? Ihr eßt nicht mehr.
Wohin werden wir reisen? Schon lange bist Du aufgebrochen,
Keine Fußspur im Sande, kein Zweig geknickt.« (Str. 8)

Konsequenz? Die *erste Konsequenz* lautet *Entethisierung Gottes.* Schon im Essay von 1945 war die Rede davon, daß der Gott der Kaschnitz nicht auf Gesetzestafeln schreibe, moralische »Aufgaben« kenne und sich nicht kümmere um das, was Menschen täten oder ließen. Jetzt in den »Tutzinger Gedichten« ist davon die Rede, daß der, der ausgeht, »gerichtet« zu werden, »keinen Richter« mehr finde. Und wo kein Richter, da keine Schuld. Auch dafür wird Gott verantwortlich gemacht:

»Fortgenommen hast Du uns unsere Schuld,
An die wir uns halten konnten, das Bleigewicht,

Und ausgelöscht das finstere Gegenbild,
Dem wir entrinnen konnten in Deinen Schoß.« (Str. 10)

Zweite Konsequenz: Die *alte Religiosität* ist zu einem *Reservat* verkommen; die vertrauten religiösen Objekte sind zu musealen Schaustücken geworden. Und da dies so ist, bleibt einem die traditionelle Sprache des Gotteslobes gewissermaßen im Halse stecken:

»Die Sprache, die einmal ausschwang, Dich zu loben,
Zieht sich zusammen, singt nicht mehr
In unserem Essigmund. Es ist schon viel,
Wenn wir die Dinge in Gewahrsam nehmen,
Einsperren in Kästen aus Glas wie Pfauenaugen
Und sie betrachten am Feiertag.
Irgendwo anders hinter sieben Siegeln
Stehen Deine Psalmen neuerdings aufgeschrieben.
Landschaft aus Logarithmen, Wälder voll Unbekannter,
Wurzel der Schöpfung. Gleichung Jüngster Tag.« (Str. 12)

Entscheidend dabei: Es ist offensichtlich Gott selbst, der das traditionelle Gotteslob nicht will oder verhindert und es den Menschen so unmöglich macht, ihm auf die religiös vertraute Weise (»vor Deinen Altären«, »in Deinen schönen Tälern«) die Ehre zu erweisen:

»Mit denen, die Dich auf die alte Weise
Erkennen wollen, gehst Du unsanft um.
Vor Deinen Altären läßt Du ihr Herz veröden,
In Deinen schönen Tälern schlägst Du sie
Mit Blindheit. Denen, die Dich zu loben versuchen,
Spülst Du vor die Füße den aufgetriebenen Leichnam.
Denen, die anheben, von Deiner Liebe zu reden,
Kehrst Du das Wort im Mund um, läßt sie heulen
Wie Hunde in der Nacht.« (Str. 14)

Wir halten hier inne und versuchen uns klarzumachen, was das Einzigartige an diesen Gedichten ist. Aus ungezählten christlichen Texten — gerade auch in den 50er Jahren — kennt man zwei Reaktionsweisen auf die säkulare, industriell-urbane Welt:

eine christlich verwerfende und eine säkular rühmende. Von Christen wird der Schöpfergott wie eh und je gelobt — allen Umbrüchen und Gegenerfahrungen zum Trotz. Und christliche Dichter wie Rudolf Alexander Schröder und Werner Bergengruen haben solche Texte in Fülle geschrieben. Zugleich wird der technologische Fortschritt im Zuge rasanter Urbanisierung der Lebenswirklichkeit meist kulturkritisch der Gottlosigkeit bezichtigt; die säkulare Welt wird des Abfalls von Gott beschuldigt; Technik und Industrie werden allein in ihren den Glauben zerstörenden Kräften zeitkritisch gebrandmarkt. Säkularisten dagegen geben sich gern der Technologie als Fortschritt hin und halten im Zuge ihrer Weltbeherrschung Religionskritik und Gottesleugnung für die Spitze menschlichen Fortschritts. Zwischen diesen beiden Optionen geht Marie Luise Kaschnitz mit ihren »Tutzinger Gedichten« einen eigenständigen, *dritten Weg*, der sich im Essay »Von der Gotteserfahrung« schon andeutete: den Weg jenseits von christlichem Traditionalismus und atheistischem Säkularismus. Auch diese Texte wahren Äquidistanz zu »Gläubigen« wie »Glaubenslosen«. Denn sie liefern weder das erwartete Gotteslob (verbunden etwa mit einer kulturkonservativen Säkularismus-Kritik) noch schlagen sie sich — angesichts des Durchbruchs technologischer Zivilisation — auf die Seite der traditionellen Gottesleugner.

Ihr Weg ist ein anderer: Aus den Zäsurerfahrungen heraus beginnt die Autorin eine kritische Auseinandersetzung mit Gott, trägt Rückfragen, Klagen und Anklagen vor. Zwar hat Gott das »alte« Gespräch abgebrochen, das aber ist offensichtlich kein Grund für die Dichterin, das Gespräch ihrerseits einzustellen und nicht nach Möglichkeiten zu suchen, ganz neue Gespräche mit Gott zu führen, unerhörte, noch nie geführte Gespräche. Um diese *Exploration unerhört anderer Präsenzen Gottes* in neuer Zeit, die neue Gespräche über und mit Gott erfordern, scheinen mir diese Verse zu kreisen. Nicht um die »allseits bedrückende Erfahrung« des »deus absconditus« geht es, nicht um ein Leiden »an der Anwesenheit der Abwesenheit Gottes«, wie ein theologischer Interpret meinte,[25] sondern um die Erkundung und

[25] *H. E. Bahr*, Poiesis. Theologische Untersuchungen der Kunst, München–Hamburg 1965, S. 164.

Besprechung bisher unerhörter Gottespräsenzen. Denn Gott ist in diesem Text keineswegs absconditus, unerkennbar, verborgen; Gott ist keineswegs abwesend, sondern Gott ist ständig offenbar, aber auf eine vertraute und *zugleich* radikal fremde, befremdliche Weise. Das löst bei der Autorin Vorwürfe aus, Anklagen, Rückfragen. Die Gottesverrätselung wird zur Gottesverklagung.

Gottes Kälte und Gottes Verwirrung

Denn in den folgenden Strophen steigert Marie Luise Kaschnitz noch einmal diese Gottesverklagung. In Strophe 2 hatte sie noch ganz subjektiv formuliert: »ich verstehe nichts«. Schon Strophe 6 hatte die Perspektive umgedreht: Jetzt ist es Gott selber, der das »alte Gespräch« abgebrochen und sich ins Schweigen oder in die Zerstörung zurückgezogen hat. In Strophe 15 und 16 wird dies noch einmal verschärft: Vielleicht will Gott gar nicht, daß von ihm die Rede ist? Gewiß, einstmals in der Geschichte der Religionen hat Gott sich genährt vom »Fleisch und Blut« der Opfer, »vom Lobspruch« der Priester. Jetzt aber? Doch offensichtlich vom Schweigen! Vielleicht sind Gott »unsere gelähmten Zungen« lieber als »die tanzenden Flammen« des Pfingstwunders von einst? Ist Gottes Schweigen und unser Verstummen also ein gewollter Rückzug Gottes, eine andere, von uns nicht mehr verstandene Form seiner Gegenwart? Oder beruht alles auf einer bewußten »Verwirrung« durch Gott? Merkwürdig ist ja: Die Orte, an denen man früher Gott ohne weiteres erkannte, die Berge, die Täler, die Meereswellen, sind ja noch vorhanden. Die Schönheit der Natur (die Rose, die Zeichnung des Windes im Dünensand, die Lilie und der Rittersporn) — sie ist ja nicht ausgerottet, schon gar nicht aus den Herzen der Menschen (Str. 17). Aber wie geht dies alles zusammen mit der wahrgenommen anderen Erfahrung Gottes? Angesichts der rasanten technologischen Machtergreifung über die Welt ist doch Gott offensichtlich »auf etwas ganz anderes aus«: »auf die Blume, die nicht mehr duftet, auf das gewürzlose Fruchtfleisch, auf die eisigen Spiele der Nordlichter über dem Hang« (Str. 17).

Grunderfahrung ist deshalb das *Alleingelassensein durch Gott:*

»Manchmal kommt es uns vor, als müßten wir
Dir nachrufen, sagen, was aus uns geworden ist,
Allein gelassen zwischen Tür und Angel (...)

Es hat Dir gefallen, uns auszutrocknen
Wie gelben Stockfisch. Tränenlos.« (Str. 18 u. 21)

Grunderfahrung ist die Kälte Gottes:

»Und manchmal kommt es uns vor, als müßten wir
Vor Dein Angesicht bringen alles, was Du gemacht hast,
Es aufzuheben gegen Deine Kälte.
Ausschreien will ich Dir wie auf dem Jahrmarkt
Das Pappellaub, das silbern steht im Windsturz,
Den Schuppenglanz der Fische, das seltsame Auge des Zick-
leins.
Das schöne pestgefleckte Ahornblatt.
Wie die Windharfe sang in den Bäumen,
Wie die Flöte des Hirten in Argos,
Ausschreien will ich dies alles und zuletzt
Die Freude meiner Liebe,
Ich, Dein Gedächtnis.« (Str. 19)

Grunderfahrung ist die gewollte *Unbegreiflichkeit Gottes:*

»Du wirst Dich uns nicht mehr begreiflich machen,
Nicht auflösen Deine Verwirrung,
Nicht wiederholen die Tage, da wir gestillt
In Deinen Gärten das Haupt verbargen.« (Str. 25)

Aber auch dies ist noch nicht das letzte Wort. In den letzten drei Strophen (26-29) kommt es noch einmal zu einer unerhörten paradoxalen Verdichtung der bisherigen Gedankenführung. Denn die Autorin versucht, die alten und neuen Gotteserfahrungen in einer letzten Anstrengung dialektisch miteinander zu verschränken. Der kühne Gedanke wird durchgedacht, daß möglicherweise gerade in dieser unserer Gebrochenheit Gott gelobt werden wolle — gerade von denjenigen, die man die »Ungläubigen« nennt. Das sind ganz offensichtlich die neuen Gespräche, die Gott von uns erwartet:

»Und dennoch wirst Du fordern, daß wir Dich
Beweisen unaufhörlich, so wie wir sind,
In diesem armen Gewande, mit diesen glanzlosen Augen,
Mit diesen Händen, die nicht mehr zu bilden verstehen,
Mit diesem Herzen ohne Trost und Traum.
Aufrufen wirst Du Legionen der Ungläubigen
Kraft Deiner lautlosen Stimme Tag für Tag,
Ihre Glieder werden hören,
Ihr Schoß wird hören,
Essen und trinken werden sie Dich,
Ihre Lungen atmen Dich ein und aus.« (Str. 26)

Ja, ernst gemacht wird mit dem Gedanken, daß Gott gerade im Gegenteil seiner selbst sich zu erkennen verlangt:

»Verlangen wirst Du, daß wir, die Lieblosen dieser Erde,
Deine Liebe sind.
Die Häßlichen Deine Schönheit,
Die Rastlosen Deine Ruhe,
Die Wortlosen Deine Rede,
Die Schweren Dein Flug.« (Str. 27)

Und vielleicht ist ja gerade dies Gottes »letztes Geheimnis«:

»Dein Fernsein Deine Nähe,
Dein Zuendesein Dein Anfang,
Deine Kälte Dein Feuer,
Deine Gleichgültigkeit Dein Zorn.« (Str. 28)

Wer aber soll all diese kühnen dialektischen Verschränkungen verstehen? Auffällig: Begannen die Gedichte mit dem Eingeständnis völliger Verständnislosigkeit (»Ich verstehe nichts, / ich bin wie ein Stein«), so enden sie mit einer *Perspektive nach vorn.* In Aussicht gestellt wird, daß es in Zukunft wenigstens »einige« geben wird, die Gott »bisweilen beweglich machen« werde, »schneller als deine Maschinen und künstlichen Blitze«. In Aussicht gestellt wird, daß es wenigstens einige Menschen geben wird, die sich weder an das Altvertraute klammern noch sich durch die technologische Weltherrschaft niederdrücken lassen, die es vielmehr schaffen, die Veränderung als Ort der Gotteserfahrung zu begreifen, in der »Heimatlosigkeit« Heimat zu empfinden und im Abschied einen Ausdruck von Liebe zu erkennen:

»Und einige wirst Du bisweilen beweglich machen
Schneller als Deine Maschinen und künstlichen Blitze,
Überflügeln werden sie ihre Angst.
Fahrende werden sie sein. Freudige.
Reich wird und voll von Süße sein
Die Begegnung, der Gruß im Vorüber.
Nisten werden sie in ihrer Heimatlosigkeit
Und sich lieben in Tälern des Abschieds.
Gleitet Ihr Sterblichen —«

Widerspruch in Tutzing

Von Anfang an hatte dieses Gespräch mit dem Ungeheuren Widerspruch erzeugt. Und wir verstehen nun besser, warum. Schon in Tutzing notiert die Kaschnitz in ihr Tagebuch: »Gespräch über mein Gedicht (Tutzinger Gedichte). Wie hat im Gegensatz dazu Rilke Gott angesprochen? Manchmal recht mitleidig... Gespräch in Tutzing über das Negative in der heutigen Dichtung (Curtius nennt das ›aus der Winselecke‹). Das Verlangen nach Heil, Aufrichtung...«[26] Die Autorin war offensichtlich auf ein christliches Milieu gestoßen, das von der Dichtung nichts als »Heil« und »Aufrichtung« verlangte und dem Gottes-Zweifel, gar die Gottes-Verklagung als etwas Unmoralisches, fast Blasphemisches erschien. Das Un-Wort »Winselecke« soll Verachtung ausdrücken. Der Gottes-Klage billigt man offensichtlich keinen objektiven Wahrheitsgehalt zu, sondern reduziert sie auf ein Versagen des einzelnen Schriftstellers. Dieses Versagen gleicht dem eines Hundes, dessen Winseln man nicht ertragen kann. Hier wird bestätigt, was Claus Westermann über das christlich-theologische Milieu sagte: »Vor Gott zu klagen ist nicht angemessen, es entspricht nicht der richtigen Haltung gegenüber Gott. Die Klage stört oder mindert die fromme Einstellung zu Gott.«

[26] Zit. n. *D. v. Gersdorff*, a. a. O., S. 198f. (s. Anm. 18).

Dabei hatte Marie Luise Kaschnitz schon 1949 in einem Aufsatz für »Die Wandlung« unter dem Titel »Vom Wortschatz der Poesie« über die Dialektik von Schrecken und Schönheit, Chaos und Ordnung, Wahrheit und Wahrhaftigkeit reflektiert. Unter Anspielung auf Rainer Maria Rilke, für den das »Rühmen« der eigentliche Auftrag des Dichters gewesen sei, kritisiert sie schon hier Leser, die sich »in jäher Angst« an die letzten Dichter klammerten, die noch »zu rühmen« verstünden. Dem hält sie entgegen:

»Des Ewigen Ehre wird nicht angetastet, und ein Ölfleck auf dem Asphalt offenbart mit seinem irisierenden Glanz alle Schönheit der Welt. Wo der Mensch klein wird, wächst die Größe des Universums, und wer die Sinnlosigkeit darzustellen vermeint, entdeckt vielleicht gerade in ihr wieder einen geheimen Sinn. Wer mit dem Ernst der *Wahrhaftigkeit* zu formen versucht, schafft schon Ordnung, selbst wenn das Chaos sein Gegenstand ist. Was beschworen werden soll, muß doch genannt werden, was uns ängstigt, muß zur Erscheinung kommen.

Für jeden einzelnen begibt sich der Dichter auf die Suche nach der Wahrheit, die heute eine andere als gestern und morgen eine andere als heute ist. Für jeden einzelnen entdeckt er die Veränderungen in der Beziehung des Menschen zu Gott, zu seinen Mitmenschen, zur Natur. Wer gestern noch von der Liebe als einem Besitz sprach, muß heute den Haß, die Kälte und die Einsamkeit enthüllen, wer sich gestern noch mit der Natur verbunden glaubte, dem wird heute nur der Heimatschrei der Verlorenen und die große Klage gelingen.

Daß der Dichter dennoch in der Hand Gottes sitzt, ist das Geheimnis, das durch all seine Schmähungen hindurchleuchtet und uns immer wieder ergreift... Der Dichter versucht nur, ihnen (den Lesern) den Alb von der Brust zu nehmen. Denn für ihn sind Staub und Unrat, Motorenlärm und Maschinengewehrfeuer Gesichter und Stimmen Gottes, der sein verwandelndes Werk vollzieht.«[27]

[27] *M. L. Kaschnitz,* Vom Wortschatz der Poesie (1949), in: GW VII, S. 536–542, Zit. S. 540. 541.

Staub und Unrat, Motorenlärm und Maschinengewehrfeuer – Gesichter und Stimmen Gottes? Hier ist 1949 angedeutet, was sich 1951 in den Gedichten zu großer lyrischer Rede auswuchs: Gott vollzieht mit allen Teilen seiner Schöpfung sein »verwandelndes Werk«. Seine Präsenz ist nicht an unseren ästhetischen Geschmackskanon gebunden, noch auch ethisch domestizierbar. Die ethische Dimension ist denn auch in dieser Gottrede völlig ausgeblendet – zugunsten einer radikalisierten ästhetischen. Das heißt: Gottes Präsenz ist für diese Autorin überall – auch im Staub und im Unrat; Gottes Stimme wird überall vernehmbar – auch im Motorenlärm und im Feuer der Maschinengewehre. Das ist ästhetische Gotteserfahrung (nicht zu verwechseln mit einem billigen Ästhetizismus), gewendet gegen jede ethische Gotteszügelung. Und genau dies dürfte in Tutzing Anstoß erregt haben; es war ja auch anstößig gemeint. Gott im Feuer der Maschinengewehre! Und die Schreie der Opfer? Sind dies auch Schreie Gottes? Trinkt sich auch Gott an deren Blut satt? Theo-poesie steht hier gegen Theo-logie.

Religiöses Leben als Hadern mit Gott

Die hier aufgebrochene Auseinandersetzung ließ die Autorin offensichtlich nicht los. Und zwei Jahre später findet sich im Buch *»Engelsbrücke. Römische Betrachtungen«* (1955) ein bemerkenswertes Kapitel, das man nur als Reaktion auf diese und ähnliche Kritik deuten kann. Titel: »Rechtfertigung einer Lakrimistin«. Lakrimistin? Das Wort (von lat. lacrima = Träne) soll offensichtlich denselben Vorwurf aufgreifen, der im Ausdruck »Winselecke« steckt. Denn die Autorin berichtet hier von einem »alten Freund«, der eine junge österreichische Dichterin mit genau diesem Etikett verächtlich gemacht habe:

> »Die Welt zu beweinen war in C.'s Augen eine jämmerlich unwürdige Haltung, unwürdig dessen, dem so viel vor Augen gehalten wird an Schönheit der Außenwelt, Liebesmöglichkeiten und Bestrebungen des menschlichen Geistes. C.'s Ablehnung des Zweifels und der Klage war goethisch, nicht in bewußter Nachahmung, sondern aus einer ähnlichen Art der

Dankbarkeit, auch aus der Überzeugung, daß das Aussprechen des Negativen diesem erst eigentlich zum Dasein verhülfe. Lakrimist sein war ihm somit mehr als eine persönliche klägliche Haltung, es war Erzeugung des Bösen und damit Böses in sich. Mochte er den Stumpfsinn und die Gleichgültigkeit verachten, die Verzweiflung in allen ihren Äußerungen fürchtete er, wie nur ein zutiefst Bedrohter sie fürchten kann.«[28]

Nach dieser psychologischen Analyse (wer Zweifel und Klage verdammt, ist meist selber ein »zutiefst Bedrohter«, tut dies also aus Angst) hält Marie Luise Kaschnitz selbstbewußt dagegen und präzisiert die Funktion, welche die negativen Aussagen in der Dichtung für sie selber haben:

»Daß auf dem Grunde der negativen Aussage auch eine Gläubigkeit, wenngleich eine schmerzliche, und auch eine Liebe, wenngleich eine ewig vermissende, wirksam ist, will den trostverlangenden Idealisten nicht einleuchten, erst recht nicht, daß einer Lakrimist sein und doch an einem hellen Tag am Meer seine wirklich helle Freude haben kann. So sag es doch, schelten sie, und werfen dem Dichter sein böswilliges Verschweigen vor. Aber *es* sagt aus dem Dichter, und *es* spürt die Unstimmigkeit zwischen dem Vollkommenen und dem Heillosen, daran kann ein persönlich reiches Leben nichts ändern und nicht einmal ein persönlicher Sinn für Humor... Die allgemeine Krankheit muß ausgesprochen oder ausgeträumt werden, und gerade von denen, die das Leben am leidenschaftlichsten lieben.«[29]

Marie Luise Kaschnitz selber also sieht keinen Widerspruch zwischen Zweifel, Klage, Verzweiflung sowie Gläubigkeit und Liebe. Ja, ganz auf der Linie der »Tutzinger Gedichte« hat sie auch in späteren Aufzeichnungen, so in *»Wohin denn ich«* (1963), gerade auch den *Streit mit Gott* und die Auflehnung gegen den Schöpfer *Ausdruck ihrer Religiosität* genannt, weil Ausdruck einer lebendigen Gottesbeziehung. Das Gegenteil von Streit und Auflehnung wäre Gleichgültigkeit:

[28] *M. L. Kaschnitz,* Engelsbrücke. Römische Betrachtungen (1955), in: GW II, S. 135f.
[29] *M. L. Kaschnitz,* a. a. O., S. 136.

»Die Gretchenfrage, wie hältst du's mit der Religion, habe ich mir... des öfteren gestellt. Die Letzten Dinge, wie sollte ich mich ihnen gegenüber gleichgültig verhalten, da ich ihnen doch schon halb anheimgefallen war, und mit meinem besseren, edleren Ich. Nun, ich hielt es mit ihnen, oder sie hielten es mit mir, was manches erklären mag an Streiterei, Auflehnung und jähem Vertrauen — ein Gleichgültiger schimpft nicht, hadert nicht, zweifelt nicht, worin sich mein religiöses Leben doch abspielte, wenn ich nicht gerade in der Gnade war, das heißt in einem Zustand, den ich so nicht gerne bezeichne, aber doch nicht anders bezeichnen kann.«[30]

Als diese Sätze veröffentlicht wurden, hatte Marie Luise Kaschnitz die größte Katastrophe in ihrem privaten Leben bereits hinter sich. Und es ist erregend zu beobachten, wie die Texte aus dem »Tutzinger Gedichtskreis« sie dann auch privat »einholen«. Denn 1951 konnte sie noch nicht ahnen, was ihr persönlich bevorstehen würde: daß nämlich der geliebte Ehemann, der Archäologie-Professor Guido von Kaschnitz-Weinberg, 1956, mitten aus der erfolgreichen Arbeit als Direktor des Deutschen Archäologischen Instituts in Rom herausgerissen werden würde. Gehirntumor wird konstatiert, der inoperabel ist. Zwei Jahre dauert das Siechtum, bis Guido von Kaschnitz-Weinberg am 1. September 1958 in Frankfurt stirbt.

Dieses Erlebnis von tückischer Krankheit und elendem Sterben, das die Autorin völlig unerwartet trifft und zur gänzlichen Ohnmacht verurteilt, gehört zu dem erschütterndsten ihres Lebens, das bis dahin privat ungewöhnlich glücklich verlaufen war. Als dann zwei Jahre später ihre junge Schwägerin nach langem qualvollem Leiden ebenfalls dahingerafft wird und noch im selben Jahr die ältere Schwester ihrerseits an Krebs stirbt, gibt es auch persönlich bei Marie Luise Kaschnitz Reaktionen, welche auf den »Tutzinger Gedichtkreis« zurückverweisen. Nach diesen Erlebnissen kann es aus ihr herausbrechen: »Der liebe Gott in Ehren, aber muß er immer gerade da zuschlagen, wo alles schön in Ordnung und voll Freud und Liebe ist?«[31] Eine Erfahrung, die

[30] *M. L. Kaschnitz,* Wohin denn ich (1963), in: GW II, S. 551.
[31] Zitiert bei *D. v. Gersdorff,* a. a. O., S. 273 (s. Anm. 18).

sie später noch einmal mit dem Ausdruck *Hadern* beschreiben sollte. In ihren Aufzeichnungen »*Tage, Tage, Jahre*« (1968) findet sich der Satz: »Was Gott tut, ist noch lange nicht wohlgetan, und wer mit den Menschen und mit sich selber hadert, hadert auch mit ihm, ich tue das beständig, aber seine Existenz zu leugnen käme mir nicht in den Sinn.«[32] Konkretisiert an späterer Stelle, wo sie darüber reflektiert, ob sie ihren Aufzeichnungen nicht den Titel »Gott und die Welt« geben soll:

> »›Gott und die Welt‹ fand ich dann einen ganz passenden Titel, wobei mich nicht im geringsten genierte, daß von Gott so gut wie nichts auf diesen nun schon zu zwei Bündeln angewachsenen Seiten steht. Ich bin kein Atheist. Wo Welt ist, ist auch Gott, kein besonders lieber, aber einer, der sich beständig manifestiert, in jeder Zerstörung, in jeder Versöhnung, der immer mehr ist, als wir selber sind und sein können, so daß, wer die Erscheinungen jedes Tages schildert, ihn auch an die Wand malt und seinen schönen gefallenen Engel dazu.«[33]

So dürfte den Interpreten zu folgen sein, die den »Tutzinger Gedichtkreis« die »wichtigste religiöse Dichtung« der Marie Luise Kaschnitz genannt haben, ein Zyklus, der in der Tat »ein halbes Jahrhundert nach Rilkes ›Stundenbuch‹ das Gottesverhältnis des modernen Menschen in schonungsloser Radikalität« ausgesprochen hat.[34] Ja, man muß diese Texte nicht nur zu den wichtigsten religiösen Gedichten der Kaschnitz, sondern überhaupt der deutschen Literatur des 20. Jahrhunderts zählen, und zwar deshalb, weil hier etwas Einzigartiges versucht wurde, für das es in der deutschen Literatur kaum Parallelen gibt: daß »in hymnischer Form eine Anklage gegen Gott formuliert wird, fast blasphemisch«, die aber »noch in der Auflehnung gläubig« ist; eine »Anrufung Gottes, prometheisch im Widerstand, aber — das Paradoxon sei gewahrt — ohne prometheisches Selbstgefühl«.[35]

32 *M. L. Kaschnitz,* Tage, Tage, Jahre. Aufzeichnungen (1968), in: GW III, S. 166.
33 *M. L. Kaschnitz,* a. a. O., S. 309f.
34 *D. v. Gersdorff,* a. a. O., S. 197 (s. Anm. 18).
35 *E. Pulver,* a. a. O., S. 67 (s. Anm. 19).

III. TREIBT GOTT SELBST DEN UNFUG?

Noch in der Auflehnung gläubig? Mir persönlich war diese einzigartige Mischung erstmals im Werk von Heinrich Heine begegnet. Ich lernte ihn schon während meines Studiums kennen als den witzigsten Kritiker der Religion unter den großen Poeten. Er war für mich ein Glücksfall, und kaum einen Dichter liebe ich so wie ihn. Viele seiner Verse »mußte« ich einfach auswendig lernen, weil sie mich frei machten von muffiger Denkweise, von spießiger Bequemlichkeit. Und vor allem: Sie machten mich vertraut mit dem Witz und dem Lachen auch in Sachen Religion.[36]

1. Protestierende Rückkehr zu Gott: Heinrich Heine

Wer könnte je die Eingangsverse von »Deutschland. Ein Wintermärchen« vergessen? Als Heine sie im Jahre 1844 im Pariser Exil schreibt, tritt er noch als »Apostel einer neuen Religion« auf. Es ist die Zeit seiner Freundschaft mit Marx und Engels und seines Glaubens daran, daß mit revolutionären politischen Umbrüchen

[36] Ausführlicher zu Heine Stellung genommen habe ich in: *K.-J. Kuschel,* »Vielleicht hält Gott sich einige Dichter«. Literarisch-theologische Porträts, Mainz [2]1996, Kap. II: Heinrich Heine und die Doppelgesichtigkeit aller Religion. Wichtig zur *Deutung des Spätwerks: J. Brummack* (Hrsg.), Heinrich Heine. Epoche — Werk — Wirkung, München 1980, bes. S. 275–286. *W. Preisendanz,* Heinrich Heine. Werkstrukturen und Epochenbezüge, München 1973, 2. Aufl. München 1983 (bes.: »Heines Dichtertum« sowie »Die Gedichte aus der Matrazengruft«). Zur *Religion* bei Heine grundlegend: *S. Prawer,* Heine's Jewish Comedy, Oxford 1983. Neuerdings speziell zur *Gestalt Jesu: B. Wirth-Orthmann,* Heinrich Heines Christusbild. Grundzüge seines religiösen Selbstverständnisses, Paderborn 1994 (Lit.!).

die Gesellschaft wirklich veränderbar sei, ein »neues Geschlecht« heranwachse — »mit freien Gedanken, mit freier Lust«, das verstehen würde, worum es Heine geht: um eine Synthese von Sinnlichkeit und Politik, von Schönheit und sozialer Gerechtigkeit. Keiner unter den großen Dichtern hatte so bezwingend gegen allen christlichen Sündenpessimismus die Rehabilitation des Fleisches besungen, die Gottesrechte des Menschen, die Abschaffung der Sünde, die Erlösung vom Moralgesetz und die Entthronung des jenseitigen Gesetzgebers sowie die Stiftung rein menschlich-autonomer Glückseligkeit:

»Ein neues Lied, ein besseres Lied,
O Freunde will ich Euch dichten.
Wir wollen hier auf Erden schon
Das Himmelreich errichten.«[37]

Aber dann kommt es 1849 zu einer großen Wende in Heines Leben, als der Ausbruch einer lähmenden Krankheit den 52-jährigen Dichter in seine Pariser »Matratzengruft« zwingt. Ganze sieben Jahre muß er so dahinvegetieren. In dieser Zeit redet Heine von »Umwandlung«, von »Rückkehr« zu Gott, von »Wiedererweckung« des »religiösen Gefühls«. Ein frommes Händefalten war damit nicht gemeint, wohl aber ein verzweifeltes Anrennen gegen Gott. Ja, man wird sagen können: Heine braucht jetzt Gott; er braucht in seiner Krankheit das Sprechen von Gott; er braucht Gott als Adressaten seiner Klage, seines Schreis, seiner bissigen Fragen. Es sei die »Verzweiflung des Leibes«, wie er in einem Brief schreibt, die ihn sagen lasse: »Gottlob, daß ich jetzt wieder einen Gott habe, da kann ich mir doch im Übermaß des Schmerzes einige fluchende Gotteslästerungen erlauben; dem Atheisten ist eine solche Labung nicht vergönnt.«[38]

[37] *H. Heine,* Deutschland. Ein Wintermärchen (1844), in: Sämtliche Schriften in 12 Bänden, hrsg. v. K. Briegleb, Bd. VII, München–Wien 1976, S. 578. Künftig abgekürzt zitiert mit SW - Band - Seite.

[38] *H. Heine,* Brief an H. Laube vom 7.2.1850, in: Briefe, hrsg. v. F. Hirth, Bd. III, Mainz–Berlin 1950 (Nr. 1027).

Der Kranke: Lazarus und Hiob zugleich

In diesen sieben Jahren bis zu seinem Tod 1856 entstehen einzigartige Texte. Von all diesen sind die unter dem Titel »Lazarus« zusammengefaßten die eindrücklichsten für unseren Zusammenhang. Schon der erste Gedichtband nach Ausbruch der Krankheit, »Romanzero« (1851), enthält in seinem zweiten Buch, das Heine in Aufnahme der alttestamentlichen Klagelieder-Tradition (Prophet Jeremia!) programmatisch »Lamentationen« nennt, 20 Lazarus-Gedichte. Gewiß: Man wird sich hüten müssen, die Sterbe-Problematik in Heines Spätwerk rein individualpsychologisch, gar individualpathologisch zu lesen. Heine bleibt auch in dieser allerletzten Phase seines Lebens ein politischer Dichter, der die privaten Erfahrungen nie von den politischen trennt. Heines Verzweiflung ist immer mehr als reine Privatsache; sie erstreckt sich auch auf den Weltenlauf, die Menschheitsentwicklung und das Schicksal der Revolution. Mit Recht hat der Literaturwissenschaftler *Georg Lukács* als Grundmotiv fast aller Texte des »Romanzero« die Trauer darüber bezeichnet, »daß in dieser Wirklichkeit stets und überall das Schlechte über das Gute triumphiert«, und bei Heine diese Stoßrichtung gesehen: »es ist das verzweifelte Suchen nach einer Hoffnung, nach einer lichten Perspektive, das verzweifelte Sich-Anklammern an jede Illusion und schließlich das tapfere, vernünftige und ironische Zerstören dieser selbstgeschaffenen, nie vollständig geglaubten Illusion.«[39]

Aber zugleich darf eine politische Lektüre der Texte nicht unterschlagen, daß Heine jetzt auch eine sehr persönliche *Auseinandersetzung mit Gott* führt. In seinem *Nachwort* zu *»Romanzero«* aus dem Jahre 1851 macht der Autor selber deutlich, wie sehr sich sein Gottesbild in der Zwischenzeit gewandelt hat. Zum ersten Mal gesteht er jetzt öffentlich ein, daß er »zu Gott« zurückgekehrt sei, »wie der verlorene Sohn«. Angegriffen vom »gesamten hohen Klerus des Atheismus« und bereits vereinnahmt von Kirchengläubigen, will Heine seinen ganz individuellen Schritt vor Mißverständnissen abschützen. Unzweideutig bekennt er jetzt:

[39] *G. Lukács,* Heine als nationaler Dichter (1935), in: ders., Deutsche Realisten des 19. Jahrhunderts, Berlin 1951, S. 89–146, Zitat S. 121.

»Wenn man auf dem Sterbebette liegt, wird man sehr empfindsam und weichselig, und möchte Frieden machen mit Gott und der Welt... Ja, ich bin zurückgekehrt zu Gott, wie der verlorene Sohn, nachdem ich lange Zeit bei den Heglianern die Schweine gehütet. War es die Misère, die mich zurücktrieb? Vielleicht ein minder miserabler Grund. Das himmlische Heimweh überfiel mich und trieb mich fort durch Wälder und Schluchten, über die schwindligsten Bergpfade der Dialektik. Auf meinem Wege fand ich den Gott der Pantheisten, aber ich konnte ihn nicht gebrauchen. Dies arme träumerische Wesen ist mit der Welt verwebt und verwachsen, gleichsam in ihr eingekerkert, und gähnt mich an, willenlos und ohnmächtig. Um einen Willen zu haben, muß man eine Person sein, und, um ihn zu manifestieren, muß man die Ellbogen frei haben. Wenn man nun einen Gott begehrt, der zu helfen vermag – und das ist doch die Hauptsache – so muß man auch seine Persönlichkeit, seine Außerweltlichkeit und seine heiligen Attribute, die Allgüte, die Allweisheit, die Allgerechtigkeit usw. annehmen.«[40]

Mehr noch: Früher hatte Heine sich in Rollenfiguren wie dem Märtyrer der Liebe (»Buch der Lieder«) oder dem Märtyrer der politischen Idee (»Reisebilder«) gespiegelt und gefallen. Jetzt sind es »Rollen« wie Lazarus und Hiob, an denen Heine sich klar wird, daß er wieder ein besonderes Schicksal durchmacht. Er

[40] *H. Heine,* Nachwort zu »Romanzero« (1851), in: SW XI, S. 182f. Vgl. ebenso den *Brief an H. Laube* vom 25.1.1850: »ich habe nämlich, um Dir die Sache mit einem Worte zu verdeutlichen, den Hegelschen Gott oder vielmehr die Hegelsche Gottlosigkeit aufgegeben und an dessen Stelle das Dogma von einem wirklichen, persönlichen Gotte, der außerhalb der Natur und des Menschengemütes ist, wieder hervorgezogen. Dieses Dogma, das sich ebenso gut durchführen läßt wie unsere Hegelsche Synthese, haben am tiefsinnigsten, laut den Zeugnissen der neoplatonischen Fragmente, schon die alten Magier dargestellt, und später in den mosaischen Urkunden tritt es mit einer Wahrheitsbegeisterung und einer Beredsamkeit hervor, welche wahrlich nicht bei unseren neueren Dialektikern zu finden ist. Hegel ist bei mir sehr heruntergekommen, der alte Moses steht in floribus.« (in: SW XII, S. 220) Ebenso an *H. Laube* vom 12.10.1850: »Ich liege zusammengekrummt, Tag und Nacht in Schmerzen, und wenn ich auch an einen Gott glaube, so glaube ich doch manchmal nicht an einen guten Gott. Die Hand dieses großen Tierquälers liegt schwer auf mir. Welch ein gutmütiger und liebenswürdiger Gott war ich in meiner Jugend, als ich mich durch Hegels Gnade zu dieser hohen Stellung emporgeschwungen!« (in: SW XII, S. 221).

gehört jetzt zu den besonders Geschlagenen und Heimgesuchten und damit jetzt negativ zu Gottes erwählten Kreaturen. Beispiel *Lazarus.* Gerade an dieser Gestalt läßt sich Heines Identität mit und Differenz zur biblisch-christlichen Welt verdeutlichen. Denn von der neutestamentlichen Lazarus-Geschichte (Lk 16,19–31 sowie Jo 11,1–44) rezipiert Heine nur die Niedrigkeitsdimension dieser Gestalt. Wie der lukanische Lazarus ist auch er als Kranker jetzt mehr denn je auf die »Brosamen« des reichen Mannes angewiesen; wie der johanneische Lazarus liegt auch er faktisch schon im Grabe, gewissermaßen ein Toter, ein für die Welt Gestorbener. Ja, Heines Leben steht nun im Zeichen eines schaurigen Paradox: als »Aussätziger« — die »Lazarus-Klapper« in der Hand, damit die Leute rechtzeitig vor einem ausweichen — ist man ein Verstoßener, ein lebendig Toter; zugleich aber singt und pfeift ganz Deutschland fröhlich die eigenen Lieder:

> »Manchmal in meinen trüben Nachtgesichten glaube ich den armen Klerikus der Limburger Chronik, meinen Bruder in Apoll, vor mir zu sehen, und seine leidenden Augen lugen sonderbar stier hervor aus seiner Kapuze; aber im selben Augenblick huscht er von dannen, und verhallend, wie das Echo eines Traumes, höre ich die knarrenden Töne der Lazarus-Klapper.«[41]

Die Hoffnungsdimension der Lazarus-Geschichte dagegen wird nicht mitrezipiert: die Erhöhung des Lazarus nach dessen Tod in Abrahams Schoß (während der Reiche in den Qualen der Hölle

[41] *H. Heine,* Geständnisse (1854), in: SW XI, S. 501. Vgl. zum Verständnis der »Geständnisse« den ausführlichen Kommentar bei *K. Briegleb,* in: SW XII, S. 201–227. Überzeugend hier die Bemerkung des Kommentators: »Schon in der ersten Antwort auf dieses Mißverständnis (Zurücknahme der früheren Vollkommenheitsutopien) hat Heine in der Vorrede 1852 den Konversionsgedanken zurückgewiesen und hat die biblische Figurensymbolik seiner Reflexionen verstärkt: Von der Höhe des Dünkels herabgestürzt worden zu sein bedeutet Berichtigung des Standorts der politischen Philosophie und volkstümlichen Dichtung, nicht deren Preisgabe. In der Grundstruktur der literarischen Wirklichkeitsbearbeitung spielt sich mit schonungsloser Härte die Herausforderung einer neu bloßgelegten Wirklichkeit an die Deutungsfähigkeit des Autors ab. Die ›Hiobsbotschaften‹ lösen bei ihm keine Reue aus, denn seine Bestrebungen in den Tagen des Glücks waren ›gerecht‹, sondern Nachdenken bis zur Verzweiflung über diese Neueinrede der Wirklichkeit« (S. 218).

vergeblich um Linderung fleht), oder die Auferweckung aus dem Grabe mit der Wiederherstellung des Lebens im Diesseits. Stattdessen erfolgt bei Heine eine *kritische Auseinandersetzung mit Gott*, die nirgendwo schärfer geführt ist als in der Gedichtsammlung »*Gedichte 1853 und 1854*«. Nicht zufällig nimmt der Autor hier noch einmal elf Gedichte unter dem Titel »Zum Lazarus« auf, um Kontinuität zur eigenen Klagetradition des »Romanzero« herzustellen. Aber als Identifikationsfigur kommt jetzt weniger Lazarus als *Hiob* in den Blick und damit die Tradition der Gottesrebellion. Zwar hatte es bei Heine zu Beginn der Krankheitsphase Anflüge von Duldung und Hinnahme gegeben, wie wir sie im biblischen Hiob-Buch *auch* antreffen. So hatte er in seinem Testamentsentwurf vom 13. November 1851 geschrieben:

> »O Gott! Du wolltest, daß ich zugrunde ging, und ich ging zugrunde. Gelobt sei der Herr! Er hat mich herabgestürzt von dem Postamente meines Stolzes, und ich, der ich in meinem dialektischen Dünkel mich selber für einen Gott hielt und Gefühle hegte und Tugenden übte, die nur einem Gott ziemten — ich liege jetzt am Boden, arm und elend, und krümme mich wie ein Wurm. Gelobt sei der Herr! Ich trage mit Ergebung meine Qualen, und ich lehre den Kelch der Erniedrigung, ohne mit den Lippen zu zucken, bis zum letzten Tropfen. Weiß ich doch, daß ich aus dieser Erniedrigung auferstehe, gerechtfertigt, geheiligt und gefeiert.«[42]

Und doch waren im Verlaufe der Jahre Urfragen an Gott bei Heine durchgebrochen, so daß die Hiob-Tradition nun ganz anders kritisch eingebracht wird. Im März 1854 kann Heine schreiben:

> »Aber warum muß der Gerechte so viel leiden auf Erden? Warum muß Talent und Ehrlichkeit zugrunde gehen, während der schwadronirende Hanswurst... sich räkelt auf den Pfühlen des Glücks und fast stinkt vor Wohlbehagen? Das Buch Hiob löst nicht diese böse Frage. Im Gegenteil. Dieses

[42] *H. Heine*, Testamentsentwurf vom 13. 11. 1851, in: SW XI, S. 548f.

Buch ist das Hohelied der Skepsis, und es zischen und pfeifen darin die entsetzlichsten Schlangen ihr ewiges: Warum?«[43]

Rebellische Gebete aus der Matratzengruft

Man versteht nun besser, warum Heine seine neue Sammlung »Gedichte 1853 und 1854« nun mit einem Gedicht programmatisch einleitet, das aus diesem rebellischen Geist des Hiob und der Klagepsalmen geschrieben ist:

»Laß die heilgen Parabolen,
Laß die frommen Hypothesen –
Suche die verdammten Fragen
Ohne Umschweif uns zu lösen.

Warum schleppt sich blutend, elend,
Unter Kreuzlast der Gerechte,
Während glücklich als ein Sieger,
Trabt auf hohem Roß der Schlechte?

Woran liegt die Schuld? Ist etwa
Unser Herr nicht ganz allmächtig?
Oder treibt er selbst den Unfug?
Ach, das wäre niederträchtig.

[43] *H. Heine,* Spätere Note (März 1854), in: SW IX, S. 190. Gleich darauf fährt Heine fort (und auch diese Sätze lohnen die Dokumentation): »Wie kommt es, daß bei der Rückkehr aus Babylon die fromme Tempelarchivkommission, deren Präsident Esra war, jenes Buch in den Kanon der heiligen Schrift aufgenommen? Ich habe mir oft diese Frage gestellt. Nach meinem Vermuten taten solches jene gotterleuchteten Männer nicht aus Unverstand, sondern weil sie in ihrer hohen Weisheit wohl wußten, daß der Zweifel in der menschichen Natur tief begründet und berechtigt ist und daß man ihn also nicht täppisch ganz unterdrücken, sondern nur heilen muß. Sie verfuhren bei dieser Kur ganz homöopathisch, durch das Gleiche auf das Gleiche wirkend, aber sie gaben keine homöopathisch kleine Dosis, sie steigerten vielmehr dieselbe aufs ungeheuerste, und eine solche überstarke Dosis von Zweifel ist das Buch Hiob; dieses Gift durfte nicht fehlen in der Bibel, in der großen Hausapotheke der Menschheit. Ja, wie der Mensch, wenn er leidet, sich ausweinen muß, so muß er sich auch auszweifeln, wenn er sich grausam gekränkt fühlt in seinen Ansprüchen auf Lebensglück; und wie durch das heftigste Weinen, so entsteht auch durch den höchsten Grad des Zweifels, den die Deutschen so richtig die Verzweiflung nennen, die Krisis der moralischen Heilung. – Aber wohl demjenigen, der gesund ist und keiner Medizin bedarf!« (S. 190f)

Also fragen wir beständig
Bis man uns mit einer Handvoll
Erde endlich stopft die Mäuler –
Aber ist das eine Antwort?«[44]

Sprachlich knapper und sachlich härter kann man die berühmte Rückfrage nicht stellen. Und auch theologisch kaum kühner. In zwölf Versen ist die gesamte neuzeitlich Theodizee-Problematik aufgerissen, und zwar so, daß mit allem Theodizee-Optimismus à la Leibniz Schluß gemacht wird. Theodizee hieß ja für Leibniz, wie wir hörten: Gottes Gerechtigkeit kann *durch den Menschen* vernünftig dargelegt werden; der Mensch kann Gott rechtfertigen angesichts der Übel der Welt mit Hilfe seiner eigenen Vernunft.

Heine »schreit« aus der Matrazengruft – wie kein anderer deutscher Dichter vor ihm – die Gegenerfahrung heraus: Die »verdammten Fragen« sind für den Betroffenen ungelöst, ja sind weder durch fromme Gleichnisse noch durch philosophische Spekulationen aus der Welt zu schaffen. Die Fragen sind »beständig« da – bis zum Tode, der seinerseits das Fragen nicht stillstellt, sondern verschärft. Heine hat damit eines der ersten Anti-Theodizee-Gedichte in der deutschen Literatur geschrieben. Hiob behält gegen Leibniz recht: Gott ist nicht durch den Menschen rechtfertigbar; wenn schon, rechtfertigt Gott sich selbst, hat Gott sich zu rechtfertigen. Deshalb kann er – nach dem Vorbild alttestamentlicher Klagetexte (wie wir sehen werden) – herausgefordert, ja bestürmt werden, diesen Rechtfertigungsvorgang zu beschleunigen. Gott wird so durch den Menschen angreifbar, anfechtbar – entweder in seiner Allmacht (vielleicht ist er ja doch »nicht ganz allmächtig«) oder in seiner Güte (vielleicht ist er ja doch »niederträchtig«).

Was Heine hier also lyrisch im Rollenspiel »inszeniert«, ist gewiß die Rückkehr eines verlorenen Sohns, aber nicht eines Sohnes, der vor dem Vater schuldbewußt in die Knie geht, sondern eines Sohnes, der bei der Rückkehr den Vater zur Rede stellt. Die Rückkehr zu Gott hat den rebellischen Stachel nicht gebrochen, sondern neu aufgerichtet. Der Schöpfer selber ist jetzt

[44] *H. Heine*, Zum Lazarus, in: SW XI, S. 201f.

Adressat des Widerspruchs. Ja, wie kühn Heine in dieser Zeit nun das direkte Gespräch mit Gott führen konnte, machen *Gedichte aus dem Nachlaß* deutlich, die ebenfalls in diesen letzten Jahren entstehen, darunter 34 Gedichte, die noch einmal den Themenkreis »Lamentationen« verstärken. Das wohl ergreifendste von ihnen wurde später unter dem Titel *»Miserere«* veröffentlicht:

»Die Söhne des Glückes beneid ich nicht
Ob ihrem Leben, beneiden
Will ich sie nur ob ihrem Tod,
Dem schmerzlos raschen Verscheiden.

Im Prachtgewand, das Haupt bekränzt
Und Lachen auf der Lippe,
Sitzen sie froh beim Lebensbankett —
Da trifft sie jählings die Hippe.

Im Festkleid und mit Rosen geschmückt,
Die noch wie lebend blühten,
Gelangen in das Schattenreich
Fortunas Favoriten.

Nie hatte Siechtum sie entstellt,
Sind Tote von guter Miene,
Und huldreich empfängt sie an ihrem Hof
Zarewna Proserpine.

Wie sehr muß ich beneiden ihr Los!
Schon sieben Jahre mit herben,
Qualvollen Gebresten wälz ich mich
Am Boden und kann nicht sterben!

O Gott, verkürze meine Qual,
Damit man mich bald begrabe;
Du weißt ja, daß ich kein Talent
Zum Martyrtume habe.

Ob deiner Inkonsequenz, o Herr,
Erlaube, daß ich staune:

Du schufest den fröhlichsten Dichter, und raubst
Ihm jetzt seine gute Laune.

Der Schmerz verdumpft den heitern Sinn
Und macht mich melancholisch;
Nimmt nicht der traurige Spaß ein End,
so werd ich am Ende katholisch.

Ich heule dir dann die Ohren voll,
Wie andre gute Christen –
O Miserere! Verloren geht
Der beste der Humoristen!«[45]

Durch den späten Heine lernte ich, daß es eine Weise gibt, religiös zu sein, die mit »Arzenei« und »verborgenem Gift« im Goetheschen Sinn nichts gemein hat. Daß es eine Auseinandersetzung mit Gott gibt, wo selbst der todkranke und in seiner Kreatürlichkeit erbarmungswürdige Mensch nichts von seinem Witz und seiner Würde verlieren muß. Heine war vermutlich der erste Dichter, der es fertigbrachte, »katholisch« auf »melancholisch« zu reimen... Ich begriff: Heines unter der qualvollen Rückenmarkschwindsucht erzwungene »Rückkehr zu Gott« war nicht das billige, sattsam bekannte »Zu-Kreuze-Kriechen« eines ehemaligen Religionsspötters. Es war vielmehr eine Rückkehr zu Gott im Akt des Protestes; ein Glauben an den Schöpfer in Form des Widerstandes; eine Wiedererweckung des Religiösen im Gewande der Rebellion, ein Gebet zu Gott unter Aufbietung aller Ironie: Es kann, Gott, doch nicht Deiner Politik entsprechen, mich hier so leiden zu lassen. Soll auch ich Dir noch in den Ohren liegen mit meinem Gejammer? Das tun doch die »guten Christen« ohnehin schon genug. Warum so »inkonsequent«, Herr? Ursprünglich hattest Du mich doch als den »fröhlichsten Dichter« geschaffen – und jetzt dieses mein Gejammer? Auch Du solltest mehr Interesse haben an einem gutgelaunten denn an einem depressiven Dichter...

Durch den späten Heine lernte ich ein Zweites: So wie der Tod auf nichts eine Antwort ist, sondern das Fragezeichen

[45] *H. Heine,* Miserere, in: SW XI, S. 332f.

schlechthin bleibt, so ist auch »Gott« nie einfach »die Antwort« auf all unsere Lebenskrisen und Existenzfragen, schon gar nicht auf die Grundfrage nach dem Sinn des Leidens Unschuldiger. Denn gerade wer an Gott glaubt, erfährt die Widersprüche, die Risse, Brüche und Abgründe in seiner Schöpfung um so schmerzlicher, erfährt vor allem das oft unerträgliche Maß an unschuldigem Leiden als in besonderer Weise aufstörend und empörend. Wer an Gott glaubt, muß ja die Widersprüche der Welt noch schärfer wahrnehmen, weil sein Glaube an den Schöpfer voraussetzt, daß diese Welt ursprünglich auf einer guten und gerechten Ordnung beruht und nicht darauf, daß Gott selbst »den Unfug« treibt — als eine Art zynischer Spieler im Himmel, der seinen Spaß daran hätte, uns Menschen im Elend zu sehen, und der sich den Bauch vor Lachen hielte angesichts all der Schreie und Gebete.

Den Spaß Gottes ehrfürchtiger Kritik unterwerfen

Bei Heine lernte ich mit dieser unheimlichen Möglichkeit zu rechnen: Gott ist möglicherweise keineswegs der um seine Schöpfung besorgte »liebe Vater«, sondern ein »Wesen«, das sich aus Ohnmacht oder sarkastischem Spaß einen »Dreck« um die Welt kümmert. Seltsam, wie früh bei Heine schon solche Möglichkeiten durchgespielt werden, wie früh sein Schöpfungsvertrauen schon abgründig wird. Schon der 27jährige beschreibt in einem Gedicht unter dem Titel »Götterdämmerung« die durch Technik und Industrialisierung hervorgerufenen grundstürzenden Veränderungen. In Form einer Schreckensvision malt Heine sich die Folgen aus:

»Ich sehe deine trotzgen Riesensöhne,
Uralte Brut, aus dunklen Schlünden steigend,
Und rote Fackeln in den Händen schwingend; —
Sie legen ihre Eisenleiter an,
Und stürmen wild hinauf zur Himmelsfeste; —
Und schwarze Zwerge klettern nach; — und knisternd
Zerstieben droben alle goldnen Sterne.
Mit frecher Hand reißt man den goldnen Vorhang

Vom Zelte Gottes, heulend stürzen nieder
Aufs Angesicht, die frommen Engelscharen.
Auf seinem Throne sitzt der bleiche Gott,
Reißt sich vom Haupt die Kron, Zerrauft sein Haar —«[46]

Vielleicht also ist Gott angesichts einer Schöpfung, die sich gegen ihn entwickelt hat, wirklich bleich vor Schreck geworden, unfähig, sich dieser Entwicklung entgegenzustellen? Oder vielleicht ist Gott so, wie ihn Heine in seinem Buch »Ideen. Das Buch Le Grand« (1826) beschrieben hat:

»Das Leben ist gar zu spaßhaft süß; und die Welt ist so lieblich verworren; sie ist der Traum eines weinberauschten Gottes, der sich aus der zechenden Götterversammlung à la française fortgeschlichen, und auf einem einsamen Stern sich schlafen gelegt, und selbst nicht weiß, daß er alles das auch erschafft, was er träumt — und die Traumgebilde gestalten sich oft buntscheckig toll, auch oft harmonisch vernünftig — die Ilias, Plato, die Schlacht bei Marathon, Moses, die medizäische Venus, der Straßburger Münster, die Französische Revolution, Hegel, die Dampfschiffe usw. sind einzelne gute Gedanken in diesem schaffenden Gottestraum — aber es wird nicht lange dauern, und der Gott erwacht und reibt sich die verschlafenen Augen, und lächelt — und unsre Welt ist zerronnen in Nichts, ja, sie hat nie existiert.«[47]

Unheimliche Möglichkeiten, die erklären, warum Heine bis an sein Ende immer wieder über den Sinn von Schöpfung reflektierte, von der »großen Gottesironie« zu sprechen pflegte, von der »großen Ironie des Weltbühnendichters«, und über die Möglichkeit nachdachte, daß angesichts einer schier unerlösbaren Schöpfung Gott vielleicht einmal »der Wahnsinn der Verzweiflung« packen könnte. In den späten »Aufzeichnungen« Heines findet sich die Notiz:

»Wieviel hat Gott schon getan, um das Weltübel zu heilen! Zu Mosis Zeit tat er Wunder über Wunder, später in der Gestalt Christi ließ er sich sogar geißeln und kreuzigen, endlich

[46] *H. Heine,* Götterdämmerung (1824), in: SW I, S. 151.
[47] *H. Heine,* Ideen. Das Buch Le Grand (1826), in: SW III, S. 253.

in der Gestalt Enfantins tat er das Ungeheuerste, um die Welt zu retten: er machte sich lächerlich — aber vergebens. Am Ende erfaßt ihn vielleicht der Wahnsinn der Verzweiflung, und er zerschellt sein Haupt an der Welt, und er und die Welt zertrümmern.«[48]

In seinen *»Geständnissen«*, die im Winter 1854 zwei Jahre vor seinem Tod Heines neue Situation bilanzieren, kehrt denn auch nicht zufällig das Motiv wieder, das schon das Gedicht »Zum Lazarus« bestimmte: die Möglichkeit, daß Gott selbst »den Unfug« mit uns treibt. Könnte es nicht *so* sein:

> »Ach! der Spott Gottes lastet schwer auf mir. Der große Autor des Weltalls, der Aristophanes des Himmels, wollte dem kleinen irdischen, sogenannten deutschen Aristophanes recht grell dartun, wie die witzigsten Sarkasmen desselben nur armselige Spöttereien gewesen im Vergleich mit den seinigen, und wie kläglich ich ihm nachstehen muß im Humor, in der kolossalen Spaßmacherei.
>
> Ja, die Lauge der Verhöhnung, die der Meister über mich herabgeußt, ist entsetzlich, und schauerlich grausam ist sein Spaß. Demütig bekenne ich seine Überlegenheit, und ich beuge mich vor ihm im Staube. Aber wenn es mir auch an solcher höchsten Schöpferkraft fehlt, so blitzt doch in meinem Geiste die ewige Vernunft, und ich darf sogar den Spaß Gottes vor ihr Forum ziehen, und einer ehrfurchtsvollen Kritik unterwerfen.«[49]

Ich verstand: Glaube an Gott ist kein Stillstellen, sondern ein Verschärfen der Fragen. Warum ist die Welt so, wie sie ist, nach-

[48] *H. Heine*, Aufzeichnungen, in: SW XI, S. 625.

[49] *H. Heine*, Geständnisse (1854), in: SW XI, S. 499. Wie sehr die Gottesbilder Heines in den verschiedenen Äußerungen bewußt wechseln, vom »großen Tierquäler« über den spottenden Gott bis zum ironisch genannten »lieben Gott«, macht eine Briefäußerung vom 21. 8. 1851 an Heines Hamburger Verleger Campe deutlich: »Mein Gesundheitszustand oder vielmehr meine Krankheitslage ist noch immer dieselbe. Ich leide außerordentlich viel, ich erdulde wahrhaft prometheische Schmerzen, durch Ranküne der Götter, die mir grollen, weil ich den Menschen einige Nachtlämpchen, einige Pfenningslichtchen mitgeteilt. Ich sage: die Götter, weil ich mich über den lieben Gott nicht äußern will. Ich kenne jetzt seine Geier und habe allen Respekt vor ihnen.« (zit. in: SW XII, S. 222f).

dem Gott sie doch »gut« geschaffen hat? »Gott« kann also nicht einfach eine Antwort auf die Frage nach Sinn und Unsinn der Schöpfung sein, welche die Frage zum Verschwinden brächte. Und dies deshalb nicht, weil der Unsinn in der Schöpfung auch mit und vor Gott bleibt. »Gott« muß begriffen werden als *Zu-Mutung* für den Menschen, die Grundfragen seines Lebens rückhaltlos zu stellen: vor Gott – gegen Gott. Warum, Gott, in deiner Schöpfung soviel grauenhafte Terrororte? Warum so viele Matratzengrüfte, in denen Menschen würdelos vegetieren? Warum so viele Massaker und Katastrophen? Grundfragen, die man so weit treiben kann, die Tatsache seiner eigenen Existenz überhaupt in Frage zu stellen, wie dies schon der biblische Hiob tat: Warum mußte man überhaupt in diese Welt gesetzt werden, wenn einen dieses Schicksal erwartet:

»Was starb ich nicht vom Mutterschoß weg,
kam ich aus dem Mutterleib und verschied nicht gleich?
Weshalb nur kamen Knie mir entgegen,
wozu Brüste, daß ich daran trank?
Still läge ich jetzt und könnte rasten,
entschlafen wäre ich und hätte Ruh.« (Hiob 3,11–13)

Gefühle, die auch der todkranke Heine kennt, der in einem seiner Texte das Grab jetzt als Ort des Glücks herbeisehnt:

»O Grab, du bist das Paradies
Für pöpelscheue, zarte Ohren –
Der Tod ist gut, doch besser wär's,
Die Mutter hätt uns nie geboren.«[50]

Bei Heine also haben wir es mit einem einzigartigen Zugleich von Skepsis und Vertrauen, Lästerung und Ergebung, Blasphemie und Demut zu tun. Mit dem Literaturwissenschaftler *Wolfgang Preisendanz*, dem wir wichtige Beiträge zur Deutung gerade des Spätwerks Heines verdanken, wird man deshalb sagen können: »Entscheidend bleiben seine Gedichte, und sie machen schnell deutlich, was ihm dieser persönliche Gott bedeutete: eine Adresse, an die kein einziges Gebet, wohl aber Klage, Anklage

[50] *H. Heine*, Ruhelechzend, in: SW XI, S. 189.

und Lästerung aufsteigen, ein Adressat, von dem Heine sagt, es sei eine Erleichterung, jemand im Himmel zu wissen, an den er seine Seufzer und Lamentationen richten könne in der langen Nacht, nachdem sich seine Frau niedergelegt habe. Noch einmal: es ist keine christliche Ergebung in den unerforschlichen Ratschluß und kein prometheisches Rebellieren; Heine verbleibt in der redlichen Ironie eines Nicht-Begreifens, das in Schmerz, Elend, Ekel und Verzweiflung doch hadernd wie Hiob auf Rechtfertigung dringt mit der bösen Frage: Warum?«[51]

2. Gott vor Gericht: Elie Wiesel

Hundert Jahre später hat sich gerade für jüdische Dichter die Frage nach dem Leiden Unschuldiger noch einmal radikalisiert, als das eigene Volk beinahe dem antijudaistisch-antisemitischen Vernichtungswahn deutscher Verbrecher zum Opfer gefallen wäre. Und niemand unter den Schriftstellern unseres Jahrhunderts hat diese Fragen so hartnäckig und tiefgründig an Gott gestellt wie der Jude *Elie Wiesel*, dem Holocaust selber knapp entronnen. Sein literarisches und theologisches Werk, für das er 1986 den Friedensnobelpreis bekam, ist ein einziger »Schrei« zu Gott.[52] In der erst 1995 veröffentlichten Autobiographie »Alle Flüsse fließen ins Meer« faßt Elie Wiesel zusammen, worum es ihm ein Leben lang gegangen war:

[51] *W. Preisendanz*, Heinrich Heines Dichtertum, S. 20 (s. Anm. 36).

[52] Ausführliches zum *Werk* von *Elie Wiesel* und insbesondere zum »Prozeß von Schamgorod« in: *W. Groß – K.-J. Kuschel*, »Ich schaffe Finsternis und Unheil!« Ist Gott verantwortlich für das Übel? Mainz 2. Aufl. 1995, Teil C, III: Die Rede von der »Schuld Gottes« als Verweigerung der Theodizee. Eine erste Gesamtdarstellung im deutschsprachigen Raum liefert: *R. Boschki*, Der Schrei. Gott und Mensch im Werk von Elie Wiesel, Mainz 1994 (Theologie und Literatur, hrsg. v. K.-J. Kuschel, Bd. III). Wichtige Studien theologischer Rezeption auch in: *D. Mensink – R. Boschki* (Hrsg.), Das Gegenteil von Gleichgültigkeit ist Erinnerung. Versuche zu Elie Wiesel, Mainz 1995. Aufgenommen und radikalisiert hat die Wieselsche Protesttheologie der amerikanische jüdische Theologe *D. Blumenthal*, Facing the Abusing God. A Theology of Protest, Louisville, Ken. 1993. Auf dieses wichtige Buch kann ich hier nur verweisen; eine gründliche Würdigung und kritische Auseinandersetzung mit ihm wird in der unter Anm. 6 angekündigten Studie erfolgen.

»Letztlich werde ich niemals aufhören, mich gegen diejenigen zu empören, die Auschwitz geschaffen oder zugelassen haben. Gott eingeschlossen? Auch gegen Ihn werde ich mich immer empören. Die Fragen, die ich mir früher zum Schweigen Gottes gestellt habe, sind offen geblieben. Wenn es eine Antwort gibt, so weiß ich sie nicht. Und ich will sie auch nicht wissen. Für mich steht fest, daß der Tod von 6 Millionen Menschen eine Frage aufwirft, die niemals eine Antwort finden kann.«[53]

Von all seinen zahlreichen Texten hat mich Elie Wiesels Theaterstück *»Der Prozeß von Schamgorod«*, veröffentlicht 1979, am meisten berührt.[54] Denn wie in keinem anderen Text davor und danach hat Elie Wiesel hier seine Empörung gegen »Ihn« in einzigartiger Weise verdichtet. Der Zuschauer dieses Dramas wird denn auch Zeuge eines erregenden Vorgangs: Menschen gehen daran, angesichts einer schier unerträglichen Gewaltgeschichte, Gott den Prozeß zu machen, den Schöpfer Himmels und der Erde vor die Schranken des menschlichen Gerichts zu ziehen.

Ein Tribunal gegen Gott

Die Uridee dazu kam — wie fast alles in Wiesels Werk — aus der persönlichen Erfahrung in den Konzentrationslagern von Auschwitz und Buchenwald, in die der damals sechzehnjährige aus seinem ungarischen Heimatstädtchen Sighet 1944 deportiert worden war. Im Lager hatte Wiesel einmal mit einem Mann zusammengearbeitet, der vor dem Krieg Leiter einer Talmud-Schule irgendwo in Galizien gewesen war. Während des Steineschleppens wandte sich dieser auf einmal an den Jüngeren mit der Frage, warum sie nicht studieren sollten. Und in der Tat begannen sie, während der Arbeit Talmud und Midrasch durchzunehmen, und zwar aus dem Gedächtnis. Eines Abends muß der Mann zu Wiesel gesagt haben:

53 *E. Wiesel,* Alle Flüsse fließen ins Meer. Autobiographie, Hamburg 1995, S. 118f.

54 *E. Wiesel,* Der Prozeß von Schamgorod. Ein Stück in drei Akten, Freiburg/Br. 1987.

»Komm heute nacht nahe zu meiner Pritsche. Ich ging hin. Jetzt weiß ich, warum er es tat: Weil ich der Jüngste war, und er muß gedacht haben, daß ich, weil ich jünger war, eine größere Chance haben würde, zu überleben und die Geschichte zu erzählen. Und was er dann tat, war, ein rabbinisches Tribunal einzuberufen und Gott anzuklagen. Er hatte zwei andere gelehrte Rabbiner hinzugezogen, und sie beschlossen, Gott anzuklagen, in angemessener, korrekter Form, wie es ein richtiges rabbinisches Tribunal tun soll, mit Zeugen und Argumenten usw. ... Die Verhandlungen des Tribunals zogen sich lange hin. Und schließlich verkündete mein Lehrer, der Vorsitzender des Tribunals war, das Urteil: Schuldig. Und dann herrschte Schweigen — ein Schweigen, das mich an das Schweigen am Sinai erinnerte, ein endloses, ewiges Schweigen.

Aber schließlich sagte mein Lehrer, der Rabbi: Und nun, meine Freunde, laßt uns gehn und beten. Und wir beteten zu Gott, der gerade wenige Minuten vorher von seinen Kindern für schuldig erklärt worden war.«[55]

Wir werden auf diesen scheinbar widersprüchlichen Zusammenhang von Schuldspruch und Gebetsakt noch ausführlich zu sprechen kommen. Hier ist mir zunächst der biographische Zusammenhang wichtig: Aus dem Lager entlassen, beginnt Elie Wiesel die Holocaust-Erfahrung literarisch aufzuarbeiten. Und die Geschichte mit dem Tribunal gegen Gott geht ihm nicht mehr aus dem Kopf. Doch welche literarische Form sollte er dieser Geschichte geben? Die eines Romans? Er schreibt ihn, wirft ihn aber weg. Die eines Theaterstücks? Über Auschwitz? Er verwirft auch diesen Gedanken. Die einer Kantate? Auch dies genügt ihm nicht. Der Grund wird Wiesel später bewußt: weil weder Theater noch Roman noch eine Kantate als ästhetische Formen dem ungeheuren Geschehen von Auschwitz gerecht werden können. So hält Wiesel zwar an der Dramen-Form fest, verlegt aber die

[55] So der Autor selber bei einer Tagung der Evangelischen Akademie Loccum im Mai 1986. Dies ist dokumentiert: *E. Wiesel*, Die politisch-moralische Aufgabe des Schriftstellers heute. Nach Auschwitz haben die Worte ihre Unschuld verloren, in: Erinnerung als Gegenwart. Elie Wiesel in Loccum, Loccumer Protokolle 25/1986, S. 118 u. 119.

Geschichte aus dem 20. Jahrhundert in die Mitte des 17. Jahrhunderts, und zwar in die Zeit der Chmielniecki-Progrome in Rußland, durch die die gesamte osteuropäisch-jüdische Bevölkerung auf schreckliche Weise dezimiert worden war.

Schauplatz des Dramas »*Der Prozeß von Schamgorod*« ist denn auch ein russisches Dorf im Jahre 1648, unweit des Flusses Dnjepr gelegen. Nur noch wenige Juden leben in diesem Flekken, nachdem Ukrainer, Tartaren und Kosaken soeben ein Pogrom an den jüdischen Bewohnern verübt hatten. Unter den Überlebenden ist der Wirt Berisch, der zusammen mit seiner Tochter Hanna und seiner Bedienung Maria eine kümmerliche Existenz fristet. Hanna ist dem Wahnsinn verfallen, da das Pogrom gerade an ihrem Hochzeitstag gewütet hatte. Ihr Bräutigam war auf bestialische Weise ermordet, sie selber vergewaltigt worden. Und noch immer hat sich der »christliche« Pogrom-Mob nicht ausgetobt, da ja einige wenige Juden im Ort noch leben. Noch immer herrschen Unruhe und Angst: ein Warten auf ein Ereignis, das greifbar nahe zu sein scheint.

Das Stück spielt am Vorabend von Purim, desjenigen jüdischen Festes, das an das im Buche Ester berichtete Wunder der Errettung der Juden vor der Vernichtung durch den persischen Minister Haman erinnern soll. Jüdischer Sitte gemäß verkleiden die Menschen sich bei diesem Fest, legen Kostüme an, setzen Masken auf, veranstalten Spiele und Umzüge; es wird getrunken, gefeiert und gefestet. Purim also ist das jüdische *Fest der Narren,* der Kinder und Bettler, das Fest, an dem die Verhältnisse sich spielerisch noch einmal umkehren können, an dem noch einmal »alles frei« ist.

An diesem Abend des Jahres 1649 betreten drei Mitglieder einer kleinen Schauspieltruppe die schäbige Kneipe des Wirtes Berisch und wollen ein lustiges Purimspiel aufführen. Der Wirt ist einverstanden, stellt aber angesichts seiner traumatischen Erfahrungen eine Bedingung:

> »Ihr wollt ein Purim-Spiel aufführen? Also gut. Ich bestimme den Inhalt: ein Din-Toive, wir werden an diesem Abend ein religiöses Schiedsgericht spielen... gegen den höchsten König, den obersten Richter, den Herrn des Universums! Das ist das

> Schauspiel, das ihr an diesem Abend geben sollt. Dies oder keines, wählt!«[56]

Die Mitspieler sind erschrocken. Ein Schiedsgericht gegen Gott? Aber Berisch kann sie unter Hinweis auf die Tradition des Purim-Spiels zum Mitmachen gewinnen. Denn im Purim-Spiel kann man ja Dinge unter der Narrenkappe sagen, die niemand bisher aussprach, Fragen stellen, die kein Mensch bisher aufzuwerfen wagte.

Dramaturgisch ist damit ein »Spiel im Spiel« möglich, was die Spannung ungemein erhöht. Das Wirtshaus verwandelt sich in einen Gerichtssaal; die Komödianten werden zu Richtern; der Wirt zum Ankläger. Und doch treten noch einmal unerwartete Schwierigkeiten auf: Niemand ist bereit, die Rolle des Verteidigers Gottes zu übernehmen, und beinahe wäre das Spiel doch noch abgesagt worden, hätte nicht plötzlich ein Mann namens Sam den Raum betreten und sich angeboten; er ist ein kalter, aber höflicher Intellektueller. Ohne Nachfrage akzeptiert man ihn als Verteidiger, ist man doch froh, endlich mit dem Prozeß beginnen zu können. Berisch trägt nun noch einmal die *Anklage* vor:

> »Ich, Berisch, jüdischer Gastwirt aus Schamgorod, klage den Herrn des Universums der Feindseligkeit, der Grausamkeit und der Gleichgültigkeit an... Ich sage es, wie ich es denke, und ich sage es, weil ich es denke; entweder liebt er sein auserwähltes Volk nicht, oder er verspottet es. So viel scheint sicher: unser Schicksal läßt ihn kalt. Warum hat er uns auserwählt? Warum ausgerechnet uns und kein anderes Volk, zur Abwechslung? Zusammengefaßt: Entweder er weiß, was uns erwartet, oder er weiß es nicht. In beiden Fällen ist er schuldig.«[57]

Der Teufel verteidigt Gott

Von diesem Punkt an entspannt sich ein *brillantes Rededuell* zwischen dem Verteidiger und dem Ankläger Gottes. Punkt für Punkt versucht Sam, Berisch in die Defensive zu treiben: Gewiß,

[56] *E. Wiesel,* Der Prozeß von Schamgorod, S. 41.42 (s. Anm. 54).
[57] *E. Wiesel,* a. a. O., S. 90.

in Schamgorod sind Verbrechen geschehen; aber geht es Berisch persönlich nicht gut, kann er nicht seine Gäste weiter bewirten, hat er nicht ein Dach über dem Kopf? Gewiß, in Schamgorod ist Blut geflossen; aber ist dies ein Vorwurf gegen *Gott?* Waren es nicht Menschen, die andere Menschen niedergemetzelt haben? Gewiß, in Schamgorod sind Morde geschehen; aber ist nicht Gott statt unter den Mördern eher unter den Opfern zu suchen? Ist nicht vielleicht Gott selbst das Opfer seiner Schöpfung? Gewiß, in Schamgorod hat es Tote gegeben; aber kann der Ankläger wirklich im Namen der Toten sprechen? Sind die Toten allesamt Zeugen der Anklage? Ist die Möglichkeit auszuschließen, daß die Opfer glücklich waren, die häßliche und blutdurchtränkte Erde verlassen zu können, um in die Welt der Wahrheit und des ewigen Lebens einzugehen? Ja, müssen die Toten nicht dankbar dafür sein, daß Gott ihnen das höchste Leid oder die Schande oder die Reue ersparte? Und überhaupt: Gott ist doch Gott, und sein Wille ist nicht vom Willen des Menschen abhängig.

Was aber ist Sache des Menschen? Seine Sache ist es, sich Gott zu unterwerfen, Gottes Willen in jedem Fall zu akzeptieren! *Schuld Gottes?* Was weiß denn der Mensch, um mit solcher Sicherheit, ja Arroganz über Gott zu urteilen? Haben nicht frühere Generationen eben solche Katastrophen erlebt und doch nicht aufgehört, Gott in seiner Gerechtigkeit zu preisen? Ist die jetzige Generation klüger als sie? Jedesmal handelte es sich doch um eine Strafe für die Verfehlungen des Menschen. Und da soll es heute anders sein? Und triumphierend fügt der Verteidiger hinzu: »Wer sind Sie denn, den Schöpfer des Universums zu beschuldigen oder zu verhören? Nichts als Staub, Sie sind nur ein Körnchen Staub.«[58]

Solche Gegenargumente bleiben nicht ohne Wirkung auf die Richter. Und auch Berisch ist sichtlich in die Defensive gedrückt. Durch seine dialektische Argumentationskunst, durch seinen scharfen Verstand und seine brillante Rhetorik vermag Sam denn auch die Sache Gottes glänzend zu verteidigen. Die äußere Bedrohung der kleinen Judengemeinde steigert sich freilich nun

[58] *E. Wiesel,* a. a. O., S. 98.

Stunde für Stunde. Wieder steht ein Angriff des »christlichen« Mobs bevor, und die Juden verbarrikadieren Türen und Fenster, löschen ihre Kerzen. Allgemeine Hysterie kommt auf. Und plötzlich flehen die Anwesenden Sam, den so beredten »Mann Gottes«, an, sie vor der Gefahr zu retten:

> »Sie sind ein Gerechter, verwenden Sie sich für uns!... Sie haben die Macht dazu, nutzen Sie sie... Sie stehen dem Himmel nahe, bitten Sie für uns. Ihr Glaube vermag viel, rufen Sie ihn an, auf daß er den Befehl widerrufe.«[59]

So zu guter Letzt aus Angstprojektion noch zum Wunderrabbi gemacht, dem man magische Kräfte zutraut, offenbart Sam auf einmal sein wahres Ich. Als alle — aus Anlaß des Purim-Festes — ihre Masken überziehen, zieht auch Sam eine Maske aus seiner Tasche. Da stoßen alle einen Schrei des Entsetzens aus: Es ist die *Maske des Teufels.* Sam seinerseits bricht in ein schreckliches Gelächter aus und verabschiedet sich mit dem Satz:

> »Ihr habt mich für einen Heiligen gehalten? Einen Gerechten? Ich, ein Weiser, zur Verehrung geschaffen? Ich, ein Herold des Glaubens? Armselige Narren! Wie blind seid ihr doch! Wenn ihr nur wüßtet, wenn ihr nur wüßtet...«[60]

Und mit diesen Worten hebt er seinen Arm, als wolle er ein Zeichen geben, worauf der christliche Mob nun endgültig in die Stube stürmt. Das Stück ist zu Ende.

Das Ende der klassischen Theodizee

Elie Wiesel ist es gelungen, diesen Prozeß gegen Gott nicht nur zu einem erregenden Schauspiel zu machen, sondern auch die *klassischen Elemente der Theodizee* noch einmal aufzunehmen und zugleich ad absurdum zu führen. Denn analysiert man die Verteidigungsrede Sams, so lassen sich fünf klassische Argumente der Verteidigung Gottes rekonstruieren:

59 *E. Wiesel,* a. a. O., S. 117.
60 *E. Wiesel,* a. a. O., S. 117f.

(1) Die Leidensgeschichte der Vielen muß von der persönlichen Glücksgeschichte her relativiert werden. Solange man selbst verschont ist, hat man kein Recht, Gott anzuklagen.

(2) Die Leidensgeschichte ist kein Vorwurf gegen Gott, sondern allein gegen den Menschen, der sie an anderen Menschen verursacht hat.

(3) Durch die Leidensgeschichte wird Gott selbst Opfer der Schöpfung, die sich gegen seinen ursprünglichen Willen erhoben hat.

(4) Die Opfer dürfen nicht zu Zeugen der Anklage gegen Gott gemacht werden, da keiner der Überlebenden sich die Perspektive der Opfer wirklich zu eigen machen kann.

(5) Gottes Wille ist nicht nach menschlichen Kategorien zu beurteilen. Die anthropozentrische Perspektive ist aufzugeben zugunsten der theozentrischen. Gottes Willen ist in jedem Fall Gehorsam zu erweisen, die Schuld bei des Menschen Verfehlungen zu suchen.

Gegen diese klassischen Argumente wagt Elie Wiesel einen Gedanken radikal durchzudenken, der bisher theologisch auch in jüdischen Kreisen tabuisiert war: den Gedanken einer *Schuld Gottes* angesichts des ungerechten Massenleidens seiner »Kinder«. Dabei werden die klassischen Theodizee-Argumente nicht bloß rational konterkariert. Der auch dramaturgisch geschickt eingesetzte Überraschungseffekt des Stückes besteht gerade in der Erkenntnis, daß die hier vorgetragenen Argumente für die Theodizee sich am Ende als *Argumente des Teufels* erweisen, d. h. keinen anderen Zweck verfolgen, als die Menschen über Gottes wirkliches Wesen hinwegzutäuschen. Nur so kann ja auch das Gelächter des »Teufels« oder sein kryptischer Hinweis »Wenn ihr nur wüßtet« verstanden werden. Elie Wiesel führt mit diesem Stück also die klassische Theodizee in eine Krise von beispielloser Radikalität: Wer angesichts des maßlosen Leidens Unschuldiger Gott mit *solchen* Argumenten rechtfertigt, betreibt das Werk des Teufels, des Widersachers Gottes also. Ja, der Analogieschluß drängt sich auf, daß ein so gerechtfertigter Gott dem Teufel zum Verwechseln ähnlich sähe.

Die Krise der klassischen Theodizee aber führt bei Wiesel nie zu einem Umschlag in Gottlosigkeit. Die Rede von einer »Schuld Gottes« ist nicht wie bei Wolfgang Hildesheimer Metapher der immanenten Rätselhaftigkeit der Welt in einem postmetaphysischen Zeitalter, sondern Ausdruck eines letzten Vertrauens auf Gott. Das Stück hat seine theologische Pointe gerade darin, daß unter Hinweis auf die Schuld Gottes Theodizee verweigert wird. Gott kann angesichts des Massenelends Unschuldiger nicht mehr gerechtfertigt, Theodizee aus der Sicht des Menschen kann nur verweigert werden, weil Gottes Gerechtigkeit schlechterdings mit solchen Pogromen nicht in Einklang zu bringen ist. Diese Verweigerung aber geschieht *vor Gott*, hält doch der Held dieses Stückes durch seine Anklage an der Existenz Gottes fest. Nicht der Tod Gottes wird eingeklagt, sondern das Schweigen Gottes beklagt.

Vor allem von Elie Wiesels Theologie habe ich gelernt, daß es einen legitimen *Protest gegen Gott – vor Gott* geben kann. Marie Luise Kaschnitz und Heinrich Heine haben dies auf ihre Weise realisiert. Alle machten dabei deutlich, daß dieser Protest nicht Ausdruck einer Vergleichgültigung oder Überheblichkeit, sondern *eines letzten Respekts gegenüber Gott* ist. Insbesondere Elie Wiesel hat stets größten Wert darauf gelegt, daß seine Theologie der Anklage durch religiöse Traditionen seines Volkes »gedeckt« ist. Daher der Rückgriff auf das Purim-Spiel, das es ihm erlaubte, den Protest gegen Gott im Rollenspiel durchzuspielen, ohne den Vorwurf der Hybris oder Blasphemie fürchten zu müssen. Das Purim-Spiel gab ihm die nötige Legitimation, innerhalb der Tradition gegen die Tradition zu rebellieren. Selbst ein Tribunal gegen Gott sah Wiesel deshalb »vollständig in Übereinstimmung mit dem jüdischen Gesetz und mit der jüdischen Tradition«. Für Christen möge es schwierig sein, dies zu verstehen, meinte Wiesel einmal, und noch schwieriger, dies zu akzeptieren. Aber Juden könnten es, Juden hätten es getan:

> »Abraham hat es getan, und Mose hat es getan; und der Talmud ist voll von Rabbinern, die gegen Gott protestiert haben; und in der chassidischen Literatur hat Rabbi Levi-Jizchak von Berdichev ständig Gott angeklagt. Wir dürfen Nein sagen zu

Gott. Vorausgesetzt, es geschieht für andere Menschen, um des Menschen willen. Wir dürfen Nein sagen zu Gott. Das ist für mich eine große Innovation, kühn, revolutionär, in der jüdischen Tradition.«[61]

61 So in: Erinnerung als Gegenwart. Elie Wiesel in Loccum, S. 118 (s. Anm. 55).

IV. WARTEN AUF GOTTES RECHTFERTIGUNG

Daß es für Christen schwierig ist, einen Protest, geschweige denn ein Tribunal gegen Gott zu akzeptieren, dürfte Elie Wiesel richtig konstatiert haben. Warum dies so ist, bedürfte einer eigenen großen Studie, die gewiß ein Bündel von Argumentationslinien zusammentragen wird.[62] Eines scheint mir schon jetzt sicher: Die Schwierigkeiten von Christen sind dadurch mitbedingt, daß sie sich von der biblisch-jüdischen Tradition weitgehend abgeschnitten haben. Es ist Zeit, dies in der christlichen Theologie selbstkritisch zu durchschauen und zu revidieren. Es ist Zeit, wieder in Erinnerung zu bringen: Für Christen ist das »Alte« (»Erste«) Testament nicht nur ein religionsgeschichtliches Dokument der »Vorgeschichte« des Christentums, sondern lebendiges Wort Gottes.[63] Gewiß: Christen werden die dem Volke Israel zuteilgewordene Offenbarungsgeschichte Gottes in letzter Konsequenz vom Christus-Ereignis her zu verstehen und zu vertiefen suchen. Das aber dispensiert sie nicht vom Ernstnehmen der Gotteserfahrungen Israels. Sie sind und bleiben authentische Gotteserfahrungen, die durch das Christus-Zeugnis nicht überholt, nicht hinfällig, nicht veraltet sind. Sie sind für Christen genau so authentisch wie die Gotteserfahrungen, vermittelt durch Jesus Christus. Sie haben ihr eigenes Recht und ihre eigene Würde. Sie haben einen eigenen Reichtum, der durch die neutestamentlichen »christologischen« Gotteserfahrungen ergänzt und vertieft, nicht aufgehoben wird.

62 Vgl. Anm. 6.

63 Zur neueren Debatte um das *Verhältnis zwischen Altem und Neuem Testament* vgl. *E. Zenger,* Das Erste Testament. Die jüdische Bibel und die Christen, Düsseldorf 1991; *ders.* (Hrsg.), Der Neue Bund im Alten. Studien zur Bundestheologie der beiden Testamente, Freiburg/Br. 1993. Themenheft »Alter Bund – Neuer Bund« der Tübinger Theologischen Quartalsschrift 176 (1996) H. 4 (vor allem die Beiträge von W. Groß und M. Theobald).

1. Rebellische Texte der Bibel

Schaut man genau hin, so lassen die Texte der Hebräischen Bibel ja einen ungemein vielfältigen Umgang des Menschen mit Gott erkennen, und eine der Möglichkeiten ist die der Klage und Anklage. Dies hat Israel nicht als blasphemisch oder hybrid, sondern als eine legitime Möglichkeit für den glaubenden Menschen empfunden, Gott in aller Freiheit das »ins Gesicht« zu sagen, was an Empörung und Trauer in ihm steckt — im Blick auf die Situation des Einzelnen und des Volkes. Anders wären diese Texte nie überliefert worden. Ich möchte dies an drei Schlüsseltexten zeigen. Ich will sie vor allem dokumentieren und auf diese Weise für sich selbst sprechen lassen, ohne sie mit großem exegetischem Aufwand auszulegen. Sie mögen rund zweieinhalbtausend Jahre alt sein, aber sie haben nach meiner Erfahrung nichts von ihrer geistigen Kraft verloren. Horizontverschmelzung von einst und jetzt — sie ist gerade bei diesen Texten möglich. Sie illustrieren, daß die Gott-Rede eines Heinrich Heine, einer Marie Luise Kaschnitz und eines Elie Wiesel — bei aller neuzeitlichen Differenz — tiefe Wurzeln in der biblischen Tradition hat.

Dahin mein Vertrauen: Klagelieder

Ich wähle einen Text aus der Tradition der *Klagelieder.* In ihm kommt ein Mensch zu Wort, der Leiden erlebt hat und dieses sein Leiden nicht anders denn als Ausdruck von Gottes Zorn verstehen kann:

»Ich bin der Mann, der Leid erlebt hat
durch die Rute seines Grimms.
Er hat mich getrieben und gedrängt
in Finsternis, nicht ins Licht.

Täglich von neuem kehrt er die Hand
nur gegen mich.
Er zehrte aus mein Fleisch und meine Haut,
zerbrach meine Glieder,
umbaute und umschloß mich
mit Gift und Erschöpfung.« (3,1–5)

Da der Mann diese seine Situation aber nicht akzeptiert, klagt er Gott an. Und das Überraschende: Nirgendwo läßt er erkennen, daß er sich schuldig fühlt und seine Leidenssituation somit als gerechte Strafe akzeptiert. Dieses traditionelle Erklärungsmuster, das uns in der Hebräischen Bibel anderswo häufig begegnet, ist diesem Text völlig fremd. Im Gegenteil: Der Leidende macht nicht sich, sondern Gott für seine Situation verantwortlich. Gott kommt ihm vor wie ein lauerndes Tier, das ihm nicht nur jede Lebensfreude, sondern auch jede Lebensentfaltung raubt. Gott hat diesen Menschen gleichsam eingemauert im Leid, ihn zu Fesseln verurteilt:

»Im Finstern ließ er mich wohnen
wie längst Verstorbene.
Er hat mich ummauert, ich kann nicht entrinnen.
Er hat mich in schwere Fesseln gelegt.
Wenn ich auch schrie und flehte,
er blieb stumm bei meinem Gebet.

Mit Quadern hat er mir den Weg verriegelt,
meine Pferde irregeleitet.
Ein lauernder Bär war er mir,
ein Löwe im Versteck.« (3,6–10)

Mehr noch: Gottes Schweigen — trotz aller Schreie und Gebete — ist offensichtlich Teil von Gottes Absicht, den Menschen zu quälen und ihm sein Glück zu zerstören. Und zu dieser Qual gehört die Erfahrung, daß der Leidende auch noch sozial isoliert ist, daß er also in seiner Umgebung als der Verlachte dasteht:

»Ein Gelächter war ich all meinem Volk,
ihr Spottlied den ganzen Tag.
Er speiste mich mit bitterer Kost
und tränkte mich mit Wermut.
Meine Zähne ließ er auf Kiesel beißen,
er drückte mich in den Staub.

Du hast mich aus dem Frieden hinausgestoßen;
ich habe vergessen, was Glück ist.

Ich sprach: Dahin ist mein Glanz
und mein Vertrauen auf den Herrn.« (3,14–18)

Dieser Klagetext gipfelt somit in der Erfahrung, daß Gott selbst es war, der dem Menschen den Frieden geraubt und das Glück zerstört hat. Ja, man wird sagen können: Es war Gott selbst, der jedes Gottvertrauen in diesem Menschen zerstört hat.

Und doch bleibt an einem Faktum nicht zu rütteln: Auch noch die bitterste Anklage gegen Gott hat die Form des Gebetes, das heißt einer Rede zu Gott und mit Gott. Auch das Bitterste an Vorwürfen (»Du hast mich aus dem Frieden hinausgestoßen«) wird mit Gott abgemacht. Dieser Klagetext ist somit eine Rede gegen Gott — aber vor Gott und für Gott.

Warum mußte ich geboren werden? Hiob

Sein »Vertrauen auf den Herrn« hat vor allem Hiob, der Mann aus Uz, verloren. Er ist nicht der größte »Dulder« der Bibel, wie er in der Vergangenheit oft hingestellt wurde, sondern vor allem der größte Rebell wider Gott.[64] Seine Reden sind Streitreden; ein Bruchteil davon — gegen Ende — ist Unterwerfungs-Rede. Der Streit mit dem Allerhöchsten hat seinen Grund darin, daß Gott für Hiob völlig unbegreiflich geworden ist. Er kann einen Menschen quälen, ohne einen ersichtlichen Anlaß dafür zu haben; er kann einen Menschen mit Leiden überziehen, obwohl dieser bisher — wie Hiob — »untadlig und rechtschaffen« vor Gott gelebt hat. Was ist das also für ein Gott, der Unschuldige so um ihr Lebensglück bringt? Der nicht auf Seiten des Rechts steht und dem selbst der Gerechte nicht entkommt? »Ohne Grund« nährt nämlich dieser Gott dessen »Wunden«, läßt ihn »nicht zu Atem kommen«, sättigt ihn mit Bitternis (9,17f). Zwar fühlt sich Hiob ganz und gar »schuldlos« (9,21), doch was nützt ihm diese Schuldlosigkeit vor einem solchen Gott, der Schuldige wie Unschuldige offenbar gleichermaßen verfolgt.

[64] Vgl. dazu die umfassende Studie von *G. Langenhorst,* Hiob unser Zeitgenosse. Die literarische Hiob-Rezeption im 20. Jahrhundert als theologische Herausforderung, Mainz 1994 (Theologie und Literatur, hrsg. v. K.-J. Kuschel, Bd. I).

Und dann folgt in Kapitel 10 des Hiob-Buches eine der kühnsten Passagen alttestamentlicher Gottesrede überhaupt. In der Gestalt des Hiob wirft der Mensch Gott alles entgegen, was er an Empörung in sich trägt, gipfelnd in der bittersten Anklage, die Menschen dem Schöpfergott entgegenschleudern können: Warum hast du mich überhaupt aus dem Mutterschoß gezogen? Es wäre besser gewesen, ich wäre nicht geboren!

»Zum Ekel ist mein Leben mir geworden,
ich lasse meiner Klage freien Lauf,
reden will ich in meiner Seele Bitternis.

Ich sage zu Gott: Sprich mich nicht schuldig.
Laß wissen mich, warum du mich befehdest.

Nützt es dir, daß du Gewalt verübst,
daß du das Werk deiner Hände verwirfst,
doch über dem Plan der Frevler aufstrahlst?

Obwohl du weißt, daß ich nicht schuldig bin
und keiner mich deiner Hand entreißt?

Deine Hände haben mich gebildet, mich gemacht;
dann hast du dich umgedreht und mich vernichtet.

Erhebe ich es doch, jagst du mich wie ein Löwe,
und verhältst dich wieder wunderbar gegen mich.

Neue Zeugen stellst du gegen mich,
häufst deinen Unwillen gegen mich.
Immer neue Heere führst du gegen mich.

Warum ließest du mich aus dem Mutterschoß kommen,
warum verschied ich nicht, ehe mich ein Auge sah?

Wie nie gewesen wäre ich dann.
Vom Mutterleib zum Grab getragen.« (10,1–3; 7f; 16–19)

Auch in diesem Text ist die Grunderfahrung ähnlich wie im Klagelied: Hiob ist ratlos, warum er Gott überhaupt zum Feind hat, und fragt sich, welchen Nutzen Gott davon hat, daß er die Sünder begünstigt und die Nichtsünder verschmäht. Ja, völlig rätselhaft wird ihm die Logik des Schöpfergottes. Er hat doch ihn, den Menschen, erschaffen, jetzt aber will er offensichtlich sein eigenes Geschöpf vernichten! Und auch dies ist inkonsequent: Sobald man sich gegen Gott »erhebt«, richtet Gott all seine Wundermacht gegen den Menschen und aktiviert seine Zornesenergie stets aufs Neue. Wo aber bleiben Gottes Wundermacht und Energie, da Hiob im Elend sitzt? Warum jetzt keine »frischen Truppen«, die dem Gerechten Gottes zu Hilfe eilen könnten? Warum nur »Truppen« Gottes zur Vernichtung, nicht aber zur Rettung des Menschen? Es ist deshalb nur konsequent, wenn Hiob nach all dem auf die Grundsatzfrage vorstößt: Warum mußte man angesichts eines solchen Lebens überhaupt ins Leben treten? Ist ein solches Leben noch lebenswert?

Deutlich wird dabei, daß Heines rebellische Gebete (so die ironische Frage nach Gottes Selbstinteresse) nicht seine persönlichen Erfindungen sind, sondern in Gebetstexten der Hebräischen Bibel vorformuliert wurden. Dem Hiobschen Satz:

»Bringt's einen Nutzen dir, wenn du Gewalt gebrauchst,
wenn du verschmähst das Kunstwerk deiner Hände,
wenn du begünstigst der Sünder Pläne?
Mich formten und erschufen Deine Hände;
nun willst du — andern Sinnes — mich vernichten.«

entspricht der von Heinrich Heine:

»Ob Deiner Inkonsequenz, o Herr,
Erlaube, daß ich staune:
Du schufest den fröhlichsten Dichter, und raubst
Ihm jetzt seine gute Laune.«

Ich schreie zu Dir: der Protest eines Kranken

Unter den Psalmen ist für diese unsere Frage Psalm 88 der wichtigste. Ein von Kindheit auf kranker Mensch unterdrückt seine Fragen an Gott nicht, sondern stellt Gott zur Rede:

»Warum, o Herr, verwirfst du mich,
warum verbirgst du dein Angesicht vor mir?

Gebeugt bin ich und totkrank vor früher Jugend an,
deine Schrecken lasten auf mir, und ich bin zerquält.

Über mich fuhr die Glut deines Zorns dahin,
deine Schrecken vernichten mich.

Sie umfluten mich allzeit wie Wasser
und dringen auf mich ein von allen Seiten.

Du hast mir die Freunde und Gefährten entfremdet;
mein Vertrauter ist nur noch die Finsternis.« (88,15–19)

Dieser Text könnte erst recht die Urform des Heineschen »Miserere« gewesen sein. Schon der Sprecher dieses Gebets denkt nicht daran, nach dem Muster anderer Krankheitstexte der Bibel seine Krankheit auf eine Schuld zurückzuführen und sie als Sündenstrafe anzunehmen (vgl. Psalm 41). Wie sollte er denn auch, da er »von früher Jugend an« krank darniederliegt. Im Gegenteil: Dieser Sprecher wagt es, angesichts seiner aussichtslosen Situation, angesichts seiner unablässigen Schreie in offensichtlich taube Ohren Gottes, Gott als Verursacher seines Zustands direkt anzugreifen:

»Du hast mich ins tiefste Grab gebracht,
tief hinab in finstere Nacht.

Schwer lastet dein Grimm auf mir
all deine Wogen stürzen über mir zusammen.

Die Freunde hast du mir entfremdet,
mich ihrem Abscheu ausgesetzt;
ich bin gefangen und kann nicht heraus.

Mein Auge wird trübe vor Elend.
Jeden Tag, Herr, ruf' ich zu dir;
ich strecke nach dir meine Hände aus.« (88,7–10)

Nach dieser klaren Beschreibung der eigenen Situation und der Benennung Gottes als Verursacher seines Zustandes wird ein drittes Motiv in diesem Text stark gemacht: der Appell an Gottes Eigeninteresse. Der Ton bekommt etwas Sarkastisches, weil Gott provoziert werden soll, endlich sein Verhalten zu ändern. Gott soll aufgerüttelt werden, um dieses Leiden abzukürzen, denn es sollte im Interesse Gottes sein, mit einem Menschen zu tun zu haben, der ihn aus glücklichem Herzen lobt und nicht aus depressivem Herzen anstöhnt:

»Wirst du an den Toten Wunder tun,
werden Schatten aufstehn, um dich zu preisen?

Erzählt man im Grab von deiner Huld,
von deiner Treue im Totenreich?

Werden deine Wunder in der Finsternis bekannt,
deine Gerechtigkeit im Land des Vergessens?

Herr, darum schreie ich zu dir,
früh am Morgen tritt mein Gebet vor dich hin.« (88,11–14)

Und ein viertes Motiv ist wichtig: Dieser Beter setzt trotz aller gegenteiligen Erfahrung voraus, daß Gott das Heil des Menschen will, nicht seine Vernichtung. Trotz allen Elends und aller vergeblichen Schreie lebt also auch dieser Text vom Vertrauen auf den »Gott meines Heils«. Wie ein positives Vorzeichen steht dieser Anruf denn auch gleich am Beginn des Textes:

»Herr, du Gott meines Heils,
zu dir schreie ich am Tag und bei Nacht.

Laß mein Gebet zu dir dringen,
wende dein Ohr meinem Flehen zu!« (88,2f)

Mit dem Tübinger Alttestamentler *Walter Groß* wird man denn auch das Einzigartige an diesem Text so beschreiben können: »Es macht die Eigenart dieses Psalms aus, daß er ohne versöhnlichen Ausklang in Schrecken vor diesem, in Anklage gegen diesen Gott schließt. Zwar hat er gebetet und bittet auch jetzt, aber der Psalm deutet nicht nur keinerlei Erhörungsgewißheit an, sondern schließt in Gottferne und Verzweiflung. Dennoch nennt er, dem Tode nahe, diesen Jahwe ›Gott meines Heils‹!... Vielleicht noch erstaundlicher als dieser Text ist die Tatsache, daß er unter die 150 Gebete des Psalters, des Gebets- und Meditationsbuchs Israels aufgenommen wurde; eine Entscheidung, die auch die Kirche durch ihren Umgang mit diesem Psalter im liturgischen wie privaten Bereich bis heute bekräftigt hat. Indem das nachexilische Judentum diesen Text in seine Gebetssammlung aufnahm, hat es das Urteil dokumentiert: Dieser Psalm ist ein akzeptables, ja empfehlenswertes Gebet; so kann, so muß unter Umständen ein Mensch zu Gott sprechen, der in vergleichbarem Unglück dem Tod entgegengeht.«[65]

2. Warten auf Theodizee

Deutlich wurde das Gemeinsame dieser Texte der Hebräischen Bibel: Die Situation des menschlichen Leidens führt weder zu einer Leugnung der Existenz Gottes (im Sinne der neuzeitlichen Religionskritik) noch zu frommer Ergebenheit und frageloser Hinnahme. Stattdessen sind radikale Gotteskritik, ja Gottesprovokation legitime Ausdrucksformen des Glaubens. Klage des Menschen zu Gott, ja direkte Anklage Gottes sind für die Welt der Hebräischen Bibel akzeptierte Formen der menschlichen Gottesbeziehung und haben auch im Neuen Testament ihre Spuren hinterlassen (Mk 15,33–39; Hebr 5,7–10; Offb 6,9–11). Solche Texte wurden offensichtlich nicht als anstößig ausgesondert, sondern bekamen als *eine* Weise des Umgangs mit Gott im Kosmos der Bibel ihren berechtigten Ort.

Warum Klage und Anklage legitim sind

Die theologische *Legitimität der Klage und Anklage* im Alten Testament ist denn auch durch folgende Faktoren bedingt:
— durch ihren spezifischen *existentiellen Ort.* Nicht in jeder Situation sind Klage und Anklage Gottes legitim. Im Alten Testa-

[65] So im Zuge seiner präzisen Auslegung dieses Psalms *W. Gross,* Ein Schwerkranker betet. Psalm 88 als Paradigma, in: G. Fuchs (Hrsg.), Angesichts des Leids an Gott glauben? Zur Theologie der Klage, Frankfurt/M. 1996, S. 101–118, Zitat S. 112.

ment ist es die Situation des maßlosen (und daher unbegreiflichen) Leidens unschuldiger Menschen: kollektiv (als Volk) oder individuell (als einzelner);
— durch den Glauben an die *Allzuständigkeit Gottes* für das Weltgeschehen. Gott selbst ist es, von dessen Wirken alles bestimmt wird und der so für alles Verantwortung trägt. Diese Verantwortung kann somit klagend eingefordert werden;
— durch *existentielle Dringlichkeit.* Hoffnung auf eine Auferstehung steht dem alttestamentlichen Beter ja noch nicht zur Verfügung. »Vertröstung auf ein Jenseits« kann deshalb in Leidenssituationen keine Beruhigung herstellen; die Wende der unerträglichen Zustände wird deshalb hier und jetzt eingeklagt;
— durch *vorgängige Gotteserfahrungen* des Vertrauens. Damit wird eine dreifache Zeitstruktur alttestamentlicher Klage- und Anklagetexte erkennbar, die konkret so aussieht:

Vorausgesetzt wird in allen Texten eine *Vergangenheit,* in der es ein *ungebrochenes Gottvertrauen* gegeben hat. Wer sich — wie etwa der Beter der Klagelieder — aus dem »Frieden herausgestoßen« fühlt, »vergessen« hat, was »Glück« ist, und sein »Vertrauen auf den Herrn« zerbrochen sieht, muß einmal Frieden, Glück und Gottvertrauen erfahren haben. Wer — wie Hiob — so rebelliert, tut dies, weil er eine Glücksgeschichte mit Gott hinter sich hat. Und auch der von Kindheit an Kranke appelliert ausdrücklich an den Gott seines »Heils«. Das alles erlaubt den Umkehrschluß: Keiner dieser Texte unterstellt Gott, immer taube Ohren gehabt, ständig mit seinem Zorn den Menschen verfolgt zu haben. Vielmehr gehen alle davon aus, daß Gott das »Heil« des Menschen grundsätzlich will und daß es Zeichen des Gottesglücks und des »Vertrauens auf den Herrn« gegeben hat.

Erst aufgrund dieser Vertrauens- und Glücksgeschichte kann hier und jetzt, in der *Gegenwart,* der rebellische Protest erfolgen; erst aufgrund einer früheren »Begreiflichkeit« wird jetzt Gottes Unbegreiflichkeit beklagt. Die Grundvoraussetzung all dieser Texte ist gerade die: Unzählige Male (in der Vergangenheit) hat Gott für den Menschen gesorgt, vieles hat er dem Menschen erspart, durch Gerechtigkeit hat er sich Vertrauen erworben. Jetzt aber scheint Gott blind für das Schicksal des Menschen, unempfindlich gegenüber seinem Leid, taub gegenüber seinen Klagen und willkürlich im Umgang mit seiner Gerechtigkeit. Gott ist zu einem lebensbedrohenden, glücksvernichtenden und geborgenheitszerstörenden Ungeheuer geworden.

Hoffnung auf die Durchsetzung Gottes

Um dies zu ändern, wird zu Gott geklagt; um Gott zum Positiven herauszufordern, wird er angeklagt. Das Vertrauen aus der Vergangenheit wird dabei in die *Zukunft* projiziert. In der Regel erwarten die Texte, daß Gott die Kraft und die Macht hat, das Schicksal noch einmal zu wenden. Sie sind gerade nicht Ausdruck eines passiven Fatalismus oder eines lähmenden Zynismus, sondern Ausdruck einer *unaufgebbaren Hoffnung*, daß Gott selbst dem unschuldig Leidenden sein Recht verschafft, d.h. ihm sein Lebensglück wiedergibt. Klage zu Gott und Anklage Gottes sind somit in letzter Konsequenz Ausdruck der Zuversicht auf eine *neue, glückhafte Selbstdurchsetzung Gottes* angesichts der Übel der Welt — und zwar zugunsten des Menschen.

Diese Selbstdurchsetzung entspricht einer *Selbstrechtfertigung* Gottes. Wir wählen diese theologische Kategorie bewußt, um sie abzugrenzen gegenüber dem neuzeitlichen Theodizee-Verständnis. Das Wort Theodizee wird ja in der Regel als genitivus objectivus *anthropozentrisch* verstanden: Gott wird *durch den Menschen* in seiner Gerechtigkeit angesichts der Weltübel gerechtfertigt. Von der Bibel her muß das Wort Theodizee als genitivus subjectivus *theozentrisch* verstanden werden: Gott rechtfertigt sich angesichts der Übel in der Schöpfung selbst. Dies ist eine Aussage radikaler Hoffnung: Gott hört den anklagenden Menschen und wird ihm Aufschluß geben über die unbegreiflichen Rätsel seiner »guten Schöpfung«.

3. Gott lieben — Gott zum Trotz

Auch in der jüdischen Tradition, der Tradition der Rabbinen, wie sie uns im Talmud und in den Midraschim entgegentritt, sowie in der Tradition der Weisen, wie wir sie im Chassidismus vor uns haben, begegnet uns diese Linie der Klage des Menschen und der Anklage Gottes. Ich folge hier wiederum *Elie Wiesel,* der in seinen zahlreichen biblisch-talmudisch-chassidischen Schriften gerade diese rebellische Tradition unter den frommen Gelehrten Israels ans Licht geholt hat. Mit wenigen Beispielen sei dies erläutert.

Die Geschichten rebellischer Rabbiner

In seinem Buch »*Weisheit des Talmud*« (1991) stellt Wiesel seinen Lesern den Fall des *Rabbi Elisha ben Abuja* vor, einen faszinierend-komplexen Talmud-Gelehrten aus dem 2. Jahrhundert. Die rabbinische Überlieferung hat diesen Mann verdammt, ihn als »Anderen« ausgeschieden aus der jüdischen Gemeinschaft, denn Rabbi Elisha, Sohn eines wohlhabenden Vaters und brillanter Schüler hervorragender Gelehrter, war zum Entsetzen seiner Umgebung während der römischen Besatzungszeit in Palästina zu Beginn des 2. Jahrhunderts vom jüdischen Glauben abgefallen. Traditionelle Erklärungen suchten die Schuld bei der Mutter oder dem Vater. Elie Wiesel gibt sich damit nicht zufrieden und sucht in einem eindringlichen Portrait Elishas Schritt zu verstehen. Dieser Rabbi war ja von folgender Überzeugung ausgegangen:

> »Gott mußte doch das Volk beschützen, das die Tora schützen soll. Männer und Frauen opfern sich damals, um diesen Bund mit ihrem Blut und Leben zu besiegeln. Aber Gott, der Gott Israels, scheint ihn nicht zu respektieren. Seine Kinder lassen sich töten, seine Auserwählten werden umgebracht, und Er greift nicht ein.
>
> Viele Juden geben trotzdem die Hoffnung nicht auf und klammern sich mit allen Kräften an Gott, der sie verlassen zu haben scheint.
>
> Elisha ben Abuja lehnt sich auf, nicht gegen den Henker, sondern gegen den, der durch sein Schweigen, vielleicht sogar durch seine Zustimmung, mit dem Henker unter einer Decke steckt.«[66]

[66] *E. Wiesel,* Célébration talmudique. Portraits et légendes (1991), dt.: Die Weisheit des Talmud. Geschichten und Portraits, Freiburg/Br. 1992, S. 182.

Gewiß: eine persönliche Prüfung läßt sich bei Rabbi Elisha nicht nachweisen; persönlich hatte er offensichtlich keine Verfolgung erlitten; persönlich ist ihm kein Unrecht widerfahren. Und doch ist das Problem der Theodizee der Schlüssel für Rabbi Elishas radikalen Wandel. Von diesem Problem gequält, lehnt er sich nicht gegen die Schöpfung, sondern gegen den Schöpfer auf. Zum Anlaß wird ihm die *Geschichte von einzelnen Menschen,* aber auch die Geschichte seines eigenen Volkes unter der römischen Besatzung. So wird von Elisha berichtet, daß er einmal eine Ungeheuerlichkeit mitangesehen habe: Ein Mann sei auf eine Dattelpalme geklettert und habe, obwohl es Sabbat war, ein Vogelnest ausgehoben. Die Vogel-Mutter habe er mitgenommen, während er die Jungen obengelassen habe. Das aber war ein eklatanter Verstoß gegen eines der zentralen Gebote der Tora — und nichts sei dem Frevler geschehen. Er habe heil und gesund nach Hause zurückkehren können. Am gleichen Abend, der Sabbat war schon vorüber, habe Elisha einen zweiten Mann bemerkt, der auf eine andere Dattelpalme geklettert sei. Hier habe sich ebenfalls ein Vogelnest befunden, und dieser Mann habe — toragemäß — die Jungen mitgenommen, während er die Mutter freiließ. Als er aber den Boden wieder erreichte, habe ihn eine Schlange gebissen, und er sei auf der Stelle gestorben. Ein Beispiel für viele in Gottes Schöpfung: Derjenige, der eklatant gegen ein göttliches Gebot verstößt, kommt ungeschoren davon, während ein anderer, der sich torakonform verhält, plötzlich dahingerafft wird. Für Rabbi Elisha folgert Elie Wiesel daraus:

> »Elisha fühlt sich abgestoßen, verzweifelt an der göttlichen Gerechtigkeit und hört auf, an sie zu glauben. Da im Reich Gottes der Gerechte leidet, während der Gottlose freudig sein Leben genießt, beschließt Elisha, Gott den Rücken zu kehren und sich in die Schar der Gottlosen einzureihen. Er behauptet nicht, daß Gott kein Richter, sondern ein schlechter Richter ist. Er verkündet nicht, daß das Gesetz ungerecht ist, sondern daß Gott es kaum beachtet, was, mit anderen Worten, heißt, daß Gott seine Versprechen nicht hält.«[67]

[67] *E. Wiesel,* a. a. O., S. 184.

Ähnlich verhält es sich bei den *Verfolgungen des eigenen Volkes.* Auch hier empört sich Elisha gegen seinen Gott, der durch Schweigen Zustimmung zu signalisieren, ja mit den Henkern unter einer Decke zu stecken scheint. Wo blieb Gottes Bund mit seinem Volk angesichts dieser Verfolgungen? Männer und Frauen opferten sich, um diesen Bund mit ihrem Blut und Leben zu beglaubigen. Gott aber scheint seinen eigenen Bund vergessen zu haben. Seine Kinder lassen sich töten, seine Auserwählten werden umgebracht. Er aber tut nichts und läßt alles geschehen. Für Elie Wiesel ist es begreiflich, daß schon Rabbi Elisha sich fragt:

> »Aber wer hat dann Schuld? Gott? Ja, sagt Elisha, laut einer anderen talmudischen Denkschule. Vom Problem der Theodizee gequält, lehnt sich Elisha nicht gegen die Schöpfung, sondern gegen den Schöpfer auf.«[68]

Wir müssen den Fall des Rabbi Elisha hier nicht weiter verfolgen. Elie Wiesel setzt sich mit ihm im Verlauf seines Portraits durchaus kritisch auseinander, aber nicht, weil Elisha gegen Gott rebelliert hätte, sondern weil er aus dieser seiner Empörung gegen Gott auch seine Mitmenschen (seine jüdischen Mitbrüder) skandalös behandelt habe. Er sei zum Spitzel für die Römer geworden, sei in Mordgeschichten verwickelt gewesen. Die moralische Verdammung durch den Talmud findet Wiesel von daher begreiflich:

> »Gegen Gott? Wäre es nur das gewesen, hätten wir ihn verstanden. Aber er versündigte sich an seinen eigenen Brüdern, und dagegen lehne ich mich auf. Wenn du mit Gott streitest, gut, das ist deine und seine Sache — aber inwiefern haben deine Brüder schuld? Du empörst dich gegen Gott, gut und schön, aber warum zeigst du deine Empörung dadurch, daß du dich gegen dein eigenes Volk wendest? Warum wirst du deshalb zum Komplizen des Henkers? Man muß schon sehr hart und unmenschlich sein, um so zu denken und zu handeln. Unsere Tradition rechtfertigt nur einen einzigen Schrei, den Schrei, den wir für die Menschen, nicht gegen sie ausstoßen. Nur die Empörung, die dem Opfer hilft, ist gestattet.

[68] *E. Wiesel,* a. a. O., S. 183.

Jene, die den Henker ermuntert, ist vergeblich, weil sie unmenschlich ist. Das Unrecht Elishas liegt, anders ausgedrückt, darin, daß er sich gegen die Bestimmung des Menschen auflehnte und nur dazu beitrug, sie herabzuwürdigen.«[69]

Man muß sich nicht unterwerfen

Einen umgekehrten Fall sieht Wiesel in der *Tradition des Chassidismus,* den Fall von *Rabbi Mosche Löb aus Sassow.* Im Gegensatz zu Rabbi Elisha ist über diesen chassidischen Meister in den Quellen kein negatives Wort überliefert. Rabbi Löb wird stets als ein vollkommener Mensch dargestellt: in seiner Hilfsbereitschaft innerhalb und außerhalb der Synagoge außerordentlich, in seinem Studieneifer unübertrefflich, in seiner Menschen- und Gottesliebe einzigartig. Leben habe für diesen Rabbi geheißen, alles Reden und Tun in Liebe zu kleiden. Und diese Liebe sei für ihn allumfassend gewesen; sie habe keine Bevorzugung von irgend jemandem gekannt...

Schon will Elie Wiesel auf Distanz zu diesem Rabbi gehen; diese angeblich allumfassende Liebe, die nichts und niemanden ausläßt, findet er »geradezu aufreizend«. All diese Berichte, die diesen Rabbi so vollkommen erscheinen lassen, machen ihn eher mißtrauisch. Geriet dieser Mann niemals in Zorn? Ließ er sich nie zu etwas hinreißen? Ist ein solcher Mensch noch menschlich? Instinktiv hält Elie Wiesel es lieber mit »den Traurigen und Dunklen« in der jüdische Tradition, mit Menschen, die »dunkle Geheimnisse« haben. Da fällt ihm eines Tages ein kleiner Text in die Hände, der plötzlich ein anderes Licht auf diesen Rabbi wirft:

> »Für den Psalmvers ›Glücklich der Mensch, den Gott zur Züchtigung auserwählt hat‹ hatte Rabbi Mosche Löb eine andere Lesart: ›Glücklich der Mensch, der wagt, Gott zu züchtigen‹, d.h. der den Mut hat, ihm harte Fragen zu stellen und ihn an seine Pflicht seinem Volk gegenüber zu erinnern.
>
> Stritt auch er mit dem Himmel, rechtete auch er mit Gott, dem Gott des Erbarmens und der Liebe? Demnach wäre er

[69] *E. Wiesel,* a.a.O., S. 193.

> doch nicht so abgeklärt und heiter gewesen, wie es den Anschein hatte. Wenn er dem Gott des Erbarmens den Prozeß machte, dann fühlte auch er sich am Ende! Alles, was ich über ihn zu wissen glaubte, wurde dadurch wieder in Frage gestellt.«[70]

Elie Wiesel forscht weiter und stößt auf andere Überlieferungen. Er entdeckt, daß dieser Rabbi innerlich ein gebrochener Mann gewesen sein muß; nur wenige ahnten es. So sehr sei er darauf bedacht gewesen, Freude zu verbreiten, daß niemand etwas von seiner Trauer bemerkt habe. Die Maske, die er trug, sei ein guter Schutz gewesen. Sie habe ein Geheimnis verborgen: die Schwermut dieses Mannes. Belegt wird dies durch eine Geschichte, die der Sohn von Rabbi Löb überlieferte. Im Alter von 5 Jahren habe ihn sein Vater zu einer Rosch-Haschana-Feier mitgenommen. Er habe sich unter dem Gebetsschal seines Vaters versteckt und ihn mitten in einem feierlichen Gebet sagen hören:

> »Herr der Welten, seit Jahren, seit Generationen, seit Jahrhunderten schon richten wir unser Flehen zu Dir, und Du hast uns noch immer nicht den Messias gesandt. Du weißt es sehr wohl, Du müßtest es wissen: wir können nicht mehr, hörst Du mich, Herr des Himmels, wir können nicht mehr.«[71]

Ähnlich eine andere Geschichte. Bei einer Familie seien mehrere Kinder nacheinander in frühem Alter gestorben und die Mutter habe ihren Kummer der Frau des Weisen vor Ort anvertraut: »Was für ein Gott ist denn der Gott Israels? Er ist grausam und nicht barmherzig. Er nimmt, was er gegeben hat.« Die Frau aber habe abgewiegelt: So dürfe man nicht reden; die Wege des Himmels seien unergründlich; man müsse lernen, sein Schicksal anzunehmen. In diesem Augenblick sei Rabbi Löb auf der Türschwelle erschienen und habe der unglücklichen Frau gesagt:

> »Und ich sage dir, Frau, man muß es nicht annehmen! Man muß sich nicht unterwerfen. Ich rate dir, zu rufen, zu schrei-

[70] *E. Wiesel,* Célébration hassidique, Bd. II (1981), dt. (in Auswahl): Geschichten gegen die Melancholie. Die Weisheit der chassidischen Meister, Freiburg/Br. 1984, S. 78f.

[71] *E. Wiesel,* a. a. O., S. 80.

en, zu protestieren, Gerechtigkeit zu fordern, verstehst Du mich, Frau? Man darf es nicht annehmen.«[72]

In all diesen Texten erfolgt der Schrei zu Gott aus dem Vertrauen zu Gott; die Empörung gegen Gott aus Erwartungen an Gott; die Rebellion vor Gott aus Liebe zu Gott. Gemäß einem von ihm oft zitierten Satz »Das Gegenteil von Liebe ist nicht Haß, sondern Gleichgültigkeit; das Gegenteil von Leben nicht der Tod, sondern Gefühllosigkeit«[73] zeigt dieser jüdische Autor Gestalten aus seiner eigenen Tradition, die aus ihrem Schmerz über eine zutiefst widersprüchliche Schöpfung sich gerade nicht der Gleichgültigkeit und Gefühllosigkeit gegenüber Gott hingaben. Ihre Auflehnung ist vielmehr ihre Form des Gebetes; ihr Hadern ihre Form des Ja-Sagens. Gerade in seiner Unbegreiflichkeit bleibt Gott der Lebendige, dessen Kraft und Macht man eine Wende zutraut.

Wo bleibt die Gegenleistung, Gott?

An keiner anderen Figur aus der chassidischen Tradition zeigt Elie Wiesel eindrücklicher diese Spannung als an der Figur des *Rabbi Levi-Jizchak von Berditschew,* dessen eindringliches Portrait wir in Wiesels Buch »Chassidische Feier« (1972) finden. Denn auch bei diesem 1740 in Galizien geborenen und 1809 im ukrainischen Berditschew gestorbenen, über alles verehrten Rabbi gibt es eine bemerkenswerte zweite Seite. Zunächst macht Wiesel klar, daß die Bedeutung dieses Rabbis für die jüdische Tradition überwältigend ist. Überlieferungen kennen Sprüche wie »Gott ist ein Zaddik dort oben und Levi-Jizchak ist einer hier unten« oder die Engel und Seraphim seien »eifersüchtig« auf Levi-Jizchaks Frömmigkeit. Für andere ist er das Licht Israels; für wieder andere jemand, der die Pforten zum Heiligtum der Liebe geöffnet habe, die nach seinem Tod wieder geschlossen worden seien. Kurz: Rabbi Levi-Jizchak muß man sich vorstellen als Freund aller Rabbis und Rabbi all ihrer Schüler. Keinem Clan gehörte er an, vielmehr stand er über den Machtkämpfen und

[72] *E. Wiesel,* a. a. O., S. 80f.
[73] *E. Wiesel,* a. a. O., S. 74.

lehnte es ab, sich in Streitigkeiten einzumischen, welche die chassidische Bewegung entzweiten. So war er eine über den Parteien stehende Autorität, in seinem Wissen überragend, in seiner Lebensführung vorbildlich.

Und doch muß es auch bei diesem Mann eine andere Dimension gegeben haben: schwere Anfälle von Depression; von Traurigkeit; von Flucht in die Einsamkeit; von Anwandlungen des Wahnsinns. All dies war in der Tradition tabuisiert worden, und die Zensur war in diesem Fall besonders rigoros. Denn der Chassidismus hat gerade Rabbi Levi-Jizchak nicht als Gequälten, Gebrochenen, Besiegten zeigen wollen. Alle, nur ihn nicht. Dieser große Rabbi hatte kein Recht auf eine Niederlage, nicht einmal auf eine vorübergehende. Alle anderen durften Krisen durchmachen, er mußte immer vorbildlich dastehen, schäumend vor Glauben, Kraft und Schaffensrausch.

Auch hier setzt Elie Wiesel einen Kontrapunkt und holt andere Traditionen ans Licht, die von einem Zusammenbruch Rabbi Levi-Jizchaks berichten, von seiner Verzweiflung, ja seiner Revolte gegen Gott. Da ist das Moment der *Schuldzuweisung* an Gott und der Notwendigkeit, daß das Volk Israel nicht nur Vergebung von Gott empfängt, sondern auch *seinem Gott vergeben muß:*

> »Andere vor ihm hatten ebenfalls Zwiesprache mit Gott gehalten. Aber keiner war so tollkühn gewesen, sich gegen Gott zu stellen. Niemand war so weit gegangen, Ihn zu verurteilen, Ihm zu drohen: ›Sol Iwan blosen Schofar!‹ schrie Levi-Jizchak mitten in der Rosch-Haschana-Feier: Wenn Du den Feind vorziehst, der weniger leidet als wir, dann soll doch er Deinen Ruhm singen! Der Rabbi hatte keinerlei Skrupel, Gott daran zu erinnern, daß auch Er sich von Seinem Volk die Leiden vergeben lassen müsse, die Er ihm auferlegt hatte. Daher die Pluralform *Jom Kippurim:* Die Bitte um Verzeihung beruht auf Gegenseitigkeit.«[74]

Ja, von einem anderen Rabbi wird der Satz überliefert: »Wenn wir das Argument des Rabbi von Berditschew als richtig an-

[74] *E. Wiesel,* Célébration hassidique, Bd. I (1972), dt.: Chassidische Feier, Wien 1974, S. 104.

erkennen, dann gäbe es keinen Juden, dem gegenüber Gott sich nicht schuldig gemacht hätte.«[75]

Und da ist zweitens das Moment der Gebetsverweigerung gegenüber Gott:

> »Einmal blieb er (Levi-Jizchak) vom Morgen bis zum Abend stumm vor seinem Pult stehen, ohne die Lippen zu bewegen. Vorher nämlich hatte er Ihn gewarnt: ›Wenn Du Dich weigerst, unsere Gebete zu erhören, spreche ich sie nicht mehr!‹«[76]

Levi-Jizchak also habe es sich erlaubt, Gott mit dem Abbruch der Beziehung zu drohen. Ja, dieser Rabbi habe es zu beweisen geliebt, daß man Jude sein könne mit Gott, in Gott und sogar gegen Gott; nicht aber ohne Gott! Fragen zu stellen, wie Abraham und Hiob es taten, habe ihm nicht genügt. Er habe Antworten verlangt, und wenn er sie nicht bekommen habe, habe er daraus Konsequenzen gezogen. Er habe — ein *drittes Moment — Gegenleistung* von Gott gefordert:

> »Levi-Jizchak verfügte über gewichtige Argumente: Seitdem Du den Bund mit Deinem Volk geschlossen hast, arbeitest Du hartnäckig darauf hin, ihn zu brechen, indem Du ihn auf die Probe stellst. Warum? Erinnere Dich: Auf dem Berg Sinai bist Du mit Deiner Tora hausieren gegangen wie ein Händler, der seine faulen Äpfel nicht loswerden kann. Allen Völkern hast Du Deine Gebote angepriesen; sie aber kehrten sich voll Verachtung ab. Nur Israel erklärte sich bereit, sie anzunehmen, Dich zu akzeptieren. Wo bleibt die Gegenleistung?
>
> Ein anderes Mal gab er folgenden erschreckenden Satz von sich: Wisse, wenn dein Reich nicht Gnade und Barmherzigkeit bringt, dann wissen wir, daß dein Thron auf Betrug gegründet ist!
>
> Und er sagte: Wenn ein Jude *Tefilim* (Gebetsriemen) auf dem Boden liegen sieht, dann stürzt er hin, um sie aufzuheben und zu küssen; steht es nicht geschrieben, daß wir *Tefilim* sind? Wirst du uns denn nie zu dir emporheben?«[77]

[75] *E. Wiesel,* a. a. O., S. 106.
[76] *E. Wiesel,* a. a. O., S. 105.
[77] *E. Wiesel,* a. a. O., S. 106.

Auch hier legt Elie Wiesel größten Wert darauf, daß schon die Tradition diesen Rabbi ob seiner Revolte nicht der Blasphemie beschuldigt habe. Und dies aus zwei Gründen. Er habe zum *einen* nie lange im Zustand des Aufruhrs verharrt. Wenn er sein Herz ausgeschüttet habe, sei er zu Gott zurückgekehrt. Waren die Vorwürfe formuliert, die Drohungen ausgestoßen, habe er als freier und befreiter Mann die vorgeschriebenen liturgischen Gebete wieder aufgenommen. Seine Fragen seien offen geblieben, aber er habe die Beziehung zu Gott fortsetzen, von neuem beginnen und auf den Trümmern aufbauen können. Und zum *zweiten:* Die jüdische Tradition erlaube es dem Menschen nun einmal, Gott alles zu sagen, sofern es gut für den Menschen sei. Es komme nur darauf an, in welchem Rahmen der Mensch mit Gott hadere. Innerhalb der Gemeinde könne er alles sagen. Löse er sich von ihr, verliere er dieses Recht. Denn: die Revolte des Gläubigen sei nicht dieselbe wie die Revolte des Abgefallenen, die des Ungläubigen oder Gottlosen. Wiesel macht also für die *Legitimation* einer *Theologie der Revolte aus jüdischer Sicht zwei Kriterien* geltend:

— Die Revolte darf nicht verabsolutiert werden; die Beziehung zu Gott kann falsch werden, wenn sie reduziert wird auf Revolte, Empörung und Protest. Umgekehrt aber gilt: Revolte, Empörung und Protest sind nicht Hybris oder Blasphemie, sondern für den Glaubenden eine legitime Form der Beziehung zum lebendig-unbegreiflichen, abgründigen Gott.

— Die Rebellion gegen Gott geschieht nicht aus Abfall von Gott, sondern aus einem letzten Vertrauen zu Gott. Sie geschieht nicht aus Gottesverneinung, sondern aus Gottesbejahung. Sie ist Protest gegen Gott — vor Gott; Hadern mit Gott — vor Gottes »Thron«; Schrei zu Gott — aus Liebe zu Gott.

Was soll denn noch geschehen? Zvi Kolitz

Für mich hat dieses einzigartige Ineinander von Rebellion und Demut, von Glauben und Protest, von Hinnahme und Hingebung niemand im 20. Jahrhundert ergreifender zum Ausdruck gebracht als der jüdische Schriftsteller *Zvi Kolitz* mit seinem Text »Jossel Rakovers Wendung zu Gott« aus dem Jahre 1946. 1918 als Sohn eines Rabbiners und Talmud-Gelehrten in Litauen geboren, kommt Kolitz 1939 nach Palästina und kämpft als Untergrundagent gegen die britische Besatzung und für die Gründung des Staates Israel. 1946 befindet er sich als Abgesandter des Jüdischen Weltkongresses in der argentinischen Hauptstadt Buenos Aires; Unruhe war unter den dortigen Juden ausgebrochen, da immer mehr Ex-Nazis nach Argentinien gekommen waren. Später wird Kolitz sich in New York niederlassen und ein Leben als Journalist, Filmemacher, Produzent, Geschäftsmann und Dozent führen. Sein größter öffentlicher Erfolg wird der Film »Hügel 24 antwortet nicht«, der erste Film des jungen Staates Israel, der mit internationalen Preisen in Cannes und Mexiko ausgezeichnet wird...

Das entsetzliche Schicksal des Warschauer Ghettos, das die SS-Verbrecher im Frühjahr 1943 dem Erdboden gleichmachten, kannte Zvi Kolitz nur aus Erzählungen. Er selber war nie in Warschau gewesen. In Buenos Aires nun verfaßt er eine Geschichte, die in ungezählten erschütterten Lesern die Überzeugung festsetzt, es handle sich um ein authentisches Dokument. Zu lebensecht war diese Geschichte geschrieben, die Geschichte eines Juden namens Jossel Rakover, der mitansehen muß, wie das Warschauer Ghetto untergeht und wie auch seine eigene Familie dem Massaker zum Opfer fällt. Zvi Kolitz' Erzählung, erschienen 1946 in der »Jiddischen Zeitung« der jüdischen Gemeinde von Buenos Aires, löste sich später von seinem Autor ab und führte als authentisches Dokument ein hartnäckiges Eigenleben, was eine eigene abenteuerliche Geschichte darstellt...[78]

Jossel Rakover — so erfahren wir — ist der Nachkomme einer großen chassidischen Rabbinerfamilie und beginnt zu schreiben, während das Warschauer Ghetto durch Beschuß deutscher Truppen in Flammen steht. Auf seiner Flucht in das Ghetto hatte er bereits seine Frau und drei seiner Kinder verloren, darunter ein

[78] *Z. Kolitz,* Jossel Rakovers Wendung zu Gott. Aus dem Jiddischen übertragen und hrsg. von B. Badde, Möhlin — Villingen 1994. Zur Geschichte dieser Geschichte vgl. die gründlich recherchierte Einleitung von *B. Badde,* S. 11–39. Als einen »schönen und wahren Text« hat diese Geschichte bezeichnet und ausgelegt der ebenfalls aus Litauen stammende jüdische Philosoph *E. Lévinas,* Die Thora mehr lieben als Gott, in: ders., Schwierige Freiheit. Versuch über das Judentum, Frankfurt/M. 1992, S. 109–113.

sieben Monate altes Baby. Mit drei übriggebliebenen Kindern gelingt die Flucht ins Ghetto, aber auch hier holt ihn bald das Morden ein. Die zehnjährige Rachele, der dreizehnjährige Jakob und die fünfzehnjährige Chave fallen ihm zum Opfer. Jeden Augenblick muß Jossel damit rechnen, daß auch das letzte Haus, in dem es noch nicht brennt und in dem er seine Aufzeichnungen verfaßt, zusammengeschossen wird. In dieser Stunde vor dem Untergang wendet sich Jossel — er ist 43 Jahre alt und kann auf ein »herrliches Leben« zurückblicken — an seinen Gott und sagt ihm alles »ins Gesicht«, was er in dieser Stunde fühlt.

Dabei ist auffällig, daß die Gottesrede des Jossel Rakover die gleiche Grundstruktur aufweist wie die alttestamentlichen Klage- und Anklagetexte: Vergangenheit — Gegenwart — Zukunft. Denn auch Jossel Rakovers Gottesverklagung setzt ein Gottvertrauen voraus, das in der *Vergangenheit* begründet ist:

> »Gott hab' ich mit Hingabe gedient und meine einzige Bitte an Ihn war, daß Er mich Ihm dienen lasse ›mit dem ganzen Herzen, mit der ganzen Seele und mit der ganzen Kraft‹. Nun kann ich nicht sagen — nach all dem, was ich erlebt und überlebt habe —, daß meine Haltung zu Gott sich nicht geändert hat. Mit absoluter Sicherheit kann ich aber sagen, daß mein Glaube an Ihn sich um kein Haar verändert hat.«[79]

In der Tat: Nicht die Tatsache des Gottesglaubens hat sich verändert, wohl aber die Beziehung dieses Gläubigen zu seinem Gott, und zwar durch die Ereignisse der *Gegenwart.* Dabei will Jossel Rakover nichts Besonderes von Gott, keine Vorzugsbehandlung. Er will »keine Ausnahme von der Regel« sein und erwartet nicht, daß Gott eine »besondere Beziehung« zu ihm offenbart. Auch ist dieser Jude keineswegs ein gebrochener Duckmäuser. Über lange Passagen phantasiert er sich in die Möglichkeit hinein, daß Gott den Feinden Israels vergelten wird, daß er Rache üben wird wegen der Verbrechen an seinem Volk: »Ich bin überzeugt, daß Du es ihnen erbarmungslos zurückzahlen wirst, gnadenlos, mitleidlos«, sagt er seinem Gott. Ja, Jossel läßt nicht den geringsten Zweifel, daß er stolz ist, ein Jude zu sein,

[79] Z. *Kolitz,* a. a. O., S. 52f.

schon allein deshalb, weil er sich schämen würde, »ein Angehöriger der Völker zu sein, welche jene Verbrecher geboren und erzogen« hätten. Er weiß: Jude zu sein ist schwer, sehr schwer, und doch ist es ihm »eine Ehre, ein Jud' zu sein«:

> »Ich glaube, Jude sein heißt: ein Kämpfer sein, ein ewiger Schwimmer gegen den brodelnden, verbrecherischen menschlichen Strom. Der Jud' ist ein Zeichen, ein Zeuge, er ist beschlagnahmt, ein Verhafteter Gottes: Sein Eigentum, heilig... Ich bin glücklich, zum unglücklichsten aller Völker der Welt zu gehören — dessen Tora das höchste Gesetz und die schönste Moral enthält. Jetzt ist diese Tora doch noch einmal mehr geheiligt und verewigt worden in ihrer Erniedrigung und Schändigung durch die Feinde Gottes. Zum Juden wird man wie zum Künstler geboren. Vom Judesein kann man sich nicht befreien. Das ist das göttliche Mal an uns, das uns als Sein auserwähltes Volk bezeichnet.«[80]

An all dem also hat sich nichts geändert. Was aber hat sich geändert für Jossel Rakover? Was ist anders geworden in der Beziehung zu seinem Gott? Anders geworden ist die Überzeugung, daß jetzt Gott diesem unschuldig Leidenden etwas schuldet, viel schuldet. Früher hatte dieser Jude stets das Gefühl, Gott etwas schuldig zu bleiben. Jetzt fühlt er, daß Gott in *seiner* Schuld steht und daß er deswegen das Recht hat, Gott zu »mahnen«. Mehr noch: Jossel Rakover ist nicht länger bereit, die Schläge als Ausdruck des gerechten Willen Gottes hinzunehmen und gutzuheißen. Denn:

> »Zu sagen, wir verdienen die Schläge, die wir bekommen, bedeutet: uns selbst mißachten und den Namen Gottes entweihen. Die unseren Namen schmähen, schänden auch den Namen des Herrn. Wer uns verflucht, verflucht Gott. Uns selbst gering zu achten heißt: Gott gering zu achten.«[81]

Aus der *Zurückweisung jeder Selbstmißachtung* also kommt der Protest dieses Juden gegen Gott. Er will Gott »zur Rede stellen«,

[80] Z. *Kolitz,* a. a. O., S. 62f.
[81] Z. *Kolitz,* a. a. O., S. 54.

ein letztes Mal in seinem Leben, nicht weil er mit Gott fertig ist, sondern weil er ein unerschütterbares Vertrauen auf Gott behalten hat:

> »Ich sage Dir das, weil ich an Dich glaube, weil ich mehr an Dich glaube, als je zuvor – weil ich jetzt weiß, daß Du mein Gott bist. Denn Du kannst doch nicht der Gott jener sein, deren schreckliche Gewalttaten so strotzen vor Gottlosigkeit. Denn wenn Du nicht mein Gott bist – wessen Gott bist Du dann? Der Gott der Mörder? Wenn die, die mich hassen, die mich morden, so finster sind, so schlecht, wer bin ich denn – wenn nicht jemand, der etwas von Deinem Licht in sich trägt und von Deiner Güte?«[82]

Aufgrund dieses buchstäblich unerschütterlichen Vertrauens stößt dieser Jude seine verzweifelten Fragen heraus: »Was noch, sag es uns, was noch darf geschehen, bevor Du uns Dein Gesicht wieder zuwendest?« Aufgrund dieses unerschütterlichen Vertrauens stellt er Gott zur Rede: »Wo liegen die Grenzen Deiner Geduld?« Aufgrund dieses unerschütterlichen Vertrauens warnt er Gott, es nicht zu weit zu treiben, denn der Strick der Verbindung könnte auch einmal reißen. Ja, aufgrund dieses Vertrauens wagt er die Aufforderung an Gott, denjenigen zu »verzeihen«, die sich in ihrem Unglück und Zorn von Gott abgewandt hätten. Das alles aber verbleibt noch im Rahmen derjenigen Strukturen, die durch die rebellischen Gebete des Alten Testamentes vorgegeben sind: Aufstand des Menschen gegen die offensichtliche Unbegreiflichkeit, die Kälte, das Schweigen, die Gleichgültigkeit Gottes.

Du hast alles getan, damit ich nicht glaube

Jossel Rakover aber geht hier noch einen Schritt weiter: Er formuliert das Ungeheuerlichste an Anklage, was man Gott selber vorwerfen kann. Und das Ungeheuerlichste besteht darin, Gott zu beschuldigen, er selber sei verantwortlich für des Menschen Glaubenslosigkeit; er selber habe alles getan, damit der Glaube

[82] Z. *Kolitz*, a. a. O., S. 66f.

an ihn zum Erliegen gekommen sei. Und man muß wohl Jude sein, um die jetzt folgende Paradoxie gänzlich nachvollziehen zu können: daß Gott nämlich gegen seine Tora ausgespielt wird. Behauptet doch dieser Jude auf einmal, seine Tora lieber zu haben als Gott:

> »Ich glaube an den Gott Israels, auch wenn Er alles getan hat, daß ich nicht an ihn glaube. Ich glaube an Seine Gesetze, auch wenn ich Seine Taten nicht rechtfertigen kann. Jetzt ist meine Beziehung zu Ihm nicht mehr die eines Knechts zu seinem Herrn, sondern die eines Schülers zum Lehrer. Ich beuge mein Haupt vor Seiner Größe, aber werde die Rute nicht küssen, mit der Er mich schlägt. Ich hab' Ihn lieb, doch Seine Tora hab' ich lieber. Selbst wenn Er mich genarrt und ich mich in Ihm getäuscht hätte, Seine Tora würde ich weiter hüten. Gott heißt Religion. Aber Seine Tora heißt: Lebensweisung. Je mehr wir sterben für diese Weisung, so unsterblicher wird sie werden.«[83]

Überdenkt man diesen Text, so löst sich die Paradoxie möglicherweise auf. Denn es ist ja gerade die Tora, in der sich Gott unwiderruflich mit dem Volke Israel verbunden hat, welche die Grundlage abgibt, mit Gott zu hadern. Ohne die Tora als Maßstab könnte man so gar nicht mit Gott reden. Nur weil sich Gott in seinen Geboten selbst auf Gerechtigkeit verpflichtet hat, kann man diese Gerechtigkeit einklagen. Nur weil Gott Gebote erlassen hat, kann man verlangen, daß auch er diese seine Gebote respektiert. Deshalb ist die Aussage logisch, »Gott« bedeute allgemein und abstrakt »Religion«, die Tora aber bedeute Weisung, was im Klartext heißt: Es gibt eine moralische Grundordnung der Welt — allem Augenschein zum Trotz.

Der ebenfalls aus Litauen stammende französische Gelehrte *Emanuel Lévinas* hat deshalb in einer kleinen Mediation diesen »schönen und wahren Text« als Ausdruck einer »zuverlässigen jüdischen Wissenschaft« und einer »tief authentischen Erfahrung des geistigen Lebens« interpretiert. Und selbst wenn einem diese Interpretation allzu forciert vorkommen mag, lohnt sie doch die

[83] *Z. Kolitz*, a. a. O., S. 63f.

Dokumentation. Entscheidend ist für Lévinas: Die Gefahr der Verhüllung Gottes ist nichts Negatives, sondern die Erfahrung des Erwachsenseins vor Gott. Ein Gott für Erwachsene manifestiere sich gerade durch die Leere des kindlichen Himmels:

> »Gott, der sein Antlitz verhüllt, ist meines Erachtens weder eine theologische Abstraktion noch ein poetisches Bild. Es ist die Stunde, wo das gerechte Individuum keine äußere Zuflucht findet, wo keine Institution es beschützt, wo auch der Trost der göttlichen Gegenwart im kindlichen religiösen Gefühl versagt, wo das Individuum nur in seinem Bewußtsein, d. h. notwendig im Leiden siegen kann. Ein spezifisch jüdischer Sinn des Leidens, das in keinem Augenblick den Wert einer mystischen Buße für die Sünden der Welt gewinnt. Die Lage der Opfer in einer aus den Fugen geratenen Welt, d. h. in einer Welt, in der es dem Guten nicht zu siegen gelingt, ist Leiden. Es offenbart einen Gott, der, indem er auf jede hilfreiche Manifestation verzichtet, an die Reife des voll verantwortlichen Menschen appelliert.«[84]

Gerade hier meint denn auch Lévinas die »besondere Physiognomie des Judentums« zu erkennen. Das Verhältnis zwischen Gott und den Menschen sei keine »sentimentale Kommunion in der Liebe eines inkarnierten Gottes«, sondern eine Beziehung zwischen Geistern vermittels einer »Belehrung, der Tora«. Es sei gerade ein nichtinkarniertes Wort Gottes, das von einem lebendigen Gott unter uns zeuge. Das Vertrauen in einen Gott, der sich durch keine irdische Autorität kundtue, könne nur auf der »inneren Evidenz und dem Wert einer Belehrung« beruhen. Deshalb kann nun Lévinas auch das Wort von Jossel Rakover (»Ich habe ihn lieb, aber seine Tora habe ich noch lieber«) als »Vertrauen« interpretieren, ja als »innere Evidenz der Moral, welche die Thora« bringe! Lévinas schließt seine Meditation mit den Sätzen:

> »Sich das Antlitz verhullen, um vom Menschen — übermenschlich — alles zu fordern, einen Menschen geschaffen zu haben, der fähig ist zu antworten, fähig, sich seinem Gott als

[84] *E. Lévinas*, a. a. O., S. 110f (s. Anm. 78).

> Gläubiger zu nahen und nicht immer als Schuldner — welch wahrhaft göttliche Größe! Der Gläubiger hat letztlich zwar *par excellence* Vertrauen, aber er ist auch derjenige, der sich nicht mit den Rückzügen des Schuldners abfindet. Unser Monolog beginnt und endet mit dieser Ablehnung der Resignation. Des Vertrauens in einen abwesenden Gott fähig, ist der Mensch auch der Erwachsene, der seine eigene Schwäche ermißt: die heroische Situation, in der er sich befindet, macht die Welt gültig, bringt sie jedoch auch in Gefahr. Durch einen aus der Tora hervorgegangenen Glauben gereift, wirft er Gott seine maßlose Größe und seine übertriebenen Forderungen vor. Er wird ihn lieben — trotz allem, was Gott versucht haben wird, um seine Liebe zu entmutigen. Aber: ›Du sollst den Strick nicht allzu sehr anspannen‹, ruft Jossel ben Jossel. Das religiöse Leben kann sich in dieser heroischen Situation nicht vollenden. Gott muß sein Antlitz entschleiern, Gerechtigkeit und Macht müssen zusammenfinden, es bedarf gerechter Institution auf dieser Erde. Aber nur der Mensch, der den verschleierten Gott erkannt hat, kann diese Entschleierung fordern. In welch kraftvoller Dialektik stellt sich zwischen Gott und dem Menschen gerade in ihrem Mißverhältnis Gleichheit her.«[85]

Die Geschichte des Jossel Rakover endet mit einer letzten dramatischen Steigerung. Als das Ghetto endgültig zu fallen droht, erinnert Jossel sich auf einmal an eine Geschichte, die ihm ein Rabbiner erzählte. Die Geschichte spielt im 15./16. Jahrhundert und handelt von einem Juden, der mit Frau und Kind der spanischen Inquisition entfloh. Auf stürmischem Meer sei er mit seinem kleinen Boot einer steinigen Insel zugetrieben. Und als Rettung greifbar nahe schien, sei ein Blitz gekommen und habe die Frau erschlagen; dann ein Sturm, der sein Kind ins Meer schleuderte. Allein sei er zurückgeblieben, nackt wie ein Stein, geschlagen vom Sturm, geängstigt von Blitz und Donner. Auf der wüsten Felseninsel angelangt, habe der Jude die Hände zu Gott erhoben und gesprochen:

[85] *E. Lévinas,* a. a. O., S. 112f.

»Gott Israels, ich bin hierher entlaufen, daß ich Dir ungestört dienen kann: um Deine Gebote zu tun und Deinen Namen zu heiligen. Du aber tust alles, daß ich an Dich nicht glauben soll. Wenn es Dir aber scheinen sollte, Dir gelinge es, mich mit diesen Drangsalen vom richtigen Weg abzubringen, meld' ich Dir, mein Gott und Gott meiner Eltern: es wird Dir alles nichts nützen. Magst Du mich auch beleidigen, magst Du mich auch schlagen, magst Du mir auch wegnehmen das Teuerste und Beste, das ich hab' auf der Welt, magst Du mich zu Tode peinigen — ich werde immer an Dich glauben. Ich werde Dich immer liebhaben, immer, Dich, Dich allein, Dir zum Trotz!

Und das sind auch meine letzten Worte an Dich, mein zorniger Gott: Es wird Dir gar nichts nützen! Du hast alles getan, daß ich an Dir irre werde, daß ich nicht an Dich glaube. Ich sterbe aber, wie ich gelebt hab', in felsenfestem Glauben an Dich.«[86]

[86] Z. *Kolitz,* a. a. O., S. 71f (s. Anm. 78).

V. UMRISSE EINER THEOPOETIK

Es ist an der Zeit, auch hier eine *Zwischenbilanz* zu ziehen und auf den Weg zurückzublicken, den wir gegangen sind. Wir wählten das Verfahren der Rekontextualisierung. Wir wollten Texte lebendig werden lassen, indem wir sie mit dem zeitgeschichtlichen Hintergrund und dem persönlichen Erfahrungsraum verbanden. Wir konnten zeigen: Für all die hier aufgerufenen Autoren kam die Gottesrede aus der Reaktion auf geschichtliche und persönliche Erschütterungen. Kein Panzer der Gleichgültigkeit und Unangefochtenheit umgibt diese Autoren; auch nicht der Ungeist eines bleiernen Fatalismus. Ihre Rede von Gott kam aus der dünnhäutigen Wahrnehmung von Erschütterungen, die zu Konsequenzen führte:

— zur Sprechaskese im Fall von *Friedrich Dürrenmatt,* der das Wort Gott aus seinem Text streicht, um die »Sache« zu verschärfen: die Erschütterung der »Tatsache Welt«;

— zur Exploration unerhörter Gottesgespräche bei *Marie Luise Kaschnitz,* die aus der Überzeugung erfolgt, daß Gottes Präsenz im Hellen und im Dunklen der Schöpfung gegeben ist, alle Stimmen, alle Töne, alle Lichter umgreift und so unseren ethisch-ästhetischen Wertekanon sprengt;

— in den Entwürfen immer neuerer Theologien der Rebellion durch *Heinrich Heine, Elie Wiesel* und *Zvi Kolitz,* die von der Überzeugung geleitet sind, daß man Gott auch achten kann, indem man gegen ihn hadert.

Diese theopoetischen Texte sind Marksteine einer zu entwerfenden Theopoetik, d. h. einer heutigem Sprach- und Zeitbewußtsein adäquaten Stillehre angemessenen Redens von Gott. Poetik unterscheidet sich von Poesie wie Theologie vom Glauben. So wie Theologie systematische, wissenschaftlich kontrollierbare und argumentativ überprüfbare Rechenschaft über den Glauben ist, so ist Poetik die Rechenschaftsablage über die Bedingungen (Formen, Stilmittel, Techniken) gelingender, treffender poetischer Rede. Und Theopoetik ist die Rechenschaftsablage über die heutigem Sprach- und Zeitbewußtsein entsprechende angemessene Rede von Gott. Läßt man die hier exemplarisch ausgewählten theopoetischen Texte auf sich wirken, drängt sich von selbst die Frage auf: Lassen sich aus ihnen Prinzipien einer heute angemessenen Rede von Gott ableiten? Darüber will ich zum Abschluß dieses Kapitels noch einige Reflexionen beisteuern.

1. Arbeit an der Sprache — im Bewußtsein des Scheiterns

Das Sprachniveau der literarischen Texte verlangt ein verändertes Sprachniveau von Theologie. Wer in die Sprachschule der Dichter gegangen ist, wird mit Sprachsensibilität zurückkommen. Sprachsensibilität heißt ein Bewußtsein davon haben, wie verschlissen die Bilder der Tradition sind, wie formelhaft die Wendungen, wie verbraucht die Sprachkonventionen. Eine Theologie aber, die in die Sprachschule der Dichter gegangen ist, wird ihre eigenen Sprachmuster aufbrechen und zu einer anderen Sprache vorstoßen. Diese andere Sprache aber ist nur möglich, wenn die Gottrede noch etwas von der Gefährdung der Existenz ahnen läßt, aus der sie kommt; etwas von den Zweifeln spürbar macht, die den Gebrauch der großen Worte begleiten. Eine Sprache wäre das, der man ihr Bedrohtsein anmerkt, ihre Risikobereitschaft, ihre Besitzlosigkeit, ihr Auf-dem-Weg-Sein — eine vibrierende Sprache.

Große Theologen haben es ebenfalls gefordert, dieses andere Sprachbewußtsein, zum Beispiel *Karl Rahner*, der in einer anrührenden Rede zu seinem 80. Geburtstag 1984 seine »Erfahrungen« als katholischer Theologe zusammenzufassen suchte. Kurze Zeit später starb er, so daß diese Rede eine Art Vermächtnis wurde. In ihr stellt Rahner programmatisch heraus, was im praktischen Betrieb der Theologie immer wieder vergessen würde: Theologen redeten von Gott, von dessen Existenz, von dessen Persönlichkeit, von drei Personen in Gott, von Gottes Freiheit, seinem den Menschen verpflichtenden Willen usw. (und sie müßten dies selbstverständlich tun), aber meistens vergäßen sie, daß eine solche Rede immer nur dann einigermaßen legitim von *Gott* rede, wenn wir sie gleichzeitig auch immer wieder zurücknähmen, die »unheimliche Schwebe zwischen Ja und Nein« als den wahren und einzigen festen Punkt unseres Erkennens aushielten und so unsere Aussagen auch immer hineinfallen ließen »in die schweigende Unbegreiflichkeit Gottes selber.«[87] Den Aussagen aber von den Kathedern, Kanzeln und aus den »geheiligten Dikasterien der Kirche«? Ihnen merke man nicht gerade sehr deutlich an, daß sie »durchzittert« seien von einer letzten kreatürlichen Bescheidenheit, die wisse, wie man wirklich allein von Gott reden könne, die wisse, daß alles Reden von Gott nur der letzte Augenblick vor jenem seligen Verstummen sein könne. Und wörtlich fügte Rahner hinzu:

> »Ich möchte hier und kann hier nicht über die Unbegreiflichkeit Gottes und damit der wahren Sache der Theologie ausführlicher reden, ich möchte nur die Erfahrung bezeugen, daß der Theologe erst dort wirklich einer ist, wo er nicht beruhigt meint, klar und durchsichtig zu reden, sondern die analoge Schwebe zwischen Ja und Nein über dem Abgrund der Unbegreiflichkeit Gottes erschreckt und selig zugleich erfährt und bezeugt. Und ich möchte nur bekennen, daß ich als einzelner armer Theologe bei all meiner Theologie zu wenig an diese Analogheit aller meiner Aussagen denke. Wir halten uns zu sehr in der *Rede* über die Sache auf und vergessen bei all dieser Rede im Grunde die beredete Sache selber.«[88]

[87] *K. Rahner,* Erfahrungen eines katholischen Theologen, in: K. Lehmann (Hrsg.), Vor dem Geheimnis Gottes den Menschen verstehen. Karl Rahner zum 80. Geburtstag, München–Zürich 1984, S. 105–117, Zitat S. 106f.
[88] *K. Rahner,* a. a. O., S. 108f.

2. Das Unsagbare dem Sprachlosen abringen

Daß die Schwebe zwischen Ja und Nein »unheimlich« ist, hat in der Tat mit der »schweigenden Unbegreiflichkeit Gottes selber« zu tun, mit dem, was Karl Rahner den »Abgrund der Unbegreiflichkeit Gottes« nennt. Dieses Wort eines Theologen von der »schweigenden Unbegreiflichkeit Gottes« schafft Verstehensbrücken zur Dichtung. Denn auch die Dichtung kommt aus den Vorstößen an die äußersten Grenzen des sprachlich Verantwortbaren. Gerade die große Dichtung weiß darum, daß jede Rede nicht nur aus dem Urgrund des Schweigens kommt, sondern sich vor diesem Urgrund zu verantworten hat. Das Gesagte muß dem Ungesagten, Unsagbaren abgerungen werden. Große Dichtung ist nur begreifbar in der Dialektik von Reden und Schweigen, von Sagbarem und Unsagbarem. Aber es ist eine Dialektik zugunsten des Sagbaren, im Interesse der Sprache. Und so ist auch die Unbegreiflichkeit Gottes gewiß eine schweigende, d.h. eine Wirklichkeit, in die keine Sprache reicht, die mit keiner menschlichen Sprache entschlüsselt oder beseitigt werden könnte. Aber zugleich braucht es die Sprache, um die Rede von der »schweigenden Unbegreiflichkeit« begreifen zu können. Es bedarf der Sprache, um das Sprachversagen sagbar zu machen. Es bedarf also des Sprachvertrauens, um das Sprachmißtrauen überhaupt zu artikulieren.

So auch in der christlichen Theo-logie. Auch sie kommt letztlich aus dem Bewußtsein, daß Gottes Wirklichkeit sich jeder sprachlichen Ausdeutung entzieht, daß Gott unverfügbar, unaussprechlich, unbegreiflich bleibt. Aber christliche Theologie verdient nur dann ihren Namen, wenn sie dem Reden von Gott und zu Gott Priorität vor dem Schweigen gibt. Im Prolog zum Johannes-Evangelium heißt es nicht: Am Anfang war das Schweigen, sondern: »Am Anfang war das Wort«. Das ist ein ungemein gewagter Satz, dessen Kühnheit einem freilich nur aufgeht, wenn man einmal erfahren hat, was die Faszination der wortlosen, objektlosen Meditation sein kann und was Sprachekel und Sprachohnmacht in der Theologie bedeuten. Der Evangelist Johannes hat damit das Glaubensbekenntnis formuliert: Was Gott ist, hat eine worthafte Gestalt. Wort ist also nicht eine äußere, gar minderwertige Dimension Gottes, sondern Gottes Wesen. »Gott« ist damit nicht identisch mit einem geheimnisumwitterten rätselhaften Schweigen. Gott ist offenbar – im Wort. Das ist Trost und Last zugleich. Das macht die Größe und das Elend jeder menschlichen Gott-Rede aus.

Der Hinweis auf das Schweigen Gottes darf also nicht zum Alibi werden, das Reden von Gott abzuqualifizieren, obwohl dieses sich selbst immer wieder disqualifiziert. Eingedenken einer letzten Sprachohnmacht vor Gott darf nicht zur Sprachverachtung führen, zur vorschnellen Preisgabe des Redens. *Max Frisch* hat diese Doppelseite von Sprachmacht und Sprachohnmacht in seinem ersten »Tagebuch« unter der Überschrift »Zur Schriftstellerei« einmal so beschrieben:

> »Was wichtig ist: das Unsagbare, das Weiße zwischen den Worten, und immer reden diese Worte von den Nebensachen, die wir eigentlich nicht meinen. Unser Anliegen, das eigentliche, läßt sich bestenfalls umschreiben, und das heißt ganz wörtlich: man schreibt darum herum. Man umstellt es. Man gibt Aussagen, die nie unser eigentliches Erlebnis enthalten, das unsagbar bleibt; sie können es nur umgrenzen, möglichst nahe und genau, und das Eigentliche, das Unsagbare, erscheint bestenfalls als Spannung zwischen diesen Aussagen.
>
> Unser Streben geht vermutlich dahin, alles auszusprechen, was sagbar ist; die Sprache ist wie ein Meißel, der alles weghaut, was nicht Geheimnis ist, und alles Sagen bedeutet ein Entfernen. Es dürfte uns insofern nicht erschrecken, daß alles, was einmal zum Wort wird, einer gewissen Leere anheimfällt. Man sagt, was nicht das Leben ist. Man sagt es um des Lebens willen. Wie der Bildhauer, wenn er den Meißel führt, arbeitet die Sprache, indem sie die Leere, das Sagbare, vortreibt gegen das Geheimnis, gegen das Lebendige. Immer besteht die Gefahr, daß man das Geheimnis zerschlägt, und ebenso die andere Gefahr, daß man vorzeitig aufhört, daß man es einen Klumpen sein läßt, daß man das Geheimnis nicht stellt, nicht faßt, nicht befreit von allem, was immer noch sagbar wäre, kurzum, daß man nicht vordringt zu seiner letzten Oberfläche.

Diese Oberfläche alles letztlich Sagbaren, die eins sein müßte mit der Oberfläche des Geheimnisses, diese stofflose Oberfläche, die es nur für den Geist gibt und nicht in der Natur, wo es auch keine Linie gibt zwischen Berg und Himmel, vielleicht ist es das, was man die Form nennt?

Eine Art von tönender Grenze —.«[89]

Daraus folgt: Wenn es der Gottesrede gelänge, beides zugleich im Blick zu haben: die Gefahren der Sprache (als Zerreden des Geheimnisses) sowie die Gefahren der Sprachfaulheit (als Ignorieren des Geheimnisses), dann wäre sie ganz »bei ihrer Sache«. Wenn Theologie getrieben würde (analog der Dichtung) im Bewußtsein, daß das Nichtwissen Grund und Ergebnis aller Rede von Gott ist; wenn sie ernst machte mit der Tatsache, daß sie nicht verfügt über das, was sie denkt; daß sie nie als Objekt hat, wovon sie Zeugnis gibt; daß sie nur wegweisen kann von sich in ein Geheimnis, in das letztlich keine Sprache reicht — dann bräuchte sie um ihre Lebensrelevanz nicht zu fürchten.

Eine solche Theologie schwebte einst auch dem Tübinger Alttestamentler *Fridolin Stier* vor, von dem wir im Prolog zu diesem Buch schon gehört haben. Unter dem 28. November 1970 trug er in seine »Aufzeichnungen« ein:

»Wenn der Theologie einer à la Samuel Beckett geboren würde,
und wenn solcher Samuel Beckett zu Jesus von Nazareth käme,
und dieser ihn riefe,
und er ginge mit ihm,
weiter und weiter ginge mit ihm,
bis an die Grenze der Sprache,
und darüber hinaus bis dahin,
wo das Unsagbare die Sprache erschlägt,
und —
wenn dann dieser Samuel theologus
von dort, von da drüben,

[89] *M. Frisch,* Tagebuch 1946–1949, in: GW II/2 (1944–1949), Frankfurt/M. 1976, S. 378f.

zur Grenze zurückfände, dahin,
wo die Sprache noch schweigt
und das Schweigen schon zu sprechen beginnt —
dann! Dann?
Wenn der Theologie
wenn das der Theologie geschähe,
wenn, wenn, wenn...«[90]

Voraussetzung wäre ein *Lernen bei den Dichtern:* Die Panzer der Gleichgültigkeit und der Unangefochtenheit wären abzustreifen, die eigene Verwundbarkeit zu zeigen, die Zweifel nicht zu unterdrücken, die Anfechtungen nicht zu verschweigen. Zu überwinden wäre eine vollmundige, selbstgewisse Theologensprache, eine triumphale Heilsgewißheit und selbstsichere Gesetzessicherheit. Zu überwinden wäre jeder theologische und spirituelle Jargon, jeder Wortschwall und Sprachmüll, der sich über Jahrhunderte aufgehäuft hat, all das klebrige Pathos und die hohlen Formeln einer theologischen Binnensprache, die Geheimcodes für Eingeweihte gleichen. Verlangt wäre angesichts der Gottesverrätselung keine triumphalistische, sondern eine negative Theologie, keine doktrinär konstruierte, sondern eine narrativ-erfahrungsbezogene, keine amtlich abgesicherte, sondern eine existentiell durchlittene. Weniger eine Theologie aus dem Geiste rationalistischer Schuldogmatik als aus dem Geist ungesichert-existentieller Lebensschulung.

3. Der Abgrund der Unbegreiflichkeit Gottes

Unsere theopoetischen Texte sind Ausdruck einer dritten Option. Die »alten Gespräche« über Gott und mit Gott sind abgebrochen. Symbolisch steht dafür Dürrenmatts Tilgung des Wortes »Gott« aus dem eigenen Text. Diese Streichung war ein Akt des Protests gegen theologische Vereinnahmung und Verharmlosung. Sie mußte erfolgen, weil das Wort »Gott« von christlichen

[90] *F. Stier*, Vielleicht ist irgendwo Tag. Aufzeichnungen, Freiburg/Br. 1981, S. 82.

Theologen zur simplen Selbstbestätigung mißbraucht worden war. Gott ist ja in den »alten Gesprächen« stets der krisenfeste Garant von Sinn und Ordnung, von Halt und Geborgenheit. Dieser Erwartung verweigern sich die Dichter, ohne damit einer bleiernen Gottlosigkeit das Wort zu reden. Sie verfolgen eine dritte Option. Es ist die Erfahrung der *Erschütterung und Ungesichertheit durch Gott und vor Gott:* Gott ist kein Standpunkt, auf den der Mensch sich stellen könnte, um in der Welt gesichert auftreten zu können; die Wirklichkeit des lebendigen Gottes ist mit bürgerlicher Sicherheit nicht identisch; die Wirklichkeit Gottes ist nicht mit einer geordneten Welt gleichzusetzen, die nach rational einsehbaren Regeln funktioniert; die Wirklichkeit des abgründigen Gottes hat nichts zu tun mit religiösen Gefühlen von Harmonie, Frieden und Entspannung, die man sich am Sonntagmorgen gönnt. In den Texten der Dichter liest man es anders. Und die Metapher »Abgrund« bezeichnet etwa bei Friedrich Dürrenmatt die Möglichkeit eines von Gott selbst gewollten Schreckens, einer von Gott selbst inszenierten Infragestellung der »Tatsache Welt«. »Abgrund« steht für die schweigende Unbegreiflichkeit Gottes.

In den Texten von Marie Luise Kaschnitz, Heinrich Heine, Elie Wiesel und Zvi Kolitz ist zwar nicht direkt vom »Abgrund Gott« die Rede, wohl aber drücken sie auf ihre Weise die Unbegreiflichkeit Gottes aus. Marie Luise Kaschnitz »Tutzinger Gedichte« sind Ausdruck einer Gottesverrätselung und Gottesverklagung. Sie sind aber auch Ausdruck einer Suche nach unerhörten Gottesgesprächen, nach einer Präsenz Gottes in allen Dimensionen der Schöpfung. Die Teilhaftigkeit an Gottes Wesen bedeutet für sie »Anteil an den unfaßlichen Gegensätzen« der Natur Gottes. Diese Autorin sieht das Licht Gottes »über jeder Menschengeburt wie über jedem Keim, der aus der Erde bricht«. Die Ungeheuerlichkeit und Unbegreiflichkeit Gottes besteht in der Entdeckung, daß auch Staub und Unrat, Motorenlärm und Maschinengewehr Gesichter und Stimmen Gottes sind. Die Texte der Kaschnitz sind Ausdruck einer radikalen Ästhetisierung bei gleichzeitiger Zurücknahme der Ethisierung Gottes.

Bei Heine, Wiesel und Kolitz die umgekehrte Denkbewegung — auf der Linie alttestamentlicher Klagetexte. Die Unbegreiflichkeit Gottes ist eine Erfahrung der Gegenwart. Gott scheint blind für das Schicksal des Menschen, unempfindlich gegenüber seinem Leiden, taub gegenüber seinen Klagen und willkürlich im Umgang mit seiner Gerechtigkeit. Gott ist zu einem lebensbedrohenden, glücksvernichtenden und geborgenheitszerstörenden Ungeheuer geworden. Diese Erfahrung setzt aber einen Maßstab aus der Vergangenheit voraus. Gott war einmal ein Gott, auf den man sich verlassen konnte, dessen Gerechtigkeit vertrauenswürdig, dessen Sorge für den Menschen rührend war. Und dieses Vergangenheitsvertrauen wird in die Zukunft hinein projiziert. Denn Menschen rebellieren gegen Gott, weil sie auf Gottes Selbstverpflichtung vertrauen. Menschen hadern mit Gott, weil sie auf die Selbstrechtfertigung Gottes warten. Menschen greifen Gott an, weil sie nicht von ihm loskommen. Menschen versuchen Gott aufzurütteln, weil die Gefühle für ihn nicht abgestorben und die Hoffnungen nicht abgetötet sind. Gott zum Trotz lieben sie diesen Gott.

Die Herausforderung theopoetischer Gottesrede für die Theologie kann aufgenommen werden. Und die *Rede vom Abgrund Gottes* hilft dabei zur Klärung. Im üblichen Sprachgebrauch ist dieses Wort rein negativ besetzt. Es löst Entsetzen, Schrecken, Furcht aus. Und in der Tat kann Abgrund so verstanden werden: als verschlingender Rachen, als Fallgrube des Chaos, als Schacht des Verderbens. Theologen ziehen es deshalb vor, von Gott nicht als Abgrund, sondern als Grund zu sprechen: als Grund aller Gründe, um damit zum Ausdruck zu bringen, daß Gott letztlich verläßlich, vertrauenswürdig, orientierungsgebend ist.

Aber auch die Rede von Gott als Grund kann mißverstanden werden (die Geschichte der Erzählung Dürrenmatts macht dies überdeutlich): harmonisierend, verharmlosend, beschwichtigend. Als sei Gott immer und in jedem Fall eine verläßliche Basis, auf die man sich stellen könne; als sei Gott der verläßliche »Partner«, mit dem man unbekümmert durchs Leben schreiten könne; als sei Gott eine Art Versicherung gegen Lebensrisiken...

Das Wort vom »Abgrund Gott« versucht denkerisch eine Synthese. Es will einerseits festhalten, daß Gott nicht einfach ein krisenfester Grund ist, mit dem man naiv »rechnen« könne. Gott ist Ab-Grund — das heißt: Er bleibt auch in seiner gründenden Kraft der Freie, der Unverrechenbare, der Unverstehbare. In diesem Sinne haben die großen christlichen Mystiker von Gott als Abgrund geredet.[91] Nach *Meister Eckehart* gilt:

»Wenn Gott sieht, daß wir der eingeborene Sohn sind, so drängt es Gott so heftig zu uns, und er eilt so sehr und tut gerade so, als ob ihm sein göttliches Sein zerbrechen und in sich selbst zunichte werden wolle, auf daß er uns den ganzen Abgrund seiner Gottheit und die Fülle seines Seins und seiner Natur offenbare.«[92]

Auch nach *Johannes Tauler* muß man von einer Grundlosigkeit Gottes reden, die der Vernunft unzugänglich sei. Ja, Tauler spricht vom »Abgrund der Grundlosigkeit Gottes« und davon, daß »der geschaffene Abgrund in den ungeschaffenen fließe und mit diesem dort eins werde: ein Nichts im andern Nichts«.[93]

In diesem Sinn einer unerreichbaren, unauslotbaren Tiefe Gottes, einer Unbegreiflichkeit und Verborgenheit Gottes, muß die Rede vom Ab-Grund verstanden werden. Gott ist Grund der Welt, aber er gründet auf seine, ihm gemäße Weise. Gott ist nicht ein Grund, wie ihn Menschen sich bauen oder Menschen ihn sich denken. Gott gründet auf eine ihm gemäße Weise, in Freiheit, Unbegreiflichkeit und Verborgenheit. Die Rede vom Ab-Grund will diese Dimension letzter Entzogenheit Gottes wahren. Karl Rahner hat diesen Gedanken schon früher einmal mit dem schönen Satz umschrieben:

»Der wirkliche Gott ist das absolute, heilige Geheimnis, auf das man eigentlich nur anbetend, schweigend hinweisen kann — hinein in ihn als einen sich verschweigenden Grund, der *Ab*grund ist und *so* alles, die Welt und unsere Welterkenntnis, gründet. Gott ist der, hinter den man prinzipiell nicht kommt, weil man bei aller Entdeckung einer ›Weltformel‹

91 Vgl. dazu Art. »Abgrund«, in: Historisches Wörterbuch der Philosophie, hrsg. v. J. Ritter, Bd. I, Darmstadt 1971, Sp. 5.

92 *Meister Eckehart,* Predigt 13, in: ders., Deutsche Predigten und Traktate, hrsg. u. übers. v. J. Quint, München ³1969, S. 213f.

93 *Die Predigten Taulers,* hrsg. v. F. Vetter, Berlin 1910, Pr. 67 (S. 368, Vers 14); Pr. 52 (S. 239, Vers 4); Pr. 45 (S. 201, Vers 4–6).

(wo ja dann eigentlich nichts mehr zu erklären wäre!) schon ganz gewiß nicht einmal hinter sich selbst gekommen wäre; die Weltformel selbst, gerade als verstandene, würde nochmals schweben bleiben in der Unendlichkeit des Geheimnisses.«[94]

4. Die theologische Legitimität einer Anklage Gottes

Über diese Erfahrungen von Gott als gründendem Abgrund oder abgründigen Grund wären zwischen Theologen und Literaten Gespräche zu führen. Über die »durchzitterte« Gott-Rede und die vibrierende Gott-Sprache; über die Notwendigkeit, von Gott zu reden und zugleich diese Rede auch immer wieder als inadäquat zurückzunehmen; über den Zweifel und die Anfechtung, welche die eigene Glaubensgeschichte erst zu einer *Geschichte* des Glaubens macht; über die »ungeheuerliche Schwebe zwischen Ja und Nein« als dem »wahren und einzig festen Punkt unseres Erkennens«...

Die Auseinandersetzung mit der Theopoesie der Dichter zeigt, daß die Gottesrede nicht dazu da ist, den Menschen über den »Abgrund der Unbegreiflichkeit Gottes« hinwegzutäuschen. Theopoesie muß als »Mystagogie« im Sinne Rahners verstanden werden: als Einweisung oder Wegweisung in das Geheimnis des abgründigen Gottes. Der Zweifel ist dabei der Bruder des Glaubens. Denn Glauben an Gott ist kein Stillstellen, sondern ein Verschärfen der Fragen. Gerade wenn Gottes Schöpfung »gut« ist, stellen die Perversitäten diese auch immer wieder in Frage, Ungeheuerlichkeiten, die den Menschen schier verzweifeln lassen können ob der Unbegreiflichkeit Gottes selber.

Dadurch entstehen Situationen des Haderns mit Gott. Dadurch entsteht bei vielen Schriftstellern eine (schon von Heinrich Heine archetypisch vorweggenommene) *Grundhaltung des Zugleich.* Des Zugleichs von Vertrauen und Skepsis, Ergebenheit und Lästerung, Demut und Rebellion. Dadurch entstehen Situa-

[94] *K. Rahner,* Gott ist keine mathematische Formel, in: ders., Gnade als Freiheit. Kleine theologische Beiträge, Freiburg/Br. 1968, S. 19–23, Zitat S. 20.

tionen, in denen der Schrei zu Gott ein letzter Akt des Vertrauens sein kann; die Empörung gegen Gott aus Erwartungen sich speist und das Hadern aus der Liebe kommt — gemäß dem von Elie Wiesel oft zitierten Satz: »Das Gegenteil von Liebe ist nicht Haß, sondern Gleichgültigkeit; das Gegenteil von Leben nicht der Tod, sondern Gefühllosigkeit.« Gerade bei jüdischen Autoren konnten wir sehen: Die Auflehnung von Menschen gegen Gott kann ihre Form des Gebetes sein; das Hadern ihre Form des Ja-Sagens; der Protest ihre Form der Liebeserklärung an Gott.

5. Wider einen »lügnerischen Optimismus«

Was folgt daraus für eine heutige Theologie, gerade auch für eine christliche Theologie? Ich greife ein Wort des Tübinger evangelischen Theologen *Eberhard Jüngel* auf, der anläßlich des schon erwähnten 80. Geburtstags von Karl Rahner eine Rede zum Thema »Die Offenbarung der Verborgenheit Gottes« gehalten hat. Jüngel hat hier zunächst eine für das biblische und christliche Gottesverständnis wichtige Unterscheidung angemahnt: Die Verborgenheit und Unbegreiflichkeit Gottes, wie sie im Evangelium von Jesus Christus zum Ausdruck kommt, ist nicht zu vergleichen mit abgründiger Finsternis oder beziehungsloser Verschlossenheit, eher schon mit einem Übermaß an Licht. Dem 1. Timotheus-Brief zufolge wohnt Gott, »den kein Mensch gesehen hat noch sehen kann«, in »unzugänglichem Licht« (6,16). Diese Licht-Metaphorik für Gott ist insofern adäquat, als sie ein Doppeltes enthält: Licht steht für Leben, Kraft, Erkenntnis; gleichzeitig aber auch — wenn zu intensiv wie bei der Sonne — für Schrecken, Blendung, Schmerz, Vernichtung. Auch als »Licht« bleibt Gott somit unergründlich, unfaßbar, ja schrecklich. Gerade so aber sieht Jüngel die Möglichkeit der Klage und Anklage gegeben. Klage und Anklage können ein Modus der Verherrlichung Gottes sein:

> »Das Verherrlichen Gottes ist die Grundbestimmung rechter menschlicher Rede von Gott — bis in die Dimension der

> Gottesklage... Gott wird nicht entehrt, sondern verherrlicht, wenn Menschen mit Gott so reden, daß sie ihn zum Adressaten ihrer Klage oder auch Anklage machen. Gott würde vielmehr umgekehrt dann entehrt, und wir würden ihm die gebührende Verherrlichung verweigern, wenn wir ihn nicht auch im Fall des Falles zum Adressaten unserer Klagen und Anklagen machten. Schweigen wäre gotteslästerlich, denn wir blieben ihm dann die Wahrheit schuldig. Man kann Gott aber nicht schlimmer entehren als dadurch, daß man ihm die Wahrheit schuldig bleibt.«[95]

Aus diesen grundsätzlichen Überlegungen können Folgerungen für die Praxis gezogen werden. Ich halte mich auch hier an Grundlinien, die *Karl Rahner* vorgegeben hat. Mit Recht hat er schon früh gefordert, daß ein Theologe — etwa bei der Predigt — durchaus »gelassen und brüderlich zeigen« solle, »daß auch er selbst der im Glauben Angefochtene« sei und einer, der »sich selbst den Glauben immer neu bewahren« müsse.[96] Der Prediger müsse etwas von einer »mystischen« Glaubensnot wissen, was für Rahner existentiell dies bedeutet: »Glaube als Aushalten des Schweigens Gottes; die ›Nacht‹ des Glaubens; das scheinbare ›Schrumpfen‹ des Glaubens als eine Verdichtung; der Glaube (trotz seiner material differenzierten Inhaltlichkeit) als Schwei-

[95] *E. Jüngel,* Die Offenbarung der Verborgenheit Gottes. Ein Beitrag zum evangelischen Verständnis der Verborgenheit des göttlichen Wirkens, in: K. Lehmann (Hrsg.), a. a. O., S. 79–104, Zitat S. 85f (siehe Anm. 87). Auch in: ders., Wertlose Wahrheit. Zur Identität und Relevanz des christlichen Glaubens, München 1990, S. 163–182, Zitat S. 168f. In die gleiche Richtung geht Jüngels früherer Aufsatz: Quae supra nos, nihil ad nos. Eine Kurzformel der Lehre vom verborgenen Gott — im Anschluß an Luther interpretiert, in: ders., Entsprechungen: Gott — Wahrheit — Mensch, München 1980, S. 202–251.

[96] *K. Rahner,* Sorge der Kirche für das Leben des Glaubens heute, in: Handbuch der Pastoraltheologie. Praktische Theologie der Kirche in ihrer Gegenwart, Bd. III, hrsg. v. F.X. Arnold u. a., Freiburg/Br. 1968, S. 521. Dieses Moment des Zweifels als legitimer Kehrseite des Glaubens hat neulich noch einmal schön herausgearbeitet der junge Tübinger Theologe *D. Steinfort,* Dank an Pfarrer Matull. Ein Gespräch über Glaube und Zweifel zwischen Günter Grass, D. Bonhoeffer und K. Rahner, in: Geist und Leben 86 (1996), S. 327–337. Daß *K. Rahner* einer der ersten katholischen Theologen dieses Jahrhunderts war, der es wagte, auch Elemente der Klage und Anklage als legitime Momente der Gottesbeziehung zuzulassen, dokumentiert eine seiner frühen kleinen Schriften: Von der Not und dem Segen des Gebetes, Freiburg/Br. 1958, [7]1965, bes. das Kap.: Das Gebet der Not.

gen über Gott; das Erkennen des Herrn allein im ›Brechen des Brotes‹ für den ›Fremdling‹ (Lk 24,31); die dauernde Auferstehung des Glaubens aus dem Grab des Unglaubens«.[97] Von daher konnte Karl Rahner fordern:

> »Der Prediger darf nicht so reden, als ob seine Botschaft die Welt und das Dasein des Einzelnen in eitel Licht und Harmonie verwandeln könne, so man sie nur glaubend annimmt. Im Grunde ist die ›Lösung‹ aller Lebensfragen durch das Christentum deren entschlossene Offenhaltung ohne den Kurzschluß des radikalen Pessimismus und Skeptizismus und ohne einen lügnerischen Optimismus, der meint, die Lösung jetzt schon zu ›haben‹, ist ›Hoffnung wider aller Hoffnung‹, Bergung aller Unbegreiflichkeiten nicht in eine durchschaute Lösung, sondern in das unbegreifliche Geheimnis Gottes und seiner Freiheit. Damit ist nichts ›gelöst‹, sondern jene ›Unlösbarkeit‹ des Geheimnisses bedingungslos angenommen, das Gott heißt. Und eben das heißt: glauben und hoffen und lieben.«[98]

Wo der Glaube also den Zweifel als Bruder vergißt oder verleugnet, steht er in Gefahr, zur Ideologie zu werden, Gott mit Götzen zu verwechseln. Da aber die Unbegreiflichkeit Gottes Grund und Abgrund jeden Glaubens ist, schließt wahrer Glaube gerade auch den Protest gegen allzu leichtfertige Beruhigungen ein. Er besteht im Mut, sich auf die Unbegreiflichkeit Gottes auch in ihren für den Menschen dunklen Seiten einzulassen. Gottesglaube leistet damit entschieden Widerstand gegen allzu beruhigte Gewißheiten wie gegen einen allzu selbstsicheren Unglauben. Auf dieser Linie hat denn auch einer der einflußreichsten Schüler von Karl Rahner, *Johann Baptist Metz,* in seiner programmatischen Abschiedsrede an der Universität Münster 1993 eine »beunruhigte« Theologie gefordert:

> »Die Rede von Gott stammt allemal aus der Rede zu Gott, die Theologie aus der Sprache der Gebete... die Sprache der Gebete ist nicht nur universeller, sondern auch spannender und dramatischer, viel rebellischer und radikaler als die Spra-

[97] *K. Rahner,* a. a. O., S. 522.
[98] *K. Rahner,* a. a. O., S. 525.

che der zünftigen Theologie. Sie ist viel beunruhigender, viel ungetrösteter, viel weniger harmonisch als sie. Haben wir je wahrgenommen, was sich in der Sprache der Gebete durch Jahrtausende der Religionsgeschichte angehäuft hat... das Geschrei und der Jubel, die Klage und der Gesang, die Zweifel und die Trauer und das schließliche Verstummen? Haben wir uns vielleicht zu sehr an der kirchlich und liturgisch gezähmten Gebetssprache orientiert, von zu einseitigen Bildern aus der biblischen Tradition uns genährt? Was ist mit Hiobs Klage ›Wie lange noch?‹... Mit dem Verlassenheitsschrei des Sohnes und dem Maranatha als letztem Wort des Neuen Testaments? Diese Sprache ist viel widerstandsfähiger, viel weniger geschmeidig und anpassungsbereit, viel weniger vergeßlich als die platonische oder idealistische Sprache, in der die Theologie sich um ihre Modernitätsverträglichkeit bemüht und mit der sie ihre Verblüffungsfestigkeit gegenüber allen Katastrophen und allen Erfahrungen der Nichtidentität probt.«[99]

Und *Jesus, der Christus?* Wir werden einen dritten Durchgang nun durchzuführen haben und uns ansehen, wie große Autoren mit der Gestalt des Nazareners umgegangen sind. Wir werden sehen: Die Rede von Gott als Ab-Grund und das Nachdenken über die Gestalt Jesu Christi sind nicht sehr weit voneinander entfernt. Als Vorscheinlicht sei ans Ende dieses Kapitels der Satz eines der größten Schriftsteller dieses Jahrhunderts gestellt, ein Satz von Franz Kafka. Dürfen wir den Gesprächen, die Gustav Janouch von ihm überliefert hat, glauben, so hat Kafka folgendes gesagt – und dieses sein Wort erlaubt die Metapher Abgrund und die Metapher Licht auf eine kongeniale Weise zusammenzudenken:

»›Was ist Glaube?‹ *Und Kafka antwortete:*

›Wer den Glauben hat, kann ihn nicht definieren, und wer ihn nicht hat, auf dessen Definition lastet der Schatten der Ungnade. Der Gläubige kann nicht, und der Ungläubige sollte darum nicht sprechen. Die Propheten sprechen eigentlich

[99] *J. B. Metz,* Gotteskrise. Versuch zur »geistigen Situation der Zeit«, in: ders. u. a. (Hrsg.), Diagnosen zur Zeit, Düsseldorf 1994, S. 84f.

immer nur von den Stützpunkten des Glaubens und nie vom Glauben allein.‹

›Es spricht aus Ihnen der Glaube, der über sich selbst schweigt.‹

›Ja, so ist es.‹

›Und Christus?‹

Kafka neigte den Kopf.

›Das ist ein lichterfüllter Abgrund. Man muß die Augen schließen, um nicht abzustürzen.‹«[100]

100 *G. Janouch,* Gespräche mit Kafka. Aufzeichnungen und Erinnerungen, Frankfurt/M. 1968, S. 184 (Fischer TB 5093). Der kursiv gesetzte Satz ist meine Hinzufügung.

C. GESICHTER JESU

»Und Du, Meister, machst Dich bereit zur grausamsten Hinrichtung,
auf daß der Mensch sich für Güte und Mitgefühl öffne,
daß er vernehme, was im Urgrund den Vernünftigen vom Unvernünftigen unterscheidet,
denn mühselig ist der Weg des Menschen auf Erden,
tief wurzelt in ihm das Böse.«

Č. Ajtmatov

I. DER GESCHONTE REBELL

Er ist 46 Jahre alt, als das Heimweh ihn wieder nach Deutschland treibt. Seit zwölf Jahren lebt er nun schon in Paris und hat seine Heimat seither nicht wiedergesehen. Jahre der Erfolge und Konflikte liegen hinter ihm: der Kampf gegen die Mächte der Metternichschen Restauration, der Staatsreligion vor allem, wo Potentaten und Pfaffen Arm in Arm demokratisch-republikanischen Geist auszurotten trachten, der zermürbende Kampf gegen Zensur und Verbot der eigenen Schriften, besonders in Preußen, gegen Spitzel und Denunzianten, ehemalige Freunde und alte Feinde...

Was er auf seinem Weg durch Deutschland im Oktober 1843, ob in Aachen oder Köln, Paderborn oder Minden, Hannover oder Hamburg, wahrnimmt, gerät ihm zu einem satirischen Poem aus Traumbildern: Deutschland — ein Wintermärchen.

1. Dialog mit dem »armen Vetter«: Heinrich Heine

Doch plötzlich — es ist nicht zufällig in der Nähe des katholischen Paderborn — tritt ihm in Gestalt eines Bildstocks der Mann am Kreuz entgegen. Und sechs Strophen lang entsteht ein *Ecce-homo-Gedicht,* dem archetypische Bedeutung in der deutschen Literatur zukommt, das also auch für die deutsche Literatur des 20. Jahrhunderts stilistisch und inhaltlich vieles vorwegnimmt:

»Mit Wehmut erfüllt mich jedesmal
Dein Anblick, mein armer Vetter,

Der du die Welt erlösen gewollt,
Du Narr, du Menschheitsretter!

Sie haben dir übel mitgespielt,
Die Herren vom hohen Rate.
Wer hieß dich auch reden so rücksichtslos
Von der Kirche und vom Staate?

Zu deinem Malheur war die Buchdruckerei
Noch nicht in jenen Tagen
Erfunden; du hättest geschrieben ein Buch
Über die Himmelsfragen.

Der Zensor hätte gestrichen darin
Was etwa anzüglich auf Erden.
Und liebend bewahrte dich die Zensur
vor dem Gekreuzigtwerden.

Ach! hättest du nur einen anderen Text
Zu deiner Bergpredigt genommen.
Besaßest ja Geist und Talent genug,
Und konntest schonen die Frommen.

Geldwechsler, Bankiers, hast du sogar
mit der Peitsche gejagt aus dem Tempel —
Unglücklicher Schwärmer, jetzt hängst du am Kreuz
Als warnendes Exempel!«[1]

Ein einzigartiges Zwiegespräch in der Tat zwischen dem getauften Juden *Heinrich Heine* und dessen armem, jüdischen »Vetter« aus Nazaret, einzigartig im Blick auf Stilmittel und inhaltliche Zuspitzungen, die auch künftig das »moderne« literarische Jesusbild prägen werden: identifikatorische Selbstdeutung des Künstlers; politische Universalisierung der »Sache«; Diskrepanz von Jesus und Kirche.

[1] *H. Heine,* Deutschland. Ein Wintermärchen (Caput XIII), in: Sämtliche Schriften in 12 Bänden, hrsg. v. K. Briegleb, Bd. VII, München 1976, S. 805f.

Das Jesusportrait als Selbstportrait

Unüberhörbar ist zunächst der Ton der Ironie in diesem Text; und Ironie scheint diesem Autor die einzige Möglichkeit des Umgangs mit einem Geschehen wie dem Kreuz, das christliche Tradition theologisch befrachtete und sakral auflud. Gerade von dieser Befrachtung und Aufladung aber will Heine es befreien. Zukunftsweisend für die moderne Literatur ist er gerade darin, daß er die Rede vom Gekreuzigten aus jedem dogmatischen und sakralen Kontext löst und sie geschichtlich erdet. *Ecce homo:* Der Mann am Kreuz ist nicht der Welterlöser, sondern ein Narr, der seine Quittung für so Närrisches wie die Botschaft vom Reiche Gottes bekommen hat. Und er, Harry Heine, hat die Struktur der Sache durchschaut: Die Neuerer werden stets zu Narren, weil sie statt Taktik Taten setzen, statt Kompromisse Konfrontation betreiben. Über diesen Typus »Menschheitsretter«? Da kann man sich nur lustig machen!

Und doch merkt man sehr bald, daß die ironische Überlegenheit nur eine scheinbare ist in diesem Text, eine aufgesetzte und gespielte. In Wirklichkeit ist der getaufte Jude aus Düsseldorf, der sich hatte taufen lassen, ohne Christ je sein zu können, und der den »unglücklichen Schwärmer« am Kreuz durchschaut zu haben scheint (die Anpassung war nicht raffiniert genug; an einem solchen Ende ist man am Ende selbst schuld), nicht »draußen«, sondern mitten drin. Die Zwiespältigkeit der Jesus-Geschichte ist seine eigene. Denn was auf den ersten Blick als spöttische Verharmlosung des Kreuzesgeschehens verstanden werden könnte, ist bei Heine im Grunde der Versuch zu einem *Selbstportrait,* in dem er sich »bis zur Kenntlichkeit entstellt« (E. Bloch) sieht.

So ist die Jesusironie in diesem Text in Wirklichkeit die Selbstironie eines Mannes, der sich auf die Schliche gekommen ist. Schaut man genau hin, so werden Strophe um Strophe Beziehungen erkennbar zwischen Einst und Jetzt: War man nicht selber einmal angetreten, die Welt zu erlösen? Haben die »hohen Herren« einem nicht genauso übel mitgespielt, da man ebenfalls so »rücksichtslos« von Kirche und Staat geredet hatte? Hat man nicht selber jetzt in Paris mit Bankiers (Baron Rothschild!) zu tun? Ja, ist das eigene Überleben nicht Ausdruck raffinierter Anpassung an die Verhältnisse, die man genauso bekämpfte wie der »arme Vetter« von einst? Wie »barmherzig« ist doch die Zensur heute gegenüber den Kreuzen von einst! *Ecce homo:* Der Mann am Kreuz ist man selbst, ohne freilich der eigenen Person die Konsequenzen von Passion und Kreuz zuzumuten. Bei aller Distanz zum Karfreitagsmann (ein solches Ende wäre nicht nötig gewesen!): Die Ironie ist nur die Maske des Betroffenen, der solche Konsequenzen nicht zog; der Spott ist die Tarnung des Respekts vor einem Weg, den der Jude aus Nazaret konsequent zu Ende ging. Man fühlt sich verwandt mit Jesus wie mit einem Vetter, aber so »arm« wie er wollte man dann doch nicht sein...

Golgotha ist überall

Diese identifikatorische Selbstdeutung des Künstlers aber ist nur möglich aufgrund der Einsicht in Grundgesetzlichkeiten politischer Machtverhältnisse. Heine ist einer der ersten Literaten, der die Jesus-Geschichte vor allem politisch liest. Jesu Grundkonflikt ist für ihn ein universaler, weil er sich strukturell immer dann wiederholt, wenn die Botschaft von Freiheit, Gleichheit und Brüderlichkeit auf die Kräfte von Repression, Klassendenken und Standesegoismus trifft. Gekreuzigt wird überall und zu allen Zeiten nach dem Satz aus Goethes »Faust« über die großen Geister der Menschheit: »Die töricht genug ihr volles Herz nicht wahrten / Dem Pöbel ihr Gefühl, ihr Schauen offenbarten, / Hat man von je gekreuzigt und verbrannt« (VV 591–593), eine Stelle, die dem Goetheverehrer Heine vertraut war und im Hintergrund seiner eigenen *politischen Universalisierung* der Jesusgeschichte steht. In die gleiche »Familie« gehört denn auch für Heine der jüdische Leidensgenosse Baruch de Spinoza, dessen Leben »rein und makellos wie das Leben seines göttlichen Vetters, Jesu Christi«, gewesen sei: »Auch wie dieser litt er für seine Lehren, wie dieser trug er die Dornenkrone. Überall, wo ein großer Geist seine Gedanken ausspricht, ist Golgatha.«[2] *Ecce homo:* Der Mann am Kreuz ist Jeder-Mann.

[2] *H. Heine,* Zur Geschichte der Religion und Philosophie in Deutschland, in: a. a. O., Bd. V, S. 562.

Jesus ja — Christus nein

Und ein Drittes wird deutlich: Wenn irgendwo in der deutschen Literatur, dann hat sich schon bei Heinrich Heine die Überzeugung durchgesetzt, daß nicht der Christus der Kirchen und Dogmen, daß nicht der Christus der Theologen und Priester, der Erlöser- und Wundertäter-Christus, der ewige himmlische Gottessohn als zweite Person der Trinität, sondern der konkrete Jesus der Geschichte allein für Schriftsteller noch von Interesse und Bedeutung ist — in eben jener eigentümlichen Mischung aus Identifikation und Universalisierung. Wenn einer in der deutschen Literatur die *Antithese Jesus ja — Christus nein* zum Topos erhoben hat, dann dieser Mann auf der Grenze von Judentum und Christentum. Jesus — ja: Er gehört hinein in die große humane, demokratisch-republikanische Freiheitsgeschichte, die zwar immer auch die Geschichte des Scheiterns und der Kreuze ist, deren Versagen aber ihre Wahrheit nicht widerlegt. Dieser Jesus ist ein »Erlöser« — durchaus; aber ein rebellischer, aufklärerischer, provokativer Erlöser, der »seine Brüder vom Zeremonialgesetz und der Nationalreligiosität befreite und den Kosmopolitismus stiftete«. Zugleich aber wird er »ein Opfer seiner Humanität« — »und der Stadtmagistrat von Jerusalem ließ ihn kreuzigen, und der Pöbel verspottete ihn«.[3]

Und der Christus des Dogmas? Wie ist es denn in der Geschichte der Dogmen gewesen? Nichts ist dabei herausgekommen als »dogmatische Spitzfindigkeiten«, findet Heine, wo sich die altgriechische Sophistik wieder gemeldet habe. Nichts als »disziplinarische und kirchliche Interessen betreffende Zwiste«, wobei die altrömische Rechtskasuistik und Regierungskunst sich mit neuen Formen und Zwangsmitteln geltend gemacht habe.[4] Nein, Heine kann in der Geschichte der Dogmen nichts Erhabenes und Erbauliches sehen; von einem Ringen um Tiefe und Wahrheit im Christusverständnis erst recht keine Spur. Politische Intrigen, Interessenwahrnehmung und Machtspiele sind für ihn überall in der Geschichte am Werk und gerade auch bei der

[3] *H. Heine,* Ludwig Börne. Eine Denkschrift, in: a. a. O., Bd. VII, S. 41.
[4] *H. Heine,* Zur Geschichte der Religion und Philosophie in Deutschland, in: a. a. O., Bd. V, S. 516.

Entstehung des Dogmengebäudes der Kirche! Denn was stehe wirklich im Hintergrund solcher Fragen wie: »ob der Logos dem Gott-Vater Homoousios sei? Ob Maria Gottesgebärerin heißen soll oder Menschengebärerin? Ob Christus in Ermangelung der Speise hungerte, weil er hungern wollte?«[5] Was stecke wirklich dahinter? Heines Antwort:

> »All diese Fragen haben im Hintergrund lauter Hofintrigen, deren Lösung davon abhängt, was in den Gemächern der Sacri Palatii gezischelt und gekichert wird, ob z.B. Eudoxia fällt oder Pulcheria — denn diese Dame haßt den Nestorius, den Verräter ihrer Liebeshändel, jene haßt den Cyrillus, welchen Pulcheria beschützt, alles bezieht sich zuletzt auf lauter Weiber- und Hämmlingsgeklätsche, und im Dogma wird eigentlich der Mann und im Manne eine Partei verfolgt oder befördert. Ebenso geht's im Occident: Rom wollte herrschen; ›als seine Legionen gefallen, schickte es die Dogmen in die Provinzen‹.«[6]

2. Jesus und die Dichter heute

Man muß nicht lange in unserer Gegenwartsliteratur suchen, um Heinesche Nachwirkungen direkt oder indirekt zu finden, wenn es um eine Stellungnahme zu Jesus aus Nazaret geht. In meinen Gesprächen mit Schriftstellern bin ich auf folgende, durchaus repräsentative Äußerungen gestoßen: »Ich habe Mühe mit Christus« — sagt *Wolfdietrich Schnurre* und fügt sogleich hinzu: »nicht mit dem historischen, der ein Terrorist, ein Umstürzler und Neuerer war. Nein, Mühe macht mir die Christus-Figur«.[7] »Christus steht für mich in der Linie der Rebellen, Ketzer, Außenseiter«, bekennt eine Schriftstellerin wie *Karin Struck* und fährt fort: »Womit ich überhaupt nicht klarkomme, ist die Tat-

[5] Ebd.
[6] *H. Heine*, a.a.O., S. 517.
[7] *W. Schnurre*, Gott im Termitengehirn? Fragen an einen Atheisten, in: K.-J. Kuschel, Weil wir uns auf dieser Erde nicht ganz zu Hause fühlen. Zwölf Schriftsteller über Religion und Literatur, München 1985, S. 96.

sache, daß der Außenseiter in unserer Kultur zum Insider gemacht wurde. Der Außenseiter wird sozusagen zur Pflichtperson.«[8] Und ähnlich formuliert *Ingeborg Drewitz:* »Auch Jesus ist eingebunden in eine Tradition, in eine beinahe chauvinistisch gewordene Gesellschaft. Er hat sich in dieser Gesellschaft gegen alle Regeln gewahrt. Er hat die Lasten, die auf den Menschen ruhten, ganz gezielt gesprengt: Ob er nun die sozial Benachteiligten genauso angesprochen hat wie die Reichen, ja ihnen mit größerer Intensität und Zärtlichkeit begegnet ist als den Pharisäern; ob er Grenzen durchstoßen hat; ob er sich nun der Hauptmacht, der römischen Besatzungsmacht, genauso genähert hat wie dem Samariter, der ja auch ausgestoßen und ein Fremdling war: Jesus hat alles in Frage gestellt aus der Erkenntnis, daß jeder Mensch das gleiche Existenzrecht hat; auch daß der, der privilegiert ist, eine größere Verpflichtung hat, nicht in sich selbst zu verharren.«[9]

Deutlich ist: Es ist das Umstürzlerische an Jesus, das Ketzerische und Außenseiterhafte, das Schriftsteller unserer Zeit mit dem Nazarener verbinden: das überraschende Sprengen der Konventionen und Klassenschranken, das Egalitäre und Demokratische, das Soziale und Menschenfreundliche. Das ist — bewußt oder unbewußt — Geist von Heines Geist. »Für mich« — so auch der Schweizer Schriftsteller *Adolf Muschg* — »ist Christus als die antikirchliche, antiinstitutionelle Existenz schlechthin auch für die künstlerische Arbeit und für die sozialen Kontakte unentbehrlich. Und die Bereitschaft zum überraschenden Verhalten, von der ich im Evangelium lese, möchte ich, mehr als es mir heute möglich ist, auch zur Maxime meines Lebens machen.«[10]

Was immer an diesen persönlichen Stellungnahmen theologisch oder historisch zutreffend oder unzutreffend sein mag, was immer an ihnen konsensfähig oder widerspruchsbedürftig ist:

[8] *K. Struck,* Jesus, die Ketzer und das Rufen nach Gott. Über Religion, Liebe und die Erfahrung von Frauen von heute, in: K.-J. Kuschel, a. a. O., S. 58f.

[9] *I. Drewitz,* Prometheus, Jesus und der Mut zum Leben. Über Hoffnung, Zuversicht und Religion, in: K.-J. Kuschel, a. a. O., S. 84.

[10] *A. Muschg,* Podiumsdiskussion: Ist »Gott« heute literarisch darstellbar? in: Theologie und Literatur. Zum Stand des Dialogs, hrsg. v. W. Jens — H. Küng — K.-J. Kuschel, München 1986, S. 250.

Als Erfahrungs- und Lebenszeugnisse sind sie ernst zu nehmen. Sie signalisieren ein Doppeltes:

Unüberbrückbare Kluft zum Dogma

Die Diskrepanz zwischen dem Jesus der Literaten und dem Christus von Kirche und Dogma ist nicht nur erschreckend, sondern scheint prinzipiell unüberbrückbar. Ist denn eine stärkere Kluft denkbar zwischen dem, was Schriftsteller (hier durchaus repräsentativ für ungezählte kritische Zeitgenossen) an Jesus herausfordert, und dem, was Theologen und Kirchenvertreter von ihm dogmatisch sagen und verkünden? Hier der Ketzer und Rebell — dort der göttliche Erlöser, Gott-Mensch und die zweite Person der Trinität, kurz: hier der gesellschaftliche Außenseiter — dort die religiöse Pflichtperson? Und in der Tat: Wo wäre ein Autor unserer Zeit, dem der Christus der Theologen, Pastoren und Priester noch eine Frage wäre, geschweige denn Anlaß zu literarischer Produktivität? Wo ist das Christus-Poem der Gegenwartsliteratur, das einen Christus zeigte, wie ihn die reine orthodoxe Lehre zu glauben vorschreibt, ein Poem, wie es die Vertreter der traditionellen christlichen Literatur (Reinhold Schneider, Rudolf Alexander Schröder und Gertrud von Le Fort) durchaus noch zu schreiben vermochten? Wo ist das Christus-Epos unserer Zeit, das wie Klopstocks »Messias« Jesus noch als »göttlichen Mittler« zeigen könnte, der mit Gott-Vater einsam Zwiesprache hält über seine Rolle als Erlöser für die Welt? Wo ist ein Schriftsteller der Gegenwart, für den Worte wie »Katechismus« und »Dogmatik« nicht gleichbedeutend wären mit Aufklärungsfeindlichkeit und Denkverbot? Ein zweites kommt hinzu.

Der Nazarener wird vor Kritik geschont

Jesus von Nazaret — ob bejaht oder umstritten — bleibt auch für Schriftsteller der Gegenwartsliteratur ein Archetyp unangepaßter, rebellischer, provokativer Humanität, eine Berufungsinstanz, mit der die Diskrepanz von utopischem Ideal und miserabler Realität schonungslos aufgedeckt und von der her die politische, soziale und gesellschaftliche Verwirklichung des Versprochenen eingeklagt wird. Ich fand: Wenn es einen Topos der literarischen Auseinandersetzung mit Jesus bei Schriftstellern unserer Zeit gibt, dann den der *Schonung Jesu*, was im Klartext heißt: Bei aller oft noch so bitteren Kirchen- und Religionskritik – Jesus selbst wird in den allermeisten Fällen von der Kritik ausgespart, milde geschont, ja oft selbst zum schärfsten Kritiker einer Kirche und Gesellschaft, die sich ihrer Legitimation von ihm her allzu sicher weiß. Und das Thema Weihnachten ist wie kein zweites in der christlichen Kultur geeignet, dieses Zugleich von radikaler Gesellschaftskritik und ausgesparter Jesus-Utopie zu veranschaulichen.

II. WEIHNACHTEN: DIE UTOPIE UND IHR VERRAT

Das Profil der Literatur des 20. Jahrhunderts macht man sich am besten klar, indem man Folien aus den beiden vergangenen Jahrhunderten unterlegt.[11] Es gab sie ja einmal, die Einheit von Literatur und kirchlichem Glauben, von Poesie und Theologie. Und es gab sie einmal, die Einheit von Literatur und religiösem Gefühl, Literatur und christlicher Moral. Machen wir Stichproben.

1. Was früheren Jahrhunderten möglich war

Mitte des 18. Jahrhunderts konnte ein Autor wie der Pastorensohn und Morallehrer *Christian Fürchtegott Gellert* (1715–1769) noch ein »Weihnachtslied« schreiben, das programmatisch als Kirchenlied komponiert war. 1757 — Goethe ist acht Jahre alt, Schiller wird zwei Jahre später geboren — erscheint es in Gellerts »Geistlichen Oden und Liedern«. Ungemein populär war dieser in Leipzig wirkende Universitätslehrer und Dichter zu seiner Zeit, der gegenüber seinen Mitbürgern jede literarische Möglichkeit nutzte, um auf ihr Leben pädagogisierend und moralisierend einzuwirken — in Fabeln, Lustspielen, Gedichten, Briefen und einem Roman.

Gellerts Kniefall vor dem Wunder

Viele seiner Gesänge gehören denn auch zum Standardrepertoire bürgerlicher Christenheit, weit über Gellerts Zeit hinaus, popu-

[11] Die umfassendste Sammlung von Weihnachtstexten hat zusammengestellt: *W. Jens* (Hrsg.), Es begibt sich aber zu der Zeit. Texte zur Weihnachtsgeschichte, Stuttgart 1988.

lär geworden nicht zuletzt durch zahlreiche Vertonungen, darunter — durch Beethoven — »Die Himmel rühmen des Ewigen Ehre« und eben auch unser »Weihnachtslied«:

»Dies ist der Tag, den Gott gemacht;
sein werd in aller Welt gedacht!
Ihn preise, was durch Jesum Christ
im Himmel und auf Erden ist! (...)

Herr, der du Mensch geboren wirst,
Immanuel und Friedensfürst,
auf den die Väter hoffend sahn,
dich, Gottes Messias, bet ich an.«[12]

In sieben Strophen kann Weihnachten in der Literatur noch ganz im kirchlich-dogmatischen Sinn als große Heils- und Gnadentat, als großes Wunder für den Menschen illustriert werden. Literaten beanspruchen in Sachen Theologie noch keinen Anspruch auf Originalität. Gänzlich unangefochten stellen sie sich in den Dienst des kirchlichen Glaubens, den sie mit Hilfe ihrer Texte gehaltvoll und formschön illustrieren wollen. Von Zweifeln an den Inhalten keine Spur. Völlig geborgen in der christlichen Heilsgewißheit, verstand sich der Dichter mit seinen Arbeiten als Sprachrohr der Kirche; als Morallehrer des Christentums; als Wegweiser des Volkes; als Erzieher der Massen...

Eichendorffs Vision einer versöhnten Welt

Gut hundert Jahre später war in der Literatur der dogmatische Gehalt so nicht mehr darstellbar. Was die neue Dichtergeneration herausforderte, war vielmehr, die gefühlsmäßigen Wirkungen des Weihnachtsfestes zu beschreiben. Und die große Einheit von *Glaube und Gefühl,* wie sie in der religiös gewendeten Romantik zum Ausdruck kam, ist gerade beim Thema Weihnachten in einzigartiger Weise verdichtbar. 1837, 80 Jahre nach Gellert, erschien das Gedicht »Weihnachten« des damaligen preußischen Regierungsrates *Joseph von Eichendorff:*

[12] *Ch. F. Gellert,* Weihnachtslied (1757), in: Werke, hrsg. v. G. Honnefelder, Bd. I, Frankfurt/M. 1979, S. 258f.

»Markt und Straßen steh'n verlassen,
Still erleuchtet jedes Haus,
Sinnend geh' ich durch die Gassen,
Alles sieht so festlich aus.

An den Fenstern haben Frauen
Buntes Spielzeug fromm geschmückt.
Tausend Kindlein stehn und schauen,
Sind so wunderstill beglückt.

Und ich wandre aus den Mauern
Bis hinaus ins freie Feld.
Hehres Glänzen, heil'ges Schauern!
Wie so weit und still die Welt!

Sterne hoch die Kreise schlingen,
Aus des Schnees Einsamkeit
Steigt's wie wunderbares Singen —
O du gnadenreiche Zeit!«[13]

Dieses Gedicht ist kein Gebet mehr, zusammengesetzt aus den theologischen Topoi von der Inkarnation bis zur Messialogie, das auffordert, vor dem christlichen Wunder fromm in die Knie zu sinken, sondern eine Betrachtung von außen. Im Mittelpunkt steht ein einsamer Wanderer, der sich an den Wirkungen des Weihnachtsfestes berauscht. Nicht die intellektuelle Harmonie von Glaube und Vernunft, sondern die Gefühlsharmonie von Innenwelt und Außenwelt soll durch diesen Wanderer verkörpert werden. Eichendorffs Figur beobachtet Weihnachten aus der Perspektive der Straßen, Gassen und des freien Feldes, und zugleich wird eine innere Dramaturgie gestaltet. Sie aber folgt einer in diesem Gedicht unaufdringlich vollzogenen *Erweiterung des Raums.*

So geht der Blick des Wanderers (und mit ihm des Lesers) vom Markt und den Straßen über das freie Feld bis zum Himmel und den Sternen. Dieser äußeren Raumerweiterung entspricht

[13] *J. v. Eichendorff,* Weihnachten (1837), in: Werke in sechs Bänden, Bd. I (Gedichte — Versepen), hrsg. v. H. Schultz, Frankfurt/M. 1987, S. 382 (Bibliothek deutscher Klassiker 21).

eine innere Gefühlssteigerung: vom Sinnen über das Schauern bis zum fast ekstatischen Ausruf: »O du gnadenreiche Zeit!« Diese Erweiterungsdynamik wiederholt sich bei den erwähnten Personen im Gedicht: ich — Frauen — tausend Kindlein; wiederholt sich beim Thema Weihnachtsstimmung: »jedes Haus« — »Fenster« — »freies Feld« — »Schnees Einsamkeit« — »Sterne hoch« wiederholt sich bei den Lichtern und Tönen des Gedichts: das »wunderstill« der beglückten Kinder wird aufgenommen und gesteigert in dem »wunderbaren Singen«, das durch die ganze Welt nun tönt. Eichendorff holt damit auf seine Weise die universal-kosmische Dimension ein, die in der christlichen Tradition immer auch mit Weihnachten verbunden war: die Geburt Christi als Anbruch einer neuen Zeit der Gnade, welche die Welt auf innere Weise verwandelt. Im Zeichen von Stille, Licht und Gesang wird an Weihnachten die Vision einer versöhnten Welt entworfen, einer Welt ohne ökonomische Widersprüche, ohne soziale Verwerfungen, ohne geistige Zerrissenheit und politischen Streit — in einem Gedicht von ergreifender Schlichtheit, stiller Zartheit und unaufdringlichem Glück.

Storms Knecht Ruprecht rechnet ab

Ja, die Dichter der Romantik lieferten in der ersten Hälfte des 19. Jahrhunderts noch das, was man von ihnen erwartete: die in der Literatur vollzogene große Einheit von Glaube und Gefühl. Später aber auch noch die große Einheit von *Glaube und Moral.* Und die Verschiebung von der Illustrierung der Dogmatik über die Synthetisierung der Gefühlswelt zur Propagierung der Sittlichkeit ist typisch für die zweite Hälfte des 19. Jahrhunderts — in der Literatur vielfach geprägt vom bürgerlichen Protestantismus. *Theodor Storm* verdanken wir einen solchen Text im Zusammenhang mit Weihnachten, der nicht umsonst zu den Lieblingstexten bürgerlicher Kreise in Deutschland gehört. Storm steht dabei in der Tradition der *pädagogischen Funktionalisierung des Weihnachtsfestes,* wie sie sich vor allem in den Gestalten des »Christkinds« bzw. des »Nikolaus« und des »Knecht Ruprechts« manifestiert hat.

Aus umfassenden volkskundlichen und brauchtumsgeschichtlichen Forschungen wissen wir heute:[14]

— daß die Figur des Nikolaus seit der Gegenreformation mit Hausbesuchen für Kinder verbunden ist;

— daß der im deutschen Sprachraum bekannteste Begleiter des einkehrenden Nikolaus nachweislich seit der zweiten Hälfte des 17. Jahrhunderts »Knecht Ruprecht« ist;

— daß »Knecht Ruprecht« ein finsteres, zotteliges, schwarzes Schreckwesen ist, das auf die Teufelsgestalt zurückverweist und so eine numinose Negativgestalt aus dem »Reich des Bösen« ist;

— daß der Hauptzweck einer solchen Begleitung die durch Schrecken erzeugte Disziplinierung schlecht erzogener Kinder ist, und zwar schon früh in drei möglichen Steigerungsstufen der Sanktionen: Zerren an den Haaren oder Abstrafung mit der Rute; dann Androhung der Verschleppung an einen fernen Ort; schließlich Ankündigung, unfolgsame Kinder zu vernichten oder sie gar zu fressen.

Reformschübe der Aufklärungspädagogik, die sich gegen Auswüchse dieses Brauchtums wandte, änderten grundsätzlich wenig an dieser weitverbreiteten Praxis, die sich auch im 19. und 20. Jahrhundert in bürgerlichen Kreisen durchielt. Im Gegenteil: Das Erziehungsmittel vorweihnachtlichen Kinderbesuchs durch angsteinflößende Schreckfiguren wurde in der Folgezeit immer wichtiger. Etwa von der Mitte des 19. Jahrhunderts an war es vorwiegend die bürgerliche Pädagogik, die den Nikolaus mit seinen Begleitern bedenkenlos als Disziplinierungsinstrument einsetzte. Wo elterliche Ermahnungen das Jahr über nichts geholfen und schulische Belehrungen wenig gefruchtet hatten, da versprachen sich Erzieher vom Nikolausabend die nötige Wirkung. Hier war Gelegenheit, mit Hilfe eines geheimnisvollen Besuchers, den die Aura der Allwissenheit umgab, moralisierend Bilanz zu ziehen, anzuspornen oder einzuschüchtern, kurz: kindliches Verhalten positiv oder negativ zu sanktionieren. Nikolaus, Knecht Ruprecht und der Weihnachtsmann wurden so zu festen Größen im Repertoire familiärer Erziehungsmaßnahmen.

[14] Die gründlichste Studie dazu hat vorgelegt: *W. Mezger,* Sankt Nikolaus. Zwischen Kult und Klamauk, Ostfildern 1993.

Literarisch hat sich dies niedergeschlagen in der Weihnachtserzählung »*Unter dem Tannenbaum*«, die der damalige Heiligenstädter Kreisrichter Theodor Storm 1862 schrieb.[15] Denn ein moralischer Dualismus von Gut und Böse bestimmt auch diesen Text. »Knecht Ruprecht« ist auch hier der Gehilfe des »Christkinds«, der die braven von den bösen Kindern scheiden soll, ein Gerichtshelfer, der durch seine Rute auch mit einem entsprechenden Strafinstrument ausgestattet ist:

»›Hast denn das Säcklein auch bei dir?‹
Ich sprach: ›Das Säcklein, das ist hier:
Denn Apfel, Nuß und Mandelkern.
Fressen fromme Kinder gern.‹
›Hast denn die Rute auch bei dir?‹
Ich sprach: ›Die Rute, die ist hier;
Doch für die Kinder nur, die schlechten
Die trifft sie auf den Teil, den rechten.‹
Christkindlein sprach: ›So ist es recht;
So geh mit Gott, mein treuer Knecht!‹
Von drauß' vom Walde komm ich her;
Ich muß euch sagen, es weihnachtet sehr!
Nun sprecht, wie ich's hierinnen find!
Sind's gute Kind, sind's böse Kind?«[16]

Die Moralisierung des Weihnachtsthemas innerhalb der bürgerlichen Christenheit hat hier ihren literarischen Höhepunkt erfahren. Durch die der Kinderwelt angepaßte Niedlichkeitssprache (»Christkindlein«) schimmert Strafpädagogik. Neben »Apfel, Nuß und Mandelkern« blitzt das blanke Hinterteil auf, auf das die Rute niedersausen kann. Nach der Devise, die in der Erzählung Knecht Ruprecht in den Mund gelegt wird: »Heißt es bei euch denn nicht mitunter: / nieder den Kopf und die Hose herunter?«[17]

Diese Einheit von Literatur und kirchlichem Glauben, Literatur und bürgerlichem Gefühl, Literatur und bürgerlicher Sitt-

[15] *Th. Storm*, Unter dem Tannenbaum (1862), in: Sämtliche Werke in zwei Bänden, München 1967, Bd. I, S. 326–349.
[16] *Th. Storm*, a. a. O., S. 339.
[17] Ebd.

lichkeit ist in der Literatur des 20. Jahrhunderts zerbrochen. Spätestens mit der Katastrophe des Ersten Weltkriegs beginnen Autoren, das Thema Weihnachten ganz anders zu benutzen. Literatur entsteht nun nicht aus der Einheit, sondern aus dem Zwiespalt der Welten, aus den Konflikten, den Widersprüchen, den Abgründen in einer Gesellschaft. Von Weihnachten wird erzählt als Nicht-Weihnachten. Von der heiligen Zeit wird gedichtet als einer unheiligen. Die Bilder werden mit Gegenbildern konfrontiert, die Erwartungen von den Ereignissen her konterkariert, die Utopie von Weihnachten wird mit einer miserablen oder verlogenen Realität zusammengebracht.

2. Risse im Kulissenbild

Erste Bruchstellen sind in einem der größten Romane der deutschen Literatur erkennbar, der wie ein riesiges Eingangstor am Beginn dieses Jahrhunderts steht: Thomas Manns »Buddenbrooks« (1901). Wer die Weihnachtsszene im Hause der Senatorenfamilie in der Lübecker Mengstraße Nummer 4 gelesen hat, wird diese Risse, ja die sich andeutenden Abgründe in der bürgerlichen Welt nie vergessen, die Thomas Mann mit erzählerischer Meisterschaft gerade in dieser Weihnachtsszene erkennbar werden läßt.[18] Alles ist noch vorhanden in dieser Welt des Bürgertums, was zu Weihnachten gehört: die Familienfeier und die Lieder, die Überfülle der Geschenke und der riesige Tannenbaum mit dem »plastischen Krippenarrangement zu seinen Füßen«. All die seit eh und je vertrauten Klänge klingen noch in dieser Welt: »Tochter Zion, freue dich«; »Jauchze laut, Jerusalem«, »Stille Nacht, Heilige Nacht« — dreistimmig; »O Tannebaum, o Tannebaum«. Und auch das Weihnachtskapitel aus der »Großen Bibel« wird wie eh und je vorgelesen: »... den Menschen ein Wohlgefallen ...«

[18] *Th. Mann,* Buddenbrooks. Verfall einer Familie (1901), Frankfurt/M. 1981 (Frankfurter Ausgabe). Die Weihnachtsszene, geschildert im 8. Teil, 8. Kapitel, befindet sich hier auf den Seiten 539–560.

Heile-unheile Welt bei Buddenbrooks: Thomas Mann

Aber das alles wird in einer solch unheimlichen Detailgenauigkeit beschrieben, daß der Leser die Doppelbödigkeit der Szene erkennen soll. Alles ist noch vorhanden, aber nichts ist mehr echt; alles ist nur noch inszeniertes Spiel. Weihnachten ist eine Kulissenwelt, die einmal im Jahr zur Selbst- und Fremdtäuschung aufgebaut wird. Die Familienharmonie? Sie ist eine aufgesetzte, künstlich erzeugte; in Wirklichkeit ist sie gebrochen. Die Personen der Feier? Sie kommen noch einmal zusammen, aber sie agieren wie Schauspieler auf einer Bühne:

— Die *Konsulin Buddenbrook*, Mutter des jetzt »regierenden« Senators Thomas Buddenbrook, braucht dieses Weihnachtsfest alle Jahre wieder, um sich die Illusion einer heilen Familie zu erhalten. Das »weihevolle Programm«, das ihr verstorbener Mann »für die Feierlichkeit festgesetzt hatte, mußte aufrechterhalten werden«.

— *Tony Buddenbrook*, die Schwester des regierenden Senators, hat zwei gescheiterte Ehen hinter sich, und auch die Ehe ihrer Tochter Erika droht in einer Katastrophe zu enden, weil deren Ehemann, Direktor Hugo Weinschenk, in einem laufenden Prozeß betrügerischer Manipulationen angeklagt ist. Während das »weihevolle Programm« abläuft, macht man sich in der Familie deswegen »unweihnachtliche Gedanken«. Welch eine Vorstellung denn auch: Ein Mitglied der Familie war »eines Verbrechens gegen die Gesetze, die bürgerliche Ordnung und die geschäftliche Ehrenhaftigkeit geziehen und vielleicht der Schande und dem Gefängnis verfallen«. Eigentlich undenkbar: »Ein Weihnachtsabend der Familie Buddenbrook mit einem Angeklagten in ihrer Mitte!«.

— *Christian Buddenbrook*, der Bruder des regierenden Senators, ist ein unproduktiver, unsolider Lebemann. Bezeichnenderweise hätte er die Familien-Weihnachtsfeier »beinah vergessen«. Und kaum tritt er auf, reizt es ihn, die Stimmung des »Heiligen Abends« mit Frivol-Unheiligem zu persiflieren und von einem »Heiligen Abend« zu erzählen, den er »zu London in einem Tingeltangel fünfter Ordnung« verlebt habe. Den Marsch in das Bescherungszimmer karikiert er, »indem er beim Marschieren die

Beine« hebt »wie ein Hampelmann und albernerweise ›O Tannebaum‹« singt; beim Abendessen erzählt er dann von der Weihnachtsfeier in seinen »Club«, wo es »sehr fidel« zugegangen sei: »Die Kerls tranken Schwedischem Punsch wie Wasser«.

— *Hanno Buddenbrook*, der einzige Sohn des regierenden Senators, wird am Ende des zweiten Weihnachtsabends ins Bett gebracht, und im Einschlafen sieht er — das Schicksal der Familie vorausahnend — den »Unglücksfall des vorigen Jahres«. Während Sesemi Weichbrot, die Lehrerin Tonys und Freundin der Familie, bei der Weihnachtsfeier von Gottes Güte gesprochen und dreimal emphatisch das paulinische »Freuet euch« herausgestoßen hatte, ausgerechnet da war ein mit Tannenzweigen umkränztes Transparent über der Tür mit der bezeichnenden Aufschrift »Ehre sei Gott in der Höhe« in Flammen aufgegangen, und Mademoiselle Weichbrot hatte als komische Figur dagestanden, die »mit einem kleinen Schreckenslaut und einem Sprunge von ungeahnter und pittoresker Behendigkeit sich dem Funkenregen entziehen mußte, der auf sie niederging.« Der Autor läßt Hanno denn auch diesen Weihnachtsabend — mit der Erinnerung an diese groteske Szene — mit Hintersinn so beenden: »Während mehrerer Minuten lachte er ganz ergriffen, irritiert und nervös belustigt, leise und unterdrückt in seine Kissen hinein...«.

Kurt Tucholskys Weihnachtsmelancholie

Das Kichern Hanno Buddenbrooks über die Weihnachtskatastrophe ist wie ein vorweggenommenes Hohngelächter über den Verfall der ganzen Familie. Und dieser »Verfall« nimmt den Fall der ganzen bürgerlichen Welt voraus, der dann wenige Jahre später erfolgen sollte. Der Erste Weltkrieg ist die Zäsur in diesem Jahrhundert schlechthin. Danach war in Deutschland nichts mehr wie zuvor. Für das Thema Weihnachten in der Literatur konnte dies nicht ohne Folgen bleiben. Das bedeutendste Weihnachtsgedicht in dieser Zeit sieht denn auch völlig anders aus. Es wurde am 19. Dezember 1918 in der »Weltbühne« veröffentlicht, wenige Monate, nachdem der große Krieg zu Ende war. Es wurde geschrieben vom Kriegsteilnehmer *Kurt Tucholsky*, und es ist das Trauer- und Klagegedicht eines Kriegsheimkehrers, der sich in einem »zertrümmerten Vaterland« wiederfindet.[19] »Weihnachten« löst in ihm Kindheitserinnerungen aus voll Trauer und Melancholie:

»So steh ich nun vor deutschen Trümmern
und sing mir still mein Weihnachtslied,
Ich brauch mich nicht mehr drum zu kümmern,
was weit in aller Welt geschieht.
Die ist den andern. Uns die Klage.
Ich summe leis, ich merk es kaum,
die Weise meiner Jugendtage:
O Tannebaum!«

Dann aber reißt sich der Sprecher des Gedichts aus aller Resignation los. »Knecht Ruprecht« taucht wieder auf, jetzt aber durch den politischen Satiriker Tucholsky politisch funktionalisiert. Mit Hilfe des populären Knecht-Ruprecht-Mythos signalisiert der »Volkspädagoge« Tucholsky, daß die Deutschen offenbar wirklich unbelehrbar sind. Denn selbst ein Auftritt als Knecht Ruprecht mit der Strafrute würde bei den Deutschen nichts nützen:

»Wenn ich so der Knecht Ruprecht wäre
und käm in dies Brimborium
— bei Deutschen fruchtet keine Lehre —
weiß Gott! ich kehrte wieder um.
Das letzte Brotkorn geht zur Neige.
Die Gasse grölt. Sie schlagen Schaum.
Ich hing sie gern in deine Zweige,
o Tannebaum!«

Die dritte und letzte Strophe verschärft die politischen Rückfragen noch einmal. Der Tannenbaum ist jetzt bei Tucholsky kein Symbol mehr für bürgerliche Idylle, sondern ein Symbol für politischen Widerstand. Indem man in die Kerzen starrt, kommt die Frage nach der Schuld hoch. Wer hat das alles zu verant-

[19] *K. Tucholsky,* Weihnachten (1918), in: Gedichte, hrsg. v. M. Gerold-Tucholsky, Hamburg 1983, S. 147.

worten, den Krieg, den Jammer, die Opfer? Diese Frage wird mit aller Empörung gestellt. Wut kommt auf. Und diese aus unsäglicher Enttäuschung geborene Wut richtet sich auf ein Volk, das offensichtlich mit Lammesgeduld sein Schicksal passiv erträgt und das — statt bessere Zeiten herzustellen — auf bessere wartet. Dagegen wird der »alte Traum« geträumt, daß man mit Hilfe der Revolution den »Kastendünkel« endlich besiegen möge. Die Verhältnisse müssen anders, das Vertrauen gegenüber den herrschenden Eliten (Militärs, Finanziers, Industrielle, Kirchenführer) muß endlich aufgekündigt werden. Und erst nach der Herstellung politischer Freiheit kann man die Weihnachtslieder dann auch frei singen. Dann kann »Weihnachten« nicht länger als Narkotikum benutzt werden, als Einlullen des Volkes in temporärer Gefühlsseligkeit. Die Weihnachtsgefühle haben dann ihren Platz, wenn sie Ausdruck wirklicher Freiheit sind:

»Ich starre in die Knisterkerzen:
Wer ist an all dem Jammer schuld?
Wer warf uns so in Blut und Schmerzen?
Uns Deutsche mit der Lammsgeduld?
Die leiden nicht. Die warten bieder.
Ich träume meinen alten Traum:
Schlag, Volk, den Kastendünkel nieder!
Glaub diesen Burschen nie, nie wieder!
Dann sing du frei die Weihnachtslieder:
O Tannebaum! O Tannebaum!«

Erich Kästners Satire

Doch die Verhältnisse — sie wurden nicht so. Tucholsky ist an ihnen verzweifelt, wie man weiß. Die Klassengegensätze im Verlauf der 20er Jahre wurden bitterer, härter, fanatischer. Der Kastendünkel nahm nicht ab. Politische Extremisten nutzten die sozial miserable Lage der Massen für ihre Zwecke aus. »Weihnachten« blieb ein Reservat bürgerlicher Gefühlsseligkeit und geriet so in immer groteskere Diskrepanz zur sozialen Realität von Millionen von Menschen. Dies greift — bitterer und sarkastischer noch als Tucholsky — *Erich Kästner* auf. In seinem ersten Gedichtband von 1928 unter dem Titel »Herz auf Taille« findet sich ein Text unter dem Titel »Weihnachtslied, chemisch gereinigt«.[20]

Zum kollektiven Gedächtnis bürgerlicher Schichten in Deutschland gehört das Weihnachtslied *»Morgen, Kinder, wird's was geben«*. Es dürfte schon Ende des 18. Jahrhunderts entstanden und im Verlauf des 19. Jahrhunderts Erweiterungen erfahren haben. Es stellt den Kindern die Vision vom Weihnachtstag vor Augen. Es beschwört die Erinnerung an das »vorige Jahr« und projiziert sie auf das, was jetzt unmittelbar bevorsteht: eine Zeit des Jubels, eine Zeit des glänzenden Festes, eine Zeit der Geschenke, eine Zeit unbeschwerten Genusses — und (der Moralismus des 19. Jahrhunderts hat auch hier seine Spuren hinterlassen) eine Zeit moralischer Aufrüstung. Auch dieses Weihnachtslied ist letztlich ein *pädagogisches Lied.* Nicht ganz so aggressiv-gewalttätig wie das Stormsche Lied vom »Knecht Ruprecht« endet es doch mit der moralisierenden Ermahnung:

»Welch ein schöner Tag ist morgen!
Neue Freude hoffen wir,
Unsre guten Eltern sorgen
lange lange schon dafür.
O gewiß, wer sie nicht ehrt,
ist der ganzen Lust nicht wert.«

Der politische Satiriker und Parodist Erich Kästner sah sich herausgefordert, eine *Kontrafaktur* dazu zu schreiben. Strophe für Strophe wird dem Bild bürgerlicher Geborgenheit und Anständigkeit das Gegenbild sozialer Realität in Deutschland entgegengehalten. Das »Morgen« aus dem traditionellen Kinder-Weihnachtslied, das sich auf den sehnlichst erwarteten Weihnachtstag bezieht, wird bei Kästner sarkastisch zu einem Über-Morgen, zu einer Metapher der Vertröstung für diejenigen, die in diesem Leben zu kurz kommen und die ein »Weihnachten«, das den Namen verdient, nicht zu erwarten haben. Im Stil eines politischen Agitationsgedichtes werden Aus-Reden aufgenommen, wie man sich die Sehnsucht nach einem erfüllten Weihnachten wegratio-

[20] *E. Kästner,* Weihnachtslied, chemisch gereinigt (1928), in: Gesammelte Schriften für Erwachsene, Bd. I (Gedichte), Zürich 1969, S. 94f.

nalisieren könne: Gänsebraten? — Er macht doch nur Beschwerden; Puppen — sie sind ja ohnehin nicht mehr modern; der Weihnachtsmann? — er kommt nur nach nebenan:

»Morgen, Kinder, wird's nichts geben!
Nur wer hat, kriegt noch geschenkt.
Mutter schenkte euch das Leben.
Das genügt, wenn man's bedenkt.
Einmal kommt auch eure Zeit.
Morgen ist's noch nicht so weit.

Doch ihr dürft nicht traurig werden.
Reiche haben Armut gern.
Gänsebraten macht Beschwerden.
Puppen sind nicht mehr modern.
Morgen kommt der Weihnachtsmann.
Allerdings nur nebenan.

Lauft ein bißchen durch die Straßen!
Dort gibt's Weihnachtsfest genug.
Christentum, vom Turm geblasen,
macht die kleinsten Kinder klug.
Kopf gut schütteln vor Gebrauch!
Ohne Christbaum geht es auch.«

Auf einmal hat die Sprechhaltung in diesem Gedicht gewechselt, ähnlich wie bei Kurt Tucholsky. Die Diskrepanzerfahrung von Versprechen und Realität soll nicht zum passiven Trauerritual verkommen, sondern zum Nachdenken über die politische und soziale Situation führen. Nicht Trauer, sondern widerständiges Lachen ist angesagt. Und widerständiges Lachen kommt aus Hellsichtigkeit und Aufklärungsbereitschaft. Man soll die eigene Situation nicht beklagen, sondern ändern, aktiv die Ursachen beseitigen. Das »Brett vorm Kopf«, das die Wahrnehmung der Wirklichkeit verhindert, soll beseitigt werden. Die Ausrede »Gott« gilt nicht. Im Gegenteil: Gottes Güte ist durchaus mit rebellischem Widerstand vereinbar. Das Gedicht endet:

»Tannengrün mit Osrambirnen —
lernt drauf pfeiffen! Werdet stolz!

Reißt die Bretter von den Stirnen,
denn im Ofen fehlt's an Holz!
Stille Nacht und heil'ge Nacht —
weint, wenn's geht, nicht! Sondern lacht!

Morgen, Kinder, wird's nichts geben!
Wer nichts kriegt, der kriegt Geduld!
Morgen, Kinder, lernt fürs Leben!
Gott ist nicht allein dran schuld.
Gottes Güte reicht so weit...
Ach, du liebe Weihnachtszeit!«

3. Das Weihnachtsspiel als Lebensdrama

Doch das Unheil nimmt seinen Lauf. Der nationalsozialistische Größenwahn führt 1933 nicht nur zur Abschaffung der Demokratie in Deutschland, sondern zu einer entsetzlichen Diskriminierungs- und schließlich auch Tötungsmaschinerie gegenüber jüdischen Mitbürgern. Und die wohl ergreifendste Geschichte, die das Thema Weihnachten mit dem Thema Judenverfolgung zusammenbringt, schreibt dann die Österreicherin jüdischer Provenienz *Ilse Aichinger.* Es handelt sich um ein Kapitel aus ihrem Roman »Die größere Hoffnung«, der im Jahre 1948 publiziert wird.[21]

Jüdische Kinder suchen Herberge: Ilse Aichinger

Heldin des Buches ist das 11jährige halbjüdische Mädchen Ellen, das sich zu Beginn des Romans im amerikanischen Konsulats-Büro einer deutschen Stadt während des Dritten Reiches versteckt hat. Sie will ein Visum für Amerika, wohin ihre Mutter

[21] *I. Aichinger,* Die größere Hoffnung (1948), Frankfurt/M. 1974. Zur Interpretation vgl.: *K.-J. Kuschel,* Jesus in der deutschsprachigen Gegenwartsliteratur, Zürich-Gütersloh 1978, S. 273–275. *D. C. G. Lorenz,* Ilse Aichinger, Königstein/Ts. 1981, S. 60–76. *S. Moser* (Hrsg.), Ilse Aichinger. Materialien zu Leben und Werk, Frankfurt/M. 1990 (hier Dokumentation wichtiger Rezensionen über »Die größere Hoffnung«, S. 129–149).

schon ausgereist ist, während Ellen noch bei der Großmutter zurückbleibt. Amerika ist für dieses Kind das Land der »großen« Hoffnung, der Freiheit. Doch dem Konsul gelingt es, das Mädchen davon zu überzeugen, daß das Visum, das er ausstellt, die Menschen letztlich immer enttäuscht: sie finden nie die Freiheit, die sie sich damit erhoffen. Es gibt eine »größere« Hoffnung.

Später schließt sich Ellen einer Gruppe jüdischer Kinder an, die das »Wiedergutmachungsspiel« spielen: Sie wollen ein ertrinkendes Kind aus dem Fluß retten, damit der Bürgermeister zur Belohnung die Schuld ihrer »falschen Großeltern« vergißt. Die Symbolik des Romans verdichtet sich, als die jüdischen Kinder auf einem Friedhof, dem einzigen Platz, den die faschistische Gesellschaft ihnen noch gelassen hat, »Verstecken« spielen. Spiel und Realität geraten plötzlich in eine unheimliche Wechselbeziehung; das harmlose Kinderspiel kann jederzeit in grausame Realität umschlagen. Die Kinder spielen auf diesem Friedhof zwischen den Grabsteinen sich selbst und nehmen im Rollenspiel ihr Schicksal vorweg.

Am eindrucksvollsten freilich wird diese rollenspielartige Vorwegnahme mit Hilfe eines *Krippenspiels* demonstriert. Die entsprechende Szene könnte dramatischer nicht aufgebaut sein: Auf einem Dachboden spielen die jüdischen Kinder das Spiel von der Welt, von Krieg und Frieden, von der Herbergssuche, von den Königen und der Flucht, während sie jeden Moment darauf gefaßt sein müssen, daß draußen die Häscher vor der Tür stehen, um sie in Lastwagen nach Polen in die Vernichtungslager zu deportieren. Jedes Läuten an der Tür (dreimal im Verlauf des Spiels effektvoll eingesetzt) kann das Signal sein, das über Tod und Leben entscheidet. Jeder Fremde, der erscheint, kann der erwartete Häscher sein.

Doch das Merkwürdige geschieht. Statt sich ängstlich zu verkriechen, lernen die Kinder ein Stück »größerer Hoffnung« begreifen. Im *Rollenspiel der Weihnachtsgeschichte* beginnen sie sich freizuspielen und im Akt der Identifikation ihr bevorstehendes Schicksal anzunehmen. Sie begreifen, daß das, was mit ihnen gespielt wird, das ist, was sie gerade selber spielen: Wie Christus schon als Kind verfolgt und vom Tode bedroht wurde, so sind es auch sie. Und wie schon im Neuen Testament, so wird auch in dieser Geschichte die Weihnachts- mit der Kreuzesthematik verwoben:

»Es hatte geläutet.

Und sie mußten in der halben Dämmerung, die Hände um die Knie geschlungen, verbittert und reglos, die alte Ungewißheit weiter ertragen, ob wir nichts oder Könige sind. Und sie durften ihre Mäntel nicht abwerfen, weil sie Angst hatten, Angst noch immer. Jede kleinste Bewegung konnte sie verraten. Ihre Schuld war, geboren zu sein. Ihre Angst war, getötet, und ihre Hoffnung, geliebt zu werden: die Hoffnung, Könige zu sein. Um dieser Hoffnung willen vielleicht wird man verfolgt.

Josef fürchtete seine eigene Angst und sah weg. Maria bückte sich und hob mit einer lautlosen Bewegung das Bündel wieder auf. Nichts soll eine Mutter hindern. Sie schmiegte sich an Josef, der wegsah, wie der König in ihrem Arm sich an das Kreuz schmiegen würde, an das er geschmiedet war. Während die Kinder sich fürchteten, ahnten sie seine Lehre, sich zu schmiegen, woran man geschmiedet wird, und sie fürchteten diese Ahnung mehr als das schrille, schnelle Läuten an der Tür.«[22]

Literarische und theologische Tiefe erreicht Ilse Aichinger in diesem Kapitel dadurch, daß sie die großen Versprechungen der Weihnachtsgeschichte, Frieden, Licht, Freude, von der Situation dieser verfolgten und von der Vernichtung bedrohten Kinder her gegenspiegelt. Das Krippenspiel wird zum Welt-Theater, das Weihnachtsstück zum Lebensdrama. Dessen Klimax ist erreicht, als die Kinder einen fremden Mann einlassen, der sie mit der Auskunft beruhigt: »Es ist alles abgeblasen. Die Deportationen nach Polen sind eingestellt.« Der Mann fordert sie auf, weiterzuspielen, und läßt sich sogar in das Spiel einbeziehen. In der Rolle des Landstreichers bei der Herbergssuche wird ihm gesagt: »Du armer Mann/daß ich dir noch sagen kann/wie Gottes Liebe glüht.« Und plötzlich sehen die Kinder, wie der Mann erschüttert weint, und begreifen: Dieser Mann ist in Wirklichkeit einer der Häscher, ein Angestellter der Geheimpolizei, der den Befehl

22 *I. Aichinger,* a. a. O., S. 108.

hatte, die Kinder so lange aufzuhalten, bis man sie deportieren kann. In seiner Betroffenheit will der Mann die Kinder warnen; sie sollten weglaufen; ihre Zusammenkünfte seien entdeckt. Aber die Kinder bleiben. Wo sollen sie denn »den Frieden suchen gehen«? Das Kapitel endet:

> »Der Fremde fühlte, wie der Boden unter den flüchtenden Schritten ›der Welt‹ zu zittern begann. Er hörte das Klirren der Fenster und wünschte nichts anderes, als hier liegen zu bleiben. Er sah im Schein der Laterne, wie ›Maria‹ ihr Kind ›der Welt‹ übergab.
>
> Er hörte die Warnung des Engels, und als es zum dritten Mal läutete, war er der Letzte, der aufsprang. Wie im Traum streifte er den Staub von seinem Mantel und schlug den Kragen zurück. Er mußte die Rolle des unheiligen Königs zu Ende spielen. Denn es gibt nur drei heilige Könige. ›Werft eure Mäntel ab!‹
>
> Selig leuchteten die Silberschnüre auf. Keines der Kinder beachtete ihn, sie stürzten zur Tür.
>
> Wie eine große tanzende Flamme schlug ihr Spiel über ihnen zusammen.«[23]

Hat Stalingrad Bethlehem widerlegt?
Peter Huchel

Der nationalsozialistische Wahn tobte sich bekanntlich nicht nur in der Massenvernichtung des europäischen Judentums aus. Er wollte auch den Rest der Welt unter seine Herrschaft zwingen. 1943 erleidet er vor Stalingrad seine erste schwere Niederlage. Von da an geht es Schritt für Schritt abwärts, bis Deutschland wieder in Trümmern darniederliegt. In seinem Lyrikband »Chausseen, Chausseen« von 1963 verknüpft der Lyriker *Peter Huchel* in einem einzigartigen Gedicht die Vision von Weihnachten mit diesen Erfahrungen des Krieges. Die Utopie von Bethlehem wird mit der *Gegenutopie von Stalingrad* zusammengebracht, zwei Pole deutscher Wirklichkeit, die so noch nie in die-

[23] *I. Aichinger*, a. a. O., S. 135.

ser sprachlichen Dichte miteinander verbunden wurden. Das Gedicht trägt den Titel »Dezember 1942«:[24]

»Wie Wintergewitter ein rollender Hall.
Zerschossen die Lehmwand von Bethlehems Stall.

Es liegt Maria erschlagen vorm Tor,
Ihr blutig Haar an die Steine fror.

Drei Landser ziehen vermummt vorbei.
Nicht brennt ihr Ohr von des Kindes Schrei.

Im Beutel den letzten Sonnblumenkern,
Sie suchen den Weg und sehn keinen Stern.

Aurum, thus, myrrham offerunt...
Um kahles Gehöft streicht Krähe und Hund.

...quia natus est nobis dominus.
Auf fahlem Gerippe glänzt Öl und Ruß.

Vor Stalingrad verweht die Chausee.
Sie führt in die Totenkammer aus Schnee.«

Alles ist anders, heißt die Devise dieses Gedichtes, alles ins Gegenteil verkehrt. Hier, in der ersten Strophe, Bethlehems Stall, und dort, in der letzten, Stalingrad: Eine schroffere Antithese läßt sich kaum denken. 14 Verse lang wird ein archetypisches Bild, das vom Völkerfrieden im Zeichen Betlehems, mit seiner grauenhaften Verzerrung im Gegenzeichen von Stalingrad konfrontiert: Der Stall ist zerschossen, der Völkerfriede hat sich in Völkergemetzel verkehrt; wo man anbetete, wird getötet; wo Leben, Wärme und Freundlichkeit war, regiert jetzt der Tod. Maria, die Lebens-Mutter, ist tot und liegt mit blutigem Haar draußen vorm Tor: keine Leben schenkende Frau mehr, sondern ein gefrorener Leichnam. Von Joseph ist nicht mehr die Rede: Er scheint verschollen. Die drei Könige haben sich in Landser verwandelt — in Soldaten, die den Schrei des Kindes nicht hören,

[24] *P. Huchel*, Dezember 1942, in: ders., Chausseen, Chausseen. Gedichte, Frankfurt/M. 1963. S. 64. Zur Interpretation vgl. *K.-J. Kuschel*, Jesus in der deutschsprachigen Gegenwartsliteratur, S. XIII–XV (Vorwort von *W. Jens*) sowie S. 268–273.

zurückgeworfen auf kreatürliche Not, wie sie sind, ausgestattet mit einem letzten Sonnenblumenkern.

»Ganz anders« — so ist es nicht nur bei den Menschen, »ganz anders« ist es auch bei den Tieren und bei den sonstigen Requisiten der Weihnachtsgeschichte: Statt Weihrauch, Gold und Myrrhe — ein Rest eiserner Ration; statt des freundlichen Stalls — das kahle Gehöft; statt Ochs, Esel und Kuh — Krähe und Hund, verlorenes Getier, das herumstreicht. Ja, je weiter das Gedicht sich entfaltet, desto schreiender werden die Gegensätze, desto unmittelbarer die Konfrontation. Wie ein Fossil ragt das Vulgata-Zitat aus der Weihnachtsgeschichte in eine gespenstische Szenerie aus Öl und Ruß. Panzerschmiere statt der Salbe, der Dreck des Kriegsgeräts statt des leuchtenden Goldes.

Was ist Sinnspitze dieser Kontraste und Negationen? Direkt gefragt: Will das Gedicht auf die Auslöschung Bethlehems durch Stalingrad hinaus? Hat die Realität Stalingrads die Vision Bethlehems endgültig widerlegt? Ist die Utopie von Bethlehem »Frieden der ganzen Welt« von der Gegenutopie Stalingrad »Vernichtung der ganzen Welt« endgültig erdrückt? Ich denke, das Gedicht will in Brechtscher Manier gegen den Strich gelesen sein. Der Autor, Schüler Brechts, will uns nicht in unserem politischen Fatalismus bestärken, sein Gedicht fordert uns Leser vielmehr auf, die Geschichte zu Ende zu denken. Tut man dies, so wird die dem Gedicht immanente Logik offensichtlich: Bethlehem muß vorausgesetzt werden, damit das Grauen von Stalingrad in seiner ganzen Entsetzlichkeit erst richtig begreifbar wird. Die Utopie muß wenigstens noch einmal aufblitzen, bevor sie als bedrohte, gefährdete beschrieben werden kann. Nicht Bethlehem wird verraten, sondern Stalingrad als Verrat an Bethlehem entlarvt. Die Utopie gilt, aber sie kann im Gedicht nur noch als zerfetzte aufleuchten. Huchels Text zeigt so auf dialektisch eindrückliche Weise, wie zerbrechlich die Utopie von Bethlehem ist und wie in der Weltgeschichte immer wieder das Grauen des Völkermordens sich scheinbar gegen die Vision des Völkerfriedens durchzusetzen vermag. Das Gedicht spekuliert nicht auf das »so ist es — und nicht anders« des Lesers, sondern auf dessen widerständige Hoffnung, daß die Stalingrads der Weltgeschichte nicht endgültig über »Bethlehem« triumphieren mögen.

Weihnachten als unausrottbare Hoffnung auf eine befriedete Welt; auf einen Zustand des Völkerfriedens. Peter Huchel beschwor diese Vision in geschichtlicher Perspektive; Heinrich Böll tat dies für die Dimension des Privaten. Es gibt für mich keine eindrücklichere Weihnachtsgeschichte, die den zwischenmenschlichen Bereich ausleuchtet (ohne damit unpolitisch zu sein), als Heinrich Bölls Erzählung »So ward Abend und Morgen«. Die Weihnachtsbotschaft — gespiegelt im Mikrokosmos einer Ehe, die eine Nicht-Ehe geworden ist, aber im Zeichen des weihnachtlichen Festes einen winzigen Aufbruch erlebt zu einer echten Gemeinschaft von Menschen.

Menschwerdung durch ein Wort: Heinrich Böll

In »So ward Abend und Morgen«, geschrieben in den 50er Jahren,[25] geht es um die Geschichte eines Mannes, der am Heiligen Abend zu seiner Frau zunächst nicht heimzugehen wagt, weil diese seit Wochen jedes Wort ihm gegenüber verweigert. Anna, die Frau, war plötzlich zu Stein geworden, als ihr Mann sie einmal seines Gehaltes wegen betrogen hatte. Eine scheinbar kleine, dumme, alltägliche Lüge, über die andere Frauen vielleicht gelacht hätten, hinweggegangen wären. Aber diese Frau war zu Stein geworden, ein lebloses Etwas, das wie tot aussieht. Die vertraute Beziehung war auf einen Schlag zerbrochen; seine Ehe — vorher so selbstverständlich — dem Mann auf einmal seltsam fremd. Sprachtod trat ein; die bleierne Zeit brach an…

So treibt sich der Mann am Heiligen Abend am Bahnhof seiner Heimatstadt herum wie ein Obdachloser. Das Weihnachtsgeschenk für seine Frau hat er am Gepäckschalter abgegeben, und er ist unfähig, es auszulösen und den Entschluß zur Heimkehr zu fällen. Was soll er zu Hause, wenn ihn dort die Beziehungskälte erwartet? Bürgerliches Weihnachten zieht an ihm vorüber, aus der Außenseiterperspektive nun scharf beobachtet: Ein Mann, der betrunken vorbeitorkelt, singt: »Alle Jahre wieder«; in einem Schaufenster beginnen Dekorateure Weihnachtsmänner und Engel gegen andere Puppen auszuwechseln: tief-

25 *H. Böll,* So ward Abend und Morgen (1954), in: ders., Als der Krieg ausbrach. Erzählungen, München 1965, S. 95–103.

dekolletierte Damen, deren nackte Schultern mit Konfetti bestreut, deren Handgelenke mit Luftschlangen gefesselt sind; einer Puppe werden die Flügel und die Locken abgenommen, und der Mann wundert sich, wie schnell sich ein Engel in einen Mixer verwandeln läßt. Weihnachten ist hier schon zu Ende, bevor es angefangen hat...

Erinnerungen steigen in ihm hoch, voll melancholischer Zartheit an die Beziehung zu seiner Frau:

> »Vielleicht war ich zu jung zum Heiraten, dachte er, vielleicht hätte ich warten sollen, bis Anna weniger ernst und ich ernster geworden wäre, aber er wußte ja, daß er ernst genug und Annas Ernst gerade richtig war. Er liebte sie deswegen. Um der Stunde vor dem Einschlafen willen hatte er auf's Kino, auf's Tanzen verzichtet, hatte Verabredungen nicht eingehalten. Abends, wenn er im Bett lag, kam Frömmigkeit über ihn, Frieden, und er wiederholte sich dann oft den Satz, dessen Wortlaut er nicht mehr genau wußte: ›Gott schuf die Erde und den Mond, ließ sie über Tag und Nacht walten, zwischen Licht und Finsternis scheiden, und Gott sah, daß es gut war. So ward Abend und Morgen.‹ Er hatte sich vorgenommen, in Annas Bibel den Satz noch einmal genau nachzulesen, aber er vergaß es immer wieder. Daß Gott Tag *und* Nacht erschaffen hatte, erschien ihm mindestens so großartig wie die Erschaffung der Blumen, der Tiere und des Menschen. Er liebte diese Stunde vor dem Einschlafen über alles. Aber seitdem Anna nicht mehr mit ihm sprach, lag ihre Stummheit wie ein Gewicht auf ihm.«[26]

Mit dieser fragmentarischen Erinnerung an die Schöpfungsgeschichte der Bibel entschließt sich der Mann, doch endlich nach Hause zu fahren. Jetzt freilich — so spät — ist der Gepäckschalter geschlossen. Das Weihnachtsgeschenk ist unerreichbar und die letzte Straßenbahn ist abgefahren. Mit dem letzten Geld in der Tasche nimmt der Mann ein Taxi. Er fährt durch eine Welt, die überall ihr Weihnachten feiert, zu der er aber keine Beziehung mehr hat: »In den Häusern konnte er hinter den erleuchte-

[26] *H. Böll,* a. a. O., S. 97.

ten Fenstern die Weihnachtsbäume brennen sehen: Weihnachten, das, was er als Kind darunter verstanden und an diesem Tag empfunden hatte, das schien ihm weit weg: was wichtig war und schwer wog, geschah unabhängig vom Kalender.«

Als er nach Hause kommt und die Wohnung betritt, hat seine Frau ihre »Pflicht« wie immer getan. Ein Weihnachtsbaum steht auf dem Tisch, wie es sich gehört, Geschenke liegen für ihn da, wie es sich gehört; das Essen ist bereit, wie es sich gehört... Die Frau aber ist schon zu Bett gegangen. Und dann heißt es am Ende der Geschichte:

»Die Tür zum Schlafzimmer aber war offen, und er rief ohne viel Hoffnung leise in das dunkle Viereck: ›Anna, schläfst du?‹ Er wartete, lange schien ihm, als fiele seine Frage unendlich tief, und das dunkle Schweigen in dem dunklen Viereck der Schlafzimmertür enthielt alles, was in dreißig, vierzig Kalenderjahren noch auf ihn wartete — und als Anna ›Nein‹ sagte, glaubte er, sich verhört zu haben, vielleicht war es eine Täuschung, und er sprach hastig und laut weiter: ›Ich habe eine Dummheit gemacht. Ich habe die Geschenke für dich bei der Aufbewahrung am Bahnhof abgegeben, und als ich sie holen wollte, war geschlossen, und ich wollte nicht warten. Ist es schlimm?‹

Diesmal war er sicher, ihr ›Nein‹ richtig gehört zu haben, aber er hörte auch, daß dieses ›Nein‹ nicht aus der Ecke des Zimmers kam, wo ihre Betten gestanden hatten. Offenbar hatte Anna ihr Bett unters Fenster gerückt. ... (Er) lauschte auf die Antwort, aber es kam nichts aus dem dunklen Viereck, aber als er fragte: ›Freust du dich?‹, kam das ›Ja‹ schneller als die beiden ›Nein‹ vorher...

Er löschte das Licht in der Küche, zog sich im Dunklen aus und legte sich in sein Bett: durch die Vorhänge hindurch konnte er die Weihnachtsbäume im Hause gegenüber sehen, und unten im Haus wurde gesungen, er aber hatte seine Stunde wieder, hatte zwei ›Nein‹ und ein ›Ja‹, und wenn ein Auto die Straße heraufkam, schoß der Scheinwerfer für ihn Annas Profil aus der Dunkelheit heraus...«[27]

[27] *H. Böll,* a. a. O., S. 102f.

Weihnachten erscheint in dieser Geschichte in mehrfacher Brechung. Das gelallte »Alle Jahre wieder« des Betrunkenen am Heiligen Abend verweist auf den Grad von Beziehungskälte in einer Gesellschaft, in der bestimmte Menschen Feiertage offenbar nur aushalten, indem sie ihre Seele in Alkohol ertränken. Die ausgewechselte Weihnachtsdekoration in einem Schaufenster verweist auf ein Weihnachten als leeres Ritual und ritualisierte Leere, als Versatzstück einer Konsum- und Kommerzwelt, als Ware, die angeboten und ausgewechselt wird.

Am erschreckendsten freilich erscheint das Weihnachtszimmer, das der heimgekehrte Mann vorfindet. Die Frau hat an Weihnachten ihre »Pflicht« getan und eine gespenstisch anmutende Kulisse aufgebaut: Tannenbaum, Geschenke, Essen. Nirgendwo wird deutlicher als hier, wie sehr die toten, leblosen Weihnachtsobjekte die Leblosigkeit menschlicher Beziehungen spiegeln. Nirgendwo wird der Unterschied zwischen dem, was Weihnachten eigentlich bedeutet, und dem, wozu es geworden ist, spürbarer als hier: Pflicht statt Geschenk, Leere statt Liebe, Entfremdung statt Nähe.

Dann aber das Überraschende: Der, der ohne Geschenke mit leeren Händen seiner Frau stammelnd gegenübertritt, ist auf einmal der Beschenkte. Nicht mit den traditionellen Objekten freilich, sondern — seltsam genug — mit einigen wenigen, elementaren Worten: zwei »Nein« und einem »Ja«, den kleinen Worten eben, die aber ausreichen, um in diesem Fall das Eis der Seele zu brechen. Das Weihnachten, das hier passiert, hat mit dem »Alle Jahre wieder« nichts zu tun, manifestiert sich nicht in herkömmlichen Fest-Gegenständen. Die Bescherung, die hier passiert, hat mit dem Materiellen nichts gemein, erschöpft sich nicht in dem, was wir uns gewöhnlich so alles »bescheren«. Weihnachten passiert hier als Wiederaufnahme einer toten Beziehung zwischen zwei Menschen, Bescherung in Form eines Wort-Geschenks, unerwartet, als völlige Überraschung. Ein Wort ist es, das Leben schafft und Menschen wieder zu Menschen werden läßt, ein Wärmestrahl im Kältestrom.

Deshalb ist die Erinnerung an die Schöpfungsgeschichte in dieser Weihnachtsgeschichte nicht beliebig, sondern durchaus am Platz: Und es ward Abend und Morgen. Mit dieser Formel schließt ja jeder Schöpfungstag im Buche Genesis: der erste, zweite... fünfte, sechste Tag. Zitathaft eingespielt, wird in dieser Alltagsgeschichte ein Bogen geschlagen von der Schöpfung der Welt bis Weihnachten hier und heute. Die Geschichte erinnert damit in ganz unaufdringlicher Weise an die große theologische Tiefendimension des Festes von Weihnachten: Schöpfung der Welt durch das Wort Gottes und Fleischwerdung desselben Wortes Gottes gehören zusammen, Weltwerdung und Menschwerdung, Urschöpfung und Neuschöpfung in Christus bilden eine Einheit.

Das heißt konkret: Indem der Schöpfergott Mensch wird, gibt er der alten, verbrauchten Schöpfung neue Kraft, flößt er der erschöpften Schöpfung im Geist neues Leben ein. Deshalb sind auch unsere Adventslieder voll von Bildern für neues Leben, die neue Schöpfung, die wir mit Weihnachten erwarten: *Tauet* Himmel; es ist ein Ros *entsprungen* aus einer Wurzel zart; da haben die Dornen *Rosen* getragen; ein *Blümlein* bracht mitten im kalten Winter. Das will sagen: Von Gott her bricht das Gefrorene unter uns ein; die totgeglaubte Wurzel beginnt wieder neu zu treiben; das abgestorben scheinende Dornengestrüpp bringt unerwartet eine neue Blüte hervor; die Winterkälte kann das überraschende Wachstum der kleinen Blume nicht verhindern. Wie dichtete doch der tapfere, wider den Hexenwahn seiner Zeit streitende *Friedrich von Spee* im Jahre 1622? »O Erd schlag aus, schlag aus, o Erd, daß Berg und Tal *grün* alles werd. O Erd, herfür dies Blümlein bring, o Heiland, aus der Erde *spring.*«

Und genau das geschieht ja in Bölls Ehegeschichte: Neuschöpfung durch das Wort, Verleiblichung des Wortes und dadurch Menschwerdung des Menschen. Durch die wenigen Worte seiner Frau wird dieser verlegen stammelnde Mann wieder Mensch, wird Totes lebendig, beginnt Abgestorbenes wieder zu leben. Tauwetter des Herzens beginnt... Das ist die *Pointe* dieser Geschichte: Dort, wo eine erkaltete, versteinerte Beziehung wieder erwärmt, wieder lebendig gemacht wird, da passiert Schöpfung, Neuschöpfung, da passiert Menschwerdung. Da passiert Weihnachten — in dieser Geschichte paradoxerweise an Weihnachten trotz Weihnachten.

Die Gleichzeitigkeit der Stimmen

Wir haben große Stimmen hörbar gemacht: Gellert, Eichendorff, Storm und Thomas Mann; Kästner und Tucholsky; Ilse Aichinger, Peter Huchel und Heinrich Böll. Jeder Text hatte seine Perspektive von Weihnachten. Jeder verkörpert eine Stimme, eine Melodie in der Symphonie. Und jede dieser Stimmen ist auf ihre Weise authentisch, literarisch wie theologisch. Jeder Text zeigt eine unverzichtbare Dimension des Phänomens »Weihnachten«. Joseph von Eichendorff und Peter Huchel – sie haben wahrhaftig Weihnachtsgedichte geschrieben, die konträrer nicht sein könnten. Zwischen Storms »Unterm Tannenbaum« und Thomas Manns Weihnachtsszene in den »Buddenbrooks« liegen Welten. Aber hat Huchel Eichendorff überholt? Ist Storms Geschichte durch Thomas Manns Roman falsifiziert?

Solche Kategorien passen nicht in den Raum großer Kunst, wie ich in Auseinandersetzung mit George Steiner im »Prolog« zu diesem Buch klarzumachen versuchte. In der Naturwissenschaft gelten die Gesetze von Verifikation und Falsifikation; in der Kunst herrscht das Gesetz der Authentizität im Zusammenklang von Inhalt und Form. Deshalb ist Eichendorffs Text so wahr wie der von Kästner und würde erst zur objektiven Lüge, wenn ein Autor *heute* noch so schriebe wie Eichendorff oder gar Gellert. Dann gehörte sein Text nicht in den Buchladen, sondern in den Reißwolf...

Weil dies aber so ist, hat jede dieser Stimmen ihr Recht. Denn jede dieser Stimmen bringt etwas am Thema Weihnachten zum Klingen, was dazugehört, unverzichtbar ist. Ich möchte alle diese Stimmen nicht missen. Die Gellertsche Glaubensgewißheit hat genauso ihr Recht (»Herr, der du Mensch geboren wirst«) wie die Eichendorffsche Vision einer wunder- und gnadendurchstrahlten Welt. Ich kann mich dem Zauber gerade dieser Strophen nicht entziehen, die ein Stück Utopie für mich verkörpern, von der unsere Welt weiter entfernt ist denn je, für die ich aber eine Sehnsucht verspüre, die mir beinahe die Tränen in die Augen treibt: »Sterne hoch die Kreise schlingen, / Aus des Schnees Einsamkeit / Steigt's wie wunderbares Singen / O du gnadenreiche Zeit!« Zugleich braucht es, damit Weihnachten nicht zur

Selbsttäuschung verkommt, den Thomas Mannschen Blick für die Doppelbödigkeit der Wirklichkeit, für die Kulissen, Inszenierungen und Rollenspiele, die wir gerade an Weihnachten spielen, damit unsere Welt nicht vollends ins Rutschen kommt. Zugleich braucht es, damit die Utopie nicht zur privatistischen Idylle erstarrt, den Tucholskyschen Tannenbaum als Freiheitsbaum und die Kästnerschen Kontraste und Sarkasmen. Zugleich braucht es die politische Aufrüttelung und das aktivistisch-eingreifende Denken nach dem Motto: »Stille Nacht und Heilge Nacht / weint, wenn's geht, nicht! sondern lacht!«

Ja, zugleich braucht es die stete Spannung der großen Worte von Frieden, Menschwerdung Gottes, Freude und Gnade mit der Realität marginalisierter, ausgebeuteter und um ihre Existenz bangender Menschen, wie sie ergreifend und hellsichtig zugleich Ilse Aichinger beschreiben konnte. Zugleich braucht es die Huchelsche Radikalkonfrontation der utopischen Chiffre Bethlehem mit der Anti-Chiffre Stalingrad. Und um alles das aushalten zu können, braucht es die Böllsche Vision eines Weihnachten als Neuschöpfung durch das Wort; als Neubelebung toter Herzen; als Utopie und Praxis der Menschwerdung. All diese Stimmen gehören zusammen, wenn wir über Weihnachten reden; keine ist verzichtbar. Nur in der Polyphonie der Stimmen möchte ich Christ sein, möchte ich Weihnachten feiern.

III. ECCE HOMO: GESICHTER JESU IM SPIEGEL GROSSER KULTUREN

Schonung Jesu — das gilt für das Thema Weihnachten; Schonung Jesu als einer bleibenden Identifikations- und Hoffnungsfigur — das ist ein Grundzug großer literarischer Jesusdarstellung überhaupt. Ich möchte hier bewußt den Raum der deutschen Literatur überschreiten, um auch interkulturell vergleichen zu können. Interkulturalität der Theologie kann gerade hier konkret werden — und zwar in der Kombination der beiden Bedeutungen von Interkulturalität: der ethnischen und der ästhetischen. Ich habe dazu im »Prolog« das Nötigste gesagt. Denn auffällig ist: In allen großen Kulturen (sieht man von Asien und Afrika einmal ab) sind in diesem Jahrhundert Romane entstanden, die einerseits zu den Marksteinen der Weltliteratur gehören (und nur diese habe ich in den folgenden Kapiteln ausgewählt) und die andererseits die Geschichte Jesu ins Zentrum stellen. Die Frage also, der ich in diesem Kapitel nachgehen will, ist diese: Wer sind die Gestalten in der großen Literatur unseres Jahrhunderts, die ihre Schatten von Jesus empfingen und ihr Licht auf ihn zurückwerfen? Unter welchem Namen lebt er bei Autoren in Europa, in den USA, in Rußland, in Lateinamerika, in Ägypten?[28] Welche Ge-

[28] Es wird dem aufmerksamen Leser nicht entgehen, daß die folgenden Jesus-Romane den Typus der indirekten, transfiguralen Jesusdarstellung repräsentieren: Jesus, gespiegelt in Stellvertreterfiguren aus dem jeweiligen zeitgenössischen Kontext. Nur dieser literarische Typus hat große Literatur, ja Weltliteratur in unserem Jahrhundert hervorgebracht. Nach wie vor populär freilich ist ein anderer literarischer Typus von geringerem ästhetischen Gewicht: die direkte oder indirekte Jesusdarstellung im historisierenden und psychologisierenden Roman. Jesus wird hier entweder direkt (als literarischer »Held«) oder indirekt (aus der Perspektive von Spiegelfiguren) in *seinem* Zeitkontext beschrieben. Archetyp dieser Gattung ist *E. Renan,* Vie de Jésus (1862). Sie ist ebenfalls kulturübergreifend präsent in Romanen aus Italien (*G. Papini,* Lebensgeschichte Christi, 1924), aus Schweden (*P. Lagerqvist,* Barabbas, 1950), aus Polen (*J. Dobraczynski,* Gib mir Deine Sorgen, 1954), aus Griechenland (*N. Kazantzakis,* Die letzte Versuchung, 1955), aus Portugal (*J. Saramago,* Das

sichter bekommt er in der Poesie großer Kulturen dieser Welt? Ich halte mich hier an die Chronologie.

1. Ein Kreuz bleibt leer: Anna Seghers

Sie hatte sich bereits literarisch einen Namen gemacht, Netty Reiling aus Mainz, als sie für ihre Erzählung »Der Aufstand der Fischer von St. Barbara« 1928 den Kleist-Preis erhielt, veröffentlicht unter dem Pseudonym, das auf einen holländischen Grafiker der Rembrandtzeit zurückverwies: Seghers. 1928 — es ist das Jahr, in dem die 1900 geborene jüdische Kunsthistorikerin, die über »Juden und Judentum bei Rembrandt« promoviert hatte, der KPD und auch dem »Bund proletarisch-revolutionärer Schriftsteller Deutschlands« beigetreten war. Sie hatte geheiratet, zwei Kinder geboren und sich bereits auch international in der antifaschistischen Friedensbewegung zu engagieren begonnen. Sie lebt jetzt in Berlin und ist auf dem besten Weg, eine erfolgreiche junge Autorin zu werden: Verlage in der Sowjetunion, im angelsächsischen Raum, in Frankreich, Skandinavien und Spanien hatten die so erfolgreiche Erzählung schon herausgebracht, und Erwin Piscator hatte in der Sowjetunion diesen Text bereits zu verfilmen begonnen...

Ein Gegenbild von Deutschland

Da wird kurz nach der Machtergreifung der deutschen Faschisten die Wohnung der Anna Seghers nach »verbotenen Büchern« durchsucht; sie selbst wird für kurze Zeit verhaftet und eine Zeitlang unter polizeiliche Bewachung gestellt. Wie für so viele

Evangelium nach Jesus Christus, 1993) sowie aus Deutschland (*M. Brod,* Der Meister, 1952; *G. Fussenegger,* Sie waren Zeitgenossen, 1983; *L. Rinser,* Mirjam, 1983). Zur literarischen und theologischen Auseindersetzung mit diesen Romanen vgl.: *Th. Ziolkowski,* Fictional Transfigurations of Jesus, Princeton 1972. *K.-J. Kuschel,* Jesus in der deutschsprachigen Gegenwartsliteratur, Zürich -Gütersloh 1978 (TB-Ausgabe mit Nachwort des Verfassers, München 1987). *G. Langenhorst,* Die literarische Wiederentdeckung Jesu in Romanen der achtziger Jahre, in: Stimmen der Zeit 210 (1992), S. 751–760; 819–830.

deutsch-jüdische Autoren, Kommunisten zumal, ist an ein Bleiben in Deutschland nicht mehr zu denken. Mit 33 Jahren beginnt für Anna Seghers eine lange Zeit der Fluchten und Zufluchten, der Ängste, Vertreibungen, Verfolgungen und Sehnsüchte nach der Heimat. Ab Juni 1933 lebt sie jetzt mit ihren beiden Kindern im Pariser Vorort Bellevue, in einer kleinen, betont unauffälligen Wohnung. Wie eine Besessene arbeitet sie weiter, und »wenn der Haushalt mit seinen kleinlichen Sorgen sie belästigte, wenn die vier Wände sie zu erdrücken drohten, packte Anna Seghers ihre Manuskripte in die Tasche, fuhr mit dem nächsten Vorortzug nach Paris, setzte sich in ein Kaffeehaus, immer dasselbe, an einen leeren Tisch, unbekümmert um das Gewirr, um das Gewoge, und schrieb«.[29]

Anna Seghers in Paris. Es entsteht ein Bild, das sich bei vielen, die ihr damals begegneten, festgesetzt hat. Die Vertriebene im Café de la Paix über ihre Schulhefte gebeugt, in die hinein sie ihre Prosa zu schreiben pflegte. Erzählungen und Romane entstehen auf diese Weise. Mit Wieland Herzfelde, Oskar Maria Graf und Jan Petersen bildet sie die Redaktion der »Neuen deutschen Blätter«, besessen von der Idee, daß der Faschismus nur das vorübergehende Zerrbild Deutschlands sei und daß sich dieses Deutschland in tausend anderen Facetten anders spiegle. 1935, auf dem Ersten Internationalen Schriftstellerkongreß zur Verteidigung der Kultur in Paris, spricht sie nicht zufällig über das Thema »Vaterlandsliebe« und entwirft in dieser Rede das Gegenbild gegen die faschistische Vergewaltigung der deutschen Tradition. Selten sei in deutscher Sprache ein *dichterisches Gesamtbild der Gesellschaft* entstanden; statt dessen habe die deutsche Literatur große, oft erschreckende und für Fremde unverständliche Einzelleistungen hervorgebracht:

> »Bedenkt die erstaunliche Reihe der jungen, nach wenigen übermäßigen Anstrengungen ausgeschiedenen deutschen

[29] *J. Stern,* Das Floß der Anna Seghers, in: S. Hilzinger (Hrsg.), »Das siebte Kreuz« von Anna Seghers. Texte, Daten, Bilder, Frankfurt/M. 1990, S. 110–114. Neuere biographische und bibliographische Einführungen: *K. Sauer,* Anna Seghers, München 1978 (Autorenbücher 9). *Ch. Zehl Romero,* Anna Seghers mit Selbstzeugnissen und Bilddokumenten, Hamburg 1993 (Rowohlt-Monographien 464).

Schriftsteller. Keine Außenseiter und keine schwächlichen Klügler gehören in diese Reihe, sondern die besten: Hölderlin, gestorben im Wahnsinn, Georg Büchner, gestorben durch Gehirnkrankheit im Exil, Karoline Günderode, gestorben durch Selbstmord, Kleist durch Selbstmord, Lenz und Bürger im Wahnsinn. Das war hier in Frankreich die Zeit Stendhals und später Balzacs. Diese deutschen Dichter schrieben Hymnen auf ihr Land, an dessen gesellschaftlicher Mauer sie ihre Stirnen wundrieben. Sie liebten gleichwohl ihr Land.«[30]

»In unserer Sprache ein dichterisches Gesamtbild der Gesellschaft« — das war die Grundidee, welche die nun 35jährige Autorin immer stärker beherrschen sollte. Einen großen gesellschaftlichen Roman wollte sie schreiben, nicht zuletzt, um auch ihren Freunden im Ausland zu zeigen, daß die Faschisten das eigene Volk längst vorher überfallen hatten, bevor sie nach anderen Völkern griffen. Im Juni 1935 trägt sie in ihr Tagebuch ein:

> »Wenn es ein Fehler ist, daß die französischen Freunde sich nur selten die Grundlagen unseres Fühlens, unserer Ideen vergegenwärtigen — und das oft aus einfachem Mangel an Neugier —, so ist dieser Fehler der unsere, wir haben uns nicht ausreichend verständlich gemacht. Übrigens war ein großer Teil der deutschen Literatur immer nur für Deutsche verständlich.«[31]

1936 bricht in Spanien der Bürgerkrieg aus, und ein Jahr später ist auch die Seghers dort, als der Zweite Internationale Schriftstellerkongreß tagt. Sie besucht die Internationale Brigade, erlebt Bombenangriffe mit, den Heroismus und die Solidarität derer, die im Kampf für die spanische Republik zu fallen bereit waren. Sie spricht mit zahllosen politischen Flüchtlingen aus Deutschland, auch solchen, die den Konzentrationslagern entronnen waren, macht Aufzeichnungen, führt Recherchen durch, sammelt

[30] *A. Seghers,* Rede auf dem Ersten Internationalen Schriftstellerkongreß zur Verteidigung der Kultur (1935), in: S. Hilzinger (Hrsg.), a. a. O., S. 52.
[31] *A. Seghers,* Sechs Tage, sechs Jahre! Tagebuchseiten, in: S. Hilzinger (Hrsg.), a. a. O., S. 58.

Details über faschistische Verfolgungspraktiken und das Schicksal von Häftlingen, die den Nazis zu entfliehen versuchten.

So vorbereitet, beginnt sie im selben Jahr 1937 in Paris mit der Arbeit an einem neuen Roman, der ihr größter werden und im Sommer 1939 abgeschlossen vorliegen sollte: »Das siebte Kreuz«, gewidmet »den toten und lebenden Antifaschisten Deutschlands«. Dieser Roman sollte nun das Gesamtbild des anderen Deutschland liefern! Aber wie? Mit welchen Mitteln und Techniken? Und was hat das Ganze mit Jesus zu tun, dessen Transfigurationen wir hier auf der Spur sind? Jesus – im Werk einer marxistischen Autorin jüdischer Provenienz?

Ein Kommunist auf der Flucht

Sieben Häftlinge fliehen aus dem KZ Westhofen, sechs werden wieder eingefangen und an »Kreuze« auf dem Appellhof des KZ gehängt; einer kommt durch, der *Kommunist Georg Heisler.* Sein Kreuz, das siebte, bleibt leer. Das ist die Ausgangslage für diesen Roman, und genau das war der entscheidende literarische Kunstgriff, mit dessen Hilfe Anna Seghers ein Kaleidoskop deutscher Wirklichkeit zu zeigen vermochte. Ein Kommunist – gejagt und verfolgt von SS-Schergen – sieben Tage auf der Flucht durch ein Stück Deutschland, das man unschwer als die rheinhessische Heimat der Autorin wiedererkennen kann. Mit einem einzigen Schnitt konnte sie so in das Innere der faschistischen Gesellschaft eindringen und sie bloßlegen. Das war in der Tat erzähltechnisch ein genial-einfacher Gedanke: »Ein Kommunist, entflohen aus dem Konzentrationslager, läuft um sein Leben und zwingt jedermann, mit dem er in Berührung kommt, zu offenbaren, was er wert ist.«[32] Wie ein Katalysator wirkt dieser Flüchtling auf sie; er legt Beziehungen frei, Verhaltensweisen offen, löst Verklemmungen oder Verkrampfungen aus, deckt Verschüttetes, Verdrängtes oder Verborgenes auf. Die Menschen müssen Stellung nehmen, für ihn oder gegen ihn. Und diese Entscheidung »richtet« sie.

[32] *Ch. Wolf,* Glauben an Irdisches (1968), in: dies., Die Dimension des Autors. Essays und Aufsätze, Reden und Gespräche 1958–1985, Darmstadt-Neuwied 1987, S. 300. Auch die weiteren Essays über Anna Seghers in diesem Band sind bemerkenswert: S. 255–377.

Diese Figur entstellt also die Welt und die Menschen »bis zur Kenntlichkeit« (E. Bloch)! Und die bisher vertraute, sicher scheinende Wirklichkeit wird für keinen, der in diese Konfrontation gerät, je wieder so werden, wie sie einmal war.

Was der Seghers hier gelungen ist, ist ein Roman des Widerstands. Dieser Widerstand aber wird nicht verklärt, eher scheu, zurückhaltend, indirekt dargestellt. Nicht die großen politischen Aktionen werden beschrieben, nicht Fluchthelfertaten von heroischen Menschen. Literarisch Gestalt gewinnen die Kleinen, die Stillen im Lande, die einfachen Menschen, die von Politik nicht viel verstehen und die Zusammenhänge oft nicht durchschauen, die aber ohne politisches Kalkül aus einem elementaren Gefühl der Menschlichkeit heraus ihre Hilfe nicht verweigern. Dies muß auffallen im Roman einer überzeugten Marxistin: der kommunistische »Held«, von SA und SS fieberhaft gesucht, lebt nicht von der Hilfe einer Organisation oder Partei, sondern von schlichten Gesten der Barmherzigkeit einfacher Menschen: einem *älteren Fräulein,* das ihm 5 Pfennige zusteckt; dem *jüdischen Arzt,* der den Verletzten behandelt und keine Fragen stellt; einem Arbeiter, der mit seiner Solidarität sich und seine Familie aufs Spiel setzt. Freilich: Andere Figuren stoßen den Flüchtling zurück. Aber auch diese Zurückstoßung ist keine politische Aktion, eher eine menschlich verständliche Schutzreaktion: der *Lastwagenfahrer,* der den Flüchtling ein Stück mitnimmt und ihn plötzlich auf die Straße setzt, als er merkt, was gespielt wird; die *ehemalige Freundin,* die ihm aus Angst die Türe vor der Nase zuschlägt. Dieser Roman also ist nicht im Ton der Anklage und Abrechnung geschrieben, ist kein »Rachegesang«, eher eine Elegie, ein Buch der Milde und Barmherzigkeit. »Gnade statt Gerechtigkeit« — diese im Roman selbst auftauchende Formel ist die Schlüsselformel zum Verständnis des Ganzen.

Eine Nacht im Dom

Um dies besser zu verstehen, schauen wir uns eine zentrale Szene des Romans an, die nachmals berühmte *»Domszene«* des »Siebten Kreuzes«. Dem Flüchtling Georg Heisler gelingt es, sich in seiner ersten Fluchtnacht im Mainzer Dom einschließen zu lassen und sich so dem Zugriff der Verfolger zu entziehen. Was nun folgt, ist eine subtil gearbeitete und kunstvoll gestaltete *Erinnerungs- und Identifikationsszene*, die jetzt um den einsam im nächtlichen Dom herumwandernden kommunistischen Häftling gestaltet wird:

> »Georg stockte der Atem. Quer durch das Seitenschiff fiel der Widerschein eines Glasfensters, das vielleicht von einer Lampe erhellt wurde, aus einem der Häuser jenseits des Domplatzes oder von einer Wagenlaterne, ein ungeheurer, in allen Farben glühender Teppich, jäh in der Finsternis aufgerollt, Nacht für Nacht umsonst und für niemand über die Fliesen des leeren Doms geworfen, denn solche Gäste wie Georg gab es auch hier nur alle tausend Jahre. Jenes äußere Licht, mit dem man vielleicht ein krankes Kind beruhigt, einen Mann verabschiedet hatte, schüttete auch, solange es brannte, alle Bilder des Lebens aus. Ja, das müssen die beiden sein, dachte Georg, die aus dem Paradies verjagt wurden. Ja, das müssen die Köpfe der Kühe sein, die in die Krippe sehen, in der das Kind liegt, für das es sonst keinen Raum gab. Ja, das muß das Abendmahl sein, als er schon wußte, daß er verraten wurde, ja, das muß der Soldat sein, der mit dem Speer stieß, als er schon am Kreuz hing... Er, Georg, kannte längst nicht mehr alle Bilder. Viele hatte er nie gekannt, denn bei ihnen daheim hat es dies alles nicht mehr gegeben. Alles, was das Alleinsein aufhebt, kann einen trösten. Nicht nur was von anderen gleichzeitig durchgelitten wird, kann einen trösten, sondern auch, was von anderen früher durchlitten wurde.«[33]

Wir erfahren: Auf seinen nächtlichen Wanderungen durch den Dom stößt der Häftling auf einen Teppich aus Licht und Farben, der wie ein verschwenderischer Luxus immer dort aufgerollt ist, Nacht für Nacht, den dieser Flüchtling nun aber entdeckt, als sei er für ihn persönlich dort hingelegt worden. Obwohl längst von der religiösen Tradition entfremdet, beginnt er dennoch, die in

[33] *A. Seghers,* Das siebte Kreuz (1942), Darmstadt-Neuwied 1973, S. 57f (Taschenbuchausgabe). Eine erste Interpretation habe ich vorgelegt in: *K.-J. Kuschel,* Jesus in der deutschsprachigen Gegenwartsliteratur, S. 136–144 (s. Anm. 28).

diesen Lichtteppich eingeschriebenen, auf die Fliesen des Domes hingeworfenen Geschichten als seine eigene Geschichte zu lesen. In der Dechiffrierung der biblischen Geschichten wird er zum Fährtenleser seiner selbst. In einem erregenden Akt der Wiederentdeckung begreift er, daß in den uralten biblischen Szenen sein eigenes biographisches Schicksal vorausentworfen ist. Ist er nicht verjagt wie das erste Menschenpaar seinerzeit aus dem Paradies? Ist er nicht wie das Kind in der Krippe, für das es ebenfalls »keinen Raum« gab? Ist er nicht wie der Nazarener beim Abendmahl, der ebenfalls »verraten« wurde und dem die Soldaten anschließend den Todesstoß zu versetzen versuchten? Ist er nicht auf dem besten Wege, gekreuzigt zu werden, wie der Mann aus Nazaret, da droben im KZ das siebte Kreuz schon auf ihn wartet? In der Tat: Es ist diese Dechiffrierung seiner eigenen Geschichte als Passionsgeschichte, die den »jesuanischen« Grundcharakter des Romans ausmacht. Der Verfolgte und Verratene von heute stellt Beziehungen her zu den Verfolgten und Verratenen von gestern, dem Nazarener zumal, der die Solidaritätsgestalt aller Verfolgten schlechthin ist. Er, der einsam und entfremdet im Dom herumwandert, findet gerade im Verweis auf die große Tradition der Verfolgten Identität und Trost. Trost — nicht Vertröstung!

Dieser Roman greift also auf urchristliche Symbolik zurück, und die christliche Passionsgeschichte ist hier als die archetypische Verkörperung aller Passionsgeschichten präsentiert, die der heutigen Passionsgeschichte Tiefenschärfe und symbolische Signifikanz verleihen soll. Der gekreuzigte Nazarener wird zum Schattengeber, der der schattenlosen Gegenwart Plastizität und Kontur verleiht. Erst im Verweis auf die große Tradition der Leidensgeschichte wird nämlich deutlich, daß auch in dieser aktuellen Leidensgeschichte ein Menschheitsthema weitererzählt wird: der Kampf der Wahrheit gegen die Lüge, der Gerechtigkeit gegen die Unterdrückung, der Humanität gegen die Barbarei.

Und da es um ein Menschheitsthema geht, wird auch begreiflich, warum eine marxistische Autorin Elemente aus der jüdisch-christlichen Tradition aufgreifen wollte. 1937 ist ja auch das Jahr der internationalen kommunistischen Volksfront-Idee gegen den faschistischen Terror. Und auch aktive Christen können Teil dieser antifaschistischen Volksfront sein! Die Biographin Christiane Zehl Romero hat deshalb zu Recht betont, daß die Seghers »mythische, religiöse und märchenhafte Bezüge« einsetze, »um im aktuellen Zeitgeschehen die zeitlosen menschlichen Bedürfnisse und Hoffnungen durchscheinen zu lassen und die Aussagekraft alter, mächtiger Vorstellungswelten für ihre Botschaft zu aktivieren«. Zugleich aber hat sie mißverständlich hinzugefügt: »In Seghers' Anverwandlung jüdisch-christlicher Tradition ist der Schöpfer jedoch kein allmächtiger Gott, sondern eine Vielzahl von bedrohten, anscheinend ohnmächtigen Menschen, die ihre Kraft erst durch Handeln entdecken. Diese auf Aktion und Eigenverantwortlichkeit gerichtete Umkehrung religiöser Vorstellungen betrifft auch die Kreuz-Symbolik des Romans. Die Macht des siebten Kreuzes kommt gerade daher, daß es aufgrund größter menschlicher Anstrengungen leer bleibt.«[34]

Ein Kreuz als Zeichen des Widerstands

Das aber ist eine ideologisch gefärbte einseitige Interpretation des Kreuzes. Denn auch für Christen ist das Kreuz gerade mehr als ein Zeichen des Scheiterns und der Ohnmacht. Es ist – im Lichte der Auferweckung des Gekreuzigten – ein Zeichen des Widerstandes gegen den Tod und des Sieges über die widergöttlichen Kräfte. Man muß deshalb die Kreuzesdeutung des Romans und der christlichen Tradition keineswegs gegeneinander ausspielen. Strukturelle Analogien sind vielmehr erkennbar zwischen dem Glauben von Christen und dem Glauben einer Marxistin wie Anna Seghers. Denn so wie für Christen das Kreuz letztlich ein Triumphzeichen ist (wider den Tod und die Mächte des Todes), so auch für Anna Seghers in diesem Roman.

Dessen Pointe besteht ja gerade darin: Sechs Häftlinge waren wieder eingefangen und tot oder lebendig an die »Kreuze« gebunden worden; sechs Häftlinge hatten wieder an diesem furchtbaren Galgen gehangen, als sichtbarer Triumph der faschistischen Macht. Ein Kreuz aber blieb leer. Und es ist dieses *siebte, leergebliebene Kreuz,* von dem nun die Hoffnung für die Lagerinsas-

[34] *Ch. Zehl Romero,* a. a. O., S. 66 (s. Anm. 29).

sen und die Bedrohung für die Lagerwächter ausgeht. Es ist dieses siebte, leergebliebene Kreuz, das für die noch verbleibenden Häftlinge im KZ zum Zeichen dafür wird, daß die totale Macht des Faschismus gebrochen ist. Es ist dieses siebte, leergebliebene Kreuz, das blitzartig zeigt: Die Macht der Mächtigen dieser Welt ist doch besiegbar: »Ein kleiner Triumph, gewiß, gemessen an unserer Ohnmacht, an unseren Sträflingskleidern«, so läßt die Autorin einen der Häftlinge meditieren: »Und doch ein Triumph, der einen die eigene Kraft plötzlich fühlen ließ nach wer weiß wie langer Zeit, jene Kraft, die lang genug taxiert worden war, sogar von uns selbst, als sei sie bloß eine der vielen gewöhnlichen Kräfte der Erde, die man nach Maßen und Zahlen abtaxiert, wo sie doch die einzige Kraft ist, die plötzlich ins Maßlose wachsen kann, ins Unberechenbare.«[35]

Es ist diese »Kraft«, diese ins Maßlose und Unberechenbare wachsende Kraft der Menschen, der dieser Roman Respekt bezeugen will. Das leergebliebene siebte Kreuz ist dafür das archetypische Ursymbol. Und so endet denn der Roman nicht mit einem Triumphlied auf die Kommunistische Partei, sondern realistisch mit einer humanen Hoffnung, *daß Widerstand möglich ist.* Typisch ist dafür die Schlußszene: Als der alte, in der Häftlingskrise so schändlich versagende Kommandant von einem neuen abgelöst wird, läßt dieser gleich die sieben Kreuze abschlagen und als Kleinholz verbrennen. Doch die Häftlinge, gepreßte Zeugen dieser Verbrennung, fühlen sich dabei — wie es heißt — »dem Leben näher als jemals später und auch viel näher als alle anderen, die sich lebendig vorkommen«. Ja, die Häftlinge wissen, »wie tief und furchtbar die äußeren Mächte in den Menschen hineingreifen können, bis in sein Innerstes«, gleichzeitig aber fühlen sie, »daß es im Innersten etwas gab, was unangreifbar war und unverletzbar«.[36]

Darum also geht es im »Siebten Kreuz«: den Menschen daran zu erinnern, daß in seinem Innersten etwas verborgen ist, das *unangreifbar und unverletzbar ist;* das weder von den faschistischen Machthabern, noch von irgendwelchen Machthabern und Mächten der Welt je ganz ergriffen und völlig zerstört werden kann.

[35] *A. Seghers,* a. a. O., S. 7.
[36] *A. Seghers,* a. a. O., S. 288.

Marcel Reich-Ranicki hat in verschiedenen Portraits der Seghers immer wieder darauf hingewiesen: »Dieser Roman wirbt für keine Ideologie, er deutet kein politisches Programm an. Die Dichterin der Passionsgeschichte vom ungekreuzigten Georg setzt ihre Hoffnung auf die Redlichkeit des Individuums. Oder sollte man sagen: auf die Nächstenliebe?... Im Innersten des Menschen gebe es etwas, ›was unangreifbar war und unverletzbar‹. Dies ist der Wert, den Anna Seghers in ihren schönsten Büchern besungen hat — und es ist ein Wert jenseits von Kommunismus, Klassenkampf und Revolution, jenseits von Politik.«[37]

Vom Roman über die Flucht zum Leben auf der Flucht

»Oftmals sah ich sie (Anna Seghers) im Café de la Paix oder einem kleinen Café am Montparnasse unter einer murmelnden Menschenmenge sitzen. Das Haar hing ihr ins Gesicht. Aber das störte sie alles nicht. Sie schrieb und schrieb. Der Bleistift flog über das Papier, und das Manuskript wuchs. Jede Woche brachte sie mir ein Bündel Blätter, die ich ins Reine schrieb«, notiert eine Frau, die für Anna Seghers in Paris Manuskripte abgeschrieben hatte.[38] Als die Autorin 1937 am neuen Roman zu arbeiten beginnt, kann sie nicht ahnen, was ihr persönlich noch alles bevorstehen würde und daß sie, die soeben einen Roman über die Flucht abgeschlossen hatte, bald selber ebenso auf der Flucht sein würde. Im Juni 1940 stehen deutsche Truppen bereits vor Paris,

[37] *M. Reich-Ranicki,* Die Kraft der Schwachen. Zum 80. Geburtstag von Anna Seghers, in: Frankfurter Allgemeine Zeitung vom 15. November 1980. Nach der »Wende« hat derselbe Kritiker noch einmal zu Anna Seghers und ihrem Roman »Das siebte Kreuz« Stellung genommen, und zwar »aus aktuellem Anlaß«. Kritisch auf die zu passive Rolle von Anna Seghers bei politischen Prozessen der DDR in den fünfziger Jahren eingehend, kommt Reich-Ranicki dennoch wiederum zu dem Urteil: »In der Zwischenzeit hat ›Das siebte Kreuz‹ von seiner Suggestivität nur wenig eingebüßt. Gewiß, so aufregend wie einst ist das Buch nicht mehr, aber nach wie vor bewundert man die Souveränität und auch die unzweifelhafte Virtuosität einer Erzählerin, die traditionelle Ausdrucksmittel und moderne Kompositionstechniken aufs glücklichste miteinander verbindet... Was immer wir in Zukunft über Anna Seghers noch erfahren sollten, unsere Dankbarkeit für ihre besten Bücher hat davon unberührt zu bleiben.« (FAZ vom 21. Juli 1990)

[38] *L. Wolf,* »Sie schrieb und schrieb«, in: S. Hilzinger (Hrsg.), a. a. O., S. 107 (s. Anm. 29).

Verbindungen in die Sowjetunion sind abgeschnitten, nachdem Stalin ausgerechnet mit Hitler einen Nichtangriffspakt geschlossen hatte (23. August 1939). Das *Schicksal des Roman-Manuskripts* ist auf einmal völlig ungewiß. Ein Exemplar befindet sich bei einem französischen Freund, der es übersetzen sollte; dieser aber liegt jetzt an der Front und ist unerreichbar. Ein anderes ist einer Freundin geliehen, geht aber bei einem Luftangriff mit deren Haus zugrunde. Ein weiteres Manuskript muß sie selber, kurz bevor deutsche Soldaten in Paris einziehen, unter Tränen verbrennen, damit es den Faschisten nicht in die Hände fällt. Nur mit einem einzigen Exemplar sind vage Hoffnungen verbunden. Sie hat es an einen Freund nach New York geschickt.[39]

Und nun überstürzen sich die Ereignisse. Ohne Gewißheit, daß ihr Manuskript überhaupt überleben würde und sich die Arbeit der letzten zwei Jahre gelohnt hatte, versucht Anna Seghers 1940 nach der Deutschen Besetzung aus Paris zu fliehen. Da dies zunächst nicht gelingt, lebt sie »praktisch in der ständigen Nähe des Todes« — wie sie später einmal sagt — und schläft — die Kinder sind anderswo untergebracht — »jede Nacht woanders«. Dann gelingt ihr mit Hilfe von Freunden die Reise nach Südfrankreich in die Nähe des Lagers Le Vernet, in dem ihr Mann als aktiver deutscher Kommunist von den Vichy-Behörden interniert worden war. In dem kleinen Städtchen Pamiers in der Nähe von Le Vernet verbringt sie mit den Kindern einen »qualvollen Winter«, in dem sie vor allem um Ausreisepapiere kämpft. Sie hat Glück, weil Mexiko unter seinem damaligen linken Präsidenten Kommunisten und ehemalige Spanienkämpfer aufnimmt. Auch der nordamerikanische Schriftstellerverband kümmert sich um sie und bezahlt der Familie Seghers die Überfahrt.

In Marseille erreichen sie ein Schiff, das aber fährt zunächst nach Martinique. Und wieder wird man — die Vichy-Regierung hat auch in diesem letzten Winkel französischen Territoriums noch Macht — interniert. Nach einem Monat findet sich die Möglichkeit weiterzureisen, zunächst über Santo Domingo, wo

[39] Vgl. dazu *Ch. Wolf,* Ein Gespräch mit Anna Seghers, in: dies., Die Dimension des Autors, S. 285; vgl. auch S. 306–308 (s. Anm. 32).

die Bilder des Diktators Trujillo von allen Wänden starren, auch von der Wand des Cafés, in dem die Flüchtende nun sitzt und an einem neuen Roman schreibt. Er wird 1944 erscheinen, den Titel »Transit« tragen und die dramatischen und traumatischen Erfahrungen bei der Flucht aufarbeiten. Wieder ist ein neuer Umweg nötig. Man muß über die Vereinigten Staaten nach Mexiko einreisen. In New York, im Juni 1941, wird sie erneut festgehalten, erfährt aber vom Überfall Hitlerdeutschlands auf die Sowjetunion und schöpft Hoffnung, daß das Ende des Faschismus gekommen sei. Dann reist sie weiter und erreicht 1941 endlich Mexiko. Fünf weitere Jahre bleibt sie dort, bis Hitlerdeutschland im Staub liegt.

Das aber, was sie selber kaum für möglich gehalten hatte, passiert: Das Manuskript vom »Siebten Kreuz« ist tatsächlich in New York angekommen. Das Buch, das aus Liebe zu Deutschland geschrieben worden war, muß zunächst 1942 in englischer Sprache (in einem Bostoner Verlag) erscheinen. Auf deutsch erscheint es im selben Jahr in einem mexikanischen Exilverlag. 1943 erfolgen Buchausgaben in drei weiteren Sprachen; noch vor Ende des Krieges in Russisch und Französisch. Und doch ist es paradoxerweise gerade diese Internationalisierung, die diesem Buch einer deutschen Schriftstellerin zu einem Welterfolg verhelfen sollte, nicht zuletzt dadurch, daß der Stoff in Hollywood (1944) verfilmt wird. Die Dialektik von Ohnmacht und Macht, Scheitern und Sieg wird nun auch im Leben dieser Schriftstellerin erfahrbar. Anna Seghers, vertrieben aus Deutschland, vertrieben aus Frankreich, geflüchtet nach Mexiko, hatte auf einmal das erreicht, was sie mit diesem Roman ursprünglich gewollt hatte: Sie konnte gerade auch ihren Freunden im Ausland klarmachen, daß es ein anderes Deutschland gibt. Ein Deutschland, für das diese Sätze geschrieben worden waren: »Wir fühlten alle, wie tief und furchtbar die äußeren Mächte in den Menschen hineingreifen können, bis in sein Innerstes, aber wir fühlten auch, daß es im Innersten etwas gab, was unangreifbar war und unverletzbar.«

2. Die Gewalt ist besiegbar: William Faulkner

Er war längst ein angesehener Autor, als er 1943 den Ureinfall hatte, einen neuen Roman mit dem Titel »A Fable« zu schreiben. Mit Romanen wie »The Sound and the Fury« (1929; dt. »Schall und Wahn«) sowie »Light in August« (1932; dt. »Licht im August«) hatte er sich als Autor des Südens in die Literaturgeschichte der Vereinigten Staaten bereits unübersehbar eingeschrieben. 1897 in New Albany, Mississippi, geboren, bleibt seine literarische Welt geprägt von den sozialen Konflikten in den von Rassenunruhen erschütterten Staaten des Südens. Urbild seiner Dichtung ist die Gegend um das Städtchen Oxford, Mississippi, wohin Faulkners Eltern 1902 bereits gezogen waren und wo auch der Autor bis zu seinem Tod 1962 die meisten Jahre seines Lebens verbringen wird.

Diese engere Heimat erfährt in seiner Dichtung eine Umwandlung ins Poetische. Faulkner wählt dafür bewußt den indianischen Namen Yoknapatawpha (eine Zusammensetzung aus den zwei indianischen Worten: Yocnoa – Fluß und Petopha – aufgeteiltes Land) und erfindet für dieses Land eine eigene Hauptstadt: Jefferson, Mississippi. Aus Liebe zu diesem Land und aus der genauen Kenntnis seiner Menschen entwirft Faulkner eine eigene *comédie humaine,* ein Gesamtbild menschlichen Daseins und Schicksals. Einzelne Familiengeschichten werden zu einer ganzen »Saga« verknüpft. Faulkner erzählt vom Glanz und Untergang der Compson-Sartoris, vom »Klan« der Snopes, von den McCaslin, den weißen und schwarzen Abkömmlingen des Gewaltmenschen Carothers McCaslin. Er schreibt einen eigenen Roman über die Baumwollpflücker-Familie Sutpen, ihren Aufstieg und ihren Niedergang... Und wie ein dunkler cantus firmus durchzieht diese Geschichten die Frage nach den Ursachen für all diese tragikomischen Schicksale, für Trieb, Schuld und Gewalt insbesondere beim Zusammenleben der Rassen.

Als die große Gewalt ausbricht und die Vereinigten Staaten nach dem japanischen Überfall auf Pearl Harbor 1942 in den Weltkrieg eingreifen, sieht Faulkner ein großes Desaster kommen. Militärisch kann er sich aus Alters- und Gesundheitsgründen nicht beteiligen. Aber zumindest will er einen Beitrag leisten für eine Zeit, die auf den Weltenbrand folgen sollte. Da kommt ihm – während seiner Arbeit für Filmproduktionsfirmen in Hollywood – im Jahr 1943 der Grundeinfall. Einem Freund schreibt er:

> »Es geht darum (in der Legende), daß Christus mitten im jetzigen Krieg wiederkam und wieder gekreuzigt wurde (eine Bewegung innerhalb der Menschheit, die dem Krieg für immer ein Ende machen will). Wir wiederholen es, wir sind wieder mitten im Krieg. Angenommen, Christus gibt uns noch eine Chance, vielleicht die letzte: werden wir ihn dann wieder kreuzigen? Das ist's in groben Umrissen; predigen will ich überhaupt nicht. Doch das ist das Argument: wir haben es 1918 getan; 1944 *darf es nicht* wieder geschehen; es *soll nicht wieder geschehen,* d.h. *wollen wir es wiedergeschehen lassen?,* jetzt, wo wir uns in einem Krieg befinden und wo uns vielleicht die dritte und allerletzte Chance geboten wird, ihn zu retten.«[40]

Christus kommt wieder – mitten im Krieg

Im Kontext des Krieges eine kontrafaktische Christusgeschichte erzählen von der Gegenkraft gegen die Gewalt – darum geht es Faulkner. Und wie dringend diese Arbeit ist, macht ihm das Kriegsgeschehen deutlich. Um einen langen Feldzug zu vermeiden, setzen die USA 1945 eine neue, grauenhafte Waffe ein. In der japanischen Stadt Hiroshima sterben 100.000 Menschen, 73.000 werden verletzt, viele von ihnen durch die radioaktive Hitzeschockwelle verbrannt und verstümmelt; weitere 70.000 gehen in der Hafenstadt Nagasaki zugrunde. Und wer kann ermessen, wie sich die Jahre des Mordens und der Brutalität auf das moralische Gefüge der Menschheit ausgewirkt hatten? Faulkner jedenfalls will mit seiner »Legende« Hoffnung auf geistige Wiederauferstehung machen, und zwar mit einer Geschichte vom zweiten Erscheinen Christi mitten im Krieg. Mehr als 10 Jahre

40 *W. Faulkner,* Brief an R.K. Haas vom 15. Januar 1944, in: ders., Briefe. Ausgewählt und aus dem Amerikanischen übersetzt von E. Schnack, Zürich 1980, S. 145.

arbeitet er an seinem Roman, der erst 1954 erscheinen kann und bei der Kritik ein zwiespältiges Echo auslöst.[41] In der Zwischenzeit, 1950, hatte er für sein bereits riesiges Gesamtwerk den Nobelpreis für Literatur bekommen, aber Faulkner empfindet das dann endlich vollendete Werk »A Fable« stets als sein bestes.[42]

Hauptfigur des Romans ist ein Korporal namens Stephan, ein französischer Soldat im Ersten Weltkrieg. Dessen Leben wird dem von Jesus minutiös nacherzählt. Selbst die einzelnen Kapitel des Romans sind den Tagen der »Karwoche« von Montag bis Sonntagmorgen nachgebildet. Stephan ist ein schlichter, des Lesens unkundiger Mann von 33 Jahren. Er war mit seinen Halbschwestern Marya und Marthe zunächst an die Kleinasiatische Küste und von da durch Heirat Marthes mit einem französischen Kolonialsoldaten nach Frankreich gekommen, wo die vier zusammen ein Bauerngut bei San Mihiel bewirtschaften, bis der Krieg ausbricht und Stephan nach einer Verbindung mit dem Bordellmädchen Magdalena in Marseille als Korporal an die Front kommt. Er fällt auf durch seine Fähigkeit zu unendlicher Geduld, Ertragen von Leiden, einer ungewöhnlichen Güte und Nachsicht. Zwölf Anhänger sammelt er um sich, von denen einer ihn verrät, ein anderer ihn verleugnet, ein dritter, Paul, ihn während vorübergehender Abwesenheit vertritt.

Seine Meuterei wider den Tötungswahnsinn inspiriert englische und deutsche Soldaten gleichermaßen. Auch sie legen die Waffen nieder und hören mit dem Morden auf. Für kurze Zeit kommt der Krieg an allen Fronten zum Erliegen. Die Generalität aller Kriegsparteien aber verschwört sich gegen die Meuterei und vereinbart, den Krieg fortzusetzen. Stephan wird zusammen mit einem Mörder und einem Dieb hingerichtet, er trägt eine Krone aus Stacheldraht, sein Leichnam wird von den drei Frauen Marya, Marthe und Magdalena geborgen und begraben...

Höhepunkt des Romans ist die direkte *Konfrontation zwischen dem Korporal und dem obersten Befehlshaber* der alliierten Streit-

[41] Zur Rezeption vgl. *St. B. Oates,* William Faulkner. Sein Leben. Sein Werk. Aus dem Amerikanischen von M. Müller, Zürich 1990. Ebenso: *S. Opfermann,* Der Mythos der Neuen Welt im amerikanischen Europa-Roman, Erlangen 1985, S. 127–217 (Lit!).

[42] Vgl. *S. Opfermann,* a. a. O., S. 135–142.

kräfte, der, wie sich herausstellt, in Stephan seinen Sohn vor sich hat. Eindringlich versucht der Vater den Sohn zu überreden, von seiner Friedenssuche abzulassen und sich persönlich in Sicherheit zu bringen. Er bietet ihm »die Welt«. Doch Stephan, standhaft und wortkarg, weist seinen Vater wie einst Jesus den teuflischen Versucher zurück. Zum Schluß läßt der alte General seinen Sohn zwischen zwei Dieben hinrichten. Als der Krieg wieder aufflammt, wird Stephans Leichnam von einem Artilleriegeschoß aus seinem Grab gesprengt. Zufällig landet er in den Katakomben unter Fort Valaumont. Die französischen Behörden lassen ihn bergen, ohne zu ahnen, um wessen Leichnam es sich handelt, denn sie brauchen eine Soldatenleiche, die in Paris unter dem Triumphbogen als Frankreichs »Unbekannter Soldat« beigesetzt werden kann.

Die *Schlußszene* des Romans ist deshalb von ergreifender Komik, da Faulkner zwei Personen aus dem großen Spiel (einen britischen Meldegänger, der aus Sympathie für die Meuterer seine Degradierung erzwang, und den französischen Generalquartiermeister, der stets der korrekte und beflissene Helfer der Herrschenden war) im Paris der Nachkriegszeit Zeuge der Beisetzung des alten Oberbefehlshabers sein läßt. Dessen Sarg wird ausgerechnet zum Grab des »Unbekannten Soldaten« hingetragen. Der britische Meldegänger hatte die Vorgänge an der Front durchschaut, hatte selber zur Meuterei aufgerufen und war im Sperrfeuer schwer verwundet worden. Jetzt humpelt er, gestützt auf den Generalquartiermeister, auf Krücken in die Szene hinein, und im Massengewimmel wird er so stark getreten, daß er in die Gosse fällt. Blut rinnt aus seinem Mund:

> »Aber dann schlug der Mann vor ihnen in der Gosse die Augen auf und begann zu lachen, das heißt, er versuchte es, er schüttelte sich und würgte, er versuchte den Kopf zu drehen, als wollte er sich von dem, woran er würgte, befreien, als sich ein alter Mann durch die Menge drängte und sich näherte — ein hagerer, riesiger Mann, mit einem weißen, militärisch geschnittenen Schnurrbart und leidenschaftlichen, hungrigen Augen in seinem großen, müden und kranken Gesicht, er trug einen schäbigen schwarzen Rock, an dessen Aufschlag

drei schmale, verblichene Bändchen zu sehen waren, er kniete sich neben ihn hin, legte einen Arm um Kopf und Schultern und drehte seinen Kopf ein wenig, so daß er Blut und Zähne ausspucken und sprechen konnte. Oder eher lachen, er lachte, als er nun im Arm des alten Mannes lag, zu den Gesichtern hinauf, die ihn im Kreis umgaben, und sagte dann: ›So ist es recht‹, sagte er: ›Zittert ihr nur. Ich werde nicht sterben. Niemals.‹ — ›Ich lache nicht‹, sagte der alte Mann, der sich über ihn beugte. ›Was du siehst, sind Tränen.‹«[43]

Diese beiden Personen also haben das letzte Wort im Faulkners Roman: der ewige, namenlose Rebell und Kämpfer, der Mensch, der auf äußere Ehre zu verzichten versteht, der schrecklich leidet, aber sich nicht scheut, seiner Wahrheit Ausdruck zu geben, Blut im Mund und ein Lachen in der Kehle — und der andere, der immer pflichtbewußte, besorgte und gewissenhafte, der ewige Adjudant sozusagen, der nicht lachen kann und nie lachen wird. Der deutsche Anglist *Heinrich Straumann* hat in seinem grundlegenden Buch über Faulkner diese Szene mit Recht so interpretiert: »Dies ist das Zweigesichtige, das hier an entscheidendster Stelle nochmals mit allem Nachdruck erscheint: die Tatsache, daß unser Sein nicht aus einer Einheit, sondern nur aus einer Dualität heraus interpretiert werden kann. Es gibt immer eine Macht, die Ordnung will, und eine, die sich dagegen auflehnt; es gibt immer eine Masse und einen einzelnen, der von ihr erdrückt zu werden droht; es gibt immer einen, der kämpft und duldet, und einen der hilft und ausgleicht; es gibt immer ein Weinen und ein Lachen, so schwer sie ab und zu zu unterscheiden sind, ja das eine tritt manchmal an die Stelle des andern, indem der, der duldet, zu lachen versteht, und der, der hilft, weint. Und hier, in diesem gewaltigen und nie entschiedenen Spiel, wird auch die Ironie sichtbar, eine Ironie, die nur dem Leser bewußt werden soll, den am Geschehen Beteiligten jedoch verborgen bleibt: die Leiche des Oberbefehlshabers wird zum Grab des unbekannten Soldaten, zum Sinnbild der Tapferkeit, Aufopferung und nationalen Ehre gebracht. Wer aber liegt in diesem

[43] *W. Faulkner,* A Fable (1955), dt.: Eine Legende. Roman. Aus dem Amerikanischen übersetzt von K. H. Hansen, Zürich 1982, S. 509f (Diogenes-TB).

Grab? Kein anderer als der Korporal, der für die Meuterei des französischen Regiments verantwortlich war und auf Befehl eben dieses Menschen hingerichtet wurde, dessen Leichnam nun zur letzten, höchsten Ehrung neben ihm beigesetzt wird. Sollen wir lachen oder weinen?«[44]

Plumpe Parallelen?

Faulkners Grundidee war damit umgesetzt: Mitten in einem mörderischen Gemetzel kommt Christus wieder, und wieder wird er gekreuzigt. Die Frage drängt sich auf: Was ist die *Gesamtstrategie des Romans?* Besteht sie vor allem darin, daß Faulkner als Schriftsteller eine Figur erfinden wollte, die möglichst viele Anklänge an die Jesus-Gestalt der Evangelien verrät? Wollte er zeigen, daß er als Autor des 20. Jahrhunderts einen Jesus erfinden kann, der mindestens so interessant ist wie der der Evangelien? Dafür spricht die überquellende allegorische Parallelität zu Personen und Ereignissen der Karwoche. Und genau für diese überbordende Allegorese hat Faulkner von Literaturkritikern schwere Tadel einstecken müssen. Der amerikanische Germanist *Th. Ziolkowski* spricht für viele, wenn er schreibt: »Es ist genau diese Art der überstrapazierten Bemühung, Parallelen einzuführen, selbst wenn diese für den Kontext völlig irrelevant sind, welche die Kraft von Faulkners Erzählung beeinträchtigt und welche sie zu einer oft ermüdenden Allegorie reduziert... Im Vergleich mit den besten fiktionalen Transfigurationen kommt uns diese wie eine plumpe allegorische Arbeit vor. Der Autor hat unsere Leichtgläubigkeit strapaziert, ganz zu schweigen von unseren ästhetischen Sensibilitäten, indem er die Evangelien-Parallelen von außen in aufdringlicher Weise überstülpte.«[45]

Diese Kritik aber setzt voraus, daß Faulkner seiner Jesus-Deutung vor allem die Form allegorischer Verfremdung habe geben wollen. Unvorstellbar eigentlich bei einem ansonsten so reflektiert arbeitenden Autor. Denn es wäre in der Tat Ausdruck eines beinahe kindlich-naiven Imitationsdrangs, wäre es diesem Autor vor allem darauf angekommen, möglichst viele Parallelen aus

[44] *H. Straumann,* William Faulkner, Frankfurt/M.–Bonn 1968, S. 263f.
[45] *Th. Ziolkowski,* Fictional Transfigurations of Jesus, Princeton 1972, S. 179.

dem Leben Jesu in seine Geschichte hineinzunehmen. Das könnte nur plump und unglaubwürdig wirken. Hier also kann kaum die Grundabsicht von Faulkner als einem der größten Romanciers der Weltliteratur gelegen haben. Eine solche Kritik übersieht schon die schlichte Tatsache, daß es auch erhebliche *Differenzen* zwischen Faulkners Gestalt und der Figur Jesu gibt. Die Ähnlichkeiten sind im wesentlichen in äußeren Lebensumständen bedingt. Schaut man aber genau hin, so sind Leben und Person des Korporals gerade keine *imitationes Christi.* Stephan handelt zwar ähnlich wie Christus, indem er Gutes tut, er selber aber scheint nicht viel von Christus zu wissen. Weder nennt er sich Christus oder Christ, noch stellt er sich ausdrücklich in die Nachfolge Christi. Er ist nichts als ein Individuum, das etwas als gut erkannt hat und danach handelt. Indem Faulkner also Christusallegorien aufbaut und sie zugleich auflöst, zeigt er, daß es ihm auf virtuose Allegorese in diesem Roman nicht ankommt.

Aber ist nicht gerade diese Durchbrechung der Allegorese Ausdruck der Tatsache, daß Faulkner den »symbolischen Mythos von Gott und Jesus als ein Gefäß für vollständig unchristliche Argumente« benutzt.[46] Daß dieser Roman eine einzige »Parodie«[47] auf christliche Glaubensinhalte sein will? Dafür scheint zu sprechen, daß Faulkner zwar die christliche Passionsgeschichte als Folie seinem Roman unterlegt, sie zugleich aber jeden exklusiven Heilsanspruchs beraubt. Die Widersprüche zu einer christlich-heilsgeschichtlichen Deutung der Passion Christi sind denn auch mit Händen zu greifen. Denn hier tritt ein »Jesus« auf, der mit seiner Revolte nicht das Gesetz »erfüllt«, sondern in Frage stellt; der nicht im Auftrag eines liebenden Vaters handelt und duldet, sondern geradezu in Auflehnung gegen seinen hassenswerten Erzeuger; der nicht zur Menschheit niedersteigt, sondern aus ihr hervorwächst.

Ja mehr noch: Es ist der »Vater«, der versucht, den Sohn von seinem Opfertod abzubringen, seinen Glauben zu verleugnen und seine Anhänger zu verraten. Dieser Vater weiß, daß der Op-

[46] *Th. Ziolkowski,* a. a. O., S. 177.

[47] *W. Grenzmann,* Nobelpreisträger William Faulkner. Sein Weg und seine Dichtung, in: Universitas 14 (1959), S. 909–920, Zitat S. 918.

fertod seines Sohnes sehr viel gefährlicher für ihn ist als alles das, was mit der Meuterei schon angerichtet wurde. Deshalb zittert ja der allmächtig scheinende Vater um den Bestand seiner Herrschaft. Er, der die Menschen mit eisernem Zwangsgriff bisher niederhielt, fürchtet die Gewalt ihrer Empörung. Und es ist der ihm völlig unterlegene Sohn, der den Vater durchschaut, ihm widersteht und mit einer unerschütterlichen Furchtlosigkeit seinen Weg geht. Eingelöst scheint das, was Faulkner sich vorgenommen hatte: Christus gab den Menschen noch eine Chance, aber wieder wurde die Chance verspielt; als Unbekannter wird er verscharrt. Das Drama des Gekreuzigten – es erscheint bei Faulkner als Urbild der Tragödie des Menschen schlechthin. Endet also dieser Roman nach dem Willen des Autors nicht doch in Fatalismus und Resignation? Mit einer radikalen Absage an die christliche Hoffnung – paradoxerweise gerade mit Hilfe des Jesus-Stoffes?

Man sollte hier nicht in simplen dualistischen Kategorien christlich – unchristlich reden. In einer frühen deutschen Rezension des Romans wurde zu Recht festgestellt: »Faulkner ist weder christlich noch widerchristlich. Er ist, was einer auf billige und handliche Antithesen eingeschworenen Zeit so schwer zu begreifen fällt, anders-christlich; ist es vielleicht nicht einmal in einem als religiös anzusprechenden Sinn. Vielmehr bedient er sich der christlichen Glaubenssymbole nur, um etwas Un-, etwas Überbegreifliches auszusagen und es doch, als müsse das an ein milderes Licht gewohnte Auge geschont werden, gleichzeitig wieder zu verschleiern.«[48] Das ist treffend gesagt, und in der Tat besteht die *andere Christlichkeit Faulkners* in der Überzeugung, daß von der Gestalt Christi keine Erlösung und keine Heilsgewißheit, wohl aber eine spirituelle Kraft und eine unausrottbare Hoffnung ausgeht, eingebettet in eine tragische Ironie. Und wir verstehen nun besser, warum diese Jesus-Allegorien im Text nö-

[48] *W. v. Einsiedel,* Revolte des Menschensohnes. Zu W. Faulkners »Eine Legende«, in: Merkur 10 (1956), S. 282–290, Zitat S. 287. Aus neuerer theologischer Sicht hat diesen Roman interpretiert *D. Sölle,* Ein Beispiel für Realisation: William Faulkner, A Fable, in: dies., Das Eis der Seele spalten. Theologie und Literatur in sprachloser Zeit, Mainz 1996, S. 22–34 (ursprünglich war dieses Kapitel Teil des Buches »Realisation«, Darmstadt 1973).

tig waren, denn sie geben der Geschichte erst die tragisch-ironische Klangfärbung.

Der Grundeinfall des Romans beruht ja auf dem einen Gedanken: Da kommt ein Mann wieder, der in jeder Hinsicht an Jesus erinnert, da kommt ein »Jesus« wieder, wie er deutlicher nicht zu erkennen wäre, und niemand in der christlichen Gesellschaft von heute bemerkt ihn; ja, Vertreter dieser christlich-abendländischen Gesellschaft beseitigen ihn wie den Nazarener schon einmal 2000 Jahre zuvor. Kurz, die tragische Ironie besteht darin, daß eine christliche Gesellschaft den Christus noch einmal kreuzigt, von dem sie ihre ganze Daseinsberechtigung bezieht. Doch als würde Faulkner mit dieser Gesellschaft sein ironisches »Spiel« bis zum äußersten treiben, läßt er ausgerechnet den Kriegsdienstverweigerer ins Heldengrab für alle Soldaten geraten. Auf diese Weise »verehrt« die christliche Gesellschaft durch ihre Rituale an diesem Grabmal »Jesus« dennoch, ohne daß sie das weiß. Sie verehrt jene geheime »Gegenmacht« gegen die Kräfte der Gewalt und der Zerstörung, die sich im Phänomen des Krieges ausgetobt hatten.

Leidenschaft für das Untatsächliche

Im entscheidenden Gespräch zwischen dem obersten Befehlshaber und dem Korporal wird denn auch deutlich, daß es in diesem Roman um die *Gestaltung von zwei Grundkräften* geht, welche die Welt beherrschen; von zwei Grundeinstellungen, wie man »Welt« betrachten kann. Faulkner legt diese Einsicht ironischerweise dem Oberbefehlshaber selber in den Mund:

> »ich, Vertreter dieser weltlichen Erde, die, ob ich ihr zustimme oder nicht, existiert, und in die ich kam, ohne darum gebeten zu haben, der aber ich, da ich nun einmal hier bin, während der mir zubestimmten Zeit, nicht nur ein Halt entgegensetzen, sondern die zum Halten zu bringen ich beabsichtigen muß; du, Vertreter eines esoterischen Reiches der grundlosen Hoffnung des Menschen und seiner unbegrenzten Fähigkeit für — nein: Leidenschaft für — das Untatsächliche. Nein, sie stehen sich in Wirklichkeit nicht feindlich gegenüber, sie be-

kämpfen sich nicht wirklich; sie können sogar Seite an Seite in dieser Arena existieren, und würden es auch, hätte Deine sich nicht eingemischt in meine.«[49]

Mißverstanden wäre diese Szene, würde man sie simpel dualistisch interpretieren. Zwar wird unübersehbar auf die biblische Geschichte der Versuchung Jesu durch den Teufel angespielt. Aber nicht die Prinzipien Gut und Böse stehen sich hier gegenüber, Gott und Satan, sondern — wenn man so will — Welt und Nicht-Welt. Die Welt der Faktizität, die sich zynisch als Realismus des »so und nicht anders« ausgibt, und die Nicht-Welt des Untatsächlichen, die sich in der schlichten Geste des Verweigerns und Aussteigens manifestiert und die Kostbarkeit des kleinen Lebens des Einzelnen gegen die Globalprogramme der Befehlshaber verteidigt.

Es ist literarisch schon einzigartig, wie Faulkner seinen »Jesus« gestaltet. Nirgendwo in der Weltliteratur gibt es einen vergleichbaren Versuch. Einerseits zieht Faulkner ein Übermaß an Parallelen zum Leben Jesu heran; andererseits nimmt er seinen »Jesus« völlig zurück. Das »Jesushafte« an seiner Figur ergibt sich gerade nicht durch einen ständigen Rückbezug auf den biblischen Archetyp. Das »Jesushafte« liegt anderswo: in der ergreifenden Schlichtheit des Charakters, in der Kargheit der Rede, in der Armut der Handlung. Dieser »Jesus« ist der personifizierte Niemand, das persongewordene Nichts, die menschgewordene Hohlform und Leere. Schon der Philosoph *Hans Blumenberg* hat in einer frühen Besprechung des Romans darauf hingewiesen: »Dieser Korporal hat keine Verkündigung, kein Sendungsbewußtsein, keinen Machtanspruch. Indem er das für ihn Nächstliegende tut, entdeckt er gleichsam den anderen — was für sie genauso naheliegend war: aus dem Graben zu steigen und Schluß zu machen. Die Gestalt des Korporals ist keine Kondensation des Guten, Heiligen, Humanen und Überhumanen, sie ist im Gegenteil von einer erschreckenden Armut, ohne Gesicht, ohne Seele. Gerade diese innere Leere, die sture Motivlosigkeit dieser Gestalt läßt den Schritt aus dem Graben als das nackt Elementare erscheinen, die radikal reduzierte Form, in der dem Menschen das

49 *W. Faulkner,* Eine Legende, S. 408 (s. Anm. 43).

bewußt werden kann, was ihm not tut: ›genug damit‹ zu sagen und weiter nichts.«[50]

Wie Gewalt überwunden werden kann

Man muß sich in der Tat ansehen, wie dieses entscheidende Gespräch gestaltet ist, und man wird diese *beiden Grundkräfte* in ihrer radikalen Unterschiedenheit plastisch herausgearbeitet sehen. Die machtvolle Potenz und gewaltsame Selbstgewißheit des Generals kommt bei Faulkner dadurch zum Ausdruck, daß er ohne Pause redet und einen überquellenden Wortschwall aus sich hervorstößt. Der Korporal dagegen nimmt sich ganz zurück, schweigt oder beschränkt sich auf kleine, karge Sätze. Während der Vater-General ihn sprachlich zu erdrücken droht, zieht der Sohn sich auf den einen, aber entscheidenden Satz zurück, den er refrainartig als einzigen wiederholt: »Und die anderen zehn?« Auf mehr als 15 Seiten Gespräch, immer nur der eine Satz: »Und die anderen zehn?« Gemeint sind damit die »Jünger«-Kameraden, die der Korporal ja im Stich lassen müßte, wenn er sich selber rettete. In unübersehbarer Anspielung auf Dostojewskijs Gleichnis vom »Großinquisitor« besteht auch bei Faulkner die »Macht« Jesu in der Ohnmacht des Schweigens; seine Präsenz in der Selbstzurücknahme; seine Kraft in der Kraftlosigkeit; seine Fülle in der Leere. Was »Jesus« ist und verkörpert, wird bei Faulkner also gerade nicht über die allegorischen Parallelen geschildert, sondern leuchtet auf in der Selbstzurücknahme auf Armut, Wortkargheit und Schweigen. So kann in diesem »Jesus« die Gegenkraft aufleuchten gegen die Mächte, welche in Kriegen sich auszutoben pflegen; eine Gegenkraft, welche die Welt-Macht zu entzaubern vermag, weil sie ihr Spiel nicht mitspielt.

So wie das Gesamtwerk Faulkners überhaupt ist somit auch dieser Roman dem Geheimnis der Gewaltüberwindung auf der Spur. Zu Recht hat ein Kritiker bemerkt: »Faulkners wahres Thema ist nicht die Gewalt, sondern ihre absolute Verneinung. Die alte tragische Frage, wie sich das Menschliche trotz seiner Schwäche in der mörderischen Wildheit des Daseins behaupten

[50] *H. Blumenberg,* Mythos und Ethos Amerikas im Werk William Faulkners, in: Hochland 50 (1957/58), S. 234–250, Zitat S. 248.

kann, erfährt hier eine besondere Zuspitzung.«[51] Das heißt: Letztlich ist der Roman der Frage auf der Spur, von welcher *Gegenkraft* her die Welt des Realen und der Fakten überwunden werden kann. Die große Phrase des Vater-Generals »Nimm die Erde!« (er spricht im Großen und Globalen, denkt in Armeen und Generationen) steht dabei gegen die »kleine« Gegenfrage des Sohn-Korporals, die refrainartig wiederholt wird: »Und die anderen zehn?« Das ist die Proportion des Gegenspiels im Geiste Jesu: die zehn Treugebliebenen gegen die Macht über die Erde; das kleine Leben gegen die Verwaltung der Jahrhunderte; das bescheiden Humane gegen das menschenverheizende Weltpolitische. Mit *Ursula Brumm,* der wir eine eindrucksvolle Studie über »die religiöse Typologie im amerikanischen Denken« verdanken, wird man sagen können: Christus ist hier der »Held der Unheldischen, Bedürfnislosen und Leidenden. Indem Faulkner diese beiden Parteien, die Handelnden und die durch die Handelnden Leidenden, gegeneinandersetzt, gibt er seinem Roman über die Abhandlung des Weltkriegs hinaus eine universelle Konzeption. Der Weltkrieg ist nur eine der vielen geschichtlichen Katastrophen, in denen der einfache Mensch ›gekreuzigt‹ wird.«[52]

Es bleibt dabei: Faulkners eigene Zuversicht, seine »grundlose Hoffnung«, kommt nicht aus einem kirchlichen Christusglauben. Sein Roman ist von daher weder christlich zu vereinnahmen noch als unchristlich abzustempeln. Faulkners Glaube kommt nicht aus einer Heilsgewißheit, wohl aber – ganz entsprechend Anna Seghers – aus dem *Vertrauen auf den Menschen,* trotz dessen Verführbarkeit und Abgründigkeit. In Selbstzeugnissen über seinen Roman hat Faulkner denn auch immer wieder auf diese seine Grundüberzeugung hingewiesen. Sie findet sich im Roman auf diese Weise umgesetzt: Es gibt den freien Willen des Menschen, und der Wille zur Freiheit ist nicht ausrottbar. Faulkner glaubt wie Anna Seghers an die unzerstörbare Kraft in jedem menschlichen Individuum, die letztlich stärker ist als alle

51 *E. Franzen,* William Faulkners puritanischer Mythus, in: Merkur 5 (1951), S. 629–641, Zitat S. 638.

52 *U. Brumm,* Die religiöse Typologie im amerikanischen Denken. Ihre Bedeutung für die amerikanische Literatur- u. Geistesgeschichte, Leiden 1963, S. 178.

Gewalt, aller Trieb, alle Zerstörung, alles Böse. In einer Ansprache vom 28. Mai 1951 konnte Faulkner sagen:

»Es sind nicht die Menschen in der Masse, die den Menschen retten können und wollen. Es ist der Mensch selbst, geschaffen nach dem Bilde Gottes, so daß er die Kraft haben wird und den Willen, zwischen dem Richtigen und dem Falschen zu wählen und so imstande ist, sich selbst zu retten, weil er es wert ist, gerettet zu werden; — der Mensch, das Individuum, Männer und Frauen, der es immer zurückweisen wird, betrogen, eingeschüchtert oder bestochen zu sein, hat nicht nur das Recht, sondern auch die Pflicht, zwischen Gerechtigkeit und Ungerechtigkeit zu wählen, zwischen Mut und Feigheit, zwischen Opfer und Gier, zwischen Selbstmitleid und Selbstbehauptung; dieser Mensch wird nicht nur immer an das Recht des Menschen glauben, frei zu sein von aller Ungerechtigkeit, aller Habgier und allem Betrug, sondern die Pflicht und Verantwortung dafür wahrnehmen, daß Gerechtigkeit und Wahrheit, Erbarmen und Mitleid geschehen.«[53]

Dieser Text korrespondiert mit einem anderen, wesentlich bekannteren: Faulkners *Rede zur Nobelpreisverleihung* 1950. In dieser kurzen Ansprache macht der Schriftsteller deutlich, daß er weder bereit ist, an das Ende der Menschheit zu glauben, noch daran, daß die Unsterblichkeit des Menschen im bloßen Fortbestehen dieses Lebewesens besteht:

»Ich weigere mich, das Ende des Menschen zu akzeptieren. Es ist leicht dahingesagt, daß der Mensch unsterblich ist, simpel weil er durchhalten will... Ich akzeptiere das nicht. Ich glaube vielmehr, daß der Mensch nicht einfach nur durchhält: Er wird obsiegen. Er ist unsterblich, nicht weil er allein unter den Kreaturen eine unerschöpfliche Stimme hat, sondern weil er eine Seele hat, einen Geist, fähig des Mitleids, des Opfers und des Durchhaltens. Die Aufgabe des Poeten, des Schriftstellers ist es, über diese Dinge zu schreiben. Es ist sein Privi-

[53] *W. Faulkner*, Ansprache vor der Abschlußklasse der University High School in Oxford, Mississippi (28.5.1951), in: Essays, Speeches, Public Letters by William Faulkner, ed. by J.B. Meriwether, New York 1965, S. 122–124, Zitat S. 123.

leg, Menschen beim Ertragen zu helfen durch Hebung des Herzens, durch Erinnerung an den Mut, die Ehre, die Hoffnung, den Stolz, das Mitleid, das Mitgefühl und die Opferbereitschaft, die die Ehre seiner Vergangenheit gewesen sind. Des Dichters Stimme braucht nicht bloß vom Menschen zu berichten, sie kann eine der Grundlagen, der Säulen sein, die ihm helfen durchzustehen und zu siegen.«[54]

3. Das Böse im Herzen bekämpfen: Nagib Machfus

Die Auseinandersetzung mit Jesus ist kulturübergreifend die Auseinandersetzung mit der Frage, von welchen Grundkräften Menschen diese Welt beherrschen lassen. Und genau diese Frage nach der Macht steht auch im Zentrum des wohl bedeutendsten Romans des ägyptischen Schriftstellers *Nagib Machfus* »Die Kinder unseres Viertels« (abgeschlossen 1959, erstmals erschienen 1967 in Beirut). Der 1912 in Kairo geborene Autor wurde der Weltöffentlichkeit mit einem Schlag bekannt, als er 1988 den Nobelpreis für Literatur erhielt — als erster Autor der arabisch sprechenden Welt überhaupt.[55] Das war ein bemerkenswerter Vorgang: Die arabische Imaginationskraft war — so der Publizist Hassouna Mosbahi — durch die Prüderie und den religiösen Dogmatismus islamischer Schriftgelehrter lange Zeit unterdrückt

[54] *W. Faulkner,* Address upon Receiving the Nobel Prize for Literature (Stockholm, December 10, 1950): in: a. a. O., S. 119–121, Zitat S. 120 (eigene Übersetzung).

[55] Zur *Deutung des Werkes* von *N. Machfus* vgl.: *M. Peled,* Religion, My Own. The Literary Works of N. Machfous, New Brunswick-London 1983. *H. Fähndrich,* Ein erzählerisches Werk aus Kairos Quartieren, in: Neue Züricher Zeitung vom 7./8. Januar 1989; *ders.,* Nagib Machfus, München 1991 (edition text und kritik) (Lit!). *M. Beard — A. Haydar* (Hrsg.), N. Machfouz: From Regional Fame to Global Recognition, Syracuse 1993. Zum *Roman »Die Kinder unseres Viertels«* vgl. bes.: *H. Kiesel,* Brudermord, Streit. Machfus' Roman über die Religionen, in: Frankfurter Allgemeine Zeitung vom 2. 10. 1990. *H. Fähndrich,* Politisches und Religiöses bei N. Machfus, in: Neue Züricher Zeitung vom 3. 12. 1990. *J. Ch. Bürgel,* »Gott ist tot« auf ägyptisch. N. Machfus' Roman »Die Kinder unseres Viertels«, in: ders., Allmacht und Mächtigkeit. Religion und Welt im Islam, München 1991, S. 351–353. *S. G. Smith,* Abraham's Family in »Children of Gebelaawi«, in: Literature and Theology 11 (1997), S. 168–184.

worden. Vom 14. bis zum 19. Jahrhundert hatten die Araber Zuflucht zu neuen Ausdrucksformen gesucht, vor allem zu einer mündlichen Erzählkultur. Durch diese mündlich tradierte Literatur waren neue Mythen und Geschichten von großem Phantasiereichtum entstanden, Geschichten, die man sich in den Wüstennächten Arabiens, in den Bergen des Jemen, in den Tiefen Ägyptens, auf den Straßen Tunesiens und den Plätzen Marokkos erzählte — und noch heute erzählt.

Ein gefährlicher Autor

Hier kommt Nagib Machfus als modernem »Klassiker«, d.h. als dem seit langem populärsten arabischen Schriftsteller, der vom Jemen bis nach Marokko gelesen wird, eine große Bedeutung zu. Er gilt als »Vater des arabischen Romans«. Er hat »die arabische Phantasie aus der sprachlichen und religiösen Zwingburg befreit«. Er hat »die arabische Imaginationskraft ›literaturfähig‹ gemacht, indem er die Elemente der ›littérature orale‹ — der volkstümlichen Erzählkunst — in sein episches Werk einbezog... Damit gab er der klassischen arabischen Sprache eine neue, lebendige Ausdruckskraft, mit der allein er die Wirklichkeit der ägyptischen Gesellschaft von heute so faszinierend darstellen konnte.«[56]

Mit der Nobelpreisverleihung 1988 aber rückte auch ins Licht der Weltöffentlichkeit, daß es um diesen Roman bereits während seines Erscheinens im Jahre 1959 religionspolitische Kontroversen gegeben hatte, die bis heute um Werk und Person von Machfus anhalten. Fundamentalistische islamische Kreise hetzten schon früh gegen diesen Autor, stießen Todesdrohungen aus, und einem Anschlag ist denn auch der mittlerweile 85jährige vor nicht allzulanger Zeit in Kairo nur knapp entronnen.[57]

Der Roman »Die Kinder unseres Viertels« mutet denn auch traditionellen islamischen Ohren einiges zu. Das Nachdenken

[56] So der aus Tunesien stammende, in Deutschland lebende Publizist *H. Mosbahi*, Die Kunst ist Phantasie und Vorstellung. Die Welt des Nagib Machfus, in: Frankfurter Allgemeine Zeitung vom 19. November 1988.

[57] Vgl. dazu *H. Fähndrich*, Die Beunruhigung des Nobelpreisträgers, in: Neue Züricher Zeitung vom 28.4.1989. Ebenso: *D. Kilias*, Nachwort zu N. Machfus, Die Kinder unseres Viertels, Zürich 1990, S. 563–572.

nämlich darüber, wie es um den Zustand der Welt bestellt ist, obwohl doch mit den Religionen Judentum, Christentum und Islam alles das geoffenbart wurde, was der Welt zum Heile dienen sollte. War denn nicht die ganze Welt den Menschen von Gott als Geschenk übergeben worden, damit sie gerecht verteilt werde? Warum aber dann die Ungerechtigkeiten, all die Korruption und Gewalt? Hatten die Menschen die Botschaft nicht verstanden? Hatten die Religionen möglicherweise versagt? Waren die großen Stifter, Moses, Jesus und Mohammed, umsonst gekommen? Die Riesenstadt Kairo mit ihrer faszinierenden Gleichzeitigkeit von Schönheit und Schmutz, Glanz und Elend, Hoffnung und Verzweiflung könnte keine bessere Kulisse für die Thematisierung dieser Frage sein. Die Megalopolis mit ihren uralten Altstadtvierteln wird denn auch bei Machfus zur Weltmetapher.

Die fünf großen Kapitel des Romans (vorangestellt ist ein »Prolog«) halten sich denn auch – in oft witziger, humorvoller allegorischer Verkleidung – an die vom Islam seit jeher erzählte »Heilsgeschichte«. Im »Prolog« erfahren wir von einem alten Gutsbesitzer namens Gabalawi, der ein großes altes Haus am Ende einer Altstadtgasse bewohnt, am Rande der Wüste. Er hatte aufgrund seines immensen Vermögens eine Stiftung eingerichtet, damit es seinen Söhnen und deren Nachkommen gut ergehen möge. In die Stiftungsurkunde, die die näheren Bestimmungen enthält und die er in seinem Haus bewahrt, läßt er jedoch niemanden Einblick nehmen. Und mit seiner Stiftung erreicht er eher das Gegenteil: Statt Gerechtigkeit herrscht unter den Nachkommen zunehmend Korruption durch brutale Verwalter, die mit Hilfe einer Schar von Wächtern die Bewohner des Viertels terrorisieren. Schon unter den Söhnen Gabalawis war es zu einem heftigen Streit gekommen, weil dieser den jüngsten Sohn Adham (= Adam) dem älteren, Idris, vorgezogen hatte. Dieser wehrt sich mit einer Anklagerede gegen den väterlichen Willkürakt, wird aus dem Hause vertrieben, und Adham übernimmt die Verwaltung der Stiftung.

Lange Zeit geht alles gut. Adham verliebt sich in eine junge Magd namens Umaima; sie heiraten, und die Frau wird schwanger. Da bricht das Unheil über beide herein. Idris, der verstoßene

Bruder, hat sich eines Tages in die Schlange der wartenden Pächter gereiht, um so heimlich ins Große Haus schleichen zu können. Er stachelt Adham auf, endlich einmal einen Blick ins geheime Buch des Vaters zu werfen, was dieser nach anfänglichem Zögern zusammen mit Umaima auch tut. Da kommt es zur Katastrophe, denn der Vater kehrt zur Unzeit von seinem Morgenspaziergang zurück, erwischt beide und jagt sie aus dem Hause. Ein Leben voll von Mühe, Elend und Armut beginnt nun außerhalb des Großen Hauses. Eine Welt »da draußen« entsteht, und was eine Heilsgeschichte hätte werden können, verwandelt sich in eine Unheilsgeschichte. Denn nach Adhams Tod schaffen es immer wieder einzelne Verwalter und deren Wächter, die Macht an sich zu reißen und, statt die Stiftung gerecht zu verwalten, ihre Habgier zu befriedigen. Die große Mehrheit der Gabalawi-Nachkommen muß in Schmutz und Elend dahinvegetieren, ausgebeutet, mißachtet, von Wächtern terrorisiert. Und in all den folgenden Generationen wagen es nur drei Gestalten, die herrschenden Machtstrukturen in Frage zu stellen. Es sind in allegorischer Verkleidung Mose, Jesus und Mohammed.

Der Schlangenfänger Gabal (= Mose) steht als erster gegen die etablierten Machthaber auf und empört sich gegen die ungerechten Zustände im Viertel. Doch Gabal kämpft nur für seine eigene Familie; sie allein profitiert vom Stiftungsvermögen. Und Gabal selbst regiert mit eiserner Faust. Nach seinem Tod reißen die alten Zustände wieder ein: »Wie sieht es denn aus, das Leben der Armen? Der Nacken geschwollen von Schlägen, der Rücken brennend von Fußtritten, die Augen gesäumt von Fliegen, der Kopf wimmelnd von Läusen. ›Warum nur hat uns Gabalawi vergessen?‹«[58]

»Jesus« als Austreiber der Dämonen

Plötzlich taucht ein Jüngling von auffallend zarter Konstitution namens Rifaa (= Jesus) im Viertel auf. Seine Gesichtszüge zeugen von unendlicher Friedfertigkeit und Güte. Er ist von seinem Vater zum Tischler bestimmt, geht aber eigene Wege. Er treibt sich

[58] *N. Machfus,* Awlad Haratina (1959), dt.: Die Kinder unseres Viertels. Aus dem Arabischen übersetzt von D. Kilias, Zürich 1990, S. 138.

in einsamen Spaziergängen lieber in der Wüste und auf dem Berg herum. Er hat ein von dunkler Leidenschaft gequältes Herz, dessen Tiefen er selber noch nicht kennt. In seiner Weltfremdheit heiratet er sogar eine Frau von zweifelhaftem Ruf, Jasmina, nur weil er sie in seiner Herzensgüte aus einer bedrohlichen Situation retten will. Er liebt sie nicht, oder genauer: er liebt sie so, wie er alle Menschen lieben wird; später wird sie ihn verraten...

Rifaa liebt vor allem eines: die Geschichten von der uralten Stiftung Gabalawis zu hören, welche die Sänger in den Kaffeehäusern weitererzählen. Die entscheidende Frage seines Lebens wird ihm dadurch bewußt: Wie können Frieden und Liebe in die Herzen der Menschen einziehen, wenn diese in Armut leben, bedrängt von den Knüppeln der Wärter? Insbesondere saugt Rifaa begierig alles in sich hinein, was mit dem Geheimnis der *Dämonenaustreibung* zu tun hat. Von einer Frau, welche diese exorzistische Kunst beherrscht, kann er nicht genügend hören; sie bringt ihm bei, daß jeder Mensch einen Dämon hat, der ihn beherrscht. Und zugleich, daß nicht jeder dieser Dämonen ein böser Geist sei, den man austreiben müsse. So lernt der junge Mann die Kunst der Unterscheidung der Geister und die Technik der Dämonenbeherrschung. Bestärkt auf seinem Weg fühlt sich Rifaa durch die Stimme Gabalawis, die er am Großen Haus, angrenzend an die Wüste, gehört haben will. Was seine Eltern für »Wahnvorstellungen« halten, ist für ihn die große Bestimmung seines Lebens. Seinem Vater erklärt er:

> »Ich bin wahrlich der letzte, der wegen der Stiftung zum Kampf aufrufen würde. Die Stiftung, Vater, bedeutet überhaupt nichts. Worum es wirklich geht, das ist das Glück eines heiteren, zufriedenen Lebens. Aber den Weg zu diesem Glück versperren uns die Dämonen, die tief in unserem Innern schlummern. Es war also nicht vergeblich, daß ich mich so eifrig mit der Geisterheilkunde beschäftigt habe und mich jetzt gut darauf verstehe. Vielleicht war es der Wille des Herrn der Himmel, der mich zu diesem Handwerk trieb.«[59]

[59] *N. Machfus*, a. a. O., S. 252.

Das Böse im Herzen besiegen

Das also ist Rifaas Bestimmung: nicht wie Gabal-Mose vor ihm und Kasim-Mohammed nach ihm für die gerechte Verteilung des Stiftungsvermögens zu kämpfen, sondern jeden Menschen innerlich frei zu machen von den Dämonen der Gier und des Hasses; sie sind die eigentlich Schuldigen an Not und Armut der Menschen. Das *Böse durch Reinigung des Inneren* besiegen — das ist sein Ansatz, den er gerade auch bei den Armen und Kranken konsequent durchführt. Und da er von ihnen kein Geld nimmt, lieben die Menschen ihn über alles. Die Erfolge Rifaas sind denn auch verblüffend: Wer früher unter Nervenanfällen litt, ist jetzt ein Vorbild an Ruhe und Ausgeglichenheit; wer früher Zank und Streit liebte, ist auf einmal sanftmütig und geduldig; wer früher als Taschendieb die Menschen betrogen hatte, verrichtet jetzt ehrliche Arbeit; wer früher ein nörgeliger Griesgram war, ein hoffnungsloser Opiumsüchtiger, ein brutaler Schläger und schlimmer Kuppler, ist jetzt wie umgewandelt...

Und doch gerät auch dieser Gewaltlose in Konflikt mit den Wächtern des Viertels. Die Armen von den Dämonen befreien bringt Unruhe in die Machtstrukturen, zumal Rifaa behauptet, im Namen Gabalawis zu sprechen, was den Alleinvertretungsanspruch des Verwalters in Frage stellt. Rifaas Leben ist in Gefahr, er muß fliehen, wird aber von Jasmina verraten. So können die Wächter ihn greifen und ihn in der Wüste auf bestialische Weise umbringen. Auf dem Weg dorthin waren sie am Großen Haus vorbeigekommen, und Rifaa hatte vergeblich auf ein Zeichen Gabalawis gewartet. Mit dem Schrei nach Gabalawi endet er.

Doch seine Geschichte ist damit nicht zuende. Längst hatte sich eine kleine Anhängergemeinde um Rifaa gesammelt, und diese kämpft nun für dessen Sache. Ein gewisser Ali (= Petrus) setzt sich an die Spitze der Anhängerschaft, und nach Kämpfen gelingt es, im Viertel eine eigene Gemeinschaft der Rifaaiten zu etablieren. Diese bekommt nun auch Anteil am Stiftungsvermögen, und so ist die weltliche Macht dieser Schar etabliert. Mit aller Ironie läßt Machfus dieses Kapitel enden (wobei die Anspielungen auf die Christentums-Geschichte unüberhörbar sind):

»Dem toten Rifaa wurde soviel an Ehrerbietung und Liebe zuteil, wie er sich nie im Leben hätte erträumen können. Überall wurde die herrliche Geschichte seines Lebens erzählt, und jede Rabab stimmte dazu die Musik an. Am schönsten fanden alle den Teil, in dem es hieß, daß Gabalawi seinen Leichnam aufgehoben und in seinem prächtigen Garten begraben hätte. Die Rifaaiten hatten sich auf diese Fassung geeinigt, ebenso hatten sie einmütig beschlossen, Rifaas Eltern als Heilige zu verehren... Ali hingegen hielt alle seine Rechte an der Stiftung fest in der Hand. Er heiratete und rief zur Erneuerung der Rifaa-Gemeinschaft auf. Rifaa, so erklärte er, hatte nicht die Stiftung an sich gehaßt, sondern hatte beweisen wollen, daß man auch ohne sie wahrhaft glücklich sein kann. Er wollte nur das Böse beseitigen, das aus der Gier entsteht. Wenn also nun das Vermögen gerecht verteilt und damit Gutes getan würde, dann führten die Menschen das glücklichste Leben aller Zeiten.

Jedenfalls erfreuten sich die Menschen nun eines guten Lebens. Ihre Gesichter strahlten. Zuversichtlich erklärten sie, daß der heutige Tag besser als der gestrige sei und der morgige Tag besser sein würde als der heutige.

Warum ist nur das Vergessen die Seuche unseres Viertels?«[60]

Dieser Roman wäre als Geringschätzung der Religionen völlig mißverstanden. Er behandelt vielmehr — so einer der besten Machfus-Kenner im deutschsprachigen Raum, *Hartmut Fähndrich,* — das Problem von »Macht und Repression«: Es geht »im wesentlichen nicht so sehr um das Verhältnis von Religion und Wissenschaft, wie oft behauptet, sondern um das allgemeinmenschliche Problem von Macht und Repression... Denn erstens ist ›Die Kinder unseres Viertels‹ nicht der Versuch einer historischen Darstellung von Moses, Jesus oder Mohammad, in der Fakten entstellt oder Glaubensinhalte respektlos präsentiert würden; der Autor bedient sich lediglich einiger biblischer, koranischer und volksreligiöser Traditionen, um diese Heilsbringer als solche kenntlich zu machen. Zweitens geraten ja nicht diese Heilsbringer ins moralische Zwielicht, sondern vielmehr die

60 *N. Machfus,* a. a. O., S. 307f.

›Nachfolger‹, diejenigen, die die Lehre nach dem Tod der Religionsstifter entstellen oder mißachten, so daß die Religionen nicht in der Weise in der Welt wirken können, wie es ursprünglich vorgesehen war. Sie können ihr Befreiungspotential nicht zur Geltung bringen. Die Menschen werden weiterhin immer wieder unterdrückt — und was bleibt, sind am Ende die Lieder und die Geschichten der Barden von einer schönen Zeit und die Hoffnungen und Träume der Menschen von einer besseren Zukunft.«[61]

Die Hoffnung auf Befreiung ist unausrottbar

In der Tat: Nicht um eine respektlose Entstellung der Glaubensinhalte von Judentum, Christentum und Islam ist es Machfus zu tun, sondern um den Aufweis der Diskrepanz zwischen den Heilsversprechen und der unheiligen Realität. Ein Grundstrom realistischer Skepsis durchzieht den Roman, gerade auch im Blick auf die Leistungen der Religionen, aber auch auf die Leistungen der *Technik der Moderne*, als deren Repräsentant in einem eigenen fünften Kapitel der Magier Arafa auftritt. Mit seiner Kunst kann Arafa nicht nur Kranke heilen, Impotenz kurieren, vor Geistern schützen; er arbeitet auch an einer Wunderwaffe, mit deren Hilfe er die Bewohner des Viertels von der Schrekkensherrschaft der Wächter befreien will. Ursprünglich also ist er der große Hoffnungsträger der Massen auf eine endgültige Befreiung von der Repression und eine Verbesserung ihrer Zustände.

Doch eines Tages packt auch Arafa die Neugierde, endlich hinter das Geheimnis von Gabalawis Vermächtnis zu kommen. Nachts schleicht er sich in das Große Haus, um einen Blick in das geheime Buch zu tun — und wird dabei ebenso erwischt wie einstmals Adham. Ein Diener wird getötet, und auch Gabalawi selber stirbt infolge dieser Ereignisse. Von Schuldgefühlen geplagt, verkauft sich Arafa an den Stiftungsverwalter, der ihn freilich zu nichts anderem benutzt, als lästig gewordene Wärter zu beseitigen und ansonsten seine eigene Macht noch mehr zu eta-

[61] *H. Fähndrich*, Nagib Machfus, S. 104 (s. Anm. 55).

blieren. Auch hier das alte Spiel: Was als Befreiungsimpuls begann, wird zum Mittel der Unterdrückung. Erst als ein Diener Gabalawis, Arafa, dessen letzte Botschaft überbringt — er habe ihm im Angesicht des Todes verziehen —, da erst findet Arafa die Kraft, aus dem Bündnis mit der Macht zu entfliehen. Auf der Flucht kommt Arafa zwar um, aber sein Bruder Hanasch kann entkommen, und das Buch, in dem die beiden ihre wissenschaftlichen Erkenntnisse aufgeschrieben hatten, wird von ihm zu bergen versucht. Zwar bleibt offen, ob ihm dieses gelingt, aber dadurch kann bei den Menschen die Hoffnung auf Besserung erhalten werden. Und nach Machfus' Grundansatz in diesem Buch leben die Menschen ausschließlich von der Hoffnung, trotz, ja wegen des Scheiterns aller großen Propheten und Projekte. Mit dem ihm eigenen hintersinnigen Humor läßt der Autor denn auch seinen Roman offen enden:

> »Das Viertel lebte in düsterster Furcht und erbittertem Haß. Aber die Menschen ließen alle Ungerechtigkeiten über sich ergehen und faßten sich in Geduld. Sie hielten an ihrer großen Hoffnung fest. Wann immer ihnen ein Leid geschah, sagten sie: ›Wie der Tag die Nacht ablöst, so wird auch die Tyrannei ihr Ende finden. Wahrlich, wir werden noch den Untergang der Gewaltherrschaft erleben. Mit eigenen Augen werden wir den Anbruch der lichten Zeit der Wunder erblicken.‹«[62]

[62] *N. Machfus,* a. a. O., S. 560 (s. Anm. 58). In diesem letzten, entscheidenden Kapitel 114 werden in einigen Stellen zwar die Aussichten der Religionen in düstersten Farben geschildert (»Die Stiftung, ihre Gebote, die Worte von Gabal, Rifaa und Kasim waren nichts anderes mehr als verlorengegangene Träume, die gerade noch gut genug für die Rabab waren, aber nicht gut genug, um in diesem Leben Wirklichkeit zu werden«, S. 555) und der Wissenschaft-Technik scheinbar der Vorzug eingeräumt (»Hätten wir zwischen Gabalawi und der Magie zu wählen, dann würden wir uns eindeutig für die Magie entscheiden«, S. 559, oder: »Der Name von Arafa wurde fortan sogar höher eingeschätzt als der von Gabal, Rifaa und Kasim«, S. 560), aber dies darf auf keinen Fall mit der Meinung des Erzählers des Romans oder gar des Autors verwechselt werden. Eine plumpe Kritik, daß Machfus diesen Roman geschrieben habe, weil er die Religionen durch die Wissenschaft / Technik habe ersetzen wollen, unterschlägt die differenzierte Erzählperspektive (In dem ansonsten verdienstvollen Buch von M. Peled — siehe Anm. 55 — wird dieses Problem diskutiert und dabei zu wenig die literarisch-ästhetische Dimension der Erzählstruktur gerade des letzten Kapitels berücksichtigt. Vgl. S. 170–183; 184–196). All die Sätze gerade im letzten Kapitel werden ausdrücklich als Meinungen von Menschen wiedergegeben, als Reaktionsweisen von Leuten im

Wir können hier die komplexe Werkgeschichte dieses einzigartigen Erzählers nicht weiterverfolgen. Aber wie immer sein riesiges Romanwerk sich weiterentwickeln wird, eine *Grundkonstante* scheint in der Überzeugung des Autors zu bestehen — darin Anna Seghers und William Faulkner ähnlich —, daß es Aufgabe der Literatur ist, das Böse in Form von Gewalt, Brutalität und Unterdrückung zu bekämpfen und sich für das Wohl insbesondere der unterprivilegierten Massen von Menschen zu engagieren. Und während Anna Seghers und William Faulkner in ihrer Person und in ihrem Werk jeweils zwei Kulturen verbanden (jüdisch-deutsch; amerikanischer Süden / amerikanischer Norden), verkörpert Nagib Machfus gleich *drei Kulturen:* die Kultur der Pharaonen, die Kultur des Islam und die Kultur der westlichen Moderne. In seiner *Nobelpreisrede* von 1988 hat er diese Einflüsse ausführlicher beschrieben und an deren Ende sein Glaubensbekenntnis gesetzt:

> »Trotz allem, was um uns herum geschieht, werde ich bis an mein Lebensende ein Optimist bleiben, und ich werde nicht wie der Philosoph Kant sagen, daß das Gute erst in der nächsten Welt siegt. Nein, es erringt täglich einen Sieg, und vielleicht ist das Böse sogar schwächer, als wir gemeinhin denken. Unsere ersten Vorfahren, die den wilden Tieren, den Insekten, den Unbilden der Natur, den Seuchen, der Angst und dem Egoismus schutzlos ausgeliefert waren, sind der unwiderlegbare Beweis für meine Behauptung. Ohne den täglichen Sieg des Guten hätten sie ebenso wenig überlebt wie die Menschheit sich hätte weiterentwickeln, Staaten errichten, sich ausbreiten, Erfindungen machen, den Kosmos erobern und die Menschenrechte verkünden können. Und doch ist das Böse ein Ungeheuer, das brüllend um sich schlägt, und bekanntlich empfindet der Mensch viel intensiver das, was

Viertel, von denen es zahlreiche gibt. Machfus erweist sich hier nicht als simpler Wissenschaftspropagandist, sondern als subtiler Menschenkenner, der weiß, welchen Hoffnungen die Menschen »aufsitzen« und welchen Versprechungen sie nachlaufen. Die Schlußsätze des Romans sind deshalb nicht zynisch, sondern humorvoll-ironisch zu lesen. Sie lassen erkennen, daß Menschen wenig brauchen, ja daß sie selbst einem Gerücht vertrauen (dem Gerücht, daß das Buch der Wissenschaften aus dem »Abfallhaufen« von Hanasch gerettet wurde), damit sie ihre Hoffnung aufrechterhalten.

ihm Schmerzen bereitet, als das, was ihn erfreut. Deshalb hat unser Dichter Abu el-Ala Al-Maarri recht, als er sagte: Die Trauer in der Stunde des Todes ist um ein Mehrfaches tiefer als das Glücksgefühl, das einen in der Stunde der Geburt durchströmt.«[63]

Im Spannungsfeld der drei Kontexte ist es die Leistung dieses großen Erzählers, daß er die Auseinandersetzung mit Religion und Wissenschaft bis hin zur Frage nach den Zuständen in der Schöpfung, den Machtverhältnissen auf Erden, ja auch bis zur Gottesfrage vorantreibt. Die Beschreibung der Zustände auf Erden ist für Machfus zugleich mit der bohrenden Frage verbunden, aus welchen geistigen Kräften heraus Hoffnung auf eine »lichte Zeit der Wunder« begründbar ist. Und gerade um diese Frage wird auch in einem Roman gerungen, der in einem völlig anderen Kontext spielt und doch von ähnlichen Grundproblemen erzählt.

4. Hoffnung für ein Volk – Paraguay: Augusto Roa Bastos

Zwei Personen unterhalten sich während einer Zugfahrt auf dem Weg in die paraguayanische Hauptstadt Asunción:

»Die großen Gitarrenspieler Paraguays sind tot oder sind alle im Elend untergegangen. Oder im Schnaps. In der Misere und im Vergessen. Gaspar Mora ist mit seinem Aussatz in den Wald geflüchtet und hat den Christus zurückgelassen. Agustín Barrios hat sein letztes Konzert auf einem Platz gegeben und sich dann aus dem Staub gemacht, kein Mensch weiß, wo er steckt. Mit Ampelio Villalba steht's nicht anders. Es heißt, er spiele und singe mit schwacher Stimme in den Cafés von Buenos Aires. Marcial Talavera hat sich erschossen. In seinem Sonntagsanzug setzte er sich auf ein Feldbett und blickte

[63] *N. Machfus*, Rede anläßlich der Verleihung des Nobelpreises für Literatur (1988), in: H. Fähndrich, Nagib Machfus, München 1991, S. 150–154, Zitat S. 154.

durch eine Weinlaube in den Himmel, schob den Revolverlauf in den Mund und drückte ab. Ich schrieb einen Artikel über die Unmöglichkeit unserer Künstler, in ihrem Vaterland zu leben. Man steckte mich dafür ein.«[64]

In dieser Szene hat einer der bedeutendsten Schriftsteller Lateinamerikas sein eigenes Leben mitporträtiert: Augusto Roa Bastos.[65] 1917 wird er in der paraguayanischen Hauptstadt geboren, wächst in bescheidenen Verhältnissen auf, lernt vom Vater Spanisch, von der Mutter die Eingeborenensprache Guaraní und wird mit 16 Jahren zu einem der fürchterlichsten Kriege Lateinamerikas eingezogen, dem Chaco-Krieg zwischen Paraguay und Bolivien, der — ein Grenzstreit mit Erdölinteressen im Hintergrund — zwischen 1932 und 1935 ausgekämpft wird und fast 100.000 Opfer fordert. Nach Kriegsende beginnt er eine journalistische Tätigkeit und arbeitet als Rundfunkreporter. Als 1947 ein Bürgerkrieg in Paraguay ausbricht, emigriert Roa Bastos nach Argentinien, wo er die nächsten 30 Jahre als Journalist, Professor für Literatur, Drehbuchautor und freier Schriftsteller lebt. Er ist entschiedener Gegner des 1954 durch einen Militärputsch an die Macht gekommenen Diktators Alfredo Stroessner, der ihm jede Rückkehr in sein Heimatland verwehrt. Und als die diktatoriale

[64] *A. Roa Bastos,* Hijo de Hombre (1960), dt.: Menschensohn. Roman. Aus dem paraguayanischen Spanisch übersetzt von C. Meyer-Clason, München–Wien 1991, Taschenbuch-Ausgabe, Frankfurt/M. 1994. S. 84 (Fischer TB 11600).

[65] *Überblicke über das Werk* bieten: *R. Bariero Saguier,* Augusto Roa Bastos und die zeitgenössische Erzählkunst Paraguays, in: Lateinamerikanische Literatur. Hrsg. v. M. Strausfeld, Frankfurt/M. 1989, S. 167–183 (st 2041). *Ch. Strosetzki,* Kleine Geschichte der lateinamerikanischen Literatur im 20. Jahrhundert, München 1994, S. 193–198. Speziell *zum Roman »Menschensohn«: L. Pollmann,* Die Sprache des Mythos. Zur »musikalischen« Komposition von Roa Bastos' ›Hijo de Hombre‹, in: G. Ernst — A. Stefenelli (Hrsg.), Sprache und Mensch in der Romania. H. Kuen zum 80. Geburtstag, Wiesbaden 1979, S. 117–126. *W. Lustig,* Christliche Symbolik und Christentum im spanischsprachigen Roman des 20. Jahrhunderts, Frankfurt/M. 1989, Kap. 9: Hijo de Hombre: Die Prophetie eines lateinamerikanischen Christentums (S. 417–491). Hier auch Auseinandersetzung mit der spanischsprachigen Kritik. *G. Schüler,* Religion und Mythos in »Hijo de Hombre« von Augusto Roa Bastos, in: Ch. Wentzlaff-Eggebert (Hrsg.), Realität und Mythos in der lateinamerikanischen Literatur, Köln–Wien 1989, S. 265–276. Unter den deutschsprachigen Rezensionen sind bemerkenswert: Frankfurter Allgemeine Zeitung vom 21. 10. 1991 (H. Brode); Frankfurter Rundschau vom 16. 11. 1991 (W. Matz); Süddeutsche Zeitung vom 6. 5. 1992 (H.-J. Schmitt).

Repression auch in Argentinien Platz greift, geht Roa Bastos ein zweites Mal ins Exil, nach Frankreich, wo er an der Universität von Toulouse bis 1982 lateinamerikanische Literatur und Guaraní lehrt. Erst 1989 ist — im Zuge der politischen Liberalisierung seines Landes — eine Rückkehr nach Paraguay möglich.

Der Ruhm dieses Schriftstellers, der für sein Werk 1989 den spanischen Cervantes-Preis erhielt,[66] gründet sich vor allem auf den Roman »Menschensohn«, 1960 in Buenos Aires erstmals veröffentlicht, zu Beginn der 80er Jahren durchgesehen und überarbeitet. Diesem Buch wird von Kritikern der gleiche Rang zugemessen wie dem lateinamerikanischen Schlüsselroman des Nobelpreisträgers Gabriel García Márquez, »Hundert Jahre Einsamkeit« (1967). Rein formal handelt es sich um ein in verschiedenen, locker miteinander verbundenen Szenen ausgefaltetes Zeitfresko über hundert Jahre politischer Geschichte Paraguays. Die Erinnerungen der Figuren reichen zurück in die Zeit des legendären Diktators de Francia (1814–1840) über den Krieg Paraguays mit Brasilien, Argentinien und Uruguay (1864–1870), den großen Bauernaufstand von 1912 sowie den schon erwähnten Chaco-Krieg gegen Bolivien.

Zusammengehalten werden all diese Szenen durch den fiktiven Verfasser dieser Aufzeichnungen, Oberleutnant Miguel Vera, der — in letztlich verständnisloser Distanz zum Geschehen — teils Selbsterlebtes in Tagebuchform berichtet, teils Jugenderinnerungen und von Dritten Erfahrenes mitteilt. Seine Notizen werden nach dessen Tod von der Ärztin Rosa Monzón selektiv herausgegeben, wodurch eine zusätzliche Brechung der Wirklichkeit entsteht. Die fast reportageartig geschriebenen, ständig wechselnden Szenen von bestechender sprachlicher Prägnanz und tiefer Symbolik zugleich, haben zwei Orte zum Zentrum, um die ein Großteil des Geschehens kreist: das Dorf Itapé, in dem eine bedeutende Christus-Figur steht, und das Dorf Sapukai, in dem es zu einer der größten Katastrophen des Bauernaufstandes von 1912 kommen sollte, als die Explosion eines Militärzugs auf dem Bahnhof dieses Ortes Tausende von Toten fordert.

[66] Eine ausführliche werk-, zeit- und rezeptionsgeschichtliche Kontextualisierung des Romans bietet: *W. Lustig*, a. a. O., S. 422–443.

Es ist unmöglich, die in zehn Kapiteln in Dutzenden von Szenen dargelegte Geschichte auch nur einigermaßen zusammenzufassen. Roa Bastos erweist sich nicht nur als höchst reflektierender, komplexer Erzähler, sondern auch als Virtuose einer narrativen Schnittechnik, welche — Filmsequenzen vergleichbar — die Vielschichtigkeit des Geschehens mittels einiger prismaartigen Brechungen nur um so deutlicher hervorhebt. Gerade weil das Buch eine Fülle literarischer Formen kollagiert und so nur Segmente der (paraguayanischen) Wirklichkeit bietet, wird es deren Komplexität gerecht. Und doch lassen sich einige wenige Schlüsselszenen erkennen, denen die Funktion einer Tiefendeutung im Roman zukommt, spürt man doch bei ihnen, daß der Autor selber — ohne je politisch platt oder ethisch aufdringlich zu werden — in ihnen sein inhaltliches Credo freigelegt hat. Und diese Schlüsselszenen haben direkt oder indirekt mit der Figur des Menschensohnes, der Figur Jesu, zu tun. Schauen wir sie uns genauer an.

Ein »Christus« als Widerstandszeichen des Volkes

Eine erste Schlüsselszene spielt gleich zu Beginn des Buches im Dorf Itapé. Erzählt wird die fast schon mythische Urgeschichte aller Hoffnung des Volkes auf Befreiung: die Geschichte eines Holzschnitzers namens *Gaspar Mora,* und zwar aus der Perspektive eines uralten, im Dorf lebenden Bettlers namens Macario, überliefert durch den Ich-Erzähler, Oberleutnant Miguel Vera, der selber aus Itapé stammt. Gaspar war im Dorf ein bei allen beliebter Holzschnitzer und Musiker, der außer seiner Kunstfertigkeit auch ein hohes Engagement für die Armen an den Tag legte. Er bezahlte Schulden von Landsleuten, deren Felder von Feuer, Hagel oder Heuschrecken verwüstet worden waren; Witwen und Waisen versorgte er mit Kleidung und Nahrungsmitteln; er baute ein kleines Schulhaus, und des Abends pflegte er auf seiner Gitarre so eindringlich zu spielen, daß die Leute sich ins Gras setzten, um zuzuhören, oder aus ihren Ranchos ins Freie traten. Eines Tages ist Gaspar verschwunden, und viel später erst wird im Dorf der Grund dafür entdeckt. Aussatz war ausgebrochen, und Gaspar hatte sich in den Wald zurückgezogen, um in Ruhe sterben zu können. Als die Leute des Dorfes ihn im Wald aufsuchen, wehrt er jede Begegnung ab. »Die Toten mischen sich nicht unter die Lebenden«, soll er gesagt haben, und auch dies: »Ich bin bereits tot. Und ich kann euch sagen, daß der Tod nicht so schlimm ist, wie man meint.« Vor allem aber dieser Satz von Gaspar ist Macario in die Seele gefahren, der Gaspars ganzes »Geheimnis« enthüllt:

> »Es ist gut, wenigstens zu wissen, daß man nicht endet, daß man sich in einem anderen Leben, in einem anderen Ding fortsetzt. Denn selbst im Tod will man weiterleben. Das weiß ich nun. Der Tod hat mich gelehrt, Geduld zu üben. Und so spiele ich ihm ein wenig auf.«[67]

Gaspar Mora also ist in diesem Roman die archetypische Grundfigur der *selbstlosen Opferung für andere.* Eine Analogie zur Gestalt Jesu ist bereits spürbar, und Gaspars Geschichte endet denn auch mit einer dramatischen Pointe. Als er tot im Wald gefunden wird und Macario und andere in seine Hütte eindringen, sind sie zunächst tief schockiert. Dort nämlich steht eine menschenähnliche Gestalt an der Wand mit weit ausgebreiteten Armen. Unheimlich schweigend blickt sie jeden Eindringling an. Erst als die Männer den Schock überwunden haben, geht ihnen auf, daß ein Christus aus Holz hier steht, in natürlicher Größe, und daß Gaspar diese Figur nach seinem Ebenbild schnitzte. Es ist ein lebensgroßer Christus, in Holz gehauen mit den Händen eines Aussätzigen. Auf Betreiben Macarios wird der Holzkorpus nicht beerdigt, sondern ins Dorf getragen; eine seltsame Prozession setzt sich in Gang. Ein Gewitter zieht auf, und in »Regen, Blitz und Donner« funkelt der Christus »wie elektrisiert«. Doch der Plan, diesen Christus des Aussätzigen in der Dorfkirche aufzustellen, scheitert am Widerstand des Pfarrers.

Zum ersten Mal taucht in diesem Roman das Moment der Kirchenkritik auf. Volksreligion der Ureinwohner Paraguays (die Guaraní sprechen und weitgehend auf dem Lande leben) steht hier gegen Amtsreligion einer klerikalen Elite, die weitgehend in den Städten lebt und nur Spanisch spricht. Für den von außen ins Dorf kommenden Priester ist Gaspar Mora nichts als

[67] *A. Roa Bastos,* a. a. O., S. 26 (s. Anm. 64).

ein »Ketzer, ein Mensch, der nie in die Kirche gegangen ist, ein Unreiner, der starb, wie er sterben mußte«.[68] Das Werk eines solchen Ketzers in der Kirche aufzustellen, hieße »Gotteslästerung« betreiben. Doch als der Pfarrer merkt, daß die Meinung im Volk gespalten ist, will er Zeit gewinnen. Beschwichtigend sagt er eine Prüfung durch die kirchlichen Autoritäten zu, aber hinterhältig, wie er ist, befiehlt er seinem Küster gleich anschließend, diesen Christus zu verbrennen. Durch Macarios Aufmerksamkeit wird dieses Vorhaben verhindert, und der Christus findet auf einem nahegelegenen Berg schließlich seinen ihm gemäßen Ort.

Von nun an wird der Kalvarienhügel von Itapé zu einer Wallfahrtsstätte für das Volk. Zwar bemächtigt sich schließlich auch die Amtskirche dieses »rebellischen« Christus, indem sie ihn in die offizielle Karfreitagsliturgie integriert, aber das Volk feiert zuvor mit diesem seinem Christus seinen eigenen »herben, rebellisch-urwüchsigen Kult«: Ihr Christus wird jeden Karfreitag durch das Volk vom Kreuz abgenommen und unter »Heulen von Preis- und Klageliedern« bis in den Vorraum der Kirche getragen. Nachdem er eine Weile über der erregten Menge gekreist ist, wird er zu seinem Berg zurückgebracht. Die Amtskirche hat diesen Hügel von Itapé den »Weg Gottes« genannt. Aber im Volk von Itapé — den »Ruf von Eiferern und Ketzern« nicht scheuend — bleibt er der »Weg des Menschen«, der Weg also nicht des kirchlichen Gottessohns »von oben«, sondern ihres Menschensohns »von unten«:

> »Ich war nicht einverstanden, sagte Macario schon damals. Der Name hätte nicht geändert werden dürfen. Jedenfalls hätte der Hügel des aussätzigen Christus... *Menschenweg* heißen sollen... Denn der Mensch, liebe Kinder, sagte er und wiederholte dabei fast die Worte Gaspars, wird zweimal geboren. Einmal bei der Geburt, das andere Mal im Sterben... Er stirbt, lebt aber in den anderen weiter, wenn er aufrichtig mit seinem Nächsten umgegangen ist. Und wenn er lernt, sich zu Lebzeiten zu vergessen, verschlingt die Erde zwar seinen Leib, aber nicht sein Andenken...«[69]

[68] *A. Roa Bastos,* a. a. O., S. 33.
[69] *A. Roa Bastos,* a. a. O., S. 41.

Diese Szene zu Beginn ist in ihrer Archetypik für den ganzen Roman nicht zu überschätzen. Denn was immer in den folgenden Kapiteln von gescheiterten Revolutionsversuchen, von Bauernaufständen, von menschenverschlingenden Kriegen, von Jahrzehnten der Diktaturen erzählt wird, was immer ausgefaltet wird als Geschichte steter Ausplünderung und Unterdrückung der eingeborenen Bevölkerung durch eine kleine Klasse von Latifundienbesitzern, immer steht der Christus von Itapé als Ausdruck der Identifikation mit dem Leiden der einfachen Menschen und als Überwindung des Leidens zugleich dem Leser vor Augen. Für die Menschen des Dorfes ist dieser Christus »ihr« Christus; er ist zerlumpt wie sie; er ist verhöhnt, verspottet und gemordet wie sie. Zugleich aber heftet sich an diese Identifikationsfigur die Hoffnung auf Erlösung — nach dem Wort Macarios: »Da sie durch das Unglück zusammengeschweißt waren, mußte die Hoffnung auf Erlösung die Menschen untereinander vereinen.«[70] Und diese *Hoffnung auf Erlösung* vollzieht sich in Akten der *selbstlosen Hingabe für andere Menschen,* die dann »unsterblich« in anderen weiterleben.

So auch in einer *zweiten Schlüsselszene* des Romans. Da ist die *Gestalt des »Doktors«,* eine mysteriöse Figur, die eines Tages im Dorf Sapukai auftaucht. Anfangs ist dieser Mann in seiner völligen Verschlossenheit und Wortkargkeit den Dorfbewohnern äußerst fremd. Erst gerüchteweise bekommen sie heraus, daß es sich bei ihm wohl um einen russischen Emigranten handeln muß. Er lebt zurückgezogen in seiner Hütte, wandert stumm durchs Dorf, trinkt wortlos in der Kneipe seinen Schnaps und wird später von niemandem als einem struppigen Hund begleitet. Eines Tages aber wird er überraschenderweise aktiv und greift zur Heilung der Tochter des Totengräbers, Maria Regalada, medizinisch ein. Von nun an haftet an ihm der Ruf, ein »Doktor« zu sein. In seiner Grundhaltung völliger Selbstlosigkeit und unprätentiöser Hingabe an einfachste Menschen wird auch dieser Mann zu einer Christusfigur, auf dessen Heilungstaten denn auch unübersehbar angespielt wird:

[70] *A. Roa Bastos,* a. a. O., S. 41.

»Tag für Tag begannen die Leute in zunehmender Zahl seinen runddachigen Rancho zu umschwärmen. Von den entlegensten Pflanzungen, sogar aus den Nachbardörfern kamen auf der Suche nach Heilung Kranke und Krüppel zu Fuß, zu Pferd und zu Wagen herbeigeströmt. Es kamen auch die Aussätzigen. Der Doktor behandelte alle, einen nach dem andern, schweigsam, geduldig, ohne Unterschiede zu machen, unwillig, den Ärmsten ein Entgelt abzunehmen, die daraufhin beschlossen, ihm etwas zu bringen, die einen ein Hühnchen, die anderen Eier und Lebensmittel oder ein Stück Baumwollstoff, damit er die Fetzen, die er am Leibe trug, ersetzen könne.«[71]

Schon hat der Doktor den Ruf, ein Mystiker zu sein und einem Heiligen immer ähnlicher zu werden, da fällt sein seltsames Gebaren auf, wieder zu jeder beliebigen Tageszeit in die Kneipe zu gehen und Schnaps bis zur Betrunkenheit zu trinken. Außerdem behandelt er nur noch diejenigen, die, irgendein altes Bildwerk schulternd, an seine Hüttentür klopfen. Sofort entreißt er ihnen das Bild und wiegt es gierig in den Händen, während seine besessenen Augen die Risse des Kunstwerks absuchen. Und nachdem er es ein paar Monate so getrieben hat, betrunken, halb verrückt, wortkarger denn je, verschwindet er schließlich. Die Dorfbewohner entdecken in seiner Hütte, daß dort Heiligenbilder zurückgelassen sind, mit Axthieben geschlagen und geköpft...

Ein Mann opfert sich für sein Volk

Und da ist die Geschichte des *Casiano Jara* und seiner Frau *Natividad.* An ihnen wird — *dritte Schlüsselszene* — eines der himmelschreiendsten Sozialprobleme des damaligen Paraguay exemplifiziert, die menschenverschlingende Ausbeutungspraxis auf den riesigen Mate-Pflanzungen. Casiano und Natividad, beide aus Sapukai, lassen sich für diese Plantagen mit Geld anlocken, zunächst nicht ahnend, daß sie in eine schreckliche Falle gegangen sind. Denn auf der Plantage Takurú-Pukú, auf die sie getrieben werden, herrscht nicht nur — wie überall — eine Praxis unbarmherziger Schinderei und Ausbeutung. Darüber hinaus ist es un-

[71] *A. Roa Bastos,* a. a. O., S. 63.

möglich, dieser Hölle zu entkommen, da diese Plantage von riesigen sumpfigen Urwäldern umgeben ist. Bitter-sarkastisch heißt es in den Aufzeichnungen:

> »Das einzige, was aus Takurú-Pukú hatte entweichen können, waren die Verse einer ›Komposition‹, die mit den Saiten der Gitarre vom Elend des Mensú, des im Grab der Matepflanzungen lebendig begrabenen Tagelöhners, erzählten. Das zweisprachige Lied eines unbekannten Verfassers erzählte von jenen Männern, die jeden Tag des Jahres unter der Knute schufteten und nur am Karfreitag ausruhen durften; auch sie waren nur einen einzigen Tag ihres Kreuzes ledig. Freilich ohne die ruhmreiche Auferstehung des anderen, einzigen, da diese barfüßigen, dunkelhäutigen Christen in Wahrheit unerlöst und vergessen starben, und zwar nicht nur auf den Matepflanzungen der ›Industrial Paraguay‹, sondern auch auf den übrigen Großgrundbesitzen. Seit drei Jahrhunderten wie ein Geschwür an den Waldnieren der Republik schwärend, ließen sie die Jesuitenherrschaft von einst wie einen idyllisch-patriarchalischen Traum erscheinen.«[72]

Ja, die Zeiten des Jesuiten-Staates von Paraquay, ein Sozialexperiment auf religiöser Grundlage für die Indios im 18. Jahrhundert, waren lange vorbei. Jetzt wurden die Eingeborenen von einer dünnen Oberschicht, gesteuert von ausländischem Kapital, schamlos ausgebeutet. Als Casiano und Natividad ein Kind bekommen, sind sie wild entschlossen, einen Ausbruchversuch zu wagen, zumal einer der Aufseher die Frau sexuell zu belästigen beginnt. Der erste Ausbruchversuch freilich muß abgebrochen werden, als Natividad ihr Kind zur Welt bringt; Casiano hat dies mit 14 Tagen strengster Kerkerhaft zu bezahlen. Als sie sich wieder erholt haben, beginnen sie ihren zweiten Ausbruchsversuch, und die Stationen ihrer Flucht – gehetzt von Häschern und ihren Hunden – durch Urwald und Sumpf gehören zu den erregenden Kapiteln dieses Buches. Die Bezüge zur Jesus-Geschichte sind deutlich erkennbar. Die drei können als Symbol der Heiligen Familie auf der Flucht nach Ägypten verstanden

[72] *A. Roa Bastos,* a. a. O., S. 96.

werden. Der Frauenname Natividad verweist bereits wörtlich auf »Geburt Christi«, auf Weihnachten. Und die neutestamentliche Fluchtszene verweist ihrerseits zurück auf das Alte Testament, das die große archetypische Fluchtszene aufbewahrt hat: den Exodus des Volkes Israel aus Ägypten. So trägt dieses Kapitel nicht zufällig in Anspielung darauf den Titel »Exodus«, wobei auch der glückliche Ausgang mitrezipiert wird, denn Casiano und Natividad gelingt die Flucht aus der Hölle des Urwalds.

Ihr Sohn *Cristóbal* ist die wohl bedeutendste »christologische« Figur des gesamten Romans, der wie kaum eine andere die Trias von Brüderlichkeit, Opferbereitschaft und Rebellion verkörpert. Im Chaco-Krieg wird er zu einem der Rebellenführer. Hier gelingt es ihm in einer Art Selbstmordkommando, einen Wassertransport durch die feindlichen Linien zu einem versprengten Truppenteil zu bringen. Die verstümmelten Arme an das Lenkrad des Wagens gebunden, opfert er sein Leben für die Mitsoldaten. Sein Kreuz ist der Tanklastwagen, mit dem er das lebenspendende Wasser befördert. Und wie Christus muß er den Tod auf sich nehmen, um neues Leben zu bringen.

So wird auch er zu einem Menschen, der zweimal geboren wird: nach der Geburt noch einmal im Sterben, denn auch er lebt im Gedächtnis der Menschen aufgrund seiner Tat der selbstlosen Opferung »unsterblich« weiter. Die Romanistin *Gerda Schüler* hat zu den drei christologischen Gestalten des Romans (Gaspar, Casiano und Cristóbal) mit Recht festgestellt: Sie »sind nicht Symbole des Katholizismus, sondern Symbole der Unterdrückung, des Leidens eines gesamten Volkes, die analog gesehen werden zu den Leiden Christi. Die drei Gestalten sterben einen Opfertod und vermitteln dadurch die Hoffnung auf Erlösung, und zwar auf Erlösung des Menschen durch den Menschen. Die religiösen Symbole sind ausschließlich diesseitsbezogen und dabei gleichzeitig zukunftsorientiert. Eine Veränderung der Verhältnisse kann nur erreicht werden durch Menschen, die im Volk verwurzelt sind, durch eine Rückkehr zum mythischen Denken, eine Rückbesinnung auf Wert- und Glaubensvorstellungen der vorkolumbianischen Zeit und des Urchristentums.«[73]

[73] So *G. Schüler*, a. a. O., S. 272f. Vgl. dazu auch *W. Lustig*, a. a. O., S. 441 (beide Anm. 65).

Und da ist schließlich — *vierte Schlüsselszene* — die Geschichte des Polizeichefs von Itapé, *Don Melitón Isasi*, erzählt aus der Perspektive einer franziskanischen Ordensschwester. Diese Geschichte spielt zu einer Zeit, als Oberleutnant Miguel Vera bereits nach dem Chaco-Krieg Bürgermeister seines Dorfes geworden ist. Kaum dort angekommen (an der Seite einer leidenden Ehefrau namens Doña Brígida de Isasi), beginnt dieser Polizist, den jungen Mädchen des Dorfes nachzusteigen und sie sexuell gefügig zu machen. Darunter ist auch die junge Felicitas Goiburú, deren Zwillingsbrüder noch beim Militär sind. Als eines Tages ruchbar wird, daß sie von ihm schwanger ist, ist die Katastrophe da. Die eigene Ehefrau wird halb wahnsinnig; eine Abtreibung wird versucht, die aber scheitert. Melitón verläßt mit Felicitas das Dorf, damit sie an einem anderen Ort ihr Kind zur Welt bringen kann.

Als die Ordensschwester Tage später auf den Kalvarienberg des aussätzigen Christus hinaufgeht, macht sie eine grausige Entdeckung. Sie findet nicht nur den blutbefleckten Rosenkranz von Doña Brígida, sie entdeckt auch, daß der Christus am Kreuz auf einmal Stiefel trägt:

> »Ich hob die Augen noch etwas höher und sah, daß der Christus Uniform trug, und daß seine Kleidungsstücke blutbeschmiert waren. Noch immer kniend, erkannte ich schließlich wie in einer Gespenstererscheinung Melitón Isasi, mit dem Lasso mehrmals an das schwarze Kreuz gefesselt und halb enthauptet.
>
> Ich raffte mich auf, um fortzurennen, stolperte aber über den ins Gestrüpp geworfenen hölzernen Christus. Er glimmte noch vor sich hin und versandte eine magere Rauchwolke. Als ich aufstand, um weiterzulaufen, sah ich in der Tiefe der Schlucht Doña Brígidas Körper liegen. Mehr erfuhr ich nicht, denn in diesem Augenblick verlor ich das Bewußtsein und stieß mit dem Gesicht in die Glut...«[74]

[74] *A. Roa Bastos*, a. a. O., S. 331.

Ein Epos auf die Widerstandskraft der Menschen

All diese Szenen sind wild, grausig, archaisch, und man versteht als Leser den Sinn der erzähltechnischen Brechungen jetzt besser. Roa Bastos — bürgerlicher Intellektueller, der er ist — berichtet hier von einer fremden Welt, deren Fremdheit er nicht mildern kann und will. Er tut keineswegs naiv so, als könne er seine bürgerlich-intellektuelle Sphäre mit dieser Volks-Welt einfach identifizieren, einer Welt voll von wilder Schönheit und grausigem Schrecken. Die Distanz des Zeugen Miguel Vera ist also durchaus auch die seine.

Diese Distanz aber verhindert keineswegs die *Solidarität* des Autors mit der im Volk glimmenden Befreiungshoffnung. Und vergegenwärtigt man sich als Leser diese unendlich scheinende Kette von Gewalt, Unterdrückung, Ausbeutung und Vernichtung, wird einem bewußt, wie wichtig der Schlüsselsatz zu Beginn des Romans war: »Da sie durch das Unglück zusammengeschweißt waren, mußte die Hoffnung auf Erlösung die Menschen untereinander vereinen.« Deshalb muß die doppelte Dimension dieses Romanwerks gesehen werden. Es geht — wie ein Literaturkritiker schrieb — zum einen um »die Geschichte der Ängste und Leiden Paraguays«. Zugleich geht es aber auch um »die Parabel seines Kampfes, seiner Hoffnung, seines Bemühens um Erlösung.«[75] Deshalb muß dieser Roman in letzter Konsequenz als Lob auf die Widerstandskraft des einfachen Volkes gelesen werden, das die permanenten Kreuzigungen nun schon so unendlich geduldig ertrug. Augusto Roa Bastos selber:

> »Die Entfernung von der Heimat hat mir das Thema dieses Romans aufgezwungen. Die langen Jahre der Reflexion über mein Land und seine Probleme hatten meine Sensibilität verletzt. Wenn ich mir das Bild unseres Volkes in Erinnerung bringen wollte, stieß ich auf diesen Willen zum Widerstand und zur Ausdauer um jeden Preis, trotz des Unglücks und Mißgeschicks, an denen unsere Geschichte so reich war. Daraus entwickelte sich das Anfangsmotiv, das dann zum thematischen Kern des ›Menschensohns‹ wurde, dessen neun Kapitel

[75] So *R. Bariero Saguier*, a. a. O., S. 174 (s. Anm. 65).

> nichts weiter sind als Variationen über die Widerstandskraft des Menschen, nicht nur der physischen Ausrottung, sondern auch der moralischen Erniedrigung gegenüber.«[76]

Und weil es in diesem Roman letztlich um ein Loblied auf Widerstand und Ausdauer des Volkes geht, bedarf der Titel des Romans noch sorgfältiger Interpretation. Sie wird auch dadurch nötig, daß der Autor seinem Buch strategisch gezielt Vor-Texte mitgibt: drei Zitate aus dem Buch des Propheten Ezechiel und drei Verse aus dem »Totengesang der Guaranís«. Dadurch ergibt sich ein komplexes intertextuelles Beziehungsgefüge zum Verständnis des Romans.

Was heißt »Menschensohn«?

Der Ausdruck »Menschensohn« ist aufgrund der hier eingebrachten biblischen Tradition mehr als nur eine Umschreibung für »einfacher Mensch«, »ganz und gar Mensch«. Gewiß ist diese Verständnisdimension im Roman ständig präsent. Es ist ja der einfache Mensch, der tagtäglich gekreuzigt wird, ja in der Summe ist es »das unterdrückte, verspottete, vertriebene, eingeschüchterte und begrabene Volk«[77] von Paraguay. Aber mindestens zwei weitere Sinndimensionen wollen bedacht sein.

Aus dem *Buch des Propheten Ezechiel* werden diese Sätze durch Roa Bastos dem Buch vorangestellt:

> »Menschensohn, du wohnst mitten unter einem widerspenstigen Volk.« (12,2)
>
> »Iß dein Brot mit Zittern und trink dein Wasser mit Angst und Entsetzen!« (12,18)
>
> »Ich richte meinen Blick gegen diesen Mann und mache ihn zum sprichwörtlichen (warnenden) Zeichen, ich merze ihn aus meinem Volk aus.« (14,8)

Der Prophet Ezechiel schrieb bekanntlich unter den Verbannten seines Volkes in Babylonien (in den Jahren 593–571). Seine

[76] Zitiert nach *R. Bariero Saguier,* a. a. O., S. 174 (s. Anm. 65).
[77] So nochmals *R. Bariero Saguier,* a. a. O., S. 174.

Reden und Visionen kreisen um den einen Grundgedanken: Die Belagerung und Zerstörung Jerusalems sowie die Verschleppung des Volkes ins Exil ist Gottes Strafreaktion auf ein widerspenstiges Volk, das sich weitgehend dem Götzendienst ausgeliefert und so an Jahwe, dem Gott des Volkes Israel, gefrevelt hat. Der Prophet, von Jahwe als »Menschensohn« angeredet, wohnt unter diesem »widerspenstigen Volk« und redet vergeblich gegen dessen Blindheit und Taubheit an. Daraus folgt: Roa Bastos dürfte durch die Zitierung dieses Spruches signalisiert haben: Der Menschensohn ist stets einerseits ein Beauftragter Gottes, lebt andererseits aber stets auch im Widerstand zu den herrschenden Verhältnissen seiner Zeit.

Dies wird durch das andere Ezechiel-Zitat noch einmal unterstrichen. Die Aufforderung an den Menschensohn, sein Brot »mit Zittern« zu essen und sein Wasser »mit Angst und Entsetzen« zu trinken, ist als vorwegnehmende Symbolhandlung zu verstehen. Auf diese Weise soll der Prophet zeigen, was dem Volk als ganzem im Strafgericht Gottes bevorstehen wird. Roa Bastos rezipiert mit diesem Zitat die Droh- und Warnrede des jüdischen Prophetismus. Das »Zittern« sowie die »Angst« und das »Entsetzen« des einfachen Volkes jetzt ist nur die Vorwegnahme dessen, was auch den Herrschenden bevorsteht, wenn sie die Situation des Volkes nicht ändern.

Diese Drohung an die Herrschenden (die gleichzeitig die Gottesfrevler sind) wird durch das dritte Ezechiel-Zitat verstärkt. Der »Mann«, der hier zum warnenden Zeichen gemacht und der aus dem Volke ausgemerzt wird, ist nämlich derjenige, der (so wird aus dem Kontext von Ez 14 deutlich) versucht, vor dem Propheten sich zu rechtfertigen, obwohl er die Götzen in sein Herz gelassen hat. Ihm wird von Gott durch seinen Propheten der Kampf angesagt: An ihm wird ein Warnzeichen aufgerichtet, ein Exempel statuiert, er ist des Todes.

Enthält also die alttestamentliche Menschensohn-Tradition, die durch die Ezechiel-Zitate für den Roman rezipiert wird, Elemente des prophetischen Widerstandes, der Droh- und Warnrede, so eröffnet die *neutestamentliche Menschensohn-Tradition* die Perspektive der *Leidens-Identifikation.* Bekanntlich wird auch Jesus von Nazaret im Neuen Testament (insbesondere in den

Evangelien von Matthäus, Markus und Lukas) als Menschensohn angeredet, wobei der Ausdruck mittlerweile zu einem »Hoheitstitel« geworden ist.[78] Er bezeichnet eine himmlische Gestalt, von Gott zu Besonderem auserwählt. Viele neutestamentliche Menschensohn-Worte beziehen sich dabei auf den irdischen, leidenden und auferstehenden Menschensohn. Schon in frühen Textschichten des Neuen Testamentes ist der Menschensohn der Arme, Ausgestoßene, der Wanderer ohne Heimat, mißverstanden und mißachtet von Menschen. Ein solches Menschensohn-Wort hat Lukas überliefert:

> »Die Füchse haben ihre Höhlen und die Vögel ihre Nester; der Menschensohn aber hat keinen Ort, wo er sein Haupt hinlegen kann.« (9,58)

Ähnlich im Matthäus-Evangelium:

> »Johannes ist gekommen, er ißt nicht und trinkt nicht, und sie sagen: Er ist von einem Dämon besessen. Der Menschensohn ist gekommen, er ißt und trinkt; darauf sagen sie: Dieser Fresser und Säufer, dieser Freund der Zöllner und Sünder!« (11,18f)

Diese Sinnschicht neutestamentlicher Menschensohn-Worte findet sich auch bei Roa Bastos. Denn auch seine »christologischen« Einzelfiguren (Gaspar, Casiano und Cristóbal) sind Gestalten »von unten«, Außenseiter, Heimatlose, Bedürftige, ganz zu schweigen vom paraguayanischen Volk, für das Roa Bastos dieses einzigartige Epos geschaffen hat. Sein Roman ist die Einlösung desjenigen »Geheimnisses« von Tod und Leben, das gleich zu Beginn des Romans Gaspar Mora ausgesprochen hatte: Das Volk lebt weiter im Gesang des Dichters; kann seine Auferstehung feiern im Medium des Epos; bekommt neues Leben im Modus der poetischen Imagination. Deshalb sind die Verse aus dem »Totengesang der Guaranís« — das vierte Zitat des Vor-Textes — hier so sprechend:

[78] Zur neutestamentlichen Menschensohn-Tradition im Kontext der gegenwärtigen Forschung vgl. *K.-J. Kuschel*, Geboren vor aller Zeit? Der Streit um Christi Ursprung, München 1990, S. 290–300.

»Ich will machen, daß die Stimme wieder durch die Knochen fließe...
Und ich werde machen, daß die Sprache wieder Fleisch werde...
Nachdem diese Zeit vorbei ist und eine neue Zeit anbricht...«

Dieser Roman ist also ein moderner Passions- und zugleich ein moderner Auferstehungsroman, der nicht auf eine Jenseits-Welt, sondern auf den Beginn einer Befreiungsbewegung in der Diesseits-Welt aus ist. Der Roman-Titel muß deshalb kirchenkritisch gelesen werden, indem er dem offiziellen Kirchen-Christus, dem »Gottessohn« da oben, bewußt den Volks-Christus, den »Menschensohn« da unten, gegenüberstellt. Die Transzendenzdynamik wird so von Roa Bastos in die Geschichte gezogen und zur literarischen Vorwegnahme dessen, was später durch das Programm der lateinamerikanischen Befreiungstheologie aufgenommen und weiterentwickelt werden wird.[79] Der Autor läßt denn auch seinen Hauptzeugen all dieser Aufzeichnungen, Miguel Vera, ganz am Ende diese Hoffnung auf Befreiung in die Sätze fassen:

»Es muß einen Ausweg geben aus dem ungeheuerlichen Widersinn des Menschen, der von Menschen gekreuzigt wird. Sonst müßte man glauben, daß das Menschengeschlecht für immer verflucht ist, daß *dies* die Hölle ist und wir keine Erlösung erhoffen dürfen.

Es muß einen Ausweg geben, denn sonst...«[80]

[79] *W. Lustig* hat überzeugend diesen Roman als künstlerische Vorwegnahme des späteren Programms der lateinamerikanischen Befreiungstheologie interpretiert und zur »Theologie« dieses noch in vorkonziliarer Zeit (!) geschriebenen Buches festgehalten: »Zusammenfassend kann man sagen, daß die ›Theologie des Menschensohns‹ ihren christlichen Wurzeln relativ treu bleibt. Sie nimmt lediglich eine Akzentuierung vor, die Ende der fünfziger Jahre revolutionär und häretisch erscheinen mußte. Begrifflich hält Roa an den zentralen christlichen Glaubenssätzen fest. Seine Reinterpretation unterscheidet sich von der traditionellerweise in der lateinamerikanischen Volkskirche gepflegten Sehweise radikal. Dennoch liegt keineswegs eine *inversión de la fe* vor, sondern eine *reorientación de la fe,* und zwar mit Richtung auf die historisch-gesellschaftliche Existenz des Menschen. Ketzerisch ist jedenfalls nicht die Ausrichtung auf das Diesseits — man kann sie verstehen als ein vorweggenommenes *aggiornamento.*« (S. 483; s. Anm. 65.)

[80] *A. Roa Bastos,* a. a. O., S. 362.

5. Alle Menschen Gottes Ebenbild: Čingiz Ajtmatov

In der damals noch existierenden Sowjetunion erschien im Jahre 1986 einer der politisch kühnsten Romane, der dann auch international große Beachtung fand: »Der Richtplatz« des 1928 geborenen Čingiz Ajtmatov.[81] Kühn war das Buch nicht zuletzt deshalb, weil sein Autor wie kaum ein anderer sowjetischer Schriftsteller zuvor es gewagt hatte, bisher öffentlich verschwiegene soziale, wirtschaftliche und ökologische Probleme der UdSSR (Alkoholismus, Drogenhandel, organisiertes Verbrechen, Raubbau an der Natur, Militärvergötzung) offen anzuprangern. Kühn aber auch, weil es in diesem Roman überraschenderweise zentral um Grundfragen der Religion[82] geht und die Leser hier einen Dialog zwischen Jesus und Pilatus präsentiert bekommen, wie ihn ein russischsprachiger Schriftsteller seit den Romanen Dosto-

[81] *Č. Ajtmatov,* Plakha (1986), dt.: Der Richtplatz. Aus dem Russischen übersetzt von F. Hitzer, Zürich 1987. *Überblicke über das Werk* bieten: *I. Gutschke,* Menschheitsfragen, Märchen, Mythen. Zum Schaffen C. Ajtmatovs, Halle-Leipzig ^{2}1986. *O. Schwenke (Hrsg.),* Richtplatz Literatur. Ajtmatov in Loccum. Loccumer Protokolle 16/1988. *B. Clebnikov – N. Franz,* Čingiz Ajtmatov, München 1993 (edition text und kritik). *J. B. Mozur, Jr.*, Parables from the Past. The Prose Fiction of Čingiz Ajtmatov, Pittsburgh-London 1995 (Lit!). Speziell zum *Roman »Der Richtplatz«: Č. Ajtmatov,* Der Widerhall unseres Wortes. Gespräch mit N. Anastasjew (1987), in: ders., Karawane des Gewissens. Autobiographie, Literatur, Politik, hrsg. v. F. Hitzer. Aus dem Russischen von F. Hitzer und Ch. Kossuth, S. 224-264. *S. Kleinmichel,* Annäherung an das Wesen der heutigen Welt. Ajtmatovs Roman »Die Richtstatt«, in: Weimarer Beiträge 34 (1988), S. 615-625. *A. Latchinian,* Der Mensch als Richter und Schöpfer. Ajtmatovs Roman »Die Richtstatt«, in: Weimarer Beiträge 34 (1988), S. 626-640. *J. P. Mozur, Jr.,* Č. Ajtmatov's »Plakha«: A New Religion for Soviet Man?, in: Studies in Comparative Communism 21 (1988), S. 263-273. *A. Olcott,* What Faith the God-Contemporary? Č. Ajtmatov's »Plakha«, in: Slavic Review 49 (1990), S. 213-226. *N. Kolesnikoff,* The Polyphony of Narrative Voices in »Plakha«, in: Russian Literature 28 (1990), S. 33-44. *N. Franz,* Vom Logos zum Mythos. Die Christusfigur in Č. Ajtmatovs Roman »Plakha«, in: Neueste Tendenzen in der Entwicklung der russischen Literatur und Sprache, hrsg. v. E. Wedel, Hamburg 1992, S. 23-38.

[82] Die gesellschaftspolitische und religionspolitische Bedeutung des Romans im Kontext der Perestrojka leuchtet gut aus: *J. P. Mozur,* a. a. O., Kap. 7: »Sowjet Society at the Crossroads: ›New Thinking‹ and ›The Place of the Scull‹ (= Der Richtplatz)«.

jevskis »Die Brüder Karamasov« und Bulgakovs »Der Meister und Margarita« nicht mehr geschrieben hat.[83]

Ein Roman zwischen den Kulturen

Der *Autor* dieses Buches ist ein *interkulturelles Phänomen.*[84] Er ist Kirgise, geboren in Seker im Talas-Tal (Kreis Kirov), und zugleich — in russischer Sprache schreibend — Produkt der multikulturellen früheren Sowjetunion, der er seine Schulbildung, sein Landwirtschafts-, später sein Literaturstudium, ja seine gesamte Karriere als Zeitungsredakteur, Kulturfunktionär und Autor verdankt. Er entstammt bäuerlich-kleinbürgerlichen Verhältnissen, aber es gelingt ihm, im Moskauer Kulturbetrieb hohe Funktionen einzunehmen und in der Zeit der Reformen unter Gorbatschow, die 1985 begannen, zum Mitglied des Rates des Präsidenten aufzusteigen. Er ist Muslim, aber er öffnet sich der russisch-christlichen Geschichte ebenso wie der Bibel, die er um die Jahreswende 1980/81 erstmals kennenlernte und deren Lektüre ihm nach eigenen Aussagen »das Leben in neuem Licht gezeigt« hat.[85]

Ajtmatovs »Richtplatz« hat man einen typischen Perestrojka-Roman genannt, aber er ist viel mehr als das. Schon von der Form her ist er *interkulturell orientiert,* besteht er doch aus einer epischen Kollage verschiedener, lose miteinander verknüpfter Erzählstücke und Handlungsstränge:

— Er hat eine *animalisch-naturreligiöse Ebene* mit Tieren als »Helden« und Opfern. Erzählt wird die Geschichte der *Wölfin Akba-*

[83] *Michail Bulgakovs* (1891–1940) Roman »Der Meister und Margarita« (geschrieben in den Jahren 1928–1940) ist ein Meilenstein der russischen Literaturgeschichte, ja ein Stück Weltliteratur. Dieser Roman löste eine literarische Sensation aus, als er 1966/67 posthum erstmals veröffentlicht wurde. Er liegt soeben in deutscher Neuausgabe wiederum vor: Der Meister und Margarita. Roman. Aus dem Russischen übersetzt von Th. Reschke. Mit literaturgeschichtlichen Anmerkungen von R. Schröder, München 1997. Vgl. die Jesus und Pilatus gewidmeten Kapitel 2 (»Pontius Pilatus«), Kapitel 16 (»Die Hinrichtung«) sowie Kapitel 25 (»Wie der Prokurator Judas aus Kirjath zu retten versuchte«).

[84] Vgl. dazu die verschiedenen autobiographischen Zeugnisse: *Č. Ajtmatov,* Karawane des Gewissens, Zürich 1988. Ebenso: *ders.,* Friedrich Rückert — Vorläufer einer neuen Zeit. Festvortrag des 10. Preisträgers des Friedrich-Rückert-Preises der Stadt Schweinfurt, hrsg. v. W. Fischer, Würzburg 1994.

[85] Zit. nach *B. Chlebnikow — N. Franz,* a. a. O., S. 135 (s. Anm. 81).

ra und ihrer Familie, deren Lebensgrundlage durch ständige brutale Eingriffe des Menschen in die Natur zerstört wird. Erzählt wird aber auch vom Schicksal Tausender von *Wildantilopen* in einer bisher unberührten Steppe, die aus rein ökonomischen Interessen (zur Erfüllung des sozialistischen Fünfjahresplans der Fleischproduktion) von Hubschraubern aus zusammengetrieben, um dann von Häschern und Jägern in einem entsetzlichen Blutbad abgeschlachtet zu werden. Die Steppe ist so zum Richtplatz geworden.

— Er hat eine *kirgisische Ebene:* Die Geschichte des *Hirten und Schafzüchters Boston,* der im Gestrüpp des sowjetischen Funktionärssystems vergeblich versucht, einen Ausgleich von Natur und Kultur, Tierwelt und Menschenwelt herzustellen und angesichts seines Scheiterns am Ende den Freitod im Issyk-Kul-See wählt.

— Er hat schließlich eine *russisch-orthodoxe Ebene,* auf der die Geschichte des aus dem Priesterseminar wegen Häresie ausgeschlossenen Popen-Sohnes *Avdij Kallistratov* erzählt wird. Zum Journalisten geworden, wird dieser von seiner Zeitung nach Mittelasien geschickt, um Hintergründe des Rauschgiftschmuggels aufzudecken. Avdij findet heraus, daß die gesamte Sowjetunion längst mit einem Netz von Produzenten, Schleppern, Dealern und Fixern überzogen ist. Als Rauschgiftkurier getarnt, gelingt es ihm, zum Boß der Drogen-Mafia vorzudringen, einem eiskalten Zyniker, der mit dem zerstörerischen Rausch seine Geschäfte macht. Als Avdij die Hanfsammler beschwört, von ihrem Tun abzulassen, mißhandeln sie ihn und werfen ihn schließlich aus einem fahrenden Zug.

Doch während Avdij blutig und geschunden an der Bahnstrecke liegt und sein Bewußtsein verliert, blendet der Autor eine archetypische Szene ein, in der es ebenfalls um einen »Sonderling« geht, einen »aus Galiläa«. Blitzartig, Filmschnitten vergleichbar, wird die Jesus-Geschichte (in ihrer letzten Phase mit Pontius Pilatus) in den Text eingeschaltet, was die Überzeugung des Autors von Anfang an verrät: Seine kleine Geschichte hier und heute ist nichts anderes als die Wiederholung der großen, einzigartigen Geschichte Jesu von Nazarets in einer neuen kulturellen Konstellation, in einem anderen Raum-Zeit-Alter. Kurz nach der Veröffentlichung des Romans antwortet Ajtmatov auf die Frage, warum er diesmal keinen Muslim, sondern einen Christen zum螺Haupthelden gemacht habe:

»Natürlich ist es kein Zufall. Das Christentum gibt einen sehr starken Impuls mit der Gestalt von Christus. Der Islam, zu dem ich infolge meiner Herkunft gehöre, hat keine solche Gestalt. Mohammed war kein Märtyrer. Er hatte schwere qualvolle Tage, aber daß man ihn für eine Idee gekreuzigt hätte und daß er dies den Menschen für immer verziehen hätte — das gibt es nicht. Jesus Christus gibt mir die Gelegenheit, den gegenwärtigen Menschen etwas Verborgenes mitzuteilen. Deshalb habe ich, der ich Atheist bin, ihn auf meinem schöpferischen Weg getroffen.«[86]

Literaturkritiker haben Ajtmatov wegen dieses seines Jesus-Einschubs schwer getadelt.[87] Seine Jesus-Geschichte sei »ein blasser Abklatsch« der entsprechenden Passage aus Michail Bulgakovs berühmtem Roman »Der Meister und Margarita« (R. Schmitz); sie wirke »wie ein Fremdkörper« (P. Wilke); sie sei von »geradezu überflüssiger Penetranz« (A. Braun). Andere Kritiker waren gnädiger und betonten die große Kontinuität mit einem Grundmotiv russischer Literatur, auf die es Ajtmatov wohl abgesehen hatte: »Avdij Kallistratov, Popen-Sohn, hinausgeworfener Zögling eines Priesterseminars, gehört unter die Narren in Christo, an denen die alte russische Literatur so reich ist. Insbesondere ist er ein Nachfahr der Figuren Dostojewskis, des Idioten zum Beispiel oder des Aljoscha Karamasow«. Und weil ein »russisch gefärbtes Urchristentum« bei Ajtmatov zum Ausdruck komme, wird auch die Jesus-Passage im Roman ganz anders ernstgenommen: »Wie ernst Ajtmatov es mit dem Namen Avdij meint, der das Kreuz auf sich nimmt, wird in dem Einschub deutlich, in dem er Christus selbst vorführt, in der Konfrontation mit Pon-

[86] Zit. nach *N. Franz,* Vom Logos zum Mythos, S. 23 (s. Anm. 81). Ursprünglich als Antwort auf Interview-Fragen von I. Risina, in: Literaturnaja gazeta 1986, Nr. 33 (13. Aug.), S. 4.

[87] Vgl. dazu: *R. Schmitz,* Das Kreuz in der Savanne Mujun-Kum, in: Die Welt vom 20. 11. 1987. *A. Braun,* Vom Wolf im Menschen, in: Stuttgarter Zeitung vom 16. 1. 1988. *P. Wilke,* Sie wollen alle nur das Beste, in: Unsere Zeit (»Magazin Literatur«), Düsseldorf, Oktober 1987.

tius Pilatus, dem Sachwalter der Macht.«[88] Schauen wir uns die literarische Technik des Jesus-Einschubs genauer an.

Vergegenwärtigungen Jesu

Während *Anna Seghers* die Technik der vergegenwärtigenden Erinnerung im Bewußtsein ihres Helden, eines vor der Kreuzigung der Nazis fliehenden kommunistischen Häftlings, benutzt, um dessen Passionsgeschichte mit der Jesu zu verbinden — im Interesse der Solidarität aller um der gerechten Sache willen Verfolgten;

während *William Faulkner* die uralten Stilmittel der Allegorie und Typologie benutzt, um seinen Meuterer-Korporal Stephan als Jesus redivivus im Ersten Weltkrieg schildern zu können und zugleich mit der Technik der Zurücknahme das jesuanische Prinzip der Gewaltlosigkeit kritisch gegen alle sich behauptende und durchsetzende Macht zum Leuchten bringt;

während *Nagib Machfus* seinen Dämonenaustreiber Rifaa ebenfalls typologisch als einen Jesus schildert, der das Böse, die Gier und den Machttrieb durch geistige Reinigung des Inneren zu überwinden trachtet;

während *Augusto Roa Bastos* die Technik des objektiven Korrelats (der holzgeschnitzte Jesus von Itapé) und der figuralen Verschlüsselung (in christologischen Figuren des Romans) benutzt, um die Jesusgeschichte als Geschichte des Volkes weiterzuerzählen —

wählt *Čingiz Ajtmatov* ein ganzes Bündel verschiedener literarischer Vergegenwärtigungstechniken. Da ist zum einen die Technik der *literarischen Montage.* In den zweiten Teil des Romans wird ein eigenes Kapitel (Kap. 2) eingeschoben, das einen ausführlichen Dialog zwischen Pontius Pilatus und Jesus enthält — in Jerusalem unter den Marmorsäulen auf der Arkadenterrasse des Herodes.[89] Rein formal bleibt diese Passage dem Geschehen um Avdij äußerlich, denn ihr Wirklichkeitsstatus bleibt bewußt unklar. Handelt es sich um einen Traum, eine Vision oder son-

[88] *S. Brandt,* Ein Narr unter Wölfen, in: Frankfurter Allgemeine Zeitung vom 17. 11. 1987.

[89] *Č. Ajtmatov,* Der Richtplatz, S. 197–238.

stige Bilder aus dem Innern des verletzt an der Bahnstrecke liegenden Avdij?

Das ist gleich im nächsten Abschnitt anders. Denn hier steigert sich die Intensität der Jesus-Bezüge, schaltet doch der Autor mit Hilfe der *Technik der Simultaneität* seinen Helden jetzt bewußtseinsmäßig in die Geschichte Jesu ein.[90] Avdij wird als jemand geschildert, der die Passion Christi als Augenzeuge erlebt — mit der brennenden Frage auf den Lippen, was er tun solle, um den Meister aus der Not zu retten. Raum und Zeit werden so miteinander verschmolzen — verbunden durch den Gedanken, daß die großen Geschichten nicht vergangen sind, sondern weiterleben, sich je neu wiederholen: »Gut und Böse werden von Generation zu Generation weitergereicht in ununterbrochener Erinnerung, endlos durch Zeit und Raum der Menschenwelt... Und darum gilt das Wort: Die Gestrigen können nicht wissen, was heute geschieht, aber die Heutigen wissen, was gestern geschah, und morgen werden die Heutigen die Gestrigen sein...«[91]

Die dritte und letzte Stufe der Verdichtung der Jesus-Bezüge dagegen wird auch bei Ajtmatov mit Hilfe der *Technik der Typologie* erreicht. Denn das Ende der Avdij-Geschichte (bei den Häschern und Jägern) ist eine Kreuzigung — in bewußt grauenhafter Parodie auf den Kreuzestod Jesu. Die alkoholisierten Treiber, die zunächst versucht hatten, Avdij zur Verleugnung seines Gottes zu zwingen, schreiten zu einem Lynchgericht, das sie als spöttische Nachahmung der Hinrichtung Jesu inszenieren:

> »Das Rowdytreiben fand plötzlich einen unheilvollen Sinn. Eine üble Farce drohte in ein Lynchgericht umzuschlagen. ›Nur eins ist schlecht, Hurenbock, in dieser miesen Steppe fehlen uns Nägel und ein Kreuz! Scheiße ist das, Hundsfott.‹ Bekümmert knickte Mischasch die Saxaulzweige ab. ›Das wäre doch was gewesen! Ihn kreuzigen.‹ — ›Macht gar nichts, wir binden ihn mit Stricken fest! Wird nicht schlechter dranhängen als an Nägeln.‹«[92]

[90] Č. *Ajtmatov*, Der Richtplatz, S. 239–251.
[91] Č. *Ajtmatov*, a. a. O., S. 240.
[92] Č. *Ajtmatov*, a. a. O., S. 298f.

Entzauberung der Macht im Namen der Religion

Die Steppe ist somit vollends zum Richtplatz geworden, auf dem Menschen andere Menschen und auch die Tiere abschlachten. Und damit sind die Jesus-Bezüge in diesem Roman alles andere als ein »Fremdkörper« von »überflüssiger Penetranz«. Sie geben vielmehr dem aktuellen Geschehen geschichtlich Tiefenschärfe. Sie lassen dem (insbesondere atheistisch-russischen oder muslimisch-kirgisischen) Leser bewußt werden, daß auch in der Jetztzeit — in der »heilen Welt« des sozialistischen Systems — ein Drama fortgeschrieben wird, das in der Menschheit seit je gespielt wird. Die von Ajtmatov gewollte Kontinuität zur Jesus-Geschichte hat strategisch genau diesen Sinn: Gegen die Ideologie der sozialistischen Revolution, welche die Welt angeblich verändert hatte, zu signalisieren, daß die alten »Spiele« nach wie vor gespielt werden und die Welt auch nach der Oktoberrevolution eine entfremdete ist. Hier ist die *Erinnerung an die Leistungen der Religion* für Ajtmatov von gesellschaftskritischer Relevanz. Wie kaum ein sowjetischer Autor zuvor wagt er es — aller damals noch herrschenden Staatsideologie zum Trotz —, der Religion eine die Menschen erhellende, Orientierung gebende Kraft zuzumessen.[93] Diese postsozialistische, postatheistische Neubewertung von Religion setzt umgekehrt voraus, daß die staatssozialistische und materialistische Ideologie zu einer horrenden Entfremdung und Selbsttäuschung der Menschen geführt hat. Statt moralischem Fortschritt, wissenschaftlicher Aufklärung und umfassendem Humanismus hat sie der »Religion der militärischen Überlegenheit« Vorschub geleistet.[94]

Was Ajtmatov also in diesem Roman betreibt, ist *Ideologiekritik im Namen der wahren Religion.* Das sowjetische System hatte sich zu einer Art Ersatz-Religion entwickelt; neue Götter waren entstanden, deren Göttlichkeit sich aus der Verfügung über Massenvernichtungswaffen speiste. Und gegen diese »neue, mächtige Religion«, die »Religion der militärischen Überlegen-

[93] Vgl. die kontroverse Diskussion über die Rolle der Religion im Roman im Kontext der damaligen Sowjetgesellschaft bei *J. P. Mozur*, a. a. O., S. 140–152 (s. Anm. 81).

[94] *Č. Ajtmatov,* Der Richtplatz, S. 244.

heit«, schreibt dieser Roman an — unter Verweis auf den in Jesus von Nazaret verkörperten Alternativentwurf für die Menschheit. Der Jesus-Einschub hat somit inhaltlich eine buchstäblich fundamentale Funktion: die sozialistische Staatsideologie zu entzaubern, den Passionen der Gegenwart menschheitsgeschichtliche Transparenz und Signifikanz zu verleihen und das Urchristentum als spirituellen Gegenentwurf einzubringen. Der Rückgriff auf die Jesusgeschichte dient der Universalisierung der Sache, die Ajtmatov später noch einmal so umschreiben wird:

> »Nur wenn der Künstler nicht einfach als Zeichner des Lebens, sondern gleichzeitig auch als Bürger, Richter, Angeklagter und als Prophet auftritt, der in seinem schöpferischen Werk sowohl Jeshua als auch Pontius Pilatus vereinigt, kommt es dazu, daß die Personen und Handlungen die Erfahrung der Zeit für lange Dauer und für Generationen einschließen.«[95]

Im *Gespräch zwischen Jesus und Pilatus* werden denn auch genau die Fragen verhandelt, um die es durch all die Jahrhunderte ging und geht: die Frage nach der Macht, nach der Gewalt der Herrschenden und der Sehnsucht der Menschen nach »Glück und Gleichheit für alle«. Ajtmatov nimmt sich dabei die künstlerische Freiheit, die Begegnung zwischen Pilatus und Jesus zu einem philosophisch-politischen Disput auszubauen; und man kann an dieser Stelle in der Tat ästhetische und theologische Einwände geltend machen. Literarisch aber ist dies nicht unerlaubt, zumal Ajtmatov hier bewußt Gegenakzente zu Bulgakovs Jesus-Darstellung setzen wollte, bei dem Pilatus als tragischer Held glaubwürdiger und plastischer erscheint als Jesus.[96] Bei Ajt-

[95] Zit. bei *B. Chlebnikow — N. Franz,* a. a. O., S. 136 (s. Anm. 81).

[96] Über sein *Verhältnis zu M. Bulgakov* hat sich *Ajtmatov* im Gespräch mit *N. Anastasjew* so geäußert: »Natürlich begriff ich das, ich sah sehr wohl, wie riskant es ist, den Weg zu betreten, den einst ein so großartiger, von mir so hochverehrter Schriftsteller wie Michail Bulgakov gegangen ist. Und trotzdem konnte ich darauf nicht verzichten, was ich, gerade ich, brauchte. Außerdem wollte ich die Figuren anders anordnen, ob das gelungen ist, mögen andere beurteilen. Bei Bulgakov ist ungewiß, wer stärker dargestellt wurde — Jeshua oder Pontius Pilatus.« Frage Anastasjev: »Wie das, wer soll da stärker sein? Beide sind stark geschildert.« Antwort Ajtmatov: »Mir aber scheint, daß Pilatus in ›Der Meister und Margarita‹ Jeshua etwas in den Schatten rückt, vor dem Hintergrund der innerlich angespannten Persönlichkeit des Prokurators

matov dagegen geht es zwischen Pilatus und Jesus um eine *Konfrontation von zwei Grundeinstellungen,* die argumentativ aufeinanderprallen. Pilatus verkörpert dabei das Prinzip Machtsicherung und Weltordnung auf der Basis militärischer Überlegenheit; Stabilität der Herrschaftsverhältnisse; Aufteilung der Welt in Herrschende und Beherrschte. Er glaubt, daß die gegenwärtige Weltordnung ein unerschütterliches Bollwerk und deshalb jede Forderung nach einem Reich der »Gerechtigkeit für alle« ein Hirngespinst sei. Er glaubt daran, daß die Welt nun einmal von den Mächtigen geführt werden müsse und daß die Starken immer und ewig die Welt beherrschen würden. Diese Ordnung ist für ihn so unvergänglich wie der Sternenlauf am Himmel. Auf dem Höhepunkt des Gesprächs wirft er Jesus entgegen:

> »Ich frage mich nur: Wozu entfachst du das Feuer, in dem du als erster verbrennst? Ohne Kaiser kann die Welt nicht leben, zur Macht der einen gehört immer die Unterwerfung der anderen, und du mühst dich vergebens ab, eine andere, von dir ausgedachte Ordnung als neue Geschichte aufzuzwingen. Die Kaiser haben ihre eigenen Götter, sie verehren nicht deinen abstrakten Gott-Morgen, der irgendwo in der unendlichen Zukunft verschwimmt und der allen wie die Luft gleichermaßen gehört, denn all das, was man zu gleichen Teilen geben kann, das ist nichtig, minderwertig oder schal, darum ist den Kaisern aufgetragen, in ihrem Namen über einen jeden und alle zu herrschen... Vergebens ist deine Sorge um das Menschengeschlecht, vergeblich das Opfer deines Lebens. Den Menschen ist nichts beizubringen, weder mit Predigten in Tempeln noch mit Stimmen vom Himmel! Sie werden immer den Kaisern folgen, wie die Herde dem Hirten, und sie werden vor der Stärke und dem Wohlstand in die Knie gehen und den verehren, der sich als der schonungsloseste und mächtigste von allen erweist, und sie werden die Heerführer und ihre Schlachten rühmen, wo in Strömen das Blut fließt, damit der

ist Jeshua teilweise einförmig geraten, übrigens hat Bulgakov vielleicht gerade das gewollt. Ich habe jedoch Jesus in den Mittelpunkt zurückholen und zur gedanklichen Zentralfigur machen müssen.« (in: Karawane des Gewissens, S. 235f; s. Anm. 84).

eine herrschen kann und der andere unterworfen und erniedrigt ist.«[97]

Die Analogien römischer Imperialismus – sowjetischer Imperialismus sind unüberhörbar und von einem kirgisischen Autor zweifellos hinterlistig-bewußt gezogen. Seinen *Jesus* porträtiert Ajtmatov denn auch als *radikalen Gegenentwurf* zu einer Welt, in der der Stärkere die Macht hat und die den Waffen mehr vertraut als den Herzen der Menschen. Jesus verkörpert eine »höhere Gewalt«, eine »andere Wahrheit«, und da die Wahrheit nicht teilbar ist, muß sie notwendigerweise in Konflikt mit der Wahrheit des Pilatus geraten. Denn ein Prediger wie Jesus, der »Glück und Gleichheit für alle und in Ewigkeit« verspricht, der »einen einzigen Gott für alle, für alle Länder und das ganze Menschengeschlecht, und das für alle Zeiten« verkündigt, ein »Reich der Gerechtigkeit für jeden und alle« propagiert und so »alle gleichmachen will, vom Imperator bis zum Sklaven«, hetzt in der Tat die Unterschichten auf und bringt die bisherige Weltordnung durcheinander.

Jesus kommt in den Menschen zurück

Aber damit ist das *tiefste Geheimnis* von Ajtmatovs Jesus noch nicht entschlüsselt. Es kommt bei derjenigen Frage zutage, von der Pilatus gerüchteweise gehört haben will und die ihn als einzige wirklich beunruhigt: Kommt Jesus als Weltenrichter tatsächlich wieder? Wann wird das sein? Begreiflich, daß Pilatus dies wissen möchte, denn diese Wiederkehr könnte ein Unruhe- und Destabilisierungsfaktor der imperialen Weltordnung sein. Für den Roman ist nun entscheidend, daß Ajtmatov seinen Jesus genau diese Vorstellung korrigieren läßt: Nicht er als Person werde wiederkommen; er werde vielmehr »in den Menschen« zu den Menschen zurückkommen.[98] Und zwar dann, wenn die Menschen nach einem unendlich mühseligen Leidensweg sich zu ihrer innersten und wahrsten Bestimmung durchgerungen hätten: ihrer *Bestimmung »zum Guten und zur Schönheit«*. Ja, der Je-

97 *Č. Ajtmatov,* Der Richtplatz, S. 228. 229f.
98 *Č. Ajtmatov,* a. a. O., S. 225.

sus Ajtmatovs sieht den Sinn seines Predigens in nichts anderem, als in den Menschen das Bewußtsein von ihrer Bestimmung, ihrem »göttlichen Ursprung«, zu erwecken:

> »Den Menschen als ewiges Beispiel zu dienen, bin ich in diese Welt hineingeboren. Damit die Menschen auf meinen Namen Hoffnung setzen und zu mir kommen durch das Leid, durch den tagtäglichen Kampf mit dem Bösen in sich, durch die Abscheu gegen Laster, Gewalt und Blutrünstigkeit, welche die Seelen so verhängnisvoll niederdrücken, wenn sie nicht in Liebe zu Gott erfüllt sind und folglich auch nicht zu ihren Ebenbildern, zu den Menschen!«[99]

Aber hat dieser Jesus damit nicht die Menschen und Gott gleichgesetzt? Diese dem Pilatus in den Mund gelegte Rückfrage wird so beantwortet:

> »In gewissem Sinn ja, und zudem sind alle Menschen zusammengenommen Gottes Ebenbild auf Erden. Und der Name ist der Gott jener Hypostase — der Gott-Morgen, der Gott der Unendlichkeit, die der Welt von seiner Schöpfung geschenkt worden ist... So lebt in uns die Hoffnung unauslöschlich wie das Licht Gottes. Gott-Morgen ist auch der umfassende Geist der Unendlichkeit, in ihm sind das ganze Wesen, alle Taten und alles Streben des Menschen aufgehoben; und ob dieser Gott-Morgen schön oder häßlich, gutherzig oder strafend ist, das hängt vom Menschen selbst ab. Solches Denken geziemt sich und ist geboten, Gott der Schöpfer selbst wünscht sich das von den denkenden Wesen, darum soll sich der Mensch selber um die Zukunft auf Erden kümmern, denn ein jeder ist ein Teilchen von Gott-Morgen. Der Mensch selbst ist Richter und Schöpfer eines jeglichen seiner Tage...«[100]

Damit sind die Geheimnisse des Gottes- und Menschenbildes des Ajtmatovschen Jesus freigelegt. Und man versteht beides sehr viel besser, wenn man alles nicht gleich mit dogmatischer Elle

[99] *Č. Ajtmatov,* a. a. O., S. 225f.
[100] *Č. Ajtmatov,* a. a. O., S. 226.

mißt und abqualifiziert,[101] sondern vor die Folie der damals noch herrschenden sozialistisch-atheistischen Religionskritik hält. Denn Ajtmatov kommt hier zu einer durchaus *differenzierten Stellungnahme in Sachen Religion.* Er wahrt Äquidistanz zum staatssozialistischen Atheismus ebenso wie zur kirchlichen Orthodoxie, deren Rückwärtsgewandtheit und deren Dogmatismus er (im Geiste Leo Tolstojs) durch die Priesterseminar-Kapitel zu Beginn des Romans heftigster Kritik unterzieht.[102] Konkret heißt das: Gegen die offizielle Religionsverachtung bejaht Ajtmatov die Rede von Gott; aber mit ihr hat Religion — gegen die kirchliche Orthodoxie — keine Funktion für das Jenseits, sondern ausschließlich für das Diesseits. Gegen die traditionelle Religionskritik wertet Ajtmatov die Gestalt Jesu auf; aber mit ihr — und gegen die kirchliche Orthodoxie — nicht als transzendenten Erlöser, von dem Menschen all ihr Heil zu erwarten hätten, son-

101 Dieser Gefahr erliegt *N. Franz* (Vom Logos zum Mythos, s. Anm. 81), wenn er Ajtmatovs Jesus-Bild allzu kühl dogmatisch abtut: »Jesus Christus hat in einer solchen Geschichtsauffassung lediglich die Funktion eines Exemplums, das dem Menschen als Aufgabe dient. Damit entfällt die historische Bedeutung der Inkarnation, der die westliche Kirche u. a. dadurch Rechnung zu tragen versuchte, daß sie den Nullpunkt der Geschichte an ihr ausrichtete. Das zentrale Anliegen des Christentums, die Lehre von der Erlöstheit *in* — nicht *aus* — der Geschichte, bleibt in der in ›Plakha‹ entworfenen Konzeption auf der Strecke. Ähnliches geschieht mit der Neuformulierung des Gottesbildes durch Jesus Christus und mit der Frage nach dem Geist und der Kirche. Auch hier ist der Jesus des Romans nicht der von den Christen geglaubte Christus. Der Jesusfigur mangeln alle Grundzüge einer Geschichtstheologie, so wie das Jesuskapitel auch nicht in die Geschichten des Romans eingebunden ist. Der göttliche Logos wird zum unverbindlichen Mythos.« (S. 32) An dieser Kritik ist so gut wie alles falsch — literarisch und theologisch. Die Jesus-Kapitel sind durchaus, wie wir gezeigt haben, in den Roman eingebunden, und Ajtmatovs Jesusverständnis beruht — bei allem Unterschied zu einer orthodoxen Soteriologie — keineswegs auf einem ungeschichtlichen Mythos. Ajtmatov denkt in diesem Roman durchaus geschichtstheologisch, ja eschatologisch, wenn er die Befreiung des Menschen zum Guten und zur Schönheit als geschichtsimmanenten Prozeß begreift, der in Jesus Christus sein Zielbild hat und der zugleich durch den Geist Christi von innen in den Menschen vorangetrieben wird. In theologischer Nomenklatur geredet, vertritt Ajtmatov in diesem Roman keine Christologie »von oben«, wohl aber eine Christologie »von innen«, weniger eine Christologie im Geiste des Dogmas als eine Christologie im Geiste der Spiritualität und der Mystik.

102 Vgl. *Č. Ajtmatov,* Der Richtplatz, S. 59–126. In der Auseinandersetzung mit dem Pater Koordinator wird der Dogmatismus der russisch-orthodoxen Kirche — ganz auf der Linie der Kirchenkritik Tolstojs — heftigst kritisiert und das spätere Gottes- und Menschenbild Avdij Kallistratovs vorbereitet.

dern als aktiven Befreier zu verändernder Praxis. Menschen sollen durch Jesus — als »Beispiel« — ihrer göttlichen Ursprünge bewußt werden, um dann selber aktiv »den tagtäglichen Kampf mit dem Bösen« auf sich zu nehmen.

Auch die *Rede von Gott* hat bei Ajtmatov eine klare Funktion: Sie dient dazu, jedem einzelnen Menschen Anteil an Gottes Wirklichkeit (»Geist der Unendlichkeit«) zu geben, um ihn so fähig zu machen, sich für die gesamte Schöpfung verantwortlich zu fühlen. Allen Wert legt ja Ajtmatov in der entscheidenden Passage darauf, daß die vom ihm verwandte religiöse Metaphorik keiner Schicksalsgläubigkeit Vorschub leistet. Die Rede von Gott soll Menschen nicht in eine passive Erwartung versetzen (»Jüngstes Gericht«), sondern von innen her befreien und motivieren, sich »selber um die Zukunft auf Erden zu kümmern«. Wo dies geschieht, geschieht Schöpfung jeden Tag neu; wo dies verweigert wird, vollzieht sich jeden Tag neu das Jüngste Gericht.[103]

Von daher ist es nur konsequent, daß der Ajtmatovsche Jesus jede Ausmalung von Transzendenz verweigert. Für ihn ist der Tod eines jeden Menschen das Ende. In die transzendente Welt gleite »nur der Geist lautlos und unfaßlich, wie der spiegelnde Schatten im Wasser«, aber für den Leib führe kein Weg dorthin. Diesem Jesus geht es folglich »um das unermeßliche Leben, um das Leben auf Erden«. Und deshalb berichtet er dem Pilatus — froh, dies in letzter Stunde vor dem eigenen Tod noch mitteilen zu können — von einer ihn quälenden Vision, die er in der letzten Nacht gehabt habe. Es ist die *Vision einer Erde ohne Menschen.* Es ist die Vision einer selbstinszenierten Apokalypse, in der die Menschen sich selbst ausgerottet hätten. Nichts ist furchtbarer für den Ajtmatovschen Jesus als dieses Szenario, da er ja seine ganze Hoffnung auf die Menschen gesetzt hat. Ohne sie kann auch er nicht wiederkommen; wenn das Menschenleben ausgerottet ist, ist auch er endgültig tot, dann haben Haß und Feindschaft gesiegt.

Und weil dies so ist, weil das Pilatus-Prinzip gegen das Jesus-Prinzip immer noch im Kampf liegt, der unentschieden ist, ist

103 Parallelen zur Gedankenwelt des berühmten russischen Religionsphilosophen *N. Berdjajev* (1874–1948) hat gezogen *J. P. Mozur,* Čingiz Ajtmatovs ›Plakha‹: A New Religion for Soviet Man?, in: a. a. O., S. 263–273 (s. Anm. 81).

auch der Tod Jesu am Kreuz Konsequenz dieses Kampfes. Es überrascht deshalb nicht, daß der Ajtmatovsche Jesus sich an keiner Stelle gegen diesen Tod wehrt. Er nimmt ihn an als vorherbestimmt, als einleuchtende Konsequenz seiner Botschaft. Ruhig und gefaßt sieht er der Schädelstätte entgegen, mit der einzigen Sorge, das ihm »bestimmte Los« würdig zu tragen und nicht »durch viehisches Geheul« zu erniedrigen. Ajtmatov läßt seinen Jesus gar nicht auf die Idee kommen, mit Gott deswegen zu hadern; denn nicht letztlich auf ihn kommt es an (er ist nur ein »Beispiel«), sondern auf die Menschen und ihr Verhalten im Kampf zwischen Gut und Böse.

Das Böse für alle Zeiten überwinden

Von daher versteht man nun auch die Logik des *zweiten Jesus-Einschubs*, der mit der Technik der Simultaneität arbeitet. Es ist ein Stück christlicher Passions-Mystik, bei dem Avdij unmittelbar Zeitzeuge der Hinrichtung Jesu wird, die er zu verhindern trachtet. Dieses Sich-Wehren gegen die Kreuzigung Jesu hat weniger mit Ajtmatovs Herkunft aus dem Islam zu tun[104] als mit der Logik des Romans. Denn erzählstrukturell hat dieses Stück Jesus-Mystik eine wichtige Doppelfunktion. Es ist *psychologisch* wichtig, schildert es doch den jungen Idealisten Avdij als jemanden, der — gewissermaßen im Alleingang — die Passion Jesu rückgängig zu machen versucht; so betroffen vom Schicksal des Meisters ist er, daß er alles zu tun bereit ist, um dieses Geschehen aufzuhalten, es ungeschehen zu machen. Avdij gehört damit zum Typus des leidenschaftlichen Mystikers, der bereit ist, noch einmal Berge zu versetzen, Zeiten zu verschieben, Tatsachen aufzuheben. Noch nach fast zweitausend Jahren Christentum kann er sich mit dem Geschehen auf Golgatha nicht abfinden, will er dieses Geschehen zurückkurbeln wie einen Film. Dieser junge Gott-Sucher rüttelt damit gewissermaßen an den Strukturen der Zeit,

104 Einflüsse des Islam auf Ajtmatovs Jesusdarstellung hat nachzuweisen versucht: A. Olcott (s. Anm. 81). Angesichts einer von Ajtmatov selber eingestandenen schwachen religiösen Sozialisation im Islam und des Einflusses der Bibel in der Zeit der Abfassung des Romans halte ich diese Rekonstruktionen für wenig wahrscheinlich. Jedenfalls sind sie nirgendwo belegt.

wissend, daß zweitausend Jahre Christentum die Welt nicht heiler und die Menschen nicht erlöster gemacht haben.

Doch all diese fiktiven Optionen nützen nichts. Die Weltgeschichte wird in großen Zügen der Botschaft Jesu konträr laufen. Gerade der Tod Jesu am Kreuz ist Ausdruck einer Geschichte, in der der Ausgang zwischen Heil und Unheil noch unentschieden ist. Deshalb hat dieser mystische Jesus-Einschub im Roman auch eine wichtige *strukturell-inhaltliche Funktion.* Er unterstreicht die Grundaussage, daß Unheilsgeschichte sich wiederholen muß, solange das jesuanische Prinzip des Guten und des Schönen sich nicht durchgesetzt hat. Deshalb muß sich die Passionsgeschichte Jesu auch im 20. Jahrhundert reproduzieren, weil ein Großteil der Menschen nicht im Geist Jesu von Nazarets, sondern im Ungeist des Pontius Pilatus handelt und Geschäfte macht. Daß die Stärkeren »nun einmal« über die Schwächeren herrschen, dieses Pilatus-Prinzip verkörpert ja niemand zynischer als der Boß der Drogen-Mafia.

Entscheidend aber: Das Jesus-Prinzip unterliegt zwar in diesem Roman, es bleibt aber als *Hoffnungsbild für die Menschheit* unwiderlegt. Ja, man kann in diesem Roman eines Muslimen erstaunliche Reflexionen über die *Einzigartigkeit Jesu* lesen:

> »Seit dem Tag, da Er ans Kreuz stieg, kommen die Geister nicht von Ihm los! Dabei ist seit jenen Tagen so vieles, das mit dem Anspruch auf Unsterblichkeit daherkam, längst vergessen und in Schutt und Asche. Das Leben der Menschen verbessert sich täglich: Was heute neu, ist morgen schon alt, was heute besser scheint, verblaßt morgen vor noch Schönerem. Warum veraltet dann das Wort Jesu nicht und verliert nicht an Kraft? Und war all das, was von Seiner Geburt bis zur Hinrichtung geschah, mit allen Folgen über die Zeiten und Generationen, wirklich so unumgänglich und unvermeidbar für die Menschheit? Und wo lag der Sinn dieses Weges in der Geschichte der Menschen? Was haben sie erreicht? Wohin sind sie gelangt?«[105]

Und damit sind zwei Grunddimensionen angesprochen: Der Roman ist nüchtern-realistisch bis zum Skeptizismus (er kennt die

105 *Č. Ajtmatov,* Der Richtplatz, S. 243.

Mächte des Bösen und läßt seine beiden Helden Avdij und Boston entsprechend scheitern), und zugleich hält er — spes contra spem — ein Zielbild aufrecht, das identisch ist mit der umfassenden Menschen- und Gottesliebe, die in Jesus von Nazaret einzigartig verkörpert ist. Die Kreuze der Weltgeschichte sind offensichtlich unvermeidlich, aber doch nicht stark genug, diese Sehnsucht des Menschen nach umfassender Liebe und Schönheit ein für allemal abzutöten. So lautet denn auch eine Schlüsselstelle von Avdijs mystischen Jesus-Meditationen in aller Doppelsinnigkeit:

> »Und du, Meister, machst dich bereit zur grausamsten Hinrichtung, auf daß der Mensch sich für Güte und Mitgefühl öffne, daß er vernehme, was im Urgrund den Vernünftigen vom Unvernünftigen unterscheidet, denn mühselig ist der Weg des Menschen auf Erden, tief wurzelt in ihm das Böse. Erreichen wir etwa auf dem Weg das absolute Ideal — den Verstand, den die Freiheit des Denkens beflügelt? Und die erhabene Persönlichkeit, die in sich das Böse für alle Zeiten überwindet, so wie eine ansteckende Krankheit besiegt werden kann? Oh, wenn dies zu erreichen wäre! Mein Gott, welch eine Bürde hast du dir auferlegt, eine unverbesserliche Welt zu bessern?«[106]

Auch Čingiz Ajtmatovs Roman, entstanden in einer völlig anderen Kultur, ist ein *Roman des Widerstands.* Man hat ihn einen Warn- und Menetekelroman genannt. Er zeichnet grell die Probleme einer Gesellschaft, in der die Mächte des Bösen zu triumphieren scheinen. Und doch bleibt er dabei nicht stehen. Denn alle »Höllen« auf Erden vermögen die in Jesus verkörperte Realvision vom Menschen nicht zu widerlegen: daß es eine Zeit geben möge, in der der Mensch aufgehört haben wird, der Feind des Menschen zu sein, in der er sich erinnert, daß »alle Menschen zusammengenommen Gottes Ebenbild auf Erden« sind. Das *Kreuz Jesu Christi* wirkt in einer Unkultur von Brutalität, in einer Wolfsgesellschaft von Menschen, die selbst die Wölfe ausrottet, als *kontrafaktische Gegenmacht der Ohnmacht.*[107]

106 *Č. Ajtmatov*, Der Richtplatz, S. 247.
107 Die weltpolitischen und weltreligiösen Perspektiven Ajtmatovs sind weiterentwickelt worden vor allem in dem eindrucksvollen Gespräche-Buch: *Č. Ajt-*

Die Nachfrage an all diese Passions-Texte von Anna Seghers bis Čingiz Ajtmatov kommen jetzt fast zwangsläufig: Jesus – der uns Nahe und doch der ganz Andere, Ursymbol von Passion und Widerstand, von Utopie und Scheitern? Christliche Tradition hat das Bekenntnis zu Jesus stets mit der Gewißheit verbunden: Er lebt, durch Gott und bei Gott; er ist auferweckt worden; Gott hat ihn nicht im Tode gelassen, sondern ihm neues Leben ermöglicht. Wie dies die Literaten herausgefordert hat, wollen wir im nächsten Kapitel untersuchen.

matov – D. Ikeda, Begegnung am Fudschijama. Ein Dialog. Aus dem Russischen von F. Hitzer, Zürich 1992. Vgl. auch die Rede Ajtmatovs bei der Entgegennahme des Friedrich-Rückert-Preises (s. Anm. 84).

IV. AUFERSTEHUNG: ANFECHTUNG BÜRGERLICH GEWORDENER CHRISTEN

Wer wie ich kirchlich-katholisch erzogen wurde, dessen Gedächtnis hat ganz automatisch Osterlieder gespeichert. Naiv im besten Sinn, wie wir als Kinder waren, sangen wir sie voller Inbrunst. Die Melodien dieser einfachen und doch so kräftigen Gesänge drangen widerstandslos ins Ohr, und sie klingen mir, wenn erweckt, noch heute im Kopf: »Christ ist erstanden, von der Marter allen«; »Das Grab ist leer, der Held erwacht«; »Gelobt sei Gott im höchsten Ton samt seinem eingeborenen Sohn, der für uns hat genug getan«... Und mit diesen Liedern drang auch deren Theologie ganz selbstverständlich ins Hirn, ohne daß wir begriffen hätten, was wir da sangen.

1. Ostern als Triumph des Christentums

Von einer Auseinandersetzung mit der »Sache« von Ostern konnte während meiner gesamten religiösen Erziehung keine Rede sein. Zur Kritik wurden wir nicht angeleitet; der Umgang mit den Schwierigkeiten, die schon die Ostertexte des Neuen Testaments machten, wurde nicht eingeübt. Warum auch? Wir Katholiken konnten fröhlich drauflossingen:

»Das ist der Tag, den Gott gemacht,
der Freud in alle Welt gebracht.
Es freu sich, wer sich freuen kann,
denn Wunder hat der Herr getan.« (GL 220)

Osterlieder – freudig-naiv gesungen

Ganz selbstverständlich akzeptierten wir damit das »Wunder« von Ostern. Ganz selbstverständlich war uns, daß dieses christliche Ereignis eine Bedeutung für die ganze Welt hatte: *Alles* Dunkel des Todes war durch die Auferstehung unseres Erlösers »erhellt«, *alles* »Leid der Welt« verklärt. Wir dachten bei diesem unseren Fest ganz automatisch universalistisch und machten uns nicht eine Sekunde lang klar, daß dies von Milliarden von Nichtchristen, von Juden, Muslimen, Buddhisten, Hindus, Konfuzianern ganz anders gesehen werden würde. Wir waren in Sachen Ostern *naive Universalisten,* indem wir aus voller Brust intonierten:

»Nun freut euch hier und überall,
der Herr ist auferstanden;
im Tod bracht er den Tod zu Fall
und macht die Höll zuschanden.
Des Lebens Leben lebet noch;
sein Arm hat aller Feinde Joch
mit aller Macht zerbrochen.« (GL 226)

Ja, wir glaubten das, ungebrochen, was hier der große protestantische Barockdichter *Paul Gerhardt* schon im 17. Jahrhundert getextet hatte: Ostern ist das Fest des christlichen Triumphes, das Fest des Sieges Christi. Die Bilder aus der Barockzeit waren für uns noch intakt. Und an Ostern sangen wir solche »Kampflieder« gern und freuten uns daran: am Kampf gegen die Hölle und am Kampf gegen alle Feinde Christi. Christus war unser Sieger, und mit ihm waren auch wir Christen allesamt Sieger. Wir waren in Sachen Ostern *naive Dualisten* und berauschten uns an einer mystisch-kosmischen Deutung des Ostergeschehens, wie sie uns durch den großen katholischen Barockdichter *Friedrich von Spee* vor Augen gestellt wurde:

»Ist das der Leib, Herr Jesus Christ,
der tot im Grab gelegen ist?
Kommt, kommt, ihr Christen, jung und alt,
schaut die verklärte Leibsgestalt!

Der Leib ist klar, klar wie Kristall,
rubinengleich die Wunden all.

Die Seel durchstrahlt ihn licht und rein
wie tausendfacher Sonnenschein.«[108]

Und so weiter. Was uns dieses Lied suggerierte, war die Tatsache, daß an Ostern sich eine Wandlung von kosmischem Ausmaß vollzogen hat. Der Leib Christi wird auf eine wundersame Weise verwandelt und erstrahlt wie kein anderer Leib in einzigartiger Schönheit. Und diese Schönheit des Leibes soll sich auf alle Christen übertragen, wie es in der letzten Strophe dieses Liedes heißt:

»Das ist der Leib, Herr Jesus Christ,
der tot im Grab gelegen ist.
Und leb ich dir und sterb ich dir,
gibst solch verklärten Leib du mir.«

Ja, wir waren in Sachen Ostern *naive Kosmiker.* Und erst später ging mir auf, daß dieses in der Reformation und Barockzeit mit Ostern verbundene triumphalistische, universalistische, dualistische und kosmische Denken in der deutschen Literatur einmal eine unerhörte Aufgipfelung erfahren hatte. Denn es gibt einen Dichter, der wie kein anderer die christliche Auferstehung als kosmisch-universales Heils- und Kampfdrama zu inszenieren wußte. Wir müssen dafür freilich zurück ins 18. Jahrhundert.

Auferstehung als kosmisches Drama: Friedrich Gottlieb Klopstock

Himmlische Wesen umstehen das Grab Jesu, Engel, Erzengel; die »Väter« aus dem alten Bund erwachen aus ihrem Todesschlaf und versammeln sich um die Stätte des Toten: Abraham, David, Josef, Ezechiel, Daniel und Jesaia, froh über die Chance eines neuen Lebens. Um das Grab – ein Wetterleuchten, ein Aufbrausen von Gebeten und Gesängen, die den Kosmos durchdringen. Dazwischen die Kommandorufe der römischen Legionäre, Heiden, die an einen anderen Gott glauben, von denen einer aber jetzt nachdenklich geworden ist. Der Todesengel Abbadona eilt zum

108 Nr. 823 im Diözesan-Anhang des »Gotteslob« für das Bistum Rottenburg-Stuttgart.

Toten Meer, wohin die Widersacher Gottes verbannt wurden, und läßt ihnen die Wahl: Sie können endgültig zur Hölle fahren oder der Auferstehung Christi zu ihrer eigenen Verhöhnung beiwohnen. Ja, die Stunde der Auferweckung ist gekommen: Urweltorkane rasen durch die Himmel, riesige Wälder neigen ihre Krone vor dem Grabmal, die Berge erbeben, Meere und Flüsse tanzen, die Posaunen der Erzengel ertönen...

Und plötzlich sehen ihn alle, Christus, den Sohn des Ewigen, auferstanden in himmlischer Glorie: all die Erzengel und Erzväter, die Propheten und Heiden, aber auch Satan, der Hasser und Vernichter, der nun endgültig in seine Hölle verbannt wird. Ein römischer Soldat überbringt den Pharisäern die Nachricht vom leeren Grabe, und einer der Pharisäer, Philo, der vorher die gewaltsame Tötung Jesu betrieben hatte, nimmt das Schwert des Soldaten und gibt sich den Todesstoß — das Lachen eines Wahnsinnigen auf den Lippen...

1768: Als dieser 13. Gesang des *»Messias«* von *Friedrich Gottlieb Klopstock* erscheint, ist der 44jährige Autor auf dem Höhepunkt seiner literarischen Karriere. 20 Jahre zuvor waren die ersten Gesänge seines monumentalen Epos erschienen, und fünf weitere Jahre sollte es noch dauern, bis alle 20 Gesänge mit insgesamt rund 20.000 Versen abgeschlossen waren.[109] Ausgestattet mit einer fürstlichen Pension durch den König von Dänemark, hatte Klopstock an seinem Riesenepos arbeiten können, er, den man den ersten deutschen Berufsschriftsteller nennen kann, der aber nicht nur von fürstlichen Geldern, sondern auch von eigenen Honoraren und Selbstverlagsgewinnen leben konnte. Klopstock, »ein radikal neuer Typ des Bürgers und des literarischen Produzenten«, ein »seine gesellschaftliche Hintanstellung machtvoll überkompensierender Selbstproduzent« (P. Rühmkorf).[110]

Unerhört war nicht nur die poetisch-dramatische Sprache, die Klopstock für sein Messias-Epos benutzte; unerhört in der literarischen Fülle und Tiefe war auch die Art, wie Klopstock im 13.

[109] *F. G. Klopstock,* Der Messias, in: Ausgewählte Werke Bd. I, hrsg. von K. A. Schleiden, München-Wien 1991, S. 195–770.

[110] *P. Rühmkorf,* Friedrich Gottlieb Klopstock. Ein empfindsamer Revolutionär, in: ders., Walther von der Vogelweide, Klopstock und ich, Hamburg 1975, S. 79–119, Zitat S. 86.

Gesang die Auferstehung Christi literarisch ausgestaltete. Zum ersten — und zum letzten — Mal kann ein deutscher Autor von literarischem Rang die Auferstehung Christi direkt als universales, *kosmisches und heilsgeschichtliches Drama* erlebbar machen, die kargen biblischen Berichte aufgreifend und zugleich literarisch übertrumpfend. Adam und Eva neben den Patriarchen und Propheten des Alten Bundes am Grabe Jesu! Doch davon überzeugt, daß die christliche Offenbarung teilweise nur »Grundrisse« geliefert, die der Dichter »nach den Hauptzügen« auszumalen habe; von der Idee besessen, daß es Aufgabe der »heiligen Poesie« sei, »uns über unsere kurzsichtige Art zu denken zu erheben, um uns dem Strome zu entreißen, mit dem wir fortgezogen werden«,[111] geht es Klopstock darum, ein wahrhaft raum- und zeitverschmelzendes Universalgemälde der Auferstehungsszene zu schaffen. Im literarischen Kunstwerk wird der Leser gleichsam Zeitgenosse und Augenzeuge der Auferstehung Christi; suggestiv wird *Gleichzeitigkeit hergestellt* zwischen Vergangenheit und Gegenwart, zwischen Einst und Jetzt. Die Literatur stellt sich dabei noch ganz in den Dienst der christlichen Offenbarung. Treu hält sich Klopstock denn auch an die Vorgaben der kirchlichen Glaubenslehre, von der er nur im Fall des Dogmas von der Ewigkeit der Höllenstrafe abzuweichen wagt.

Anders gesagt: Diesem Dichter war es noch möglich, in seiner Auferstehungsgeschichte ganz ungeniert Engel und Teufel auftreten und abtreten zu lassen; möglich, die Erzväter Israels als sehnsüchtig auf die christliche Erlösung Wartende zu beschreiben; möglich, Kosmos, Natur und Geschichte für das ausschließlich christlich gedachte Heilsdrama zu funktionalisieren und die *Auferstehung* Christi zum *endgültigen Triumph des Christentums* über Judentum und Heidentum zu machen. Der Dichter ist hier noch einmal ganz und gar als heiliger Seher verstanden, als inspirierter Deuter der biblischen Urkunden — hingerissen, trunken, emphatisch die ewigen Gedanken Gottes selber nachdenkend und mit kreativer Phantasie ästhetisch ausmalend. Ja, es gab sie Mitte des 18. Jahrhunderts noch: die Einheit von Christentum und Literatur, Kirche und Poesie, und ungezählte Christen feierten schon

[111] *F. G. Klopstock,* Von der heiligen Poesie, in: Ausgewählte Werke Bd. II, hrsg. von K. A. Schleiden, München-Wien 1981, S. 997-1009. Zitat S. 998. 1001.

zu Klopstocks Zeiten die Karwoche und das Osterfest mit dem »Messias« in der Hand. Ihre Devise könnte gelautet haben: *Die Botschaft höre ich gern und habe auch den Glauben.* Und mir wird bewußt, daß wir Katholiken uns mit unseren vollmundig gesungenen Osterliedern bewußtseins- und poesiegeschichtlich im 17. und 18. Jahrhundert befanden und befinden.

2. Allein mir fehlt der Glaube: Johann Wolfgang Goethe

Szenenwechsel. Wir blicken auf die wohl berühmteste Osterszene in der Geschichte der deutschen Literatur und versuchen, sie Schritt für Schritt zu verstehen.

Ein Mann verzweifelt auf der Suche nach Wahrheit. All die Oberflächlichkeiten des Alltags und des Wissenschaftsbetriebs? Er hat sie satt bis zum Überdruß. All die Erkenntnisquälerei? Wohin führt sie letztlich als zu der Einsicht, daß man nichts wirklich wissen könne. All das Bemühen, die Grundkräfte der Wirklichkeit zu entdecken, zu begreifen, was die Welt im Innersten zusammenhält? Vergebliche Liebesmüh. All die Einsamkeit des suchenden Forschers, all der Verzicht auf Besitz und Anerkennung — was ist das anderes als eine Hundeexistenz? Doch in seinem Herzen gärt es weiter. Was war am Anfang aller Anfänge? Nach welchen Grundgesetzlichkeiten ist unsere Welt gebaut? Was hält den Mikrokosmos ebenso zusammen wie den Makrokosmos? Sollte sich nicht mit Hilfe der Magie der »Große Geist« beschwören lassen? Der Geist, der in »Lebensfluten« und »Tatenstürmen« herrscht, der über Geburt und Grab, Tod und Leben regiert?

Ein Mann sucht Wahrheit auf eigene Faust

Und doch: Als der Große Geist erscheint, kann ihn der Gelehrte nicht ertragen, krümmt er sich furchtsam weg wie ein Wurm. Der den Großen Geist wie seinesgleichen behandeln wollte, erhält kühl die Auskunft: »Du gleichst dem Geist, den du begreifst, nicht mir.« Der Mann ist entschlossen, seinem Leben ein Ende zu setzen. Es ist die Nacht von Karsamstag auf Ostersonntag, die Nacht zwischen Kreuz und Auferstehung, zwischen Leben und Tod. Doch das Merkwürdige geschieht: Schon die Giftflasche an den Lippen, vernimmt er plötzlich aus einer nahe gelegenen Kirche die Botschaft von der Auferstehung Christi:

»Christ ist erstanden!
Freude dem Sterblichen,
Den die verderblichen,
Schleichenden, erblichen
Mängel umwanden.« (VV 737–741)

Er zögert, setzt ab — und dieser Moment genügt, um ihn ins Leben zurückzuführen:

»Welch tiefes Summen, welch ein heller Ton
Zieht mit Gewalt das Glas von meinem Munde?
Verkündiget ihr dumpfen Glocken schon
Des Osterfestes erste Feierstunde?
Ihr Chöre, singt ihr schon den tröstlichen Gesang,
Der einst, um Grabes Nacht, von Engelslippen klang,
Gewißheit einem neuen Bunde?« (VV 742–748)

Als diese Szene von *Goethes »Faust«* Ende des 18. Jahrhunderts entsteht, befindet sich die literarisch-religiöse Welt Klopstocks schon im Zusammenbruch.[112] »Wie ein Spuk« ist die Klopstocksche Osterszenerie aus der deutschen Literatur verschwunden. Denn im »Faust« versetzt sich kein religiös-trunkener Dichter mehr in die Situation am Grabe Jesu — mit Propheten und Patriarchen, Engeln und Teufeln literarisch auf vertrautem Fuß. Hier, an der »christlichsten« Stelle des ganzen Dramas, schafft sich ein Autor vielmehr unüberhörbar *ironische Distanz* zum kirchlichen Osterglauben, die nüchterner nicht ausfallen kann, gerade weil er die Szene in der Osternacht spielen läßt. War die erste Reaktion von Faust noch spontan-beglücktes Lauschen auf den »tröst-

[112] Vgl. die Kommentare von *E. Trunz,* in: Goethes Faust. Der Tragödie erster und zweiter Teil. Urfaust, Hamburg 1968, S. 504–506. *A. Schöne,* in: Johann Wolfgang Goethe, Faust. Kommentare, Frankfurt/M. 1994, S. 226–229 (Bibliothek deutscher Klassiker 114). *H. Arens,* Kommentar zu Goethes *Faust I,* Heidelberg 1982.

lichen Gesang« der Osterbotschaft, so fällt die zweite, bewußtere Reaktion dieses intellektuellen Grüblers wesentlich kritisch-distanzierter aus. Als habe er der Osterbotschaft bereits zu viel zugestanden, muß Faust sie in der zweiten Reaktion gleich kritisch entlarven:

»Was sucht ihr, mächtig und gelind,
Ihr Himmelstöne, mich am Staube?
Klingt dort umher, wo weiche Menschen sind.
Die Botschaft hör' ich wohl, allein mir fehlt der Glaube;
Das Wunder ist des Glaubens liebstes Kind.
Zu jenen Sphären wag' ich nicht zu streben,
Woher die holde Nachricht tönt;
Und doch, an diesen Klang von Jugend auf gewöhnt,
Ruft er auch jetzt zurück mich in das Leben.
Sonst stürzte sich der Himmelsliebe Kuß
Auf mich herab, in ernster Sabbatstille;
Da klang so ahnungsvoll des Glockentones Fülle,
Und ein Gebet war brünstiger Genuß;
Ein unbegreiflich holdes Sehnen
Trieb mich, durch Wald und Wiesen hinzugehn,
Und unter tausend heißen Tränen
Fühlt' ich mir eine Welt entstehn.
Dies Lied verkündete der Jugend muntre Spiele,
Der Frühlingsfeier freies Glück;
Erinnrung hält mich nun mit kindlichem Gefühle
Vom letzten, ernsten Schritt zurück.
O tönet fort, ihr süßen Himmelslieder!
Die Träne quillt, die Erde hat mich wieder!« (VV 762–784)

Deutlich ist: Ostern ist in diesem großen Dokument der Literatur nicht mehr als triumphalistisches Heilsdrama über Judentum und Heidentum präsent, sondern als Zitat aus einer versunkenen Welt. Von der Klopstockschen Szenerie sind nur Fragmente übriggeblieben, aufgenommen im Wechselgesang der »Weiber«, »Engel«, und »Jünger«, die als Versatzstücke aus der Osternachtliturgie in die Welt des Doktor Faust eingespielt werden. Das ist kein Zufall, sondern kalkulierter Symbolakt. Goethes Faust befindet sich in dieser christlichsten aller christlichen Nächte bewußt nicht mehr im Gottesdienst, sondern in seiner Studierstube — als jemand, der auf eigene Faust nach der Wahrheit forscht, die er dort drüben — in der Kirche — offensichtlich nicht mehr findet. Während die Gemeinde mit der Osterliturgie das »neue Leben« in Christus feiert, bleibt Faust außerhalb der Mauern der Kirche, ja spielt auf eine noch zur Goethe-Zeit anstößige, frevelhafte Weise mit seinem eigenen Leben…

Ironische Brechungen von Ostern

Schaut man somit genau hin, so kann Goethe von Ostern literarisch offensichtlich nur noch in *dreifacher Brechung* reden.

Erstens: Nicht mehr möglich ist die suggestive Verlebendigung eines kosmischen Heilsdramas. Die Perspektive ist zurückgenommen auf eine Figur der Jetztzeit, an der die Wirkungen der kirchlichen Osterfeier kritisch gespiegelt werden.

Zweitens: Nicht mehr möglich ist eine intellektuelle Identifikation mit dem christlichen Osterglauben. Dieser wird als »Wunder« durchschaut, das psychologisch der Wunscherfüllung dient und *deshalb* reine Illusion ist. Die Anspielung auf »weiche Menschen«, bei denen diese »Himmelstöne« von der Auferstehung Christi noch tönen könnten, verweist auf dasselbe Muster von Religionskritik (»Arzenei«), das Mephistopheles später im Drama dem Schüler gegenüber gebrauchen wird (ich bin im Prolog zu diesem Buch auf diese Stelle bereits eingegangen): Religion ist bestenfalls etwas für »weiche«, das heißt schwache, möglicherweise kranke Menschen, die sie so nötig brauchen wie eine Medizin. Was den Umkehrschluß erzwingt: »harte«, »gesunde« Menschen vom Schlage des Doktor Faust bedürfen dieser Stärkung offensichtlich nicht mehr. Voller Ironie ist dabei der Hinweis, er, Faust, wolle es nicht »wagen«, zu jenen »Sphären« zu streben, das heißt zu jenem Bereich, der durch das christliche Heilsmysterium abgedeckt ist. Diese »Kühnheit« überläßt Doktor Faust gern denjenigen, für deren Glauben das Wunder ihr »liebstes Kind« ist.

Drittens: Die christlichen Glaubensinhalte sind der Parodie freigegeben. Diese parodistische Verfremdung wird vor allem bei den in diese Szene eingeblendeten Chören der Weiber, Engel und

Jünger hörbar. Kommentatoren haben zu Recht darauf hingewiesen, daß Goethe mit diesen Chorgesängen auf die Tradition kirchlich-liturgischer Osterfeiern anspielt, wo seit dem Mittelalter Responsorien eines dreigeteilten Chors von Frauen, Engeln und Jüngern bekannt sind. Zugleich aber haben sie deutlich gemacht, daß Goethe sich mit seinen Chören sowohl von der liturgischen Tradition wie von den neutestamentlichen Vorgaben weit entfernt habe. In der Tat ist im »Faust« nur die Dreichörigkeit übriggeblieben sowie der wiederholte Auferstehungs-Ruf »Christ ist erstanden«. Ansonsten weist der Text der Chöre eine solch »peinlich überladene Klangspielerei« (A. Schöne) auf, daß die ironische Distanz ihres Verfassers unüberhörbar ist. Den »Chor der Engel« beispielsweise läßt Goethe sagen (oder singen):

»Christ ist erstanden,
Aus der Verwesung Schoß;
Reißet von Banden
Freudig euch los!
Tätig ihn Preisenden,
Liebe Beweisenden,
Brüderlich Speisenden,
Predigend Reisenden,
Wonne Verheißenden,
Euch ist der Meister nah,
Euch ist er da!« (VV 797–807)

Mit dem Literaturwissenschaftler *Hans Arens,* dem wir ausführliche Kommentare zu Goethes Faust-Dichtungen verdanken, wird man deshalb sagen können: »Wo aber die Engel wesenhaft Christliches aussagen sollen, steht die formale Künstlichkeit der Überzeugungskraft im Wege; denn wenn von sechs Silben eines Verses die Hälfte auf den Reim entfällt, und dieser sich sogar drei- bis fünfmal wiederholt, ist das ein Übermaß, in dem die Kunst zur Künstelei umschlägt. Denn was dem Dichter nicht zu Herzen kommt, kann — nach seinen eigenen Worten — auch nicht zu Herzen gehen, und wo der Glaube — wie auch bei Faust selbst — fehlt, kann dichterisch keiner vermittelt werden... Mir scheint, daß... Goethe sich einen Scherz erlaubt, wohl wissend, daß er durch die übertriebene Klangspielerei den dogmatischhomiletischen Inhalt zu überspielen vermag... Wenn man sich fragt, warum sich Goethe für diese mißlichen Responsorien entschied..., so kommt man nach sachlicher und ästhetischer Betrachtung des Textes zu dem Ergebnis: weil er hier nicht wie in der Domszene dem kirchlichen Gesang seine objektive jenseitige Geltung gibt, sondern in einer scheinarchaischen, würdigen Form seine eigene innere Distanz und Kritik ironisch verhüllen wollte, wobei die vertrackte Mischung gleichzeitig Fausts fehlenden Glauben verständlich machte.«[113]

Hinzu kommt eine strukturelle Beobachtung am Text: die Plazierung der beiden Chöre der Jünger und der Engel an den Schluß dieser Szene. Dadurch wird die Auferstehungsbotschaft noch einmal wiederholt, *nachdem* Faust sie bereits sarkastisch als Wundersucht zurückgewiesen hatte. Nach dieser Skepsis noch einmal affirmiert, klingt sie wie ins Leere gesprochen, was ihren Illusionscharakter erhöht. Denn daß den Tätigen, Liebenden, Barmherzigen durch ihre Praxis der *caritas* Christus »nahe« ist, wie der Chor der Engel tönt, hat nun einmal für Faust keinerlei Bedeutung mehr. Er versteht sich nicht als praktizierender Christ, der durch die Auferstehung Christi »von Banden« (gemeint wohl: der Vergänglichkeit, der Beschränktheit, der Verzweiflung) sich losreißen ließe. Er ist ein Sucher und Täter auf eigene Faust...

Erinnerungen an die Kindheit

Gewiß: Die Botschaft von Ostern führt in diesem Drama immerhin noch dazu, Goethes Helden von seinem Selbstmord abzuhalten. Aber nicht, weil dieser an die Sache der Auferstehung glaubte, sondern weil das Fest von Ostern in ihm *Erinnerungen an seine Kindheit* weckt und damit einen Lebenswillen wachruft, den er in intellektueller Grübelei erstickt hatte. Genaugenommen sind es nicht die Inhalte des Glaubens, die Faust das Leben retten, sondern musikalische Klänge, die in seine Grübelstube hinüberklingen und sentimentale Erinnerungen an Vergangenes hervorrufen. In diesen wenigen Versen der zweiten Reaktion seines

113 *H. Arens,* a. a. O., S. 117f. u. 120.

Faust hat Goethe ein Stück »sentimental journey« verarbeitet. Intellektuelle Worte sind hier weniger wichtig als die »süßen Himmelstöne« aus der Welt unbeschwerter Kindheit. »Ostern« verweist nicht mehr in eine Transzendenz, sondern biographisch zurück in eine Zeit der »munteren Spiele«, des freien Glücks einer »Frühlingsfeier«. »Ostern« ist also für Goethes Faust keine objektive Wirklichkeit mehr, sondern nichts als eine subjektive »Erinnerung«, ein »Klang von Jugend auf«.

Hinzu kommt, daß in diesem einzigartig dichten Text bewußt christlicher Glaube an die Auferstehung Christi von allgemeiner *Religiosität des Doktor Faust* unterschieden ist. Denn Faust will zwar nicht zu »jenen Sphären« streben, die identisch sind mit dem christlichen Heilsmysterium, wohl aber durchaus zu »jenen Sphären«. Faust hatte sich ja — bevor er aus Erkenntnisverzweiflung zur Giftschale griff — mit Hilfe der Magie in die Geheimnisse der Wirklichkeit versetzen lassen wollen. In das Innerste der Welt wollte er vordringen und war vom Erdgeist auf seinen Platz verwiesen worden. Immerhin erinnert sich Faust in dieser Szene daran, daß in seiner Kindheit Religion (und damit wohl auch der christlich-kirchliche Glaube) dieses Streben in ihm grundgelegt habe. Was jetzt in diesem grüblerischen, zu allem entschlossenen Forscher durchgebrochen ist, hat seine Wurzeln also in der Religion seiner Kindheit. Die Anspielung auf die »Sabbatstille« verweist auf die früh erfahrene Ruhe der Kontemplation; im Glockenton einer Kirche machte sich schon früh eine Ahnung hörbar; ein Gebet führte zu »brünstigem Genuß«; und alles wurde angetrieben von einer noch unbegriffenen Sehnsucht, die schon den jungen Faust nicht in die Kirche, sondern in die Einsamkeit der Natur trieb, und die ihn so aufwühlte, daß er in sich »eine Welt« entstehen fühlte — vorsprachlich noch, unbewußt, mehr geahnt als gedacht, mehr gefühlt als ausgesprochen. Das also, was er jetzt programmatisch als wissenschaftlicher Forscher tut (ins Innere der Welt eindringen), ist in der religiösen Erfahrung seiner Kindheit grundgelegt.

Weil sich Faust aber an diese »Welt« in seiner Brust beim Thema »Ostern« erinnert, weil er sich bewußt macht, daß dies alles in ihm schon früh angelegt ist, gibt er seinen Plan der Selbsttötung auf. Und als könnte er nicht genug bekommen von diesen »süßen Himmelsliedern«, die *solche* Erinnerungen in ihm katalysatorisch freilegen, endet er mit den Worten:

»O tönet fort, ihr süßen Himmelslieder!
Die Träne quillt, die Erde hat mich wieder!«

Daraus folgt: Literarisch sind spätestens seit Goethe die Zeiten vorbei, in denen ein Schriftsteller von einigem Rang das Auferstehungswunder noch enthusiastisch ausmalen und dramaturgisch gestalten könnte. Literatur steht jetzt nicht mehr im Dienste der Offenbarung, sondern in Spannung und Distanz zu ihr. Im Prozeß der Aufkärung ist auch das Auferstehungs-Wunder als des Glaubens »liebstes Kind« durchschaut, und keine Literatur kann es mehr zum Leben erwecken. Literatur folgt ihren eigenen Gesetzen. Zwar bleibt für Faust Religion präsent — als Teil einer Kindheitswelt, die Sehnsüchte auch im Erwachsenen freilegen kann, »kindliche Gefühle«, ein »holdes Sehnen«. Für die Welt des Erwachsenen freilich gilt die neue Devise einer aufgeklärten Zeit: *Die Botschaft hör' ich wohl, allein mir fehlt der Glaube.* Das Hinwegtrösten über die Abgründigkeiten des Erdendaseins mit Hilfe einer Jenseitshoffnung ist intellektuell nicht mehr erlaubt. Der Osterglaube scheint für die Dichtergeneration nach Klopstock bereits denkerisch erledigt, ästhetisch unergiebig, bestenfalls zur Parodie tauglich. Und zu dieser Parodie war Goethe selber fähig, wie wir einem seiner Venezianischen Epigramme entnehmen können, das er wohlweislich zu Lebzeiten nicht veröffentlichte und das auf satirische Weise die (etwa durch Samuel Reimarus zur Goethe-Zeit verbreitete) religionskritische Auffassung aufnimmt, die »Auferstehung« Jesu sei nichts anderes gewesen als ein Betrug der Jünger:

»Offen steht das Grab! Welch herrlich Wunder! Der Herr ist
Auferstanden! — Wer's glaubt! Schelmen, ihr trugt ihn ja weg.«[114]

Noch einmal *Szenenwechsel.*

[114] *J. W. Goethe,* Venezianische Epigramme (Nachlaß), in: Sämtliche Werke in 40 Bänden, Abt. I, Bd. I (Gedichte 1756–1799), hrsg. v. K. Eibl, Frankfurt/M. 1987, S. 467 (Bibliothek deutscher Klassiker 18).

3. Auferstehung mitten im Leben: Leo Tolstoj

Ein Mann nimmt als Geschworener in Moskau an einer Gerichtsverhandlung teil. Wegen Giftmordes angeklagt ist die 27-jährige Prostituierte Jekaterina Maslowa. Und während vor Gericht die Geschichte dieser Frau ausgebreitet wird, erkennt der Geschworene, daß es genau diese Frau ist, die er acht Jahre zuvor auf dem Gut seiner Tanten verführt, geschwängert und dann verlassen hatte. In Schimpf und Schande war diese Frau damals davongejagt und damit praktisch zu einer Existenz als Prostituierte verdammt worden. Das ist das eine, was der Mann, Fürst Nechljudov, erkennen muß. Und das andere: Durch einen Irrtum des Gerichtes wird diese Frau nun auch noch zu vier Jahren Zwangsarbeit in Sibirien verurteilt, obwohl sie nach des Fürsten Überzeugung unschuldig ist.

Ein Mann sühnt seine Schuld

Betroffen von diesen Erfahrungen, beschließt Nechljudov, seine Schuld an dieser Frau zu sühnen und ihr die Ehe anzubieten. Er bricht mit seiner bisherigen Umgebung und verschenkt einen Großteil seines Grundbesitzes an seine Bauern. Und als all seine Bemühungen, das Urteil von den höheren Instanzen in Petersburg aufheben zu lassen, scheitern, folgt er dieser Frau auch in ihre Verbannung. Immerhin kann der Fürst erreichen, daß Katerina kurz vor Beginn der Zwangsarbeit zur Ansiedlung in Sibirien begnadigt wird. Einer Ehe scheint so nichts mehr im Wege zu stehen. Doch obwohl Katerina weiß, was sie dem Fürsten neuerdings zu verdanken hat, lehnt sie den gutgemeinten Antrag ab und heiratet nicht Nechljudov, sondern einen anderen Mann, Wladomir Iwanovitsch Simonson.

Dies freilich geschieht nicht mehr aus Verbitterung. Im Gegenteil. Betroffen von der Opferbereitschaft ihres früheren Vergewaltigers, hatte sich auch in Katerina langsam Haß in Zuneigung verwandelt. Am Ende des Romans kommt es zu einer ergreifenden Abschiedsszene, in der Katerina dem Fürsten zwar die Ehe verweigert, diesem aber zugleich das Gefühl gibt, daß diese Verweigerung aus Liebe geschieht:

»›Verzeihen Sie‹, flüsterte sie kaum hörbar. Ihre Augen trafen sich. Aus dem seltsamen, schielenden Blick und dem kläglichen Lächeln, mit dem sie dies ›Verzeihen Sie‹ und nicht ›Leben Sie wohl‹ hervorbrachte, ersah Nechljudov, daß von den zwei Vermutungen über die Gründe ihrer Entscheidung die zweite richtig war: sie liebte ihn, und sie glaubte ihn zu ruinieren, wenn sie sich mit ihm verbände. Wenn sie aber mit Simonson wegging, so befreite sie ihn, und sie war jetzt froh darüber, das auszuführen, was sie sich vorgenommen hatte. Zugleich aber litt sie, weil sie sich von ihm trennte. Sie drückte ihm die Hand, wandte sich rasch um und ging hinaus.«[115]

Das ist die *eine Dimension* des Romans: Er erzählt eine Geschichte, in der *»Auferstehung« mitten im Leben* passiert. Denn das Bemerkenswerte an diesem Buch Tolstojs mit dem programmatischen Titel »Auferstehung« (1899) ist gerade dies, daß von einer Auferstehung Christi im dogmatischen Sinn hier nirgendwo die Rede ist. Weder wie bei Klopstock in Form einer direkten literarischen Vergegenwärtigung des christlichen Auferstehungsdramas, noch wie bei Goethe im distanziert-ironischen Zitat der kirchlichen Auferstehungsliturgie. Das aber ist kein Zufall. Denn mit der Auferstehung als bloßem »Mirakel« kann dieser russische Schriftsteller am Ende des 19. Jahrhunderts ebenso wenig etwas anfangen wie der deutsche Dichter zu Beginn des 19. Jahrhunderts. Für ihn ist »Auferstehung« vielmehr ein innerer geistiger Vorgang geworden. Er steht für die einschneidenden *geistigen Veränderungen* mitten im Leben eines Menschen.

Dies ist denn auch die Pointe des Romans: Tolstoj läßt seinen Fürsten Nechljudov und die junge Maslowa auf eine ganz persönliche Weise »Auferstehung« erfahren. Er läßt sie auferstehen aus ihrem alten Leben in ein neues! Vor allem Nechljudov praktiziert etwas Unerhörtes, das nämlich, was Goethes Heinrich Faust in dessen Selbstverwirklichungsdrang schon gar nicht mehr im Blick ist: die freiwillige Annahme und die aktive Entsühnung der Schuld. Undenkbar, daß Faust Gretchen die Ehe anbietet!

115 *L. Tolstoj,* Voskresenie (1899); dt.: Auferstehung. Roman, aus dem Russischen übertragen v. W. Tronin u. I. Frapan, durchgesehen v. H.-U. Göhler, München 1971, S. 573.

Bei Tolstoj aber findet geradezu die Umkehr der Faust-Gretchen-Geschichte statt: Während Goethes »Held« das schwangere Gretchen in Elend und Wahnsinn treibt, um erst am Ende, von Schuldgefühlen geplagt, den Versuch zu starten, die frühere Geliebte aus dem Gefängnis zu befreien, ergreift Tolstojs Nechljudov die Chance, die Rettung der verratenen und betrogenen Frau noch vor der Endkatastrophe zu verwirklichen. Und während Gretchen erst am Ende von »Faust I« (gleichsam durch einen Akt göttlichen Eingriffs »von oben«) »gerettet« wird, vollzieht sich bei ihrer russischen Schwester Katerina die Auferstehung mitten im Leben — und zwar im Geiste des barmherzigen Jesus der Bergpredigt.

Totalkonfrontation mit der Kirche

Auf die *Bergpredigt Jesu* wird denn auch im allerletzten Kapitel des Romans ausdrücklich angespielt. Ja, dieser Text, von dem es heißt, er habe Nechljudov schon immer »gerührt«,[116] wird auf den letzten Seiten des Romans zum moralischen Manifest schlechthin gegen die herrschenden staatskirchlichen Verhältnisse in Tolstojs Rußland. Damit ist die *zweite Dimension* des Romans angesprochen: die kirchen- und staatskritische. Denn nach präzisen Recherchen wollte Tolstoj mit diesem Roman das damalige russische Gefängnis- und Lagersystem mit aller moralischen Leidenschaft angeprangern. Die Verhältnisse, die er hier vorfand, waren ihm buchstäblich himmelschreiend. Tausende und Abertausende von Menschen lebten unter menschenunwürdigen Verhältnissen; Brutalität, Korruption, Gnadenlosigkeit, Willkür herrschten überall. Und himmelschreiend war für Tolstoj auch, daß die russisch-orthodoxe Kirche sich zur Komplizin des Staates bei der Aufrechterhaltung dieses Gefangenensystems gemacht hatte.

Der Roman enthält denn auch eine der bittersten *religionskritischen Anklagen*, zu denen der Autor fähig war, und zwar dort, wo Tolstoj minutiös einen Gottesdienst beschreibt, den diese Kirche innerhalb der Gefängnisse abzuhalten pflegt:

[116] *L. Tolstoj*, a. a. O., S. 583.

»Und niemandem unter den Anwesenden... kam es in den Sinn, daß derselbe Jesus, dessen Namen der Priester so unzählige Male mit wohltönender Stimme wiederholte, indem er ihn mit allen möglichen seltsamen Worten pries — daß gerade dieser Jesus all das verboten hatte, was hier verrichtet wurde: nicht nur einen solchen sinnlosen Wortschwall und die gotteslästerliche Hexerei der Priester mit dem Brot und dem Wein, sondern auch, daß die einen Menschen die anderen Meister nennen... Und vor allem, daß er nicht nur verboten hatte, über andere zu richten und sie in Kerkern festzuhalten — sie zu quälen, zu beschimpfen, hinzurichten, wie es hier geschah —, sondern daß er jegliche Vergewaltigung der Menschen verboten hatte, indem er sprach, daß er gekommen sei, die Gefangenen in Freiheit zu setzen.«[117]

Das war unübersehbar ein Frontalangriff auf das bestehende staatskirchliche System und die seit Jahrhunderten eingespielte, in der griechischen und russischen Orthodoxie bewährte »Symphonie« von Staat und Kirche. Und dieser Angriff fiel um so heftiger aus, als Tolstoj hier die Kirche unmittelbar mit dem Evangelium Christi konfrontiert, das er in der Bergpredigt in einzigartiger Weise zur Sprache gebracht sieht. Am Ende des Romans — buchstäblich in dessen letztem Kapitel — läßt Tolstoj denn auch seinen Fürsten im Zimmer eines Gasthauses noch einmal sein Leben überdenken und dann zum Neuen Testament greifen. Nicht zufällig schlägt er das 18. Kapitel des Matthäus-Evangeliums auf und stößt hier auf das Gleichnis vom unbarmherzigen Schuldner (Mt 18, 21–35). Thema: Ein Knecht, dem selbst vergeben wurde, handelt an einem Mitknecht gnadenlos. Konsequenz: In der Nachfolge Jesu sollen Menschen »nicht sieben Mal, sondern bis zu siebenundsiebzig Mal« vergeben; die Vergebung Gottes ist an die Mitmenschen weiterzugeben. Blitzartig wird Nechljudov klar, daß hier der Schlüssel zur Lösung des Problems von Schuld und Sühne liegt:

»Die Antwort, die er nicht hatte finden können, war das, was Christus dem Petrus geantwortet hatte: man muß immer und allen unendlich oft verzeihen, weil es niemanden gibt, der

[117] *L. Tolstoj*, a. a. O., S. 184f.

selbst unschuldig wäre und darum die anderen bestrafen oder bessern könnte. Aber es kann ja nicht sein, daß alles so einfach ist, sagte sich Nechljudov; aber zugleich sah er deutlich, daß das — mochte es ihm, der das Gegenteil gewohnt war, anfangs noch so seltsam erscheinen — zweifellos nicht nur die theoretische, sondern auch die praktische Lösung der Frage war.«[118]

Eine Lösung, die dann später von den »Fünf Geboten« der Bergpredigt her noch konkretisiert wird. Denn als Nechljudov dasselbe Evangelium nun von Anfang an zu lesen beginnt, geht ihm die Bedeutung der Berpredigt ganz neu auf. Zum ersten Mal sieht er in diesen Texten keine abstrakten Gedanken, keine übertriebenen, unerfüllbaren Forderungen, sondern »einfache, klare und praktisch erfüllbare Gebote, die, falls sie befolgt würden, eine vollständig neue, wunderbare Ordnung der menschlichen Gesellschaft herbeiführen würden, eine Ordnung, in der nicht nur all die Gewalttätigkeit, die Nechljudov so sehr empörte, von selbst verschwand, sondern die das höchste dem Menschen zugängliche Heil — Gottes Reich auf Erden — verwirklichen würde.«[119]

Ein Dichter wird exkommuniziert

Die *Reaktion* auf diesen Roman freilich war alles andere als gewaltfrei. Im Gegenteil. Für Tolstoj persönlich hatte dieser Roman einschneidende Konsequenzen. Seit bald 20 Jahren war sein schriftstellerisches Leben von Verbot und Zensur begleitet gewesen, ohne daß die orthodoxe Kirche Rußlands es zum Äußersten hatte kommen lassen. Jetzt aber war offensichtlich das Maß voll. Zwei Jahre nach Veröffentlichung des Romans teilt die russisch-orthodoxe Hierarchie den »treuen Kindern der orthodoxen russisch-griechischen Kirche« in einem Schreiben vom 11. Februar 1901 mit, daß *Graf Leo Tolstoj exkommuniziert* sei:

»In seinen Schriften und Briefen, die von ihm und seinen Jüngern allüberall in großer Zahl verbreitet werden, namentlich

[118] *L. Tolstoj,* a. a. O., S. 582.
[119] *L. Tolstoj,* a. a. O., S. 583.

aber in den Grenzen des teuren Vaterlandes, predigte er (Tolstoj) mit dem Eifer eines Fanatikers den Sturz aller Dogmen der orthodoxen Kirche sowie des Wesens des christlichen Glaubens. Er verneint den persönlichen, lebendigen Gott, der in der heiligen Kirche gelobt wird, den Schöpfer und den Erhalter der Welt; er verneint den Herrn Jesus Christus, den Gottmenschen, den Erlöser der Welt, der unseretwegen gelitten hat und unseres Heiles wegen aus dem Tode auferstanden ist; er leugnet die samenlose Empfängnis des Herrn Christi sowie die Jungfrauenschaft der heiligen Mutter Gottes Maria, er erkennt nicht das zukünftige Leben sowie die Vergeltung an, leugnet alle Sakramente der Kirche und die heilbringende Wirkung des Heiligen Geistes in demselben und verspottet das größte aller Sakramente, die Heilige Eucharistie. ... Indem wir somit seinen Abfall von der Kirche bekunden, beten wir zu Gott, daß er ihm zur Buße verhelfe.«[120]

Und Tolstoj? In einer Stellungnahme vom Februar 1901 gesteht er in aller wünschenswerten Klarheit zu, daß er sich in der Tat von dieser Form von Kirche losgesagt habe. Er habe sich davon überzeugt, daß die Lehre der Kirche theoretisch »eine listige und schädliche Lüge« sei, praktisch aber eine »Sammlung der gröbsten abergläubischen Vorstellungen und Zaubereien«, welche den Sinn der Lehre Christi vollständig verdeckt hätten.[121] Aber mit derselben Entschiedenheit wehrt sich Tolstoj dagegen, das »Wesen des christlichen Glaubens«, den »lebendigen Gott«, den »Herrn Jesus Christus« verleugnet oder verraten zu haben. Im Gegenteil. Er hatte eine andere Auffassung vom Wesen dieses Gottes, ein anderes Bild von Christus. Würde Christus »jetzt kommen« und sehen, was in seinem Namen in der Kirche geschähe, so würde er — davon war Tolstoj überzeugt — »mit noch größerem und gesetzlichem Zorn alle diese furchtbaren Speere, Krüge, Gefäße, Kerzen, Heiligenbilder sowie alle die Zaubermittel, wodurch man Gott und seine Lehre vor den Menschen verbirgt, hinauswerfen«! Und dann folgt sein eigenes Glaubensbekenntnis:

120 Graf Leo Tolstoj und der Heilige Synod. Deutsch von *N. Syrkin*, Berlin 1902, S. 13f.
121 A. a. O., S. 30.

»Ich glaube an folgendes: Ich glaube an Gott, den ich als Gott, als Liebe, als Urquell begreife. Ich glaube daran, daß Er in mir ist und ich in ihm bin.

Ich glaube daran, daß der Wille Gottes am klarsten und begreiflichsten in dem Menschen Christus zum Ausdruck gelangt ist, und halte es darum für die größte Hexerei, wenn man ihn als Gott auffaßt und zu ihm betet.

Ich glaube daran, daß das wahre Heil des Menschen in der Erfüllung des Willens Gottes besteht, daß sein Wille aber der ist, daß die Menschen sich gegenseitig lieben und darum den anderen Menschen gegenüber so handeln sollen, wie sie wollen, daß man ihnen gegenüber handle, wie es auch im Evangelium heißt, daß das der ganze Sinn des Gesetzes und der Propheten ist.

Ich glaube daran, daß der Sinn des Lebens eines jeden Menschen nur in der Steigerung der Liebe in sich besteht, daß diese Steigerungen der Liebe den einzelnen Menschen in diesem Leben zu immer größerem Heil führt, nach dem Leben ein um so größeres Heil bringt, je mehr Liebe in dem Menschen ist, und zu gleicher Zeit am meisten zur Herstellung des Gottesreiches in der Welt beiträgt, d.h. einer solcher Lebensordnung, unter welcher die jetzt herrschende Zwietracht, Betrug und Gewalt durch die frühere Eintracht, Wahrheit und Bruderliebe unter den Menschen ersetzt werden wird.

Ich glaube, daß es zur Förderung der Liebe unter den Menschen nur ein Mittel gibt, das Gebet – und zwar nicht das öffentliche Gebet in dem Tempel, das von Christus direkt verboten ist (Mt 6, 5–13), sondern das Gebet nach dem Muster Christi, das einsame Gebet, das in der Wiederherstellung und Erstarkung des Sinnes des Lebens im Bewußtsein und die Abhängigkeit vom Willen Gottes besteht.«[122]

Zu einer Versöhnung von Tolstoj und der orthodoxen Kirche ist es nicht gekommen. Sein Fall aber ist in höchstem Maße exemplarisch. Denn gut hundert Jahre nach Klopstock und Goethe

122 A.a.O., S. 40f.

war Literatur hier endgültig in *Konflikt mit der Kirche* geraten, wie ihn in Deutschland bereits die Autoren des »Vormärz« und des »Jungen Deutschland« (Heine auf dem Index, Gotteslästerungsprozeß gegen Gutzkow!) durchmachen mußten. War Klopstock noch peinlich darauf bedacht gewesen, in Sachen Orthodoxie sich keine allzu großen Abweichungen zu gestatten, konnte Goethe, Geheimrat und »Kultusminister« seines Fürstentums, einen Konflikt zwischen Kirche und Kunst stets geschickt vermeiden, er, der Meister der Masken und Tarnungen auch in Sachen Religion, so ist Ende des 19. Jahrhunderts der Konflikt zwischen Kirche und Literatur voll entbrannt. Er wird auch in Deutschland spürbar werden, wo es nach der Jahrhundertwende wieder Gotteslästerungsprozesse gegen Schriftsteller gibt, gegen Oskar Panizza und Carl Einstein.

»Auferstehung« als geistige Wandlung

Doch Tolstojs Roman bedeutet — motivgeschichtlich gesehen — mehr als einen ersten Höhepunkt in einer fatalen Verurteilungstradition im Verhältnis von Literatur und Kirche. Tolstojs Roman bedeutet vor allem eine Auferstehung des Themas »Auferstehung« in der Weltliteratur. Konkret: Wie Goethe lehnt auch Tolstoj den Glauben an das »Mirakel Auferstehung« ab und weigert sich, Literatur zur Illustration einer dogmatischen Malvorlage »Ostern« zu machen. Doch gegen Goethe und mit Klopstock hält der Russe an der geistigen Substanz der christlichen Botschaft fest — und dies auch literarisch.

Anders gesagt: Tolstoj gibt dem Thema Auferstehung literarisch seine große *anthropologische Tiefensymbolik* zurück: Auferstehungen vollziehen sich nicht mirakelhaft am Ende des Lebens, sondern mitten im Leben, immer dann, wenn Menschen geistige Verwandlungen an sich vollziehen. Tolstoj wird so (fünfzig Jahre vor dem Bultmannschen Entmythologisierungsprogramm) zu einem existentiellen Übersetzer des christlichen Auferstehungsthemas in säkulare, weltliche Sprache. Um des anthropologischen Gehalts willen kann er auf die mirakulöse Geschichte verzichten. Sein Roman könnte nach der Devise geschrieben worden sein: *Den Glauben habe ich. Was brauch ich solche Geschichten?*

Mir wurde klar: Tolstoj gibt der Literatur in Sachen Auferstehung diejenige Funktion, die sie — unter den Bedingungen der religionskritischen Moderne — einzig noch erfüllen kann. Nicht länger um die phantastische Ausschmückung biblischer Szenen zur Bestätigung oder Überhöhung traditioneller Glaubenswahrheiten kann es literarisch gehen; aber auch nicht um die Illustration rationalistischer Verneinung eines mirakelhaft verstandenen Wunderglaubens (womit dann auch die Sache erledigt wäre), sondern allein um die literarische Widerspiegelung der verwandelnden *Kraft des Geistes, der Menschen zu »Auferstehungen« fähig macht:* zur Preisgabe alter, von Macht und Trieb beherrschter Rollen, zur Aufgabe zementierter Verhaltensweisen, zur Sprengung gepanzerter Identitäten. Das ist es, was Literatur beschreiben kann: Vorgänge an Menschen — nicht mehr und nicht weniger. Wenn es also einen Beitrag der modernen Literatur zur Gestaltung des Auferstehungs-Themas gibt, dann liegt er offensichtlich hier, bei Leo Tolstoj. Ich fragte mich: Gibt es dazu literarisch noch eine Steigerung? Kann Literatur mit ihren Mitteln noch mehr zum Ausdruck bringen? Ich stieß auf ein Stück von Friedrich Dürrenmatt, das schon vom Titel her Überraschungen versprach. Es trägt den Titel »Der Meteor« und wurde 1966 erstmals im Züricher Schauspielhaus aufgeführt.[123]

[123] Beim Text des »Meteor« halte ich mich an die »Wiener Fassung 1978«, die Dürrenmatt 1980 zur »literarisch gültigen« erklärte. Diese Fassung erschien 1985 in der »Werkausgabe in 30 Bänden«: *F. Dürrenmatt,* Der Meteor/Dichterdämmerung. Nobelpreisträgerstücke. Neufassungen 1978 und 1980, Zürich 1985 (Werkausgabe Bd. IX). Diese für eine Inszenierung am Wiener Theater in der Josephstadt geschriebene Fassung weicht von der erstmals 1966 im Arche-Verlag (Zürich) erschienenen und dann im Band »Komödien III« (Zürich 1970) wieder abgedruckten Version vor allem durch einen neuen Schluß ab, bei dem *erstens* auch der Sohn von Schwitter, Jochen, ausdrücklich stirbt, *zweitens* der Auftritt der Heilsarmisten effektvoller gestaltet ist und *drittens* der Heilsarmist Friedli von Schwitter eigenhändig erwürgt wird.

Überblicke über das Werk: s. Teil B, Anm. 7. *Speziell zum Drama »Der Meteor«: P. Spycher,* Friedrich Dürrenmatts »Meteor«. Analyse und Dokumentation, in: G. P. Knapp (Hrsg.), Friedrich Dürrenmatt, Studien zu seinem Werk, Heidelberg 1976, S. 145–187. *H. Bänziger,* Verzweiflung und ›Auferstehung‹ auf dem Todesbett. Bemerkungen zu Dürrenmatts »Meteor«, in: Deutsche Vierteljahrsschrift für Literaturwissenschaft und Geistesgeschichte 54 (1980), S. 485–505. *H. Knorr,* Dürrenmatts Komödie »Der Meteor«. Versuch einer einheitlichen Deutung, in: Literatur für Leser 1984, S. 97–113. *D. Mieth,* Friedrich Dürrenmatts »Der Meteor«. Zur ethischen und religiösen Relevanz der literarischen »Aussage«, in: ders., Die Spannungseinheit von Theorie und Pra-

4. Was wäre, wenn ein Toter aufersteht? Friedrich Dürrenmatt

Auf der Ebene der reinen Spielhandlung ist dies ein makaber-verrücktes Stück, das auf dem einen Grundeinfall beruht: Ein Mann steht von den Toten auf und denkt nicht daran, an diese, seine Auferstehung zu glauben: »Auferstanden! Ich! Von den Toten! So ein Witz!« Vorgeführt wird uns ein kurzer Ausschnitt aus der letzten Lebensphase eines Literatur-Nobelpreisträgers mit Namen Wolfgang Schwitter. Er ist in einer Klinik von medizinischen Autoritäten zweifelsfrei für tot erklärt worden. Doch während die Trauerfeierlichkeiten anlaufen und das Radioprogramm bereits auf klassische Musik umgeschaltet hat, wacht er auf, kriecht unter den Kränzen der Regierung und des Nobelpreis-Komitees hervor, und begibt sich in die Wohnung, in der er vor vierzig Jahren als mittelloser Künstler einmal angefangen hatte. Hier will er endlich »ehrlich sterben ohne Fiktion und ohne Literatur«. Die Wohnung wird mittlerweile bewohnt von dem mittelmäßigen Kunstmaler Nyffenschwander und dessen attraktiver Frau Auguste, von der Schwitter sofort, saufender und lärmender Sinnenmensch, der er ist, erotisch angezogen wird: »Läge ich nicht im Sterben, würde ich Sie zu meiner Geliebten machen«...

Ein grotesk-verrücktes Stück: »Meteor«

Doch das Groteske geschieht: Während Schwitter Szene für Szene zu sterben versucht, ohne daß ihm dies gelingt, lösen seine stets neuen Auferstehungen von der Totenbahre in seiner Umgebung einen Tod nach dem anderen aus:

Es stirbt der Spitalpfarrer *Lutz*, der Schwitter in die alte Wohnung nachgeht und den das leibhaftige »Wunder« der Auferstehung schier überwältigt.

xis. Theologische Profile, Freiburg/Br., 1986, S. 123–141. *G. P. Knapp*, Spektakulärer Totalbankrott des Einzelkämpfers. Friedrich Dürrenmatts Komödie »Der Meteor«, in: W. Freund (Hrsg.), Deutsche Komödien. Vom Barock bis zur Gegenwart, München 1988, S. 267–281.

Es stirbt *Nyffenschwander*, der vom Hausbesitzer und Bauganten Muheim die Treppe heruntergeworfen wird.

Es stirbt der alte *Muheim* selber, wegen Mordes an dem Maler von der Polizei abgeführt.

Es stirbt Professor *Schlatter*, der als medizinische Autorität in Sachen Todesdiagnose zweimal schmählich versagte und der diese Demütigung nicht überleben will.

Es stirbt die letzte und vierte Frau von Schwitter, das ehemalige Call-Girl *Olga*, die — schon hatte sie sich von Nicki, ihrem Modeschöpfer, als »Witwe des Jahres« ausstaffieren und von den Medien effektvoll herausstellen lassen — in der Wohnung auftaucht und von Schwitter wieder auf den Strich geschickt wird (»Du bist das Geschenk, das ich der Öffentlichkeit vermache; Cäsar stiftete seine Gärten, ich eine Dirne!«).

Es stirbt die geschäftstüchtige und gewinnsüchtige Abortfrau *Wilhelmine Nomsen*, Mutter von Olga und Schwiegermutter von Schwitter, die im Tod Olgas eine unsachgemäße Vermischung von Geschäft und Gefühl erblickt (eine Hure, die heiratet, hat sich »Gefühle« geleistet; die aber gehören »nicht ins Geschäft«).

Es stirbt der Sohn von Schwitter, *Jochen*, der auf nichts anderes aus ist als auf das Geld seines Vaters und der deshalb dessen Tod nicht abwarten kann — nach der Devise: »Tu mir den Gefallen. Zum ersten Male in deinem Leben, sei lieb, Alter, stirb endlich!«

Und es stirbt schließlich der Anführer der Heilsarmisten, *Major Friedli*, den Schwitter ob seines triumphalen Jubelgesangs am Ende eigenhändig erwürgt...

Ein makaberer Totentanz wird so um einen Mann inszeniert, der nicht nur nicht sterben kann, sondern immer wieder auferstehen muß und sich aufbäumt gegen den Einbruch einer ungebetenen Gnade in sein Leben. Wie ein Meteor brechen Schwitters Auferstehungen ins Leben und hinterlassen Fürchterliches, Schreckenerregendes.

Sie hinterlassen vor allem die Wahrheit in all den Figuren, die in den Bannkreis von Tod und Auferstehung kommen. Dürrenmatts Stück ist auf der reinen Spielebene ein Stück über Desillusionierung und Wahrheitsdurchbruch — angesichts des schier Unbegreiflichen, daß ein Mensch aus dem Tode wiederkommt.

Schaut man genau hin, so entstammen die verschiedenen Figuren vier Lebensbereichen: Wirtschaft, Kunst, Wissenschaft und Religion. Im »Feuerschweif« des einbrechenden Meteors werden sie mit ihrem Leben konfrontiert, und diese Konfrontation über-leben sie nicht. Konkret sieht das so aus:

Die *Wirtschaft* – ein Raum der Gerechtigkeit? Für den 80jährigen »vitalen Grundstücksmakler, Bauunternehmer und Hausbesitzer« Muheim ist sie das Gegenteil. Aus kleinen Verhältnissen hatte er sich nach oben gekämpft, und sein Lebenscredo lautet jetzt: »Das Leben ist Macht, Kampf, Sieg, Erniedrigung und Verbrechen.« Und entsprechend diesem Motto verhielt er sich ein Leben lang als der »Gemeinste« unter den Gemeinen im Konkurrenzkampf. Nur sein Privatleben hatte er von diesem Spiel ausgenommen; er war seiner Frau treu geblieben, hatte um sie getrauert, als sie vor 15 Jahren gestorben war. Jetzt bricht der letzte Rest von Illusion zusammen, als Schwitter ihm mitteilt, er habe damals, als er die Muheimsche Wohnung bewohnt habe, den großen Geschäftemacher mit dessen eigener Frau betrogen, eine Auskunft, die später zwar wieder aufgehoben wird, aber Muheim ein für allemal zerstört. Die Schizophrenie des homo oeconomicus (das Wirtschaftsleben muß ein gemeiner Konkurrenzkampf sein; nur das Privatleben ist eine Ausnahme) wird ihn letztlich ums Leben bringen …

Die *Kunst* – ein Raum des Geistes? So wenig, wie die Ökonomie ein Raum der Fairness ist. Denn in mehreren Brechungen macht das Stück klar, daß die Kunst eine ganz und gar frivole Angelegenheit ist. Schon Schwitters Literatur lebte von der schamlosen Ästhetisierung extremer Lebenssituationen, der Ausbeutung des Lebens zum Zwecke der Selbstbehauptung auf dem Markt (»Ich erfand Geschichten und nichts weiter. Ich beschäftigte die Phantasie derer, die meine Geschichten kauften, und hatte dafür das Recht, zu kassieren, und kassierte.«). So erzählt Schwitter dem Maler Nyffenschwander denn auch als erstes, daß Sterben »toll« sei: »Das sollten Sie auch einmal durchmachen! Die Gedanken, die einem kommen, die Hemmungen, die fallen, die Einsichten, die einem aufgehen. Einfach großartig.« Und dem Spitalpfarrer Lutz gegenüber plaudert Schwitter genüßlich aus, es sei ausgerechnet in der Nacht nach dem Selbstmord seiner zweiten Frau gewesen, in der er – wohlgemerkt nach dem achten Cognac – auf sein Zimmer gegangen sei und eine Geschichte geschrieben habe, »wie eine Dorfschulklasse ihren idealistischen jungen Lehrer zu Tode prügelt und wie ein Bauer mit dem Traktor über den Lehrer rollt und den Fall vertuscht«. Das sei sein »bestes Stück Prosa« geworden, das er je geschrieben habe! Seine ganze literarische Karriere hat denn auch Schwitter längst durchschaut:

> »Ich war unbekümmert, als ich zu schreiben begann. Ich hatte nichts im Kopf als meine Einfälle, ich war versoffen und asozial. Dann kamen die Erfolge, die Preise, die Ehrungen, das Geld und der Luxus. Meine Manieren wurden immer besser, ich feilte an meinen Fingernägeln und an meinem Stil herum... Der Nobelpreis gab mir den Rest. Ein Schriftsteller, den unsere heutige Gesellschaft an den Busen drückt, ist für alle Zeiten korrumpiert.«[124]

Die *Wissenschaft* – ein Hort der Wahrheit? Schaut man sich die wissenschaftliche »Kapazität« des Stückes, *Professor Schlatter*, an, so ist sie vor allem ein Hort der Eitelkeiten. Denn der Fall Schwitter ist für diesen Mediziner vor allem eine persönliche Blamage, eine nicht mehr zu ertragende »Demütigung«, ja »die größte Schlappe des Jahrhunderts«. Wie steht denn auch ein wissenschaftlich ausgebildeter Mediziner da? Zwei einwandfreie Todesdiagnosen, doch der Patient lebt:

> »Es ist schauerlich. Die denkende Welt ist von meiner Lächerlichkeit überzeugt und die glaubende von Ihrer Auferstehung, Menschenskind, *das* ist die Katastrophe. Für die einen bin ich verblödet und für die anderen von Gott veräppelt, so oder so bin ich blamiert. *Setzt sich an den Tisch.* Daß mir ausgerechnet ein Nobelpreisträger auferstehen muß! Der Gesundheitsminister schnauzte mich telefonisch an, und der Kulturminister war nur zu beruhigen, indem ich ihm Ihren Tod für heute Nachmittag hoch und heilig in die Hand versprach. Nun steht er da mit seiner Rede und mit seinem Staatsbegräbnis. Der Skandal ist gigantisch. Alles fällt auf mich. Dabei schenk-

124 *F. Dürrenmatt,* Der Meteor, S. 46 (s. Anm. 123).

te ich der Welt die Schlattersche Quetschzange und verbesserte die Knochensäge!«[125]

Die *Religion* — ein Raum tapferer Hoffnung gegen alle Hoffnung? Das Gegenteil ist der Fall. Die beiden Vertreter der Religion in diesem Stück, *Pfarrer Lutz* und *Heilsarmee-Major Friedli*, sind schwächliche Gestalten. Ihre Religiosität ist entweder Ausdruck ihrer Lebensangst oder ihrer naiven Weltfremdheit. Ein Pfarrer wie Emanuel Lutz wird als eine »kindliche Erscheinung« eingeführt. Von Statur schon schmächtig, ist er nicht nur in seiner Gesundheit angegriffen, kraftlos und unsäglich müde, sondern auch in seinem Glauben. Der fällt ihm schwer, lebt er doch nach eigenen Aussagen nicht mehr in einer Zeit, wo Gott Wunder auf Wunder zu tun pflegt. Heute ist es schwer geworden, »das Evangelium von Christi Opfertod und Auferstehung zu verkünden und keinen anderen Beweis zu haben als nur den Glauben«. Doch mit Schwitters Auferstehung ist Hoffnung in das trübe Herz des Pfarrers gekommen. Jetzt kann er wieder aufleben:

> »Das Wunder, die Aufregung, die unmittelbare Nähe des Allmächtigen. Ich bin förmlich außer mir. Es ist, als wäre der Himmel offen, als wäre seine Herrlichkeit um uns... Gott erwählte Sie, Herr Schwitter, damit die Blinden sehen und die Gottlosen an ihn glauben.«[126]

Und um der Komödie auch noch einen grotesken Schluß zu verschaffen, läßt Dürrenmatt am Ende des Stückes einen *Heilsarmee-Chor* unter *Major Friedli* auftreten, der ebenfalls Schwitters Auferstehung als Bestätigung seines Wunderglaubens betrachtet. Und da dies Schwitter vollends aus der Fassung bringt, prallen seine wilden Lästerungen der Schöpfung gegen das Halleluja der Gläubigen:

> »*Ich bin Major Friedli von der Heilsarmee. Halleluja!*
> Hinaus! Fort!
> *Willkommen seist du, den Jesus Christus heiligte! Halleluja!*

[125] *F. Dürrenmatt,* Der Meteor, S. 80f.
[126] *F. Dürrenmatt,* Der Meteor, S. 23f.

Ihr seid im falschen Lokal. Hier wird nicht gepredigt, hier wird gestorben!
Gegrüßt seist du, Auferstandener! Halleluja! Dir geschah nach deinem Glauben! Du bist berufen zum ewigen Leben!
Ich bin berufen zum Sterben, allein der Tod ist ewig. Das Leben ist eine Schindluderei der Natur sondergleichen, eine obszöne Verirrung des Kohlenstoffs, eine bösartige Wucherung der Erdoberfläche, ein unheilbarer Schorf. Aus Totem zusammengesetzt, zerfallen wir zu Totem. Zerreißt mich, ihr Himmelstrommler!
Halleluja! Halleluja!
Zerstampft mich, ihr Handorgelbrüder!
Halleluja! Halleluja!
Schmettert mich die Treppe hinunter, ihr Psalmenjodler!
Halleluja! Halleluja!
Seid gnädig, ihr Christen!
Halleluja! Halleluja!
(Schwitter geht zu Friedli und erwürgt ihn) Schlagt mich mit euren Gitarren und Posaunen tot!
Halleluja! (Friedli bricht zusammen)
Wann krepiere ich denn endlich! *(Dreht sich nach hinten.)* Wann krepiere ich denn endlich! *(Er läuft die Treppe hinab.)* Wann krepiere ich denn endlich! Wann krepiere ich denn endlich!
(Es setzt monumental der Chor ein:)
Und vertreib durch deine Macht
Blackout
Unsre Nacht
Vorhang«[127]

Die Aufhebung aller Positionen

Als ästhetisches Ganzes ist dies ein kunstvoll konstruiertes und zugleich ungemein sinnlich-groteskes Vielebenenspiel. Konfrontiert mit der Wirklichkeit von Tod und Auferstehung werden

[127] *F. Dürrenmatt,* Der Meteor, S. 94f. Die graphische Anordnung stammt von mir und hat pragmatische Gründe. Kursiver Druck: Friedli; normaler Druck: Schwitter.

die Reaktionsweisen aus den verschiedenen Lebensräumen als Ausdruck einer Scheinsicherheit entlarvt. Tod und Auferstehung von Schwitter haben katalysatorische Funktion. Sie zeigen jeweils, daß die Sicherheit der Welt nicht echt, sondern auf kruder Projektion beruht, Funktion der Angstbewältigung ist. Alle brauchen auf ihre Weise dieses Tod/Auferstehungs-Phänomen: die Religiösen für ihre Glaubensangst; der Schriftsteller für seine Literatur; der Verleger für seine Geschäfte; der Mediziner für sein Ansehen. Auf diese Weise nehmen sie dem Phänomen Tod/Auferstehung sein dunkles Geheimnis, das sich gerade aller Deutbarkeit entzieht. Statt durch diesen Ein-Bruch ihr Weltbild zu hinterfragen, bleiben die jeweiligen Ideologien unerschüttert. Nirgendwo ist ein Bewußtsein tieferer Verrätselung über die »Tatsache Welt« erkennbar...

Und so kann man mit dem katholischen Theologen *Dietmar Mieth,* der Dürrenmatts Stück einer präzisen Strukturanalyse unterzogen hat, als ästhetische Grundstrategie des Stückes die *Selbstaufhebung der verschiedenen Lebenspositionen* bestimmen. Alle weltdeutenden Ideologien kommen hier in die Krise, die ökonomische, ästhetische, wissenschaftliche und religiöse gleichermaßen. Die ästhetische Strategie des Stückes kann man deshalb so beschreiben: »Die dichterische ›Aussage‹ über Leben und Tod muß sich immer wieder von den ideologischen Festlegungen befreien. Nichts wäre darum unangemessener als eine ›weltanschauliche‹ Auseinandersetzung. Dennoch handelt es sich nicht um die ›reine‹ Negation, um reine Ideologiekritik. Aber die ›Position‹ ist nicht statisch, theoretisch, sie ist dauernd im Fluß und noch nicht an ihrem Ende. Deshalb hat das Stück wohl einen Schluß, aber der Einfall kein Ende. Vor der Ideologie kann man sich nicht durch eine Ideologie der Ideologielosigkeit — Schwitters ›Nihilismus‹ — bewahren, sondern nur durch Bewegung. Die Dichtung ist ein einziges Oxymoron. Sie produziert sich dauernd als ein neues anderes, sie ist nicht Darstellung einer Theorie, sie weiß sich nicht genau voraus — ebensowenig wie ihr Thema, die Wirklichkeit —, sie läßt sich nachher nicht genau einfangen, sondern nur sichtbar machen.«[128]

[128] *D. Mieth,* a. a. O., S. 134 (s. Anm. 123).

Hier liegt denn auch der Unterschied zu allen bisherigen Stücken, die wir in Sachen »Auferstehung« betrachtet haben: der Unterschied zu Klopstock, Goethe und Tolstoj. Bei ihnen war Kunst mit Positionen identisch. Bei Dürrenmatt ist Kunst reine Form; bloßes Spiel; Schwebe der Möglichkeiten und Optionen. Angesichts von Tod und Auferstehung gibt Dürrenmatt auf der Ebene der Kunst keine »Position« mehr wieder. Er inszeniert Selbstaufhebung aller Positionen — im Medium der Komödie. Der Diskurs zum Thema Auferstehung wird von Dürrenmatt somit erstmals literarisch nicht positionell bestimmt, sondern dient der Infragestellung aller Optionen. Er ist im besten Sinne des Wortes nach-aufklärerisch. Auf diese Weise aber gewinnt Dürrenmatt Freiheit für den außerästhetischen, außerdramaturgischen, den existentiellen Diskurs.

Zu diesem *existentiellen Diskurs* aber kommt es nur in dem Moment, wo der Zuschauer oder Leser sich Dürrenmatts Urfrage zueigen macht: Was wäre, wenn wirklich ein Mensch von den Toten aufersteht? Wie reagierte man? Dürrenmatt hat denn auch in *außerliterarischen Erklärungen* seines Stückes stets auf der Tatsächlichkeit der Auferstehung insistiert. Deshalb nannte er sein Drama programmatisch ein »wildes Stück«, ein »extremes Stück«, in dem sich Tragik und Komik schroff gegenüberstünden.[129] Dürrenmatt wollte gerade keine Symbolik in Sachen Auferstehung (à la Tolstoj), sondern wilde Realistik: Sein Schwitter sollte nicht bloß scheintot, sondern wirklich tot sein. Und nur weil er wirklich tot gewesen ist, konnte er auch wirklich auferstehen. Rätselhaft, unheimlich das Ganze, aber ein Faktum. Insofern ist Dürrenmatts Stück in der Tat nicht bloß ein Stück über das Sterben, den Tod und die Folgen für die Umwelt, sondern ein Stück über etwas schier »Unmögliches« und gänzlich »Paradoxes«: über eine Auferstehung, an die der Auferstandene nicht glaubt, nicht glauben kann. In Selbstdeutungen betonte Dürrenmatt:

> »*Der Meteor* handelt ja nicht vom Sterben, sondern von der Auferstehung. Ja, Schwitter ist ein Lazarus unserer Zeit. Für

[129] *F. Dürrenmatt,* 20 Punkte zum »Meteor«, in: Anhang zur »Meteor«-Ausgabe von 1985, S. 159–162 (s. Anm. 123).

gewöhnlich stehen die Toten im Theater erst auf, wenn der Vorhang gefallen ist; Schwitter aufersteht, als sich der Vorhang hebt. Das ist der entscheidende Einfall, ich glaube, ein eminent theatralischer... Die Situation mag ›unwahrscheinlich‹ sein, was sich aus ihr entwickelt, ist es nicht: Wie jedes ›Wunder‹ schafft sie Verlegenheit.«[130]

Diese »Verlegenheit« wird nicht nur im ästhetischen Diskurs des Stückes durch die Selbstaufhebung der Positionen konkret, sondern soll sich offensichtlich auch dem außerästhetischen Diskurs des Lesers oder Zuschauers vermitteln. Verlegenheit meint dabei zunächst einmal *Antwortlosigkeit, Ratlosigkeit.* Das Stück soll offensichtlich dem Zuschauer/Leser zunächst einmal die vertraute Sprache und die paraten Denkschemata verschlagen. Dürrenmatt als Autor schließt sich dabei keineswegs aus:

> »Schwitters Auferstehung ist ein Ereignis, das uns herausfordert; ich weiß auch nicht, wie ich mich in seiner Situation verhielte oder in der seiner Gegenspieler. Vielleicht nicht besser. Ich kann und will mich nicht ausschließen.«[131]

Die Verlegenheit bezieht sich aber auch auf die Tatsache, daß mit Schwitters Auferstehung gerade nicht etwas Tröstliches, Erbauliches, sondern etwas *»Fürchterliches«*, etwas *»Schreckliches«* passiert. Dürrenmatt knüpft hier an Traditionen an, die er bereits in seiner frühen Erzählung »Der Tunnel« (von der wir im Teil B dieses Buches ausführlich gehört haben) verarbeitet hatte: die Dimension des Anstößigen, Eingreifenden, Erschütternden. Ausdrücklich besteht er darauf:

> »Ich möchte sagen, die Auferstehung ist in meinem Stück als das genommen, was sie eigentlich ist, als ein Skandalon, als eine anstößige Geschichte, die ja auch im Neuen Testament als eine anstößige Geschichte erzählt wird; es ist ja gerade in der Luther-Bibel sehr direkt gesagt, er stinkt schon, heißt es; Christus tut das Wunder nicht gern, er ist ›ergrimmt‹, und

130 *F. Dürrenmatt*, Der Klassiker auf der Bühne (Gespräche 1961–1970), hrsg. v. H. L. Arnold, Zürich 1996, S. 202. Dieser Band wird künftig abgekürzt zitiert mit: Gespräche I – Seite.

131 Gespräche I, S. 203.

wie er es getan hat, beschließen die Pharisäer: Dieser Mann muß sterben. Es ist also, was wir als Erbauung erzählen, an sich ein anstößiges Ereignis. Und nun diese Geschichte heute. Da stellt sich die Frage: Gibt es überhaupt die Möglichkeit für uns, diese Geschichte zu glauben, wenn sie uns zustoßen würde? Das heißt, Schwitter kann seine eigene Auferstehung nicht glauben. In dieser Fiktion, in dieser Theaterfiktion, entwikkelt sich nun das ganze Geschehen.«[132]

Ein Mann steht auf und glaubt nicht daran

Hier liegt in der Tat der entscheidende Ein-Fall Dürrenmatts als Autor der zweiten Hälfte des 20. Jahrhunderts – gut 70 Jahre nach Tolstoj, gut 170 Jahre nach Goethes »Faust«. Denn Dürrenmatt schafft mit seinem Schwitter eine Figur, die so erst in der zweiten Hälfte unseres Jahrhunderts möglich ist: nach Nietzsche, Freud und Sartre. In sie hat er das einfließen lassen, was dieses Jahrhundert an geistigen Gärungen zu bieten hat: im Bereich des Erotischen und Sexuellen genauso wie im Bereich des Ästhetischen, Materialistischen und Existentialistischen. Mit Schwitter steht eine Figur vor uns, die aus Faustscher Selbstverwirklichung, Nietzscheschem Nihilismus, Freudscher sexueller Enttabuisierung und Sartreschem Existentialismus synthetisiert zu sein scheint.

So ist Schwitter im Bereich des *Erotischen* von hemmungsloser Triebhaftigkeit und zynischer Sinnenfreude. Sein Leben hatte er mit vier Frauen durchgebracht. Die erste war »robust, sinnlich, rothaarig und ungebildet« gewesen und hatte ihn mit einem Metzger, später mit einem Schneider betrogen. Die beiden nächsten Frauen? »Immer feinere Weiber«, denn sie organisierten Schwitters literarischen Ruhm, während er sich »abrackerte«, endgültig ein »Klassiker« zu werden. Dabei hatte sich seine zweite Frau, Tochter eines Großindustriellen, schließlich das Leben genommen, und Schwitter hatte in dieser Ehe nichts als eine »Tortur« erlebt. Überhaupt (meint er) die »ganzen Weiber« – ein »Irrtum« nach dem anderen! Am Schluß nimmt Schwitter

132 Gespräche I, S. 195.

ein Call-Girl zur Frau (die sei »die beste« gewesen!), und dies ist symptomatisch für sein Bild von Frauen und Ehe überhaupt. Sexueller Libertinismus allüberall! Mit der Frau des Baugiganten Muheim — »künstlerliebend«, wie sie gewesen sei — hatte Schwitter genauso geschlafen, wie er jetzt Auguste, die Frau des Malers Nyffanschwander, in sein Sterbebett holt...

Und so wie es im Leben zuging, triebhaft, sinnlich, zynisch, geht es bei Schwitter auch im Sterben zu: Statt mit einer »gewissen menschlichen Größe« abzutreten, besäuft sich Schwitter mit einer Flasche Cognac, schiebt eine zweite nach, und tut dies nach der Devise: »Saufen ist gesund fürs Abtanzen.« Das alles verweist bereits auf Schwitters *materialistische und existentialistische Grundhaltung*. Sein Leben kann er — todesverliebt, wie er ist — deshalb wegwerfen wie seine 1½ Millionen Mark, die er im Kamin des Ateliers verbrennt, da er ohnehin der Meinung ist: das Leben löst sich auf »in seine Bestandteile«, in »Wasser, Fett und Mineralien«. Moralische Rechtfertigungen für sein Tun kennt Schwitter — Nietzsche-Verschnitt, der er ist — nicht im geringsten. Als er von Frau Nomsen über Olgas Tod durch Vergiftung erfährt, ist dies seine Reaktion:

> »Die Kleine ist tot. Ich will mich weder rechtfertigen noch beschuldigen, derartige Geschmacklosigkeiten erwarten Sie nicht von mir. Schuld, Sühne, Gerechtigkeit, Freiheit, Gnade, Liebe, ich verzichte auf die erhabenen Ausreden und Begründungen, die der Mensch für seine Ordnungen und Raubzüge braucht. Das Leben ist grausam, blind und vergänglich. Es hängt vom Zufall ab. Eine Unpäßlichkeit zur rechten Zeit, und ich wäre Olga nie begegnet. Wir hatten Pech miteinander, das ist alles —«[133]

Kein Wunder, daß Schwitter — alt und krank geworden — der »Lebensekel« ergriffen hat. Vor seinem alten, fetten, brandigen Leib packt ihn das Entsetzen. Und diesem Lebensekel entspricht der Todestrieb, die Todesverliebtheit, die Todessehnsucht. Denn da nichts im Leben für Schwitter mehr Gewicht, Wert und Sinn hat, ist für ihn jetzt der Tod das einzig »Wirkliche«, das einzig »Unvergängliche«, das einzige Erlebnis, das bleibt:

133 *F. Dürrenmatt,* Der Meteor, S. 90f.

> »Der Tod rast auf einen zu wie eine Lokomotive, die Ewigkeit pfeift einem um die Ohren. Schöpfungen heulen auf, krachen zusammen, ein Riesenunfall, das ganze —«[134]

Man beachte: An einem solchen »Produkt« aus Faust, Nietzsche, Freud und Sartre, an einem solch skrupellosen, triebhaften und zynischen Zeitgenossen des späten 20. Jahrhunderts läßt Dürrenmatt Auferstehung geschehen. Ausgerechnet einem ästhetisch-erotischen Sinnenmenschen mit nihilistisch-existentialistischer Attitüde läßt er etwas zustoßen, was diesen, der alles durchgemacht hat, als einziges noch aus der Fassung zu bringen vermag: ein religiöses »Wunder«. Ausgerechnet ihn läßt er in die »metaphysische Falle« laufen, einen Menschen, der alle Metaphysik längst als Vertröstung durchschaut und verabschiedet hat. Ausgerechnet an ihm, der desillusioniert ist bis auf die Knochen: berechnend, schamlos, lästernd, todessüchtig. Aber gerade weil nach Goethe und Tolstoj die wunderkritische Aufklärung sich wie selbstverständlich geistig durchgesetzt hat, kann Dürrenmatt als Komödiant erneut mit ihr spielen. Die Brechung antireligiöser Tabus ist für ihn ästhetisch so produktiv, wie es die Brechung religiöser Tabus zu Goethes und Tolstojs Zeiten war.

Anders gesagt: In der zweiten Hälfte des 20. Jahrhunderts — angesichts aller durchgespielten weltanschaulichen Optionen — stellt ein Schriftsteller noch einmal die Wirklichkeit als ganze auf den Prüfstand, und zwar ausgerechnet mit der scheinbar archaischen Rede von der Auferstehung eines Toten. Sie schlägt in eine abgesicherte, zu Ende gedeutete Welt buchstäblich ein wie ein Meteorit und verstört eine Gesellschaft, die — 150 Jahre nach Goethes Auferstehungsskepsis — auf solche Ein-Brüche entweder mit rationalistischer Verdrängung, existentialistischer Empörung oder religiöser Wundersucht reagiert. Das Stück vom »Meteor« ist die Aufkündigung kultureller Selbstverständlichkeiten und eine einzige Attacke auf gesellschaftlich eingespielte »Verblüffungsfestigkeiten«!

[134] *F. Dürrenmatt,* Der Meteor, S. 62.

Wider die bürgerlich-christliche Entschärfung

Zum einen kommen *Vertreter des Christlichen* durch dieses Stück unter Radikalkritik — und zwar im Namen »der Religion«. Denn nicht, weil sie religiös reagieren, werden diese Christen zu lächerlichen Gestalten, sondern weil sie religiös nicht radikal genug reagieren. Die »Auferstehung« eines Toten ist für sie keine Beunruhigung, sondern pure Selbstbestätigung des ohnehin im Glauben Feststehenden. Was Dürrenmatt aber unter Religiosität (im Sinne Kierkegaards) versteht, schärft er im Zusammenhang seines Stückes noch einmal so ein:

> »Ich möchte einfach zeigen, daß das Religiöse an sich etwas Schreckliches und nicht etwas ›Gemütliches‹ ist. Wir haben die Religion zu einer Art Trost-Bild gemacht, und in Wirklichkeit handelt es sich um eine unangenehme und skandalöse Angelegenheit... Komödie ist Verwandlung der Dinge, und zwar der Dinge, die wir eigentlich hinnehmen, zum Beispiel Ostern: Wir gehen in die Kirche, und wir reden von Auferstehung. Das sind so schöne Symbole. Die Verwandlung dieser Symbole in die Wirklichkeit, das ist etwas sehr Beängstigendes.«[135]

Schon in seiner Komödie entlarvt Dürrenmatt deshalb den Auferstehungsglauben bestimmter Christen als Ausdruck von Lebensschwäche und Wirklichkeitsblindheit. In Selbstzeugnissen attackiert er darüber hinaus immer wieder ein »bürgerliches Christentum«, das das Ärgernis der Auferstehung allen Fleisches entschärft hat. Dabei läßt Dürrenmatt nicht den Einwand gelten, daß doch eigentlich »das Kreuz« das Ärgernis im Christentum sei:

> »Das Kreuz an sich ist schon längst kein Ärgernis mehr, verglichen mit den Ungeheuerlichkeiten an Barbarei, die oft genug im Namen des Kreuzes an der Menschheit begangen wurden. Die Unmenschlichkeit der Kreuzzüge, die Religionskriege, die Inquisition, aber auch die Kriege zwischen den einzelnen Nationen und Rassen und auch Auschwitz sind größere Ärger-

[135] Gespräche I, S. 212f (s. Anm. 130).

nisse als das Kreuz. Nicht nur den Juden oder den Griechen, sondern auch den modernen Menschen ›ein Ärgernis und eine Torheit‹ wird das Kreuz nur durch die Auferstehung. Bloß dadurch erhält das Schreckliche ›christlich gesehen‹ einen Sinn. Das Kreuz allein als Ärgernis anzusehen, ist deshalb ein Versuch, ein Christentum ohne Glauben zu installieren, aus dem Christentum eine Weltanschauung zu machen. Innerhalb dieses Versuches wird *Der Meteor* dialektisch unmöglich, weil es unmöglich ist, daß ein Toter auferstehe. So wurde denn *Der Meteor* ein Ärgernis für die bürgerlich gewordenen Christen, von denen mir ein Pfarrer sogar vorwarf, ich dürfe doch nicht behaupten, daß Gott gerade einen Ehebrecher und Säufer wie Schwitter begnadigt hätte, als ob die Gnade von einer untadeligen bürgerlichen Haltung abhinge; aber auch ein Ärgernis für jene, die keine Christen sind, sondern nur Ästheten.«[136]

Ein *Ärgernis* also will dieses Stück sein — und zwar vor allem den »bürgerlich gewordenen Christen« gegenüber, die das Ärgernis des Glaubens entschärft haben. Schon in seinen »20 Punkten zum ›Meteor‹«, geschrieben für eine Diskussion über sein Stück im Jahre 1966, betonte Dürrenmatt vehement diesen Ärgernischarakter. Die Idee seines Stückes vertrage »keine Dämpfung zugunsten eines gesitteten Bildungs-Christentums«, ja, Dürrenmatt geht so weit, in Schwitters Auferstehungsleugnung die »heutige Christenheit« mitsymbolisiert zu sehen:

»Ursprünglich war sich die Christenheit bewußt, daß sie für die Juden ein Ärgernis und für die Griechen eine Torheit war. Heute ärgert sie sich darüber, daß sie für den Nichtchristen eine Torheit sein soll: Die heutige Christenheit ist sich selber zum Ärgernis geworden. In dieser Perspektive ist der Auferstandene, der nicht an seine Auferstehung glaubt, eine Gestalt, die die heutige Christenheit versinnbildlicht. Insofern wir uns zu ihr zählen, lachen, ärgern, pfeifen wir über uns selber.«[137]

136 *F. Dürrenmatt,* Sätze über das Theater (1970), in: Theater. Essays und Reden, Werkausgabe in 30 Bänden, Bd. XXIV, Zürich 1980, S. 176–211, Zitat S. 196f.

137 *F. Dürrenmatt,* 20 Punkte zum »Meteor«, S. 161 (s. Anm. 129).

Wider die »bloßen Ästheten«

Genauso radikal aber ist Dürrenmatts *Attacke gegen die bloßen »Ästheten«*. Sein Theater als Raum beunruhigender Gegenwirklichkeit trifft gerade auch diese Welt an ihrer empfindlichsten Stelle: ihrer gesetzmäßigen Geschlossenheit. Denn mit dem Moment des »Eingriffs«, wie es die Auferstehung eines Toten nun einmal darstellt, bringt Dürrenmatt die Gesetzmäßigkeit einer Welt durcheinander, die keine Überraschungen mehr erleben will und Ein-Fälle dieser Art kritisch zu denunzieren pflegt. Sein Stück könnte nach der Devise geschrieben worden sein: Da steht seit langem wieder einmal ein Mensch von den Toten auf; aber niemand begreift, was dies bedeutet. Alle haben bereits ihre Weise, mit diesem Ereignis fertig zu sein. Die Rede von »Auferwekkung der Toten« wird so durch den Künstler zum Versuch einer letzten Attacke auf eine Welt, die sich überraschungsfrei gemacht und deterministisch abgedichtet hat.[138] So gesehen ist Dürrenmatts Stück die Umkehrung der Faustschen Religionskritik. Hatte Faust die Auferstehung als des Glaubens liebstes Kind entlarvt, so macht Dürrenmatt umgekehrt die *Auferstehung zur letzten Waffe der Welt-Kritik*.

Mit Recht hat deshalb der Literaturwissenschaftler *Jan Knopf* zum »Meteor« bemerkt: »Es ist die antiaufklärerische Tradition, der Unglaube an eine vollkommen eingerichtete oder vielmehr durch die Menschen vollkommen einrichtbare Welt, die sich hier artikuliert, die Lessings Satz aus der ›Emilia Galotti‹, der Zufall sei Gotteslästerung, nichts unter der Sonne sei Zufall, umkehrt in den Satz, daß gerade im Nicht-Zufälligen, in der totalen Ordnung, der totalen Vernünftigkeit mit ihrer stringenten Logik die Gotteslästerung liege... Lessing, der Aufklärer, nimmt das Wunder in die Welt hinein... Bei Dürrenmatt dagegen, dem Anti-Aufklärer, dem der Glaube an die Übereinstimmung von menschlicher und göttlicher Vernunft abhanden gekommen ist, bricht das Wunder in die Alltäglichkeit hinein, entlarvt und ver-

[138] Zur philosophischen Auseinandersetzung mit dem Problem eines deterministischen oder eines kausalen Weltbildes vgl. *F. Dürrenmatt,* Albert Einstein. Ein Vortrag (1979), in: ders., Philosophie und Naturwissenschaft. Essays und Reden, Zürich 1980, S. 150–172; ebenso der Anhang, S. 175–201 (Werkausgabe Bd. XXVII).

nichtet sie, weil die Menschen an Wunder und Zufälligkeiten, die ihr eingewohntes Leben in Frage stellen könnten, nicht mehr glauben (als ungläubige Nachfahren der Aufklärung) und allein in ihrer totalen Ordnung den Sinn der Welt und des Lebens sehen. Dürrenmatt stellt den Zufall ausdrücklich als Alternative der Welt gegenüber, als Möglichkeit, ihre Ordnung zu zerstören, als Alternative, als Gegenwirklichkeit zum alltäglichen, unbewußten Dasein der Menschen.«[139]

Die Gleichzeitigkeit der Stimmen

Klopstock — Goethe — Tolstoj — Dürrenmatt, vier Stimmen. Wie selber Stellung nehmen? Voraussetzung muß sein: Eine theologische Reflexion zum Thema Auferweckung Christi wird von der Tatsache ausgehen müssen, daß in allen vier Positionen Wahrheitsmomente enthalten sind, die unabweisbar sind. Was für das Thema Weihnachten galt, gilt auch hier: Die Positionen sind durch die jeweils nächste nicht einfach »überholt«. Die Stimmen sind gleichzeitig hörbar. Glauben hat eine polyphone Struktur:

— Wer dürfte als Christ leugnen, daß *Klopstock* mit der Herausstellung der kosmischen und heilsgeschichtlichen Dimension der Auferstehung Christi Urgestein der neutestamentlichen Auferstehungs-Botschaft aufgenommen und verstärkt hat? Auferstehung Christi ist nach dem Neuen Testament in der Tat Anbruch einer neuen Zeit, Herrschaftswechsel über die Welt im Geist der Liebe. Aber: Der konfrontative Triumphalismus Klopstocks gegenüber Heiden und Juden ist uns Nachgeborenen von Auschwitz abhanden gekommen. Auferstehung Christi ist kein Siegermythos.

— Wer dürfte als zeitgenössischer Christ des nachaufklärerischen 20. Jahrhunderts leugnen, daß die Faustische Skepsis in uns steckt: Die Botschaft hör ich wohl, allein mir fehlt der Glaube. Dieser Zweifel aber macht Glauben erst zum Glauben. Und gerade der Glaube an die Auferweckung Christi ist ohne Anfechtung nicht zu haben, ohne Verdacht auf Illusion und Vertröstung. Hier gilt, daß es nicht nur eine Treue zum eigenen Glau-

[139] *J. Knopf*, Friedrich Dürrenmatt, München [4]1988, S. 118f.

ben, sondern auch eine Treue zu den eigenen Zweifeln gibt. Aber Faustische Skepsis (gepaart mit einer moralischen Rücksichtslosigkeit) darf nicht zu einem generellen Skeptizismus werden, der nur noch die Selbsteinkapselung des Menschen in die Widersprüche seiner Existenz kennt.

— Wer könnte als Christ verkennen, daß die Rede von der Auferweckung Christi eine existentielle Dimension für jeden einzelnen Christen hat — im Sinne jenes Leo Tolstoj, dem die Bergpredigt zu einem zentralen ethischen Manifest wurde. Neue Schöpfung im Geist: das ist — blickt man ins Neue Testament — die Folge des Glaubens an die Auferweckung Christi. Christen sind auf geistige Weise »eine neue Schöpfung«. Auferstehung vollzieht sich deshalb in der Tat tagtäglich neu, immer dann, wenn der Geist der Liebe über die Trägheit oder Bosheit der Herzen triumphiert. Aber: Warum sollte diese Auferstehung »mitten im Leben« gegen eine Auferstehung »nach dem Leben« ausgespielt werden? Gehört nicht beides zusammen? Wer im Geist der Liebe hier und heute lebt, wird diese Liebe nicht abbrechen wollen, wenn die irdische Sphäre durchschritten ist.

— Wer dürfte als Christ übersehen, daß Dürrenmatt einen entscheidenden Punkt in der Debatte getroffen hat: die Möglichkeit von Auferstehung als Durchschlagung scheinbarer Sicherheiten, als Einbruch »Gottes« in eine eindimensional sich verschließende Welt. Eine postchristliche Welt, die alles Wunderbare in der Tradition Goethes zu ironisieren oder in der Tradition Tolstojs symbolisch zu interpretieren pflegt, konfrontiert Dürrenmatt mit einer *Möglichkeit,* mit der eben diese Gesellschaft längst zu rechnen aufgehört hat: den Einbruch des »ganz Anderen«, und zwar nicht zum triumphalistischen Wahrheitsbeweis des Christentums (von Klopstock bis zu Dürrenmatts Pfarrer Lutz), sondern vielmehr zur paradoxen Verrätselung einer so sicher geglaubten Wirklichkeit.

Die theologische Auseinandersetzung mit Dürrenmatts Stück muß diese Aufhebung von Positionalität angesichts des Rätsels Tod/Auferstehung wahren. Sonst droht ihr der Rückfall in Heilsarmee-Lyrik. Eine theologische Rezeption, die das Stück auf eine simple Botschaft reduziert (nach dem pastoralen Motto:

Wir müßten doch alle einmal wieder *wirklich* an die Auferstehung glauben), verfällt der Lächerlichkeit eines Pastor Lutz und eines Heilsarmisten vom Schlage Friedlis. Die dem Stück adäquate Einstellung kann also kaum identisch sein mit den im Stück bereits parodierten theologischen Positionen. Im Gegenteil: Eine adäquate theologische Grundhaltung in der Frage der Auferstehung allen Fleisches bestünde darin, auszuhalten, was Dürrenmatts Pfarrer Lutz aus Lebensangst gerade nicht gelang und was er durch seine Wundersucht ersetzte: die innere Krisis, ja die dunkle Nacht des Glaubens, der nichts hat als das Wort von der »Hoffnung wider alle Hoffnung«.

Diese Hoffnung aber geht über Auferstehungen, wie sie Schwitter auf der Bühne erlebte, weit hinaus. Nach dem Neuen Testament gibt es zwar den Typus Auferstehung à la Lazarus, worauf Dürrenmatt zurückgreift. Entscheidend und damit gar nicht zu vergleichen aber ist die Auferstehung Christi. Sie meint gerade keine Rückkehr in das frühere Leben, sondern Eingang in ein neues Leben bei Gott. Nicht die Fortsetzung des bisherigen Lebens wird am auferstandenen Christus illustriert, sondern die Verwandlung des Lebens, des eigenen Körpers im Geist und zum Geist. Schwitters Auferstehung ist ja wieder vom Tod bedroht wie die des Lazarus; Christi Auferstehung ist der Tod des Todes. Schwitter wird wieder sterben; Christus lebt als Zeuge und Bürge der Auferstehung aller Christen. Schwitters Leib wird zerfallen; der geistige Auferstehungsleib ist unvergänglich.

In diesem polyphonen Gespräch also sind die Stimmen noch hörbar: die Stimme Klopstocks (Christus hat die Macht der Welt und ihren Tod gebrochen), die Stimme Fausts (Das Wunder ist des Glaubens liebstes Kind), die Stimme Tolstojs (Stehe auf im Geiste der Liebe), die Stimme Dürrenmatts (Was wäre, wenn ein Toter wirklich aufersteht?). Sie alle begleiten die Stimme dessen, der ebenfalls nicht am Grabe Christi gestanden hat, sondern der eine ganz persönliche Erfahrung mit dem Auferstandenen durchmachen mußte, die sein Leben grundlegend veränderte und ihn vom Saulus zum Paulus werden ließ:

> »Siehe, ich sage euch ein Geheimnis: Wir werden zwar nicht alle entschlafen, wohl aber werden wir alle verwandelt wer-

den, und zwar in einem Nu, in einem Augenblick, beim Schall der letzten Posaune; die Posaune wird nämlich erschallen, und die Toten werden als Unverwesliche auferweckt werden, und wir werden verwandelt werden… Dann wird sich das Wort erfüllen, das geschrieben steht: ›Verschlungen ward der Tod im Sieg. Wo ist, Tod, dein Sieg? Wo ist, Tod, dein Stachel?‹« (1 Kor 15, 51f. 54f)

V. UMRISSE EINER CHRISTOPOETIK

Wir gingen vom Topos der *Schonung Jesu* aus: Bei aller oft noch so bitteren Kirchen- und Religionskritik — Jesus selbst wird in den allermeisten Fällen von der Kritik ausgespart, milde geschont, ja oft selbst zum schärfsten Kritiker einer Kirche und Gesellschaft, die sich ihrer Legitimation von ihm her allzu sicher weiß. Für Schriftsteller des 20. Jahrhunderts ist dieser Nazarener ein Archetyp unangepaßter, rebellischer, provokativer Humanität, eine Berufungsinstanz, mit der sie die Diskrepanz von utopischem Ideal und miserabler Realität schonungslos aufdecken und den Verrat anprangern, der an Jesu Sache geübt wird.

Zugleich ist das *Wie* der Darstellung Jesu zu beachten. Eine rein inhaltliche Auswertung des literarischen Befundes unterschlägt die ästhetische Dimension, hat keinen Blick für die literarische Form. Sie aber bedarf der eigenen Reflexion. Das Nachdenken über die literarische Darstellbarkeit einer Gestalt wie Jesus, des *Wie* der Evokation ihres Geheimnisses, ist Aufgabe der Poetik, einer Christo-Poetik.

1. Der Vertraut-Fremde

Auf der Basis unseres bisher ausgebreiteten Materials drängt sich eine erste christopoetische Grundeinsicht auf: Die Gestalt des Nazareners ist nicht direkt »greifbar«, als sei sie »begreifbar«; als wüßte ein Schriftsteller (überhaupt ein Mensch) um ihr Geheimnis; als sei es mit Hilfe der Literatur zu entschlüsseln, gar zu entzaubern. Jesus entzieht sich aller direkten Darstellbarkeit; wer zugreift, vergreift sich; wer begriffen zu haben meint, hat sich vergriffen. Und da das Geheimnis dieser Gestalt sich aller Begreifbarkeit entzieht, wird begreiflich, warum selbst die Großen unter den Poeten ihn nur indirekt darstellen konnten: in Stellvertreterfiguren zum Beispiel. Auch die große Literatur zeigt die unauslotbare Tiefe einer Figur wie Jesus gerade dadurch, daß sie ihn in vielfachen Gestalten evoziert, in vielen Gesichtern spiegelt und unter verschiedenen Namen unter uns leben läßt — als der bekannte Unbekannte, als der Nahe und doch Ferne, als der Vertraute und doch uns Fremde.

Zugleich kann Literatur diese letzte Entzogenheit Jesu zum eigenen Thema machen: die Darstellbarkeit seiner Nichtdarstellbarkeit. Christopoetik kann Teil der Poesie werden: als Akt der Selbstvergewisserung des Schriftstellers, daß auch Literatur letztlich nur scheitert in der vollständigen Darstellung einer Figur wie Jesus, und daß dieses Scheitern der Darstellung literarisch produktiv werden kann. Ein Beispiel dafür ist Max Frisch.

2. Eine christopoetische Spur: Max Frisch

Sein erstes Tagebuch (1946–1949) eröffnet dieser Autor mit einer Geschichte vom Puppenspieler Marion aus dem Land Andorra. Dieser Marion steht auf einer Straße in irgendeiner Stadt, ein offener Koffer neben ihm, eine große Volksmenge um ihn, und holt aus dem Koffer eine Marionette heraus. Als ein Polizist — beunruhigt wegen der Ordnungsstörung — hinzutritt, hält er diesem die Puppe entgegen: »Jesus Christus«![140] »Andorra« ist bekanntlich bei Frisch Chiffre für einen gesellschaftlich-politischen Raum, der nach bestimmten sozialen, politischen und psychologischen Regeln funktioniert. Und ein Vertreter der herrschenden Klasse Andorras ist in dieser Marion-Geschichte der Kunstförderer Cesario.

Warum erzählt Frisch diese Geschichte, mit der er den Andorra-Stoff in sein Werk einführt, und stellt diese gleich an den Anfang seines ersten, so grundlegenden Tagebuchs? Er erzählt sie, um von vornherein gleichnishaft die *Grundspannung von*

140 *M. Frisch,* Tagebuch 1946–1949, in: Gesammelte Werke in zeitlicher Folge, Bd. II/2, Frankfurt/M. 1976, S. 351.

Kunst und gesellschaftlicher Macht darzustellen: das Problem der Stellung des Künstlers in der Gesellschaft. Marion ist in dieser Geschichte der Typus des unschuldigen, reinen, heiteren, spielerischen, beinahe kindlich naiven Menschen, von dem kaum zu unterscheiden, den er am liebsten spielt, Jesus, den Lauteren und Unschuldigen. Die Mächtigen in der Gesellschaft, Cesario allen voran, versuchen die Künstler und Poeten einzugemeinden, sie durch Parties zu bestechen, ihnen durch Wohlgefallen eine Nische namens Kultur im Gesellschaftsbetrieb einzuräumen. So ergeht es auch dem Puppenspieler Marion, der unter seinen Puppen das ganze dramatische Personenarsenal der Jesus-Geschichte hat: Moses, die heiligen drei Könige, Pilatus. Nur eine Puppe hat er nicht: Judas, den Verräter. Doch das Überraschende geschieht: Je länger die Geschichte des Marion fortgeht und je mehr dieser Puppenspieler sich für die Zwecke der Mächtigen vereinnahmt sieht, je mehr also der Poet der Marionette selbst zur Marionette der Herrschenden wird, desto mehr fühlt sich Marion selbst in die Rolle dieses Judas hineinwachsen. Er selbst, anfangs Spiegelfigur für den unschuldigen und reinen Jesus, wird immer mehr zum Judas der eigenen Unschuld, zum Verräter seiner selbst, der — am Ende sein Gesicht im Spiegel erschrocken betrachtend — dann auch wie Judas zum Strick greift. Deutlich wird: An diesem Christus-Judas-Drama macht sich Frisch die Rolle der Kunst in der Gesellschaft überhaupt bewußt.

Mehr noch: Frisch hat hier — der Tübinger Germanist Jürgen Schröder hat dies in einem brillanten Essay schon 1965 analysiert — »das eigentlichste Geheimnis seines Dichtungsverständnisses und Dichtungserlebnisses« preisgegeben.[141] Es beruht — so Schröder — »auf der Poetik eines säkularisierten Johannesevangeliums«, was konkret bedeute: Auch die Dichtung lebe vom »Wunder des Wortes«, aber mit jeder Geschichte verrate sich der Mensch in einem unauflöslichen Doppelsinn:

> »Jede Geschichte redet von Selbsterkenntnis und Selbstverkenntnis, Selbstliebe und Selbsthaß, jede menschliche Geschichte wiederholt die Begegnung von Christus und Judas.

[141] *J. Schröder,* Spiel mit dem Lebenslauf. Das Drama Max Frischs, in: W. Schmitz (Hrsg.), über Max Frisch, Bd. II, Frankfurt/M. 1976, S. 60.

Die Geschichte der Dichtung erzählt eine einzige Ecce-Homo-Geschichte: Christus vor Pontius Pilatus... Frisch hat *Andorra* als ›Modell‹ gemeint. Wir alle sind Andorraner, die in dem ›Juden‹ Andri den Menschen, die Sohnschaft und die Brüderlichkeit verraten. Die Dichtung aber, indem sie unser Judas-Leben schreibt, spart unser verratenes Christus-Leben als ungeschriebene Rolle aus.«[142]

Das ist der eine Aspekt, der an dieser Christus-Parabel von Max Frisch wichtig ist: *Christus und Judas sind Rollen, die jeder in sich selbst spielt:* das Rollen-Spiel von Unschuld und Schuld, von Arglosigkeit und Verrat. Und Schriftsteller unserer Zeit spielen diese Rollen stellvertretend für andere immer wieder durch. Der Verrat aber, der Unschuldsverlust, ist für den Schriftsteller ein unvermeidlicher, will er sich im Worte noch preisgeben. *Walter Jens* hat einmal — auf Frisch bezogen — diesen unaufhebbaren Konflikt des Schriftstellers pointiert auf die Formel gebracht: »Der Poet, das ist der sich selbst zum Verrat meldende Mann aus Iskarioth: ein Judas redivivus, der dafür sorgt, daß ans Licht gebracht wird, was anders als durch eine bis zur Selbsterniedrigung gehende Preisgabe nicht zu enthüllen ist.«[143]

Und ein Zweites kommt hinzu: Durch das Tagebuch von Frisch zieht sich die *Spur einer poetologischen Reflexion* auf die Möglichkeiten literarischer Darstellbarkeit Christi überhaupt. Es war die Marionetten-Metapher, die Frisch nicht losließ. Und als er später im Tagebuch vom Besuch eines Puppenspiels berichtet, kommt er assoziativ und doch kalkuliert auf den Puppenspieler Marion zurück, der Jesus Christus als Puppe dargestellt hatte. Es fiel Frisch auf, daß es Marionetten viel leichter als menschlichen Schauspielern zu gelingen scheine, »auch außermenschliche Wesen« darzustellen, »einen Erdgeist, einen Kobold, Ungeheuer und Feen, Drachen, Geister der Lüfte und was das Herz begehrt«. Menschen, die solche Rollen (etwa die eines Erdgeistes) auf der Bühne zu verkörpern versuchten, könnten »ein letztes Grauen oder eine überirdische Wonne« kaum glaubhaft machen. Der Marionette aber gelinge es. Denn sie bleibe nur »ein Bild, ein Zei-

142 *J. Schröder*, a. a. O., S. 65.

143 *W. Jens*, Der Poet als Verräter, in: Frankfurter Allgemeine Zeitung vom 9. Mai 1961.

chen«, das von vornherein über sich hinausverweise und nicht vorspiele, was sie nicht sei. Frisch folgert daraus:

> »Und damit spielt die Szene, wie vortrefflich sie auch gespielt werde, von vornherein auf zwei verschiedenen Ebenen, die nicht auf die gleiche Art glaubhaft sind. Beim Puppenspiel sind sie es. Auch beim antiken Maskenspiel: Wenn Athene und Odysseus in gleicher Weise eine Maske tragen, wenn sie gleicherweise unwahrscheinlich und zeichenhaft bleiben, können wir auch die Göttin glauben.«[144]

Hinzu komme: Im Puppenspiel sei das Wort, mit dem die Puppenrolle verlebendigt werden müsse, »immer überhöht«, so daß es gar nicht verwechselt werden könne mit der Rede unseres Alltags. Es sei »übernatürlich«, schon weil es von der Puppe getrennt sei, gleichsam über ihr lebe und webe; dazu sei es größer, als es jemals ihrem hölzernen Brustkorb entspräche. Es sei mehr als jenes begleitende Geräusch, das uns täglich aus dem Mund komme:

> »Es ist das Wort, das im Anfang war, das eigenmächtige, das alles erschaffende Wort. Es ist die Sprache. Das Puppenspiel kann sich keinen Augenblick lang mit der Natur verwechseln. Es ist ihm nur eines möglich, nämlich Dichtung; sie bleibt sein einziger Sprachraum.«[145]

Und dann folgt bei Frisch die Übertragung dieser Gedanken auf »Christus als Puppe«. Der Autor erinnert sich plötzlich, als Student einmal ein Abendmahl Jesu als Puppenspiel gesehen zu haben. Es sei »erschütternd« gewesen. Es sei »heilig in einem Grade« gewesen, »wie es mit einem menschlichen Darsteller, der uns einen Christus vortäuschen will, nie möglich« gewesen wäre:

> »Ein Christus aus Lindenholz, wie Marion ihn macht: man denke an ein Kruzifix, und auch dort wird es nicht als Lästerung empfunden; die Puppe, im Gegensatz zum leiblichen Schauspieler, begegnet uns von vornherein als Gestalt, als Bild, als Geschöpf des Geistes, der allein das Heilige vorstellen

144 *M. Frisch,* Tagebuch 1946–1949, in: a. a. O., S. 478 (s. Anm. 140).
145 Ebd.

kann. Der Mensch, auch wenn er ein Bild spielt, bleibt immer noch aus Fleisch und Blut. Die Puppe ist Holz, ein ehrliches und braves Holz, das nie den verfänglichen Anspruch erhebt, den wirklichen Christus vorzustellen, und wir sollen sie auch nicht dafür halten; sie ist nur ein Zeichen dafür, eine Formel, eine Schrift, die bedeutet, ohne daß sie das Bedeutete sein will. Sie ist Spiel, nicht Täuschung, sie ist geistig, wie nur das Spiel sein kann —.«[146]

Wir sind damit auf eine *christopoetische Spur* gestoßen. Sie blitzt in der Reflexion des Künstlers auf, wie sich künstlerisch eine Figur wie Jesus so darstellen lasse, daß durch sie »mehr« aufscheint als das, was sichtbar gemacht werden kann; daß auf der Ebene des Natürlichen das aufblitzt, was zum »Übernatürlichen« gehört; daß also im Vordergrund des Dargestellten ein »transzendenter« Hintergrund erfahrbar bleibt. Die Analogie, die Frisch hier zieht, ist für unseren Zusammenhang von größter Bedeutung: So wie bei einem antiken Maskenspiel durch das Tragen der Maske (die so von vornherein die Realität des Schauspielers übersteigt) eine Göttin auch heute noch als Göttin glaubhaft wird (im Gegensatz zu einer von Menschen gespielten Göttin-Rolle), so kann bei einem Puppenspiel durch die Puppe (die von vornherein nicht den »wirklichen Christus« vorgeben will) auf eine andere Wirklichkeit in dieser Gestalt verwiesen werden. Das »Geistige«, »Geheimnishafte« an dieser Figur (theologisch gesprochen das Göttliche in ihr), kann nur auf diese Weise aufscheinen — durch die Puppe als bloßes Zeichen, das das Bedeutete nicht sein will. Dem Zuschauer wird auf diese Weise bewußt, daß »Christus« je geheimnisvoller, geistiger, »göttlicher« ist. Daraus folgt: Die Kunst nimmt sich zurück und durchbricht selbst die Illusion, Christus sei in ihrem Raum adäquat darstellbar. Durch die Selbstzurücknahme auf die bloße Zeichenhaftigkeit vertreibt die Kunst nicht das Geheimnis Christi, sondern öffnet es, macht es ahnbar. Solche Kunst weist von sich weg in dieses Geheimnis hinein.

Welche Bedeutung hat dieser literarische Befund für das christlich-theologische Nachdenken über Jesus von Nazaret? Er öffnet

146 *M. Frisch,* a. a. O., S. 479.

die Augen für das »Wie« der Darstellbarkeit Jesu schon in der christlichen Ur-Kunde, dem Neuen Testament. Wenn die Literatur in ihrer Jesusdarstellung christopoetischer ist als gedacht, ist dann die Ur-Kunde des Christentums, das Neue Testament, in seinem Christusglauben, seiner Christo-logie möglicherweise literarischer als gemeinhin bewußt? Es dürfte sich lohnen, die Technik der Evangelisten als Schriftsteller eigens zu untersuchen — mit der Zielfrage, ob Analogien zwischen den »Literaten« des ersten und des zwanzigsten Jahrhunderts entdeckbar sind.

3. Die Evangelisten als Christopoeten

Mit welchen Techniken und Stilmitteln redet die Urkunde christlicher Theologie selbst von Jesus als »dem Christus«? Wie kommt hier — rein literartechnisch gesehen — die Aussage zustande, daß Jesus von Nazaret nicht nur einer der vielen Propheten und Lehrer ist, sondern im Tiefsten nur verstanden wird, wenn man sieht, daß er für Gott steht, daß Gott selbst in ihm gehandelt und sich so den Menschen kenntlich gemacht hat?[147]

Ich mache mir ein *Erstes* klar: Bekanntlich hat Jesus selbst von sich nicht als »Christus« gesprochen, nicht von sich als Messias und Gottessohn, nicht von sich als ein inkarnierter Gott-Mensch. Jesus hat über sich selbst überhaupt nicht »christologisch« gesprochen, hat keine Christologie über sich selbst verkündet. Er hat eher von sich weggewiesen: auf Gott selbst, das Reich Gottes, den Willen Gottes. Daraus folgt: Am Anfang des Christentums steht die Person Jesu selbst und keine explizite Christologie. Was den Umkehrschluß erlaubt: Jede Christologie-Kritik ist der Theologie nicht fremd, sondern immanent.

Ich mache mir ein *Zweites* klar: Typisch für Jesus ist, daß er nicht über sich theologisch reflektierte, sondern von dem, was er wollte, konkret *erzählte*. Jesus hat seine Botschaft mit Hilfe von erfundenen Gleichnissen und Parabeln illustriert und konkretisiert, hat Geschichten vom Reiche Gottes erzählt. Er war gewiß

[147] Zur Vertiefung verweise ich auf: *K.-J. Kuschel,* Geboren vor aller Zeit? Der Streit um Christi Ursprung, München 1990.

kein Dichter, kein Schriftsteller, aber ein Erzähler war er durchaus, ein Poet allemal. Pointiert gesagt: Er war der *Archepoet seiner Sache,* der seinen Weg und seine Botschaft (Anbruch des Reiches Gottes) in Spiegelgeschichten faßte, sich erzählend erklärte und auslegte, der fiktive Figuren erfand, um indirekt, in der Beleuchtung durch Stellvertreter-Figuren oder objektive Korrelate klarzumachen, worum es ihm ging. Der barmherzige Samariter ist eine solche fiktive Figur, der Vater des »verlorenen Sohnes« ebenso. Auch der König, der ein Hochzeitsmahl für seinen Sohn veranstaltete, der Weinbergbesitzer, der seinen Sohn zu den mörderischen Pächtern schickte... Aber auch konkrete Realitätsdetails, wie der Feigenbaum, das Senfkorn, der Sauerteig, können zu objektiven Korrelaten des Reiches Gottes werden. Daraus folgt: Am Anfang des Christentums steht kein Theologe, sondern ein Erzähler, steht die Selbstauslegung in literarischen Formen. Was den Umkehrschluß erlaubt: Das literarische Gewand der Botschaft muß christlicher Theologie nicht künstlich übergestülpt werden, sondern ist ihr von Anfang an mitgegeben.

Ich mache mir ein *Drittes* klar: Jesus, der Erzähler, wird nach seinem gewaltsamen Tod und unter dem Eindruck seines neuen Lebens bei Gott selbst zum Objekt von Erzählungen seiner Anhänger, ja zum Objekt von Liedern und Hymnen, die etwa während des Gottesdienstes gesungen wurden. Nach Ostern, aufgrund der Auferweckungserfahrung, kommt es zu einer erneuten »Literarisierung« Jesu, die nun immer mehr auch eine Verschriftlichung der Jesus-Überlieferung ist. War Jesus noch der schriftlose Archepoet seiner Sache, so stellen sich uns die *Evangelisten,* die das zunächst mündlich erzählte Jesus-Material sammeln und strukturieren, durchaus *als Schriftsteller* dar. Mit literarisch erkennbaren Mitteln, d.h. mit bestimmten literarischen Strukturmerkmalen und Techniken versuchen sie durchsichtig zu machen, welche Bedeutung und Tiefe dieser Nazarener für sie hat und für alle Menschen bekommen soll. Was umgekehrt heißt: Das »Christologische« stellt sich in den Evangelien gerade nicht auf der Ebene von verkopfter Lehre und spekulativer Reflexion dar, sondern indirekt durch eine bestimmte Erzählweise, eine literarische Technik.

Konkret: Mit wohlkalkulierten literarischen Mitteln soll offenbar dem Leser und Hörer der Evangelien deutlich gemacht werden: Der, von dem hier die Rede ist, entzieht sich allen Kategorien, mit denen man ihn zu begreifen versucht. Er, von dem hier erzählt wird, ist in Wort und Tat zwar greifbar, aber letztlich unbegreiflich; er knüpft in seiner Verkündigung zwar an vertraute Details von Alltag und Tradition an, und doch durchbricht er meist alle Erwartungshaltungen; er erweckt durch sein Auftreten und seine Predigt zwar bestimmte Erwartungen (Menschensohn, Gottessohn, Messias, politischer Befreiungsheld), und doch transzendiert er all diese Erwartungen entweder durch überraschende Selbstzurücknahmen ins Geheimnisvolle und Schweigsame (das »Messias-Geheimnis« bei Markus) oder durch überraschende Perspektivenwechsel von oben nach unten, von Macht in die Ohnmacht, von Hoheit in die Niedrigkeit, von der Vertrautheit in die Fremdheit: »Die Füchse haben Gruben, und die Vögel unter dem Himmel Nester; aber des Menschen Sohn hat nicht, wo er sein Haupt hinlege« (Mt 8,20). Zwar wird er in zahlreichen Spiegelfiguren angeleuchtet: durch seine Jünger oder seine Mutter, durch Streitgespräche mit Pharisäern und Schriftgelehrten, durch zahlreiche Begegnungen mit Kranken, denen er neues Leben gibt. Und doch: In wievielen Figuren sein Bild sich auch bricht, er selbst geht in keines dieser Bilder ein, ist mit keiner Fremdinterpretation identisch, ja, ist den eigenen Anhängern oft noch rätselhafter und ver-rückter als den Gegnern von Beginn an. Wer er im Tiefsten und Letzten war, darauf kennt das Neue Testament Antworten, deren Spezifikum aber gerade darin besteht, daß sie die Fragen nicht zum Verstummen bringen. Im Gegenteil: Die Evangelisten zeigen gerade als Schriftsteller: Dieser Jesus entzieht sich letztlich allen, die ihn fassen und eingemeinden wollen.

Die Weise, wie die Evangelisten von Jesus erzählen, läßt für mich nur einen Schluß zu: Durch die Technik der Erwartungsdurchbrechung, durch die Form von dialogischen Streitgesprächen, durch Perspektivenwechsel in pointierten Gleichnisgeschichten, durch Spiegelungen und Brechungen in Nebenfiguren soll dem Leser und Hörer klargemacht werden: Hier ist einer aufgetreten, der »anders« war als das bisher Gewohnte, der

»mehr« war als das bis dato Vertraute. *Anders* als der erwartete, mächtige apokalyptische Menschensohn vom Himmel her, anders als ein herrscherhafter, königlicher Gottessohn, anders als der ersehnte Messias königlicher, prophetischer oder priesterlicher Provenienz. Und hier war einer, der »mehr« war. *Mehr* als Jona, mehr als Salomo, mehr als Mose, mehr als die Propheten, Könige und Gesetzeslehrer zusammen. Erst von diesem »anders als« und »mehr als« wird begreiflich, daß das Neue Testament den Grund für dieses »anders« und »mehr« in Jesu geheimnisvoller Beziehung zu Gott sah, ja, daß es nach Ostern bekannte, daß Er für diesen »ganz anderen« Gott verbürgend einstand.

Ich ziehe daraus den Schluß: Schon das Neue Testament selbst hat eine für uns erkennbare Christopoetik, d.h. eine bestimmte literarische Weise, Jesus als den Christus Gottes den Menschen der Zeit vor Augen zu stellen. Gewiß: Christopoetik ist nicht Christologie. Nachdenken über die literarische Darstellbarkeit der Figur Jesu Christi ist noch kein Christus-Bekenntnis, erst recht keine Christus-Lehre. Aber schaut man genau hin, so ist im Neuen Testament das »Christologische« als Bekenntnis zum Gekreuzigten und Auferweckten immer durch eine bestimmte literarische Darstellungsweise vermittelt. Grundlage dieser Christopoetik des Neuen Testaments ist die Erkenntnis, daß Jesus je »anders« und je »mehr« ist, als Menschen sagen und begreifen können.

4. Die Andersheit und Unfaßbarkeit Jesu

Niemand aus der Zunft von Literaturwissenschaft oder Theologie hat dies klarer gesehen und eindrücklicher beschrieben als *Walter Jens* in seinem Essay »Die Evangelisten als Schriftsteller« (1976). Jens kommt zu dem überraschenden Befund: Sieht man sich die Evangelien unter dieser Fragestellung genauer an, betrachtet man die Details in der Beschreibung von Geographie, Menschen, Taten, hat man einen Blick für die Realitätspartikel, den Aufbau der Szenen, die Charakteristiken, die Gegenstände, kann man sich der Feststellung nicht entziehen: »Von hagiographischer Stilisierung ist da wenig zu spüren, noch weniger von Rilkescher Goldgrundmalerei. Der Duktus der Erzählung ist nüchtern; Exaktheit dominiert: wir erfahren mehr — weit mehr — als wir, die wir die evangelischen Berichte lang genug mit einer Summe frommer Versatzstücke verwechselt hatten, uns einbildeten.«[148] Und gerade für die Beschreibung Jesu von Nazaret wenden die Evangelisten — so Walter Jens — ein *charakteristisches Verfahren* an:

> »In dem Bestreben, jenen Mann adäquat zu beschreiben, der für sie zugleich Mensch (und ganz und gar Mensch) und Gott (und wiederum ganz und gar Gott) gewesen ist, haben die Evangelisten, Jesus von Nazaret betreffend, ein Wechselspiel von Realismus und Stilisierung, von brutaler Wirklichkeit und Abstraktion inszeniert, weil sie sahen, daß nur auf diese Weise die Berührung eines Menschen mit einer Welt geschildert werden konnte, der er — ihr ausgeliefert — verfiel und die ihm doch nichts anhaben konnte. Das heißt, um in dem Bedrohten denjenigen zu zeigen, der, wie es bei Lukas heißt, durch die Menschen hindurchgeht, um hinter dem Bild des Ausgepeitschten und, wortwörtlich, Zerrissenen die Züge des Auferstandenen sichtbar zu machen (und auch: um im Auferstandenen auf den Gemarterten zu verweisen), haben die vier Schriftsteller eine Technik des Alternierens entwickelt, die es ihnen ermöglicht, unmittelbar nach-, ja bisweilen mit-einander Nähe und Distanz, das ›Ausgesetzt‹ und das ›Enthoben‹, irdische Nähe und himmlische Ferne zu realisieren.«[149]

Schon im *Neuen Testament* also stoßen wir auf eine literarische Jesusdarstellung im Bewußtsein der Dialektik von Zugriff und Entzug, im Bewußtsein von Vertrautheit und Fremdheit Jesu, im Bewußtsein des Aufsprengens gewohnter Schemata, der Brechung traditioneller Vor-Bilder. Und die *Literatur der Gegenwart?* Auch sie kennt keine grundsätzlich anderen Techniken, wenn es um die Darstellung Jesu geht. Gewiß, der geistige Horizont ist neuzeitlich-aufklärerisch für viele Schriftsteller ein radi-

148 *W. Jens*, Die Evangelisten als Schriftsteller, in: ders., Republikanische Reden, München 1976, S. 30.
149 *W. Jens*, a. a. O., S. 33f.

kal anderer. Was für die Evangelisten selbstverständlich war (der ungebrochene Glaube an den Gott Abrahams, Isaaks und Jakobs), ist für Schriftsteller heute in den seltensten Fällen nachvollziehbar. Und doch setzen auch sie sich in ihren poetischen Texten mit der Jesus-Figur so auseinander, daß noch etwas spürbar wird von der *Andersheit und Unfaßbarkeit* dieser Figur.

Gewiß, diese Christopoetik der Gegenwartsliteratur unterscheidet sich von der der Evangelisten fundamental dadurch, daß ein Bekenntnis zu Jesus als dem Christus Gottes nicht ihr Ziel ist. Die neutestamentliche Christopoetik gründet und endet in einem Christusglauben, einer Christologie; die der zeitgenössischen Schriftsteller kommt äußerstenfalls zu einer Offenheit der Figur, ihrer Andersheit, Unfaßbarkeit, Unbegreiflichkeit. Beiden aber ist das Bewußtsein gegeben, daß Jesus je »mehr« und je »anders« ist. Die Poeten des ersten wie des zwanzigsten Jahrhunderts kennen beide die Diskrepanz von Wirklichem und Erzählbarem: die Diskrepanz zwischen der Tiefe und Wahrheit Jesu und der Unmöglichkeit, sie adäquat sprachlich wie formal »erfassen« zu können. Radikaler und direkter aber artikulieren die Poeten heute, daß das Scheitern literarischer Darstellbarkeit Jesu ästhetisch produktiv werden kann. Max Frisch zeigte es. Seine Aufzeichnungen lassen christopoetisches Bewußtsein erkennen: Auf der Ebene der Kunst können nur Zeichen gesetzt werden, die das Bedeutete nicht bedeuten.

5. Ausdruck der Kultur – Widerstand gegen die Kultur

Theologie bedarf der interkulturellen Kompetenz. Wir wählten dafür bewußt Schlüsselromane der Weltliteratur aus den verschiedenen kulturellen Räumen: Deutschland, den Vereinigten Staaten, Ägypten, Paraguay, Rußland. Zwei Grundeinsichten zeichnen sich dabei ab:

(1) In verschiedenen kulturellen Kontexten erscheint Jesus je unter anderem Namen, mit einem je verschiedenen Gesicht. Seine Geschichte wird je neu erzählt:

— als die Geschichte eines vor dem Kreuzestod fliehenden politischen Häftlings, der die Flucht- und Leidensgeschichte Jesu zum eigenen Trost neu zu lesen lernt;
— als die Geschichte eines schlichten Korporals, der in einem einfachen Akt der Verweigerung die Mordmaschinerie eines Krieges für kurze Zeit anzuhalten vermag und ob dieser seiner »Bedrohung« von den Befehlshabern exekutiert wird;
— als die Geschichte eines sanften, lebensuntüchtigen Dämonenaustreibers, der die Menschen von den inneren Ursachen ihrer Entfremdung, der Lebensgier und dem Machttrieb, befreien will und gerade so mit den Machthabern und Lebensbeherrschern zusammenstößt;
— als die Geschichte eines ausgebeuteten, unterdrückten und verachteten Volkes, in dem trotz allem die Sehnsucht nach Erlösung und Befreiung glimmt;
— als die Geschichte eines Journalisten, der sich mit dem zynischen Machtkartell einer Drogenmafia anlegt und trotzdem von der Vision nicht loskommt, daß »alle Menschen zusammengenommen das Ebenbild Gottes auf Erden sind«.

Verschiedener also könnten die kulturellen Kontexte, verschiedener könnten die Namen und Gesichter nicht sein, unter denen Jesus im Kontext des 20. Jahrhunderts neu auftaucht und seine Geschichte neu durchlebt:
— sein Gesicht ist das von Georg Heisler, eines Kommunisten, der durch Deutschland hetzt;
— sein Gesicht ist das von Stephan, dem Korporal, der es schafft, die Waffen für einem Moment zum Schweigen zu bringen;
— sein Gesicht ist das von Gaspar Mora, dem Holzschnitzer und Gitarrenspieler; von Casiano, Cristobál und vielen aus dem Volk von Paraguay;
— sein Gesicht ist das des Theologen und Journalisten Avdij Kallistratov, der einen verrückten Kampf gegen die Drogenmafia führt;
— sein Gesicht ist das des sanften und lebensuntüchtigen Dämonenaustreibers Rifaa aus Kairo, der die Herzen der Menschen zu wenden versucht;
— sein Gesicht leuchtet dort auf, wo jüdische Kinder um ihr Le-

ben bangen (wie in Ilse Aichingers Krippenspiel-Erzählung) oder ein stammelnder Ehemann mit einem Wort beschenkt wird (wie in Heinrich Bölls Weihnachtserzählung). Sein Gesicht leuchtet dort auf, wo die Bethlehem-Utopie vom Zynismus Stalingrads ausgelöscht zu werden droht (wie in Peter Huchels einzigartigem Poem); wo Verwandlung der Herzen im Geiste der Güte, der Vergebung und der Barmherzigkeit geschieht (wie in Tolstojs Roman um Fürst Nechljudov und Jekaterina Maslowa) und wo eine Welt in Frage gestellt wird, die sich eindimensional verkapselt, überraschungsfrei gemacht und total abgedichtet hat (F. Dürrenmatt). Neue Kontexte filtern die Geschichte Jesu neu, selektieren sie, akzentuieren sie und entdecken auf diese Weise Dimensionen, welche die bisherige theologisch-kirchliche Auslegungstradition abwies, verdrängte oder an den Rand drückte.

(2) Diese Jesusgeschichten sind nicht einfach »christologisch« zu vereinnahmen und so auf ein christliches Glaubens-Konto zu buchen. Sie haben ihren eigenen ästhetisch-autonomen Wahrheitsanspruch. Jesus von Nazaret steht hier nicht als Glaubensgestalt isoliert da, sondern im *Ensemble großer universaler Gestalten der Weltliteratur.* Es gibt nur wenige solcher großen archetypischen, d. h. in Raum und Zeit universalen Gestalten in der Literatur der Welt: Don Juan gehört dazu, Hamlet, Hiob, Odysseus, Ödipus, aber auch Antigone und Kassandra. Sie alle deuten Grundsituationen der *conditio humana* und erzählen etwas von der Verführbarkeit des Menschen; seiner Angewiesenheit auf Liebe und Hoffnung; seiner unablässigen Sinnsuche; seinem rastlosen Streben nach Heimat; seiner Tragik der Wahrheitssuche; seiner das Selbstopfer nicht scheuenden Widerstandsbereitschaft; seinen Ahnungen von Katastrophen. In dieser Reihe steht auch Jesus. Auch er ist eine solch universale Menschheitsgestalt.

Im Kreis dieser großen archetypischen Figuren aber, deren Schicksal »mythenhaft« sich stets aufs neue erzählen läßt, hat Jesus sein *unverwechselbares Profil.* In seiner Geschichte kommt es zu einer einzigartigen Verbindung von Utopie, Untergang und neuer Utopie; von Liebesbotschaft, Hinrichtung und Aufrichtung; von Hoffnung, Ausrottung und unausrottbarer Hoffnung. Diese Trias macht die unverwechselbare Grundstruktur des

Jesus-Dramas aus. Niemand in der Weltliteratur verkörpert wie er die Dialektik von Ohnmacht und Macht, Scheitern und Sieg, Niederlage und Größe. Niemand ist wie er — um eine Formulierung William Faulkners aufzugreifen — »the matchless example of suffering and sacrifice and the promise of hope«. Niemand verkörpert wie er das Faktum, daß man für eine Idee gekreuzigt wird und dies den Menschen für immer verzeiht (um mit Ajtmatov zu reden). Die Gestalten, unter denen er in unserem Jahrhundert wieder auftritt, haben deshalb alle etwas *Gemeinsames.* Sie zeigen die Macht des Untatsächlichen: daß bei allem Scheitern die in Jesus verkörperte Idee des Menschen von sich selbst noch nicht widerlegt ist:

— daß es (mit Anna Seghers gesprochen) im Menschen etwas gibt, »was unangreifbar war und unverletzbar«, und die Kraft der Schwachen sich als stärker erweisen wird als die Macht der zeitweilig Herrschenden;

— daß (mit William Faulkner gesprochen) die Erkenntnis von der Unabänderlichkeit des Leidens mit der Überzeugung verknüpft ist, daß der Mensch die Kraft hat, alles zu ertragen und durchzuhalten — aus der Überzeugung, daß der Mensch eine Seele hat, einen Geist, fähig des Mitleids, des Opfers und des Durchhaltens;

— daß (mit Nagib Machfus gesprochen) die Güte täglich sich gegen das Böse durchsetzt;

— daß (mit Augusto Roa Bastos gesprochen) es einen Ausweg geben muß aus dem ungeheuerlichen Wahnsinn, daß der Mensch von Menschen gekreuzigt wird;

— daß (mit Čingiz Ajtmatov gesprochen) das Böse für alle Zeiten überwindbar ist.

Literatur ist ein kritisches Gespräch der kulturellen Kontexte mit sich selbst. Ist sie ästhetisch-kreativ, gelingt es ihr, die Plausibilität traditioneller Kontexte aufzukündigen: d. h. standardisierte Sehgewohnheiten zu konterkarieren und verfestigte Deutungsmuster aufzusprengen. Große Kunstwerke sind deshalb immer Ausdruck von Kontextualisierungen und zugleich Widerstand gegen sie, Kultur und Gegenkultur, Inkulturation und Exkulturation zugleich. Große Kunstwerke weisen deshalb immer eine paradoxe Struktur auf: sie deuten Jesus als Teil der Kultur, aber zugleich machen sie bewußt, daß kein kultureller Kontext die Gestalt des Nazareners wirklich »aufzusaugen« vermag. Sie zeigen Jesus als authentischen Ausdruck der Kultur, aber zugleich, daß keine Kultur seine Person zur Harmlosigkeit nivellieren kann. An dieser Gestalt kristallisieren sich Kontextüberlagerungen, Kontextüberschneidungen und Kontextkonflikte. Ganz Bestandteil der Kultur, kann Jesus zugleich Kontexte sprengen.

Diese Kraft zur Kontextualisierung und zugleich zum Widerstand gegen die Nivellierung auf herrschende Kontexte ist von größter theologischer Relevanz. Denn dieses Zugleich von Kulturimmanenz und von Kulturtranszendenz ist für Jesus und die Botschaft von ihm als dem Messias Israels und dem Kyrios der Welt von Anfang an charakteristisch. Diese Kraft zur Transzendierung aber ist Ausdruck der Hoffnung, daß die kulturellen Kontexte — im Geiste Christi — sich immer wieder als veränderbare erweisen. Wie kaum eine andere Gestalt der Weltliteratur ist Jesus somit eine unverzichtbare Appellationsinstanz, eine unabweisbare Identifikations-, Solidaritäts- und Hoffnungsfigur für alle, deren Gesichter noch entstellt sind und die auf die Menschwerdung des Menschen warten.

IN EIGENER SACHE

Dieses Buch hat eine längere Geschichte. Im Jahr 1991 hatte ich Studien vorgelegt unter dem Titel »›Vielleicht hält Gott sich einige Dichter...‹. Literarisch-theologische Porträts«. Hier schon hatte ich der Hoffnung Ausdruck gegeben, daß ich einmal eine »Theopoetik« vorlegen würde, eine systematische Theologie im Gespräch mit der Literatur des 20. Jahrhunderts. Die Porträts dieses damaligen Buches zu Heinrich Heine, Franz Kafka, Rainer Maria Rilke, Joseph Roth, Hermann Hesse, Reinhold Schneider, Paul Celan, Nelly Sachs, Heinrich Böll und Rolf Hochhuth waren als ein erster Schritt »auf dem Weg zu einer Theopoetik« gedacht.

Mit diesem Buch erfolgt nun der zweite Schritt. Es ist nicht das Ziel, aber es gibt jetzt endgültig die Richtung an, in die auch künftig zu gehen sein wird. Es sagt etwas über Charakter, Stil, Vorentscheidungen für das Künftige. Hier lege ich eine Art Bauplan vor, der — mag es auch Änderungen in Fülle geben — ahnen läßt, wie das Ganze am Ende aussehen soll. Endziel ist eine umfassende Anthropologie, Theologie und Christologie im Gespräch mit den großen Dichtern — über die deutschsprachige Kultur hinaus. Interkulturalität von Theologie ist angestrebt. Sie wird in diesem Buch versucht durch die Einbeziehung von Schriftstellern aus Nordamerika, Rußland, Ägypten und Lateinamerika.

Zu danken habe ich auch bei diesem Buch wieder im Übermaß. Zunächst meinen engsten Mitarbeitern hier in Tübingen: Herrn Dipl.-Theol. *Hans-Peter Bippus*, der das gesamte Manuskript kritisch durchlas, mir wertvolle Anregungen gab und sich darüber hinaus große Verdienste um Literaturbeschaffung und Korrekturlesen erworben hat. Frau *Ute Netuschil*, die als Muster an Kompetenz, Effizienz, Zuverlässigkeit und Liebenswürdigkeit die ungezählten Fassungen dieses Manuskripts computertechnisch realisierte. Ferner meinem früheren Mitarbeiter *Dr. Georg Langenhorst,* mittlerweile Akademischer Rat für Katholische Theologie und Religionspädagogik an der Pädagogischen Hochschule in Weingarten, der sich trotz beruflicher Belastungen die nicht geringe Mühe machte, das ganze Manuskript durchzusehen und mir Anregungen zu geben.

Danken möchte ich nicht zuletzt meinem Freund und Kollegen *Heinz-Dieter Assmann,* Professor an der Juristischen Fakultät unserer Universität. Er hat Teile des Manuskripts gelesen, und sein Urteil war mir besonders wichtig. Mit ihm verbindet mich u. a. die Liebe zur Literatur. Er hat mich in vielen Gesprächen an seinen Leseabenteuern teilhaben lassen. Scharfsinniger Kopf der Rechtswissenschaft, der er ist, hat er sich zugleich ein leidenschaftliches Herz für die Existenzfragen auf der Grenze von Literatur und Religion bewahrt. Erfolgreiche interdisziplinäre Seminare mit Studentinnen und Studenten der Rechtswissenschaft und der Theologie zum »Problem der Schuld heute aus juristischer, theologischer und literarischer Sicht« (Wintersemester 1992/93) sowie zu »Weltwirtschaft und Weltethos« (Sommersemester 1995) liegen hinter uns; eines zum Problem von Recht und Gerechtigkeit im Werk von Friedrich Dürrenmatt (Sommersemester 1998) liegt vor uns. Ich bin dankbar für diese Zusammenarbeit, vor allem aber für die Freundschaft, die mich mit Heinz-Dieter und Stephanie Assmann verbindet.

Gewidmet habe ich dieses Buch der Theologischen Fakultät der Universität Lund (Schweden). Sie hat mir am 30. Mai 1997 den Titel eines Theologischen Ehrendoktors verliehen und damit insbesondere meine Bemühungen um einen Dialog zwischen den Kulturen, der Welt der Theologie und der Welt der Literatur, gewürdigt. Diese Auszeichnung durch eine der traditionsreichsten Universitäten Schwedens ist für mich ein Grund zur Freude, zur Dankbarkeit und zur Ermutigung auf meinem Weg. Die jetzt entstandene und in Zukunft — so hoffe ich — auszubauende Verbindung mit dieser Fakultät möchte ich durch meine Widmung bekräftigen.

Tübingen, im Juli 1997 Karl-Josef Kuschel

BÜCHER VON KARL-JOSEF KUSCHEL NACH SACHGEBIETEN

Zur Systematischen und Ökumenischen Theologie

Lust an der Erkenntnis. Die Theologie des 20. Jahrhunderts. Ein Lesebuch, München 1986 (Serie Piper 1853), Neuausgabe München 1994 (auch in tschechischer Ausgabe).

Wörterbuch des Christentums (Hrsg. zus. mit V. Drehsen, H. Häring, H. Siemers), Gütersloh (Gütersloher Verlagshaus Gerd Mohn) 1988.

Gegenentwürfe. 24 Lebensläufe für eine andere Theologie (Hrsg. zus. mit H. Häring), München (Piper-Verlag) 1988.

Geboren vor aller Zeit? Der Streit um Christi Ursprung, München (Piper-Verlag) 1990 (auch in englischer, amerikanischer und italienischer Ausgabe).

Leben in ökumenischem Geist. Ein Plädoyer wider die Resignation, Ostfildern (Schwabenverlag) 1991.

»Ich schaffe Finsternis und Unheil«. Ist Gott verantwortlich für das Übel? (zus. mit W. Gross), Mainz (Grünewald-Verlag) 1992, 2. Aufl. 1995.

Hans Küng: Denkwege. Ein Lesebuch, München 1992 (Serie Piper 1670).

Hans Küng. Neue Horizonte des Glaubens und Denkens. Ein Arbeitsbuch (Hrsg. zus. mit H. Häring), München (Piper-

Verlag) 1993 (auch in englischer und amerikanischer Ausgabe).

Lachen. Gottes und der Menschen Kunst, Freiburg/Br. (Herder-Verlag) 1994 (auch in englischer und amerikanischer Ausgabe).

Zur Theologie des interreligiösen Dialogs

Weltfrieden durch Religionsfrieden. Antworten aus den Weltreligionen (Hrsg. zus. mit H. Küng), München 1993 (Serie Piper 1862).

Erklärung zum Weltethos. Die Deklaration des Parlaments der Weltreligionen (Hrsg. zus. mit H. Küng), München 1993 (Serie Piper 1958; auch in amerikanischer, englischer, finnischer, spanischer, französischer, türkischer, japanischer, italienischer und chinesischer Ausgabe).

Christentum und nichtchristliche Religionen. Theologische Modelle im 20. Jahrhundert, Darmstadt (Wissenschaftliche Buchgesellschaft) 1994.

Streit um Abraham. Was Juden, Christen und Muslime trennt – und was sie eint, München (Piper-Verlag) 1994 (auch in englischer, amerikanischer, italienischer, spanischer und tschechischer Ausgabe), TB-Ausgabe München 1996 (Serie Piper 2288).

Vom Streit zum Wettstreit der Religionen. Lessing und die Herausforderung des Islam, Düsseldorf (Patmos Verlag) 1998.

Intolerant im Namen Gottes? Grundriß einer Theologie der Religionen (in Vorbereitung).